Das Buch

In dem Bewußtsein, daß die Benennung der Prinzipien des klassischen Stils eine nachträgliche Kodifizierung ist, zu einem Zeitpunkt vorgenommen, da die schöpferischen Impulse dieses Stils bereits erloschen waren, versucht Charles Rosen etwas von dessen Freiheit und Lebendigkeit zu vermitteln. Er gibt keine herkömmliche Übersicht über die Musik der klassischen Periode, sondern bemüht sich um das Verständnis ihres Stils, indem er ihre Sprache beschreibt. Sie läßt sich an den Leistungen der drei großen Meister – Haydn, Mozart, Beethoven – am umfassendsten und besten definieren. Daher stehen charakteristische Gattungen ihres Schaffens im Mittelpunkt der Betrachtung, bleiben die Werke kleinerer Komponisten hingegen unberücksichtigt. Mit gründlicher Kenntnis der zeitgenössischen theoretischen Literatur und des stilistischen Umfeldes, mit tiefen Einblicken in die Musik selbst und die Kompositionsprozesse gelingt es Rosen, dem Leser das Verständnis für den Stil einer ganzen Epoche nahezubringen.

Der Autor

Charles Rosen (geboren 5. Mai 1927 in New York) studierte Klavier, Musiktheorie und Komposition an der Juilliard School of Music und romanische Sprachen an der Princeton University (Promotion 1951). Er ist konzertierender Pianist mit einem vielseitigen Repertoire von Bach bis zur Musik des 20. Jahrhunderts und mit Spielverpflichtungen hauptsächlich in den Vereinigten Staaten und Europa. Seit 1971 lehrt er an der Musikfakultät der State University of New York at Stony Brook. Seine intensive Beschäftigung mit der Klassik fand ihren Niederschlag in zwei seiner wichtigsten Veröffentlichungen, ›The Classical Style. Haydn, Mozart, Beethoven‹ (erhielt 1972 den National Book Award for Arts and Letters) und ›Sonata Forms‹ (New York 1980).

Charles Rosen:
Der klassische Stil
Haydn, Mozart, Beethoven

Deutsch von Traute M. Marshall

Deutscher
Taschenbuch
Verlag

Bärenreiter
Verlag

Helen und Elliott Carter gewidmet

Im Text ungekürzte Ausgabe
Oktober 1983
Gemeinschaftliche Ausgabe:
Deutscher Taschenbuch Verlag GmbH & Co. KG,
München, und
Bärenreiter-Verlag Karl Vötterle GmbH & Co. KG,
Kassel · Basel · London
Lizenzausgabe mit freundlicher Genehmigung des Verlages
The Viking Press, Inc., New York
© 1971, 1976 Charles Rosen
Titel der englischen Originalausgabe:
›The Classical Style. Haydn, Mozart, Beethoven‹
© 1983 für die deutsche Ausgabe: Bärenreiter
Umschlaggestaltung (unter Verwendung des Titelblatts der Erstausgabe der Joseph Haydn gewidmeten sechs Streichquartette von Wolfgang Amadeus Mozart): Celestino Piatti
Satz, Druck und Binden: C. H. Beck'sche Buchdruckerei,
Nördlingen
Noten: Faber and Faber Publishers, London, und Bärenreiter,
Kassel
Printed in Germany · ISBN 3-423-04413-6 (dtv)
ISBN 3-7618-4413-1 (Bärenreiter)

Inhalt

Vorwort 9
Vorwort zur überarbeiteten Auflage 12
Bibliographische Anmerkung 13
Zu den Musikbeispielen 15
Abkürzungen in den Notenbeispielen 16

I. Einleitung

1. Die musikalische Sprache am Ende des 18. Jahrhunderts 17
   Zeitstil und Gruppenstil; Tonalität; Tonika-Dominant-Polarität; gleichschwebende Temperatur; Modulation; Schwächung der Linearität

2. Formtheorien 30
   Sonatenauffassung des 19. Jahrhunderts; deren Revision im 20. Jahrhundert; Schenker; motivische Analyse; verbreitete Irrtümer

3. Die Ursprünge des klassischen Stils 45
   Dramatischer Charakter des klassischen Stils; Stilvielfalt 1755–1775; öffentliche und private Musik; manieristische Periode; Symmetrien und Muster der Frühklassik; formbestimmende Faktoren

II. Der klassische Stil

1. Innere Geschlossenheit der musikalischen Sprache 59
   Periode; Symmetrie und rhythmischer Übergang; homogene (barocke) gegenüber heterogener (klassischer) Rhythmik; Dynamik und Verzierung; rhythmische und dynamische Übergänge (Haydns Quartett op. 33, Nr. 3); harmonische Übergänge (Modulation); dekorativer gegenüber dramatischem Stil; konventionelles Material; tonartliche Stabilität und Auflösung; Reprise und Spannungsartikulierung; Umdeutung und Sekundärtonarten; Subdominanten; Themengegensätze; Versöhnung von Gegensätzen, symmetrische Lösung; Verhältnis der Großform zur Phrase, Expansionsverfahren (Haydn, Klaviertrio Hob. XV: 19); Entsprechung von Ton, Akkord und Modulation; rhythmische Gliederung, jeweiliges Gewicht der Taktschläge; Sonatenstil und exzentrisches Material: die Gattung »Fantasie« (Mozart, Fantasie KV 475); hörbare und unhörbare Form; außermusikalische Einflüsse; Humor in der Musik

2. Struktur und Ornament 109
   Übersicht über die Sonatenformen; Struktur und Ornament; das Verzierungswesen im späten 18. Jahrhundert; radikaler Bedeutungswandel der Verzierung

III. Haydn: 1770 bis zu Mozarts Tod
1. Streichquartett 121
Haydn und Carl Philipp Emanuel Bach; Einsetzen in der »falschen« Tonart; Neuerungen der Scherzi-Quartette, thematische Begleitfiguren; latente Energie des Materials; Dissonanz als Hauptenergiequelle; Richtungsenergie des Materials; Sequenz als Energiequelle; Umdeutung durch Transposition; Verhältnis des Streichquartetts zum klassischen Tonalitätsdenken; Weiterentwicklung des Haydnschen Streichquartetts; das Streichquartett und die Kunst der Konversation
2. Symphonie 158
Entwicklung der Orchester und des symphonischen Stils; stilistischer Fortschritt; Sturm und Drang; Symphonie Nr. 46; schwache rhythmische Organisation beim frühen Haydn; Operneinflüsse; Symphonie Nr. 75; neue Klarheit und Nüchternheit; Symphonie Nr. 81, Witz und symphonische Größe; ›Oxforder Symphonie‹; Haydn und das Pastorale

IV. Opera seria 183
Problematik der Opera seria; Konventionen der Opera seria und der Opera buffa; Tragödie im 18. Jahrhundert; Stil des Hochbarock; dramatische und elegische Ausdrucksformen; Gluck; klassizistische Doktrin; Musik und ästhetischer Ausdruck; Wort-Ton-Verhältnis; der Rhythmus bei Gluck; Mozart und ›Idomeneo‹; Rezitative und zusammengesetzte Formen; Verschmelzung von Seria und Buffa, ›Don Giovanni‹, ›Die Hochzeit des Figaro‹; ›Fidelio‹

V. Mozart
1. Das Konzert...................................... 209
Mozart und die dramatische Form; tonartliche Stabilität; Symmetrie und Zeitfluß; Continuopraxis im späten 18. Jahrhundert; musikalische Bedeutung des Continuos; Konzert als Drama; Anfangsritornell; Konzert *Es* KV 271; Klavierexposition als Dramatisierung der Orchesterexposition; Symmetrie und Höhepunktsetzung; zweite Durchführung in der Reprise; der langsame Satz von KV 271 als Erweiterung der Anfangsphrase; Spiegelsymmetrie; das Konzertfinale; ›Sinfonia Concertante‹ KV 364 = 320d; thematische Beziehungen; KV 412 = 386b, KV 413 = 387a, KV 415 = 387b; KV 449; KV 456, modulierendes zweites Thema; Gefühlsradius des langsamen Satzes; Variationsfinale; KV 459 und das fugierte Finale; KV 466, die Kunst der rhythmischen Beschleunigung; thematische Einheit; KV 467 und der symphonische Stil; langsamer Satz, Improvisation und Symmetrie; KV 482, Orchesterklangfarbe; KV 488, Gliederung des Expositionsschlusses; langsamer Satz und Melodiegestalt; KV 503, Wiederholungsverfahren; Dur und Moll; massive Wirkungen; KV 537, frühromantischer Stil und lockere Melodiestruktur; das Klarinettenkonzert, Kontinuität durch überlappende Phrasen; KV 595, Auflösung chromatischer Dissonanz

2. Streichquintett 300
   Konzertanter Stil; KV 174, Klang- und Formausweitung; KV 515, unregelmäßige Proportionen; Erweiterung der Form; KV 516, Problem des klassischen Finales; Dur-Endungen zu Moll-Werken; Ausdrucksgrenzen des Stils; Stellung des Menuetts in der Satzfolge; Virtuosität und Kammermusik; KV 593; langsame Einleitungen; harmonische Struktur und Sequenzen; KV 614, Haydn-Einfluß

3. Komische Oper 328
   Musik und gesprochener Dialog; klassischer Stil und Handlung; Ensembles, das Sextett aus der ›Hochzeit des Figaro‹ und die Sonatenform; das Sextett aus ›Don Giovanni‹ und die Sonatenproportionen; Tonartenverhältnisse in der Oper; Reprise und die Forderungen des Dramas; die Opernfinali; Arien; »Se vuol ballare« aus der ›Hochzeit des Figaro‹; Zusammenfallen musikalischer und dramatischer Ereignisse: Friedhofsszene aus ›Don Giovanni‹; Intrigenkomödie; die Persönlichkeitsauffassung des 18. Jahrhunderts; die experimentalpsychologische Komödie und Marivaux, ›Così fan tutte‹; Virtuosität des »rechten Tons«; ›Die Zauberflöte‹, Carlo Gozzi und das Märchendrama; Musik und sittliche Grundwahrheiten; ›Don Giovanni‹ und die Genremischung; Skandal und Politik; der subversive Mozart

VI. Haydn nach Mozarts Tod

1. Volkstümlicher Stil 373
   Haydn und die Volksmusik; Verschmelzung von Kunst und Volkstümlichkeit; Integration der volkstümlichen Elemente; überraschende Rückkehr des Themas im Finale; das Menuett und der volkstümliche Stil; Orchestrierung; Einleitung als dramatische Geste

2. Das Klaviertrio 398
   Reaktionäre Form; Kammermusik und Klaviervirtuosität; Instrumente der Haydnzeit; Verdoppelung der Baßlinie durch das Cello; Hob. XV: 14; Hob. XV: 22 und die Erweiterung der Phrase; Hob. XV: 28, Verwandlung von Haydns Frühstil; Hob. XV: 26, Beschleunigung der motivischen Elemente innerhalb der Phrase; Hob. XV: 31, üppige Variationstechnik; Hob. XV: 30, Haydns Chromatik

3. Kirchenmusik 415
   Feier- oder Ausdrucksfunktion der Musik; Stil der Opera buffa und religiöse Musik; Mozarts Parodien des Barockstils; Haydn und die Kirchenmusik; die Oratorien und der pastorale Stil; »Chaos« und Sonatenform; Beethovens Messe C, das Tempoproblem; Messe D

VII. Beethoven 427
   Beethoven und der nachklassische Stil; Beethoven und die Romantiker; Ersatz für die Dominant-Tonika-Beziehung; harmonische Neuerungen der Romantiker; Beethoven und seine Zeitgenossen; Klavierkonzert G, Spannungserzeugung durch Tonikadreiklang; Rückkehr zu klassischen Prinzipien; ›Eroica‹, Proportionen, Kodas und Wieder-

holungen; ›Waldsteinsonate‹, Einheit von Satzweise und Thematik; ›Appassionata‹, Geschlossenheit des Werkes; romantische Experimente in Beethovens Variationen *c*; Programmusik; ›An die ferne Geliebte‹; 1813–1817; ›Hammerklaviersonate‹; enge Beziehung zwischen Großform und Material; Funktion fallender Terzen für die Sequenzierung; Sequenzenstruktur der Durchführung der ›Hammerklaviersonate‹; Beziehung zur übergreifenden Tonartenfolge; Beziehung zur thematischen Struktur; *Ais* oder *A*; Metronom und Tempo; Stilwechsel seit op. 22; Scherzo; langsamer Satz; Einleitung zum Finale; Fuge; Stellung der ›Hammerklaviersonate‹ in Beethovens Schaffen; Verwandlung der Variation zur klassischen Form; op. 111; Beethoven und das Gewicht musikalischer Proportionen

Epilog 507
Schumanns Denkmal für Beethoven (Fantasie *C*); Rückkehr zum Barock; Veränderung der Tonalitätssprache; Schubert; dessen Beziehung zum klassischen Stil; mittlerer Beethoven als Modell; klassische Prinzipien beim späten Schubert; klassischer Stil als Archaismus

Namen- und Werkregister 519

> Zangler: »Was hat Er denn mit dem dummen Wort
> ›klassisch‹?«
> Melchior: »Ah, das Wort is nit dumm, es wird nur oft
> dumm angewend't.«
>
> Nestroy, ›Einen Jux will er sich machen‹

Vorwort

Dieses Buch versucht nicht, einen Überblick über die Musik der Klassik zu geben, sondern ihre Sprache zu beschreiben. In der Musik, wie in der Malerei und Architektur, sind die Prinzipien der »klassischen« Kunst erst kodifiziert worden (oder, wenn man will, zu »klassischen« geworden), als der schöpferische Impuls, der diese Kunst hervorbrachte, erloschen war. Ich habe hier versucht, etwas von der Freiheit und Lebendigkeit dieses Stils zu vermitteln. Dabei habe ich mich auf die drei Hauptgestalten der Epoche beschränkt, da ich der altmodischen Überzeugung anhänge, daß in ihren Schöpfungen sich die musikalische Sprache am klarsten abzeichnet. Man kann zwar zwischen der englischen Sprache um 1770 und dem literarischen Stil etwa eines Dr. Johnson unterscheiden, aber es ist schwieriger, eine Trennlinie zwischen der musikalischen Sprache des späten 18. Jahrhunderts und dem Stil Haydns zu ziehen – und fraglich, ob es sich eigentlich lohnen würde.

Ich teile nicht die Ansicht, daß die größten Künstler sich nur vor dem Hintergrund der sie umgebenden Mittelmäßigkeit wirkungsvoll abheben, daß also Haydn, Mozart und Beethoven ihre dramatische Wirkung aus der Verletzung der gängigen Muster ziehen, auf die das Publikum durch ihre Zeitgenossen eingestellt war. Träfe das zu, dann müßten die dramatischen Überraschungseffekte bei Haydn z. B. mit zunehmender Vertrautheit weniger wirkungsvoll werden. Aber jeder Musikliebhaber erlebt das Gegenteil, Haydns Späße werden witziger, je öfter man sie hört. Es kann natürlich vorkommen, daß man ein Werk bis zum Überdruß kennt. Nichtsdestoweniger wird bei jedem erneuten Hören der Anfangssatz der ›Eroica‹ immer erhaben wirken und das Trompetensignal der dritten ›Leonoren-Ouvertüre‹ immer einen Schock auslösen, um nur die banalsten Beispiele anzuführen. Der Grund dafür ist, daß unsere Erwartungen nicht von außen an das Werk herangetragen werden, sondern im Werk angelegt sind. Ein Musikstück schafft sich seine eigenen Bedingungen und Maßstäbe.

Wie sie geschaffen werden, wie der Kontext für das jeweils in einem Werk auszutragende Drama hergestellt wird, das ist im wesentlichen der Gegenstand dieses Buches. Es geht mir also nicht nur um die Bedeutung oder den Sinn der Musik (der immer schwer in Worte zu fassen ist), sondern darum, was es der Musik ermöglicht, Sinnträgerin und -vermittlerin zu sein.

Um eine Vorstellung von dem Umfang und der Vielfalt des Zeitalters zu geben, habe ich bei jedem Komponisten die Entwicklung verschiedener Gattungen nachgezeichnet. Für Mozart lagen das Konzert, das Streichquintett und die komische Oper auf der Hand, wie die Symphonie und das Streichquartett für Haydn. Die Erörterung von Haydns Klaviertrios vermittelt etwas von der charakteristischen Eigenart der damaligen Kammermusik mit Klavier. Die Opera seria verlangte gesonderte Behandlung, während mit Haydns Messen und Oratorien die Frage der Kirchenmusik überhaupt angeschnitten werden konnte. Beethovens Verhältnis zu Mozart und Haydn erforderte eindeutig eine Darlegung allgemeinerer Art, aber die Beispiele konnten größtenteils den Klaviersonaten entnommen werden. Durch solche Mittel und Wege ist es mir hoffentlich gelungen, alle wichtigen Aspekte des klassischen Stils darzustellen.

* * *

Es ist ganz ausgeschlossen, die Gedanken, die in so zahlreichen Diskussionen von Freunden beigetragen wurden, die Beispiele, die jeweils des anderen Beobachtungen bestätigten, einzeln mit Dank anzuerkennen. Ein Großteil der Ideen dieses Buches ist musikalisches Allgemeingut, das auf die Erfahrung aller Musiker zurückgeht, die die in Frage stehende Musik gespielt oder gehört haben. In den meisten Fällen hätte ich, selbst wenn ich gewollt hätte, nicht mehr trennen können, was meine eigenen Gedanken sind, was ich gelesen oder von meinen Lehrern gelernt oder bei Unterhaltungen aufgenommen habe.

Viel leichter ist es, den Dank für die unschätzbare Hilfe abzustatten, die mir beim Schreiben dieses Buches zuteil wurde. Mein tiefster Dank – und meine Bewunderung – gilt der Geduld und Großzügigkeit von Sir William Glock, der das gesamte Manuskript las und mit hunderten von Vorschlägen inhaltlich und stilistisch ausfeilte. Henri Zerner von der Brown University half in jedem Stadium mit erheblichen Verbesserungen und Korrekturen; ohne seine Kürzungen wäre das Buch ein wenig länger und um vieles unklarer geworden. Dank geht auch an Kenneth Levy von der Princeton University, der die erste Manuskripthälfte las und in mehreren Punkten verbesserte. (Für die verbleibenden Fehler bin ich selbstverständlich allein verantwortlich.) Für Material, das ich nicht hatte oder kannte, möchte ich Charles Mackerras, David Hamilton, Marvin Tartak, Sidney Charles von der University of California in Davis und Lewis Lockwood von der Princeton University danken, wie auch Mischa Donat, der das Register erstellte.

Für die Ermutigung, die Donald Mitchell vom Faber Music-Verlag gab, als erst zwei Kapitel des Buches auf dem Papier standen, und für seine unschätzbare weitere Hilfe bin ich dankbar. Ebenso sei Piers Hembry für die Zusammenfassung der Musikbeispiele und Paul Courtenay für die ausnehmend schöne Kopistenarbeit gedankt.

Mehr als Worte ausdrücken können schulde ich der unermüdlichen Ermutigung und den redaktionellen Bemühungen von Aaron Asher, sowohl als Lektor bei Viking Press als auch nach seinem Weggang, sowie der Intelligenz und dem Fingerspitzengefühl von Elisabeth Sifton, die bei der endgültigen Überarbeitung assistierte und die letzten Etappen der Buchherstellung so viel angenehmer gestaltete, als ein Autor rechtmäßig erwarten darf.

New York 1970   Charles Rosen

Vorwort zur überarbeiteten Auflage

Ich bin dem Verlag für die Gelegenheit dankbar, einige der in der ersten Auflage gemachten Fehler zu verbessern. Die Verbesserung dieser Fehler hat mir eben so viel Freude gemacht, wie meinen Freunden ihre Entdeckung. Ich schulde vielen Menschen Dank für ihre Hilfe, aber als erstes sei ein detaillierter, großzügiger Brief von Paul Badura-Skoda erwähnt, der eine Reihe von Punkten in meinem Buch äußerst wohlwollend erörterte und es mir ermöglichte, einige Korrekturen vorzunehmen. Zuschriften kamen auch von Professor John Rothgeb von der University of Texas in Austin, Dr. Alan Tyson von All Souls College, Oxford, und einem Studenten von der University of Toronto, der hier anonym bleiben muß, weil ich seinen Namen nie erfahren habe. Wie ich diese verschiedenen Beobachtungen verwendet habe, muß ich selbstverständlich selber verantworten.

Als ich neulich Arnold Schönbergs Essay über Brahms las, wurde mir klar, daß seine Analyse zweier Themen aus Beethovens Fünfter Symphonie mit der meinigen fast völlig übereinstimmt. Ich kann mich zwar nicht daran erinnern, Schönbergs Essay gelesen zu haben, aber wahrscheinlich habe ich es vor einigen Jahren getan. Ich führe dieses eine Beispiel unbewußten Plagiats deshalb an, um darauf hinzuweisen, daß vieles an diesem Buch Allgemeingut ist. Wenn es um ein so zentrales Thema unserer Musikerfahrung geht, dann liegt der mögliche Wert eines Buches vor allem darin, daß es – in hoffentlich neuer Beleuchtung – diejenigen Aspekte der Musik darlegt, die schon erkannt und wenigstens teilweise verstanden worden sind.

Die wichtigsten Neuerungen dieser Ausgabe umfassen eine Erweiterung der Schlußseiten des Opera seria-Kapitels (Mozarts Bemühung um dramatische Kontinuität im ›Idomeneo‹ bedurfte vor allem der Diskussion) und des Beethovenkapitels sowie ein detaillierteres Inhaltsverzeichnis. Geringfügige Änderungen finden sich u. a. auf Seite 24 f., 69 f., 216 und 219. Die Zitate an den Kapitelanfängen habe ich hinzugefügt, um zu zeigen, daß schon Haydns Zeitgenossen sich für Fragestellungen interessiert haben, die wir für neuartig halten.

1975   Charles Rosen

Bibliographische Anmerkung

Eine zünftige Bibliographie zum Stil der Wiener Klassik wäre erheblich umfangreicher als das vorliegende Buch. Was meine eigene Lektüre betrifft, so werde ich trotz aller Bemühung viele wichtige Artikel und Bücher übersehen haben. Es scheint geraten, einen Schleier des Schweigens darüber zu ziehen und alle ungelesenen Sekundärquellen, diejenigen, die ich gelesen, aber von denen ich nichts gelernt habe, sowie die, von denen ich sehr viel gelernt habe und die ich undankbarerweise nicht anführe, dem gleichen, ehrenvollen Dunkel anzuvertrauen. Doch bin ich nicht völlig gewissenlos, und die allergrößten Schulden trage ich im folgenden sowie vereinzelt im Laufe des Buches ab. Wäre die Liste länger, so wäre das an den unweigerlich Ausgelassenen begangene Unrecht nur umso schreiender.

Es gibt kein befriedigendes Buch über das späte 18. und frühe 19. Jahrhundert, doch Manfred Bukofzers ›Music in the Baroque Era‹ ist in seinen Grenzen ein großartiges Werk. Bei neuerlichem Wiederlesen wurde mir bewußt, wieviel ich für mein Verständnis jener Epoche den Grundzügen dieses Werkes verdanke.

Hermann Aberts ›W. A. Mozart‹ (1923) hat hinsichtlich seiner Behandlung von Mozarts Stil noch nicht seinesgleichen gefunden. Alfred Einsteins auf englisch vorliegender ›Mozart‹ (1945) ist weniger zufriedenstellend; es ist aber von einem Mozartliebhaber und gründlichen Kenner seiner Musik geschrieben – was ein unschätzbarer Vorzug ist – und behandelt fast sämtliche Werke von Mozart. Unter Donald Francis Toveys zahlreichen Mozartstudien ist sein Essay über das Konzert C KV 503 die beste, während mir von den neueren Artikeln über Mozarts Stil Edward Lowinskys ›On Mozart's Rhythm‹ (wieder abgedruckt in ›The Creative World of Mozart‹, New York 1963) als der beste erscheint. Heinrich Schenkers Analyse der Symphonie g ist möglicherweise das Anregendste, was er über den klassischen Stil zu sagen hatte.

Für Haydn sind wir alle Jens Peter Larsen und H. C. Robbins Landon für ihre Arbeiten zu Dank verpflichtet, insbesondere für des letzteren kürzlich abgeschlossene Ausgabe sämtlicher Symphonien. Keine allgemeine Darstellung Haydns besitzt den Rang von Aberts ›Mozart‹, aber Rosemary Hughes' kleine Studie ›Haydn‹ ist die beste, mir bekannte Einführung. Emily Andersons Übersetzung der Mozart- und Beethovenbriefe, Robbins Landons Edition der Briefe und Aufzeichnungen von Haydn und Otto Erich Deutsch' Dokumentarbiographien von Mozart und Schubert haben einen Großteil des Materials auf englisch zugänglich gemacht.

Thayers ›Life of Beethoven‹ bleibt die Grundlage aller wissenschaftlichen Beschäftigung mit diesem Komponisten. Die beste Ausgabe ist diejenige von Elliot Forbes (1964), im folgenden einfach als »Thayer« zitiert. Die interessantesten Untersuchungen der Beethovenskizzen seit Nottebohm kommen fraglos von Erich Herzmann und neuerlich von Lewis Lockwood.

Gesamtausgaben und Quellenwerke

Joseph Haydn. Gesammelte Briefe und Aufzeichnungen, herausgegeben und erläutert von Dénes Bartha, Kassel usw. 1965, Bärenreiter.

Mozart. Briefe und Aufzeichnungen. Gesamtausgabe, herausgegeben von der Internationalen Stiftung Mozarteum Salzburg, gesammelt von Wilhelm A. Bauer und Otto Erich Deutsch, auf Grund deren Vorarbeiten erläutert von Joseph Heinz Eibl, 7 Bände, Kassel usw. 1962–1975, Bärenreiter.

Mozart. Die Dokumente seines Lebens, gesammelt und erläutert von Otto Erich Deutsch, Kassel usw. 1961, Bärenreiter (= W. A. Mozart, Neue Ausgabe sämtlicher Werke, Serie X: Supplement, Werkgruppe 34), und Addenda und Corrigenda, zusammengestellt von Joseph Heinz Eibl, ebenda 1978 (= dasselbe, Werkgruppe 31).

Joseph Haydn, Werke, herausgegeben vom Joseph Haydn-Institut Köln unter Leitung von Georg Feder, München-Duisburg seit 1958, G. Henle.

Wolfgang Amadeus Mozart, Neue Ausgabe sämtlicher Werke, herausgegeben von der Internationalen Stiftung Mozarteum Salzburg unter Leitung von Wolfgang Plath und Wolfgang Rehm, Kassel usw. seit 1960, Bärenreiter.

Beethoven Werke, herausgegeben vom Beethoven-Archiv Bonn unter Leitung von Joseph Schmidt-Görg (†), München-Duisburg seit 1961, G. Henle.

Zu den Musikbeispielen

Ich bin dem Verlag für die Größzügigkeit und Bereitwilligkeit dankbar, sämtliche wichtigen behandelten Themen zum Teil mit großer Ausführlichkeit zu illustrieren. Es lag uns daran, das Buch lesbar zu machen, ohne daß man das Fehlen von Partituren bedauert. Ich habe mich nicht besonders darum bemüht, meine Lieblingsstellen anzuführen, aber viele haben sich trotzdem eingeschlichen. Ich habe allerdings versucht, das Bekannte mit dem weniger Bekannten im Gleichgewicht zu halten.

Bei der Vereinfachung der Orchester- und Kammermusikpartituren, d. h. der Zusammenziehung mehrerer Instrumente auf ein Notensystem, war es unser Ziel, leichte Lesbarkeit mit der Erkennbarkeit sämtlicher Details der vollen Partitur zu kombinieren. Es müßte in den meisten Fällen möglich sein, die Originalpartitur zu rekonstruieren. Ein Sternchen (*) bezeichnet Musikbeispiele, bei denen etwas ausgelassen werden mußte. Die Orchester- oder Quartettbeispiele auf zwei Notensystemen sind deshalb keineswegs Klavierauszüge, sondern Transkriptionen des Originals, obwohl ich selbstverständlich die Ausführung der Beispiele auf dem Klavier begrüße. Ich selbst habe das oft getan und die nicht erreichbaren Noten so gut es geht vorgetäuscht.

Ich habe die besten zugänglichen Notentexte benutzt und sie nicht normalisiert, allerdings fand ich es bisweilen vernünftiger, die dynamischen Zeichen nicht zu wiederholen, wenn Instrumente nacheinander in der gleichen Lautstärke einsetzen. Eine Abkürzung, das Pluszeichen (+), muß erklärt werden. Es wird zur Bezeichnung der Verdoppelung (im Unisono, falls nicht anders angegeben) verwendet, d. h. »Fl.« bedeutet, die Flöte übernimmt am angegebenen Punkt die Melodie, »+Fl.« bedeutet, das vorher angegebene Instrument spielt weiter und wird nunmehr von der Flöte verdoppelt. Leichte Lesbarkeit hatte den Vorrang vor Einheitlichkeit, und ich hoffe, daß die Inkonsequenzen weder verwirren noch verärgern.

Abkürzungen in den Notenbeispielen

Bsn. = Fagott
Bsns. = Fagotte
Cello = Violoncello
Cellos = Violoncelli
Cl. = Klarinette
Cls. = Klarinetten
Fl. = Flöte
Fls. = Flöten
Hrn. = Horn
Hrns. = Hörner
Ob. = Oboe
Obs. = Oboen

Orch. = Orchester
Str. = Streicher
Timp. = Pauke(n)
Tbn. = Posaune
Tbns. = Posaunen
Tpt. = Trompete
Tpts. = Trompeten
Vla. = Viola, Bratsche
Vlas. = Bratschen
Vln. = Violine
Vlns. = Violinen

I. Einleitung

1. Die musikalische Sprache am Ende des 18. Jahrhunderts

Als Beethoven 1792 Bonn verließ, hatte er sein Stammbuch mit der folgenden Eintragung seines Gönners, des Grafen Waldstein, bei sich: »Sie reisen itzt nach Wien zur Erfüllung ihrer so lange bestrittenen Wünsche ... erhalten Sie: Mozart's Geist aus Haydn's Händen.« Tatsächlich wollte Beethoven ursprünglich bei Mozart studieren; während seines Wiener Aufenthalts einige Jahre zuvor hatte er Mozart anscheinend mit seinem Klavierspiel beeindruckt. Doch Mozart war kürzlich gestorben, und der einundzwanzigjährige Beethoven wandte sich an Haydn, der ihn schon bei einem Besuch in Bonn ermutigt hatte.

Es will fast scheinen, als hätte die Geschichte unser heutiges Bild vom großen Dreigestirn vorausgeplant, und schon Beethovens Zeitgenossen sanktionierten dieses Bild. Lange nach Haydns Tod, aber noch zu Lebzeiten Beethovens verglichen Musikliebhaber die seltenen Aufführungen von Haydn, Mozart und Beethoven mit der großen Beliebtheit der zeitgenössischen, modernen italienischen Oper, um die Frivolität des Wiener Musiklebens zu geißeln. Selbst wer mit Mozart das Ende der Musik für gekommen hielt, sah in Beethoven nicht den Revolutionär, sondern den exzentrischen Verräter an einer großen Überlieferung. Die Einsichtigeren stellten ihn einfach auf eine Ebene mit Haydn und Mozart. Schon 1812 sind sie in den Schriften des besten zeitgenössischen Musikkritikers, E. T. A. Hoffmanns (der aus Liebe zu Mozart einen seiner Vornamen von Wilhelm in Amadeus änderte), die drei überragenden Gestalten, denen niemand zur Seite stand außer Gluck, der sich durch den Ernst und die Aufrichtigkeit seiner Opernauffassung auszeichnete. »Haydn, Mozart, Beethoven entfalteten eine neue Kunst, deren erster Keim sich wohl eben erst in der Mitte des achtzehnten Jahrhunderts zeigte. Daß der Leichtsinn, der Unverstand, mit dem erworbenen Reichtum übel haushalteten, daß endlich Falschmünzer ihrem Rauschgolde das Ansehen der Gediegenheit geben wollten, war nicht die Schuld jener Meister, in denen sich der Geist so herrlich offenbarte« schrieb E. T. A. Hoffmann 1814.

Für diese neue Kunst hat man sich auf den Namen »Klassik« geeinigt. Hoffmanns Bezeichnung war das nicht, denn für ihn waren Haydn und Mozart die ersten »romantischen« Komponisten. Doch unter welchem Namen auch immer, schon sehr früh empfand man die Originalität und Geschlossenheit dieses neuen Stils.

Ein Stilbegriff entspricht jedoch nicht einer historischen Tatsache, sondern erfüllt ein Bedürfnis: er verhilft zu einer Verstehensweise. Daß man ein solches Bedürfnis fast sofort empfand, gehört nicht zur Musikgeschichte, sondern zur Geschichte des Musikgeschmacks und -verständnisses. Ein Stilbegriff läßt sich nur in pragmatischer Absicht definieren; ist er, was zuweilen geschieht, fließend und ungenau, so ist er nutzlos. Dabei ist die Verwechslung der Ebenen die größte Gefahr. Der Vergleich der Malerei der Hochrenaissance, als dem Werk einer kleinen Anzahl von Künstlern in Rom und Florenz und einer noch geringeren in Venedig, mit der als international und anderthalb Jahrhunderte umfassend verstandenen Barockmalerei beispielsweise kann nur zu Methodenchaos führen, wie fruchtbar die daraus entspringenden Einzelbeobachtungen auch sein mögen. Die Größe des Umfeldes ist nicht willkürlich, und es ist deshalb von entscheidender Bedeutung, den Stil einer kleinen Gruppe (französischer Impressionismus, Ockeghem und seine Schule, die »Lake Poets«) vom eher anonymen Stil eines Zeitalters (französische Malerei des 19. Jahrhunderts, flämische Musik des späten 15. Jahrhunderts, englische romantische Lyrik) zu unterscheiden.

Diese Unterscheidung ist de facto schwerer durchzuführen als in der Theorie. Der Stil des sogenannten musikalischen Hochbarock (1700 bis 1750) ist international und besitzt keine Gruppe, die den drei Wiener Klassikern vergleichbar wäre. Doch der Hochbarock stellte eine sinnvolle, systematische musikalische Sprache bereit, die die drei Klassiker verwenden, bzw. an der sie ihre eigene Sprache messen konnten. Mozart war in der Lage, bei Bedarf ein gutes, wenn auch nicht vollkommenes Faksimile des hochbarocken Stils zu liefern, doch in der Verbindung seiner eigenen Diktion mit der eines hochbarocken Meisters (wie in seiner Uminstrumentierung des ›Messias‹) prallen nicht so sehr zwei Musikerpersönlichkeiten als zwei isolierbare und beschreibbare Ausdruckssysteme aufeinander. Hochbarocker Stil, das ist anzumerken, bedeutete für Mozart und Beethoven vor allem Bach und Händel[1], und sowohl Bach wie Händel schufen jeder auf andere und ganz persönliche Weise eine Synthese aus den drei verschiedenen Nationalstilen ihrer Zeit, dem deutschen, französischen und italienischen. Durch ihren gegensätzlichen Personalstil ergänzen sich Bach und Händel, so daß sie paradoxerweise als Einheit betrachtet werden können.

Daß ein Gruppenstil zuweilen berechtigterweise mit einem Zeitstil verwechselt wird, hat seinen Grund darin, daß ein Gruppenstil oft das nur unvollkommen ausgeformte Streben eines Zeitalters zu verwirkli-

---

[1] Obgleich Mozart mit jüngeren Komponisten, die die kontrapunktische Tradition fortzuführen suchten, vertraut war, unterliegt sein Werk von dem Augenblick an, da er Bachs Musik kennenlernte, einer ganz außerordentlichen Entwicklung.

chen scheint. Stil könnte man bildlich umschreiben als eine bestimmte Weise, eine Sprache derart auszuschöpfen und zu verdichten, daß sie ihrerseits ein Dialekt oder eine eigene Sprache wird. Diese Verdichtung erlaubt es dann, von dem Personalstil oder der Diktion eines Künstlers zu sprechen, so wie Mozart sich vom Hintergrund des Zeitstils, wenn auch mit besonderen Beziehungen zu Haydn und Johann Christian Bach, abhebt. Doch die Analogie zur Sprache führt nicht weiter, da Stil schließlich als Kunstwerk betrachtet und nach den gleichen Kriterien wie dieses beurteilt wird: nämlich Geschlossenheit, Kraft und Beziehungsreichtum. In heutigen Modewellen und dem neuerlichen Interesse an diesem oder jenem Stil, sei es nun präraffaelitische Malerei oder Barockmusik, ist ein Stil jeweils fast ein Gegenstand, ein Stilmöbel, das man besitzen und an dem man sich erfreuen kann. Einen Zeitstil selbst als einen Kunstgegenstand zu betrachten, mag aber auch zur Erhellung des Gruppenstils beitragen. Überzeugender als der »anonyme« Stil eines Zeitalters repräsentiert der Stil einer Gruppe – wie auch das Kunstwerk selbst – eine Synthese, eine harmonische Versöhnung zwischen den widerstreitenden Kräften eines Zeitalters. Ein Gruppenstil ist fast ebenso sehr selber Ausdruck, wie er ein Ausdruckssystem ist.

Der Begriff »Ausdruck« verleitet zu gedanklicher Schlamperei. Wird er auf Kunst angewendet, so ist er nichts als eine notwendige Metapher, doch für bare Münze genommen leistet er denen Vorschub, die sich mehr für die Persönlichkeit des Künstlers als für sein Werk interessieren. Trotzdem ist er selbst in seiner naivsten Form eine wesentliche Bedingung zum Verständnis der Kunst des späten 18. Jahrhunderts. Natürlich lassen sich in keinem Zeitalter die formalen Eigenschaften musikalischer Details von ihrer affektiven und gefühlsmäßigen, wie auch ihrer intellektuellen Bedeutung innerhalb des Werkes und dementsprechend innerhalb der Stilsprache trennen. Wir werden im folgenden immer wieder die Bedeutung der Elemente, die die klassische Synthese bilden, zu bedenken haben. Doch ist es ein häufig gemachter, grober Fehler, einen Stil durch bestimmte Ausdruckshaltungen zu definieren, etwa die »elegante« Malerei des 16. Jahrhunderts manieristisch zu nennen, die Klassik als apollinisch und die Romantik als schwärmerisch oder morbide zu bezeichnen. Insofern Stil die Handhabung einer musikalischen, bildnerischen oder literarischen Sprache ist, kann er höchst Vielfältiges ausdrücken, so daß ein Werk von Mozart auf seine Weise ebenso morbide, elegant oder ungestüm sein kann wie eines von Chopin oder Wagner. Es stimmt, daß die Ausdrucksmittel mitbestimmen, was ausgedrückt wird. Zwanglosigkeit oder Anstrengung bei der Verwendung der Sprache, d. h. die Anmut des Ausdrucks, bedeuten in der Kunst sehr viel. Doch wenn der Anmut solche Bedeutung zugesprochen wird, hört Stil auf, ein reines Ausdrucks- oder Kommunikationssystem zu sein.

Die Geschichte einer künstlerischen »Sprache« läßt sich deshalb nicht mit der Geschichte einer Sprache des täglichen Verkehrs vergleichen. Für die Geschichte der englischen Sprache z. B. ist jedermanns Sprache gleichwertig. Das Gesamtbild zählt, nicht die Bedeutung, Anmut oder Tiefsinnigkeit des Einzelbeispiels. Für die Literatur- oder Musikgeschichte ist Wertung eine notwendige Voraussetzung. Selbst wenn Haydn und Mozart in allen Hauptpunkten von ihren Zeitgenossen abwichen – was unwahrscheinlich wäre – blieben ihr Werk und ihre Auffassung des Ausdrucksbegriffs notwendigerweise im Mittelpunkt der Geschichte. Das stellt die Sprachgeschichte auf den Kopf, denn nun wird die Masse der Sprecher nach ihrem Verhältnis zum Einzelnen bewertet. Die individuelle Aussage bildet die Norm und hat Vorrang vor dem allgemeinen Sprachgebrauch.

Das macht die Historiographie der Musik oder einer anderen Kunst so besonders schwierig, insofern nämlich das Außergewöhnliche, nicht das Normale, unser Interesse am meisten beansprucht. Selbst im Werk eines einzelnen Künstlers sind es nicht seine üblichen Verfahrensweisen, die den Personalstil ausmachen, sondern seine gelungensten und individuellsten Äußerungen. Damit scheint jede Möglichkeit einer Kunstgeschichte schlechthin ausgeschlossen: es gibt nur unabhängige Einzelwerke, die ihre eigenen Normen aufstellen. Ein dem Kunstwerk wesentlicher Widerspruch besagt, daß es nicht paraphrasiert oder übersetzt werden und doch nur innerhalb einer Sprache existieren kann, die die Möglichkeit der Paraphrase oder Übersetzung als notwendige Bedingung einschließt.

Der Begriff des Gruppenstils ist ein Kompromiß, der diese unerträgliche Zersplitterung vermeidet, ohne daß er der Problematik eines »anonymen« Zeitstils anheimfällt, der zwischen Gemälde und Tapetenmuster, zwischen Musik und akustischer Berieselung nicht unterscheidet. Ein so verstandener Gruppenstil ist deshalb nicht unbedingt eine »Schule«, eine eingeschworene Gruppe von Lehrern und Schülern, obwohl das manchmal zutreffen mag. Gruppenstil ist eine Denkvorstellung, ein Ordnungsversuch, ein Konzept, mithilfe dessen Wandlungen der Musiksprache interpretiert werden können, ohne daß man sich in der Masse der teilweise recht guten Kleinmeister verliert, die sich über ihre Zielrichtung nicht vollständig im klaren waren, die an überkommenen, im neuen Kontext nicht mehr stimmigen Praktiken festhielten und mit Ideen spielten, deren überzeugende Formulierung ihre Kräfte überstieg.

Im Verhältnis zum »anonymen« oder landläufigen Stil des 18. Jahrhunderts stellt der klassische Stil nicht nur die Synthese der damaligen künstlerischen Möglichkeiten dar, sondern auch die Ausfilterung sämtlicher nichtssagender Überbleibsel vergangener Traditionen. Einzig in den Werken von Haydn, Mozart und Beethoven verbinden sich sämtliche Stilelemente der Rhythmik, Harmonik und Melodik ihrer Zeit sinnvoll miteinander und verwirklichen sich die Ideale der Epoche auf eine mehr als einfältige Weise. Die Musik von Johann Stamitz verquickt beispielsweise primitive, klassische Phrasenbildung mit höchst altmodischer, barocker Sequenzenharmonik, so daß ein Element selten das andere verstärkt, sondern es vielmehr um seine Wirkung bringt. Die etwas späteren Werke von Carl Ditters von Dittersdorf, insbesondere die Opern, sind zwar melodisch reizvoll und gutmütig humoristisch, doch kommen sie über das simpelste Tonika-Dominant-Verhältnis nie hinaus. Die Leistungen Haydns und Mozarts lassen sich nicht vor dem Hintergrund ihrer Zeitgenossen verstehen, weder in Bezug auf historische Größe noch historischen Einfluß und ganz bestimmt nicht, was die Sinnrichtung der Musikentwicklung des 18. Jahrhunderts angeht. Vielmehr müssen die Kleinmeister im Zusammenhang mit den Grundprinzipien der Musik von Mozart und Haydn, oder als interessanter- und originellerweise sich von jenen distanzierend, betrachtet werden. Muzio Clementi steht beispielsweise etwas außerhalb, sowohl durch die ihm eigene Verschmelzung der italienischen und französischen Tradition, wie auch durch seine Entwicklung des virtuosen Passagenwerks, das für den nachklassischen Stil eines Hummel oder Weber so wesentlich wurde. Es ist bedeutsam, daß derartiges Laufwerk, dem Liszt und Chopin später die künstlerische Weihe gaben, von Beethoven in der Mehrzahl seiner Klavierwerke emphatisch abgelehnt wurde; in seinen Bemerkungen zum Fingersatz und zur Handhaltung spricht er sich gegen diejenige Spieltechnik aus, die dafür am besten geeignet wäre. Obgleich er Clementis Musik Klavierschülern zum Gebrauch empfahl, lehnte er die »perlende« Klaviertechnik ab und kritisierte selbst Mozarts Klavierspiel als zu bewegt.

Was Haydn, Mozart und Beethoven verbindet, ist weder persönlicher Kontakt noch gegenseitige Beeinflussung oder Wechselwirkung (obgleich beides reichlich vorhanden ist), sondern die gleiche Auffassung von der musikalischen Sprache, zu deren Formulierung und Wandlung sie selbst so stark beitrugen. Diese drei Komponisten von völlig verschiedenem Charakter und oftmals entgegengesetztem Ausdruckswillen fanden in der Mehrzahl ihrer Werke zu analogen Lösungen. Die Stileinheit ist deshalb zwar ein fiktiver Begriff, doch einer, den die Komponisten selbst mit ins Leben riefen. Um 1775 läßt sich bei Haydn und Mozart eine erhebliche Wandlung feststellen. Es ist dies der Zeitpunkt von Mozarts Klavierkonzert *Es* KV 271, dem vielleicht ersten großen Werk, in dem Mozarts reifer Stil jeden Aspekt beherrscht. Etwa zur gleichen Zeit vertiefte Haydn sich stärker in die

Opera buffa-Tradition Italiens, der der klassische Stil so viel verdankt. Der Zeitpunkt ist nicht willkürlich gewählt; zwar hätte man ihn aus anderen Gründen fünf oder zehn Jahre früher legen können, doch scheinen mir gerade hier die Bruchstellen von größerer Bedeutung zu sein als die Verbindungslinien. Denn erst von diesem Zeitpunkt an hat ein ganz neuartiges rhythmisches Gefühl das hochbarocke konsequent ersetzt. Es ist auch klar, daß ich Haydns Behauptung ernstnehme, er habe die ›Scherzi‹ oder ›Russischen Quartette‹ op. 33 von 1781 »auf eine gantz neue besondere art« geschrieben. Die musikalische Sprache, die den klassischen Stil erst möglich machte, ist die Tonalität, die nie ein massives, starres System, sondern von Anfang an eine lebendige, sich allmählich wandelnde Sprache war. Sie stand gerade an einem wichtigen Wendepunkt, als Haydns und Mozarts Stil sich auszuformen begann.

Die Darstellungen der Tonalität sind so zahlreich und widersprüchlich, daß es sinnvoll erscheint, ihre Prämissen hier noch einmal zu formulieren, und zwar der Kürze halber nicht historisch, sondern axiomatisch. Tonalität ist eine hierarchische Anordnung der auf den natürlichen Obertönen eines Tones aufgebauten Dreiklänge. Die stärksten Obertöne sind die Oktave, die Duodezime, die Quindezime und die Septendezime, wobei die Oktave und Quindezime als gleicher Ton in höherer Lage übergangen werden können. (Die psychologischen und traditionellen Gründe dafür werde ich hier nicht erörtern.) Transponiert man die Duodezime und Septendezime näher zum Grundton bzw. zur Tonika hinunter, so ergeben sie die Quinte und Terz bzw. die Dominante und die Mediante.

In dem Dreiklang Grundton – Mediante – Dominante ist die Dominante der stärkere Oberton und daher der zweitstärkste Ton. Die Tonika läßt sich jedoch ihrerseits als Dominante der unter ihr liegen-

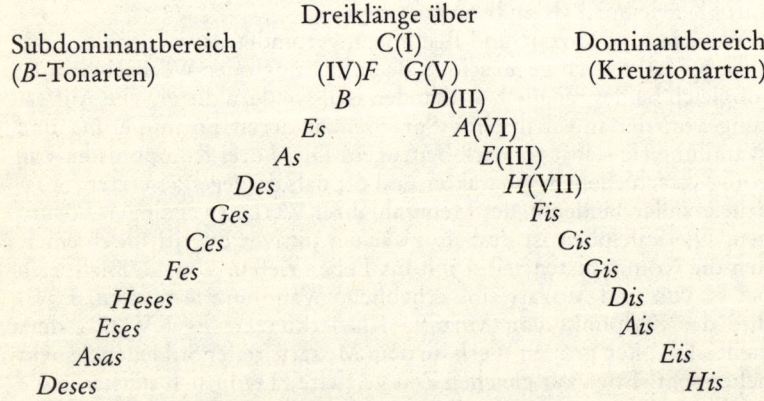

den Quinte, der sogenannten Subdominante, betrachten. Durch den Aufbau sukzessiver Dreiklänge in auf- und absteigender Richtung gelangt man zu einer symmetrischen und dennoch nicht ausgewogenen Struktur (siehe Übersicht auf S. 22). Die Struktur ist deshalb unausgewogen, weil alle Obertöne von einem Grundton aufsteigen, so daß der auf dem zweiten Oberton des vorangehenden Grundtons basierende Dominant- bzw. Kreuztonartenbereich schwerer wiegt als der fallende, der Subdominantbereich. Die Subdominante schwächt die Tonika, indem sie sie zur Dominante macht (d. h., indem sie den Tonikaton nicht als Grundton des Hauptdreiklangs, sondern als Oberton benutzt). Diese Unausgewogenheit ist zum Verständnis aller tonalen Musik unumgänglich; sie schafft die Voraussetzung für das Prinzip Spannung-Lösung, auf das sich die Musik jahrhundertelang gründete. Unmittelbar einsichtig wird diese Unausgewogenheit in der Bildung der diatonischen Durtonleiter (der mit römischen Ziffern versehenen Töne), da diese den Grundton nur eines einzigen Dreiklangs des Subdominantbereichs, jedoch die Grundtöne der ersten fünf Dreiklänge des Kreuztonarten- oder Dominantbereichs verwendet.

In reiner oder natürlicher Stimmung führen die beiden Richtungen nicht zum Anfang zurück: folgt man den natürlichen Obertönen, so ist *Deses* nicht der gleiche Ton wie *His*, und beide unterscheiden sich von C. Daher ist kein Dreiklang der Dominantseite mit einem der Subdominantseite identisch, obgleich einige eng benachbart sind. Fast von Anbeginn der Tonalität, ja seit den Anfängen der Musiktheorie bei den Griechen, versuchten Musiker und Theoretiker diejenigen Dreiklänge zu identifizieren, deren Verwandtschaft bedeutungsvoll ist und stellten so ein nicht nur symmetrisches, sondern kreisförmiges System, den sogenannten Quintenzirkel, auf:

$$C(I)$$
$$(IV)F = Eis \qquad G(V) = Asas$$
$$B = Ais \qquad D(II) = Esses$$
$$Es = Dis \qquad A(VI) = Heses$$
$$As = Gis \qquad E(III) = Fes$$
$$Des = Cis \qquad H(VII) - Ces$$
$$(Ges = Fis)$$

Dabei muß der jeweilige Abstand zwischen den zwölf schritt- bzw. tonleitermäßig angeordneten Tönen (es ergibt sich die chromatische Tonleiter) gleich groß gehalten werden, was ihre Beziehung zu den natürlichen Obertönen verfälscht. Dieses System wird als gleichschwebende Stimmung bezeichnet. Moduliert man nun in der einen oder anderen Richtung durch den Quintenzirkel, so gelangt man wieder zum Ausgangspunkt zurück. Schon im 16. Jahrhundert gab es starke Bestrebungen, die gleichschwebende Stimmung einzuführen, da sie für einen Großteil der damals geschriebenen chromatischen Musik eine wesentliche Voraussetzung bildet. Doch erst im 18. Jahrhundert wurde sie die theoretische Grundlage der Musik (und bis ins 19. Jahrhundert hinein verwendeten einige Klavierstimmer Mischformen aus gleichschwebender und reiner, d. h. natürlicher Stimmung).

Mit Einführung der gleichschwebenden Stimmung erübrigt sich die Diskussion darüber, ob Tonalität eine »natürliche« oder eine »konventionelle« Sprache sei. Sie gründet sich offensichtlich auf die physikalischen Eigenschaften eines Tones, und ebenso offensichtlich deformiert oder »denaturiert« sie diese Eigenschaften zugunsten einer geregelten Sprache mit komplexeren und vielfältigeren expressiven Möglichkeiten. Das Ohr oder der Verstand hatten sich schon an eine gewisse Gleichwertigkeit der großen und kleinen Terz gewöhnt, obgleich ein Dreiklang, dessen untere Terz groß und dessen obere klein ist, sehr viel stärker den natürlichen Obertönen entspricht. Daher ist ein Durdreiklang stabiler als ein Molldreiklang; wie die relative Schwäche der Subdominantrichtung ist dies ein wesentlicher Faktor zum Verständnis der Gefühlswerte von tonaler Musik.

Das tonale Universum des 18. Jahrhunderts mit Hilfe des Quintenzirkels zu definieren, mag umständlicher erscheinen, als eine auf der Dur-Moll-Skala basierende Definition. Jene Definition hat jedoch den Vorteil, daß sie das asymmetrische Verhältnis zwischen Dominante und Subdominante sichtbar werden läßt und darüber hinaus hervorhebt, daß im Mittelpunkt eines tonalen Werkes nicht ein Ton, sondern ein Dreiklang steht. Aus dem Quintenzirkel entwickelte man damals auch die chromatische Tonleiter, wie aus Beethovens frühen Orgelimprovisationen und später aus Chopins ›Préludes‹ zu ersehen ist. Die Dur-Moll-Tonleitern für sich suggerieren nicht ein tonales, sondern ein »modales« System. Hierbei bildet ein Ton den Mittelpunkt, jedes Musikstück beschränkt sich auf die leitereigenen Töne, und Schlußkadenzen werden nicht als harmonische, sondern als melodische Formeln aufgefaßt. Trotzdem behält die Tonleiter ihre Wichtigkeit, da Dissonanzen damals immer schrittweise aufgelöst wurden – woraus sich die in der Tonalität allgegenwärtige Spannung zwischen Leiter und Dreiklang, zwischen schrittweiser und akkordlicher Bewegung ergibt. Darüberhinaus trägt die Tonleiter zur Bestimmung der Hauptunterschiede zwischen Dur und Moll bei.

Das Molltongeschlecht ist wesensmäßig unstabil, weshalb Mollstücke in Dur zu endigen pflegen. Zudem gehört es zum Subdominantbereich (ein Blick auf das obige Diagramm zeigt, daß die von *C*-dur abweichenden Töne der *c*-moll-Tonleiter sämtlich aus dem *B*- oder Subdominantbereich stammen). Aus diesem Grund wird das Moll oft als chromatisches Mittel, als eine koloristische Bereicherung des Dur verwendet; es strebt nicht auf eine andere Tonart zu, sondern ist eine labilere und ausdrucksvollere Nebenform der gleichen Tonart. In stark chromatischen Passagen läßt sich oft nicht feststellen, ob sie in Dur oder Moll stehen (siehe S. 290f.).

Die Grundlage jeglicher musikalischer Form in westlicher Musik ist seit dem gregorianischen Choral die Kadenz, die besagt, daß Form etwas »Geschlossenes« ist, daß sie abgesetzt und eingerahmt ist. (Erst im 19. Jahrhundert wird die Schlußkadenz angegriffen, während schon das 16. Jahrhundert durch improvisatorische Einleitungen den Anfang aufzulösen trachtete.)

Die größte Veränderung in der Tonalität des 18. Jahrhunderts – u. a. auch auf die Einführung der gleichschwebenden Stimmung zurückzuführen – ist die stärker ausgeprägte Polarisierung von Tonika und Dominante. Im 17. Jahrhundert ließen sich Kadenzen noch entweder mit dem Dominant- oder dem Subdominantdreiklang bilden, doch sobald man gewahrte, wie vorteilhaft es war, die systemimmanente Unausgewogenheit, die Übermacht der Dominant- gegenüber der Subdominantregion, zu betonen, ließ man die Subdominantkadenz, den Plagalschluß, fallen. Die Dominantkadenz wurde die alleinige Form und wurde durch die wachsende Bedeutung des Dominantseptakkords noch verstärkt. Benutzt man nämlich zur Dreiklangsbildung ausschließlich die Töne der diatonischen Tonleiter, dann gibt es auf der siebten Stufe keine echte Quinte und somit keinen festen Dreiklang, da VII nur eine verminderte Quinte, d.h. einen Tritonus besitzt. Die siebte Stufe ist der Tonika unmittelbar benachbart, ist ihr Leitton, und indem man die fünfte Stufe unter den Dreiklang der siebten setzt, erhält man den Dominantseptakkord (V^7), der gleichzeitig ein Dominantakkord wie auch die labilste, sofortige Auflösung in den Tonikadreiklang heischende Dissonanz ist. Der Vorrang des Dominantseptakkordes verstärkte sich in dem Maße, wie durch die freigiebigere Verwendung von Dissonanzen überhaupt und ihre Einbeziehung und Lösung in einem vielschichtigeren Kontext der mittelalterliche Abscheu vor verminderten Quinten verschwand.

Die Polarität zwischen Tonika und Dominante erfuhr ihre Bestätigung durch die Modulation, d.h. die zeitweilige Verwandlung der Dominante (oder eines anderen Dreiklangs) in eine sekundäre Tonika[2]. Im 18. Jahrhundert muß die Modulation im Grunde als eine

---

[2] Im Molltongeschlecht veränderte sich diese Polarität zwischen 1700 und 1830 gründlich. Im frühen 18. Jahrhundert konnte die sekundäre Tonart in c-moll die Molldominante (g-moll) oder die parallele Durtonart (*Es*-dur) sein. Aber der Molldominantdreiklang besitzt niemals die Kraft eines Durdreiklangs; diese schwache Beziehung verschwand gegen Ende des Jahrhunderts fast völlig, und die parallele Durtonart herrschte unumschränkt als Dominantersatz der Molltonarten. Doch auch diese Situation dauerte nicht lange an. Denn im Zeitalter Schumanns und Chopins werden das Mollgeschlecht und seine parallele Durtonart

Dissonanz auf höherer Ebene, nämlich auf der Ebene der Gesamtstruktur, verstanden werden. In einem tonalen Musikstück ist ein außerhalb des Tonikabereiches stehender Abschnitt im Verhältnis zur Gesamtheit des Stückes dissonant und bedarf der Auflösung, wenn die Form abgerundet und das Wesen der Kadenz unangetastet bleiben soll. Erst im 18. Jahrhundert, nachdem sich die gleichschwebende Stimmung durchgesetzt hatte, konnte die Modulation ihr volles Potential entfalten; die Konsequenzen aus dieser Entwicklung wurden erst in der zweiten Jahrhunderthälfte gezogen.

Die chromatische Modulation des 16. Jahrhunderts unterscheidet beispielsweise nicht zwischen aufsteigender und absteigender Richtung, daher ist Chromatik damals viel eher was der Name andeutet, eine Einfärbung. Selbst zu Anfang des 18. Jahrhunderts ist Modulation häufiger ein eher zielloses Umherwandern als die echte, wenn auch vorübergehende Setzung einer neuen Tonika. Dieser Abschnitt aus der ›Kunst der Fuge‹ durchstreift kaleidoskopartig mehrere Tonarten, ohne unterwegs festen Fuß zu fassen:

(vierstimmige Tripelfuge)

Haydn und Mozart ziehen dann praktische Konsequenzen aus der Hierarchie der Tonarten: die verschiedenen möglichen Tonarten werden deutlich und sogar dramatisch mit der Haupttonart kontrastiert, wodurch sich die Bedeutungsspanne erheblich vergrößert.

Die Hierarchie ist komplizierter als der Standort eines Dreiklangs im Quintenzirkel angibt und hängt von vielen Faktoren ab, die der Komponist nicht alle gleichzeitig ins Spiel bringen muß. Die der ersten Stufe scheinbar sehr nah verwandte Tonart auf II steht z. B. in Wirklichkeit in größter Entfernung und starkem Gegensatz zur Tonika, ganz einfach weil diese aus dem Durdreiklang auf II (Subdominantparallele) durch Hinzufügung ihres Grundtons einen Dominantseptakkord macht. Fassen wir die Praxis der Klassik kurz zusammen: Die Tonarten auf III und VI (Dominant- und Tonikaparallele bzw. Mediante und Untermediante) sind der Dominante nahe stehende und sie teilweise ersetzende Kreuztonarten und beinhalten einen

oft gleichgesetzt, als dieselbe Tonart behandelt, so daß eine Polarität nicht mehr möglich ist (vgl. Chopins Scherzo *b/Des* oder die Fantasie *f/As*). So hat die mangelnde Stabilität der Funktion der Mollterz offensichtlich als Movens der historischen Entwicklung gedient.

Spannungszuwachs bzw. einen Dissonanzzuwachs auf der Ebene der Gesamtstruktur. In erniedrigter Form sind die Mediante und Untermediante weitgehend Subdominanttonarten und werden wie diese dazu verwendet, die Tonika zu schwächen und die Spannung zu vermindern. Andere Tonarten müssen durch den musikalischen Kontext genauer definiert werden, doch diejenigen auf dem Tritonus (verminderte Quinte) und auf der kleinen Septime sind am entferntesten, d. h. in ihrer Wirkung für die Großform am dissonantesten[3].

Sämtliche Musik von Haydn, Mozart und Beethoven sieht gleichschwebende Stimmung vor, selbst die Streichquartette. Wenn Beethoven in dem folgenden Abschnitt aus dem Quartett op. 130

für die erste Geige *Des* und für die zweite *Cis* schreibt, so meint er damit selbstverständlich nicht zwei verschiedene Tonhöhen. Allerdings differenziert Beethoven bei einer Modulation die Ausrichtung eines Tons. In den Anfangstakten desselben Satzes

wird das Schwanken zwischen *b*-moll und *Des*-dur durch das *Heses* und *A* verdeutlicht. Ich habe selbst einmal ein Quartett diesen Abschnitt in reiner Stimmung spielen hören; die Wirkung war schauerlich. Das heißt nicht, daß Quartettspieler streng in gleichschwebender Stimmung spielen oder spielen sollten; die Tonhöhe wird stets nuanciert, aber um des Ausdrucks willen, der wenig mit reiner Stimmung zu tun hat. Die meisten Geiger finden es in der Praxis natürli-

---

[3] Die pathosgeladene Rolle der erniedrigten Subdominantparallele (bzw. des Neapolitaners) wird unten S. 97 erörtert.

cher, die Tonhöhe auf die am wenigsten »natürliche« Weise zu verändern. Physikalisch gesehen ist bei dem obigen Beispiel *Heses* höher als *A*; da *A* jedoch Teil einer unvollständigen *b*-moll-Kadenz ist, klingt es ausdrucksvoller und logischer, wenn das *A* leicht geschärft wird, denn man wird einen Leitton eher erhöhen als erniedrigen. Daß Streicher in reiner Stimmung spielen sollen, scheint eine Theorie des späten 19. Jahrhunderts zu sein, die wir hauptsächlich dem Freunde von Brahms, Joseph Joachim, verdanken. Bernard Shaw bemerkte bissig, Joachim spiele nicht in reiner Stimmung, sondern ganz einfach unsauber. Gefahr ist im Verzug, wenn Theorie das Musizieren bestimmt.

Beethoven hat behauptet, er könne Stücke in *Des*-dur und *Cis*-dur auseinanderhalten, doch diese Bemerkung betraf sogar Klaviermusik und hat deshalb nichts mit Intonation oder Stimmung zu tun. Was Beethoven meinte, war der »Charakter« der verschiedenen Tonarten, ein Thema, das eher die Psyche des Komponisten beleuchtet, als die eigentliche Musiksprache. Die Vorstellung, daß jede Tonart ihren eigenen Charakter habe, führte Donald Francis Tovey auf ihre jeweilige Beziehung zu *C*-dur zurück, welches unbewußt als Grundtonart erfahren werde, weil jeder Musiker es als Kind zuerst kennenlerne. *F*-dur besitzt daher von »Natur« aus subdominantischen, d. h. im Vergleich zu *C*-dur spannungslösenden Charakter; in der Tat stehen die meisten Pastoralen in *F*-dur. Die traditionelle Verwendung bestimmter Instrumente in bestimmten Tonarten, z. B. Hörner in *Es*, hat gleichfalls den Bedeutungsbereich einer Tonart mitbestimmt. Der dominantische Charakter von *Cis* und der subdominantische von *Des* muß sich auf das Empfinden jedes Komponisten ausgewirkt haben. In einem Werk der Klassik hängt der Charakter einer untergeordneten Tonart, d. h. jeder anderen als der Haupttonart eines Stückes davon ab, ob man sie vom Subdominant- oder vom Dominantbereich her erreicht, doch beeinträchtigt dieser Sachverhalt die absolute theoretische Überlegenheit der gleichschwebenden Stimmung keineswegs. Abweichungen davon in der Praxis, durch Vibrato oder tatsächliche Verfälschung, sind nicht strukturell bedingt, sondern dienen dem Ausdruck.

Die zweite Hälfte des 18. Jahrhunderts stellt eine wichtige Stufe innerhalb der Jahrhunderte währenden, fortschreitenden Zerstörung der Linearität in der Musik dar. Diese verläuft nicht allein horizontal, wie gemeinhin angenommen wird, wobei nur die selbständigen, fortlaufenden Stimmen im kontrapunktischen Satz als Linien verstanden werden. Es gibt auch einen vertikalen Aspekt. Der barocke Generalbaß von 1600 bis über 1750 hinaus, der Musik als Abfolge von Akkorden strukturiert, versteht die musikalische Bewegung als eine Reihe von vertikalen Linien. Die Notation allein macht diese vertikale Linearität für das Auge schon einsichtig. (Selbst in Sololiteratur ohne

Continuoinstrument besteht ungeachtet der selbständigen Bewegung der Stimmen selten Zweifel darüber, wo ein Akkord aufhört und der nächste anfängt.) Diese vertikalen »Linien« wurden während der gesamten Barockzeit von einer starken horizontalen Baßlinie getragen, und der neue Stil des späten 18. Jahrhunderts richtete sich gegen beide.

Die zahlreichen schon vor der Jahrhundertmitte entwickelten Begleitfiguren, von denen die Alberti-Bässe die bekanntesten sind,

zeigen durch ihren beherrschenden Einfluß die große Bedeutung dieses Wechsels an. Diese Art der Begleitung verwischt die Selbständigkeit der drei theoretisch vorhandenen kontrapunktischen Stimmen und die akkordliche, homophone Harmonik, deren Illustration sie ja sein soll. Sie überwindet die Trennung der drei Stimmen durch ihre Vereinigung zu einer Linie und die Isolierung der Akkorde durch ihre Integration in eine fortlaufende Bewegung. Lineare Form bedeutet im Grunde die Isolierung der musikalischen Elemente, und so läßt sich die Musikgeschichte bis zum heutigen Tag als das allmähliche Abbröckeln der verschiedenen isolierenden Kräfte in der Musik ansehen, nämlich der kontrapunktischen Selbständigkeit der Stimmen, der homophonen Akkordik, der geschlossenen und gerahmten Formen und der Klarheit der Diatonik. Der Angriff auf die isolierenden Tendenzen erfolgt paradoxerweise von innen her, d. h. von den isolierenden Kräften selbst, so wie ja auch in der Malerei der Impressionismus in seinem Bestreben, die Isolierung der großen Form zu meiden, über Eugène Delacroix hinausging, doch als Methode die Lehre vom isolierten und gleichwertigen Pinselstrich entwickelte. In der Musik griff der klassische Stil die horizontale Selbständigkeit der Stimmen und die vertikale Selbständigkeit der Harmonien an, indem er die Phrase isolierte und die Struktur deutlich gliederte. Die Phrasenbildung des späten 18. Jahrhunderts ist betont periodisch und tritt in klar abgegrenzten Gruppen von drei, vier oder fünf, meist jedoch vier Takten auf. Daß dieses periodische System der musikalischen Bewegung aufgedrückt wurde und die innere Fortschreitung durch die neuartigen Begleitfiguren verwischt wurde, bedeutet, daß das Gefühl für Linearität im klassischen Stil auf eine höhere Ebene gehoben und nicht als lineare Kontinuität der einzelnen Elemente, sondern erst als Zusammenhang des ganzen Stückes sichtbar wurde. Das Gefäß dieses neuen Stils ist ein »Sonate« genanntes Gefüge.

2. Formtheorien

Erst als die Sonatenform tot war, konnte sie definiert werden. Carl Czerny behauptete um 1840 voll Stolz, er habe sie als erster beschrieben, aber da war sie schon ein historischer Gegenstand. Die ursprüngliche Bedeutung von »sonata«, nämlich »gespielt« im Gegensatz zu »gesungen«, nahm erst allmählich festere, jedoch nie starre Umrisse an. Die gängigen Definitionen sind selbst für das späte 18. Jahrhundert zu beschränkt und treffen eigentlich nur auf die Sonate der Romantik zu. Die »Sonate« ist ohnehin keine Form wie das Menuett, die Da capo-Arie oder die französische Ouvertüre; sie ist vielmehr gleich der Fuge eine Kompositionsweise, d. h. ein gewisser Sinn für Proportion, Richtung und Textur, und nicht ein Schema.

Es fällt oft schwer, bei einer Form die konstituierenden Merkmale von den erworbenen Eigenschaften zu trennen, zumal diese sich im Lauf der Zeit in jene zu verwandeln pflegen. Wir müssen also zwischen dem unterscheiden, was ein Komponist des 18. Jahrhunderts mit Sonate bezeichnet hätte, d. h. wie weit er den Begriff gefaßt und an welchem Punkt er gesagt hätte: »Das ist keine Sonate, sondern eine Fantasie«, und zwischen der Art, wie Sonaten üblicherweise komponiert wurden, d. h. die gängigen Muster, die sich allmählich herausschälten und leider später als Vorschriften angesehen wurden. Die Trennlinie ist oft unscharf, und es ist zu bezweifeln, ob selbst zeitgenössische Komponisten sie mit Bestimmtheit hätten ziehen können. Denn es änderte sich nicht nur die Bedeutung, vielmehr war das Wort darauf angelegt, einen großen Bedeutungsbereich zu erfassen und selbst die Möglichkeit des Wandels miteinzubeziehen.

Seit Czerny wird die Sonatenform meistens als melodische Struktur definiert. Die in mehrfacher Hinsicht irreführende Beschreibung verläuft im allgemeinen etwa folgendermaßen: Die Exposition beginnt mit einem Thema oder einer Themengruppe in der Tonika, worauf zur Dominante und einer zweiten Themengruppe moduliert wird. Auf die Wiederholung der Exposition folgt die Durchführung, in der die Themen aufgespalten und in verschiedenen Tonarten neu kombiniert werden; sie endet mit der Rückkehr zur Tonika. Die Exposition wird rekapituliert (»Reprise«), doch mit der zweiten Themengruppe in der Tonika, und es folgt freibleibend eine Coda. Diese Darstellung der gängigen Beschreibung übergeht die pedantische Zerlegung der Exposition in erstes Thema, Überleitung, zweites Thema und Schlußgruppe als noch weniger befriedigend. Unerwähnt blieb auch die »Regel«, daß in der Durchführung ein neues Thema »erlaubt« ist. Zwar sind Plazierung, Anzahl und Charakter der Themen mindestens von Domenico Scarlatti bis Beethoven tatsächlich von nicht zu unterschätzender Bedeutung, formbestimmend sind sie jedoch keineswegs.

Es ist ein billiges und beliebtes Vergnügen, die Sonatenauffassung des 19. Jahrhunderts vernichtend zu kritisieren. Daß die Beschreibung mangelhaft ist, liegt auf der Hand, sobald man sich vergegenwärtigt, daß Haydn in seinen Sonaten oft nur ein Thema verwendet und selbst bei Verwendung mehrerer Themen die Modulation zur Dominante gewöhnlich durch die Wiederholung der Anfangstakte am neuen Ort markierte, daß Mozart hingegen den Wechsel zur Dominante gern durch ein völlig neues Thema markierte (obgleich er zuweilen Haydns Beispiel folgt) und daß Beethoven oft eine Zwischenlösung vorzog, wobei das den Wechsel markierende, neue Thema eindeutig eine Variante des jeweiligen Anfangsthemas ist. Das an dieser Stelle oft für unentbehrlich gehaltene Auftreten eines neuen Themas ist weit davon entfernt, ein formbestimmendes Merkmal zu sein.

Das Vorhandensein eines zweiten Themas erschien Haydns Zeitgenossen nicht einmal wünschenswert. Als die großen Symphonien Nr. 92–94 an ihrem Bestimmungsort Paris uraufgeführt wurden, schrieb der Kritiker des ›Mercure de France‹ bewundernd, weniger begabte Komponisten bedürften zahlreicher Themen, um einen Satz in Gang zu halten, Haydn jedoch nur eines einzigen. Schöne Melodien waren immer willkommen, und oft verstärkten und erhellten sie die Umrisse einer Sonate, aber der Bau einer Sonate ruhte nicht auf einer Abfolge von Themen.

Obgleich die Sonatenauffassung des 19. Jahrhunderts höchst irreführend ist, müssen wir zu verstehen suchen, wie und warum es zu einer derartigen Formulierung kommen konnte. Die erste Romantikergeneration, die formale Organisation im wesentlichen von der Melodik her begriff, strebte naturgemäß nach einem thematischen Schema für die Sonate. Das Interessante daran ist, daß sie offensichtlich Erfolg hatte. Die »Sonatenform«, so wie sie nach 1840 verstanden wurde, mag für zahlreiche klassische Sonaten unzureichend sein, sie trifft auf eine ungleich größere Anzahl von Sonaten jedoch zu, und zwar trotz der Erhebung des rein melodischen Moments zu einer im 18. Jahrhundert nie gekannten Position. Überzeugend ist sie deshalb auch nur dann, wenn die Melodik mit anderen formbestimmenden Faktoren nicht in Konflikt gerät. Trifft die »Sonatenform« zu, so ist das ebenso täuschend, wenn nicht noch täuschender, als wenn sie nicht zutrifft, doch läßt sie sich nicht einfach abtun: Ein neues Thema ist in der Durchführung erlaubt, und tatsächlich erscheint es häufig; die »Überleitung« ist zumeist da, wo sie sein soll und klingt zumeist tatsächlich auch überleitend und nicht wie eine Aussage; und endlich beginnt die Durchführung nicht selten regelgetreu mit dem Hauptthema in der Dominante.

Problematisch ist an dieser leider noch heute an den meisten Schulen und in Musikkursen gelehrten Darstellung der Sonatenform nicht so sehr, daß sie nicht genau zutrifft, sondern, daß sie als Rezept formuliert ist, als Rezept für ein Gericht, das gar nicht mehr zubereitet werden könnte. Man gibt zwar zu, daß zahlreiche Sonaten abweichende Merkmale aufweisen, doch macht man Komponistenwillkür dafür verantwortlich und läßt durchblicken, daß Sonaten eigentlich auf die »rechte« Weise zu komponieren seien. Und tatsächlich sind von Chopin abgesehen die meisten Sonaten des 19. Jahrhunderts nach dem richtigen Rezept geschrieben – meistens zu ihrem eigenen Schaden. Das Rezept war nicht nur starr, es ließ die Tatsache außer acht, daß um 1840 die richtigen Zutaten nicht mehr erhältlich waren. Das Tonalitätsdenken des 19. Jahrhunderts war zu fließend für ein System deutlich abgegrenzter Modulationen, Überleitungen und dergleichen von Theoretikern aufgestellten Forderungen. (Eigentlich war schon die Harmonik des 18. Jahrhunderts zu subtil und komplex, aber sie ließ sich leichter in das später für sie gezimmerte Prokrustesbett zwängen.) Eine von der Melodik bestimmte Auffassung der Sonate entsprach den mehr dramatischen Strukturen des 18. Jahrhunderts so wenig, wie die weit ausschwingenden Melodien des 19. Jahrhunderts den Formen des 18. Jahrhunderts. Die Sonate war 1840 so archaisch wie in Haydns Tagen die barocke Fuge. Leider war Beethovens und in geringerem Maße Mozarts Statur zu übermächtig, als daß die Form umgemodelt und ganz andersartigen Zwecken hätte angepaßt werden können, so wie etwa die Klassiker sich die Fuge anverwandelten. Kein barocker Komponist lastete so schwer auf Haydn wie Beethoven auf Schumann.

Das Gefährlichste an der traditionellen Sonatentheorie ist ihr normativer Anspruch. Am meisten wird sie noch den Werken gerecht, die Beethoven in enger Anlehnung an Mozart schrieb. Daß Abweichungen vom Muster Verstöße darstellen, und daß die Formen des frühen 18. Jahrhunderts niedrigere Vorstufen zu einem höheren Typus bilden, wird stillschweigend vorausgesetzt.

Mit denselben Voraussetzungen arbeitet ein Großteil der musikwissenschaftlichen Literatur des 20. Jahrhunderts, wenn auch in bestechenderer Form. Man gibt sich jetzt nicht mehr autoritär, sondern statistisch. Das Sonatenformmuster wird nicht als vorbildlich, sondern als die gängige Praxis der Komponisten des 18. Jahrhunderts hingestellt. Als »Sonatenform« gilt also die jeweils von der Mehrzahl der Komponisten verwendete Form. Dieses Verfahren ist allerdings sympathischer, insofern es der historischen Entwicklung der Sonaten mehr Beachtung schenkt und hinsichtlich der Beschreibung und Klassifizierung wissenschaftlicher ist. Es akzeptiert sowohl den Vorrang der tonalen Organisation gegenüber der thematischen, als auch die Bedeutung des Periodenbaus für die musikalische Form im 18. Jahrhundert. Die Schwäche des Verfahrens liegt in seiner allzu großen Demokratie. Nicht alle Komponisten sind gleichwertig, weder aus der Sicht der Nachwelt, noch in den Augen ihrer Zeitgenossen. (Damit sind wir wieder bei der problematischen Beziehung zwischen der »anonymen« Umgangssprache der Klassik und dem Stil eines Haydn, Mozart und Beethoven.) Der Stil eines jeglichen Zeitalters wird nicht allein von seinem Schaffen bestimmt, sondern vom Ansehen und Einfluß des jeweils Geschaffenen, mag auch das Ansehen eines Komponisten beim Publikum von dem bei seinen Komponistenkollegen erheblich abweichen. Die Bedeutung eines musikalischen Kunstwerks hängt zumindest teilweise von seinem Erfolg ab, von seiner unmittelbaren Anziehungskraft auf das zeitgenössische Publikum und letztlich von seiner Stimmigkeit und Dichte. Um den sofortigen oder langfristigen Erfolg eines Werkes zu begreifen, hilft eine vor allem auf Konvention und Durchschnitt fixierte Stiltheorie herzlich wenig. Vielmehr müssen wir etwas wissen, was der Erkenntnis verschlossen sein dürfte, solange man die Musik als eine Sprache wie jede andere behandelt, nämlich nicht allein, was man produzierte, sondern welchen künstlerischen Absichten diese Standardverfahren, wenn auch meistens vergeblich, dienen sollten. Noch in den 1780 veröffentlichten Klavierwerken von Carl Philipp Emanuel Bach z. B. finden sich vielerlei »Sonatenformen«: mit und ohne vollständige Durchführung, mit verkürzten oder vollständigen Reprisen usw. Der springende Punkt dabei ist, wie sich diese verschiedenen Formen zum harmonischen und thematischen Material verhalten. Warum zog der Komponist, da sie doch alle gleichzeitig verfügbar waren, die eine der anderen vor?

Eine rein tonartlich orientierte Beschreibung stellt den Gang einer klassischen Sonate nicht falsch dar, doch sie verdunkelt die Bedeutung der Form, und die Bedeutung ist letztlich von der Form selbst gar nicht zu trennen. Jede Sonatenexposition bewegt sich selbstverständlich von der Tonika zur Dominante (oder zu einer Vertreterin der Dominante, wobei die parallele Durtonart oder Mediante und die Untermediante die einzig möglichen sind), doch kann ich nicht glauben, daß ein zeitgenössisches Publikum auf den Wechsel zur Dominante wartete und sich bei ihrem Erscheinen angenehm bestätigt fühlte. Die Bewegung zur Dominante hin war Bestandteil der musikalischen Grammatik, nicht ein Formelement. Nahezu alle Musik des 18. Jahrhunderts erreichte die Dominante, vor 1750 geschah das ohne viel Aufhebens, später stand es dem Komponisten frei, künstlerischen Nutzen daraus zu ziehen. Mit anderen Worten, jeder Hörer des 18. Jahrhunderts erwartete die Bewegung zur Dominante dergestalt, daß er bei ihrem Fehlen stutzig geworden wäre: sie war eine Vorbedingung für die Verständlichkeit.

Deshalb ist die Isolierung der harmonischen Struktur, obwohl sie schon einen Fortschritt gegenüber einer rein thematischen Definition der »Sonatenform« darstellt, letztlich keine zufriedenstellende Lösung. Der Rhythmus kommt dabei zu kurz, und die Themen werden absurderweise zur nebensächlichen, die Grundstruktur nur betonenden oder gar verhüllenden Verzierung. Vor allem fehlt jeder Hinweis auf das Verhältnis zwischen Struktur und Material: entweder ist die Beschreibung begrifflich so eng gefaßt, daß das Material nur dazu da ist, eine vorhandene, leere Form zu füllen, oder aber so elastisch, daß die Form vollständig, wenn auch vage vom Material bestimmt wird, gerade so, als stünden dem Komponisten nicht frühere Werke – seine eigenen und andere – als Beispiele vor Augen, als erwarteten die Zuhörer mit jedem neuen Werk die Ordnung des Chaos, ja als wären ihre Erwartungen beim Anhören einer neuen Symphonie nicht zum guten Teil rhythmischer, melodischer und sogar gefühlsmäßiger Art.

Zwei weitere, schon erheblich differenziertere, rivalisierende Formbeschreibungen müssen hier noch kurz behandelt werden. Man könnte sie die lineare und die motivische nennen. Die lineare Werkanalyse geht hauptsächlich auf Heinrich Schenker zurück. Die Schwierigkeit seiner Theorie ist nur der halbe Grund dafür, daß nur eine kleine Gruppe von Berufsmusikern und Musikwissenschaftlern mit seinen Ideen vertraut ist. Die Schuld trägt teilweise auch ein oft widerwärtiger Schreibstil und eine leicht mit Borniertheit zu verwechselnde Arroganz. Musik, auf die seine Thesen nicht paßte, lag jenseits seines Horizonts, und Brahms ist der letzte Komponist, für den er ein gutes Wort übrig hatte. Schenkers Theorien, so wie er sie formulierte, sind nur auf tonale Musik anwendbar und treffen eher auf Bach, Händel, Chopin und Brahms zu, als auf die drei großen Klassiker. Daß seine Ideen, wenn man sie vom mystifizierenden Wust befreit, für die von uns behandelte Epoche relevant und wichtig sind, steht ganz außer Frage.

Zweifellos können Komponisten in längeren linearen Zusammenhängen denken, als es die detaillierte Ausarbeitung polyphoner Formen erfordert. Was wäre typischer für ein hervorragendes Musikstück als das Gefühl, daß die Musik sich auf einen Ton zu bewegt, der einen Einschnitt markiert, dessen Ausarbeitung in größeren Zusammenhängen als der je örtlich beschränkten Vorbereitung und Auflösung entworfen wurde – und auch gehört wird. (Je größer der Komponist, desto größer die Bedeutungszusammenhänge, über die er gebietet, selbst wenn der Umfang seines Entwurfs bewußt eng gehalten ist: aus diesem Grund zählt Chopin trotz der Einschränkungen, die er sich in puncto Genre und Medium auferlegte, zu den größten.) Sowohl die Vorbereitung als auch die daraus resultierende Bewegung sind vor 1900 linear, da in tonaler Musik lineare Auflösung die einzig akzeptable Form ist. Die Suche nach anderen Auflösungen hat im 20. Jahrhundert greifbare, aber bisher nur partielle Erfolge gezeitigt.

Mit anderen Worten, die Töne einer tonalen Komposition besitzen einen über ihre unmittelbare Umgebung hinausreichenden Sinn, der allein im Gesamtentwurf des vollständigen Werkes zum Tragen kommt. Jenseits ihrer »vordergründigen« Bedeutung liegt eine »hintergründige«, die hauptsächlich auf den Tonikadreiklang, den harmonischen Mittelpunkt jedes tonalen Werkes zurückgeht. Nach Schenkers Theorie ist die Struktur jedes tonalen Musikstücks ein linearer Abstieg zur Tonika, und das Stück selbst ist das Fleisch über diesem Skelett. Anders ausgedrückt, eine einfache Kadenzformel liegt jedem Stück zugrunde und spiegelt sich auf jeder Ebene seiner Faktur. Im Licht der historischen Gegebenheiten (dabei sind Schenkers Ideen zutiefst antihistorisch) ist dieser Gedanke gerechtfertigt, denn die Kadenz ist das grundlegende Strukturelement aller abendländischen Musik vom 12. bis zum ersten Viertel des 20. Jahrhunderts. Sie determiniert den Stil und von ihr leiten sich die Begriffe Tonart, Tonalität, Periodik und Sequenz (weitgehend eine Wiederholung von Kadenzformeln) her. All das leuchtet natürlich sofort ein, wenn man bedenkt, daß die abendländische mehr als jede andere Musik künstlerischen Nutzen aus dem Vergehen der Zeit gezogen hat und im Gegensatz zur Musik anderer Kulturen selten den Versuch unternahm, dieses Gefühl des Ausgerichtetseins auf eine Schlußkadenz zu überwinden oder zu ignorieren – wie ja auch im gleichen Zeitraum das Gefühl für den Rahmen die abendländische Malerei beherrscht.

Daß viele von Schenkers Beobachtungen psychologisch überzeugend sind, läßt sich nicht bestreiten. Einige seiner Analysen kommen mehr als irgendwelche anderen einer Erklärung des spürbaren Zusammenhangs näher, der in so vielen Werken die scheinbar aus einzelnen Teilen bestehende äußere Form überwölbt. Das Wahrnehmungsvermögen für derartige weitreichende Effekte ist tatsächlich oft feiner, als man bewußt registriert; zudem steigert es sich, je häufiger man ein Werk hört. Der folgende Abschnitt aus dem langsamen Satz der ›Hammerklaviersonate‹ bildet ein kleines, aber auffälliges Beispiel für dieses umfassende, über die unmittelbare Stimmführung hinausreichende, lineare Denken, das allerdings ein gutes Empfinden für die Trennung der verschiedenen Register verlangt:

Die aufsteigende Tonleiterbewegung wird in der Mitte abgebrochen bzw. hinuntertransponiert, so daß ein Ton *(G)* unaufgelöst und unverbunden in der Luft hängen bleibt. Doch zwei Takte später schwingt sich die Melodie in einer überaus anmutigen Geste wieder aufwärts, löst den Ton in ein *Fis* auf und verbindet sich durch diese Auflösung – wahrnehmbar selbst beim ersten Hören – mit einem Teil ihrer Vorgeschichte. Dieses Verfahren, oder besser gesagt, dieses Empfinden für Linie und Register braucht nur geringfügig vergrößert und auf die Gesamtstruktur übertragen zu werden, und man erhält das in so vielen Werken hörbare, auf eine Kadenz hinzielende lineare Skelett.

Die sogenannte lineare Analyse angemessen zu bewerten, verbietet sich hier. Sie wird fast immer unter heftiger Parteinahme erörtert. Dabei erheben sich zwei Fragen, die bis jetzt weder beantwortet, noch eigentlich befriedigend gestellt worden sind. Bei der ersten geht es darum, ob das von Schenker extrahierte und in seinen Diagrammen in großen Noten gedruckte lineare Skelett, selbst wenn es durchaus hörbar ist, in allen Fällen das wesentliche Einheitsprinzip des Stückes darstellt. Anders ausgedrückt, das Verhältnis zwischen »Hintergrund« und »Vordergrund« ist nicht immer glücklich abgegrenzt. Es gibt neben den weitreichend horizontalen andere formale Einheitsprinzipien, die in manchen Werken nicht nur auffälliger, sondern fundamentaler sind. »Wo sind meine Lieblingsstellen?« soll Schönberg ausgerufen haben, als er Schenkers Diagramm der ›Eroica‹ sah. »Ach dort, in diesen kleinen Noten!« Die Anwälte der linearen Analyse würden zwar niemals behaupten, daß die Urlinie direkt im Vordergrund unseres Bewußtseins gehört wird, doch ist es beunruhigend, wenn eine auch noch so scharfsinnige Analyse die hervorstechendsten

Züge eines Werkes als geringfügig darstellt. Da versagt der kritische Takt.

Die auffälligste Folge von Schenkers häufiger Geringschätzung des tatsächlich Hörbaren ist, daß er den Rhythmus, selbst in seinen offensichtlichsten Manifestationen, fast völlig außer acht läßt. Für seine Analyse ist es unerheblich, ob ein Stück schnell oder langsam ist, und seine Diagramme von ersten und letzten Sätzen, die in ihrer rhythmischen Organisation so entgegengesetzt sind, weisen keine nennenswerten Unterschiede auf. Dieses Manko läßt sich nicht leicht beheben, es sei denn, man behauptet, die harmonische und die lineare Struktur bleibe von der rhythmischen Entwicklung unberührt. Es muß aber betont werden, daß Harmonik und Rhythmik im späten 18. Jahrhundert überall ineinandergreifen. Die verfügbare, entweder primitive oder abstoßende rhythmische Terminologie ermutigt die Analyse nicht gerade, und mit dem gegenwärtigen Vokabular ist es sogar schwierig, Puls von Tempo und die Häufigkeit des Harmoniewechsels von der tatsächlichen Tonlänge zu scheiden. Weigert man sich jedoch, sich mit diesen Fragen zu konfrontieren, dann befindet man sich auf einem derart voreingenommenen und partiell ausgerichteten Standpunkt, daß er radikal falsch ist, auch wo er nützlich und anregend ist.

Die zweite problematische Frage bezüglich der linearen Analyse ist, ob sie dem gesamten Bereich tonaler Musik angemessen ist. Es ist ja auffällig, daß Schenkers analytische Methode für Bach, Mozart, Chopin und Reger keine nennenswerten Unterschiede aufweist. Für atonale Musik oder für Komponisten wie den präseriellen Strawinsky ist sie ohne erhebliche Revisionen unbrauchbar, aber auch innerhalb des tonalen Bereichs ist die Gleichheit der Methode auf den ersten Blick suspekt. Die Tonalität währte nicht zweihundert Jahre lang starr und unverändert, und ebensowenig kann man glauben, die Kluft zwischen Beethoven und Chopin sei nur eine der Sensibilität, nicht der Methode. Um die historische Stilentwicklung kümmert Schenker sich selbstredend überhaupt nicht: sämtliche Formen – Fuge, Lied, Sonate, Rondo – von 1650 bis 1900 sind nur verschiedenartige Ausarbeitungen der weitgespannten linearen Grundstruktur, so daß die vom Komponisten getroffene Wahl der »Erscheinungsform« eine willkürliche Färbung annimmt. Zweifellos besitzt die lineare Analyse beträchtliche Gültigkeit für die Musik des späten 18. Jahrhunderts, aber wie schnell sich die Musik von einem Punkt der Urlinie zum nächsten bewegt, wie die Proportionen innerhalb der Form beschaffen sind, insbesondere die Länge des abschließenden Tonikabschnitts, das alles spielt bei dieser Theorie überhaupt keine Rolle. Nichtsdestoweniger sind Proportion und dramatische Bewegung für den Stil des späten 18. Jahrhunderts von zentraler Bedeutung und können nicht beiseitegeschoben werden, ohne daß man das Gefühl hat, ein wichtiger Aspekt der Grundintention sei übergangen worden.

Ist die Einheit, die wir in einem Kunstwerk spüren, eine Illusion? Oder nur eine kritische Hypothese? Wenn sie wirklich existiert, dann muß die Formbeschreibung mehr leisten, als nur eine Benennung der Teile; sie muß zu zeigen versuchen, warum die Form als ein Ganzes wirkt. Die Ableitung eines Musikstücks aus einem kurzen Motiv unternimmt die von Schenker als Diminutionstechnik bezeichnete Methode, die in seiner Theorie allerdings eine weniger überwältigende Rolle spielt als bei vielen seiner Nachfolger. Sie stützt sich auf einen Großteil der musikanalytischen Theorie des 19. Jahrhunderts, in der Hauptsache auf Hugo Riemann.

Die Einheit von Beethovens thematischem Material wurde allerdings schon zu seinen Lebzeiten erkannt und gewürdigt. 1810 verfaßte E. T. A. Hoffmann eine Rezension der Symphonie c und bemerkte darin: »[es ist] die innige Verwandtschaft der einzelnen Themas untereinander, welche jene Einheit erzeugt, die des Zuhörers Gemüt in einer Stimmung festhält ... Sie wird dem Musiker klärer, wenn er den zweien verschiedenen Sätzen gemeinen Grundbaß entdeckt, oder wenn die Verbindung zweier Sätze sie offenbart: aber eine tiefere Verwandtschaft, die sich auf jene Art nicht dartun kann, spricht oft nur aus dem Geiste zum Geiste, und diese Verwandtschaft ist es, welche unter den Sätzen der beiden Allegros und der Menuett herrscht und die besonnene Genialität des Meisters herrlich verkündet.« Hoffmann fügte hinzu, diese motivische Einheit herrsche schon bei Haydn und Mozart. Jeder, der die Werke der Wiener Klassik spielt, spürt immer wieder, wie gewichtig diese thematischen Beziehungen sind. Neuere Kritiker unterscheiden sich von früheren darin, daß sie auf der motivischen Entwicklung als dem wesentlichen, vor allen harmonischen, melodischen oder anderen »äußerlichen« Kräften rangierenden Formprinzip bestehen.

Zuweilen wird diese motivische Arbeit als ein geheimnisvoller, nur von den größten Komponisten zu bewältigender Prozeß dargestellt. Nichts könnte weiter von der Wahrheit entfernt sein. Ein völlig unbegabter Komponist wirft vielleicht höchst Disparates zusammen, ohne Rücksicht darauf, ob es zusammenpaßt, aber die gleiche thematische Einheit, die sich bei Mozart findet, kommt auch bei einem weniger bedeutenden Komponisten wie Johann Christian Bach vor. Zudem ist ganz offen zutageliegende thematische Einheit nicht nur häufig, sie hat auch Tradition. Eine barocke Suite, in der ein Tanz nach dem anderen mit denselben Tönen beginnt, ist durchaus keine ungewöhnliche Form, und bei Händel lassen sich leicht Beispiele dafür finden. Die Frühromantiker erneuerten und belebten dieses Verfahren im Zusammenhang mit ihrem Interesse an der zyklischen Form, so daß es eine Anzahl von Werken gibt, in denen jeder Teilabschnitt aus demselben Motiv abgeleitet ist. Schumanns ›Carnaval‹[4] und Berlioz' ›Symphonie Fantastique‹ sind nur die berühmtesten Beispiele.

Wenn die Verwendung eines Grundmotivs zwischen 1750 und 1825 weniger offen zugestanden erscheint als vorher und nachher, so heißt das nicht, daß das Verfahren damals weniger überzeugend war oder gar verschwand. Es war teilweise im Verborgenen wirksam. Häufig, und besonders bei Beethoven von seinen ersten Anfängen an, wird es auch ausdrücklich verwendet; wenn wir das »zweite« Thema der ›Appassionata‹ nicht als Variante des Anfangsthemas empfinden, ist uns ein wichtiger Schritt des Gedankengangs entgangen. Aber es sind die weniger ausdrücklichen Beispiele thematischer Einheit, an denen sich der Streit am meisten entzündet und oft erstaunlich bitter wird. Viel von dieser Bitterkeit beruht auf einem Mißverständnis. Musiker werden ungehalten bei der Vorstellung, es gäbe z. B. in einem Werk von Beethoven thematische Beziehungen, die sie, so glauben sie, nicht hören können. Donald Francis Tovey bestritt mit einem für ihn untypischen Mangel an Einfühlungsvermögen die Bedeutung von thematischen Beziehungen, wenn ihr Mechanismus nicht unmittelbar als Wirkung hörbar sei, d. h., wenn man nicht im Laufe des Stückes das eine Thema sich stufenweise aus dem anderen entwickeln höre. Aber ein Komponist ist nicht immer gewillt, seinen auch noch so sorgfältig ausgearbeiteten thematischen Entwicklungen die Form eines logischen Beweises zu geben. Seine Absichten, nicht seine Berechnungen sollen hörbar werden. Es mag seine Absicht sein, ein neu eingeführtes Thema nicht wie die logische Fortsetzung des vorhergehenden klingen zu lassen, und doch darf man billigerweise spüren, daß es organisch aus der Musik erwächst und innerlich auf charakteristische Weise mit dem Rest des Stückes in Einklang steht. Die Schlußmelodie des langsamen Satzes der ›Sturmsonate‹ op. 31, Nr. 2 ist gerade so ein neues Thema,

[4] ›Carnaval‹ ist von zwei kurzen Motiven abgeleitet, die aber harmonisch sehr ähnlich gebaut sind und sich durch die Art ihrer Verwendung mehr und mehr angleichen.

und Tovey behauptete, es sei vergebliche Mühe, es von irgend etwas anderem in diesem Satz ableiten zu wollen. Aber die Harmonik dieser Passage wie auch die ergreifendste Wendung ihrer Melodielinie ist deutlich den Takten 81–89 verpflichtet,

darüberhinaus aber auch den verminderten Akkorden, die den ganzen Satz unerbittlich markieren. Tovey hat recht, wenn er den Charakter dieser Melodie als etwas Neues herausstellt, aber er tut unser Empfinden, daß sie mit dem Vorhergehenden so gut zusammenpaßt, als unanalysierbar ab. Trotzdem ist unser Gefühl für ihre organische Beziehung zum übrigen nicht unerklärlich. Wünscht ein Komponist, daß zwei Themen zusammengehörig klingen, so ist es nur natürlich, daß er sie auf ähnliche musikalische Beziehungen gründet. Nun zu behaupten, diese Beziehungen seien nur wirksam und bedeutungsvoll, wenn wir sie beim Hören identifizieren oder ihnen einen Namen geben können, ist fast so, als sagten wir, ein Redner könne uns nur bewegen oder überzeugen, wenn wir die rhetorischen Mittel, mit denen er unsere Gefühle manipuliert, wie Synekdoche, Chiasmus, Syzygie oder Apostrophe, identifizieren können.

Nicht allein die Themen, auch zahlreiche Details, ja sogar die Großform selbst, sind oft von derselben Grundidee abgeleitet. Schließlich ist die innere Stimmigkeit eines Kunstwerks nicht ein modernes, im 18. Jahrhundert anachronistisches Ideal, sondern der älteste, von Aristoteles über Thomas von Aquin auf uns gekommene Gemeinplatz der Ästhetik. Motivische Beziehungen sind schon seit dem 15. Jahrhundert unter den wichtigsten, einheitsstiftenden Mitteln der abendländischen Musik. Am gebräuchlichsten ist unmittelbare, kontrapunktische Imitation, aber in der Klassik erwirbt die motivische Arbeit oder Diminutionstechnik noch größere Bedeutung, obgleich sie dann schon auf eine lange Geschichte zurückblicken kann. Ein kurzes Motiv erzeugt unter anderem nicht nur die Melodie, sondern bestimmt auch ihre Färbung und den weiteren Fortgang. Ein Beispiel für diese Art des Ausdrucks bildet in engem, noch zitierbarem Rahmen die Eröffnung des Schlußsatzes von Beethovens Sonate *B* op. 22:

Das Viertonmotiv der ersten zwei Takte klingt zwischen Takt 3 und 6 im Baß in rhythmisch veränderter Form und mit verschobenem Akzent zweimal an. Ein mehrfach wiederholtes, kurzes Motiv, zumal ein chromatisch aufsteigendes, bedeutet immer eine Steigerung, was hier die beschleunigten Echos der graziösen melodischen Wallung erzeugt: ♪♪ wird als ♪♪ zur Dominante transponiert und dann mit ♪♪ in Takt 7 zur Doppeldominante. Alle diese Transpositionen sind in Takt 2 bis 4 bereits angelegt und vorbereitet. Wir hören sie nicht als thematischen Anklang, sondern als harmonische Entsprechung, was zwar weniger auf den Verstand, dafür um so unmittelbarer auf das Gefühl wirkt. Auf diese Weise beschwört das Motiv sowohl die harmonische Bewegung zum *C* (der Doppeldominante), das der Anfangsteil der Phrase anpeilt, als auch sämtliche chromatischen Anklänge. Wenn in Takt 12 das *As* im Zusammenklang mit *H* eingeführt wird, sind sämtliche zwölf Töne der chromatischen Leiter jeweils als Erwiderung auf das Motiv erklungen. Deshalb mutet die abschließende chromatische Tonleiter in Takt 16 und 17 nicht einfach dekorativ, sondern überzeugend und logisch, ja nahezu thematisch an. Das kurze Motiv diente zur Beschleunigung der Bewegung und Intensivierung des Kolorits, ja es ist, da es seine Bedeutung bei jedem Auftreten ändert, die treibende Kraft hinter aller Spannung und Abwechslung.

Diese Wandlung in der Bedeutung wird leicht übersehen. Weist man auf die Wiederkehr eines kurzen Motivs hin, erwähnt sogar seine Rolle in der Entwicklung des Werks und ignoriert doch gleichzeitig seine Dynamik, seine Funktion innerhalb der musikalischen Aktion, so vergißt man, daß Musik in der Zeit stattfindet. Allzu häufig erscheint in der musikalischen Sekundärliteratur ein Werk als ein weitläufiges System von Wechselbeziehungen, deren Anordnung, Intensität und vor allem Richtung von zweitrangiger oder gar nebensächlicher Bedeutung sind. Allzuoft könnte man die Musik rückwärts spielen, ohne daß die Analyse davon erheblich betroffen würde. Damit behandelt man die Musik als Raumkunst. Doch in der Musik ist die Bewegung von der Vergangenheit zur Zukunft bedeutsamer als im Bild die Bewegung von links nach rechts[5]. Es fällt deshalb oft schwer, motivische Strukturanalysen mit dem Gehörten, aber auch mit dem Hörvorgang in Beziehung zu setzen. Was man hören kann, und was man hört, das sind zwei verschiedene Dinge. In dieser Hinsicht ist Schenker überlegen, denn seine Theorie basiert auf dem Zeitverlauf, d. h. der Bewegungsrichtung zur Tonika hin und der Tendenz zu fallenden Auflösungen. Zwischen dem einzelnen Motiv und der Aus-

---

[5] Das heißt nicht, daß die von links nach rechts verlaufende Bewegung in einem Gemälde bedeutungslos sei, wie Heinrich Wölfflin in einem berühmten Essay dargelegt hat. Aber die Richtung eines Bildes kann (wie bei einem Stich oder Holzschnitt) umgekehrt werden, ohne daß die Mehrzahl der sinntragenden Formelemente davon betroffen würde.

richtung eines Stückes, d. h. seinen Proportionen und der Intensität, mit der es sich allmählich entfaltet, muß eine sinnvolle Wechselwirkung bestehen.

Vor allem muß man sich von der absurden These einer Geheimkunst freimachen, von der Vorstellung, Komponisten (und selbstverständlich nur die allergrößten) hätten ihre Musik nach einem esoterischen Verfahren wie der motivischen Arbeit geschrieben, sie aber in leicht verständliche Formen wie die Sonate und das Rondo gegossen, damit das dumme Publikum sie ohne allzu große Mühe begreifen könne. Diese von Schenker und weniger bedeutenden Kritikern wie Rudolph Réti vorgebrachte Auffassung einer äußerlichen, im Grunde trivialen Form, die der besseren Verständlichkeit zuliebe über einen tiefgreifenden Prozeß gestülpt wird, hält nicht einmal der flüchtigsten Prüfung stand. Kein Komponist verhält sich psychologisch so, ganz gewiß nicht Haydn, dem jegliche Spur eines Verschwörers fehlt und dessen Kompositionstechnik nie sub rosa ist, und auch Beethoven nicht, der sich, wie an zahlreichen Werken abzulesen ist, nie um die Hörbequemlichkeit seines Publikums kümmerte. Und vor allem steht sie in keinerlei Beziehung zur Hörerfahrung auch des auffassungsfähigsten Musikers. Es ist einfach nicht wahr, daß Themen, Modulationen und Texturveränderungen Oberflächenphänomene sind, die nicht so tief reichen wie die Diminutionstechnik. Dieser Absurdität kann man nur entgehen, indem man eine innerliche Verwandtschaft, nicht nur ein Zweckbündnis zwischen der motivischen Arbeit und den Elementen der Großform aufzeigt.

Der Vorrang des Hörens muß respektiert werden. Wenn Beziehungen zwischen Themen bestehen (sie sind in der Klassik tatsächlich von entscheidender Bedeutung), dann sollte man herausfinden, ob die Verbindungspassagen sie verdeutlichen, d. h., ob sie ein Teil der diskursiven Logik des Musikstücks sind, oder ob sie nur an der Faktur teilhaben. In letzterem Fall sind sie nicht unbedingt weniger wichtig, doch ihre Wirkung besteht eher aus einem indirekten Gefühlsappell vermittels des klanglichen Gesamteindrucks des Stückes und einer dadurch zusammenschließenden Funktion. Wenn zwischen den Details des Werkes und der Großform eine Beziehung besteht, so ist vor allem zu fragen, wie diese Beziehung hörbar gemacht wird; es genügt nicht, sie nur in der Partitur zu entdecken. Man muß darlegen können, daß diese Beziehung schon immer Teil des Hörerlebnisses war, wenngleich sie nicht unbedingt in Worte gefaßt wurde.

Was uns bei vielen zeitgenössischen Theorien ein ungutes Gefühl gibt, ist das starre, dogmatische Bestehen auf Linearität, die Überzeugung, daß die Keimzelle oder Grundidee einer Komposition nur linear, ja meistens als eine bloße Anordnung von Tonhöhen ohne Rücksicht auf Rhythmus, Intensität oder Textur verstanden werden dürfe.

Das Unbehagen, das man verspürt, wenn man diese Formauffassung zur tatsächlich gespielten Musik in Beziehung setzt, rührt zum großen Teil daher, daß unser Gehör nicht ausschließlich linear ist – und das wäre auch gar nicht wünschenswert. Einem Zeitalter, das die Entwicklung der Zwölftonmusik verfolgt hat, ist eine linear gezeugte Formauffassung zweifellos kongenial, doch sie ist dem 18. Jahrhundert, besonders der zweiten Hälfte, weniger angemessen. (Obgleich ein Großteil barocker Musik durch die Verarbeitung eines kurzen Motivs gestaltet wird, ist dieses lineare Konzept nicht einmal für das frühe 18. Jahrhundert recht befriedigend.) Eine Grundidee, ein musikalischer Einfall verknüpft und vereinheitlicht zweifellos zahlreiche Werke des späten 18. Jahrhunderts, doch läßt sich das nicht so einfach auf ein lineares Formkonzept reduzieren – sei es nun die Ausarbeitung einer kurzen, linearen Reihe, oder Schenkers ausgedehnte Urlinie –, denn beide Ansichten sind zu beschränkt, um zu befriedigen. Die »Sonatenform« kann aber auch nicht einfach und plump als ein nur oberflächliches Rahmenwerk für weitaus gewichtigere Verfahren verstanden werden. Die Logik und die geschichtliche Entwicklung im 18. Jahrhundert drängen uns zu einer Auffassung, die dem tiefwurzelnden Sinn für Proportionen und dramatische Bewegung Rechnung trägt, den der damalige Stil befriedigte.

3. Die Ursprünge des klassischen Stils

Die Entstehung eines klassischen Stils war weniger die Erfüllung eines Ideals als die Aussöhnung widerstreitender Ideale, das Finden eines optimalen Gleichgewichts. In der Beschränkung auf ein Gefühl oder einen bedeutsamen theatralischen Wendepunkt hatte dramatischer Ausdruck in Einzelsätzen von höchst individueller Zeichnung – oft in Tanzrhythmus oder -form – schon im Hochbarock zur musikalischen Form gefunden. Aber das späte 18. Jahrhundert stellte höhere Forderungen: Orest sollte dargestellt werden, wie er, ohne es selbst zu merken, dem Wahnsinn verfällt, Fiordiligi soll gleichzeitig nachgeben wollen und standzuhalten versuchen, Cherubino sich verlieben, ohne daß er weiß, wie ihm geschieht, und wenige Jahre später soll Florestans Verzweiflung sich ins Delirium und eine scheinbar hoffnungslose Vision Leonorens auflösen. Dramatische Handlung trat an die Stelle dramatischer Empfindung. Es gelang Händel in dem berühmten Quartett aus ›Jephtha‹ zwar schon, vier verschiedene Gefühle – den Mut der Tochter, des Vaters tragischen Ernst, die Verzweiflung der Mutter und den Trotz des Liebhabers – darzustellen, aber die Liebespaare im Finale des zweiten Aktes der ›Entführung aus dem Serail‹ durchmessen nacheinander Freude, Mißtrauen, Empörung und schließlich Versöhnung. Daß der Sonatenstil der Klassik zu opernmäßiger Dramatik in Beziehung steht, könnte kaum besser als durch die Abfolge dieser vier Gefühle demonstriert werden; man ist versucht, dieser Gefühlsreihe das Gefüge erstes Thema, zweites Thema, Durchführung und Reprise zu unterlegen.

Dieses Bedürfnis nach Handlung gilt auch außerhalb der Opernmusik. So genügt es nicht mehr, daß ein Menuett seinen eigenen Charakter besitzt. Keine zwei Menuette von Bach ähneln sich in ihrem Charakter, aber mehrere von Haydn sind fast zum Verwechseln ähnlich. Doch jedes Bachsche Menuett fließt nahtlos, fast gleichförmig dahin, während Haydns Menuette aus einer Folge von deutlich abgegrenzten, zuweilen gar überraschenden oder schockierend dramatischen Ereignissen bestehen. Die ersten bedeutsamen Beispiele für diesen neuartigen, dramatischen Stil finden sich nicht in italienischen Bühnenwerken, sondern in den im zweiten Viertel des 18. Jahrhunderts in Spanien geschriebenen Cembalosonaten von Domenico Scarlatti. Obgleich sich in seinen Werken nur geringe Anzeichen für die klassische Technik des Übergangs von einem Rhythmus zum andern finden, gibt es schon ein Gefühl für – allerdings kleinräumige – Periodik sowie die Bemühung, den Tonartenwechsel als dramatischen Zusammenprall zu gestalten. Aber die wahren Ereignisse sind in seinen Sonaten jene Augenblicke, in denen die Machart wechselt, was er mit deutlichem Absetzen hervorhebt; es wurde stilbildend für Generationen nach ihm. Unter dem Gewicht dieser dramatischen Gliederung brach die Ästhetik des Hochbarock zusammen.

An ihre Stelle trat zunächst nichts Zusammenhängendes. Deshalb läßt sich, wenn auch jede Periode einen Übergang darstellt, die Zeit zwischen 1755 und 1775 mit besonderem Recht als Übergangsperiode bezeichnen. Überspitzt gesagt mußte ein Komponist damals zwischen dramatischem Effekt und vollendeter Form, zwischen Ausdruck und Eleganz wählen, nur selten konnte er beides zugleich haben. Erst als Haydn und Mozart unabhängig voneinander und im Verein einen Stil schufen, in dem der dramatische Effekt sowohl überraschend als auch logisch motiviert erscheint, in dem Expressivität und Formvollendung Hand in Hand gingen, wurde der klassische Stil geboren.

Vor dieser Synthese hatten die Bach-Söhne die wichtigsten Stilrichtungen Europas, den Rokoko- oder galanten Stil, die Empfindsamkeit und den Spätbarock unter sich aufgeteilt: Johann Christians Musik war konventionell, sensibel, liebenswürdig, undramatisch und ein wenig leer; Carl Philipp Emanuels Musik war ungestüm, ausdrucksvoll, glänzend, voller Überraschungen und oft zusammenhanglos; Wilhelm Friedemann setzte die Barocktradition in eigenwilliger, ja exzentrischer Weise fort. Die Mehrzahl ihrer Zeitgenossen war ihnen so oder so verpflichtet. Andere, vielschichtige Einflüsse wirkten jedoch gleichzeitig auf die Musik ein: in der Kirchenmusik hielt sich vor allem eine geschwächte Form des hochbarocken Stils, in Italien und Frankreich war die Tradition der ernsten Oper noch lebendig, der symphonische Stil in Neapel und Wien war ein echtes Experimentierfeld, und das gleiche gilt für die relativ neue Opera buffa-Form.

Der Erfindung des Orchester-Crescendo durch das Mannheimer Orchester wird oft grundlegende Bedeutung beigemessen, doch wenn je eine Entwicklung unvermeidlich war, dann diese. Der dynamische Übergang ist die logische und notwendige Folge eines Stils, der mit gegliederten Perioden beginnt und Methoden des rhythmischen Übergangs von einer Machart zur nächsten entwickelt. Daß Cembali mehr und mehr mit Jalousieschwellern ausgestattet wurden, ist nur ein weiterer, weniger fruchtbarer Aspekt des gleichen stilistischen Vorgangs. Auch wenn Mannheim nie existiert hätte, wäre das Crescendo erfunden worden, und die Musik der Mannheimer Schule ist weniger interessant und einflußreich als die italienische Buffa-Ouvertüre.

Der Hauptbeitrag der frühen Wiener Symphonikerschule war ihre Erkenntnis, daß Kontinuität, ja ganz buchstäblich das Überlappen der Perioden nötig war, um die Aufmerksamkeit des Publikums zu erhalten. Die Kammermusik der Jahrhundertmitte ist voller Löcher, voller Augenblicke, in denen die Spannung verebbt und die Musik erlischt, worauf sie ohne innere Notwendigkeit neu ansetzt. Selbst in Haydns und Mozarts Frühwerk geschieht das mit beklagenswerter Häufigkeit. Beim Versuch, diesen Mangel zu beheben, gelangten die Symphoniker der Wiener Schule nicht über kleine Einsprengsel von barockem fugierten Stil und dem dadurch geschaffenen Eindruck fortlaufender Bewegung hinaus (so werden imitatorische Effekte z. B. dazu verwendet, die Nahtstellen zwischen Perioden zu überbrücken). Wenigstens erkannten sie die Problematik – bzw. schufen ein Problem, was ja schon ein historisches Verdienst ist –, die dann auf ganz anderem Wege gelöst wurde.

Mit der frühen Wiener Schule tritt zum erstenmal ein Verhaltensmuster auf, das ein fester Bestandteil von Haydns und Mozarts Entwicklung werden sollte, nämlich die Rückkehr zur Kompliziertheit und Verschlungenheit des Barock in der Absicht, etwas von dem Reichtum wiederzugewinnen, der bei der ursprünglichen, jede Revolution begleitenden Vereinfachung und Zerstörung verloren gegangen war. Die gegliederte italienische Manier war ihrem Wesen nach dünner als der gelehrte Stil des Barock, und jeder Fortschritt brachte einen Verlust mit sich, der später wiedergutgemacht werden mußte.

Die Trennung von Orchesterstil und Kammerstil, d. h. Musik für das große Publikum und Musik für das häusliche Musizieren der Liebhaber, war zwar nie absolut, doch ist die Unterscheidung zum Verständnis der Musik um 1750–1760 wichtig. Abgesehen von der Verwendung dynamischer Kontraste war sie in der ersten Jahrhunderthälfte weniger scharf. Wenigstens zwei der ›Brandenburgischen Konzerte‹ sind für einfache Besetzung gedacht – das Sechste ist z. B. mit ziemlicher Sicherheit ein Sextett –, während die übrigen ein kleines Orchester mit dem Kontrast zwischen Solo und Ripieno verwenden, aber stilistisch sind beide Arten sehr ähnlich. Um die Jahrhundertmitte unterscheiden sich die zur öffentlichen Aufführung bestimmten Symphonien und Ouvertüren im Stil ganz erheblich von Sonaten, Duos und Trios für Liebhaber. Kammermusik ist sowohl in der Großform wie im Detail lockerer, weniger konturiert und einfacher; das Finale ist oft ein Menuett, der erste Satz ein Thema mit Variationen. Werke für die Öffentlichkeit wurden allmählich formeller. Das für Kenner bestimmte Streichquartett überbrückte die Kluft zwischen den beiden Stilen, insofern es zwar formeller als Klaviermusik mit oder ohne Streicherbegleitung, aber (bis Haydn) weniger durchgestaltet als die Symphonie war. Dieser Unterschied bleibt bei Haydn bis zu seinen letzten Werken bestehen. Nachdem Quartett, Sonate und Klaviertrio schon lange vom symphonischen Stil profitiert hatten, war die Symphonie immer noch stärker geformt und weniger frei, besaß massivere Schlußsätze und selten Anfangssätze von solch gemäßigten Tempi, wie wir sie oft in der Kammermusik finden. Daß

Haydns gesamte Erfahrung als Symphoniker seiner Kammermusik zugute kam und Mozart in seinen Sonaten und Quartetten den Opern- und Konzertstil verarbeitete, bleibt jedoch unbestritten. In ihrer Musik ist die Vermischung der Genres von 1780 an sehr auffällig: das Finale von Haydns Sonate *C* (Hob. XVI: 48) ist ein Symphonierondo, das Finale von Mozarts Sonate *B* KV 333 = 315c ist ein Konzertsatz mit Kadenz. Aber der Einfluß verlief auch umgekehrt: der letzte Satz von Mozarts Konzert *F* KV 459 ist ein Symphoniefinale in jenem fugierten Stil, dessen Entwicklung vor allem Haydn zu verdanken ist, während die langsamen Sätze zahlreicher späterer Haydn-Symphonien den in seiner Kammermusik häufig herrschenden, intim-improvisatorischen Ton haben. (Ob nun die Symphonie Nr. 102 zuerst als Klaviertrio oder als Symphonie existierte, der langsame Satz steht jedenfalls dem traditionellen Klavierstil näher als dem Orchesterstil, was allerdings nicht bedeutet, daß er in der Fassung mit Klavier besser klingt.)

Diese Entwicklung geht natürlich mit der Geschichte des öffentlichen Konzerts im 18. Jahrhundert wie auch mit dem Aufstieg des Musikliebhaberwesens einher. Da öffentliche Aufführungen in der ersten Jahrhunderthälfte fast ausschließlich Kirchen- oder Opernmusik darboten, war ein starker Kontrast zwischen Orchester- und Kammerstil nicht zu erwarten. Wesentliche Gegensätze bestehen im Hochbarock zwischen kirchlicher und weltlicher Musik, obgleich eine ganze Reihe von Werken dazwischen schwanken (und selbst wenn Huldigungskantaten für königliche und herzogliche Häuser zugestandenermaßen als religiöse Musik eingestuft werden müssen); zwischen Vokal- und Instrumentalstil, wenngleich auch hier nur die Extreme eindeutig sind und die Trennungslinie unmöglich scharf zu ziehen ist; zwischen streng kontrapunktischem Satz und den eher volkstümlichen, auf Tanz und Konzert zurückgehenden Stilarten, obwohl eine fugierte Gigue durchaus nicht selten ist und Händel Fugenthemen im Stil der englischen Hornpipe schrieb; schließlich zwischen dem französischen und dem italienischen Stil, wobei jener mehr dekorativ ist und sich hauptsächlich auf die alten Tanzformen stützt, und dieser fortschrittlicher und dramatischer ist und sich die neuen, konzertanten Satzarten zunutze macht. Bei den deutschen Großmeistern Bach und Händel sind die Gegensätze von geringer Bedeutung und die Stilarten verschmolzen. Bach und Händel wählen und verwerfen nach eigenem Gutdünken; darin sind sie Jean-Philippe Rameau und Domenico Scarlatti wohl überlegen.

In dem Maße, wie öffentliche Orchesterkonzerte häufiger stattfanden und Musik gleichzeitig mehr und mehr zur feinen Lebensart gehörte, wurde der Unterschied zwischen öffentlicher und privater Musik einschneidender. Dürfte der Liebhabercharakter der meisten

Klaviermusik aus der zweiten Hälfte des 18. Jahrhunderts darauf zurückzuführen sein, daß das Pianoforte zur Domäne der musizierenden Weiblichkeit wurde? Die meisten Klaviersonaten und Klaviertrios von Haydn sowie zahlreiche Mozart-Konzerte und Beethoven-Klaviersonaten sind speziell für Damen geschrieben. Einer von Mozarts Verlegern monierte die hohen technischen Anforderungen seiner Klavierquartette. Man muß auch bedenken, daß Sonaten für Violine und Klavier sowie Klaviertrios, -quartette und sogar -quintette bis ins 19. Jahrhundert hinein der Klaviermusik zugerechnet wurden und demgemäß stilistisch und technisch den Fähigkeiten und Erwartungen von Musikliebhabern zu entsprechen hatten. Zwar ignorierte Beethoven den Unterschied zwischen Liebhaber und Berufsmusiker mit gewohnter Rücksichtslosigkeit, und Haydn lernte im Alter eine verwitwete Engländerin kennen, deren technische Fertigkeiten seiner pianistischen Phantasie gewachsen waren, doch darf man sich nicht verhehlen, daß dies die Ausnahmen waren. Selbst Mozarts späte Sonate *B* KV 570 stellt den bewußten Versuch dar, dem Klavierspieler mit begrenzter technischer (und sogar musikalischer) Ausrüstung entgegenzukommen. Wir mißverstehen die vor 1780 geschriebenen Sonaten von Haydn, wenn wir sie als Beispiele eines noch unentwickelten Stils interpretieren – es waren die Pianisten, die sich noch nicht entwickelt hatten, wie ein kurzer Blick auf Haydns so viel reichhaltigere und vielschichtigere Symphonien aus der gleichen Zeit beweist.

Ein frisch geschmiedeter Stil ist eine mächtige Waffe zur Eroberung neuer Territorien. Die Versuchung, Klavier- und Kammermusik symphonisch und sogar opernmäßig zu gestalten, muß stark gewesen sein; nur wenige Komponisten können es unterlassen, die in einer Gattung erarbeiteten Prinzipien auf eine andere zu übertragen. Daß Kammermusikwerke immer häufiger öffentlich oder halböffentlich aufgeführt wurden, kam dieser Entwicklung sicherlich zugute. Auch die ständigen Veränderungen (Verbesserungen?) der Klaviermechanik waren eine Herausforderung, aber auch eine Reaktion auf den Stilwandel. Doch daß die Eigendynamik des Stils ein Hauptfaktor für die zunehmende Ernsthaftigkeit der Kammermusik war, steht außer Frage. Als letztes eroberte der klassische Stil die Kirchenmusik; dort regierte der Barock selbst noch bei Mozart und Haydn. Auch hier fiel der letzte Widerstand mit den beiden Beethoven-Messen und zwar ironischerweise im letzten Augenblick, gerade bevor ein neues Interesse am Barock das Publikum und die musikalische Fachwelt erfaßte. Vor den Werken Mozarts und Haydns aus den späten 1770er Jahren gab es jedoch noch keinen derart umfassenden, zur Integration drängenden Stil. Vorher war die Situation chaotischer, weil von zahlreichen, scheinbar gleich starken, rivalisierenden Kräften bestimmt. Deshalb ist die Zeit zwischen Händels Tod und Haydns ›Scherzi‹

bzw. ›Russischen Quartetten‹ op. 33 so schwierig zu beschreiben. Natürlich sieht es nur aus unserer Sicht so aus, für den damaligen Musiker gab es um 1780 so viele Rivalen wie ehedem, und ihre Ansprüche waren ebenso schwer abzuwägen. Doch wir müssen unsere gesamte historische Sympathie aufbringen, um die Musik der 1760er Jahre zu würdigen, wir müssen uns dauernd die inneren und äußeren Schwierigkeiten ins Gedächtnis rufen, denen der Komponist gegenüberstand. Von 1780 an kann man sich bequem zurücklehnen und beobachten, wie ein Freundespaar mit seinem Schüler fast die gesamte Musik, von der Bagatelle bis zur Messe, unter seinen Einfluß zwingt, wie es die Formen Sonate, Konzert, Oper, Symphonie, Quartett, Serenade und Volksliedsatz mit einem Stil meistert, dessen innere Kraft so stark ist, daß er fast auf alle Gattungen gleich gut anzuwenden ist. Wir brauchen kein historisches Einfühlungsvermögen, um die Werke Mozarts, Beethovens und des späten Haydn zu schätzen; sie sind das Lebensblut der heutigen Musiker.

Das Fehlen eines verbindlichen, auf allen Gebieten gültigen Stils in der Zeit von 1755 bis 1775 verleitet dazu, diese Periode als »manieristisch« zu bezeichnen. Mit diesem Wort ist so viel Mißbrauch getrieben worden, daß ich es nur zögernd vorbringe. Das Stilproblem, dem sich die damaligen Komponisten gegenübersahen, war nur zu überwinden, indem jeder eine höchst individuelle Manier pflegte. Glucks Klassizismus mit seiner bewußten Ablehnung zahlreicher traditioneller Kompositionstechniken, Carl Philipp Emanuel Bachs willkürlich-leidenschaftliche, hochdramatische Modulationen und synkopierte Rhythmen, das Ungestüm in so vielen Symphonien von Haydn aus den 1760er Jahren – das alles ist zum guten Teil der Versuch, das durch das Fehlen eines verbindlichen Stils vorhandene Vakuum mit »Manier« zu füllen. Dasselbe gilt für den weltmännisch glatten, flachen, höfischen Stil des »Londoner« Bach, Johann Christian. Seine Wirkung ist eher geschmackvoll als leidenschaftlich, mit einer Eleganz der Oberfläche, die uns nie vergessen läßt, was dieser Anmut alles bewußt aufgeopfert wird. Das Fehlende stört hier so sehr, wie niemals bei Mozart, auch in seinen pseudo-naivsten Momenten. Es ist, als laste die bewußte Ablehnung des väterlichen Stils wie ein Fluch auf Johann Christian Bachs Musik. Paradoxerweise konnte eine Epoche, die der handwerklichen Kunst und den Neuerungen eines Christian und Emanuel Bach so viel verdankte, erst einen bedeutenden eigenen Stil hervorbringen, nachdem sie das Werk Bachs und Händels neu verarbeitet, d. h. teilweise umgeformt und teilweise mißverstanden hatte. Eine derartig verwirrende Umgebung mag für Kleinmeister nichtsdestoweniger anregend sein: Luigi Boccherinis Violinsonaten aus dem Jahrzehnt nach 1760 sind in ähnlicher Weise experimentell wie Haydns Sonaten aus der gleichen Zeit. Wenn Boccherini dabei weniger urwüchsige Kraft und mehr Eleganz aufweist, so ist das nur aus dem Blickwinkel der späteren Entwicklung ein Nachteil. Jedenfalls sind diese frühen Sonaten schätzenswerter als die fade, geradezu einschläfernde Musik, die er in der geordneteren klassischen Atmosphäre des späten 18. Jahrhunderts am laufenden Band produzierte.

Wenn ich die Zeit zwischen Händels Tod und Mozarts ersten reifen Werken als »manieristisch« bezeichnet habe, so geschah es in der Hoffnung sowohl den Ton der moralischen Empörung als auch die modischen Anklänge des Begriffs zu vermeiden. Einer gesamten historischen Epoche gegenüber eine ausgesprochen moralische Haltung anzunehmen, führt unweigerlich dazu, sie auf absurde Weise mißzuverstehen. Zu entschuldigen ist diese Haltung vielleicht, wenn man mit zeitgenössischen Phänomenen umgeht, wo man sozusagen berechtigtes Interesse daran hat, wie der nächste Schritt ausfällt, wenn die Haltung also von Hoffnung oder Befürchtung geprägt und nicht einfach als Prinzip posierende Selbstgefälligkeit ist.

Jedes Zeitalter darf gleiche Aufmerksamkeit verlangen, aber es kann nicht gleichen Rang beanspruchen. Von Händels Tod bis 1775 beherrschte kein Komponist die musikalischen Elemente in genügendem Maß, so daß sein Personalstil eine große Reihe von Werken, ein echtes Œuvre hätte tragen können. Heutzutage mißbilligt man den Fortschrittsgedanken in den Künsten, aber die mangelnde Technik selbst bei den größten Talenten der Zeit ist nun einmal eine Tatsache. Deshalb sind die damaligen Experimente bei aller Vielfalt und Interessantheit richtungslos, und ihre Ergebnisse sind immer nur Teilerfolge. Selbst in Haydns besten Werken aus den 1760er Jahren ist die rhythmische Unsicherheit oft nicht zu übersehen. Die Beziehungen zwischen regelmäßiger und unregelmäßiger Periodenlänge sind noch nicht überzeugend gestaltet, und die für Haydn typische Verwendung der dramatischen Pause ist zwar effektvoll, aber im größeren Zusammenhang unlogisch. Dasselbe läßt sich von Carl Philipp Emanuel Bachs eindrucksvollsten Passagen sagen: sie existieren nur für sich und haben wenig Beziehung zum Gesamtkonzept des Werkes. Der Personalstil bzw. die »Manier« eines Komponisten manifestierte sich quasi im leeren Raum, oder besser gesagt, vor dem Hintergrund einer chaotischen Mischung aus barocker, handwerklicher Tradition und halbverstandenen klassischen und galanten Bestrebungen. Weder die überlegene Gewandtheit der Romantiker und Barockmeister, noch die beherrschten, dynamischen Übergänge der drei großen Klassiker lagen damals in Reichweite. Wenn ein Experiment anders als durch Zufall gelingen soll, so muß man das Ergebnis und seine Bedeutung, wenn auch nur halbbewußt, voraussehen.

Die eklatanteste Schwäche dieser Epoche ist wohl die mangelnde Koordinierung von Periodenrhythmus, Akzent und harmonischem

Rhythmus. Sie geht zum Teil auf den Widerspruch zwischen barockem und klassischem Puls zurück. War im Barock die harmonische Sequenz die treibende Kraft, so ist es im neuen Stil die Periode. Wenn eine stark gegliederte Periode mit einer Sequenz verknüpft wird, zumal mit der damals üblichen fallenden[6], so ist das Ergebnis nicht gesteigerte Energie, sondern Energieschwund. Die Gliederung der Periode und die kräftige, neuartige Betonung verlangten nach entsprechender oder paralleler harmonischer Bewegung, d. h. nach betontem, fast modulationsartigem Wechsel. Akzent und Kontur, die ja aus der Deutlichkeit ihre energetische Kraft gewinnen, werden von der Kontinuität der Sequenz geschwächt, besonders wenn diese im geliebten Quintenzirkel fortschreitet, der wie ein Auf-der-Stelle-Treten wirkt, wenn er in einem klassischen Werk vorkommt. Carl Philipp Emanuel Bach verwendet die Sequenz oft recht unglücklich, um Expositionsabschnitten die Illusion von Bewegung zu verleihen. Große klassische Werke hingegen verwenden sie meistens gerade um des Eindrucks der angehaltenen Bewegung willen: in einer Anzahl Beethovenscher Durchführungen (z. B. im ersten Satz der ›Waldsteinsonate‹) hält nach einem Punkt höchster Spannung eine oft recht ausgedehnte Sequenz die Musik trotz der heftigen dynamischen Akzente unbeweglich in der Schwebe. Mozart verwendet die Sequenz am atemberaubendsten in den letzten Takten von Durchführungen: wir spüren, daß die Wiederkehr der Tonika unmittelbar bevorsteht, und dank Mozarts überzeugendem Proportionsgefühl wissen wir oft genau, in wie vielen Takten. Dann führt er uns durch eine mit glücklichen Details reich ausgestattete Sequenz, die uns die Unvermeidlichkeit des Hauptgeschehens halb vergessen oder nur als Puls spüren läßt, während wir vom scheinbar ornamentalen Detail, das doch in Wahrheit dramatische Formsteigerung ist, geblendet sind.

In diesem verworrenen Interim zwischen dem Hochbarock und dem reifen klassischen Stil bilden sich verschiedene, allgemeine Struktur- und Proportionsprinzipien allmählich immer deutlicher heraus. Die meisten Sonaten der Vorklassik gehen in ihrem Tonartenschema kaum über die Tanzformen des Hochbarock hinaus. Der erste Teil bewegt sich von der Tonika zur Dominante, der zweite von der Dominante zur Tonika. Die Rückkehr zur Tonika ist in der Vorklassik allerdings selten durch eine bedeutsame Kadenz markiert – die starke Kadenz auf der Tonika wird bis ganz zum Schluß aufgehoben. Der zweite Teil erhält eine ganze Menge von Elementen, die mit Durchführung bezeichnet werden müssen, sowie allerhand Reprisenhaftes in der Tonika, aber die Trennung von Durchführung und Reprise –

---

[6] Tovey hat die Originalität von Beethovens steigendem Baß hervorgehoben.

eine Unterscheidung, die erst das spätere 18. Jahrhundert ziehen sollte – wird durch das Fehlen eines deutlich gesetzten Tonikaakkordes verwischt. Im Hochbarock barg eine zu früh vor dem Ende gesetzte, kräftige Tonikakadenz eine gewisse Gefahr, denn angesichts des fließenden, stetig sich fortzeugenden barocken Rhythmus war die starke Tonikakadenz das einzige Mittel, ein Stück anzuhalten. Dieser Effekt konnte also nur mit Vorsicht vor der letzten Seite angebracht werden. Bevor ein längerer Abschnitt nach einer Tonikakadenz möglich wurde, mußte die Klassik Rhythmus und Phrasenbau zum stützenden System entwickeln.

Der Komponist von Sonaten (oder irgendwelchen anderen Formen) bemüht sich um die Versöhnung von Ausdruck und Proportion. Die zunächst vorenthaltene und dann zugestandene Symmetrie ist eine der höchsten Befriedigungen, die die Kunst des 18. Jahrhunderts gewährt. Von circa 1735 an manifestierte sich dramatischer Ausdruck nicht nur im Detail (d. h. in der Melodielinie, den Ornamenten oder den einzelnen harmonischen Effekten) und im harmonischen bzw. rhythmischen Gewebe, sondern auch im Gesamtaufbau des Werkes. Eine künstlerische Syntax war im Entstehen und ließ die eher statische Kunst der dramatischen Situation und des dramatischen Gefühls hinter sich[7]. Barocke Symmetrieverhältnisse mußten teilweise aufgegeben werden, so war besonders die ABA-Form der Da capo-Arie für den sich neu herausbildenden Stil zu statisch, obgleich sie nie völlig vergessen wurde und Einfluß auf das Kommende ausübte. Die Symmetrien der Klassik dienten der Auflösung dramatischer Spannung, und der Möglichkeiten waren viele. Keine davon war vorgeschrieben oder ausgeschlossen, obwohl die Wahl auch nicht willkürlich war. Die augenfälligste Symmetrie war ursprünglich auch die häufigste: der zweite Teil wiederholt das Material des ersten, doch aus der Richtung Tonika-Dominante wird die Richtung Dominante-Tonika. Mithin ergibt sich eine zweifache Symmetrie, auf melodischer Ebene $A \to B : A \to B$ und auf tonartlicher $A \to B : B \to A$. Das bedeutet nun nicht, daß keine Durchführung stattfindet, bei Domenico Scarlatti, ja sogar bei J. S. Bach und Rameau ist Durchführungsmaterial reichlich vorhanden, aber es ist nahtlos in die Rekapitulation verwoben.

Durchführung bedeutet im klassischen und vorklassischen Stil nichts weiter als Steigerung. Die früheste und nie verabschiedete klassische Methode, ein Thema durchzuführen, bestand darin, es in gesteigert dramatischer Harmonisierung oder einer entfernteren Tonart zu spielen. Zuweilen dienten die dramatischen Harmonien allein,

---

[7] Wie weit entfernt ist man hier von der Bedeutung der Begriffe »klassisch« und »barock« in den bildenden Künsten!

auch ganz ohne Melodie, als Durchführung, so daß es in vielen Sonaten »Durchführungen« gibt, die nicht direkt auf die Themen der »Exposition« verweisen. Auch das gängigste barocke Steigerungsmittel, die Ausspinnung eines Themas unter Vermeidung der Kadenz, verschwand nie und wurde in seiner Wirkung durch die Erwartung der periodischen Kadenz in der Klassik noch verstärkt. Ja, man kann sagen, die Vermeidung der Periodizität (d. h. die Aufhebung der symmetrischen Organisation) ist es, wodurch die Klassik überhaupt auf rhythmischer Ebene »durchführt«. Die Aufspaltung des melodischen Materials im Verein mit kontrapunktischer Imitation stellt nur den thematischen Aspekt der Durchführung dar, der mit dem rhythmischen und harmonischen einhergeht und sich mit diesen verbindet. Schon die Bewegung von der Tonika zur Dominante innerhalb der Exposition zielt auf stärkere Intensität, so daß die Durchführung, der zweite Teil der Sonate, vor allem diese großräumige Wirkung vermehrt, das Werk im Detail wie in der tonartlichen Struktur »dramatisiert«, bevor es am Ende seine Lösung findet.

Es gibt unter Musikhistorikern die Tendenz, eine vorklassische Symphonie oder Sonate als fortschrittlich zu beurteilen, sofern sie einen selbständigen, nicht zu kurzen Durchführungsteil besitzt. Damit verkennt man, wieviel »Durchführung« in der Reprise stattfindet, wie stark Gefühl und Vorwärtsbewegung durch den Gebrauch der verschiedensten Techniken – Abspaltung, kontrapunktische Imitation, Verwendung entlegener Harmonien oder Tonarten, melodische Ausweitung und Kadenzvermeidung – gesteigert werden. Dabei übersieht man auch die Tatsache, daß Exposition, Durchführung und Reprise keine wasserdichten Fächer sind. Werden ein oder zwei neue Themen in der zweiten Hälfte einer Sonate eingeführt, so hat die Durchführung gewissermaßen die Rolle der Exposition angenommen. Und wenn die zweite Hälfte, wie es so oft der Fall ist, mit der vollständigen Wiederholung des ersten Themas in der Dominante beginnt, so hat die Durchführung die Rolle der thematischen Rekapitulation, der Reprise übernommen, wie ja auch die Reprise (und oft sogar die Exposition) »durchführen«.

Historisch gesehen ist die im späten 18. Jahrhundert häufige Wiederkehr der Anfangsmelodie zu Beginn der Durchführung ein Erbe der vorklassischen Form aus den ersten Jahren des Jahrhunderts. Im Zuge der Stilentwicklung wurde eine rein symmetrische zweite Hälfte immer weniger wünschenswert, denn schon seit langem war die Tendenz vorhanden, nach dem Auftreten der Anfangsmelodie in der Dominante zu Beginn der zweiten Hälfte die gefühlsmäßige und harmonische Spannung zu steigern. Diese Tendenz verstärkte sich und veränderte schließlich radikal das Empfinden für die angemessenen Proportionen. Die zur Norm gewordene, verstärkte dramatische Spannung bald nach dem Beginn des zweiten Teils des »Sonaten-Allegros« sprengte die einfache AB/AB-Symmetrie der barocken Tanzform und verlangte nach einer entschiedeneren Auflösung. Es wurde zum stilistischen Grundprinzip des späten 18. Jahrhunderts, emphatisch und mit deutlicher Markierung zur Tonika zurückzukehren, bevor drei Viertel des Satzes abgelaufen waren. Die Rückkehr wurde immer als Ereignis gestaltet und nicht wie im frühen 18. Jahrhundert überspielt. Diese Dramatisierung der Rückkehr zur Tonika ist es, an der sich der Streit darüber entfacht, ob die Sonate eine zwei- oder dreiteilige Form sei, wobei in der Debatte musikalische Proportionen behandelt werden, als seien sie räumlich und nicht zeitlich.

Tovey hat richtig bemerkt, daß Mozarts Klavierkonzerte eigentlich nicht in »Sonatenform«, sondern in einer Abart der »Arienform« geschrieben seien; daß er das überhaupt betonen mußte, ist lehrreich. Zu Mozarts Zeiten ist das Konzert eine Arie, die bis zur fast völligen Angleichung von der Sonatenform beeinflußt (oder verseucht) worden ist. Zeitweise ähnelten fast alle wichtigen Formen der Sonate: das Rondo wurde zum Sonatenrondo mit ausgewachsener Durchführung und Reprise; langsame Sätze absorbierten die Sonatenform, zunächst mit rudimentären, später mit vollständigen Durchführungen. Auch Menuette und Scherzi legten sich nach dem ersten Doppelstrich längere Durchführungen zu und versahen dann ihre zu Expositionen gereiften Anfangshälften deutlich mit einem Abschnitt in der Dominante, der zum Schluß in der Tonika wiederholt wurde. Schließlich nahmen die schon immer schlichter und anspruchsloser gehaltenen Trios der Scherzi allmählich ebenfalls anspruchsvollere Sonatenmerkmale an, so daß ein Sonatensatz von einem weiteren umrahmt wurde. Selbst Mozarts prachtvolle Opernfinali besitzen, wie schon bemerkt worden ist, die symmetrische Tonartenanlage einer Sonate.

Uns tut ein Stilverständnis not, das zwischen statistischer Abweichung und dem wirklich Unerhörten in der Musik des 18. Jahrhunderts zu unterscheiden vermag. So spielt z. B. die Durchführung von Mozarts Sonate C KV 330 = 300h thematisch nicht auf die Exposition an, was in Werken des letzten Jahrhundertviertels recht selten vorkommt, wenn auch vorher etwas häufiger. Trotzdem hat man beim Hören nicht den Eindruck, als handele es sich um ein ungewöhnliches, sei es nun radikales oder reaktionäres Verfahren. Das Werk besitzt wie so viele aus dieser Periode Mozarts eine einfache und mustergültige Schönheit, es klingt schlicht und klar geordnet. Es wäre ein Fehler, wollte man an diesem Satz über seine Ausgewogenheit und die wunderbar ausdrucksvollen Details hinaus etwas Ungewöhnliches finden. Es war unmöglich Mozarts Absicht, mit der Großform Überraschung auszulösen. Der Anfangssatz von Beethovens ›Mondscheinsonate‹ hingegen erfüllt die Bedingungen der »Sonatenform« in fast jeder Hinsicht, aber er klingt nicht erwartungsgemäß, nicht wie eine Sonate, und Beethoven selbst nannte ihn »quasi una fantasia«; er sollte ganz offensichtlich außergewöhnlich klingen. Grundsätzlich kommt die »Sonatenform« bei Haydn, Mozart und Beethoven auch ohne thematische Durchführung, ohne kontrastierende Themen und ohne eine vollständige Reprise oder eine in der Tonika einsetzende Reprise aus. Sie sind nur die am häufigsten verwendeten Muster, sie erfüllten am leichtesten und wirkungsvollsten die vom Publikum – oder eigentlich vom Komponisten – gestellten Forderungen. Doch diese Muster sind nicht die Form; dazu wurden sie erst, als der schöpferische Impuls und der Stil, der die Form hervorgebracht hatte, schon fast völlig abgestorben waren.

Ich möchte hier kein mysteriöses, nicht überprüfbares, metaphysisches Gebilde, die von einzelnen Werken unabhängige und vom Komponisten nicht etwa erfundene, sondern enthüllte »Form an sich« aufstellen. Aber ein vor allem auf die statistische Häufigkeit bestimmter Muster gegründetes Stilverständnis versagt, wenn es um das Verstehen formaler Abweichungen geht und darum, daß die meisten dieser sogenannten Abweichungen gar nicht als solche empfunden wurden. Den historischen Wandel erklärt dieses Stilverständnis ebenfalls nicht, es kann ihn nur registrieren. Wir müssen den schöpferischen Sinn dieser Muster durchschauen, um zu verstehen, warum eine in der Dominante einsetzende Reprise, wie Domenico Scarlatti oder Johann Christian Bach sie verwenden, allmählich nicht mehr annehmbar war, während eine Reprise mit einem Subdominantanfang (die an einem späteren Punkt innerhalb des Werks einsetzt) bei Mozart und Schubert eine sinnvolle Möglichkeit wurde. Drei Beispiele mögen diese Problematik erläutern: Die Reprise im ersten Satz von Mozarts Sonate *D* KV 311 = 284c beginnt mit der sogenannten zweiten Themengruppe, kehrt erst am Ende zum ersten Thema zurück, und es klingt witzig, überraschend und befriedigend, wenn das Anfangsthema endlich erscheint. Die Reprise von Beethovens Sonate *F* op. 10, Nr. 2 beginnt in der Untermediante, klingt witzig und ganz und gar unzulänglich, worauf Beethoven uns durch die Rückkehr zur Tonika zu verstehen gibt, daß alles nur ein Scherz war. Die Reprise von Mozarts Sonate *C* KV 545 beginnt zwar in der Subdominante, klingt aber weder witzig noch überraschend, sondern ganz traditionell zufriedenstellend, obgleich sie damals als Form so selten war wie die beiden anderen.

Die Vorstellung einer Form an sich, die sich auf diese verschiedenen Arten zu definieren und zu verwirklichen sucht, ist zwar anziehend, aber selbst als Metapher lockt sie uns in eine Falle. Sie verführt zu der Überzeugung, daß es im späten 18. Jahrhundert eine »Sonatenform« gegeben habe, die den Komponisten bekannt war, während nichts, was wir über die Situation wissen, diese Vermutung nahelegt. Das Gefühl für jegliche Form, selbst für das Menuett, war weit fließender. Und doch beschreibt »völlige Freiheit« die Lage ebensowenig wie »gelegentliche Freiheiten«. Auf lange Sicht ist es wohl wahr, oder jedenfalls eine fruchtbare Hypothese, daß die Kunst tun kann, was sie will. Gesellschaft und Künstler bringen den Stil hervor, den sie zur Erfüllung ihres Ausdruckswillens – oder besser gesagt, zur Erfüllung der von ihnen selbst aufgestellten ästhetischen Forderungen benötigen. Es trifft besonders seit der Renaissance zu, daß das Zeitalter den Künstler nicht ganz so einengt, wie man es sich manchmal vorstellt. Zum einen bieten manche Stile einen außerordentlichen Spielraum und größte Freiheit, zum andern gibt es die Möglichkeit der Stilimitation: Michelangelo und Jean-Antoine Houdon haben gefälschte Antiken geschaffen, und Mozart komponierte eine Suite im Stile Händels. Der Künstler kann vielfach frei entscheiden, wovon er sich beeinflussen lassen will: Masaccio ging hundert Jahre zurück zu Giotto, Manet gleicherweise zu Velázquez, und Beethovens Verwendung des gregorianischen Kirchengesangs in der ›Missa solemnis‹ und dem Quartett op. 132 zeigt, wie viel der klassische Stil absorbieren konnte. Musik bedeutet für einen Komponisten nichtsdestoweniger im Grunde das Erzeugnis des letzten Jahres oder Monats (und hat er erst einmal seinen Personalstil geschaffen, im allgemeinen sein eigenes Erzeugnis). Sein Schaffen ist nicht im strengen Sinn davon bestimmt, aber er muß damit oder dagegen arbeiten. Der »anonyme Stil« eines Zeitalters, d. h. die Gebäude, deren Erbauer ohne Individualität, die Bücher, die nur zeitgeschichtlich interessant, und die Gemälde, die nur dekorativ sind – dieser Stil wächst durch Anlagerung, und für einen wahrnehmbaren Wandel braucht er eine ganze Generation. Ein »anonymer Stil« ist nicht sehr beharrlich, aber äußerst träge. Benutzt man »Stil« im Sinne einer umfassenden Ausdrucksform, die nur die größten Künstler meistern, so sind der Entwicklung immer noch Grenzen gesetzt. Deshalb ist die Weiterführung eines so verstandenen Stiles eine ebenso heroische Tat wie seine Erfindung. Der Künstler erschafft nur selten seine eigenen Möglichkeiten, er erkennt sie vielmehr im eben geschaffenen Werk.

Verstünden wir das Gefühl für Kontinuität und Proportionen im klassischen Stil, so wäre die weitere Erörterung der »Sonatenform« überflüssig. Für das späte 18. Jahrhundert war jede geformte Abfolge von Sätzen eine Sonate; die musikalischen Proportionen waren verschieden, je nachdem ob es sich um einen Eröffnungs-, einen Mittel- oder einen Schlußsatz handelte. Alte Formen wie Fuge und Thema mit Variationen fanden in gründlicher Umformung noch Verwendung; in anderen Formen, wie dem Konzert, der Ouvertüre, der Arie und dem Rondo überleben Spuren älterer Formen; dazu gibt es Tänze, meist Menuette, Ländler und Polonaisen. Alles übrige ist Sonate, d.h. schlicht Musik. In diesem Fall können wir uns nicht mit der Beschreibung einer Form zufriedengeben. Zuerst müssen wir wissen, wie sich das Musikgefühl überhaupt von dem des vorangehenden Zeitalters unterschied, und das müssen wir vor allem auf konkret musikalischer Ebene begreifen. Die Kunst hat unendliche, aber nicht unbegrenzte Möglichkeiten. Selbst eine Stilrevolution wird noch von der Sprache gelenkt, in der sie stattfindet und die sie verändern wird.

II. Der klassische Stil

> »Des Menschen Wesen und Wirken ist Ton, ist Sprache. Musik ist gleichfalls Sprache, allgemeine; die erste des Menschen. Die vorhandenen Sprachen sind Individualisirungen der Musik; nicht individualisirte Musik, sondern, die zur Musik sich verhalten, wie die einzelnen Organe zum organisch Ganzen.«
>
> Johann Wilhelm Ritter,
> ›Fragmente aus dem Nachlasse
> eines jungen Physikers‹, 1810

1. Innere Geschlossenheit der musikalischen Sprache

Als unvermeidliches Ereignis stellt sich der klassische Stil erst im nachhinein dar. Wenn man heute zurückblickt, so erscheint seine Erschaffung als natürlich, und zwar nicht als eine Fortentwicklung des vorangehenden Stils (zu dem er sich vielmehr wie ein Sprung oder revolutionärer Bruch zu verhalten scheint), sondern als eine Stufe in der fortschreitenden Verwirklichung der seit dem 15. Jahrhundert bestehenden und sich entwickelnden musikalischen Sprache. Zum Zeitpunkt seines Auftretens hätte er kaum unlogischer scheinen können. Die Zeit zwischen 1750 und 1775 war eine Periode der Überspanntheit, des Drauflosexperimentierens, dessen Resultate Werke von solcher Wunderlichkeit sind, daß sie auch heute noch schwer zu akzeptieren sind. Doch jedes gelungene Experiment, jede stilistische Entwicklung, die für die nächsten fünfzig oder mehr Jahre fester Bestandteil der musikalischen Sprache wurde, zeichnete sich durch eine besondere Eignung zu einem tonartlich gegründeten, dramatischen Stil aus.

Es ist eine nützliche Hypothese, »ein« Element eines neuen Stils als seine Keimzelle zu betrachten, die zu einem kritischen Zeitpunkt im früheren Stil erscheint und im Lauf der Jahre allmählich auf die anderen Elemente übergreift, bis sie in ästhetischem Einklang den neuen Stil als vollständiges Ganzes bilden, so wie etwa das Rippengewölbe das schöpferische oder auslösende Moment in der Ausbildung des gotischen Stils war. Auf diese Weise scheint die historische Entwicklung eines Stils sich vollkommen logisch zu vollziehen. In Wirklichkeit liegen die Dinge selten so einfach. Die typischen Komponenten des klassischen Stils sind in der Mehrzahl nicht ordentlich der Reihe nach erschienen, sondern sporadisch, manchmal gemeinsam, manchmal einzeln, und ihr Fortschritt ist verzweiflungsvoll unregelmäßig für diejenigen, die Ergebnisse gern klipp und klar vor sich sehen. Das Endprodukt besitzt jedoch logische Geschlossenheit, da selbst die Unregelmäßigkeiten einer Sprache, untersucht man sie erst einmal, konsequent sind. Es ist also ein unhistorisches, aber aufschlußreiches Verfahren, die Elemente zu isolieren und zu untersuchen, wie eines zum anderen führt, wie es die anderen Elemente in sich schließt und ergänzt.

Das deutlichste Element in der Ausbildung des frühen, klassischen Stils (oder des protoklassischen Stils, wenn wir den Begriff klassisch für Haydn, Mozart und Beethoven aufheben wollen) ist die kurze, gegliederte Phrase, die Periode. Bei ihrem ersten Auftreten sprengt sie den Barockstil, der im allgemeinen von umfassender, weitreichender Kontinuität geprägt ist. Als Paradigma dient zwar die viertaktige Periode, aber historisch gesehen war sie nicht das Muster, sondern, wie sich herausstellte, nur die häufigste Art. Zweitaktperioden sind ein Kennzeichen Domenico Scarlattis; sie werden, zu zweien gruppiert, zu Viertaktperioden. Haydns Quartett op. 20, Nr. 4 beginnt mit sieben völlig unabhängigen Sechstaktperioden, und das ist nur ein Beispiel unter Tausenden. Drei- und Fünftaktperioden treten von Anfang an häufig auf, während »echte« Siebentaktperioden gegen Ende des Jahrhunderts möglich werden (wobei »echt« hier im Gegensatz zu Achttaktperioden gemeint ist, deren achter Takt durch Überlappen mit der nächsten Periode verschwindet). Erst gegen 1820 übte die Viertaktperiode die absolute Macht über die rhythmische Organisation aus. Davor war ihre Vorherrschaft eine praktische Angelegenheit – sie war nicht zu kurz und nicht zu lang und leichter als Drei- und Fünftaktperioden in symmetrische, ausgewogene Hälften zu teilen. Aber die Zahl Vier ist nicht magisch und wichtig ist allein die wiederkehrende Unterbrechung der Kontinuität.

Selbstverständlich ermöglicht die Periodizität diese Unterbrechung nur, indem sie ihre eigene Kontinuität schafft. Die Periode steht mit dem Tanz in Verbindung, der regelmäßige Periodengruppen braucht, um mit den Tanzschritten und Abschnitten übereinzustimmen. In der italienischen Instrumentalmusik des frühen 18. Jahrhunderts wird diese Periodengruppierung durch harmonische Sequenzen verstärkt, wobei amüsanterweise das fundamentale Element des hochbarocken Rhythmus die Wirkung gerade desjenigen Elements verstärkt, das dann den Sturz des barocken Systems herbeiführt. Zwar wurde die Sequenz nie ganz fallen gelassen und sie ist bis in unsere Tage ein wichtiger Bestandteil der Musik geblieben. Aber im klassischen Stil verliert sie ihre führende Rolle als Bewegungsmotor (die sie im 19. Jahrhundert teilweise wiedererlangte). Die barocke Fuge wird hauptsächlich durch Sequenzierung vorangetrieben, doch die klassische Sonate besitzt noch andere Triebkräfte. In einem klassischen Werk dient die Sequenz sogar oft der Spannungsminderung. Nach einer Reihe überraschender Modulationen vermag sie die Bewegung anzuhalten, und sie wird tatsächlich oft zu diesem Zweck verwendet, zumal gegen Ende einer Durchführung und über einem Orgelpunkt. Die großräumige Bewegung hat aufgehört und die Sequenz vermittelt nur ein Pulsieren. Dergestalt wird das wesentliche Antriebsmoment des Barock im klassischen System zwar verwendet, aber in seiner Bedeutung abgewertet.

Der gegliederte Periodenbau veränderte das Wesen der Musik des 18. Jahrhunderts in zweierlei Hinsicht: einmal schuf er ein gesteigertes, ja überwältigendes Gefühl für Symmetrie und zweitens ein äußerst vielfältiges rhythmisches Gewebe, in dem die Rhythmen nicht kontrastieren oder sich überlagern, sondern logisch und mühelos ineinander übergehen. Die Herrschaft der Symmetrie ergab sich aus der Regelmäßigkeit des klassischen Periodenbaus. Die Periode drückt dem Rhythmus einen größeren, langsameren Puls auf, und so wie man fast immer erst nach zwei ähnlichen Takten den Rhythmus eines Musikstücks verstehen und den metrischen Schwerpunkt identifizieren kann, so braucht man eine vergleichbare Symmetrie des Periodenbaus, um den größeren Puls zu hören und zu fühlen. Die Vorliebe für deutliche Gliederung steigerte das ästhetische Bedürfnis nach Symmetrie. Solange der rhythmische Fluß den Vorrang hatte, wie das im Barock der Fall war, konnte das Gleichgewicht zwischen zwei Periodenhälften zurücktreten. Es war wichtiger, daß das Ende einer musikalischen Periode unmerklich vorwärts zur nächsten drängte. Je selbständiger die Perioden wurden, desto deutlicher stellte sich die Frage des Gleichgewichts. Die Anfangstakte des wohl ersten eindeutig ganz im klassischen Stil geschriebenen und von jeglichen manieristischen Spuren freien Meisterwerks, des Konzerts für Klavier und Orchester KV 271 von Mozart, mögen illustrieren, wie dieses Gleichgewicht erreicht wurde, und wie vielfältig verquickt das rhythmische Geflecht ist (siehe Notenbeispiel auf folgender Seite). Takt 1–3 und 4–6 weisen die extreme Form des Gleichgewichts, nämlich die vollständige Identität auf. Allerdings wäre es falsch, den gleichen Hälften gleiche Bedeutung zu unterstellen. Die Wiederholung ist eindringlicher (eine dritte wäre nur noch ärgerlich) und verleiht der Periode größere Bestimmtheit und eine deutlicher umrissene Existenz als Element des bevorstehenden Werkes. Dieser Anfang ist verblüffend und entzückend; er überrascht nicht nur durch das sofortige Einsetzen des Solisten, sondern auch durch den Humor, mit dem er auf die Orchesterfanfare erwidert. Die vollkommene Ausgewogenheit der Periode ist wesentlich für diesen Witz: das Orchester fällt eine Oktave und steigt eine Quinte, worauf das Klavier im selben Zeitraum eine Oktave steigt und eine Quinte fällt. Auf keinen Fall soll man das als Umkehrung wahrnehmen, wie man etwa die Umkehrung eines Fugenthemas hören soll. Damit rechnet der Stil am allerwenigsten, es würde die Wirkung zerstören; die Symmetrie ist verborgen, delikat und voll Anmut.

Die Verborgenheit und vor allem die Anmut sind von der rhythmischen Vielfalt abhängig: das Orchester spielt praktisch alla breve, zwei lange Schläge pro Takt, während der Pianist deutlich im Viervierteltakt spielt (₵ gegenüber C). Würdevoller Pomp wird der Leichtfertigkeit gegenübergestellt und vollkommen von ihr ausbalanciert. Der Hochbarock ist zwar solcher Gegensätze fähig, aber er zielt selten auf eine solche Balance. Das Ausmaß der klassischen Leistung wird jedoch nicht in den ersten sechs Takten, sondern in den folgenden sichtbar, in denen nämlich die überzeugende Verschmelzung der beiden Pulse hörbar gemacht wird. Die Phrasierung in Takt 8 stellt eine Synthese dar, insofern sie auf wunderbare Weise den Alla breve- und den Vierviertelpuls vereint, während die Melodie der ersten Violinen in Takt 7–11 die Anfangsmotive von Klavier und Orchester vereint. Darin besteht der meisterhafte Übergang von Takt 6 zu 7: die Eindringlichkeit der Periodenwiederholung legitimiert die beschleunigte Bewegung in Achtelnoten in der Begleitung (T. 7), während die ersten Violinen das dreifach wiederholte *B* des ersten Takts nun halb so schnell spielen, um den Wechsel nicht aufdringlich werden zu lassen und die beiden Perioden zu verknüpfen. Von diesem siebten Takt an belebt sich die Musik, aber der Übergang ist unmerklich und erwächst natürlich aus dem Vorhergehenden. Solcherart rhythmische Übergänge sind der Prüfstein des klassischen Stils, denn nie zuvor in der Musikgeschichte war es möglich, so natürlich und anmutig von einem Puls in einen anderen überzugehen.

Der Hochbarock bevorzugte Musik mit homogener Rhythmik und verwendete unterschiedliche rhythmische Bewegungen nur unter bestimmten Bedingungen. Kontrastierende Rhythmen treten auf zweierlei Weise auf: entweder durch die Überlagerung zweier Rhythmen, wodurch der schnellere Rhythmus unweigerlich der dominierende wird, oder durch die Gegenüberstellung großer rhythmischer Blöcke (wie in der Fliegenplage aus ›Israel in Egypt‹), wobei die zwei oder drei Rhythmusarten gewöhnlich als Schlußsteigerung übereinandergeschichtet werden, so daß man wieder bei der ersten Art ist. In beiden Fällen bleiben die Rhythmen im Grunde gesondert, ohne daß ein Übergang geplant oder versucht wird. Plötzlicher, heftiger Rhythmuswechsel kommt bei Bach und anderen Komponisten zuweilen in dramatischer Absicht vor, wie z. B. im Orgelchoralvorspiel ›O Lamm Gottes‹ oder im letzten Satz des vierten ›Brandenburgischen Konzerts‹. Er wirkt wie eine bewußte rhythmische Laune und versetzt dem Zuhörer immer einen momentanen, in dem einen Stück tiefempfundenen, in dem anderen dramatischen, aber liebenswürdigen Schock. Aber auch diese Werke sind Ausnahmen[1], denn die einfa-

---

[1] Die einzige mir bekannte Ausnahme im Hochbarock, in der rhythmischer Übergang im Gegensatz zu rhythmischem Kontrast angestrebt wird, ist das ›Confiteor‹ aus der *h*-moll-Messe. Die in diesem tiefgründigen Satz verwendeten Mittel sind jedoch nahezu antiklassisch

che und einheitliche Rhythmik ist die Regel im Barock. Hat sich ein Rhythmus erst einmal etabliert, so setzt er sich normalerweise unerbittlich bis zum Ende fort oder wenigstens bis zur Pause vor der Schlußkadenz. (An dieser Stelle ist Rhythmuswechsel möglich, ohne daß der Eindruck eines außergewöhnlichen Ereignisses entsteht.) Ein Fugensubjekt setzt z. B. mit langen Notenwerten ein und hört mit kürzeren auf (selten andersherum); es sind dann die schnelleren Noten, die die rhythmische Grundstruktur des Ganzen bilden, denn die langen Noten des Themas werden ausnahmslos vom schnelleren Rhythmus der anderen Stimmen begleitet. Sobald das Stück angelaufen ist, ergibt sich oft ein Perpetuum mobile-Effekt.

Ein Perpetuum mobile ist zuweilen auch in klassischen Werken anzutreffen, und es ist aufschlußreich, die verschiedenartige Behandlung zu vergleichen. Das rhythmische Interesse gilt beim klassischen Perpetuum mobile hauptsächlich den Unregelmäßigkeiten, d. h. die rhythmische Vielfalt ist so groß wie in jedem anderen klassischen Werk auch. Im Finale von Haydns ›Lerchenquartett‹ op. 64, Nr. 5 werden die Perioden deutlich gegliedert und überlappen sich trotz der stetigen Bewegung nie. Die starken Akzente auf unbetontem Taktteil im Moll-Mittelteil sichern noch größere rhythmische Vielfalt. Die synkopierten Akzente im Finale von Beethovens Sonate *F* op. 54 sind noch überraschender. Sie fallen abwechselnd auf die zweite und dritte Sechzehntelnote einer Viergruppe, wie folgt:

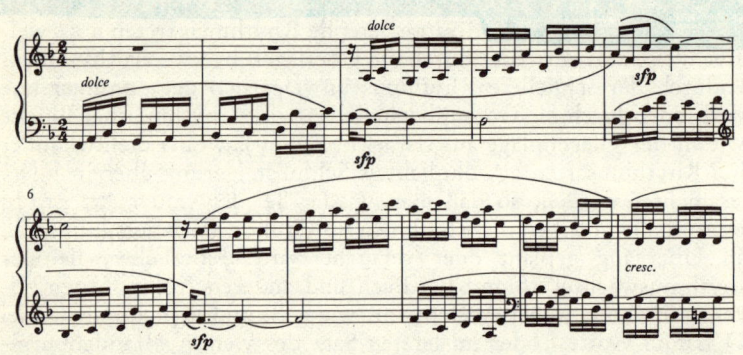

Dadurch attackieren zwei verschiedene, konträre Kräfte das Gewicht des Niederschlags. Das Sforzando auf der Tonika im Baß stärkt das zweite Sechzehntel, die schwächste Note im Takt, so daß der Akzent das Gefühl des gleichmäßigen Fließens zersetzt. Für den Klassiker

und beabsichtigen einen allmählichen Tempowechsel, nicht etwa eine Verschmelzung verschiedener Pulse.

mit seiner Neigung, das rhythmische Gewebe auseinanderzureißen, stellt das Perpetuum mobile nur eine zusätzliche Herausforderung dar, zumal die Spannung zusätzliche Dramatik liefert. Es handelt sich allerdings typischerweise um ein Verfahren für Schlußsätze, in denen die rhythmische Stabilität der gleichmäßigen Bewegung eine Alternative zu klar gegliederten Melodien bietet. In der ›Appassionata‹ ist das Perpetuum mobile im letzten Satz – der übrigens viel stabiler als der erste ist – kräftig am rhythmischen Ungestüm mitbeteiligt und bricht dann kurz vor der Rückkehr zur Tonika nach einem leidenschaftlichen Ausbruch in totaler Erschöpfung zusammen. Das rhythmische Ungestüm dieses Satzes läßt uns oft sein unaufhörliches Fließen vergessen. Das barocke Perpetuum mobile ist im Gegensatz dazu keine dramatische oder spannungserzeugende Form, es ist der Normalfall. Der Beispiele sind so viele, daß sich das Zitieren erübrigt, denn jedes Werk mit gleichmäßig fließender Thematik (z. B. fast jede Allemande) kann dafür stehen.

Die barocke Dynamik ist dem barocken Rhythmus völlig analog, wohl weil dynamische Nuancierung gleichermaßen der Rhythmik wie der Melodik zugehört. So wie die rhythmische Bewegung entweder für das ganze Stück konstant bleibt oder verschiedene Rhythmen ohne Vermittlung horizontal oder vertikal geschichtet werden, so wird auch ein barockes Werk entweder in ziemlich gleichbleibender Lautstärke gespielt oder es werden zwei Lautstärkengrade neben- oder übereinandergestellt, ohne daß (wenigstens strukturell) Crescendi oder Diminuendi[2] verwendet werden. Über die sogenannte Terrassendynamik ist eine Menge geschrieben worden, aber in der Regel waren Aufführungen wohl von gleichbleibender Lautstärke, es sei denn, ein oder mehrere Solisten standen einer größeren Gruppe gegenüber. Die Terrassendynamik war im Barock nicht Notwendigkeit, sondern Luxus. Cembali besaßen in der Mehrzahl nur ein Manual, so daß man nicht gleichzeitig in zwei Lautstärken spielen konnte, und selbst die schnelle Aufeinanderfolge zweier Lautstärken war wegen der seitlichen Plazierung der Züge oft äußerst schwierig. Um im Laufe eines Stückes Registerwechsel auf der Orgel vorzunehmen, brauchte man einen Assistenten mit einem Registrierplan. Nur ein wichtiges, virtuoses Stück wäre jemals so aufgeführt worden, und auch das war nicht immer durchführbar. Man muß sich auch vor Augen halten, daß die Verwendung zweier Manuale nicht zwei dynamische Stufen, sondern zwei Klangfarbenebenen bedeutet. Eigentlich ist dieser Klangfarbenkontrast für die hochbarocke Musik wesentlicher als der Kontrast zwischen Lautstärkepegeln, der nämlich nur eine Abart davon

---

[2] Zur Ausdrucksnuancierung leisteten Crescendo und Diminuendo im Barock selbstverständlich einen wichtigen Beitrag, insbesondere in der Vokalmusik.

ist. Die Trennung von Tutti und Soli im Concerto grosso ist nicht so sehr eine Gegenüberstellung von laut und leise, als eine Gegenüberstellung zweier strukturerhellender Klangqualitäten, so wie die zwei Manuale in denjenigen Nummern der ›Goldberg-Variationen‹, die Stimmkreuzung aufweisen, die Stimmführung verdeutlichen. Gleichmäßig verteilte Klangebenen sind die Regel im Barock, obgleich wir teilweise nicht mehr imstande sind, uns das klarzumachen, weil Hör- und Musiziergewohnheiten aus dem 19. Jahrhundert uns nach größerer dynamischer Abwechslung verlangen lassen. Wir entstellen oft die Musik, auch wenn wir die Möglichkeiten eines Instruments aus dem frühen 18. Jahrhundert nicht überschreiten. Domenico Scarlattis Musik besteht z. B. weitgehend aus kurzen Abschnitten, die zwei- oder dreimal hintereinander erklingen. Spielt man diese Wiederholungen als Laut-leise-Echo, so verfälscht man die Musik, denn ein Gutteil ihrer Wirkung müßte gerade aus ihrer Beharrlichkeit entspringen. Die Überzeugung, daß alles, was zweimal auftaucht, auch differenziert werden muß, bestimmt als unbewußtes und zuweilen schädliches Prinzip fast jeden heutigen Interpreten. Der Hochbarock suchte die Abwechslung hauptsächlich in der Verzierung und nicht im terrassierten oder sonstwie gearteten dynamischen Kontrast.

Aber auch hier ist Vorsicht geboten. Es gibt Werke (z. B. vieles von Händel), die schon beim ersten Mal nach starker Auszierung verlangen und andere (das meiste von Scarlatti und fast alles von Bach), die sehr wenig oder gar keine benötigen. Scarlatti hat eine Frühform des klarer gegliederten klassischen Stils erarbeitet, in dem wahllose Auszierung die Perioden würde überlappen lassen. Bei Bach beschweren sich schon die Zeitgenossen, daß er alles ausschrieb und dem Interpreten keinen Platz für zusätzliche Verzierungen ließ. Und schon damals wurde ganz richtig erwidert, daß dies zu den höchsten Vorzügen seiner Musik gehöre. Es wird manchmal die Ansicht vertreten, in den ›Goldberg-Variationen‹ müßten sämtliche Wiederholungen verziert werden. Dazu kommt es, wenn man die Theoretiker des 18. Jahrhunderts (oder über sie) liest und nicht auf die Musik achtet. Einige wenige Variationen könnten zwar verziert werden, aber die meisten sträuben sich gegen jeden Versuch, der über die Hinzufügung eines gelegentlichen Mordents hinausgeht, und selbst das würde nur gekünstelt klingen. Das Problem besteht darin, daß das Musizieren heutzutage – was es im 18. Jahrhundert nicht war – hauptsächlich eine öffentliche Angelegenheit geworden ist; mit der Förmlichkeit kam auch das Bedürfnis nach Abwechslung und Dramatik. Aber im 18. Jahrhundert verzierte man (außer in der Oper) nicht in der Absicht, ein großes Publikum zu fesseln, sondern um sich selbst, seinem Gönner oder seinen Freunden ein Vergnügen zu bereiten. ›Das Wohltemperierte Klavier‹ und ›Die Kunst der Fuge‹ waren durchaus zur Aufführung bestimmt, aber zur Aufführung im privaten Kreis, auf jedwedem gerade vorhandenen Tasteninstrument und immer nur so viele Fugen auf einmal, wie man gerade Lust hatte. Aus Suiten und Partiten läßt sich ablesen, daß das frühe 18. Jahrhundert längere Strecken in der gleichen Tonart und längere Werke im gleichen Rhythmus und der gleichen Lautstärke tolerieren konnte als spätere Epochen[3]. Ganz gewiß wurde die Kammermusik des Hochbarock mit feinen dynamischen Nuancen gespielt und sie verlangte, um ausdrucksvoll zu sein, ein nur schwer nachvollziehbares, stilgerechtes Rubato sowie eine Ornamentik, die diese Nuancen herausarbeitete. Aber diese Kunst stützte sich nicht sehr auf starke dynamische Kontraste und überhaupt nicht auf Übergänge zwischen dynamischen Ebenen. Was an dynamischen Kontrasten existierte, tritt vor allem in den »öffentlichen« Genres: Oper, Oratorium und Konzert zutage. Diese Unterscheidung zwischen Gattungen erlangte um die Jahrhundertmitte größere Bedeutung und verwischte sich erst am Ende. So verlangte die Symphonie z. B. stärkere Überlappung der Perioden, d. h. geringere Gliederung und stärkere Vorwärtsbewegung, als die Solosonate. Doch als die Theoretiker des späten 18. Jahrhunderts das bemerkten, schrieben Haydn und Mozart ihre Solowerke schon in einem mehr symphonischen Stil.

In der gegliederten Periode müssen sich die Bestandteile selbständig und klar voneinander abheben, um Form und Symmetrie deutlich hörbar zu machen; das führte seinerseits zu größerer Vielfalt des rhythmischen Gewebes und einer sehr viel größeren Palette dynamischer Akzente. In der oben (S. 62) zitierten Eröffnung des Mozart-Konzerts KV 271 ist der barocke Gegensatz zwischen Orchesterabschnitt und Soloabschnitt auf eine einzige Periode zusammengeschnellt. Wenn extreme Gegensätze auf engstem Raum zusammenstoßen, so fordert das einen Stil, der dazwischen vermitteln kann. Denn ein Werk, das ohne die Möglichkeit allmählicher Übergänge aus hart aufeinanderstoßenden, dramatischen Kontrasten besteht, ist entweder äußerst kurz oder unerträglich. Diesen Übergangs- oder Vermittlungsstil schuf das späte 18. Jahrhundert. Die Entwicklung des Crescendo in der Orchestermusik, insbesondere in Mannheim, ist wohlbekannt, aber nun tauchte zum ersten Mal auch die Möglichkeit auf, zwischen verschiedenen Rhythmen zu vermitteln. Eines der häufigsten Verfahren der Klassik bestand darin, den schnelleren Rhythmus zunächst in der Begleitung und erst einige Takte später in der Hauptstimme einzuführen, wodurch sich die Nahtstelle so glättet, daß kein

---

[3] Selbst wenn solche Suiten gewissermaßen wie Anthologien benutzt wurden, so läßt ein Werk wie die Chaconne von Händel, die vollständig gespielt wurde, einen modernen Hörer ungeduldig werden.

Bruch spürbar wird. In der Eröffnung von Beethovens 4. Klavierkonzert spürt man zwei lange Schläge pro Takt:

aber am Ende der Exposition hören wir acht kurze Schläge pro Takt:

denn die Sforzandi auf den unbetonten Achtelnoten verdoppeln den Puls von vier auf acht. Im Laufe des Satzes erfolgt der Übergang von zwei zu acht Schlägen völlig unmerklich.

Erreicht wird der rhythmische Übergang im späten 18. Jahrhundert durch eindeutig und klar bestimmbare Elemente, die im allgemeinen dergestalt verknüpft sind, daß das eine doppelt so schnell oder halb so schnell ist wie das vorhergehende, so daß die Tempostufen sämtlich in der Serie 2, 4, 8, 16 usw. enthalten sind. Man empfindet die Bewegung von einem Rhythmus zum anderen als Übergang und nicht als Kontrast. Das Gefühl ungebrochener Kontinuität wird nicht allein dadurch geschaffen, daß der schnellere Rhythmus in einer Neben- oder Begleitstimme eingeführt wird, um seinen Eintritt auf diese Weise weniger bemerkbar zu machen, oder durch subtile Phrasierungsnuancen wie in dem oben zitierten Beispiel von Mozart, sondern auch durch Akzentsetzung und harmonische Mittel. Mozart und Haydn haben als erste verstanden, welche Anforderungen die Periode an die harmonische Bewegung stellt, und in ihren Werken treten Periodik und Harmonik zum ersten Mal überzeugend in Beziehung zueinander. Mozarts und Haydns Einsicht in das Wesen der Dissonanz und der harmonischen Spannung ist der Hauptgrund für ihre Überlegenheit. Oft führt gerade ein besonders dissonanter Akkord einen neuen, beschleunigten Rhythmus ein[4], und beide Komponisten verstanden es, die zusätzliche Erregung gegen Ende eines musikalischen Abschnitts beim Vorwärtsdrängen zur lösenden Kadenz musikalisch

---

[4] Vergleiche den neuen Triolenrhythmus am Ende des S. 323 zitierten Musikbeispiels aus Mozarts Quintett *D* KV 593.

voll zu nutzen. Beiden gelang nach 1775 auch die überzeugende Einführung von Triolen in eine Duolenbewegung, was in einem so symmetriebewußten, um die klare Scheidung der Elemente besorgten Stil keine einfache Sache ist.

Im klassischen Stil kann ein Übergangsmittel sogar thematisches Element werden. In Haydns Quartett C op. 33, Nr. 3 aus dem Jahr 1781 dürfte das Crescendo der wichtigste Bestandteil des Hauptthemas sein:

Das ist klassischer Stil in den ersten Jahren seiner Vollendung! Symmetrische Verhältnisse bestehen nicht nur zwischen den Perioden, sondern auch innerhalb der einzelnen Periode. Dem Intensitätszuwachs in den ersten drei Takten (zu dem die Vorschläge und der Doppelschlag das ihrige beitragen) entspricht der Abstieg der ersten Geige in Takt 4–6, der seinerseits von der aufsteigenden Bewegung im Cello aufgefangen wird, so daß als Gesamteindruck immer noch das Aufsteigen bleibt. Noch wichtiger: die Anfangstakte bilden nicht nur ein Crescendo, sondern auch ein allmähliches Accelerando vom undifferenzierten Pulsieren des Eingangstaktes bis zur Sechzehntelbewegung in Takt 4 bis 6. In den ersten vier Takten wächst der Puls (0, 1, 2 und 4 in sukzessiven Takten) innerhalb des gleichen Tempos. Das Sforzando auf dem zweiten Schlag beim Einsatz des Cellos verstärkt das Gefühl des Viererschlags in diesem Takt und kündet schon den abrupten Stillstand der ersten Geige auf dem zweiten Schlag des folgenden Taktes an. Auch die Rückleitung zum Gefühl des Nulltakts wird meisterhaft vollzogen. Takt 4 hat ein Sforzando auf der zweiten Schlagzeit, Takt 5 besitzt nur den durch die übergebundene Note gebildeten Akzent, und Takt 6 enthält sich jeglicher Betonung der zweiten Schlagzeit und läßt überraschendes Schweigen folgen. Mit alledem wird die Rückkehr zum undifferenzierten Pulsieren des Anfangs vorbereitet. Die Pause ist ebensosehr Bestandteil des Themas wie das Crescendo, sie wird sogar weiterentwickelt, indem sie zunächst mit den verzierten, nun doppelt so schnellen Noten der Violine aus Takt 3 aufgefüllt

und später auf das Doppelte verlängert wird.

Diese Beispiele zeigen schon eine weitere Art des Übergangs, den thematischen, der manchmal als Durchführung verwendet wird. Im vorliegenden Satz ist die Schlußgruppe der Exposition wiederum aus dem doppelt so schnellen Violinmotiv von Takt 2 und 3 abgeleitet, und die Verknüpfung mit dem Anfang geschieht durch die oben zitierten Takte 31–32 und ihre weitere Umgebung. Auf diese Weise scheint jedes Thema aus dem vorangehenden zu erwachsen; es entwickelt seine eigene Identität und bleibt dennoch in Beziehung zum Ganzen. Dieses entzückende Fünftaktthema (oder Viertaktthema mit einem Echo in der Mitte) weist ein thematisches Beziehungssystem auf, in dem die logischen Schritte nach und nach in der Musik selbst ausformuliert werden:

Hierbei ist zu bemerken, daß sich die sechstaktige Anfangsperiode (siehe S. 69) entweder als Viertaktperiode mit einem Takt Einleitung und einem Echo am Ende, oder aber als zwei Dreitaktperioden betrachten läßt, insofern eine neue Figur auf dem Höhepunkt am Anfang von Takt 4 eingeführt wird. Beide Interpretationen sind natürlich richtig, oder anders gesagt, wir hören die rhythmische Spannung zwischen diesen zwei Konstruktionen als Bestandteil der Periode. Die Harmonik dieser Eröffnung ist subtiler als es auf den ersten Blick erscheinen will. Es ist alles Tonika, und nur am Ende wird zur Klärung der Tonart ein bißchen Dominantisches eingeflochten. Es klingt großartig einfach, aber indem die für diesen Stil so notwendige Grundstellung der Tonika bis zum Ende des Crescendo vorenthalten und dann auf einem unbetonten Taktteil eingeführt wird, entsteht Spannung. Weiträumigkeit wird durch Witz gemildert: nie zuvor hat es in der Kammermusik solch ein Bündnis gegeben.

Dem unmerklichen Übergang von einer dynamischen Ebene zur anderen oder von einem Rhythmus zum anderen waren im klassischen Stil Grenzen nur zur eben noch möglichen Langsamkeit hin gesetzt. Wie schnell der Übergang möglich war, war unwichtig, da bei sehr schnellem Wechsel der Übergang verschwindet und nur ein Kontrast bleibt. Ein langsamer Übergang ist schon immer schwieriger gewesen, und innerhalb des klassischen Rahmens waren so unendlich lange und sehr allmähliche Wandlungen, wie Wagner sie in Vollendung bringen sollte, einfach nicht möglich. Die Stabilität des Tonartengefühls und das Bedürfnis nach Gleichgewicht standen dem im Wege. Erst als die Tonalität im 19. Jahrhundert labiler wurde, konnte die Geschwindigkeit, mit der Dinge geschehen (nicht zu verwechseln mit dem Tempo), allmählich reduziert werden. Der dritte Akt von ›Parsifal‹ ist formal gesehen eine riesige Modulation von *H*-dur zurück zum *A*-dur des Vorspiels zum ersten Akt. Wagner kann sie so lange ausdehnen, weil er sich so viel Zeit nehmen kann, um die Tonart überhaupt erst einmal zu definieren. Das Vorspiel zum dritten Akt schwebt in einer vagen Region zwischen *b*-moll und *H*-dur, und aufgrund dieser fehlenden tonartlichen Klarheit kann der Rhythmus in mehreren Wellen rollen und die Spannung ganz allmählich wachsen. Die dynamische Ebene läßt sich dann ebenso langsam anheben und der Umfang gewaltig vergrößern.

Für Haydn, Mozart und Beethoven gab es keine solche Technik, und sie war auch gar nicht denkbar, obzwar Beethoven an Stellen wie dem langsamen Crescendo und Accelerando (»poi a poi di nuovo vivente«) im Finale der Sonate As op. 110 von der Umkehrung der Fuge bis zum Ende auf nahezu übernatürliche Weise die Kräfte des klassischen Stils dehnt und das Tempo des Wechsels verlangsamt. Hier werden sämtliche selbständigen thematischen Elemente des klassischen Stils auf eine Weise verwendet, daß sie zu verschmelzen scheinen. Um dieses Kontinuum zu schaffen, verwendet Beethoven einen abnormen harmonischen Schritt, nämlich eine Modulation von der Tonart des Leittons zur Tonika (von G-moll-dur nach As). Der weite Abstand ist zwar klassisch klar, aber er verwischt die Kraft der Tonika und läßt viel Zeit verstreichen, so daß die Rückkehr und Wiedereinsetzung der Tonika dann das volle Gewicht tragen kann, das die letzten triumphalen Seiten erfordern. In ihrer scharfen Definition der harmonischen Beziehungen hat Beethovens Methode nichts mit der romantischen Vorenthaltung der Tonika gemein. Aber allgemein gesprochen gibt es erst um die Mitte des 19. Jahrhunderts Musik im Zeitlupentempo. Der klassische Stil kennt zwar sehr langsame Tempi, aber die Musik ist immer ereignisreich; ein fortlaufender Einzelsatz von mehr als zwanzig Minuten Dauer liegt außerhalb seiner Reichweite.

In gewissem Sinn bewegt sich der klassische Stil allerdings langsamer, als man oft annimmt. Die Modulation zur Dominante ist nicht immer in ein paar Takten abgetan; manchmal beginnt sie mit der Eröffnungsperiode und beansprucht mit einer Reihe von immer stärkeren Annäherungen und Rückzügen die ganze erste Seite eines Satzes. In Haydns Quartett Es op. 20, Nr. 1 stehen schon Takt 7–10 in der Dominante und Takt 14 und 15 ebenfalls. Doch nach beiden Stellen erscheint die Tonika wieder, und erst in Takt 21–24 erfolgt der endgültige Schritt zur Dominante. Das muß in der Reprise natürlich alles geändert werden, und sie ist tatsächlich völlig umgeschrieben. Man könnte hier von einer langen Vorbereitung der Dominante sprechen, aber zutreffender könnte man es als eine Strömung zur Dominante hin bezeichnen, die sich zu einem bestimmten Zeitpunkt artikuliert. Die Stärke dieser Strömung wird durch die »Sonatenform«-Terminologie oft verdeckt, da diese sich auf den Augenblick der Artikulation konzentriert. Sogenannte Überleitungen zwischen Tonika und Dominante kommen in klassischen Expositionen zwar häufig genug vor (wie könnte es anders sein?), aber es gibt unzählige Fälle, in denen die Bewegung zur Dominante gleich zu Anfang mit der Festlegung der Tonika einsetzt. Das kommt bei Haydn häufig vor und bei Beethoven noch viel öfter. In der ›Eroica‹ beginnt die Entfernung von der Tonika, sobald das Stück anfängt, und die ›Waldsteinsonate‹ legt die Tonika erst fest, nachdem die Abwendung von ihr scheinbar schon begonnen hat. Die Sonate *A* op. 101 bezeichnet den Extremfall dieser Technik, insofern Beethoven hier mit der Bewegung zur Dominante einsetzt. Die Tonika wird stillschweigend vorausgesetzt, so daß der überaus poetische Effekt entsteht, als beginne das Stück in der Mitte. Nur eine als selbstverständlich empfundene Festigkeit, die nicht besonders hervorgehoben werden muß, vermag die darauf ruhende Gefühlswelt zu tragen.

Manchmal kommt der Tonartenwechsel plötzlich und abrupt, ohne daß die neue Tonart durch eine Modulation eingeführt wird. Geschieht das, so hat irgend etwas im Anfangsteil es ermöglicht. Das erste von Haydns Quartetten op. 33, dasjenige in *h*-moll, wiederholt nach einer Fermate und ohne jegliche Modulation das Thema in *D*-dur, der Paralleltonart (was nach 1770 für einen Mollsatz die »normale« Sekundärtonart ist)[5]. Das ist deshalb möglich, weil das Hauptthema ursprünglich, ganz zu Anfang des Werkes, scheinbar in der parallelen Durtonart angekündigt wird, da nämlich das *h*-moll sich erst im dritten Takt herausschält. Die Bewegung zur neuen Tonart erfolgt einfach durch die Umharmonisierung der Melodie, so wie sie in den ersten zwei Takten ja schon angedeutet war. Die neue Tonart wird also nicht ausdrücklich vorbereitet, sie ist schon im Material inbegriffen.

Dieses Beispiel lehrt einerseits, wie frei die klassische Form ist und andererseits, wie eng sie mit den harmonischen Beziehungen verknüpft ist. Haydn zieht an dieser Stelle den logischen Schluß aus seinem Anfang. Dabei ist er nicht von den Verfahren seiner Zeitgenossen bestimmt, sondern von seiner Sensibilität gegenüber harmonischen Implikationen. Ein angedeutetes *D*-dur an so entscheidend wichtiger Stelle wie dem Anfangstakt läßt Haydn erkennen, daß er auf die Modulation verzichten kann. Die gleiche Sensibilität wird Mozart dazu veranlassen, jede Oper nach ›La finta giardiniera‹ in einer bestimmten Tonart zu schreiben, mit der sie anfängt und endet, und die den Bezugspunkt für die Abfolge der Nummern bildet.

Eine wohlartikulierte Bewegung zur Dominante (oder ihrer Vertreterin) ist die einzige harmonische Anforderung an eine Sonatenexposition. Wie sie bewerkstelligt wird, bleibt völlig offen bzw. hängt von der Art und dem Material des jeweiligen Satzes ab. Auch in der Barockmusik, selbst im Frühbarock, findet meistens eine Bewegung zur Dominante statt, aber diese Bewegung wird selten deutlich artikuliert, d. h. entschieden oder dramatisch gestaltet. Das späte 18. Jahrhundert verstärkt die Bewegung zur Dominante und gab ihr ein deutlicheres Richtungsgefühl.

---

[5] Zitiert auf S. 127.

Der klassische Stil verlangt nach einer klaren Hierarchie der Tonartenstärken. Tovey und andere haben darauf hingewiesen, daß »eine Tonart berühren« nicht gleich »in einer Tonart sein« ist. In der Praxis bauen die Klassiker eine feingestufte Reihe auf: stärker noch als »in einer Tonart sein« ist deren Einsetzung als Sekundärtonart, als schwächerer Gegenpol, der sich der Tonika gegenüber behauptet. Die Tonika selbst ist natürlich noch stärker. Diese Hierarchie, bei der die einzelnen Stufen ineinander übergehen, ist der Grund dafür, warum Mozarts Symphonie g KV 550 z. B. eine Durchführung haben kann, die eine kaleidoskopartige Vielfalt von Tonarten durchmißt und doch nie die Stabilität der parallelen Durtonart am Ende der Exposition erreicht. Als ein Beispiel von noch größerer Findigkeit führen wir Beethovens 4. Klavierkonzert an, das eine Reihe von Tonarten berührt, ohne jemals wirklich die Tonika zu verlassen. Es ist irreführend, von klassischer Modulation zu sprechen, ohne eine Größenordnung anzugeben. Leider fehlt uns die Fachsprache dafür. So wie sich im Barock eine »Komposition« auf eine andere Tonart hin bewegt, so bewegt sich im späten 18. Jahrhundert eine »Periode« von der Tonika zur Dominante oder umgekehrt. Im klassischen Stil erhält die Modulation die ihrer Rolle angemessene Macht.

Kurz gesagt, die harmonische Großstruktur wurde umgeformt, um sie den Proportionen und dem Wesen der klassischen Periode anzupassen. Man hat schon im 18. Jahrhundert festgestellt, daß die Sonatenexposition eine Erweiterung des ersten Teils eines Tanzsatzes darstellt. Diese Erweiterung erfolgte nicht allein auf barocke Weise durch Verlängerung und Wiederholung der den Motiven innewohnenden Bewegung, sondern auch durch ihre Dramatisierung.

Barocker und klassischer Stil werden oft als dekorativ und dramatisch gegenübergestellt. Zu Mißverständnissen führt das nur, wenn man es auf den Ausdruckscharakter und nicht auf die Technik des jeweiligen Stils bezieht. Ein barockes Werk ist insofern undramatisch, als die Spannung ziemlich gleichmäßig bis zur Schlußkadenz durchgehalten wird und sich nur selten über das Anfangsniveau erhebt. Was könnte dramatischer sein als der *e*-moll-Anfangschor der ›Matthäuspassion‹? Und doch erzielt er seine Dramatik durch die Überhöhung einer dekorativen Form, der Variation (d. h. des Choralpräludiums), sowie der Concerto grosso-Form, die gleich dem barocken Rondo auf dem Wechsel basiert und im allgemeinen keinem Höhepunkt zustrebt. Der Chor bewegt sich von Moll zur parallelen Durtonart wie eine Sonate, aber die Kadenz auf *G*-dur vermindert die dramatische Energie, die dann erst wieder auflebt, wenn der dritte Chor mit der Choralmelodie einsetzt. Mit dem Seufzerrhythmus, den gequälten Harmonien und der kumulativen Wirkung der drei Chöre gestaltet sich die Musik zu einem dramatischen Bild, aber nicht zu einem

Szenarium. In einer klassischen Sonate in Moll wird der scheinbare Spannungsabfall beim Auftreten der parallelen Durtonart dadurch ausgeglichen, daß Haydn, Mozart und Beethoven an diesem Punkt für eine kompensatorische Spannungssteigerung auf einem anderen Gebiet sorgen. Das zweite Thema der ›Appassionata‹ von Beethoven ist zwar lyrischer, aber auch nervöser als der Anfang, seine Bewegung ist schneller und der Baß steigt gleichmäßig auf. Es gab im späten 18. Jahrhundert natürlich weder Vorschriften für das zweite Thema, noch waren zweite Themen überhaupt notwendig. Kommen sie aber bei Haydn, Mozart und Beethoven vor, dann sind sie meistens von größerer Intensität als das erste Thema. Der dramatische Charakter der Sonate fordert Gegensätze, und wenn das Hauptthema lebhaft ist, so ist eins der folgenden Themen gewöhnlich von sanfterer Art. Doch deren harmonische Bewegung ist dann meistens schneller (wie in Beethovens op. 53 und 57), aufgeregter (Mozart KV 310 = 300d, Beethoven op. 31, Nr. 2) oder chromatischer und leidenschaftlicher (Beethoven op. 109). Bei Haydn sind die Themen vorzugsweise von gleicher Intensität; für die erforderliche Dramatik vertraut er auf die harmonische Bewegung. Zwar sind bei Schumann und Chopin die zweiten Themen meist in jeder Hinsicht gelockerter als die ersten, aber damals war die Sonate ja auch schon eine archaische und dem Zeitstil grundsätzlich unangemessene Form. Da der anfängliche Tonikateil gefühlsmäßig so labil war, konnte ein Spannungsabfall nicht ausbleiben.

Stabilität und Klarheit der ersten und letzten Seite einer klassischen Sonate sind wesentliche Formbestandteile, sie machen die erhöhte Spannung der Binnenteile überhaupt erst möglich. Der Unterschied zwischen der barocken Bewegung zur Dominante und der klassischen Modulation ist nicht allein ein gradueller, denn der klassische Stil dramatisiert diese Bewegung dergestalt, daß sie nicht nur ein Bewegungsantrieb, sondern ein Ereignis ist. Am einfachsten wird es markiert, d. h. artikuliert, indem man auf der Doppeldominante verweilt, bevor man weitergeht. Verfeinerte Versionen dieses Verfahrens lassen sich noch in den letzten Werken von Beethoven nachweisen.

Das Ereignis kann auf zweierlei Art noch deutlicher artikuliert und hervorgehoben werden, entweder durch die Einführung eines neuen Themas (die Praxis Mozarts und der Mehrzahl seiner Zeitgenossen) oder durch die Wiederholung des Anfangsthemas vorzugsweise derart, daß seine neue Dominantbedeutung klar herausgearbeitet wird (Haydns bevorzugte Praxis). Beethoven und Haydn verbinden häufig beide Methoden, indem sie zunächst das Hauptthema wiederholen, allerdings mit Veränderungen und neuen Details, die seine durch die Transposition von der Tonika bedingte Neuinterpretation verdeutlichen, und daraufhin ein neues Thema einführen. Ob eine neue Melodie auftritt oder nicht, ist von geringerer Bedeutung, als wie stark die neue Tonart dramatisiert und auf welche Weise eine die gegliederte Struktur ausgleichende Kontinuität hergestellt wird.

Dieser dramatische Augenblick und seine Plazierung bilden einen wesentlichen Gegensatz zum Barockstil. Modulation gibt es schon in sämtlichen Tanzformen des frühen 18. Jahrhunderts, aber wenn im hochbarocken Stil eine Pause das Erreichen der Dominante markiert, dann liegt sie nicht mitten im ersten Teil, sondern an seinem Ende, d. h. die Musik fließt allmählich der Dominante zu und bringt die Auflösung am Ende des Abschnitts. Aber in einer Sonate muß die neue Tonart schon sehr bald in einem mehr oder weniger dramatischen Augenblick bewußt gemacht werden. Das mag durch eine Pause geschehen, durch eine starke Kadenz, eine Explosion, ein neues Thema oder was immer sonst der Komponist wählt. Dieser dramatische Augenblick zählt mehr als jedes Kompositionsverfahren.

Aus diesem Grund benötigte der klassische Stil eindringlichere Mittel zur Hervorhebung neuer Tonarten als der Barock, und er benutzte zu diesem Zweck Füllmaterial in bis dahin außer in improvisatorischen Stücken kaum gekanntem Ausmaß. »Füllmaterial« bedeutet hier rein konventionelles, mit dem Inhalt des Stücks äußerlich nicht verbundenes Material, das scheinbar (und in einigen Fällen tatsächlich) als Ganzes von Werk zu Werk verpflanzbar ist. Jeder Stil in der Musik stützt sich auf konventionelles Material, besonders in den Kadenzen, die fast immer in traditionellen Formeln ablaufen. Der klassische Stil vergrößerte und verlängerte aber die Kadenz, um die Modulation zu stärken. Der barocke Komponist arbeitete hauptsächlich mit vertikalem Füllmaterial (Generalbaß), der klassische mit horizontalem, d. h. mit langen Abschnitten von konventionellem Figurenwerk. Abgesehen von Begleitfiguren und Kadenzverzierungen tritt konventionelles Material vor allem in Form von Tonleitern und Arpeggien auf. Ein barocker Komponist hätte sie sich in dem Ausmaß, wie sie klassische Werke füllen, nur in Toccaten oder Pseudo-Improvisationen leisten können. Gerade die Mittel also, die der Komponist des frühen 18. Jahrhunderts verwendete, um den Eindruck von Freiheit zu erwecken, benötigte Mozart zur formalen Organisation. Er verwendete aus Tonleitern und Arpeggien gebildete Phrasen so, wie Händel Sequenzen benutzte, nämlich um die Abschnitte eines Werkes miteinander zu verbinden. In den besten Werken des Barock sind die Sequenzen allerdings meistens in thematisches Material gehüllt und versteckt, während selbst in den größten Werken eines Haydn oder Mozart das Füllmaterial nackt auftritt und den Eindruck erweckt, es sei in großen Stücken vorgefertigt worden. Ein weiterer Grund für die Verwendung konventioneller Phrasen und für ihr blockhaftes Auftreten war die gesteigerte instrumentale Virtuosität, wobei offen bleibt, ob die Spieler die Komponisten inspirierten oder umgekehrt. Wahrscheinlich war es gegenseitig. Wie dem auch sei, die vorliegende Passage aus einem von Mozarts besten Werken, der Klaviersonate KV 333 = 315c ist völlig konventionell.

Man könnte sie in jedes Stück im ¼-Takt versetzen, das eine *F*-dur-Kadenz braucht. Die Passage besitzt einen gewissen Glanz und ist offensichtlich dem Konzertstil verpflichtet. Sie bringt auch einen Höhepunkt, insofern sie zum ersten Mal im Stück *f'''*, die höchste Note auf dem Mozart-Klavier, berührt. Aber das ist nicht ihr einziger Daseinszweck; sie ist vorhanden, weil Mozart an dieser Stelle vier Takte emphatische Kadenz brauchte. Wäre das Material weniger konventionell und mehr thematisch, würde es seinen Zweck verfehlen, denn thematisches Interesse würde vom Wesentlichen ablenken, das nichts weiter ist, als was es scheint, nämlich vier Takte Kadenz. Wir haben einen Stil erreicht, in dem Proportionen überragende Bedeutung besitzen. Das fängt mit konventionellen Passagen wie dieser aus KV 333 = 315c an und endet mit der unglaublich langen Schlußkadenz von Beethovens Fünfter Symphonie, die vierundfünfzig Takte reines *C*-dur benötigt, um die außerordentliche Spannung dieses Werkes zu verankern. Aber schon bei Mozart überrascht oft das Ausmaß des konventionellen Materials.

Diese Passage bei Mozart, das muß gesagt werden, ist nicht willkürlich gesetzt, sondern entwickelt sich logisch aus der vorangehenden Periode. Allerdings geht die blockhafte Verwendung von konventionellem Material in diesem Stil oft noch viel weiter. Der Anfangssatz von Mozarts Symphonie *C* KV 338 weist zunächst vierzig Takte lang überhaupt keine Melodie auf. Es gibt da nur konventionelle, marschartige Floskeln sowie eine harmonische Figuration, die allmählich zur Dominante führt, und erst an diesem Punkt wird uns endlich eine Melodie gewährt. Trotzdem handelt es sich um eine der am genialsten organisierten Partiturseiten in Mozarts Werk, insofern nicht nur die Tonalität im Sinne eines barocken Anfangs definiert, sondern auch eine Fläche größter Stabilität ausgebreitet wird. Die Wucht dieses Anfangs resultiert zum großen Teil gerade daraus, daß er thematischen Ausdruck vermeidet. (Deshalb fehlt ein Gutteil dieser Anfangspassage am Anfang der Reprise und wird stattdessen für das Ende aufgehoben, denn der klassische Stil verlangt zwar eine Auflösung in der Mitte der zweiten Hälfte, doch eine Auflösung von solchen Dimensionen würde den Rest der Reprise zu einer Antiklimax machen.)

Gerade dieser zuvor nicht mögliche und seither abhanden gekommene Sinn für große stabile Flächen stellt, so will es scheinen, die einzige bindende Vorschrift für Sonaten-Reprisen auf: Das in der Exposition in der Dominanttonart stehende Material muß ziemlich vollständig in der Tonika gebracht werden, auch wenn es umgeschrieben und umgestellt wird, und nur Material, das ursprünglich in der Tonika stand, darf ausgelassen werden. Natürlich ist das keine Regel, sondern nur Feinfühligkeit tonartlichen Beziehungen gegenüber. (Es ist amüsant, sich ins Gedächtnis zurückzurufen, daß Chopin von zeitgenössischen akademischen Kritikern getadelt und selbst von einigen im 20. Jahrhundert als unorthodox bezeichnet wurde, weil er in seinen Reprisen die ersten Themen seiner Sonaten zum größten Teil ausließ – was ja im 18. Jahrhundert gang und gäbe war.) Material, das nicht in der Tonika aufgestellt wurde, muß im 18. Jahrhundert ein Gefühl der Labilität erzeugt haben, das nach Auflösung verlangte. Bei der erneuten Bestätigung der Tonika in der zweiten Hälfte des Stükkes konnte und wurde das schon in der Tonika aufgestellte Material drastisch beschnitten, aber die übrige Exposition schrie nach Auflösung in der Tonika. Unsere heutige harmonische Sensibilität hat sich durch die tonale Labilität der nachbeethovenschen Musik vergröbert, so daß die Stärke dieser harmonischen Empfindsamkeit wohl schwer nachzuvollziehen sein dürfte.

Dies verdient ganz kurz etwas detaillierter untersucht zu werden. Zunächst eine Ausnahme, die die Regel bestätigt. Es gibt ein Quartett von Haydn, op. 64, Nr. 3 in *B*-dur, in dem ein Thema aus der zweiten Themengruppe in der Reprise überhaupt nicht vorkommt. Es ist ein eigenartiges Quartett mit einem exzentrischen, witzigen Anfang. Die erste in der Dominanttonart (*F*-dur) stehende Melodie ist zugleich die erste normal klingende Melodie im Quartett (T. 33–42). Es handelt sich um eine viertaktige Periode, die zuerst in Dur und sofort darauf in Moll gespielt wird und innerhalb der Exposition eindeutig die Funktion hat, die Dominante zu bestätigen. (Es ist nicht einmal das einzige Thema, das dazu benutzt wird, denn auch das Anfangsthema wird in der neuen Tonart wiederholt, worauf noch ein weiteres neues Thema, gleichfalls in *F*-dur, eingeführt wird.) Diese wiederholte viertaktige Periode erscheint, wie gesagt, in der Reprise nicht, doch in der Durchführung erscheint sie vollständig und in der Tonika. Dort wird sie zweimal in Moll gespielt. Dadurch wird das Thema zufriedenstellend wiederaufgenommen (»reprise«), da es ja zur Hälfte sowieso schon in Moll stand, und darüberhinaus wird in der Durchführung die Durtonika vermieden. Die klassischen Anforderungen an Ausgewogenheit und an tonartliche Auflösung sind also sämtlich erfüllt.

Verwendet man die Molltonika nach Erreichung der Reprise, so führt sie unweigerlich zu verminderter Stabilität, und aus diesem Grund lehnte Haydn sie ab[6]. In einem anderen Quartett, op. 50, Nr. 6 in *D*-dur, werden vier in der Exposition in der Molldominante stehende Takte (26–29) ebenfalls in der Reprise nicht wiederholt, und wiederum erscheinen sie in der Durchführung, aber in der Molltonika. Auf diese Weise umgeht Haydn eine schwierige Situation: die Molltonika kann gegen Ende einer Dur-Reprise nur verwendet werden, wenn es gelingt, ihre Wirkung durch entsprechende Gegenmaßnahmen aufzuheben. Im ersten Satz der ›Waldsteinsonate‹ läßt Beethoven eine Periode in der Exposition zweimal in Moll auftreten, die auch in der Reprise zweimal gespielt wird, das zweite Mal aber in Dur (T. 235–243).

Die Verwendung der Durtonika in der Durchführung ist deswegen gefährlich, weil sie die dramatische Wirkung ihrer endgültigen Rückkehr untergräbt. Falls die Durtonika also nicht nur flüchtig gestreift wird, muß sie deshalb auch neutralisiert werden, was gewöhnlich durch eine anschließende Molltonika erreicht wird. Ihr wichtigster Verwendungszweck in der Durchführung ist demgemäß natürlich die Scheinreprise. Diese, ein dramatisch wirkungsvolles Mißverhältnis, bleibt nicht ungestraft, wenn sie länger als ein paar Takte anhält, andernfalls läßt Haydn sie einen wichtigen Teil der in der Hauptreprise zu leistenden Arbeit übernehmen. In dem Quartett *G* op. 77, Nr. 1 wird das Anfangsthema im Lauf der Exposition auf der Dominate wiederholt und zwar liegt das Thema selbst im Cello; so erscheint es auch auf der Tonika in der Scheinreprise und braucht dementsprechend in dieser Form in der Reprise nicht wieder aufgenommen zu werden. Im gleichen Satz findet sich auch ein Beispiel für das Fehlen eines Themas aus der »zweiten Themengruppe« in der Reprise; auch hier wird es während der Durchführung in der (Dur-)Tonika gespielt, allerdings gegen Ende der Durchführung, da es dazu dient, die Tonika neu festzulegen und das Hauptthema wieder einzuführen.

Die obigen Beispiele aus Haydns Streichquartetten stellen die seltenen Fälle dar, in denen in der Dominante stehendes Expositionsmaterial in der Reprise fehlt. Doch haben wir gesehen, daß jedes Mal eine gewisse Tonikarekapitulation stattfand. Dabei handelt es sich nicht um eine Formregel, sondern um einen ästhetischen Grundsatz der Klassik, einen Aspekt der musikalischen Sensibilität des Zeitalters oder des Komponisten Haydn. Es lag in den Händen des Komponi-

---

[6] Die Symphonie Nr. 85 (›La Reine‹) läßt ebenfalls einen in der Molldominante stehenden Expositionsabschnitt in der Reprise aus; es gibt weitere Beispiele.

sten, wieviel Material in der Exposition in der Tonika aufgestellt und dann in der Reprise ausgelassen wurde. In einer um 1750 geläufigen Frühform der Sonate begann die Reprise regelmäßig mit dem zweiten Thema. (Verwendete Chopin diese Form vielleicht deshalb, weil das im Vergleich zu Wien und Paris provinzielle Warschau an der älteren Form festhielt?) Haydn, Mozart und Beethoven haben im allgemeinen das Tonikamaterial in der Reprise verkürzt oder es teilweise ausgelassen und den Rest intensiviert.

Es fällt auf, daß die eben erwähnten Quartette von Haydn auch fast die einzigen sind, in denen die Reprisen[7] merklich kürzer sind als die Durchführungen. Bei den übrigen (es gibt ja im ganzen mehr als achtzig) sind die beiden Abschnitte etwa gleich lang oder die Reprise ist länger, zuweilen ganz erheblich. In den eben zitierten Beispielen hat, wie wir sehen, die Durchführung selbst in tonartlicher Hinsicht teilweise die Funktion der Reprise übernommen. Das heißt, es handelt sich nicht allein um die seltenen Ausnahmefälle, in denen das thematische Material nach der Rückkehr zur Tonika unaufgelöst bleibt, sondern auch um die spärlichen Fälle, in denen der abschließende Stabilitätsbereich kürzer ist als die mit Durchführung bezeichnete Sphäre der dramatischen Spannung, mit der der zweite Teil der Sonate beginnt. Die deutlich spürbare Sphäre endgültiger Stabilität bildet einen ebenso wesentlichen Bestandteil des klassischen Stils wie die vorausgehende dramatische Spannung. Ihr Umfang ist gleichfalls von entscheidender Bedeutung, er ist eine Forderung der gegliederten Form und Vorbedingung der für den Ausdruck unabdingbaren Ausgewogenheit und Symmetrie.

Die Gefühlsstärke des klassischen Stils hängt offensichtlich mit diesem Gegensatz von dramatischer Spannung und Stabilität zusammen. Gerade in dieser Hinsicht fand um die Jahrhundertmitte ein fundamentaler Wandel statt. In der Barockmusik wird ein relativ tiefer Spannungspegel geschaffen und mit gewissen Fluktuationen beibehalten, bis er sich am Ende des Stückes löst. Die Wirkung der Musik ist kumulativ, und selten ist ein Augenblick merklich dramatischer als ein anderer. Der Mittelteil einer Da capo-Arie ist allerdings im Gegensatz zur Mitte eines Sonatensatzes fast immer weniger glänzend und intensiv, wenn auch ausdrucksvoller, als die Eckabschnitte. Häufig steht er in einer schlafferen Tonart, wie z. B. der parallelen Molltonart, und ist für kleineres Orchester, manchmal nur für Continuo, instrumentiert. Nachlassende Spannung und vermindertes Gewicht gegen Mitte des Werkes sind für mehrteilige Kompositionen des

---

[7] Mit »Reprise« wird hier alles bezeichnet, was auf die endgültige Wiedereinführung der Tonika folgt, also auch alles, was gegebenenfalls mit »Coda« bezeichnet wird.

Hochbarock typisch, man denke z. B. an Bachs Chaconne für unbegleitete Violine oder die große *a*-moll-Fuge für Orgel, deren Mittelteil das Pedal wegläßt. Setzt das Pedal dann in der Tonika ein, um die Rückkehr des Hauptthemas zu begleiten, dann wirkt dieser Repriseneffekt nicht wie eine klassische Auflösung, sondern wie eine Energiespritze. Der Höhepunkt eines barocken Werkes wird in der gesteigerten Bewegung zur Schlußkadenz hin erreicht; ein typisches Zeichen dafür ist die Engführung.

Der Höhepunkt eines klassischen Werkes liegt näher zur Mitte, weshalb das Ausmaß der Sphäre endgültiger Stabilität so wichtig ist. Zeitliche Relationen sind aber von räumlichen verschieden. Eine Aufführung kann nicht vorwärts und rückwärts verweisen und muß sich für Vergleichszwecke deshalb auf das emotionale und sinnliche, wie auch auf das intellektuelle Gedächtnis verlassen. Musikalische Ausgewogenheit ist keine mathematische Angelegenheit, es kommen vielmehr größere und vielschichtigere Faktoren ins Spiel als das einfache Abzählen der Takte. Wenn eine Periode zweimal gespielt wird, so ist das, wie wir gesehen haben, in der Wirkung nicht dasselbe wie die Wiederholung eines architektonischen Motivs auf einer Fassade, denn beim Wiedererklingen hat eine Periode ein anderes Gewicht. Darüberhinaus waren die Lösung der harmonischen Spannung und die Symmetrie des Materials (und der Periode) nicht die einzigen proportionsbestimmenden Faktoren der Klassik. Die Vielfalt der großrhythmischen Bezüge innerhalb eines dramatischen Zusammenhangs forderte auch die Lösung der rhythmischen Spannung; diese Lösung mußte ihrerseits mit der Notwendigkeit einer bis zum Ende des Stükkes fortlaufenden Bewegung in Einklang gebracht werden. Da alle diese Kräfte sich gegenseitig beeinflussen, sind die Proportionen in jedem klassischen Werk individuell und im Widerstreit von Drama und Symmetrie gestaltet. Eine einzige Bedingung ist unerläßlich, daß nämlich ein langer, fester und eindeutig aufgelöster Tonikaabschnitt am Ende steht, der zwar notfalls dramatisch sein kann, aber sämtliche harmonischen Spannungen des Werkes deutlich vermindert.

Viele gängige Fachwörter, darunter ganz besonders »Reprise«, bringen einen zur Verzweiflung, weil sie so oft dem Einzelfall überhaupt nicht gerecht werden. Wenn wir unter Reprise eine einfache Wiederholung der Exposition verstehen, in der die zweite Themengruppe in die Tonika transponiert wird, so ist die ganze Vorstellung als unklassisch zu verwerfen. Diese Art der Reprise ist in den reifen Werken eines Haydn, Mozart oder Beethoven eher die Ausnahme als die Regel. Die Exposition wird nach der Rückkehr zur Tonika vielmehr immer umgedeutet. Selbst Mozart, der sich mit seinen polythematischen, in langen Melodien sich ergehenden Expositionen eine wörtliche Wiederholung eher leisten könnte, deutet oft ganz erheblich um. Häufig erscheint in seinen Werken nach der ersten Wiederkehr des ersten Themas ein kurzer, durchführender Abschnitt, der durchaus nicht immer die in der Exposition vorhandene Modulation zur Dominante ersetzt. Haydn, der zur Monothematik und zu kürzeren Motiven neigt, bedarf noch viel stärkerer Umdeutung, denn die gesamte Exposition ist im allgemeinen als dramatische Bewegung zur Dominante hin entworfen, so daß eine wörtliche Wiederholung auf der Tonika unsinnig wäre. Man versteht, warum Tovey durch die akademische Verwendung des Begriffs »Reprise« so verärgert war, daß er behauptete, das Wesen der Reprise zerfalle beim späten Haydn völlig, und er benutze statt Reprisen voll ausgeführte Codas. Damit ersetzt er aber nur einen unüberlegten Begriff durch einen anderen und hofft, damit den Mißbrauch zu korrigieren. Doch wenn der Begriff »Coda« überhaupt für eine bestimmte Hörerfahrung stehen soll, dann kann man ihn nicht für all das benutzen, was bei Haydn nach der Rückkehr zur Tonika geschieht. Haydns Musik ist für eine genaue Wiederholung auf der Tonika zu dramatisch entworfen, doch vernachlässigte er nie die auflösende Funktion der Reprise. Darunter verstehe ich hier nicht nur, daß die Tonika deutlich wieder eingeführt und abschließend erneut geltend gemacht wird – das könnte auch eine Coda vollziehen, wie in Chopins g-moll-Ballade –, sondern daß das Material aufgelöst wird, d.h. daß sowohl die Exposition wie die Durchführung eine Lösung finden. In der Exposition gibt es einen Augenblick, in dem die Dominante als Gegenpol eingesetzt wird; alles was auf diesen Augenblick folgt, findet umgeschrieben, umgedeutet, vielleicht auch umgestellt unweigerlich sein Gegenstück in einer Haydnschen Reprise. Haydn wußte, daß es differenziertere Symmetrieverhältnisse gibt als die simple Wiederholung. »Reprise« mag ein unzulänglicher Begriff sein, aber wir brauchen ihn, um die Auflösung der Exposition zu bezeichnen, deren eine, äußerst begrenzte Form die Wiederholung auf der Tonika ist.

Indem der klassische Stil auf Stabilität am Anfang und ganz besonders am Ende jedes Werkes bestand, war er in der Lage, heftig-dramatische Formen zu schaffen und zu integrieren, die der voraufgehende Barockstil nie wagte, und deren musikalische Spannung die nachfolgende Romantik vorzugsweise unaufgelöst, unversöhnt beließ. Deshalb braucht ein Klassiker, um ein dramatisches Werk zu schreiben, nicht unbedingt Themen mit besonderer harmonischer oder melodischer Energie, denn das Drama liegt ja in der Form. Art und Umriß der Melodie offenbaren den dramatischen Charakter eines barocken Werkes schon im ersten Takt, aber in den zwei Anfangstakten der ›Appassionata‹ gibt es abgesehen von dem Pianissimo nichts, was uns den später ausbrechenden Sturm vermuten ließe, und selbst die Dissonanz im dritten Takt fügt nur eine weitere Andeutung hinzu. Selbst die friedlichste Barockmelodie wird fortschreitend eindringlicher, und wenn sie wie in der ersten Fuge des ›Wohltemperierten Klavier‹ steigt und fällt,

so wird die fallende Bewegung in ihrer Wirkung durch das scheinbare Herauswachsen der zweiten Stimme aus der ersten und ihr scheinbares weiteres Steigen aufgehoben. Klassische Melodien sind zum größten Teil abgerundet und lösen sich am Ende auf; daß sie überhaupt enden, trennt sie aufs deutlichste von zahlreichen barocken Themen. Die Barockmelodie (wie auch die barocke Formstruktur) läßt sich fast unendlich verlängern. Keiner der drei großen Klassiker hätte eine auch nur entfernt so lange Melodie schreiben können, wie diejenige im langsamen Satz von Bachs ›Italienischem Konzert‹. Derartige Melodien hören erst auf, so scheint es, wenn sie dazu gezwungen werden, wenn eine Tonikakadenz nicht mehr zu vermeiden ist. Der Höhepunkt bleibt weitgehend unbestimmt, die Spannung ist nicht konzentriert, sondern diffus, und gerade das ermöglicht die lang ausgezogene Melodie. Energie und Spannung sind in einem klassischen Thema (das oftmals vielfältige rhythmische Elemente vereint) viel deutlicher auf einen Punkt konzentriert, und dieser Höhepunkt verlangt logischerweise eine symmetrische Auflösung der Melodie[8]. Historisch gesehen, ging die Symmetrie dem Drama voran. Die symmetrische Organisation des Rokokostils[9] im frühen 18. Jahrhundert verhalf der dramatischen Konzentration des späteren klassischen Stils zur Existenz. Ausgewogenheit und Stabilität bildeten den Rahmen für das Drama.

Es ist nicht um der Abwechslung willen, daß die klassische Reprise von der Exposition abweicht, und die Veränderungen sind außer in langsamen Sätzen und einigen Rondos selten rein ornamental. Selbst der Variationszyklus wird zunehmend dramatisch verstanden. Das heißt nicht, daß es keine Verzierungen gab oder sie nicht gelegentlich von Interpreten hinzugefügt wurden (ein Thema, das man am besten im Zusammenhang mit Konzert und Oper betrachtet, da dort eine weit zurückreichende Virtuosentradition noch wirksam war). Aber

---

[8] Spannungskonzentration ohne klare Lösung ließ sich nur bei gleichzeitiger Schwächung der festen, tonalen Stilgrundlage erreichen. Viele Jahre sollten vergehen, bevor das – bei Schumann und Liszt – geschah, und viel mußte sich auch sonst in der Musik ändern, ganz besonders die großrhythmischen Bezüge.

[9] In den anderen Künsten, d. h. in der Malerei und Baudekoration, tendiert das Rokoko zur Asymmetrie, und ein Vergleich ist nicht beabsichtigt.

die Musik selbst gibt zu verstehen, daß Musiker zu keiner Zeit bereitwilliger waren, dasselbe zweimal in gleicher Weise zu hören. Beethoven bestand z. B. trotz der außergewöhnlichen Länge des Satzes auf der Wiederholung der Exposition der ›Eroica‹ (die auch in heutigen Aufführungen noch oft ausgelassen wird). Improvisierte Verzierungen in der Barocktradition waren außerhalb der Oper ganz gewiß todgeweiht, wenn nicht schon tot, und selbst dort ist oft nicht leicht auszumachen, ob die Komponisten die von den Sängern hinzugefügten Verzierungen wünschten oder sie nur notgedrungen tolerierten. (Beim Vorschlag im Rezitativ gibt es keinen Zweifel daran, daß Komponisten ihn erwarteten. Aber Rezitative sind ein Sonderfall und haben wenig mit anderen Formen des späten 18. Jahrhunderts gemein.)

In Haydns Symphonien aus den Jahren vor 1790 bleibt die Reprise der Exposition sehr viel näher als in den Quartetten, obgleich ein Großteil des Tonikaabschnitts bzw. der »ersten Themengruppe«, meist ausgelassen und eine ganze Menge durchführendes Material hinzugefügt wird. Daß die Melodien selbst bei ihrem Wiedererscheinen geringfügiger verändert werden als in den Quartetten, hat nichts damit zu tun, daß Haydn in seinen für die Öffentlichkeit bestimmten Werken weniger um Vielfalt und Abwechslung besorgt war. Das wäre ja in der Tat recht erstaunlich. Der Grund liegt vielmehr darin, daß die für ein größeres Publikum komponierten Symphonien mit breiterem Pinselstrich gemalt sind, während die harmonische Spannung in den Expositionen der Quartette so komplex ist, daß sie nicht einfach am Satzende in die Tonika übertragen werden kann. Da die Themen der Symphonien weniger fließend sind als diejenigen der Quartette, benötigen und ertragen sie nicht das gleiche Maß an Veränderung. Vielmehr unterscheidet sich die Struktur der Symphoniereprisen auf dramatische und nur selten auf ornamentale Weise von der Exposition. Aber selbst diese dramatischen Veränderungen sind meist schon in der Durchführung vorgegeben. Die Art der Veränderung brachte Tovey zu der Behauptung, man könne einer Seite aus einem unbekannten Werk von Haydn, Mozart oder Beethoven ansehen, ob sie vom Anfang, der Mitte oder dem Ende eines Satzes stamme, was mit einer Seite von Bach oder Händel ausgeschlossen wäre.

Der klassische Stil ist ein Stil der Umdeutung, und eine seiner höchsten Zierden besteht darin, daß er einer Phrase eine völlig neue Bedeutung verleihen kann, indem er sie in eine neue Umgebung stellt. Das kann ganz ohne Umschreiben, Umharmonisieren und Transponieren geschehen: in der allereinfachsten, witzigsten und oberflächlichsten Form wird aus einem Anfangsmotiv eine Schlußwendung, wie etwa, um ein Beispiel von vielen zu nennen, in Haydns Quartett op. 33, Nr. 5:

Eine subtilere Umdeutung findet sich in Mozarts Klaviersonate KV 283 = 189h,

wo dieselbe Phrase in der Exposition als Modulation zur Dominante und in der Reprise als Rückkehr zur Tonika fungiert. In der Exposition geht ihr

voraus. Hier läßt die starke Tonikakadenz alles Folgende als Wegwendung von der Tonika erscheinen. Beim zweiten Mal, in der Reprise, geht

voraus. Die unschlüssige weibliche Kadenz und die stark subdominantische Färbung suggerieren hier die Rückkehr zur Tonika. Mit diesem Gespür für tonartliche Färbungen sind wir bei einem der wichtigsten Unterscheidungsmerkmale zwischen dem Stil der drei Klassiker und dem der Vorgängergenerationen angelangt.

Mozart hat als erster die Subdominante konsequent und im vollen Bewußtsein ihrer Lockerung der langfristigen harmonischen Spannung verwendet; er führt sie in der Regel als festen Bestandteil der Reprise gleich nach dem Wiederauftreten der Tonika ein. Haydn verfuhr ähnlich, wenn auch weniger konsequent. Mozarts Sensibilität für große tonartliche Flächen blieb bis Beethoven unerreicht[10]. Johann Christian Bach und andere Vorbilder Mozarts besitzen nichts von seinem Gespür für ausgewogene Verhältnisse zwischen den Haupt- und Nebentonarten eines Werkes; sie haben selten mehr als ein Gefühl für die Tonika-Dominant-Wirkung. Carl Philipp Emanuel Bachs harmonischer Horizont ist weiter, doch sind seine Verfahren zusammenhanglos, da er sich mehr für Einzeleffekte interessiert und sich wie Haydn für harmonische Schockwirkungen begeistern kann. Allerdings wußte Haydn seine Effekte zusammenzuschweißen, so daß auch die disparatesten Harmonien im vorangehenden Material schon vorgegeben sind und vom folgenden nicht nur versöhnt, sondern auch erklärt werden. (Der erste Komponist mit einem feinen Ohr für die vielschichtigen harmonischen Bezüge dürfte Scarlatti gewesen sein. Wie er von einer tonartlichen Ebene zur nächsten gelangt, ist meistens logisch unanfechtbar, doch bleibt der Stil unklassisch, insofern die einzelnen Ebenen aufeinanderfolgen, ohne sich zu vermischen oder zu beeinflussen.)

Das den Klassikern eigene Gefühl für sekundäre Tonarten und ihre Beziehung zur Tonika kann Augenblicke höchster Poesie hervorbringen. Das Anfangsthema der ›Eroica‹ ist im Grunde ein Hornruf, doch darf das Horn es erst solo spielen, wenn die Reprise bereits im Gange ist. An diesem Punkt moduliert das Orchester von der Tonika *(Es)* zur zweiten Stufe *(F)*, und das Horn setzt dolce mit dem Thema ein,

---

[10] Beethoven verwendet die Subdominante oft am Anfang der Durchführung (vgl. ›Waldsteinsonate‹, Quartett op. 18, Nr. 1); da die Dimensionen seiner Durchführungen erheblich größer sind als bei Haydn und Mozart, braucht er einen momentanen Rückzug, bevor er zum Aufbau der Klimax ansetzt.

worauf die Flöte es in *Des*-dur spielt. Die Zartheit und Süße und das Gefühl der Ruhe gehen zum großen Teil auf die neuen Tonarten und in zweiter Linie auf die Orchestrierung zurück. *Des*-dur, die Tonart des erniedrigten Leittons, wird als eine ferne, exotische Subdominante gehört. Beethoven setzt sie in Fortführung von Mozarts Praxis genau da ein, wo Mozart immer die Subdominante verwendet. Höchst bemerkenswerterweise wird auch das *F*-dur als Subdominante empfunden: es führt nicht nur zum *Des*-dur, sondern wird seinerseits durch ein *Des* eingeführt – die schon zu Anfang des Satzes erklungene, unerklärte Dissonanz im Hauptthema. Beethoven unterscheidet sich hier im Umfang, nicht jedoch in der Art und Weise seines Verfahrens von Mozart, und dieser konnte in seinen Effekten ebenso komplex sein. Diese Phrasen wirken deshalb so stark auf unser Gefühl, weil wir sie kurz nach der Wiedereinsetzung der Tonika, im Gefolge einer unerhört ausführlichen Durchführung hören. Als Ersatz für die Subdominante vermitteln die zweite Stufe und der erniedrigte Leitton ein Gefühl der Ruhe, doch als entfernte Tonarten an solch bedeutsamer Stelle tragen sie Spannung mitten in die Stille.

Ein derartig komplexes, nahezu widersprüchliches Gefühl gehört ebenfalls zu den Errungenschaften dieses Stils. Nicht die Art des Gefühls hatte sich seit dem frühen 18. Jahrhundert geändert – Bachs Gefühle waren sicherlich so vielschichtig wie Beethovens –, sondern die Ausdruckssprache. Der Affektcharakter einer barocken Komposition ist um vieles einfacher. Das Gefühl ist manchmal zutiefst erschütternd und kann einen Überschwang erreichen, den der klassische Stil nur unter großen Schwierigkeiten zuwege bringt, aber es ist im allgemeinen direkter und immer einheitlicher. Erst nachdem die Klassik eine differenziertere Gefühlssprache geschaffen hat, ist der Weg für Mozarts Opern frei. Jetzt ließ sich sogar Ironie in der Musik darstellen, wie E. T. A. Hoffmann im Hinblick auf ›Così fan tutte‹ bemerkte. Diese Vielschichtigkeit beruht in starkem Maße auf den klassischen harmonischen Beziehungen. Die Protoklassiker – Komponisten des Rokoko, des Manierismus oder der Frühklassik – steigerten die Spannung zwischen Tonika und Dominante, und für die meisten von ihnen erschöpften sich damit die harmonischen Beziehungen der Großform. Haydn und Mozart machten sie zu ihrem Ausgangspunkt, erfaßten, welche Folgerungen sich für das gesamte tonartliche System, den Quintenzirkel, daraus ergaben und schufen so eine neue Ausdruckssprache.

Die neue, differenzierte Gefühlswelt zog die Verwendung miteinander kontrastierender Themen und in sich kontrastierender Themen nach sich. Allerdings hat man den Gegensatz zwischen Themen oft überbetont. Denn in einem wesensmäßig dramatischen Stil, in dem die Teile eines Werkes deutlich genug markiert sind, daß die Proportionen hörbar werden, kommen selbstverständlich Melodien verschiedenen Charakters vor. Der Themenkontrast ist ebensowenig Selbstzweck, wie die Gegensätze zwischen verschiedenen Abschnitten eines Satzes. Die Verschmelzung von Dramatik und tiefem Symmetrie- und Proportionsbewußtsein fordert, daß der Anteil von Spannung und Stabilität in jedem Abschnitt eines Werkes deutlich spürbar wird und jeder einzelne Abschnitt sich deutlich absetzt. Das kann und wird allerdings manchmal auch ohne Gegensätze zwischen den verschiedenen Themen oder den verschiedenen Werkabschnitten erreicht. So besitzt der erste Satz von Haydns ›Militärsymphonie‹ zwei Themen von etwa gleichem Charakter. Sie sind beide fidel und ziemlich geradeaus im Rhythmus, wobei das zweite nur etwas volkstümlicher ist und die Form abrundet. Auch tragen die Tonika- bzw. Dominantabschnitte der Exposition in etwa den gleichen Charakter, da der Dominantabschnitt mit einer tongetreuen Wiederholung des ersten Themas beginnt (dadurch kann Haydn dann in der Reprise den ganzen Tonikaabschnitt weglassen). Die Abschnitte werden nicht durch kontrastierende Themen, sondern durch ihre Orchestrierung differenziert, dergestalt, daß jeweils die Holzbläser zunächst allein beginnen, dann die Streicher allein spielen (bzw. im Dominantabschnitt Streicher und Holzbläser chorisch alternieren) und zuletzt das gesamte Orchester mit Pauken zu hören ist; daraus ergibt sich eine Struktur von äußerster Transparenz. (In der Reprise findet im Interesse größerer dramatischer Überraschung und verstärkter Stabilität eine Umstellung statt, indem auf den Anfangsabschnitt der Holzbläser sofort das Thema mit vollem Orchester folgt, und erst danach die alternierenden Streicher und Holzbläser erklingen.) Selbstverständlich sind kontrastierende Themen ein Hilfsmittel bei der Gliederung der Struktur, was aber zählt, ist die Klarheit der Umrisse und nicht der Kontrast. Was die dramatische Wirkung kontrastierender Themen angeht, so ist die Ausdruckskraft eines verschieden gespielten, gleichen Themas mindestens ebenso groß, wenn nicht größer, und gerade mit der Verwandlung von Themen und nicht mit ihrem Gegensatz können uns die Klassiker am allermeisten rühren.

Daß in Sonaten das erste Thema männlich und das zweite weiblich zu sein pflegt, läßt sich aus diesem Grund als drollige Idee abtun. Die Fachwörter erstes und zweites Thema sind schon jammervoll genug, auch wenn sie sich mittlerweile so eingenistet haben, daß sie schwer zu vertreiben sind. Sie erste und zweite »Gruppe« zu nennen, hilft nicht viel, wenn man Themen identifizieren will, da die gleiche Melodie in beiden Gruppen auftauchen kann. (Mir wäre es am liebsten, man spräche innerhalb der Exposition von Tonika- und Dominantbereichen, wobei man nicht vergessen darf, daß der Komponist oft ein

Niemandsland zwischen beiden schafft.) Jedenfalls besagt die Unterscheidung männlich-weiblich nichts weiter, als daß der Anfang einer Sonate meist direkter und mehr geradezu ist als das spätere Material, was nur verständlich und natürlich ist, da der Anfang die Tonart und das Tempo festlegen und die Energie für die Bewegung zur Dominante erzeugen muß. Das läßt sich auch mit einem nicht-»männlichen« Thema vollführen, wofür es bei allen drei Klassikern, besonders bei Mozart, zahlreiche Beispiele gibt. Man hat bemerkt, daß Mozarts Klaviersonate *F* KV 332 = 300k mit einem Thema beginnt, das in den Händen eines anderen Komponisten ein zweites Thema wäre. Aber man zeige mir einmal eine Sonate, deren zweites Thema die Tonart so energisch und unwiderruflich, allerdings auch anmutig festlegt! In Beethovens op. 31, Nr. 1 scheinen beide Themen gleichermaßen männlich, op. 31, Nr. 2 hat hermaphroditische Themen, und was op. 31, Nr. 3 angeht, so ist das erste Thema entschieden weiblicher. Soviel zum Geschlecht der Themen.

Kontrastierende Themen sind allerdings ein unumgänglicher, wenn auch nicht unwandelbarer Bestandteil des klassischen Stils. Aber noch bedeutungsvoller sind vielleicht Themen, die einen rhythmischen oder dynamischen Gegensatz in sich schließen. Vor 1750 ist solch Gegensatz fast immer äußerlich, d. h. zwischen Stimmen, verschiedenen Perioden, einzelnen Orchestergruppen, und selten innerlich, d. h. innerhalb einer Melodielinie. In klassischen Melodien ist ein interner Gegensatz nicht allein häufig, er ist für diesen so sehr auf dynamische Nuancierung bedachten Stil wesentlich.

Ebenso wichtig und typisch wie der dynamische Kontrast selbst ist das Bedürfnis, ihn zu versöhnen. Diese Versöhnung oder Vermittlung erscheint in vielerlei Gestalt. Auf relativ einfache Weise wird der Gegensatz zwischen laut und leise ausgeglichen, indem man in der folgenden Phrase allmählich vom einen zum anderen gelangt. In den Anfangsperioden des Menuetts aus Mozarts Sonate KV 331 = 300i

überbrückt das Crescendo in Takt 7 und 8 das Loch zwischen dem Forte und dem Piano in den ersten vier Takten. Gleichzeitig ebnet es den Weg für das absteigende Tonleitermotiv in seiner weiter ausschwingenden und dissonant-expressiven Form, so daß das Crescendo zu gleichen Teilen der Kontinuität wie der Vermittlung dient. Diese Versöhnung dynamischer Gegensätze führt ins Herz des klassischen Stils und ist der Vermittlung zwischen zwei Rhythmen in Mozarts KV 271 (siehe oben S. 62) analog. Auf ganz andere Weise wird der dynamische Gegensatz in der ›Jupitersymphonie‹ KV 551 überbrückt. Die Anfangsperiode

wird zwanzig Takte später mit einer Gegenstimme gespielt,

die beide Periodenhälften zusammenbindet. Ihr so frühzeitiges Auftreten in dieser Form, zumal sie nun beide piano gespielt werden, verwandelt den Gegensatz in Einheit.

Diese Synthese stellt in nuce die klassische Urform dar. Ich habe nicht vor, aus Haydn, Mozart und Beethoven Hegelianer zu machen, aber die klassische Form läßt sich am einfachsten als die symmetrische Auflösung gegensätzlicher Kräfte zusammenfassen. Wenn das so verallgemeinernd klingt, daß es als Definition jeglicher künstlerischen Form gelten könnte, so liegt das daran, daß der klassische Stil – daher der Name – zum Maßstab geworden ist, an dem wir die übrige Musik messen. Dieser Stil ist offensichtlich normativ, vom Anspruch wie vom Ergebnis her. Im Hochbarock gibt es zwar Auflösung, doch ist sie selten symmetrisch, und die gegensätzlichen rhythmischen, dynamischen oder tonartlichen Kräfte sind nicht so scharf umrissen. In der Musik der Generation von 1830 ist die Symmetrie weniger ausgeprägt oder wird ganz vermieden (außer in akademischen Formen wie der romantischen Sonate), und die Verweigerung der völligen Auflösung gehört oft zur poetischen Wirkung. Unsere Beschreibung trifft aber nicht nur auf die Großform der Klassik zu, sondern, wie wir sahen, auch auf die klassische Periodenbildung, denn in keinem musikalischen Stil entsprechen sich die Teile und das Ganze mit solcher Klarheit.

Interessanterweise läßt sich für einen Komponisten dokumentieren, wie sehr er sich dieser Beziehung zwischen Großform und Periode bewußt war. Haydn schrieb um 1793 ein Klaviertrio g Hob. XV: 19 für Prinzessin Maria Therese, Gattin des Fürsten Paul Anton von Esterházy, das mit einem Doppelvariationensatz beginnt. Das zweite, in G-dur stehende Thema ist aus dem letzten Abschnitt des ersten Themas entwickelt, ein von Haydn in mehrteiligen Sätzen (besonders Menuett mit Trio) häufig angewendetes Verfahren zur Verknüpfung von Sätzen, das Brahms getreulich nachgeahmt hat. Die zweite Variation dieses zweiten Themas ist ein vollständiger Sonatensatz; es ist amüsant zu beobachten, wie Haydn ein zwanzigtaktiges Thema zu einem größeren Werk anwachsen läßt[11].

[11] Violin- und Cellostimme sind, sofern sie nur das Klavier verdoppeln, ausgelassen.

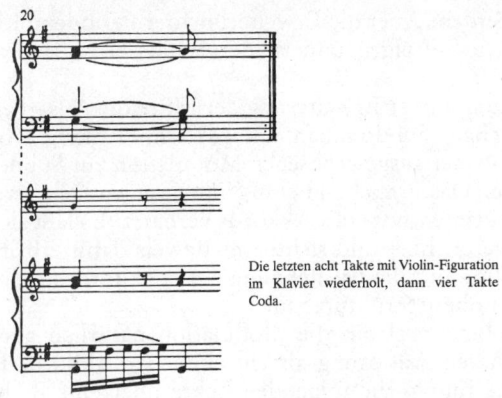

Die letzten acht Takte mit Violin-Figuration im Klavier wiederholt, dann vier Takte Coda.

Diese witzige Erweiterung läßt erkennen, daß die Sonatenform eine zu einer ausgedehnten Melodie erweiterte, klassisch gegliederte Phrase darstellt, deren harmonischer Höhepunkt nach drei Vierteln des Weges kommt und die eine symmetrische, mit dem Anfang sorgfältig ausbalancierte, abrundende Lösung besitzt[12]. Nicht genug damit, daß Haydn einzelne Elemente der Periode verlängert und wiederholt, er läßt amüsanterweise die vier kleinen Zweiunddreißigstelnoten in Takt 6 zu acht ganzen Takten von virtuosem Laufwerk anschwellen, so daß sie eine vollständige, neue Schlußgruppe bilden. Das Sforzando in Takt 18 des Themas, dem lautesten Takt der nicht erweiterten Form, wird in der Sonate zu einem Orgelpunkt auf der Dominante, der die entsprechende Baßbewegung der Exposition ersetzt. Und das betonte *Ais* in Takt 6 des Themas wächst sich zu einer kleinen zweitaktigen Sequenz aus.

Was Haydn an seinem Thema am bedeutungsvollsten erweitert, sind die Hauptmodulation und der Schluß. Das entspricht der historischen Entwicklung der Sonate und erklärt die im Laufe des Jahrhunderts stetig wachsende Bedeutung der »Durchführung« und der »Coda«. Die Erweiterung eines Periodenschlusses ist die artikulierte Form eines älteren Verfahrens, die auch die Grundlage des Kadenzwesens bildet. Es handelt sich im Grunde um die hochbarocke Form der Erweiterung, bei der die letzten paar Noten einer Phrase verlän-

---

[12] Etwa im Entstehungsjahr des Trios veröffentlichte H. C. Koch, der undurchdringlichste, aber auch scharfsinnigste zeitgenössische Theoretiker, eine Anleitung dazu, wie eine achttaktige Bourreephrase zu einer Sonatenexposition erweitert werden kann (siehe L. G. Ratner, Eighteenth-Century Theories of Musical Period Structure, in: Musical Quarterly 42, 1956, S. 439ff.). Kochs Verfahren ist einfallsloser und rückständiger als Haydns. Übrigens besteht kein Grund zu der Annahme, daß Koch Haydns Trio gekannt oder Haydn Kochs Buch gelesen hätte.

gert und entwickelt werden. Aber die Erweiterung der Periodenmitte ist nur dem klassischen Stil eigen und ist der Schlüssel zu seinem Proportionsverständnis.

Am erhellendsten ist an dieser Erweiterung der Mitte die Ausarbeitung des ursprünglichen Subdominantakkords am Anfang von Takt 11 des Themas zu einer ausgewachsenen Modulation zur Subdominante in der Sonate. Das erreicht Haydn, indem er einfach zwei Takte lang auf der Fundamentnote des Akkords verharrt. Es läßt sich schwerlich ein gefälligerer, hör- und sichtbarer Beweis dafür erbringen, daß eine Modulation nur die Ausdehnung eines Akkordes, seine Übertragung auf eine höhere Strukturebene ist.

Auf dieser neuen Ebene verlangt die Modulation natürlich auch nach einer ausführlicheren Auflösung als ein einfacher Akkord. In unserer kleinen Sonate führen die folgenden Takte über eine Reihe von Sequenzen zu einem Halbschluß auf der Dominante und damit zum Tonikabereich zurück. Innerhalb eines klassischen Werks entspricht der Rang einer Sekundärtonart genau der Beziehung ihres Dreiklangs zum Tonikadreiklang.

Mozart war von allen Komponisten der Meister in der Erweiterung der Periodenmitte; darin liegt zum Teil das Geheimnis seiner Größe und Spannweite als Dramatiker. Die Streichquintette bieten wohl die eindrucksvollsten Beispiele dafür:

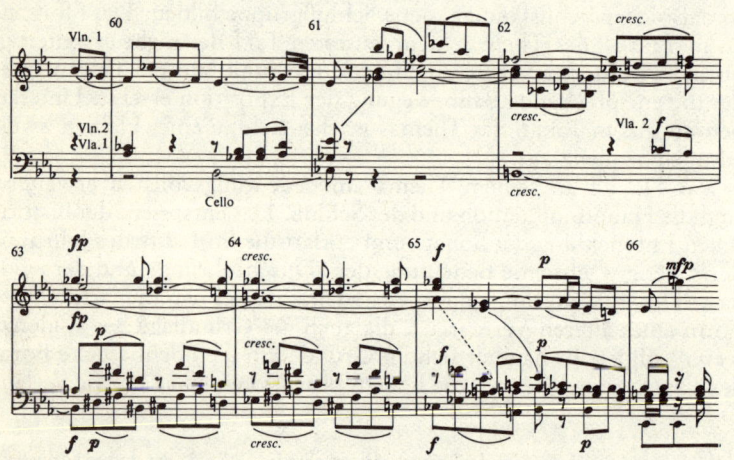

Der erste Takt enthält eine einfache Kadenz, die in den nächsten fünf Takten so wiederholt wird, daß die Erweiterung der Mitte zu einem von Mozarts leidenschaftlichsten und tiefsten Gedanken wird. Seine Intensität hängt mit der Modellrolle der Originalkadenz zusammen:

nicht nur die Auflösung, auch die Symmetrie wird angedeutet, vorenthalten und endlich gewährt.

Dieser Abschnitt aus dem langsamen Satz des Quintetts g KV 516 zeigt, daß der neapolitanische Akkord (kleine Sekunde über der Tonika) sein Pathos daraus zieht, daß er – wiederum auf der mächtigeren Ebene der Großstruktur – als ausdrucksvoller Vorschlag empfunden wird. Das *H* des Cellos in Takt 62 tritt anstelle des erwarteten *B* auf und verlangt (wie auch das *Fes* der ersten Violine) nach Lösung: die schmerzliche Intensität wird nicht allein durch die vorenthaltene Auflösung der kleinen Sekunde hervorgebracht, sondern auch durch den erstaunlichen Aufstieg des Cellos über *His, Cis, D* zu *Es* vor seinem Absinken in die Kadenz. Das Verhältnis von Akkord zu Modulation bleibt im klassischen Stil deutlich artikuliert auf verschiedene Ebenen verteilt. Erst im 19. Jahrhundert werden diese Ebenen vermengt, und man gelangt bei Wagner zu der Möglichkeit, daß Perioden tonartlich dissonant sind, aber nicht nur in Bezug auf die Großform, sondern auch auf der Ebene des Akkords.

Diese Beziehung zwischen Modulation, Akkord und Ton erscheint in großartiger Einfachheit auf der ersten Seite von Beethovens ›Appassionata‹ (wiederum sind die Tonarten eine kleine Sekunde voneinander entfernt, wie das Werk überhaupt den Neapolitaner durchgehend in höchst eindrucksvoller Weise verwendet):

Auf den Wechsel zwischen den Tonarten *Des*-dur und *C*-dur folgt in Takt 10 das lakonische Motto mit den Einzelnoten *Des* und *C* in der linken Hand, wobei hier der Vorschlag, der die Grundlage der harmonischen Wirkung ist, thematisch und in einer herausgelösten, gesonderten Bedeutung auftritt. Das Verhältnis von Einzelton zu Modulation wird durch die jeweilige Dauer weiter exemplifiziert, denn während der Wechsel zwischen *Des*-dur und *C*-dur fast vier Takte beansprucht, verlangt das auf dem Alternieren von Tönen basierende Motto nur zwei Zählzeiten. Die harmonische Bedeutung spiegelt sich also in der Länge der rhythmischen Einheiten wieder, und es wäre nicht aus der Luft gegriffen, wenn man behauptete, der ganze Abschnitt drücke das am Ende aufgestellte Motto aus.

Die Entsprechung zwischen den Elementen ist für jeden reifen Stil charakteristisch: Die dehnbare barocke Form ist innig mit der barocken Melodie und ihrer sich scheinbar selbst fortzeugenden und erschöpfenden Ausspinnung verbunden, während den starren Achttaktperioden eines Großteils der romantischen Musik oft die wie besessene Verwendung eines einzigen Rhythmus innerhalb der Periode entspricht. Das Einmalige am klassischen Stil ist die Klarheit der hörbaren Periodensymmetrie und ihre Widerspiegelung in der Gesamtstruktur. Ihre Hörbarkeit hängt davon ab, wie sich die periodenbildenden Motive voneinander isolieren und abheben. Das kleine Viertonmotiv am Ende des Musikbeispiels aus der ›Appassionata‹ ist dafür typisch, und das spektakulärste Beispiel für ein solches Sich-Abheben dürfte die thematische Behandlung der vier Paukenschläge zu Beginn des Violinkonzerts von Beethoven sein. Aber auch für Haydns und Mozarts Kompositionstechnik ist es von grundlegender Bedeutung. Die überaus klare Zeichnung ihrer Werke verlangt genau dieses Abgesondertsein und diese Isolierbarkeit der verschiedenen Periodensegmente. Wenn wir heutzutage von »thematischer Arbeit« sprechen, so meinen wir hauptsächlich die Abtrennung dieser Einzelpartikeln und ihre Anordnung zu neuen Figurationen. Diese Trennbarkeit gestattet überhaupt erst die ausgeprägte Charakterisierung und Kontrastierung innerhalb der Periode.

Die Klarheit der Periode spiegelt sich nicht nur in der Gesamtstruktur wider, sondern auch auf der untersten, der Detailebene. Die auffälligste rhythmische Konsequenz ist die Charakterisierung und Nuancierung der einzelnen Zählzeiten. In der ersten Hälfte des 18. Jahrhunderts sind die Taktschläge fast von gleichem Gewicht, der erste oder Niederschlag ist etwas schwerer, dem letzten, dem Auftakt, wird durch ein leichtes Anheben größeres Gewicht verliehen, doch werden diese Ungleichheiten nie betont. In einem klassischen Werk besitzt jede Zählzeit eines Taktes ihr ganz eigenes Gewicht: Im ¾-Takt ist der Auftakt jetzt viel gewichtiger als der zweite Schlag. Selbstverständlich wird diese neuartige Differenzierung in einem Werk von Haydn oder Mozart nicht unerbittlich durchgeführt, sondern ist latent vorhanden, um bei Bedarf hervorgeholt zu werden. Die Gegenüberstellung je eines Menuetts von Bach und Haydn zeigt, was in einem halben Jahrhundert geschehen ist.

In Bachs Menuett sind die Zählzeiten von nahezu gleichem Gewicht, selbst dem Niederschlag wird von der Melodie nur eine geringfügig größere Bedeutung zuerkannt. Aber in jedem Takt von Haydns Menuett liegt die Folge stark-schwach-mittelschwer offen zutage. Die Auswahl der Beispiele ist natürlich tendenziös, um einen Beweis zu erbringen, aber untypisch ist sie keinesfalls. Es gibt kein Menuett von Bach, das eine solch deutliche Charakterisierung der Taktschläge erreicht wie das von Haydn, und andererseits nähert kein Menuett von Haydn die Taktschläge so sehr einem undifferenzierten Pulsieren an.

Kraft und Leben des klassischen Rhythmus beruhen auf diesem unverwechselbaren Charakter, ja der Isolierbarkeit, jedes einzelnen Taktschlages. Die aus dieser Individualisierung resultierende Kräftehierarchie wird in den folgenden, dramatisch-witzigen Takten aus dem langsamen Satz von Haydns Quartett *Es* op. 33, Nr. 2 dynamisch anschaulich gemacht:

Die Folge *f, pp, p* in Takt 22 und 24 verkörpert die klassische Abstufung. Die Genialität von Haydns dynamischem Entwurf liegt darin, daß jede Stufe das Echo eines Taktschlags und nicht dieser selbst ist, so daß sein Gewicht in der Pause gefühlt und dann vom Klang reflektiert wird.

Das gegliederte Wechselspiel zwischen Detail und Großform war die Voraussetzung für das enge Verhältnis zwischen dem Material und den Gesamtproportionen des »Sonatenstils«. Aus diesem Grund müssen wir neben der Idealgestalt der Sonate auch die Vorstellung, daß zweite Themen, Überleitungen, Schlußgruppen usw. formbestimmend seien, über Bord werfen. Sie sind zwar meistens vorhanden, aber es ist nicht abnorm oder exzentrisch, wenn Haydn in op. 33, Nr. 1 ohne Überleitung zwischen der Tonika und der Dominante auskommt. Exzentrisch wäre sein Verhalten nur, wenn das Material eine Überleitung forderte[13]. Die Symmetrie der Sonatenform, die das 19. Jahrhundert zu kodifizieren versuchte, war im 18. Jahrhundert eine freie Reaktion auf symmetrisch geordnetes Material, so daß die Symmetrie in vielen, zuweilen äußerst komplizierten Gestalten auftreten konnte. Daß irgendeine symmetrische Lösung als zum Wesen der Sonate (und fast aller anderen Formen) gehörig empfunden wurde, steht außer Frage. Wo, wie in seltenen Fällen, eine deutlich asymmetrische oder (wie in der ›Mondscheinsonate‹) eine relativ unartikulierte Form vom Material her vorgegeben war, ergab sich eine Fantasie. Aber auch die Form der Fantasie war nicht weniger streng als die Sonatenform, denn sie war gleichermaßen von der Sensibilität und nicht von Formalitäten bestimmt.

Welcherart Material sich gegen die ordentliche Lösung der Sonatenform sträubte, läßt sich am Anfang von Mozarts Fantasie *c* KV 475 ablesen:

Es ist verkehrt, das Anfangsthema mit dem Material des Werks gleichzusetzen, und diese Fantasie entspringt einem sehr viel umfassenderen Konzept, doch selbst in diesen wenigen Takten merkt man, wohin die Musik führt. Die Perioden sind denkbar symmetrisch, aber der plötzliche, scharfe Harmoniewechsel zerstört die Stabilität der Tonika und setzt an ihre Stelle eine mysteriös-expressive Atmosphäre. Wenn die Stabilität der Tonika fehlt, kann auch keine harmonische Spannung entstehen und somit keine Möglichkeit einer deutlichen Lösung. Zwar wird die Dominante (*G*-dur) nach zwölf Takten erreicht,

---

[13] Vgl. die Erörterung dieser Frage auf S. 127.

doch ist sie eine entfernte, fremde Tonart geworden. Diese Musik kann im Rahmen des klassischen Stils auf keine andere Weise weitergehen, als durch die Einführung von neuem Material, neuen Tonarten und neuen Tempi. Selbst in diesem Werk zeigen die letzten Seiten eine starke Symmetrie, insofern die Tonika auf dramatische Weise neu etabliert und das Anfangsmaterial wiederholt wird. Man kann allerdings nicht von einer symmetrischen Auflösung des ersten Teils sprechen. Wenn nämlich die Spannung zwischen Tonika und Dominante derart geschwächt wird, ohne daß etwas anderes sie ersetzt, dann verliert die Auflösung ihren Sinn. Was die »Reprise« hier auflöst, ist nicht die harmonische Spannung des Anfangs, sondern die von all den verschiedenen Tonarten im Laufe des Stückes (das aus sechs deutlich abgesetzten Teilen besteht) erzeugten Spannungen. Die Lösung gleicht nicht derjenigen einer Sonate (außer in der Verwendung des gleichen Materials), sondern eher dem Schlußabschnitt eines Opernfinales – obgleich Mozart in keiner Oper die Tonika so schwächt wie am Anfang dieses Werkes. Das heißt nun nicht, daß die Fantasie in irgendeiner Hinsicht mißglückt wäre. Sie ist ein großartiges Stück, aber tatsächlich einmal eines, das nach klassischen Maßstäben abnorm ist.

Die ungewöhnliche Form dieses Werkes erklärt sich aus seinem Zweck; es ist nicht ein Einzelstück, sondern die Introduktion zu einer Sonate und soll trotz seiner genialen und dichten Struktur etwas vom Charakter einer Improvisation haben[14]. Gerade um die Stegreifwir-

---

[14] KV 396 = 385f, die andere Fantasie in *c* von Mozart, ist hingegen gar keine Fantasie, sondern ein unvollständiger, langsamer Sonatensatz für Klavier mit obligater Violinbegleitung; letztere ist möglicherweise erst während der Niederschrift hinzugefügt worden.

kung zu erzielen, wird in KV 475 die für die Epoche so typische, anfängliche tonartliche Bestimmtheit bewußt geschwächt. Sie kehrt erst allmählich im Lauf des Stückes zurück und schließt mit der massiven Setzung der Tonika eben vor dem Schlußabschnitt. Die Form ist von subtiler Ausgewogenheit:

I. Tonika: *c*-moll, die Tonart wird durch sofortige, schließlich nach *h*-moll führende Modulation geschwächt
II. Dominante der Dominante: *D*-dur (da *G*-dur geschwächt ist, wird stattdessen seine Dominante verwendet)
III. Fortgesetztes Modulieren
IV. Subdominante der Subdominante: *B*-dur (anstelle von *F*-dur als Subdominante verwendet, analog zu Abschnitt II)
V. Fortgesetztes Modulieren, Bekräftigung des *c*-moll
VI. Tonika: durchgehend *c*-moll

Die Symmetrie ist augenfällig, wie auch die formale Verwandtschaft mit der sonatenmäßigen Verwendung von Tonika, Dominante und Subdominante. Das Stück klingt wie eine Improvisation und besitzt doch sämtliche Vorzüge gestalteter Form. Auf diese Weise macht es einen einheitlichen Eindruck, obwohl es so rhapsodisch klingt.

Die selbst in scheinbar improvisatorischen Werken wirksame Beziehung zwischen Detail und Großform sowie die Formgebung als freie Reaktion auf kleinste Einzelheiten bringen zum ersten Mal in der Musikgeschichte einen Stil hervor, dessen Organisation restlos hörbar und dessen Form nie von außen bestimmt ist. Im Choralpräludium des Barockzeitalters ist die Form entschieden von außen aufgedrückt, denn nicht allein ist der den Cantus firmus begleitende Kontrapunkt meistens von der ersten Choralzeile angeregt, auch die Großform stellt selbst bei Bachs bedeutendsten Werken nicht einen Gesamtentwurf dar, sondern entsteht durch sukzessive, sich den verschieden langen Choralzeilen anpassende Modifizierung. Diese Schreibart entspricht der additiven Haltung des Barockstils. Ein Gebäude, das nach und nach entworfen und beim Bauen modifiziert wurde, mag am Ende einheitlich wirken, aber auf eine andere Weise einheitlich, als wenn es auf einmal als Einzelform entworfen worden wäre. Gleichwohl kann das erstere ebenso schön sein. Die Anordnung der Kanons in Bachs ›Goldberg-Variationen‹ ist nicht hörbar, d. h. ihre Reihenfolge als Kanon im Unisono, in der Sekunde, Terz, Quart usw. ist ein mathematisches, kein musikalisches Konzept. Es besitzt seine eigene Schönheit und seinen eigenen Reiz, aber es ist kein spezifisch musikalischer. Über Bachs Symbolik ist viel geschrieben worden, vielleicht allzuviel; es steht jedenfalls fest, daß für einige Einzelheiten in seinen

Werken, wie z. B. den plötzlichen rhythmischen und harmonischen Umschwung im Choralpräludium ›O Lamm Gottes‹, die Kenntnis ihrer Symbolik Voraussetzung ist, daß sie also nicht einfach musikalisch verstanden werden können. Das ist bei Mozart nie der Fall, abgesehen von den Opern, und selbst da haben musikalische Erwägungen den Vorrang: Wenn Figaro chromatisch über seinen verstauchten Knöchel stöhnt, so ist das gleichzeitig die C-dur-Schlußkadenz des einen Abschnitts und die Modulation zu einem neuen Anfang in F-dur. Die Chromatik besitzt also eine vom Text völlig unabhängige musikalische Funktion. Die Unterscheidung zwischen legato und staccato in »Et in unum Deum« aus Bachs h-moll-Messe dient der Versinnlichung der Wesensverschiedenheit von Vater und Sohn; sie klingt zwar anmutig, bleibt aber musikalisch folgenlos. Selbst die barocke Fuge, die unabhängigste und organischste der damaligen musikalischen Formen, besitzt zuweilen eine nicht völlig vom Hörbaren bestimmte Struktur. Das Ricercar ist z. B. formal nicht vom Klang des Themas, sondern von dessen Eignung zu Engführungen abhängig. Selbstverständlich kann jede einzelne Engführung gehört werden, aber sie ist beim ersten Erklingen des Themas nur latent vorhanden. Die Möglichkeit der Engführung ist eine gegebene Tatsache, aber keine hörbare. Es ist darauf hingewiesen worden, daß das Anfangsthema des langsamen Satzes von Beethovens Quartett f op. 95 mit dem Fugato des Mittelteils verknüpft werden kann, was Beethoven aber nicht ausnutzt. Ein Barockkomponist hätte dieser Versuchung zum Fugenschreiben wohl nicht widerstehen können.

Die Organisation eines klassischen Werkes erwächst aus der klingenden Gestalt seiner Themen, nicht aus ihrer Verwendbarkeit. Dieses Prinzip der Hörbarkeit gilt selbst noch für den Krebs, d. h. das Rückwärtsspielen einer Melodie. Im Finale der ›Jupitersymphonie‹ KV 551 wird der Krebs vielleicht nicht sofort als solcher erkannt, aber schon beim ersten Hören klingt er deutlich als vom Hauptthema abgeleitet. Das Fugenthema im Finale der ›Hammerklaviersonate‹ op. 106 besitzt eine solch charakteristische Gestalt, daß man beim Auftreten des Krebses sofort merkt, welcher Teil der Melodie rückwärts gespielt wird. Das Menuett von Haydns Symphonie Nr. 47 mag der einzige Krebs sein, von dem das gleiche gilt[15]. Gegen Ende des 18. Jahrhunderts sind außermusikalische Erwägungen mathematischer oder symbolischer Art völlig nebensächlich geworden, und die sinnliche, intellektuelle und gefühlsmäßige Wirkung erwächst allein aus der Musik.

Außermusikalisches spielt nun nicht etwa gar keine Rolle im klassischen Stil, nur keine bestimmende. Selbst die Politik kann Eingang in

---

[15] Zitiert auf S. 168.

die Musik finden. Wenn Don Giovanni seine maskierten Gäste mit
»Viva la libertà« begrüßt, so meint der Textzusammenhang gewiß
nicht politische Freiheit (sonst wäre die Oper auch sofort verboten
worden). Da der Satz auf »È aperto a tutti quanti« (alle sind willkommen) folgt, so ist sicher eher die Befreiung von gesellschaftlicher Konvention als die politische Freiheit gemeint. Doch damit hat man die
Rechnung ohne die Musik gemacht. Mit einem überraschenden
C-dur (der letzte Akkord war Es-dur) führt Mozart das volle Orchester mit Pauken und Trompeten maestoso durch eine aufregende Passage voll martialischer Rhythmik. Im Jahre 1787, in einer Periode der
Gärung, zwischen der Amerikanischen und der Französischen Revolution, konnte das Publikum kaum umhin, eine umstürzlerische Bedeutung in diese im Libretto ziemlich harmlos wirkende Passage hineinzulesen, besonders nachdem das »Viva la libertà« mit voller Kraft
von allen Solisten unter Fanfarenbegleitung des Orchesters ein dutzendmal hintereinander geschmettert wurde. Aber auch hier gibt es
rein musikalische Gründe für diesen Abschnitt. Er befindet sich an
zentraler Stelle innerhalb des Finales zum ersten Akt, und Mozarts
Finali sind trotz ihrer Aufteilung in Abschnitte als vollständige Sätze
entworfen, die in derselben Tonart, in diesem Fall C-dur, beginnen
und enden. Wenige Minuten vor dem Auftritt der maskierten Gäste
ist ein Szenenwechsel, und das C-dur muß durch erneute Einsetzung
stark befestigt werden, um das Finale zusammenzuhalten[16]. Der
Abschnitt kann also rein musikalisch interpretiert werden, was keineswegs die Wichtigkeit der außermusikalischen Bedeutung leugnet.

Diese musikalische Unabhängigkeit wirft Licht auf die Originalität
der klassischen Komödie. Selbst musikalischer Humor wird ohne
Unterstützung von außen möglich. Musik der Klassik kann wahrhaft
witzig, nicht nur lustig oder gut gelaunt sein. Echte musikalische
Späße lassen sich schreiben. Es gibt zwar in früherer Musik Witz,
aber er fußt auf nicht-musikalischen Anspielungen. Das Quodlibet
der ›Goldberg-Variationen‹ ist nur amüsant, wenn man den Text der
miteinander verquickten Volkslieder kennt. Zwar scheint etwas von
der Volksliedatmosphäre durch, aber ohne den Text ist die Wirkung
nur allgemein großartig humorvoll. Die Gegensätze in Register und
Dynamik in der dreizehnten der ›Diabelli-Variationen‹ von Beethoven sind hingegen von grotesker Komik, ohne auf etwas außerhalb
des Werkes Liegendes zu verweisen:

---

[16] Das Finale erreicht dann wie meistens bei Mozart eine Steigerung (die der versuchten
Vergewaltigung Zerlinas entspricht) auf der Dominante G und einigen Modulationen; die
Lösung erfolgt durch die Subdominante und einen endgültigen Tonikaabschnitt in einer
harmonisch sonatenartigen Anlage.

Dasselbe gilt für den folgenden Presto-Abschnitt, der gegen Ende von Haydns Streichquartett op. 33, Nr. 3 erscheint:

Wegen derartiger Passagen wurde Haydn ja gerade von seinen Zeitgenossen als Clown angegriffen.

Die Scherze eines Haydn, Mozart und Beethoven stellen nur die Übertreibung einer wesentlichen Eigenschaft des klassischen Stils dar. Dieser war nämlich seiner Herkunft nach ein komischer Stil. Das heißt nicht, daß er nicht die tiefsten und tragischsten Gefühlsregungen ausdrücken konnte, aber das Tempo des klassischen Rhythmus ist das Tempo der komischen Oper, seine Periodik ist die der Tanzmusik, und seine Großstrukturen sind Dramatisierungen dieser Perioden. Diese Beziehung zwischen klassischem und komischem Stil hat schon C. Ph. E. Bach bemerkt, der am Ende seines Lebens den Verlust des kontrapunktischen Barockstils beklagte und hinzufügte: »Ich glaube mit vielen einsichtsvollen Männern, daß das itzt so beliebte Komische, hieran den größten Antheil habe.«

Wenn man in der zweiten Hälfte des 18. Jahrhunderts zunehmend Geschmack am musikalisch Komischen fand, so war das zum Teil darauf zurückzuführen, daß die Stilentwicklung endlich wahrhaft autonome musikalische Komik ermöglichte. Wenn das Widersinnige genau richtig scheint, das Weithergeholte plötzlich genau an passender Stelle zu stehen scheint, so hat man wesentliche Bestandteile des Komischen. Insofern der klassische Stil so großen Wert auf Umdeutung legte, enthielt jede Komposition eine Fülle von Doppeldeutigem. Endlich wurde auch die höchste Form des Witzes, das musikalische Wortspiel geboren. Im Finale des Trios *D* Hob. XV: 7 von Haydn wird das *Es* als Dominante von *As*-dur aus Spaß in das *Dis* der Terz von *H*-dur verwandelt[17]:

Die typisch klassische, scharfe Trennung der Tonarten im Verein mit der Pause und der eindringlichen Wiederholung verleiht der Passage ihren Witz. Klare Artikulierung ist für diese Art Komödie von wesentlicher Bedeutung. Der Kontrast zwischen Melodielinie und Begleitstimmen im klassischen Stil (der die barocke Autonomie der Einzelstimmen sowie den Generalbaß ersetzt) schenkt uns den herrlichen Moment in Haydns Symphonie ›Die Uhr‹, da die Begleitung ins hohe Register transponiert wird

---

[17] Damit soll nicht gesagt werden, daß Komponisten des späten 18. Jahrhunderts eine Unterscheidung zwischen *Dis* und *Es* trafen. Es wäre immer noch witzig, auch wenn die Note *Es* bliebe und die Tonart sich zu *Ces*-dur wandelte.

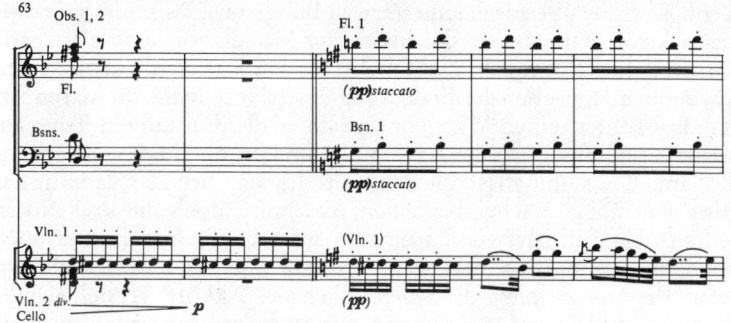

und die Doppeldeutigkeit durch die Verwendung der Soloflöte und des Fagotts noch hervorgehoben wird.

Komik wird nicht nur die Grundstimmung eines Werks, sondern oft, insbesondere bei Haydn, eine unentbehrliche Technik. In dem vergnüglichen Quartett *B* op. 33, Nr. 4 ist die Modulation zur Dominante ein Witz:

Wenn Witz als überraschende Verwandlung von Unsinn in Sinn auftreten kann, dann bietet die klassische Modulation eine glänzende Formel dafür. Es braucht nicht mehr, als daß man sich wie hier einen Augenblick lang über die Bedeutung einer Note nicht im klaren ist. Haydn bereitet seinen Witz vor, indem er die drei kurzen Töne am Periodenschluß in Takt 8–9 bzw. 10–11 im Unisono und piano erklingen läßt. Die symmetrisch wiederholte Kadenz beendet dann in der Mitte von Takt 12 scheinbar einen Abschnitt, doch die drei Noten kehren unerklärlicherweise trotzdem wieder. Sie sind immer noch piano, unharmonisiert und werden dieses Mal allein vom Cello im tiefen Register gespielt. Erst beim nächsten Akkord verstehen wir, warum das kleine Motiv unharmonisiert belassen wurde: weil das tiefe *D* nämlich die Dominante von g-moll und somit der Anfangspunkt einer Modulation zur Dominante werden sollte. Daß die drei Töne jedesmal ganz leise gespielt werden, isoliert sie, verhüllt ihre wahre Bedeutung und trägt so zum Witz bei. Unentbehrlich ist natürlich auch die Unregelmäßigkeit des Periodenrhythmus, insbesondere die letzte Wiederholung des kleinen Motivs im Cello, sowie der witzige Konversationston, der das gesamte thematische Material charakterisiert. Will man schnell den Kontext wechseln oder einen Ton witzig umdeuten, so ist eine dramatische, kräftige Modulation ebenfalls unerläßlich. Der Barockstil mit seiner Bevorzugung der Kontinuität auf Kosten der Gliederung und seinem Mangel an klar umrissenen Modulationen ließ dem Witz außer als atmosphärischem Grundton einiger weniger Werke wenig Raum. Die Modulation der Romantik ist andererseits manchmal so chromatisiert, daß die zwei Tonarten ineinander übergehen, oft so langsam und allmählich, daß der Witzeffekt aufgehoben wird und man dann bei Schumann wieder bei einer barockähnlichen, humorvollen Gutmütigkeit und Lustigkeit anlangt. Die kultivierte Fröhlichkeit der klassischen Zeit hat ihre letzten, wohl schon etwas vergröberten Auftritte im Allegro von Beethovens Achter Symphonie und in einigen Sätzen der späten Quartette. Danach ertrank der Witz im Gefühl.

2. Struktur und Ornament

Das Gefühl für strukturelle Geschlossenheit und Symmetrie, die zentrale Stellung des Spannungshöhepunktes, das Bestehen auf einer ausgedehnten, vollständigen Lösung sowie ein neu artikuliertes und systematisiertes Tonalitätsverständnis führten zu einer Vielfalt von Formen, die sämtlich den Namen »Sonate« verdienen. Sie zu unterscheiden, heißt nicht, sie als Normen oder Formmodelle zu verstehen. Sie sind nichts weiter als das Resultat musikalischer Kräfte und nicht mit diesen identisch. Deshalb darf man sie abstrahierend nicht zu genau beschreiben und erst recht nicht definieren, andernfalls verkennt man, wie jede Form in die andere übergehen konnte und wieviel Freiheit während der gesamten zweiten Hälfte des 18. Jahrhunderts in diesen Formen beschlossen war.

1. Sonatenhauptsatzform[18]: Sie zerfällt in zwei Abschnitte, die jeweils wiederholt werden können[19]. Eine gewisse Symmetrie zwischen beiden ist wesentlich, doch ist sie nicht genau umschrieben. Zu Beginn stellt der Satz ein festes Tempo und eine Tonika als Bezugspunkte auf. Der erste Abschnitt, die Exposition, enthält zwei Ereignisse, nämlich die Bewegung oder Modulation zur Dominante und eine Schlußkadenz auf der Dominante. Beide Ereignisse sind durch stärkere rhythmische Belebung gekennzeichnet. Aufgrund der harmonischen Spannung schreitet die Musik in der Dominante (oder zweiten Gruppe) harmonisch schneller fort als in der Tonika. Zur Artikulierung dieser Ereignisse verwendet der Komponist beliebig viele Melodien. Der zweite Abschnitt enthält ebenfalls zwei Ereignisse, die Rückkehr zur Tonika und eine Schlußkadenz. Eine symmetrische Lösung der harmonischen Spannung (die sogenannte Reprise) ist in irgendeiner Form notwendig, denn jeder wichtige, nicht in der Tonika auftretende musikalische Gedanke bleibt bis zu seinem Erklingen in der Tonika unaufgelöst. Die Rückkehr zur Tonika wird im allgemeinen (aber nicht immer) durch das erneute Spielen der Anfangstakte markiert, da sie am stärksten mit der Tonika identifiziert werden. Wird die Rückkehr zur Tonika im Interesse gesteigerter dramatischer Wirkung lange hinausgezögert (etwa durch die Modulation zu anderen Tonarten oder durch Sequenzierungen auf der Dominante), dann besitzt das Werk eine ausgedehnte Durchführung. Durchbrechung des Periodenrhythmus und Fragmentierung der Melodik verstärken die harmonische Bewegung der Durchführung. Die harmonischen

---

[18] Zwar kann diese Form selbstredend auch für zweite Sätze oder Finali verwendet werden, aber sie verbindet sich vor allem mit dem vielschichtigeren ersten Satz.
[19] Daß nur die zweite Hälfte wiederholt wurde, kommt kaum vor; das Finale der ›Appassionata‹ bildet eine Ausnahme, und ähnliche Formen finden sich in Mozarts Opern.

Proportionen werden dadurch gewahrt, daß die Rückkehr zur Tonika bzw. der Anfang der Reprise spätestens nach drei Vierteln des Satzes stattfindet. Der dramatische Höhepunkt liegt meistens unmittelbar vor (in seltenen Fällen unmittelbar nach) dieser Rückkehr.

2. Wird die Rückkehr zur Tonika überhaupt nicht verzögert, so daß eine symmetrische Lösung, aber keine Durchführung vorhanden ist, so läßt sich die Form als die Sonatenform des langsamen Satzes bezeichnen.

3. Die Menuett-Sonatenform ist zweiteilig, enthält jedoch immer drei Perioden. Die zweite und dritte Periode gehören zusammen, und die zwei Teile werden stets wiederholt. Die Drei-Perioden-Gestalt kann erweitert werden, aber die Proportionen und Umrisse bleiben immer sichtbar. Die erste Periode kann auf der Tonika oder der Dominante enden. (Tovey sieht zwischen diesen zwei Möglichkeiten einen tiefgreifenden Unterschied, aber Haydn, Mozart und Beethoven verwenden beide, und beide Formen ergeben oftmals Menuette von gleicher Gestalt, Länge und dramatischer Wirkung. Die zweite Form läßt sich natürlich leichter erweitern und wurde zur häufigeren; sie verschmilzt mit der Sonatenhauptsatzform.) Die zweite Periode spielt oft eine Doppelrolle als zweite Expositionsgruppe und Durchführung; die dritte Periode löst bzw. rekapituliert. Das Menuett ist im allgemeinen Bestandteil einer größeren, dreiteiligen, ein eher locker gehaltenes Trio umgreifenden ABA-Form.

4. Die Finale-Sonatenform ist formal aufgelockerter und soll die Spannungen des gesamten Werkes auflösen. Die formale Lockerung führt mehr als in irgendeinem anderen Satz zu einer größeren Vielfalt von Ausprägungen. Wenn eine Sonatenhauptsatzform schon vor der Durchführung zum Anfangsthema in der Tonika zurückkehrt, wird sie als Sonatenrondo bezeichnet. Oft erscheint um die Mitte des Satzes ein neues Thema in der Subdominante, das zuweilen in die Durchführung eingebaut wird, zuweilen als ihr Ersatz erscheint. Dieses neue Subdominantthema erscheint auch in Schlußsätzen, die keine Rondos sind, wie etwa im letzten Satz des Streichquartetts *A* KV 464 von Mozart. Sowohl die Rückkehr zur Tonika vor der Durchführung wie das Subdominantthema stellen eine Spannungsminderung und eine Lockerung der formalen Struktur dar. Wesentlich für diesen Satz ist eine gewisse Stämmigkeit und Klarheit in Rhythmik und Periodik.

Diese Formen sind hier nach zunehmender Lockerheit aufgereiht, und die Anordnung selbst entspricht dem innerhalb der Formen wirkenden Muster von Spannung und Lösung. Wir ersehen daraus, daß sie nicht als vorher existierende und zu befolgende Formmuster, sondern als die übliche Ausarbeitung vereinheitlichender Prinzipien betrachtet werden müssen. Das Hauptprinzip ist die zusammenfassende Wiederholung (»Reprise«), die die Lösung der vorangegangenen rhythmischen und harmonischen Spannung bringt. Bei der Rückkehr unterscheidet sich das thematische Material immer in dieser oder jener Hinsicht von seinem ersten Auftreten in der Exposition.

Alle diese Formen sind von der barocken Dreiteiligkeit in all ihren Gewandungen – Da capo-Arie, Tanzsatz mit Trio – oder Erweiterungen – frühes Rondo und Concerto grosso-Form – radikal verschieden. In all diesen Varianten der ABA-Form kehrt der ursprüngliche A-Teil am Ende unverändert wieder, jedenfalls auf dem Papier, da die Wiederholung in der Praxis vom Interpreten oft erheblich verziert wurde.

Die Vorstellung der Reprise als einer dramatischen Umdeutung der Exposition greift die Verzierungspraxis an der Wurzel an, denn nun übernimmt die Struktur selbst die Funktion der improvisierten Verzierungen. Die Exposition bei ihrer Wiederholung auszuzieren ist geradezu eine Peinlichkeit, denn das würde ja bedeuten, daß das in der Reprise in dramatisch veränderter Form zu hörende Material weniger verziert und damit weniger kunstvoll gearbeitet ist als die Wiederholung der Exposition, oder daß die Reprise ebenfalls ausgeziert werden müßte, was die strukturellen Veränderungen und ihre radikal veränderte Bedeutung für den Ausdruck verdeckt und mindert. Aus diesem Grund haben die drei großen Klassiker fast nichts zur Kunst der Verzierung beigetragen, was immer auch ihr Interesse daran gewesen sein mag. Erst mit Rossini, Chopin, Paganini, Liszt und Bellini trat erneut eine Bach und Couperin vergleichbare Kunstfertigkeit und Originalität im Verzierungswesen auf. Die Praxis der improvisierten Verzierung ging allerdings nicht unter, obgleich sie im klassischen Stil weitgehend überflüssig war. Was die Anpassung an neue Bedingungen angeht, so hinkt die Aufführungspraxis immer hinter der Kompositionspraxis her. Die berühmteste Anleitung zur Aufführungspraxis im letzten Viertel des 18. Jahrhunderts, Daniel Gottlob Türks ›Klavierschule‹, rät von jeglicher Verzierung in Stücken ab, »worin Traurigkeit, Ernst, edle Simplicität, feyerlich erhabene Größe, Stolz u. dgl. der herrschende Charakter ist«. Das läßt eigentlich nur die »hübschen« Stücke zum Verzieren übrig. Es gibt kaum einen langsamen Satz von Mozart, der nicht unter eine der nicht zu verzierenden Kategorien fällt. Erst mit der italienischen Oper des frühen 19. Jahrhunderts gewinnt die Verzierungskunst neues Leben und wird mehr als die aus einem früheren Stil mitgeschleppte Bürde.

Allerdings bleiben einige Fragen offen, die ihren Ursprung nicht in der Musik, sondern im komplexen Verhältnis zwischen zeitgenössischer Aufführungspraxis und einem sich wandelnden Stil haben. Es unterliegt beispielsweise keinem Zweifel, daß einige Passagen aus

Mozart-Konzerten und -Arien verziert werden können und sollen. Aber wie sehr und wo? Unsere Gewährsleute sind recht unzuverlässig. Die ausgezierten Fassungen, die wohlmeinende Mozartverehrer kurz nach seinem Tod veröffentlicht haben, sind zum größten Teil scheußlich. Hummels Fassungen sind selbstverständlich besser als die Mehrzahl – er war schließlich Mozarts Schüler und ein guter Musiker –, aber sie sind zu überladen. Sie benutzen heißt vergessen, wie stark sich der musikalische Geschmack in fünfundzwanzig Jahren verändern kann. Seinen musikalischen Anschauungen nach gehört Hummel ins Zeitalter Rossinis und nicht zu Haydn und Mozart. Der Entwicklungsgang eines Beethoven, der die klassische Tradition gegen die Zeitströmung weitertrug, muß ihm völlig unverständlich gewesen sein. Der klassische Stil ist seiner Grundtendenz nach gegen die reiche Verzierungskunst des Barock und Manierismus eingestellt und vereinfacht selbst die leichtere Auszierung des Rokokostils noch ganz erheblich. Haydns Musik nach 1775 kann nicht verziert werden, und was Beethoven betrifft, so wissen wir, wie er über Musiker dachte, die seinen Kompositionen irgend etwas hinzufügten, als er nämlich Czerny bei solcher Gelegenheit anfuhr und sich später entschuldigte: »Das müssen Sie einem Autor verzeihen, der sein Werk lieber gehört hätte, gerade, wie es geschrieben, so schön Sie auch übrigens spielten.«

Das wichtigste Dokument, das für die reiche Verzierung von Mozarts Konzerten spricht, ist keinesfalls so eindeutig, wie es oft hingestellt wird. Als seine Schwester sich brieflich über die Kahlheit eines Abschnitts im langsamen Satz des Konzertes *D* KV 451 beklagte, schickte er ihr eine verzierte Fassung. Daraus schließt man, daß es damals Usus war, derartige Stellen bei jedem Auftreten zu verzieren. Der Briefwechsel enthält jedoch ein zweischneidiges Argument, denn er läßt sich auch so interpretieren, daß man nie Verzierungen hinzufügte, ohne erst den Komponisten zu fragen, sogar wenn man eng mit ihm verwandt und selbst eine gute Musikerin war. Der überzeugendste Beleg für Mozarts Haltung gegenüber improvisierten Verzierungen beschreibt leider nur seine Einstellung als Siebenjähriger. 1780, als Mozart fünfundzwanzig war, schrieb sein Vater ihm über einen gewissen »Herrn Esser, den wir in Maynz vor 18 Jahren gesehen und dem du sagtest, er spiele gut, mache aber zu viel und solle lieber geigen wie es geschrieben stehet«. Es gibt übrigens keinen Grund zu der Annahme, Mozart habe in späteren Jahren seine Meinung geändert.

Mozart steht aufgrund seiner Nähe zum Opernstil allerdings Haydn und Beethoven etwas ferner, und die Verzierungstradition war in der Oper sehr mächtig. Arien in Mozarts Opern wurden zu seinen Lebzeiten bekanntlich mit hinzugefügten Verzierungen gesungen. In welchem Maße hat Mozart das wohl eingeplant, einfach toleriert oder bedauert? Wir wissen es nicht. Daß einige Konzertarien in zwei von Mozart geschriebenen Fassungen – eine unverziert, die andere verziert – existieren, beweist, daß die Verzierungskunst in Mozarts Vokalstil eine Rolle spielt. Es könnte aber auch bedeuten, daß Mozart es vorzog, die Verzierungen selbst auszuschreiben, wenn denn eine Arie verziert werden sollte. Jedenfalls beweist es nicht, daß eine unausgezierte Fassung unannehmbar war.

Daß Mozart nicht gegen Verzierungen eingestellt war, ersehen wir aus einigen weiteren authentischen Fassungen. Der langsame Satz der Klaviersonate *F* KV 332 = 300 k und die 11. Variation des Finales der Sonate *D* KV 284 = 205 b wurden 1784 (von verschiedenen Verlegern) mit zusätzlichen, ganz sicher von Mozart stammenden Verzierungen veröffentlicht. Bedeutsam ist, daß beide Sätze »Adagio« überschrieben sind. Mozarts Allegros sperren sich ebensosehr gegen Verzierungen wie Haydns; der Stil hatte sie derart umgeformt, daß die Technik der improvisierten Verzierung für sie völlig irrelevant geworden war. In einem langsamen Satz war sie allerdings noch möglich (obgleich nicht mehr so wesentlich wie in einem Werk um 1740), und an gewissen Stellen einer mehr dekorativen Form wie dem Variationszyklus war sie unerläßlich. Wenn Mozart, wie in der Klaviersonate *A* KV 331 = 300 i, die Wiederholungen der vorletzten Variation (dem traditionellen und hier auch so bezeichneten Adagio-Satz innerhalb eines Variationszyklus) nicht ausschrieb, so sollte man bei der Aufführung nach dem Vorbild von KV 284 = 205 b Verzierungen hinzufügen. Aber auch hier ist Vorsicht geboten, insofern die Melodie dieser Variation sehr viel differenzierter und deshalb für großzügig hinzugefügte Verzierungen weniger empfänglich ist als diejenige in KV 284.

Man beachte, daß das Originalmanuskript von KV 284 = 205 b schon üppig verziert ist und die wichtigsten Zusätze in der veröffentlichten Fassung Hinweise zur Dynamik und Phrasierung enthalten. Die folgenden Takte vermitteln eine gute Vorstellung von diesen Zusätzen,

aus denen wir zuverlässig schließen können, daß der dynamische Kontrast schon die Ornamentierung zu ersetzen begann und daß Mozart nur solche Kompositionen mit zusätzlichen Verzierungen versah, die ohnehin in einem verzierten Stil geschrieben waren. Die mehr opernhafte Konzertmanier verlangte allerdings vom Solisten einen schmuckreicheren Stil als vom Orchester. In den Variationssätzen der Konzerte schrieb der Komponist die stärkere Ausschmückkung des Klavierparts schon aus. Das trifft sogar auf Sätze wie das Variationsfinale des Konzerts *c* KV 491 zu, in dem Mozart die linke Hand zunächst nur skizzierte und erst später ausfüllte, während er die verzierte Fassung der Melodie für den Solisten sogleich niederschrieb.

Langsame Sätze sind problematischer als Variationszyklen, weil uns die Tradition wenige Hinweise gibt, und Mozart hier radikaler mit der Tradition brach. Nur mit großen Einschränkungen lassen sich die zusätzlichen Verzierungen des langsamen Satzes von KV 332 = 300k als Modell für spätere Werke benutzen, denn schon in der Urform ist die Melodie reich verziert und Mozart kultivierte und verfeinerte in seinen letzten Lebensjahren Melodien von bewußter Schlichtheit. Dem »Dove sono« im ›Figaro‹ können Verzierungen noch hinzugefügt werden (obgleich fraglich bleibt, was der musikalische Gewinn dabei ist), doch die Musik der drei Knaben in der ›Zauberflöte‹ kann nicht verziert werden, ohne daß Unsinn daraus wird. Ebensowenig kann das Duett zwischen Pamina und Papageno »Bei Männern« verziert werden, denn Mozart hat den zweiten Vers eigenhändig höchst sparsam verziert und dabei die Melodielinie mit geringstem Aufwand ausdrucksvoller gemacht. Jeder weitere Zusatz wäre ein Verlust. Haydns und Mozarts Musik war das Ende der Rokokodekoration. Wie tot sie in Wien war, kann man an Hummels Musik ablesen, in der die Verzierung aufgeschwemmt und strukturell ungestützt wirkt – substanzlos wie ein Gespenst. Und in Beethovens Musik ist Verzierung undenkbar[20]: Hat irgendwo unter den Extravaganzen und Launen der Opernregie jemand einmal den Versuch unternommen, den Kanon in ›Fidelio‹ auszuzieren?

Was wir über die damalige Aufführungspraxis aus Beschreibungen, Memoiren und Abhandlungen wissen, kann in diesem Zusammenhang hilfreich sein, aber wir müssen uns davor hüten, diesen Quellen blindlings zu vertrauen. Ich habe nie ein Lehrbuch über zeitgenössische Aufführungspraxis gelesen, auf das man sich weitgehend verlassen kann. Jeder Pianist wird die Mehrzahl der sogenannten Klavierschulen falsch oder irrelevant finden. Wir wissen alle, wie irreführend nahezu alle Beschreibungen einer Aufführung sind, und die wenigen relativ genauen werden in zwanzig Jahren von den übrigen fast nicht mehr zu unterscheiden sein. Warum soll man glauben, daß das Musikschrifttum im 18. Jahrhundert besser war als heutzutage?

---

[20] Abgesehen von den notwendigen Vorschlägen in der Singstimme von Rezitativen und einigen wenigen Kadenzen wie etwa am Ende von »Abscheulicher, wo eilst du hin?«.

Fast jede Regel zur Aufführungspraxis des 18. Jahrhunderts findet irgendwo auch ihre zeitgenössische Widerlegung. Und vor allem müssen wir uns eingedenk der schnell wechselnden Moden in der Musik davor hüten, die Vorstellungen von 1750 auf 1775 oder 1800 anzuwenden.

Die zu Lebzeiten oder kurz nach dem Tode eines Komponisten niedergeschriebenen ausgezierten Fassungen sind zugleich die besten und die schlechtesten Zeugen für die Praxis der improvisierten Verzierung. Beste Zeugen, weil sie tatsächlich aufgeführt worden sind, schlechteste, weil sie in den meisten Fällen abscheulich plump sind. Auch wenn sie etwas besser sind, steht nicht fest, daß der Komponist sie gutgeheißen hätte. Aufführungen sind meistens schon schlecht genug, auch ohne daß wir uns durch die Gewohnheiten minderbegabter Musiker des 18. Jahrunderts oder die Ästhetik des schlechtesten zeitgenössischen Geschmacks lähmen lassen. Manchmal frage ich mich, wie in hundert Jahren wohl die Reaktion auf Tonbänder oder Platten zeitgenössischer Musik ausfallen wird, auf denen die Tempi schlecht gewählt, das Ensemblespiel schlampig und die Rhythmen alle falsch interpretiert sind. Wird man das als den echten Aufführungsstil unserer Zeit ansehen? Wird man in hundert Jahren das Einverständnis des Komponisten daraus ablesen, daß der ⅝-Abschnitt eines der bekanntesten Werke eines berühmten Komponisten von einem ebenso berühmten Dirigenten ausgelassen wurde, weil dieser Schwierigkeiten hatte ihn zu dirigieren? (Der Protest des Komponisten war natürlich privat – und fruchtlos.) Sollen wir glauben, daß das Aufführungsniveau sich seit dem 18. Jahrhundert verschlechtert hat? Wir müssen uns nur ins Gedächtnis zurückrufen, wie Mozart gezwungen war, den ›Don Giovanni‹ für die Wiener Aufführung zu verschandeln, oder an die Uraufführung von Beethovens Violinkonzert denken, bei der der Solist zwischen Beethovens erstem und zweitem Satz eine selbstkomponierte Sonate für eine umgekehrt gehaltene, einsaitige Geige heruntergefiedelte.

Damit bleibt uns im Grunde nichts als der Notentext, aber das bedeutet wiederum nicht, daß eine wörtliche Auslegung wünschenswert ist. Nichts irritiert einen Komponisten mehr als eine akkurate, aber leblose Aufführung. Nach allem Gesagten schmerzt der Gedanke, wie wenig die Wissenschaft allein uns nützen kann. Von Mozarts eigener Beschreibung des Rubato wissen wir z. B., daß seine Hände beim Spielen manchmal rhythmisch eigene Wege gingen, wie bei Ignac Paderewski und Harold Bauer, aber im Wo, Wie, Wieviel und Wie häufig liegt der ganze Unterschied zwischen Musik und Unsinn. Wie verzwickt das Problem ist, wird aus folgendem ersichtlich: Es wird (zutreffend?) berichtet, daß Chopin sehr frei spielte, seine Schüler mit dem Metronom unterrichtete und eine Szene in der Öffentlichkeit machte, als er hörte, wie Liszt eine seiner Mazurken mit zuviel Freiheit spielte.

Im allgemeinen sollten wir bei jeglichem Zusatz zu einem Mozartschen Werk bedenken, ob die in Frage stehende Komposition voll ausgeschrieben ist und für wen sie geschrieben wurde. Das für Mlle Jeunehomme geschriebene Konzert *Es* KV 271 ist z. B. offensichtlich bis hin zur letzten Note der Kadenzen vollständig. Das Konzert *c* KV 491, das der Komponist für sich selbst schrieb, ist hingegen flüchtig niedergeschrieben. Auf Fermaten sind Kadenzen nahezu immer vorgesehen. Und weitere Verzierungen sollte man, wenn überhaupt, vor allem in langsamen Sätzen anbringen.

Eine heute wie auch im 18. Jahrhundert häufig aufgestellte Regel besagt, daß die ursprüngliche Melodielinie gewahrt bleiben muß. Diese bewundernswerte Regel wirft jedoch ein schärferes Licht auf das hartnäckige Problem der zusätzlichen Verzierungen. Trotz aller zeitgenössischen Theorie hätte niemand sich ihr damals in der Praxis unterworfen. Nicht einmal Mozart. Während des ganzen 18. Jahrhunderts war die Bewahrung der ursprünglichen Melodielinie ein relativ geringfügiger Gesichtspunkt, wenn es ums Verzieren ging. Viel wichtiger waren Reiz, Anmut und Ausdrucksqualität der Zusätze. Wurde dabei der Originalgedanke zugedeckt, so war das nicht so tragisch. Händel, Bach und sogar Mozart veränderten oft die ursprüngliche Gestalt ganz erheblich, wenn sie Verzierungen ausschrieben. Ein paar Beispiele mögen genügen. Hier ist eine Phrase von Händel, erst in der ursprünglichen, einfachen Form und dann mit den Verzierungen des Komponisten:

Hier ist der erste Takt der Adagiovariation von KV 284 = 205b sowie Mozarts eigene Niederschrift der Wiederholung:

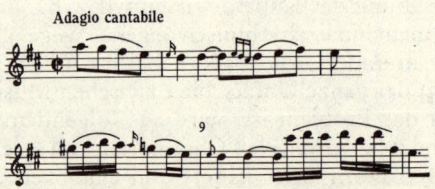

Hier schließlich ist der erste und letzte Auftritt der Melodie des langsamen Satzes der Sonate *c* KV 457:

Händel begräbt seine Melodie, Mozart gestaltet die seine zu größerer Ausdruckswirkung um.

Wenn wir uns Mozart anhören, sind wir dann an seiner Musik oder an einer authentischen Aufführung des 18. Jahrhunderts interessiert? Diese beiden Interessen stimmen nur begrenzt überein. Die Caravaggios in San Luigi dei Francesi, der Kirche, für die sie gemalt wurden und wo sie hängen, sind dort nur schlecht zu sehen. Als sie kürzlich für eine Ausstellung heruntergenommen wurden, konnte man sie zum ersten Mal seit Jahrhunderten wirklich sehen. Das ursprüngliche Ambiente ist also zur Betrachtung eines Kunstwerks nicht unbedingt am dienlichsten. Gleicherweise nützen uns Praktiken des 18. Jahrhunderts – und seien sie noch so authentisch – gar nichts, wenn sie gerade vom Revolutionärsten und Individuellsten an Mozarts Musik ablenken bzw. es unhörbar machen. Ganz unerträglich wird es, wenn uns, wie so oft geschieht, die übelsten Konventionen der Vergangenheit als Vorbild offeriert werden.

Verzierung muß stilgerecht sein, weshalb nur dann verziert werden muß, wenn der musikalische Sinn es erfordert. Jeder Komponist und

jedes Werk müssen daraufhin neu untersucht werden. An einer Fermate wie der im langsamen Satz des Konzerts *c* KV 491 (siehe Notenbeispiel S. 117 unten) muß eine ganz kurze Kadenz eingefügt werden, weil innerhalb von Mozarts Stil die Melodielinie ohne eine Überbrückung nicht sinnvoll ist. Vorschläge müssen in Opernrezitativen deshalb angebracht werden, weil eine Kadenz wie die folgende

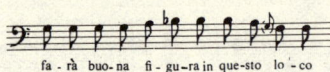

fa - rà buo-na fi - gu-ra in que-sto lo - co

häßlich ist (oder erscheinen sollte), wenn man die Melodik und Harmonik Mozarts (oder jedes anderen Komponisten des 18. Jahrhunderts) außerhalb des Rezitativs im Ohr hat, aber auch, weil Rezitative bekanntlich in einer Art Kurzschrift niedergelegt wurden, die der Sänger auf konventionelle Weise auszufüllen hatte. Originalität hatte in der Melodik eines Secco-Rezitativs keinen Platz. Händels Solo-Melodien sollte man auszieren, weil sie dadurch sinnvoller werden und besser klingen, denn sie sind anders als seine Chöre zum Verzieren geschaffene Strukturen. Aber wenn wir die ursprünglichen Melodielinien schön finden, so sollten wir sie durch die Verzierung hindurchtönen lassen. Die frühen Haydn-Sonaten schreien nach Verzierung, ganz besonders wenn sie auf dem Cembalo gespielt werden. Es wäre töricht, den späten Sonaten selbst in den Wiederholungen auch nur eine einzige Note hinzuzufügen. Eine Aufführung ist keine Ausgrabung. In dem Maße, wie die Aufführung eines Mozart-Konzerts die Rekonstruktion der Praxis des 18. Jahrhunderts bezweckt – und nicht Vergnügen oder dramatische Wirkung –, unterscheidet sie sich paradoxerweise von einer tatsächlichen Aufführung durch Mozart.

Es ist darüberhinaus wenig sinnvoll, Verzierungen anzubringen, die wir für völlig authentisch halten, wenn wir auf absolut »unauthentischen« Instrumenten spielen. Der Klang des modernen Klaviers, die modernen Bogen für Streichinstrumente, die kraftvolleren Holzblasinstrumente, sie alle verändern die Bedeutung des Verzierungswesens, das ja vornehmlich die Möglichkeit zu ausdrucksmäßigem und dynamischem Nachdruck bereithielt. Im modernen Rahmen wirkt es nur übergeschäftig und gekünstelt. Wenn sämtliche Streicher in einem Händel-Oratorium einen Triller mit einer auf Instrumenten des 18. Jahrhunderts unvorstellbaren Explosivkraft ansetzen, so trägt das nicht zum besseren Verständnis der Musik bei. Verzierungen in Oper und Konzert verlieren vor dem Hintergrund des schwereren Klangs und mehr noch der Klangfülle eines modernen Orchesters viel von der Bedeutung, die sie im späten 18. Jahrhundert besaßen. Den Klang des 18. Jahrhunderts nun mit modernen Instrumenten reproduzieren zu wollen, ist eine katastrophale Lösung, denn Musik ist ebensosehr

Vorstellung und Geste wie Klang. Wenn ein Fortissimo auf einem Instrument des 18. Jahrhunderts nach unseren Maßstäben ein Mezzopiano erzeugt, so sind es ja Heftigkeit und Drama, die zählen, und nicht das tatsächliche Klangvolumen.

Der Geschmack für Ornamentik wandelte sich im letzten Viertel des 18. Jahrhunderts in allen Künsten. Die sich unendlich wiederholenden Muster in Möbelstoffen für Stühle und Sofas, um nur ein Beispiel zu nennen, wurden allmählich durch mittelpunktbezogene Kompositionen ersetzt. In der Wanddekoration bevorzugte man den einfachen Faltenwurf von Vorhängen gegenüber mehr kunstvoll gearbeiteten Lösungen. Diese Tendenzen spiegeln sich augenfällig im musikalischen Zeitstil mit seinem zentral plazierten Spannungshöhepunkt und seiner formalen Klarheit wider.

Noch wichtiger ist aber, daß die Funktion der Verzierung sich in ihr Gegenteil verkehrte. In Rokokointerieurs diente die Dekoration zur Verhüllung der Struktur, sie verdeckte die Fugen und schuf eine übergreifende Kontinuität. Klassizistische Dekoration wird viel sparsamer und zwar zur Betonung und Artikulation der Struktur verwendet, so daß der Betrachter sie schärfer erfaßt. Der analoge Funktionswandel der musikalischen Ornamentik bedarf zu seiner Erklärung keiner mystischen Entsprechung der Künste. Die führenden philosophischen Werke der zweiten Jahrhunderthälfte verfochten eine ästhetische Doktrin, die Ornamentierung als unmoralisch verurteilte, und es gab nur wenige Widerstandsnester. Wenn man Mozarts Praxis (und die von Haydn nach 1780) mit der von J. S. Bach und selbst C. Ph. E. Bach gleichsetzt, so verkennt man eine der tiefgreifendsten Geschmacksrevolutionen der Geschichte.

Das musikalische Verzierungswesen leistete in der ersten Hälfte des 18. Jahrhunderts einen wesentlichen Beitrag zur Erreichung der Kontinuität, denn die Verzierung überdeckte nicht nur die zugrundeliegende musikalische Struktur, sondern erhielt sie in fortwährendem Fluß. In musikalischer Hinsicht hatte der Hochbarock einen Horror vacui, und die Verzierungen füllten, was an Löchern noch verhanden war.

Die Ornamentik des klassischen Stils hingegen artikuliert die Struktur. Die wichtigste, vom Barock übernommene Verzierung ist bezeichnenderweise der Schlußkadenztriller. Andere Verzierungen finden sich seltener und sind fast immer ausgeschrieben, was durch ihre Thematisierung notwendig geworden war[21]. Beethoven trieb diese Entwicklung bis an ihr Ende: In seinen späten Werken hat der Triller seinen dekorativen Rang verloren und hört auf, Verzierung zu sein.

---

[21] Vgl. die auf S. 69–71 zitierte, rein thematische Verwendung der Acciaccatura in Hadyns Quartett C op. 33, Nr. 3.

Er ist vielmehr entweder ein wesentliches Motiv, wie im ›Erzherzogtrio‹ oder dem Fugenfinale der ›Hammerklaviersonate‹, oder bewirkt die Aufhebung des Rhythmus, d. h., er ist ein Mittel, einen lang ausgehaltenen Ton in ein undifferenziertes Vibrieren zu verwandeln, das eine angespannte, innere Stille erzeugt. In Beethovens Spätwerk verschwindet der Ornamentbegriff oft völlig, aufgesogen von der Substanz des Werkes.

III. Haydn: 1770 bis zu Mozarts Tod

> »Wer den Witz erfunden haben mag? Jede zur Besinnung gebrachte Eigenschaft-Handlungsweise unseres Geistes ist im eigentlichsten Sinne eine neuentdeckte Welt.«
>
> Novalis, ›Blütenstaub‹, 1797

1. Streichquartett

Mit seinen zahlreichen, widersprüchlichen nationalen Traditionen erscheint das Musikleben Europas im dritten Viertel des 18. Jahrhunderts von heute aus gesehen recht verwirrend. In Italien gab es sogar kaum einen Nationalstil, sondern mehrere Lokalstile mit eigenen Ansprüchen. Die größere Einheitlichkeit am Ende des Jahrhunderts ist keine Täuschung und auch kein aus unserer Einschätzung aufgezwungenes Schema. Obgleich einige unabhängige Nationalstile, wie z. B. die französische Grand opéra, fast unberührt von der Wiener Klassik weiterlebten und sich weiterentwickelten, entspricht die Vorherrschaft des Wiener Stils, d. h. Haydns und Mozarts, nicht nur unserer heutigen Ansicht, sondern war eine ab 1790 international anerkannte historische Tatsache. Beethoven hatte es zwar schwer, seinen größeren Werken wohlwollende Aufnahme zu verschaffen, aber um 1815 hätten selbst diejenigen Musiker, die seine Musik nicht mochten, in der Mehrzahl zugegeben, daß er der größte lebende Komponist war. Diese Bewunderung wurde ihm zum Teil vielleicht widerwillig gezollt, aber sie war unumstritten, wenn man von den paar Extremisten absieht, mit denen sich Kritik und Geschmack eines jeden Zeitalters abzufinden haben.

Man romantisiert, wenn man sich vorstellt, Haydn wäre wie François de Malherbe erschienen, um Ordnung in das »manieristische« Chaos und Logik in die Irrationalität zu bringen. Zunächst einmal war Haydn ja an den Bruch- und Schockeffekten der Musik um 1760 ebenso interessiert wie alle anderen auch. Er behielt diesen Geschmack bis zu seinem Lebensende und blieb ein Meister der überraschenden Modulation, der dramatischen Pause, der asymmetrischen Periode. Dazu brachte er eine Begabung fürs Spaßhafte mit, die kein anderer Komponist besaß. Zwar wurden die Proportionen seiner Werke »klassischer« und der Harmonieplan logischer, aber seine frühere »Manier« hat Haydn nie fallenlassen. Die Spätwerke sind tatsächlich manchmal schockierender als die früheren. Seine Exzentrik verlor nichts von ihrer Kraft, aber sie wurde Teil einer größeren und zusammenhängenderen Formkonzeption, die weiterreichend war, als andere Komponisten um 1760 sich hatten vorstellen können.

Was wir an Haydns Musik heutzutage am erstaunlichsten finden, ist seltsamerweise oft am wenigsten individuell. Die kühne Konfrontation entfernter Tonarten, plötzliche Pausen, unregelmäßige Phrasenlängen: das alles war das Vermächtnis der 1750er und 1760er Jahre. Jeder einzelne von diesen Charakterzügen läßt sich oft sogar noch überraschender, wenn auch weniger zusammenhängend, in den Werken anderer Komponisten, insbesondere Carl Philipp Emanuel Bachs, nachweisen. Der langsame Satz von Haydns später Klaviersonate *Es* (Hob. XVI: 52) steht in *E*-dur, und der Überraschungseffekt der entfernten, neuen Tonart ist viel bewundert worden. Tovey hat darauf hingewiesen, daß C. Ph. E. Bach in seiner Symphonie *D* ebenfalls einen langsamen Satz in der erniedrigten Subdominantparallele schrieb, aber – in diesem Fall weniger mutig als Haydn – zur Erklärung und Versöhnung dem Ende des ersten Satzes eine modulierende Coda anfügte. Doch eine 1779 veröffentlichte Sonate *h* von C. Ph. E. Bach besitzt einen langsamen Satz in *g*-moll, was noch viel bestürzender ist als die Neapolitaner-Beziehung Tonika-Subdominantparallele, und dieses Mal gibt es keinen mildernden Übergang, wenn auch der Satzschluß zurück nach *h*-moll moduliert. (Verstärkt wird die seltsame Klangwirkung des langsamen zweiten Satzes in *g*-moll noch durch Bachs Verwendung von *fis*-moll statt *D*-dur als Sekundär- oder »Dominant«-Tonart des ersten Satzes.)

Neben C. Ph. E. Bach wirkt Haydn wie ein vorsichtiger, nüchterner Komponist; seine Perioden- und Modulationsanomalien sind im Vergleich zu denen des Älteren geradezu zahm. Ganz ohne Vorbild ist jedoch die Synthese aus dramatischer Unregelmäßigkeit einerseits und Symmetrie der Großform andererseits, die Haydn in den Jahren um 1770 allmählich entwickelte. Bis dahin war die Symmetrie seiner Formen äußerlich, ja oberflächlich gewesen, die dramatischen Effekte zerschlugen entweder die Strukturen oder setzten nur eine sehr lockere formale Organisation voraus. Haydn schuf einen Stil, in dem die größten dramatischen Effekte formbestimmend wurden, d. h. die Form rechtfertigten und von ihr gerechtfertigt, nämlich vorbereitet und aufgelöst wurden. Haydns Klassizismus mäßigte seine Wildheit, aber beschnitt oder bezähmte keineswegs seine Unregelmäßigkeit. Gerade diese Exzentrik-Tradition schützte ihn vor der Fadheit des Rokoko oder galanten Stils. Der um eine Generation jüngere Mozart hingegen wuchs in diesem Stil auf, als die spätbarocke Manier eines C. Ph. E. Bach schon wieder etwas altmodisch geworden war. Deshalb mußte Mozart seinen eigenen Geschmack für dramatische Diskontinuität und Asymmetrie entwickeln, für den er hauptsächlich aus

Eigenem und zum Teil aus dem Kontakt mit der Musik Johann Sebastian Bachs schöpfte.

Die Genialität von Haydns Synthese läßt sich vielleicht ermessen, wenn wir vergleichen, wie er und C. Ph. E. Bach ein für das 18. Jahrhundert bewußt »ohrenempörendes« Verfahren behandeln, nämlich ein Stück in der falschen Tonart anfangen zu lassen. Um so fair wie möglich zu sein, wählen wir Werke, die etwa zur gleichen Zeit komponiert wurden. Von den 1779 veröffentlichten Sonaten von C. Ph. E. Bach beginnt Nr. 5 in *F*-dur folgendermaßen:

Der seltsame *c*-moll-Anfang und die dadurch ausgelöste Sequenz beeinträchtigen die tonartliche Stabilität bis hin zu den Nachklängen im sechsten und siebten Takt. In der etwa zur gleichen Zeit geschriebenen Symphonie *D* (Hob. I: 62) von Haydn beginnt der letzte Satz zugleich beunruhigender und stabiler:

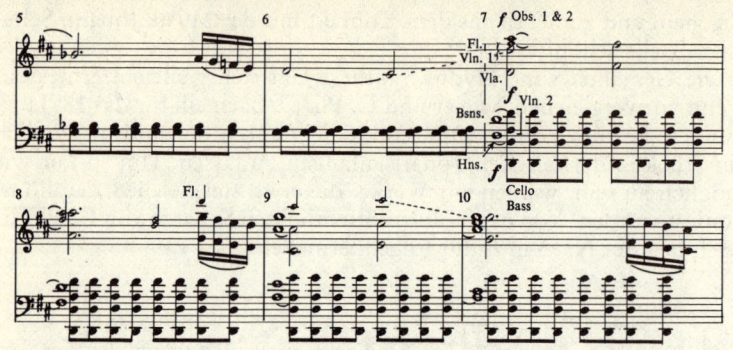

Beunruhigender deshalb, weil die ersten beiden Takte mysteriöserweise überhaupt keine eindeutige Tonart festlegen, da die »falsche« Tonart e-moll nur in Takt 3 deutlich anklingt, während C. Ph. E. Bach seine falsche Tonart sofort bestimmt; stabiler, weil Haydns Sequenz sich einfach und logisch zur D-dur-Tonika hin bewegt, so daß die richtige Tonart konsequent aus dem falschen Anfang folgt, und zwar einfach durch die Sequenzierung des Themas. Haydns Satzanfang ist natürlich zusätzlich stabiler, weil er ein Finale eröffnet und wir das D-dur noch von den vorhergehenden, seltsamerweise ausnahmslos in der Tonika stehenden Sätzen im Ohr haben. Dementsprechend ist bei C. Ph. E. Bach die Überraschung größer, wenn die wirkliche Tonart erscheint, aber dafür ist Haydns Anfang umso mysteriöser. C. Ph. E. Bach begreift durchaus die größeren harmonischen Auswirkungen seiner Einfälle, denn wie wir sahen, färbt der »falsche« Anfang den Satz auch noch, nachdem die Tonika festgelegt ist, aber Haydns Schema ist von vornherein viel großräumiger angelegt. Es läßt sich auch weiter ausarbeiten, wenn etwa in der Reprise zusätzliche kontrapunktische Stimmen die Wirkung bereichern:

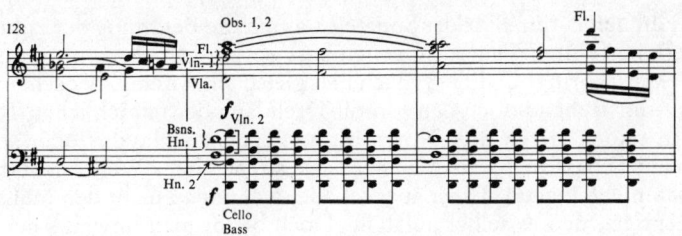

Ein weiterer Vergleich zweier tonartlich »falscher« Anfänge wird Haydns Logik noch deutlicher zeigen. Die Beispiele entstammen wiederum derselben Zeitspanne wie die eben zitierten. In der Sonate Nr. 3 in *h*-moll von C. Ph. E. Bach aus dem Jahr 1779, derjenigen mit dem langsamen Satz in der entfernten Tonart *g*-moll, suggeriert der Anfang zwei Takte lang *D*-dur:

Das *Gis* am Ende des ersten Taktes deutet an, daß etwas nicht in Ordnung ist, worauf *h*-moll ja auch bald auftritt. Die folgende Modulation nach *fis*-moll enthält gleichfalls mehrere Überraschungen, von denen die auffälligste die plötzliche, durch das Forte und den bestürzend schweren Akkord betonte Wendung nach *G*-dur ist. Der »falsche« Anfang ist also wiederum nicht folgenlos und läßt vielleicht sogar den langsamen *g*-moll-Satz plausibler erscheinen, wie ja auch

125

Haydn den *E-dur*-Satz der Sonate *Es* durch die Betonung der zukünftigen, entfernten Tonart im ersten Satz vorbereitet. Seinen subtilsten Kunstgriff bringt C. Ph. E. Bach hier gleich am Anfang, der scheinbar in *D-dur* stehend doch den *h-moll*-Dreiklang der tatsächlichen Tonika in seinen ersten drei Noten birgt. Legt man Haydns oder sogar Johann Sebastian Bachs Maßstäbe an, so ist dieses Werk nicht ganz zusammenhängend. Es ist aber schade, wenn man nicht den Maßstab akzeptiert, den es selber aufstellt. Doch bleibt man unweigerlich reserviert, denn der von diesen Maßstäben vorgezeichnete Stil ist auch bei größter Dramatik etwas dünn und beengt, auch wenn er glänzend wirkt. Der Pracht eines C. Ph. E. Bach fehlt der große Atem, so wie seiner Leidenschaft der Witz fehlt.

Zwei Jahre nach der Veröffentlichung dieser Sonate schrieb Haydn die Quartette op. 33, von denen das erste ebenfalls in *D-dur* zu beginnen scheint und sich dann schnell nach *h-moll* wendet[1]. Doch ist seine Logik schärfer und seine dramatische Kraft zwingender:

[1] Tovey war der Ansicht, Haydn hätte den Einfall für sein Quartett von Bachs Sonate erhalten, aber das ist ziemlich unwahrscheinlich, denn die beiden Werke verfahren zu unterschiedlich, und der »falsche Beginn« war nicht so ungewöhnlich.

Das *A*, die einzige Note in *D*-dur, die sich nicht mit *h*-moll verträgt, tritt ganz unschuldig im zweiten Takt in der Melodie auf, aber die Begleitung, die das *A* schon früher eingeführt hatte, widerspricht ihm zwei Taktschläge später mit einem *Ais*. Haydn greift diese Note jetzt als Drehpunkt auf, um *h*-moll zu etablieren, derart, daß das Ausdrucksdetail und die zugrundeliegende harmonische Struktur hier zusammenfallen. In Takt 3, 4, 7 und 8 erklingen *Ais* und *A* immer wieder gleichzeitig, dazu kommt ein Crescendo und eine steigende Linie in der ersten Geige. Obwohl man nun völlig in *h*-moll steht, wird die Lösung bis Takt 11 aufgeschoben und erfolgt durch das Auftreten eines neuen, aber verwandten Themas. Die Wirkung ist zugleich großräumiger und knapper als bei C. Ph. E. Bach, logischer und doch nicht weniger eigenartig. Das einzige, woran man hier die Mäßigung der Wunderlichkeit, die Zügelung der Exzentrik durch Haydns neuen »Klassizismus« ablesen könnte, ist die Vermeidung der Grundstellung des *D*-dur-Akkords in den ersten zwei Takten. Der Wechsel zum *h*-moll erscheint deshalb nicht als Modulation wie bei Bach, sondern als eine Umdeutung, eine neugewonnene Klarheit. Dafür kann Haydn sich dann die Modulation ersparen, wenn er zur parallelen Durtonart als Dominante geht. Er harmonisiert einfach den Anfang mit einem *D*-dur-Akkord, nun zum ersten Mal in Grundstellung,

und fegt alle unnötigen Überleitungen beiseite.

Die eben zitierte erste Partiturseite ist ein Manifest. Man hat Haydns Behauptung, die Quartette op. 33 seien »auf eine gantz neue besondere art« geschrieben, oft als pure Reklame angesehen und außer acht gelassen. Aber seine letzte, fast zehn Jahre früher entstandene Quartettserie op. 20 war weit verbreitet und wohl bekannt. Er mußte also davon überzeugt sein, daß seine Behauptung plausibel klingen könne. In der Tat stellt diese Seite eine Stilrevolution dar, deren originellster Zug, die neuartige Behandlung der Wechselbeziehung zwischen Hauptstimme und Begleitung, in der ganzen Quartettserie zu beobachten ist, ja vor unseren Augen verwandelt wird. In Takt 3 spielt das Cello die Melodie, und die übrigen Instrumente übernehmen die kleine Begleitfigur. In Takt 4 ist diese Begleitfigur zur Hauptstimme, zum Melodieträger geworden. Man kann nicht sagen, ab wann in Takt 3 oder 4 die Violine als Hauptmelodiestimme zu gelten hat und wann das Cello zu einer untergeordneten Rolle wechselt, denn der Abschnitt läßt sich nicht unterteilen. Das einzige, was man weiß, ist, daß die Geige in Takt 3 als Begleitung beginnt und am Ende von Takt 4 als Melodie aufhört.

Hier wird wahrlich der klassische Kontrapunkt erfunden. Er stellt in keiner Weise eine Wiederbelebung der Barocktechnik dar, deren Ideal (aber natürlich nie die Wirklichkeit) die Gleichwertigkeit und Unabhängigkeit der Stimmen ist. (J. S. Bachs Bewunderer rühmten, er könne Klavierwerke wie das sechsstimmige Ricercar aus dem ›Musikalischen Opfer‹ in Partitur drucken lassen.) Der klassische Kontrapunkt läßt im allgemeinen sogar die Fiktion der Gleichwertigkeit fallen. Die erste Seite dieses Quartetts z. B. bekräftigt die Unterscheidung zwischen Melodie und Begleitung. Aber dann verwandelt sie die eine in die andere.

Zweifellos gibt es für jede Revolution Vorläufer, und es wäre nicht überraschend, wenn sich auch hierfür einer fände. Mir ist aber bisher kein früheres Beispiel bekannt, in dem eine Begleitfigur sich unmerklich und bruchlos in eine Hauptmelodielinie verwandelt[2]. Sollte sich eines finden, so bleiben die Quartette op. 33 trotzdem die erste umfassende und konsequente Anwendung dieses Prinzips, daß nämlich die Begleitung gleichzeitig thematisch und untergeordnet entworfen wird. Auf diese Weise wird das Gewebe des Streichquartetts unvergleichlich reicher, ohne daß die für das spätere 18. Jahrhundert typische Hierarchie von Melodie und Begleitung beeinträchtigt wird. Das bedeutete natürlich, daß die thematischen Elemente bei Haydn oft recht kurz wurden, da sie auch als Begleitfiguren aufzutreten hatten. Zum Ausgleich ergab sich eine beträchtliche, neugewonnene Kraft, die man etwa daran erkennen kann, was mit Takt 5 und 6 in diesem Quartett *h* bei der Wiederkehr in der Reprise geschieht:

---

[2] In Haydns Quartett C op. 20, Nr. 2 wird eine Begleitfigur im Cello (T. 16 und 17) in Takt 19 melodisch, allerdings erst durch ihre Verlegung in die Violine. Es gibt natürlich zahlreiche, meist witzige, frühere Beispiele, in denen Begleitfiguren als Melodie fungieren, aber in diesen Fällen geben sie nie vor, Begleitungen zu sein. Zahlreiche Barock-Begleitungen sind aus dem Thema abgeleitet, aber es fehlt ihnen die typisch klassische Unterordnung.

Die zweitönige Begleitfigur besitzt nun die Kraft einer Explosion. Zugleich ist dies ein Beispiel dafür, wie Haydn den wahren Höhepunkt nicht kurz vor, sondern direkt nach dem Reprisenbeginn setzt.

Stilistisch enthält op. 33 noch weitere Veränderungen von ebenso großer Bedeutung. Überleitungsfiguren und -phrasen sind fast völlig ausgemerzt. In op. 20 ging Haydn noch folgendermaßen vor,

um von einer Phrase zur nächsten zu gelangen, wobei die Figur des Violoncello in Takt 4 fein überleitend fungiert und außer an der Parallelstelle nie wieder benötigt wird. Zehn Jahre später ist Haydn sparsamer. Das Ende einer Phrase impliziert und erzeugt jeweils das, was danach kommt. Neue Themen bzw. neue Fassungen alter Themen treten ohne Übergang auf. Sie bedürfen keiner Einführung, da sie schon impliziert waren. Zum Teil ist das auf die größere Systematik im Periodenbau zurückzuführen. Für die Bewunderer der leidenschaftlich unregelmäßigen Periodik des frühen Haydn bedeutet das zweifellos einen Verlust. Aber es gibt auch einen Gewinn: die mit op. 33 beginnende, engere Beziehung zwischen Großform und Detail verleiht der geringsten Unregelmäßigkeit größere Ausdruckskraft und beträchtlichere, mehr als nur lokale Auswirkungen. Die unbedeutendsten Elemente erlangen plötzlich eine ungeheure Macht, wie etwa die ausdrucksmäßige Bedeutung, die dem Unterschied zwischen staccato und legato in Takt 12 des oben zitierten Anfangs von op. 33, Nr. 1 zuerkannt wird. Diese neue Macht entspringt zum Teil den thematischen Beziehungen; wichtiger und origineller ist dabei aber das Tempogefühl, ein Resultat der knapperen und regelmäßigeren Periodengestaltung.

Woher kam dieses neue Tempogefühl? Was hatte Haydn in den zehn Jahren seit seiner letzten Quartettserie eigentlich getan? Der Beiname der Quartette op. 33, ›Gli Scherzi‹, deutet an, aus welchen Quellen Haydns neue Stärke gespeist wird. Zwischen 1772, dem Erscheinungsjahr der ›Sonnenquartette‹ op. 20, und 1781 bestand Haydns Schaffen vor allem aus komischen Opern für den Hof von Esterházy. Selbst ein beträchtlicher Teil seiner damaligen Symphonik bestand aus Arrangements aus seinen Opern[3]. Die Quartette op. 33 werden ›Gli Scherzi‹ genannt, weil sie das traditionelle Menuett durch ein Scherzo ersetzen. Zwar ist das vor allem nur eine Namensänderung, denn Haydns Menuette hatten in der Vergangenheit oft einen recht scherzhaften Charakter, aber der neue Titel ist doch bedeutungsvoll. Die Quartette sind durchgehend vom Tempo der komischen Oper erfüllt. Sie sind auch von Komik erfüllt, aber das ist bei Haydn nichts Neues. In den Quartetten op. 20 gibt es Augenblicke des reinsten Spaßes, welche späteren Kompositionen darin in nichts nachstehen. Die ›Scherzi-Quartette‹ sind zwar in einem allgemein scherzhaften Stil geschrieben, doch wird das meines Erachtens übertrieben dargestellt. Die fugierten Schlußsätze fehlen hier, denn Haydn verspürt im Au-

---

[3] Von 1776 an vermehrte sich die Zahl der Opernaufführungen in Esterháza ganz erheblich.

genblick nicht das Bedürfnis, seine Originalität durch die Tiefsinnigkeiten eines archaischen Stils abzustützen. Zahlreiche Sätze besitzen den gleichen Ernst wie die frühere Quartettserie. (Tovey findet Witz überhaupt nur in dem tonartlich falschen Anfang von op. 33, Nr. 1 und meint, daß Brahms dieses Verfahren mit dem Anfang des Klarinettenquintetts ins Pathetische erhöhte. Mir scheint ganz im Gegenteil, daß bei Haydn, mag das Verfahren auch witzig sein, die Intention todernst und die Wirkung, zwar kräftiger und weniger wehmütig, doch ebenso pathetisch ist wie bei Brahms). Aber die ›Scherzi-Quartette‹ weisen eine rhythmische Technik auf, die Haydns Erfahrungen als Komponist komischer Opern widerspiegelt. Die rasche Handlung bedurfte, um verständlich zu sein, einer regelmäßigen Periodik, und die Musik brauchte eine logisch gegliederte, dichte Kontinuität, um mit dem Geschehen auf der Bühne Schritt zu halten. Was Haydn in den zehn Jahren gelernt hatte, und was diese Quartette zeigen, ist vor allem dramatische Klarheit. Die Intensität des Ausdrucks hatte früher den Rhythmus bei Haydn oft ins Stocken geraten lassen, und allzu oft folgten auf reich verschlungene Phrasen enttäuschend lockere Kadenzschlüsse. In den ›Scherzi-Quartetten‹ gelang ihm die Konstruktion eines stützenden Rahmens, innerhalb dessen die Intensität und Bedeutung des Materials sich frei ausdehnen oder einschränken konnte und dennoch von einer Grundbewegung getragen war. Die Quartette sind vor allem klar und durchsichtig.

Haydn war kein erfolgreicher Opernkomponist, weder im komischen noch im tragischen Fach. Seine musikalischen Ideen sind zu kleinräumig oder, höflicher ausgedrückt, zu konzentriert. Was er aber von der komischen Oper lernte, war nicht formale Freiheit – die hatte er nicht zu lernen brauchen –, sondern Freiheit im Dienste der Dramatik. Wenn der Librettotext seinen musikalischen Einfällen ihre inhärente Entwicklung und Ausgewogenheit versagte, so erfand er neue Wege, um sie beide wieder in ihre Rechte einzusetzen. Auch in Haydns Opern kann man ablesen, wie sein Gespür für die dynamische Kraft des Materials wuchs.

Dieses Gefühl, daß Bewegung, Entwicklung und dramatischer Verlauf eines Werkes sämtlich latent im Material enthalten sind und daß man das Material dazu bringen kann, seine geballte Kraft so zu entladen, daß die Musik sich nicht wie im Barock entfaltet, sondern wahrhaft von innen angetrieben ist – dieses Gefühl war Haydns größter Beitrag zur Musikgeschichte. Unsere Liebe mag ihm für andere Dinge gelten, aber diese neue Auffassung von Musik änderte alles in ihrem Gefolge. Deshalb zähmte Haydn seine Exzentrik oder seinen groben Humor nicht, sondern benutzte sie, und zwar nicht mehr hemmungslos, sondern mit Respekt für die Integrität jedes einzelnen Werkes. Er begriff, daß Konflikt im musikalischen Material des tonalen Systems möglich war und zur Erzeugung von Energie und Dramatik eingesetzt werden konnte. Das erklärt die außergewöhnliche Vielfalt seiner Formen, denn die Methoden änderten sich mit dem Material.

Unter »Material« sind hier vor allem die am Anfang eines jeden Stücks implizierten Beziehungen zu verstehen. Haydn hatte noch nicht zu Beethovens Vorstellung einer sich allmählich entfaltenden musikalischen Idee gefunden und erst recht nicht zu Mozarts weitem Blick für tonartliche Massen, der in manchem sogar Beethoven überstieg. Haydns Grundideen sind knapp, werden unverzüglich vorgestellt und vermitteln augenblicklich den Eindruck latenter Energie, nach dem Mozart selten strebte. Sie drücken unmittelbar einen Konflikt aus, dessen volle Austragung und endliche Lösung das Werk ausmachen. Das ist Haydns Auffassung der »Sonatenform«. Die Freiheit dieser Form besteht nun nicht mehr wie in einigen großen Werken der 1760er Jahre im Ausleben einer launenhaften Phantasie, sondern im freien Kräftespiel einer phantasievollen Logik.

Dissonanz und Sequenz sind die zwei Hauptquellen musikalischer Energie, die erstere, weil sie nach Lösung verlangt, die zweite, weil sie Fortsetzung impliziert. Der klassische Stil ließ die Macht der Dissonanz ins Unermeßliche wachsen, indem er sie vom unaufgelösten Intervall zum unaufgelösten Akkord und dann zur unaufgelösten Tonart erhob. Bei dem »falschen« Anfang von Haydns Quartett *h* op. 33, Nr. 1 handelt es sich z. B. um eine dissonante Tonart, die der Satz auf zweierlei Art auflöst, zunächst, indem er sie als Dominante oder sekundäre Tonart behandelt (d. h. sie vorübergehend zur Tonika macht, was eine halbe Auflösung ist) und dann durch die Erweiterung dieses Vorgangs in der »Durchführung« und die Lösung all dessen in einer Reprise, die abgesehen von zwei Anfangstakten dramatisch auf der Tonika insistiert. Ein wichtiger Aspekt von Haydns Genie war sein Gespür für die latente Energie seines Materials bzw. seine Erfindung von derartigem, energiegeladenem Material. So wiederholt er etwa im Quartett *h* sofort die schmerzliche Dissonanz *A-Ais* (siehe oben S. 126) mehrfach, im ganzen sechs Mal in Takt 3–8.

Haydns Erfindungsreichtum läßt sich nicht angemessen darstellen, ohne fast alle seine Werke zu berühren, aber man kann die Vielfalt und Logik in seiner Behandlung des Sonatenstils aufzeigen. Der erste Satz des Quartetts *B* op. 50, Nr. 1 ist aus fast gar nichts, einer Tonwiederholung im Cello und einem Sechstonmotiv in der Geige, aufgebaut. Alles, was in der Exposition vorkommt, beschränkt sich auf diese zwei kleinen Elemente (siehe nächstes Notenbeispiel). Zunächst sind da zwei Takte mit einer leisen Tonwiederholung im Cello, einem Tonikaorgelpunkt (Motiv a). Haydn leistet sich hier einen reizenden Spaß, denn op. 50, Nr. 1 gehört zu den Quartetten, die er für den

cellospielenden König von Preußen schrieb. Dementsprechend beginnt die Quartettserie mit dem Cello ganz allein; es spielt ein Motiv, das wohl kaum die königliche Spieltechnik überfordert haben dürfte, nämlich ein Solo auf einem Ton. Das hier mit (b) bezeichnete Sechstonmotiv wird durch Takt 3–8 sequenziert, wobei sich auf halbem Weg Rhythmus und Akzent entzückend verwandeln. Die in Terzen aufsteigende Sequenzenkette wird durch einen kräftigen, in Takt 9 mit (b) einsetzenden, tonleitermäßig weiterführenden Abstieg ausbalanciert, der unterwegs anhält, um das *Es-D*, die Ecktöne von Motiv (b) bei seinem ersten Auftreten, hervorzuheben. Harmonisiert wird dieser Sforzando-Höhepunkt in Takt 10 mit einem g-moll-Akkord, der die spätere Entfernung von der Tonika vorbereitet. (Das *Fis* in Takt 9, die erste chromatische Alterierung in diesem Satz, wird weiterhin betont und leitet endlich in Takt 28 die Modulation zur Dominante ein.) In Takt 12–27 führt (b) mit ausdrucksvoll alterierten Harmonien zu einer Kadenz, wobei die abschließende Kadenzfigur viermal wiederholt wird (T. 20, 24, 25, 26), während der Orgelpunkt (a) zu amüsanter Wirkung allmählich hinaufgetrieben wird. Es ist ein musikalischer Witz, wenn hier eine für den Baß typische Ostinatofigur in die Altlage und zuletzt in der Sopranlage versetzt wird.

Die allmähliche Zunahme an harmonischer Intensität läßt sich aus einem Vergleich von Takt 3–4, 9–10, 14–16 und 28 ersehen. Das schon auffallend verwendete *Fis* sticht in Takt 28 dadurch noch stärker hervor, daß es als Baßton eines übermäßigen Dreiklangs auftritt. In seiner neuen Form beginnt es eine absteigende Sequenz, die auf einem C-dur-Dreiklang, der Subdominantparallele oder Doppeldominante, endet. Motiv (b) besitzt in Takt 35 immer noch die gleiche Gestalt, aber es entwickelt wie in Takt 7 einen vereinheitlichenden Triolenrhythmus. Die Sequenzen bewegen sich alle in absteigender Richtung und der Rhythmus ist natürlich lebendiger geworden. In Takt 33–40 (sowie 45–46 und 51–53) fungiert Motiv (a) nicht mehr als Tonikaorgelpunkt, sondern als Dominantorgelpunkt (auf der Dominante), was ihm selbstverständlich größere Energie verleiht. Die erste Kadenz in Takt 47–50, eine augmentierte Form von (b), ruft Takt 9–10 ins Gedächtnis zurück. Takt 50–54 bringt mehrfache Umgestaltungen von Motiv (b), wobei es etwas verformt wird, aber immer noch als Ableitung von der Urform hörbar bleibt. Eine zweite Kadenz erscheint in Takt 55–56. Ab Takt 56 wird Motiv (a) wieder zum Tonikaorgelpunkt (auf der Dominante), und es wird für (b) noch eine weitere Umgestaltung gefunden. Die endgültige *F*-dur Kadenz auf Takt 59–60 ist eine entschiedenere Fassung der *B*-dur-Kadenz in Takt 11 und 12.

Haydn benutzt in dieser Exposition das Sechstonmotiv (b) gewissermaßen wie eine Reihe, ohne daß sein Verfahren irgendetwas mit serieller Musik zu tun hätte. Wie die Gestalt verformt wird und doch immer erkennbar bleibt, das ließe sich eher als topologisches Verfahren bezeichnen, d. h. die Grundidee bleibt unverändert, auch wenn die Gestalt deformiert wird. Ein serieller Komponist wendet dagegen geometrische Verfahren an. Aufschlußreich ist die Beobachtung, daß nicht Motiv (b) allein die Keimzelle des Stückes ist, sondern die Spannung zwischen (b) und dem ruhigen Ein-Ton-Ostinato (a). Der unbeweglich fixierte Klang dieses einen, wiederholten Tons gestattet es, daß (b) ihm in einer Reihe von Sequenzen, aus denen alle rhythmische Belebung des Stückes entspringt, gegenübergestellt wurde. Das Ostinato (a) erklärt viel von der Form des Stückes, insbesondere, warum Haydn hier seiner Gewohnheit, die Tonika so schnell wie möglich zu verlassen, untreu wird, eine ganze Weile auf ihr verharrt und in Takt 27 sogar einen kräftigen Tonikaabschluß setzt. Weder (a) noch (b) würden für sich allein genügen, aber aus ihrem Widerspruch und ihrer Gestalt leitet Haydn die Großstruktur ab. Es gibt keine Melodien, rhythmische Überraschungen sind selten und dramatische Harmonien noch seltener. Trotzdem ist es faszinierende und witzige Musik, in der Haydn in voller Absicht, uns mit seiner Technik zu blenden, fast »ohne Stroh herrliche Ziegel« brennt.

Haydn hebt alle harmonischen Überraschungen für die Durchführung auf. Sie beginnt mit einer Neuinterpretation der Ecktöne von (b), nämlich *Es-D*:

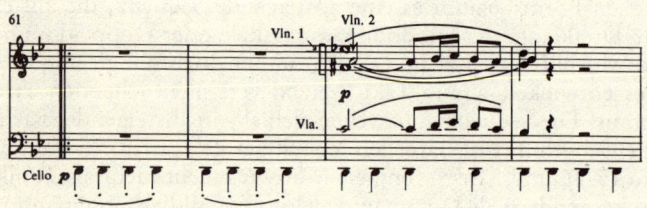

Diese fallende Sekunde schließt den Satz zusammen, indem sie wie schon in der Exposition die strukturell wichtigen Punkte markiert[4]. Ohne Vorwarnung setzt die Reprise mitten in einer Periode ein,

so daß der genaue Moment der Rückkehr zur Tonika fast unbemerkt bleibt. Die Reprise formuliert die Exposition neu und erreicht, allerdings mit stärkerer rhythmischer Belebung und aufregender technischer Brillanz, die stabilisierende Subdominante. Ein abschließender Geniestreich wird ganz bis zum Ende aufgehoben, wenn nämlich zugleich mit dem letzten Auftreten der fallenden Sekunde *Es-D* der Rhythmus von (a) sich ohne viel Aufhebens verdreifacht:

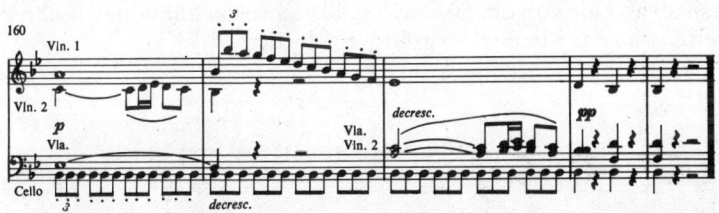

Wenn man sich fragt, warum die zwei Töne *Es-D* solch eine große Rolle spielen, so muß man zu ihrem ersten Erscheinen am Anfang des Satzes zurückkehren. Dort folgt das *Es* leise und magisch auf das mysteriöse Ein-Ton-Ostinato im Cello als Melodieton des ersten Akkords, einer zart dissonanten Harmonie: es ist ein unvergeßlicher Anfang. Das *Es* ist darüberhinaus in jedem dissonanten Akkord der ersten fünfzehn Takte enthalten. Das mit dolce bezeichnete erste Auftreten und die Wiederholung des Motivs sorgen dafür, daß dies keine verborgene Beziehung, kein verstecktes Kompositionselement bleibt, sondern zur unmittelbaren Hörerfahrung wird, die erheblich leichter mit dem Ohr zu erfassen als in den Noten zu sehen ist. Die wichtigsten musikalischen Beziehungen sind bei Haydn nie theoretisch, es sind die gleichen, die dem unvoreingenommenen Hörer sofort be-

---

[4] Sie tritt bei jedem Höhepunkt der Reprise (T. 114–115, 121, 133–138, 145) – diesen nachdrücklich mitgestaltend – wie auch an ihrem Anfang und Ende auf. Zwischen Takt 87 und 102 umschreibt die Durchführung eine große Bewegung von *Es-* nach *D*-dur.

deutsam vorkommen, wie etwa der ganz unerhörte, gedämpfte Akkord am Anfang dieses Quartetts. Der Ausdruck »unvoreingenommener Hörer« ist vielleicht etwas irreführend, denn wir müssen uns nicht nur von den Entwicklungen des 19. und 20. Jahrhunderts freimachen, sondern uns auch die Vorurteile des 18. Jahrhunderts aneignen. Der anfängliche Ostinatoorgelpunkt, der seltsame, zarte Akkord und das kleine Sechstonmotiv liefern mit der Bedeutung, die sie im Tonalitätsdenken des 18. Jahrhunderts besitzen, Haydn alles, was er braucht. Seine Phantasie und Einsicht in ihren inhärenten dynamischen Impetus gestalten die Form, die scheinbar aus dem Material selbst herauswächst.

Mit der zwanghaften Verwendung eines einzigen Sechstonmotivs könnte dieser Satz untypisch erscheinen, obgleich es zahlreiche derartige Stücke bei Haydn gibt und das Material manchmal noch lakonischer ist. Ist es aber vielschichtiger, so bleibt Haydns Verfahren doch das gleiche. Natürlich sieht das Resultat ganz anders aus, denn die Beziehung zum Material steht im Mittelpunkt seiner Methode. Die am Anfang implizierten Spannungen bestimmen den Verlauf des Werks. Die Exposition des Quartetts *D* op. 50, Nr. 6 erscheint nur deshalb als eine von op. 50, Nr. 1 völlig abweichende Sonatenschreibweise, weil das Material so grundverschieden ist:

Hier ist der Witz allmächtig: Die Anfangsphrase ist eine Schlußkadenz! Der erste Takt umreißt keine Tonika, sondern fängt mit einem unerklärten, nicht harmonisierten und somit mehrdeutigen E an. Ist eine Dissonanz ein Ton, der Auflösung fordert, so ist das E ganz für sich genommen dissonant, obwohl man sich seiner Dissonanz erst bewußt wird, nachdem es verklungen ist. Sein Überraschungsmoment läßt es jedoch lang genug im Ohr nachklingen, daß man der Täuschung inne wird. Die Melodie fällt zum darunterliegenden E hinab und wird mit der Kadenz II–V–I gelöst. Das Diminuendo ist der witzigste Zug dabei, und wenn der Tonikaakkord endlich erscheint, tut er das ganz unauffällig. Der Humor dieser Eröffnung ist grenzenlos.

Schlicht gesagt ist uns ein E anstatt eines D, oder zumindest eines A oder Fis vorgesetzt worden, denn damals begannen fast alle Stücke mit einem Dreiklangston, und bei den wenigen Ausnahmen wird man nicht einen ganzen Takt lang mit einer mysteriös unerklärten Note hingehalten. Mit der phantasievollen Logik, die Haydn erfunden und durch Erfahrung gemäßigt hatte, beutet er nunmehr den Widerspruch zwischen dem zu erwartenden D und dem tatsächlich gehörten E aus. Von Takt 5 bis 15 läßt er das E unentwegt und immer nachdrücklicher mit dem D dissonieren. Gleichzeitig erscheint der hier mit (a) bezeichnete Rhythmus des Anfangstaktes, ♩ ♬ , mehrfach in verschiedenen Verkleidungen. Mit der Tonikakadenz in Takt 16 schließt die erste Periode.

Das dissonante E ist natürlich die Dominante der Dominante, so daß es naturgemäß die traditionelle erste Modulation schon von der Definition her impliziert. Dementsprechend erscheint E in Takt 18 als Höhepunkt einer mit Motiv (a) gebildeten Stretta, in Takt 23 wird es im Gefolge von Abwandlungen von (a) als Baßton etabliert. Das Interessante an den Oktavtransponierungen ist, auf wie vielen Ebenen das E hervorgehoben wird. Mittlerweilen hat der Ton E eine solche Kraft, daß er nicht mehr nach Lösung verlangt, sondern sie seinerseits herbeiführen kann. Um diese Kraft hervortreten zu lassen, wird ihm in Takt 26–29 ein viermal wiederholtes Sforzando-F gegenübergestellt, während gleichzeitig Motiv (a) darüber erklingt. Dieses F dient auch der Vorbereitung der herrlich überraschenden Kadenz auf einem F-dur-Akkord subito piano in Takt 38. Mit aller orchestralen Fülle, derer Haydns Streichquartette fähig sind, wird dieses F unter Verwendung des Anfangsmotivs (a) auf sechs Takte (T. 39–44) ausgedehnt. Takt 38 bis 47 stellt im Grunde genommen eine Ausweitung von innen, d. h. die Vorenthaltung der Kadenz von Takt 37 dar. Ein neues, kräftig-entschiedenes Thema wird zur Abrundung der Form in Takt 48 eingeführt. Um die Meisterschaft dieser Exposition voll zu schätzen, muß man sie mit der Wiederholung spielen. Wenn die Anfangswendung wiederkehrt, erhält sie eine völlig andere Bedeutung; sie ist nunmehr eine Modulation von der Dominante zurück zur Tonika.

Der Unterschied zwischen den Expositionen dieser zwei Quartette beinhaltet nicht Freiheit oder Abwechslung im üblichen Sinn, sondern entspringt einer neuartigen Auffassung von den Forderungen des Materials, der Grundidee. Der lange, für sich stehende Tonikaabschnitt im Quartett *B* ist die Folge des Tonikaorgelpunkts am Anfang, während der ununterbrochene Fluß der Exposition des Quartetts *D* die Antwort auf jene anfängliche Spannung ist, die die Musik sofort zur Dominante der Dominante treibt. Es sei noch angemerkt, daß aufgrund dieses Antriebs die Kadenz auf der Dominante erst ganz am Ende der Exposition stattfindet. Dabei handelt es sich wiederum nicht um eine launige Umgehung des Normalverfahrens, sondern um Sensibilität gegenüber den musikalischen Kräften. Aus diesem Grund ist der *F*-dur-Abschnitt (T. 38–45) so überraschend und zugleich so logisch. (Er ist natürlich nicht wirklich in *F*-dur, vielmehr behandeln diese zehn Takte das *E* als einen Vorschlag in höchster Potenz.) In diesen beiden Werken werden, wie in fast allen Haydnschen Werken nach 1780, auch den ausgefallensten musikalischen Einfällen (und verblüffend sind ja beide Werke) durch das Verständnis und die Darlegung ihrer vollen musikalischen Bedeutung jegliche Manierismen ausgetrieben. Es gibt in diesem Stil, anders als in den großen Werken der 1760er Jahre, keine »Rosinen« oder Glanzeffekte.

Es ist blanker Unsinn, von Haydns Formstrukturen ohne Verweis auf ihr Material zu sprechen. Jegliche Erörterung von zweiten Themen, Überleitungen, Schlußgruppen, Modulationsplan und Themenverwandtschaft ist leer, solange sie sich nicht auf ein bestimmtes Stück, auf seinen Charakter, seinen typischen Klang und seine Motive bezieht. Haydn war von allen Komponisten zwar der spielerischste, aber seine Frivolität und Laune besteht nie aus leeren Strukturvarianten. Etwa von 1770 an sind seine Reprisen nur dann »unregelmäßig«, wenn die Exposition eine unregelmäßige Lösung forderte, und seine Modulationen überraschend, wenn die Logik ihrer Überraschung schon in Vorhergehendem angelegt war.

Kurz gesagt, interessiert sich Haydn für die Richtungsenergie seines Materials bzw. – was auf dasselbe hinausläuft – für sein dramatisches Potential. Er fand Mittel und Wege, die in einem musikalischen Einfall angelegte Dynamik hörbar zu machen. Das wichtigste Richtungselement ist im allgemeinen eine Dissonanz, die, verstärkt und angemessen bestätigt, zu einer Modulation führt. Vor Haydn war die Modulation einer Sonatenexposition fast immer von außen aufgedrückt. Struktur und Material waren sich zwar nicht fremd, und das

Material war von sich aus fähig, eine gewisse Struktur, nämlich die Abwendung von der Tonika, zu verlangen, aber es lieferte nicht selbst den für ihre Form erforderlichen Impuls. In sämtlichen Haydnschen Werken um 1780 und etlichen früheren wird es ein schwieriges Unterfangen, die musikalischen Grundideen aus den Gesamtstrukturen, in denen sie sich verwirklichen, herauszulösen. Eine weitere, im Material angelegte Richtungskraft war seine Sequenzierfähigkeit (die Sequenz als Mittel, die Aufmerksamkeit auf ein Motiv zu lenken und Kontinuität zu sichern, war schon Bestandteil der hochbarocken Kompositionstechnik, die ihr Material im Hinblick auf seine Sequenzierfähigkeit schuf) sowie seine Eignung zur Umdeutung, d. h. zur Entwicklung, Fragmentierung und vor allem zum Bedeutungswandel durch Transposition. Diese Eignung wurde zweifellos schon vor Haydn erkannt und geschätzt, aber nie mit seiner Scharfsicht und seinem Weitblick.

Um zum ersten Element, der Dissonanz, zurückzukehren, so entwickelte Haydn eine erstaunliche Sensibilität ihren feinsten Implikationen gegenüber, ein phantasievolles Ohr, das jede Ausdrucksnuance auffing. Im Quartett *B* op. 55, Nr. 3 ergeben sich die dramatischsten Effekte aus dem Zusammenprall von *Es* und *E* in den Anfangstakten. Mit raschem und beherrschtem Nachdruck wird dieser Widerspruch betont:

Das *Es* wird schon bei seinem ersten Erscheinen im zweiten Takt dadurch hervorgehoben, daß es mit dem vorangehenden *A* einen Tritonus bildet; davon hebt sich das Überraschungs-*E* (T. 4) ab, dem sogleich forte widersprochen wird (T. 5), worauf im Baß (T. 6) sowohl *Es* wie *E* erklingen und sich ineinander auflösen. (Die übrigen chromatischen Alterationen, *H* und später *As,* werden harmonisch vom *E* heraufbeschworen und tragen dazu bei, seine Bedeutsamkeit aufrechtzuerhalten.) Die Triebkraft dieser Beziehung verwirklicht sich erst in Takt 20, wenn die zwei Noten im Verein (in der Bratsche) die Modulation zur Dominante in Gang setzen; die Passage wird sogleich wiederholt (T. 22). Der feinfühligste Einzelzug ist das Erklingen des Hauptthemas in der Originallage, jedoch in neuer Harmonisierung mit einem *E* im Baß (T. 27), derart, daß die Anfangsmelodie nun die Überleitung zu ihrem Erscheinen auf der Dominante im Cello (T. 31) bildet.

Die Feinheiten von Haydns Ohr sind hier ohne Zahl, denn auch das zweite Thema basiert auf dem Widerspruch von *Es* und *E,*

doch ist jetzt das *Es* der dissonante Ton. Diese Umkehrung der harmonischen Funktion bildet eine Entsprechung zur Umkehrung des Rhythmus, die ♩♩ durch ♩♩ mit Sforzando-Betonung ersetzt. Wenn in der Reprise das zweite Thema zur Tonika transponiert wird, kehrt Haydn das Thema um,

um die *Es-E*-Beziehung nicht aufgeben zu müssen, die andernfalls zu *As-A* geworden wäre. Die Delikatesse des Haydnschen Verfahrens und die damit erlangten, weitreichenden Wirkungen sind beispiellos. Kein Komponist vor ihm hat sich zur Gestaltung der Großform so hochgradig auf hörbare Tatsachen verlassen.

Haydns eingehendes Interesse am nächstliegenden, hörbaren Effekt läßt sich am besten daran zeigen, wie er die Implikationen seiner Satzanfänge versteht. Die erste auffällige Dissonanz, die zu hören ist, wird in der Regel später dazu benutzt, die erste größere harmonische Bewegung in Gang zu setzen. Das Quartett *F* op. 50, Nr. 5 beginnt folgendermaßen,

und das witzige *Cis* in Takt 5 erzielt seinen Effekt sofort. Es ist dann reizend und logisch, wenn zwanzig Takte später die gleiche Note dem ersten Takt, der die Modulation zur Dominante beginnt, hinzugefügt wird.

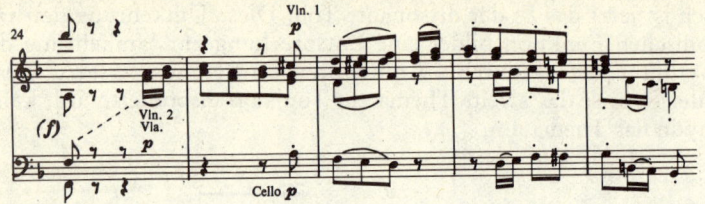

Das ist keine im akademischen Sinn »vorbereitete« Modulation, sondern Einsicht in das Drama, das sich innerhalb der Tonalität entfalten kann.

Haydns Interesse an der Verwirklichung des im Material angelegten Potentials ist der Blickwinkel, unter dem man seine formalen »Unregelmäßigkeiten« sehen muß. Darüberhinaus müssen seine Verletzungen der akademischen Harmonieregeln als Wunsch nach dramatischem Nachdruck verstanden werden. Am Anfang des herrlichen Quartetts *Es* op. 64, Nr. 6 stehen erstaunlich exponierte Einklangsparallelen zwischen unabhängigen Stimmen (T. 9 und 10)

Das kleine Zweitonmotiv, die steigende Sekunde der zweiten Geige in T. 9 und 10, das dadurch unsere Aufmerksamkeit auf sich lenkt, ist schon in den Anfangstakten verschiedentlich aufgetreten (T. 1: erste Geige, T. 2: Bratsche, T. 4: Cello, usw.). Aber es bleibt nicht passiv in seiner Rolle als wichtigstes melodisches Element. In Takt 13 übernimmt es eine aktive Rolle und wird das Agens der Bewegung. Die Einklangsparallelen hatten Verweischarakter und dienten dazu, auf scheinbar rein dekorative Weise den Hörer auf dieses melodische Element aufmerksam zu machen. Diese dynamische Verwandlung, wohl die wesentlichste Schöpfung des klassischen Stils, hat bedeutende Auswirkungen auf den Rhythmus: die unterschiedliche Phrasierung der gleichen Figur in Takt 2 bzw. 14 ist die Folge einer neuen Bedeutung, denn in der späteren Form bewegt sie sich auf eine neue Tonart zu, während sie in der früheren die Tonika bestätigte. Diese Auffassung von Phrasierung ist originell, sie verwandelt ein dekorativ-expressives Element in ein dramatisches.

Noch kühner sind die Quintparallelen in Takt 147–149 der Reprise des ersten Satzes des Quartetts C op. 64, Nr. 1:

Ihre ziemlich brutale Betonung in Takt 147 und 149 warnt nicht vor kommendem Bedeutungswechsel, sondern ist selbst der Höhepunkt einer Kräfteakkumulation, insofern diese Wendung in ihren verschiedenen Ausformungen die treibende Kraft hinter allerlei harmonischer Bewegung war[5]. Ihre allerwichtigste Aufgabe ist jedoch die Lösung des überraschenden Harmoniewechsels in Takt 133, eines Dominantseptakkords über *As,* der derart lange als Vorhalt bestehen blieb, daß seine Lösung eine so schmerzliche Intensität verlangt. Die ganze Passage von Takt 133 bis 147 ist eine Erweiterung dieses Akkords, eine von Haydns bemerkenswertesten, und liefert zugleich ein Beispiel dafür, welch geradezu körperliche Erregung solch eine Erweiterung zu erzeugen vermag. Die dramatische Intensität ist merkwürdig angemessen, da Haydn hier einen Höhepunkt herausarbeitet, der an Kraft mit dem Ende der Durchführung wetteifert. Ein solch bedeutsamer sekundärer Höhepunkt in der Reprise kommt bei Haydn und Mozart nur gelegentlich vor, aber für Beethoven wurde er nach der ›Waldsteinsonate‹ fast zur zweiten Natur.

Was ich mit sekundären Richtungskräften bezeichnet habe, nämlich Sequenz und Umdeutung durch Transposition, erhält äußerste Wichtigkeit nur dann, wenn dem Material eine für Haydns Zwecke hinreichend dynamische Dissonanz fehlt. Im eben zitierten Quartett op. 64, Nr. 1 impliziert der Anfang des Finales aufgrund seines scharf umrissenen Rhythmus ganz offensichtlich die Sequenzierung:

Aber nichts an diesen ersten zwei Takten läßt ahnen, was für ein grandioses Sequenzen-Crescendo die Durchführung bilden wird:

---

[5] Bei ihren früheren Auftritten, insbesondere in der Durchführung, ist diese Wendung meistens dramatisch verwendet worden, so daß die Ausweitung in dieser Passage nicht unvorbereitet kommt; sie ist der Höhepunkt des Satzes.

Diese Glanzleistung verwandelt die barocke Sequenziertechnik bis zur Unkenntlichkeit, obgleich sie ohne die Wiederentdeckung von Händel und J. S. Bach nach 1780 schwer vorstellbar ist. Die allmähliche Wiedereroberung kontrapunktischer Meisterschaft war zwar notwendige Voraussetzung, aber die Energie dieser Passage ist die aus der brillanten Phrasenartikulierung hervorgehende, klassische Energie. Deshalb wirken die Sequenzenanfänge auf schwachem Taktteil so mächtig und die anderthalbtaktigen Phrasen in der Geige in Takt 49–52 so eindrucksvoll.

Die Umdeutung durch Transposition existiert als Trägerin von Richtungsenergie auch schon im Barock, aber sie erhält durch die verstärkte Macht und Klarheit der Modulation im späten 18. Jahrhundert neue Kraft. Die üblichste Form besteht ,sowohl bei Haydn wie bei früheren Komponisten im erneuten Spielen des Hauptthemas auf der Dominante, so daß die neue Position und Bedeutung der harmonischen Organisation thematische Gestalt gibt. Es gibt auch raffiniertere Anwendungen, von denen die faszinierendste wohl darin besteht, das Material durch die Transposition der Harmonie umzudeuten, die Melodie jedoch an ihrem Platz zu lassen. Am Anfang des Quartetts *fis* op. 50, Nr. 4 erklingt die von Takt 5 bis 8 reichende Melodie nur mit Instrument- und Registerwechsel dreimal hintereinander; aber am Ende ist *A*-dur erreicht.

Die gleiche melodische Gestalt hat eine neue harmonische Bedeutung erhalten, und dazu mußte nur am Schluß die letzte Note geändert werden. Haydn liebt diese Art geistreichen Spiels besonders in Mollsätzen, in denen er das Moll überhaupt als eine unaufgelöste Dissonanz behandelt. Transposition beinhaltet in der Sonate im allgemeinen eine Dissonanz auf höherer Stufe, oder besser gesagt, eine Spannung mit der ursprünglichen oder potentiellen Tonikaform der transponierten Phrase.

Die hier angeführten Beispiele sind in der Mehrzahl Anfangssätzen entnommen, weil diese von allen vier Sätzen meistens am stärksten von jener Dynamik erfüllt sind, die Haydns originellste, schöpferische Leistung war. Die Komposition der Ecksätze ist ihm offensichtlich am schwersten gefallen, denn im hohen Alter hatte er nur noch die Kraft, die Mittelsätze seines letzten Quartetts zu vollenden. Aber seine neuartige Auffassung von musikalischer Energie wirkt sich überall in den Quartetten aus und verwandelt selbst den entspannten Mittelteil von dreiteiligen langsamen Sätzen in eine Art von Durchführung, was auch mehr oder weniger für viele Menuett-Trios gilt. Die Finali sind ebenso kühn wie die Anfangssätze, zwar lockerer in der Struktur, doch prägnanter in der Verwendung von im Grunde genommen weniger konzentrierten Einfällen.

Mit dem Dutzend Quartetten von op. 17 und op. 20 hatte Haydn um 1770 die Ernsthaftigkeit und den Reichtum des Streichquartetts bekräftigt. Indem er in den ›Scherzi-Quartetten‹ op. 33 die Anwendung der thematischen Arbeit auf das gesamte Stimmengewebe einschließlich der Begleitung ausweitete, wodurch jede Einzelstimme lineare Lebendigkeit erhält, ohne in das Barockideal der größtenteils ununterbrochenen und stets ungegliederten, linearen Kontinuität zurückzufallen, begründete Haydn den Supremat des Streichquartetts über alle Kammermusik.

Für die meisten Menschen sind Streichquartett und Kammermusik fast synonym, aber der Rang des Streichquartetts geht ausschließlich auf seine Vormachtstellung in der Klassik, von 1770 bis zum Tode Schuberts, zurück. Jenseits dieser Grenzen ist es nicht die übliche Form des Ausdrucks, ja nicht einmal eine ganz natürliche. In der ersten Hälfte des 18. Jahrhunderts machte die Continuoverwendung bei aller konzertanten Musik wenigstens eines der vier Instrumente überflüssig. Deshalb war die Triosonate (drei Instrumente und Cembalo) damals eine günstigere Kombination. Nach Schubert vermeidet die Musik im allgemeinen die lineare Deutlichkeit des Streichquartetts, so daß dieses zu einer archaischen und akademischen Form, zu Meisterprüfung und wehmütigem Nachruf auf die großen Klassiker wird. Es entstehen natürlich noch gute Werke in dieser Gattung, aber sie tragen alle entweder Zeichen der angestrengten Bemühung oder einer zunehmenden Spezialisierung und Anpassung des Personalstils eines Komponisten an das Medium bzw. des Mediums an seinen Personalstil, wie etwa bei Bartóks phantasievoller Verwendung von Schlagzeugeffekten der Streicher.

Die führende Rolle des Streichquartetts ist nichtsdestoweniger kein Zufallsergebnis, das nur auf eine Handvoll Meisterwerke zurückzuführen wäre. Sie steht vielmehr in direkter Beziehung zum Wesen der Tonalität und ganz besonders zu ihrer Entwicklung im 18. Jahrhundert. Hundert Jahre früher hatte die Musik noch nicht die letzten Spuren ihrer Intervallabhängigkeit abgeschüttelt. Trotz der zentralen Bedeutung des Akkords, insbesondere des Dreiklangs, verstand man Dissonanz immer noch intervallisch. Die Auflösung einer Dissonanz entsprach demzufolge selbst im späten 17. Jahrhundert oft der Ästhetik des zweistimmigen Kontrapunkts, ohne die tonartlichen Implikationen einzubeziehen. Im 18. Jahrhundert bedeutet Dissonanz immer das Dissonieren mit einem vorhandenen oder latenten Dreiklang, obwohl die Musiktheorie natürlich weit hinter der Praxis zurückblieb. Rameaus heroischer und unbeholfener Versuch, die Harmonielehre neu zu formulieren, ist vor dem Hintergrund dieser sich wandelnden Praxis und der neuen, aber absoluten Vorherrschaft des Dreiklangs zu verstehen. In der Musik des späten 18. Jahrhunderts kommt es abgesehen von raschen Durchgangsakkorden nur selten vor, daß nicht die volle Dreiklangsform eines jeden Akkords entweder durch drei Stimmen oder durch die Melodieführung einer einzelnen Stimme ausdrücklich dargestellt wird. (Gleicherweise wurde in der ersten Jahrhunderthälfte ein fehlender Dreiklangston vom Continuo ergänzt.) Bei den seltenen Ausnahmen geschieht es um eines besonderen Effektes willen, wie etwa in Haydns Trio *B* Hob. XV: 20, in dem das Klavier eine Melodie für die linke Hand allein spielt (und die Dissonanzen ausnahmslos in Bezug auf den zuvor implizierten Dreiklang aufgelöst werden), oder aber, wenn ein einziger Ton so verwendet wird, daß er mehrere Dreiklänge darstellen könnte. Solch eine Mehrdeutigkeit ist immer dramatisch, wenn sie nicht einfach Unfähigkeit verrät.

Das Streichquartett – vierstimmige Polyphonie in reinster, nichtvokaler Form – ist das natürliche Ergebnis einer musikalischen Sprache, in der sich Ausdruck allein auf die Dissonanz mit einem Dreiklang gründet. Sind weniger als vier Stimmen vorhanden, dann muß eine der nicht-dissonierenden Stimmen vermittels eines Doppelgriffs oder durch die rasche Bewegung von Ton zu Ton zwei Dreiklangstöne spielen. Die Klangfülle von Mozarts Divertimento für Streichtrio KV 563, das hauptsächlich die letztere Methode verwendet und Doppelgriffe nur sparsam anbringt, ist fast ein Wunder an Mühelosigkeit und Vielfalt. (Die Auflösung gewisser Dissonanzen erzeugt natürlich selbst Dreiklänge und verlangt lediglich Dreistimmigkeit, aber einige grundlegende Dissonanzen der Harmonik des späten 18. Jahrhunderts, wie etwa der Dominantseptakkord, erfordern vier Stimmen.) Bei mehr als vier Stimmen erheben sich Fragen der Verdoppelung und Lagendisposition; das Bläserquartett schafft Probleme mit der Klangfarbenverschmelzung (und im 18. Jahrhundert auch mit der Intonation). Nur im Streichquartett und auf dem Tasteninstrument konnte deshalb der Komponist frei und mühelos die Sprache der klassischen Tonalität sprechen, wobei das Tasteninstrument gegenüber dem Streichquartett noch den Nachteil (und den Vorteil!) einer weniger ausgeprägten linearen Klarheit besaß.

Fast fünf Jahre verstrichen nach den Quartetten op. 33 aus dem Jahre 1781, ehe Haydn sich wieder dieser Form zuwandte, wenn man von dem meisterhaften, bis zur Nüchternheit schlichten, einzelnen Quartett op. 42 absieht. Von 1786 bis zu seiner ersten Englandreise 1791 schuf er nicht weniger als achtzehn Werke dieser Gattung. Alle diese Quartette folgen zeitlich auf die sechs, die Mozart ihm widmete, und zahlreiche Historiker gewahren Mozarts Einfluß in den Werken dieser Zeit. Daß ein Einfluß vorhanden war, läßt sich unschwer glauben, ihn zu isolieren, ist jedoch nicht ganz gefahrlos. Man hat einmal die herrliche Klaviersonate *As* Hob. XVI: 46 circa zwanzig Jahre zu spät datiert, weil man im langsamen Satz Mozarts Einfluß zu erkennen glaubte. Man darf tunlichst annehmen, daß Mozart und Haydn ab 1785 in paralleler, sich zuweilen überschneidender Richtung arbeiteten. Besonders die zarten, anmutigen »zweiten Themen«, die man gern Mozarts bestimmendem Einfluß zuschreibt, finden sich in Haydns früheren Werken häufig genug, daß man ihr etwas vermehrtes Auftreten nach 1782 Haydns zunehmend differenzierter Technik zuschreiben kann, die es ihm jetzt erlaubte, innerhalb eines Satzes viele verschiedenartige Stimmungen zu berühren, ohne etwas von der nervigen Kraft seines Stils zu opfern. Nichtsdestoweniger hat Mozarts umfangreiche harmonische Palette und die Ungezwungenheit seiner Periodik ihn zweifellos stark beeindruckt.

Die für den König von Preußen komponierten sechs Quartette op. 50 aus dem Jahr 1787 sind großartiger als op. 33. Die solistischen Cellopassagen, diskrete Huldigung an den königlichen Musikliebhaber, lösen komplementäre Soloauftritte der anderen Instrumente aus, von denen das lange Solo der zweiten Geige am Anfang des langsamen Satzes von op. 50, Nr. 2 das eindrucksvollste sein dürfte. Das Quartett *fis* op. 50, Nr. 4 enthält Haydns größtes fugiertes Finale; hier geht die in fast allen klassischen Fugen vorhandene akademisch-demonstrative Komponente völlig in Pathos auf. Im gleichen Werk ist auch Haydns Sinn für die formale Geschlossenheit eines gesamten Quartetts immens gewachsen. Das Menuett *Fis* erscheint nur wie ein Zwischenspiel in Dur, denn die Tonart bleibt unstabil und sinkt immer wieder zum Moll des ersten Satzes zurück. Das dritte Quartett der Serie, das in *Es*, enthält im Anfangssatz eine logisch verfeinerte, subtile Version des berühmten Witzes im letzten Satz von op. 33, Nr. 2, der nämlich vorgibt, schon vor dem Ende zu Ende zu sein. In op. 50, Nr. 3 setzt die Reprise mit der Mitte des Anfangsthemas ein und fährt eine ganze Weile fort, bis sie zu einer Kadenz auf der Tonika gelangt, der nur die allerletzte Bestimmtheit fehlt, um sie zur absolut endgültigen zu machen. Nach einer Pause von zwei Takten erscheint endlich der erste Teil des Anfangsthemas und führt eine kurze, aber brillante Coda ein. Die unabhängige, solistische Schreibweise in all diesen Quartetten führt zu ausdrücklicher und differenzierter kontrapunktischer Entfaltung selbst in den langsamen Sätzen, so daß diese eine bis dahin bei Haydn seltene lyrische Größe und gelassene Würde erlangen. Als Ganzes stellt das Opus eine Festigung und Erweiterung der beschwingten revolutionären Verfahrensweisen von op. 33 dar.

Die reichere Kontrapunktik in op. 50 dient aber wohl einem noch wichtigeren Zweck. Der mit op. 33 vollzogene Stilwandel brachte eine erhebliche Vereinfachung mit sich; die Musik war dünner als in den zehn Jahre zuvor geschriebenen, großen Quartetten, und zwar nicht nur deshalb, weil jeder Fortschritt einen Verlust bedeutet, sondern auch weil Haydn gezwungenermaßen seinen Satz vereinfachte, um mit dem neuen, vielschichtigen Periodensystem, d. h. der Koordinierung von Asymmetrien innerhalb eines größeren, periodisch angelegten Satzes, und mit der neuen Auffassung von thematischen Beziehungen fertig zu werden. Seine partielle Rückkehr zur reichhaltigen und »gelehrten« Technik des Hochbarock stellt den Versuch dar, die resultierende Spärlichkeit wettzumachen. Vereinfachung zum Zweck der Erprobung einer neuen Technik und dann ein Pendelschlag zurück zu einem komplexen und zuweilen altertümlichen Kontrapunkt – dieser Strategie folgten sowohl Mozart wie Haydn an verschiedenen Punkten ihrer Entwicklung. (Bei Haydn war dieses Verhaltensmuster schon vor 1780 einmal aufgetreten. Die Quartette op. 17 sind sparsamer und in vieler Hinsicht weniger extravagant als die Quartette op. 9; das war der Preis für ihre fortgeschrittenere Technik. Um den früheren Reichtum zurückzugewinnen, wandte Haydn sich in den großen Quartetten op. 20 aus dem Jahr 1772 dem strengen Kontrapunkt zu.) Haydn und Mozart, aber auch Beethoven, versuchten die Vergangenheit zurückzugewinnen, nachdem sie die Gegenwart erobert hatten.

Die zwei bis drei Jahre später, also 1789/90, veröffentlichten sechs Quartette op. 54 und 55 sind stärker experimentell; ganz besonders die langsamen Sätze besitzen noch größere Dramatik, als Haydn je zuvor gewagt hatte. Das geschwindere Tempo des langsamen Satzes (»Allegretto«) von op. 54, Nr. 1 leitet sich wohl gleichermaßen von dem ebenfalls »Allegretto« überschriebenen langsamen Satz des Klavierkonzerts F KV 459 von Mozart aus dem Jahr 1784, wie von Haydns eigenen früheren Versuchen im flüssigen $6/8$-Takt (z. B. op. 33, Nr. 1) her. Nicht nur die Stetigkeit und die scheinbar kunstlose und melancholische Einfachheit, sondern auch die chromatisch sinnliche harmonische Bewegung kommen häufiger bei Mozart als bei Haydn vor. Weitaus merkwürdiger ist der zweite Satz von op. 54, Nr. 2, dessen rhapsodischer Solovioliniepart durch ein ausgeschriebenes Rubato die Melodietöne so verzögert, daß sie schmerzliche Querstandswirkungen zeitigen. Das Rubato der Klassik diente, wie wir den ausgeschriebenen Rubato-Passagen bei Mozart, Haydn und Beethoven entnehmen können, der Erzeugung höchst empfindsamer Dissonanzen, denn anders als das heute zumeist verwendete, romantische Rubato verzögerte es nicht nur die Melodie, sondern erzwang darüberhinaus eine harmonische Überlappung. Ich könnte mir vorstellen, daß es als eine Art Vorhalt ursprünglich mit dem Vorschlag, der ausdrucksvollsten und fast immer dissonierenden Verzierung, verwandt war. (Im dramatischen Mittelteil des langsamen Satzes von op. 54, Nr. 3 wird dasselbe Rubato in einer merkwürdig heftigen Passage ebenfalls kurz verwendet, wie dieser Satz überhaupt eine für Haydn typische, aber hier ungewöhnlich, ja überraschend wirkungsvolle, nervige rhythmische Kraft besitzt.) Noch seltsamer ist das Vorhandensein eines zweiten langsamen Satzes in op. 54, Nr. 2, denn das Finale ist ein ausgedehnter Adagio-Satz mit einem Presto-Mittelteil, der eigentlich eine versteckte Variation ist. Es ist der für das Zeitalter seltene Fall einer rätselhaften Form, die zwar sonderbarerweise das Ohr zufriedenstellt, aber dem Verstand beim Zuhören nur schwer begreiflich ist. Die Harmonien im Trio des vorangehenden Menuetts klingen ebenso rätselhaft und ebenso richtig, da sie sich von den seltsamen harmonischen Effekten des Rubatos der Solovioline im ersten langsamen Satz herleiten.

Der zweite Satz von op. 55, Nr. 1 ist monothematisch und steht in der »Sonatenform des langsamen Satzes«, d. h. ohne zentrale Durchführung, doch ist die übliche sekundäre Durchführung nach der Reprise so eindrucksvoll, daß Tovey diesen Satz als ein seltenes Beispiel für Rondoform im langsamen Tempo herausstellte. Der letzte Satz ist fast eine Skizze für das großartige Finale der Symphonie ›Die Uhr‹: er fängt in stämmig-fröhlichem Rondostil an, doch bei der ersten Wiederkehr wird das Hauptthema zu einer ausgedehnten Tripelfuge ausgesponnen. Am Ende kehrt das Hauptthema in all seiner ursprünglichen Schlichtheit zurück, so daß die Tripelfuge als Durchführung fungiert hat. Op. 55, Nr. 2 in f-moll beginnt mit dem langsamen Satz, einer Doppelvariation von großer Tiefsinnigkeit; ein stürmisches Allegro in Sonatenhauptsatzform steht an zweiter Stelle.

Haydn hat die Reife, Kraft und Vielfalt seiner im Jahr darauf folgenden sechs Quartette op. 64 nie übertroffen. Das Quartett h Nr. 2 knüpft nicht nur mit dem zweideutigen D-dur-Anfang, sondern auch mit der Gestalt des thematischen Materials im ersten Satz an op. 33, Nr. 1 an. Das vorzügliche Adagio verwendet ein langsames Tetrachordmotiv, das zur Dominante transponiert, umgekehrt und ausgeziert wird. Trotz seiner Allgegenwart in der Melodie wird es nicht wie eine Reihe, sondern eher wie ein Cantus firmus verwendet, um den sich üppige, ausdrucksvolle Verzierungen ranken. Op. 64, Nr. 3

in B-dur ist eines der großen Meisterwerke des Humors. Wer den letzten Satz anhören kann, ohne in Lachen auszubrechen, versteht Haydn überhaupt nicht. Op. 64, Nr. 4 in G-dur und Nr. 5 in D-dur (das ›Lerchenquartett‹) besitzen beide, wenn auch aus ganz verschiedenen Gründen, eine zweifache Reprise des Hauptthemas: Das ›Lerchenquartett‹, weil die Hauptmelodie ein Violinsolo hoch oben auf der E-Saite ist, das nicht durchgeführt, sondern nur in all seiner Herrlichkeit gespielt werden kann; es erscheint in der Durchführung unverändert auf der Subdominante und wird dann bis zur Reprise fallengelassen, und das Quartett G teilweise deswegen, weil das Hauptthema in der Exposition kurz noch ein zweites Mal auftaucht, vor allem aber, weil die erste Reprise fast sofort zur Molltonika geht und wie eine Scheinreprise wirkt. Allerdings ist sie das nicht, da sie in der Tonika bleibt, um das wesentliche Material der zweiten Gruppe zu rekapitulieren, das hauptsächlich in der Molldominante gestanden hatte. Eine scheinbare Scheinreprise ist selbst für Haydn eine unerhört feinsinnige Ironie; mit einem erneuten Eintritt des Hauptthemas in der Tonika nach einer emphatischen Pause wird das Gleichgewicht wiederhergestellt. Das Originellste am ›Lerchenquartett‹ sind die weit auseinander gezogenen Register, die den Umfang und die Offenheit des Klangs ganz neu gestalten.

Ich habe bis jetzt noch gezögert, die wohl auffallendste stilistische Neuerung an Haydns Streichquartetten zu nennen, nämlich ihren Konversationston. Subjektive Eindrücke lassen sich schwer analysieren, aber dies ist ein zu wichtiges Charakteristikum von Haydns Stil, als daß man es beiseite lassen könnte, ohne wenigstens den Versuch zu machen, es zu isolieren. Die Verbindung aus unabhängiger Stimmführung und Beibehaltung einer frühklassischen, betonten Hierarchie von Melodie und Begleitung, die Auffassung der Periode als eines gegliederten Abschnitts mit abschließender, deutlich markierter Kadenz oder Halbkadenz, die ihr den Anschein einer klaren Behauptung gibt – mit all dem haben wir nur die halbe Strecke zu einer Erklärung zurückgelegt. Der Anfang des Quartetts E op. 54, Nr. 3 wird uns vielleicht weiterhelfen:

Zweite Geige und Bratsche fangen mit einer Melodie an und werden buchstäblich sofort von der ersten Geige unterbrochen, die sogleich die Vorherrschaft übernimmt. Im vierten und fünften Takt versuchen es die beiden Innenstimmen erneut und werden wieder unterbrochen. Die gesellige Komödie, die Haydns Kunst ja ist, erstrahlt am Ende des achten Taktes in vollem Glanz: zweite Geige und Bratsche geben resignierend ihr Motiv auf und akzeptieren das Motiv der ersten Geige. Sie beginnen damit – und werden erneut mit komischer Wirkung unterbrochen. Als höchst witzige Pointe erwidert die erste Geige jetzt (T. 9–10) mit der emphatischen, um eine None nach oben transponierten Schlußwendung ihrer Anfangsphrase (T. 3–4), und schiebt so die ursprüngliche periodische Bewegung aufs kürzeste zusammen. Die dramatischen Asymmetrien verschmelzen zu einer regelmäßigen Periodik, und was wie eine rein musikalische Anordnung erschien, entpuppt sich als dramatischer Humor.

Dieser Abschnitt stellt modellartig den dramatischen und unterhaltsamen Dialog einer Komödie dar, in dem der Wortsinn für die witzige Form unerheblich geworden ist (obgleich ich damit nicht sagen will, daß die harmonische Bedeutung des Anfangs nicht auch zu seiner Lebhaftigkeit beitrüge). Die Absonderung der klassischen Periode und die überall in Haydns Kammermusik zu beobachtende Nachahmung des Sprechrhythmus verstärken noch den Konversationston. Die literarische Prosa war in England, Deutschland und Frankreich während des 18. Jahrhunderts im Vergleich zum vorhergehenden Zeitalter viel stärker von der Syntax bestimmt, d. h., sie vertraute ausschließlicher auf Balance, Proportionen, Gestalt und Wortstellung als die schwerere, kumulative Renaissanceprosa. Das 18. Jahrhundert pflegte ganz bewußt die Kunst der Konversation, und unter ihren größten Triumphen sind die Quartette von Haydn.

2. Die Symphonie

Unser Zeitalter hat die Linie zwischen öffentlichen und privaten Kunstformen verwischt, aber Haydns Symphonien wenden sich hauptsächlich an die Zuhörer, während das Quartett zu den Spielern spricht. Diese Unterscheidung von Symphonik und Kammermusik war zu Haydns Lebzeiten eher noch ausgeprägter. Viele Solopassagen in den frühen Symphonien existieren anscheinend ebensosehr zur Unterhaltung der Spieler wie der Zuhörer, und in Haydns langjährigem Wirkungskreis, der kleinen Musikwelt von Esterháza, mag es politisch klug gewesen sein, die wichtigen Musiker durch häufige Gelegenheiten zum Brillieren bei Laune zu halten. Um 1760 war Orchestermusik in Esterháza und sonstwo von der Konzeption her eine relativ intime Angelegenheit, auch wenn es etliche berühmte Orchester gab. Aber im letzten Viertel des Jahrhunderts schenkten die Komponisten den sehr großen Ensembles und ihren Möglichkeiten mehr und mehr Beachtung; ihre Musik spiegelt diese neuen Gegebenheiten des Konzertlebens wider. 1768 konnte Haydn noch schreiben: »[Ich] schätze jene Music mit denen 3 Bassen, als Violoncello, Fagot und Violon höher, als 6 Violon mit 3 Violoncello, weil sich gewisse Passagen hart distinguiren«[6]. Aber nach 1780 war Haydns Orchestrierung zweifellos über diesen Zustand, der einen Geschmack auf halbem Weg zwischen Kammer- und Orchesterstil darstellt, hinausgewachsen. Das Viotti-Orchester, das ihm zehn Jahre später für seine letzten Londoner Konzerte zur Verfügung stand, war ein großes Orchester, und nun werden auch die verschiedenen Klangfarben im Orchester weniger kontrastiert und gegeneinandergesetzt, als zu einer neuartigen Klangmasse vermischt. Mozarts bevorzugtes Orchester ist überraschend groß, aber er sprach sich ganz eindeutig über seine Wünsche aus: 40 Geigen, 10 Bratschen, 6 Celli, 10 Kontrabässe (!) und doppelte Bläserbesetzung in allen Stimmen[7]. Auch wenn man bedenkt, daß die damaligen Instrumente etwas leiser klangen als die heutigen, so ist dieses Aufgebot doch fast um das Doppelte größer, als was ein Dirigent heutzutage für eine Mozart-Symphonie aufzustellen wagt. Natürlich hatte Mozart nicht oft ein solch großes Orchester zur Verfügung, aber das ist kein Grund, Aufführungsbedingungen des 18. Jahrhunderts zu verewigen, die nur bestanden, wenn das Geld für eine richtige Besetzung nicht langte.

Höchst interessant ist, welch außergewöhnliches Gewicht man gegen Ende des Jahrhunderts den Baßinstrumenten beimaß. Mit der

---

[6] Joseph Haydn, Gesammelte Briefe und Aufzeichnungen, herausgegeben von Dénes Bartha, Kassel 1965, S. 60.
[7] Mozart. Briefe und Aufzeichnungen. Gesamtausgabe, gesammelt [und erläutert] von Wilhelm A. Bauer und Otto Erich Deutsch, Band 3, Kassel usw. 1963, S. 106.

Überwindung der barocken Kontrapunktik und dem Verschwinden des bezifferten Basses wurde offensichtlich ein massiver Baßklang ebenso wichtig wie die lineare Klarheit. Aus dem oben zitierten Brief wird auch ersichtlich, daß diese Entwicklung Haydns Geschmack um 1760 vorauseilte, und erst zehn Jahre später stellte sein eigener Stil den neuen Klang ganz in Rechnung. Doch kranken heutzutage die Aufführungen aller späteren Symphonien von Haydn und Mozart neben einer ungenügend verstärkten Baßlinie vor allem an der Überzeugung, daß die im späten 18. Jahrhundert so verbreiteten kleinen Orchester tatsächlich Haydns und Mozarts Klangideal verkörperten und nicht nur die notgedrungen akzeptierte, beste vorhandene Lösung waren. Ab 1780 schrieben Komponisten ihre symphonischen Werke für große Ensembles mit gewichtigem Klang; wurden sie von kleineren Gruppen aufgeführt, so war das ein Notbehelf, wie etwa die Aufführung einiger Mozartscher Klavierkonzerte durch ein Streichquartett anstelle eines vollen Orchesters.

Die Unterscheidung zwischen öffentlicher und privater Musik beinhaltet auch eine Differenzierung des Aufführungsstils. Der spezialisierte Dirigent wurde erst zu Beethovens Lebzeiten erfunden, und als dieser einzelnen Orchestermitgliedern erklärte, wie er bestimmte Passagen gespielt haben wollte, und geringfügige, ausdrucksvolle Temposchwankungen verlangte, war das eine Neuerung im Orchesterwesen und wurde als Exzentrizität vermerkt. Die solistische Musik des späten 18. Jahrhunderts ließ dem Interpreten selbstverständlich ein gutes Maß an Freiheit und Beweglichkeit, aber schon ein flüchtiger Vergleich zwischen einer Symphonie und einer Solosonate von Haydn zeigt, daß die Symphonie sich all jener in der Sonate dauernd geforderten Effekte enthält, die die individuelle Nuancierung und das Raffinement eines auch noch so geringfügigen Rubatos verlangen. Symphonische Musik ist immer etwas gröber angelegt und konzentrierter geschrieben. Die relative Lockerheit der um 1770 entstandenen Solosonaten mit ihren markanten Kadenzen und kunstvollen Details, die der Interpret so individuell und ausdrucksvoll gestalten kann und soll, weicht in den Symphonien der Kontinuität überlappender Phrasen und den vom schwereren Klangcharakter vorgegebenen, breiteren Pinselstrichen. Führt ein Dirigent eine Symphonie von Mozart oder Haydn auf, als interpretiere und modelliere er eine Sonate, so verfälscht und verdunkelt er ihr Wesen, anstatt es zu erhellen. Die Musik soll nicht etwa für sich selbst sprechen, denn das ist ein unmögliches Prinzip und doppelt falsch, wenn es sich um ein solistisches Werk handelt, sondern sie soll ohne Charakterverzerrung aufgeführt werden. Die Freiheiten eines selbstherrlichen Dirigenten bereichern Mozart um keine neuen Reize, sondern verdunkeln nur die ursprünglichen. Vor allem bedarf die kunstvolle, aber kräftige rhythmische Organisation einer Mozart-Symphonie eines stetigen Tempos, um deutlich zu uns sprechen zu können.

Die Musik des 19. Jahrhunderts benötigt den Dirigiervirtuosen; Brahms, Tschaikowskij und Strauss sind ohne ihn undenkbar. Bei Beethoven ist allerdings noch Vorsicht geboten. Selbst späte Orchesterwerke wie die Neunte Symphonie gehen von einem Aufführungsstil aus, der von den Ton-, Akzent- und Temponuancen der Sonaten und Quartette fast frei ist. Die Musik kommt besser ohne diese Ausschmückungen aus, die in den intimeren Werken gar nicht Ausschmückungen, sondern Stilerfordernisse sind, denn dort gehören gewisse Temposchwankungen und andere Nuancen zum Wesen der Musik. Als Beethoven einem Verleger eine Metronomangabe für ein Lied übersandte, sagte er selbst, sie könne nur für die ersten Takte gelten, denn die Empfindung habe auch ihren Takt, der sich nicht in diesem Grade ausdrücken ließe. Ganz besonders beim späten Beethoven bedeutet »espressivo« zweifellos »ritenuto«, wie sich aus den Angaben in der Sonate op. 109 (auf »un poco espressivo« folgt »a tempo«) und op. 111 (jedes »espressivo« ist von einem »ritenente« begleitet) ablesen läßt. Temposchwankungen, darüber muß man sich im klaren sein, ordnen sich jedoch einer übergreifenden, beherrschenden rhythmischen Vorstellung unter. Es liegt mir fern, die Aussagen von Beethovens Freund Anton Schindler, der viele Jahre nach Beethoven unter dem Einfluß einer späteren Ästhetik schrieb, noch stärker in Zweifel zu ziehen. Er ist für seine romantischen Überinterpretationen schon genügend angegriffen worden. Aber selbst Schindler besteht darauf, daß Beethoven seiner Bemerkung, das Tempo des Largo der Sonate *D* op. 10, Nr. 3 müsse sich zehnmal ändern, hinzufügte: »Meist nur dem feinen Ohre merkbar.« Das bezeugt, daß nach Beethovens Wünschen ein Stück ungeachtet aller expressiven Temposchwankungen so klingen sollte, als wäre es in einem einzigen Tempo. Damit steht er völlig innerhalb der Tradition von Haydn und Mozart. Die solistische Musik des Zeitalters direkt vor Mozart, also zwischen 1750 und 1770, bedarf dieser rhythmischen Einheitlichkeit keineswegs. Sie ist bei vielen Werken Glucks und Carl Philipp Emanuel Bachs sogar unangebracht, wobei allerdings hinzuzufügen ist, daß die rhapsodische Freiheit der solistischen Musik von C. Ph. E. Bach niemals auf die Orchesterwerke übertragen werden darf.

Daß nicht nur rhythmische Strenge, sondern auch eine viel einfachere und noch textgetreuere Interpretation der symphonischen Musik des späten 18. Jahrhunderts notwendig ist, ist leichter zu erfassen, wenn wir Haydns Brief vom 17. Oktober 1789 über die fortschrittlichen und schwierigen Symphonien Nr. 90–92 lesen: »Nun bitte ich gehorsambst dem dortigen fürstl. Herrn Capellmeister zu melden, daß diese 3 Sinfonien [90–92] (beuor Sie producirt werden) wegen so vielen Particularitäten genau und mit aller Attention wenigstens 1 mahl möchten probirt werden«[8]. Das repräsentiert wieder einmal die schlimmsten Gewohnheiten des 18. Jahrhunderts, und es wäre lächerlich, sie zum Maßstab oder zur Richtschnur für die Gegenwart zu nehmen. Erläutert wird dadurch aber die Existenz eines speziell symphonischen Stils, in dem auch bei größter Differenziertheit des musikalischen Gehalts mit einer einfachen, geradlinigen Aufführung gerechnet wurde. Zwingt man ihm spätere Normen orchestraler Virtuosität auf, so verunstaltet man ihn nur. Eine einfache, geradlinige Aufführung ist natürlich keine so einfache Sache mehr, denn jeder Musiker, ob er im Orchester spielt oder nicht, behält beim Spielen von klassischer Musik unzutreffende, eingefahrene, aus späteren Stilperioden stammende Musiziergewohnheiten bei.

Haydns Entwicklung als Symphoniker wirft eines der großen Pseudoprobleme der Geschichtsschreibung auf, die Frage nach dem Fortschritt in der Kunst. Was er zwischen 1768 und 1772 leistete, war großartig, aber es geschah innerhalb eines Stils, den er umgehend ablegte. In diesen Jahren schrieb er eine Reihe von eindrucksvollen, dramatischen, höchst individuellen und manierierten Symphonien in Moll. Von diesen sind in annähernd chronologischer Reihenfolge die wichtigsten Nr. 39 in g-moll, ›La Passione‹ Nr. 49, die ›Trauersymphonie‹ Nr. 44, die Symphonie c Nr. 52 und die ›Abschiedssymphonie‹ Nr. 45. Diesen Symphonien, die fast alle Dur-Symphonien aus dieser Zeit an Bedeutung übertreffen, muß noch die große Klaviersonate c Hob. XVI: 20 aus dem Jahr 1771 zur Seite gestellt werden[9]. Die Quartette op. 17 und op. 20 aus den Jahren 1771 bzw. 1772 stehen, ob in Dur oder Moll, auf einer Höhe, die kein Zeitgenosse von Haydn auch nur annähernd erreichen konnte. Für eine Einschätzung des erreichten Niveaus muß man den herrlichen langsamen Satz der Klaviersonate As Hob. XVI: 46 miteinbeziehen. Keines dieser Werke gibt einen klaren Hinweis auf die später von Haydn eingeschlagene Richtung; man kann sich einen ganz anderen Verlauf der Musikgeschichte vorstellen, wäre Haydn auf den in einigen dieser Werke angedeuteten Wegen weiter vorgedrungen. Sie kündigen, so will es scheinen, nicht den geselligen, lyrischen Humor seiner späteren Werke (wie auch Mozarts) an, sondern einen von allen Spuren der Sentimentalität gereinigten, schroff dramatischen und verbissen leidenschaftlichen Stil.

---

[8] Haydn, Gesammelte Briefe und Aufzeichnungen, S. 214.
[9] Die Sonate g Hob. XVI: 44 gehört möglicherweise auch hierher, aber meines Erachtens wird sie jetzt zu früh datiert, nachdem sie immer zu spät datiert worden war. Die Art der Koordinierung von Harmonie, Akzent und regelmäßiger Kadenz verweist sie auf später als 1770, vielleicht nach 1774. Daß sie zusammen mit Werken aus den späten 1760er Jahren veröffentlicht wurde, ergibt keine zwingende Datierung, wenn man bedenkt, daß diese Gruppe eine Sonate enthält, die entgegen den Angaben des Verlegers gar nicht von Haydn ist. Eine solche bunte Mischung kann wohl auch in anderer Hinsicht heterogen gewesen sein.

Für sich betrachtet rufen die Werke aus den Jahren um 1770 Bewunderung hervor; mangelhaft sind sie nur, wenn man sie an Haydns späteren Werken mißt. Warum legen wir diese Maßstäbe an? Warum verweigern wir dem Frühstil eines Künstlers die gleiche Toleranz, die wir einem früheren Kunststil ausdrücklich zugestehen? Es fiele niemandem ein, Geoffrey Chaucer dafür zu tadeln, daß er seine Verse nicht mit dem dramatischen Sprachrhythmus der Elisabethaner gestaltete, Masaccio in der Malerei das Fehlen der atmosphärischen Dichte der Hochrenaissance vorzuwerfen, oder Bach anzukreiden, daß er nicht die rhythmische Vielfalt des klassischen Stils anstrebte.

Allerdings sind diese Analogien nicht ganz so zutreffend, wie wir sie uns als Liebhaber zahlreicher früher Werke von Haydn wünschen. Stil ist eine Art und Weise, die Mittel einer Sprache zu meistern und auszuschöpfen. J. S. Bachs Beherrschung der zeitgenössischen Tonsprache ist virtuell vollkommen, aber in den zwanzig Jahren zwischen seinem Tod und Haydns Sturm-und-Drang-Symphonien aus den frühen 1770er Jahren hatte sich diese Sprache wesentlich geändert. Die Syntax war weniger fließend, und das Verhältnis von Tonika zu Dominante hatte sich polarisiert. Haydns Stil um 1770 trug dieser Entwicklung zwar Rechnung, aber er konnte noch nicht alle ihre Implikationen in sich schließen. Die stärkere Gliederung der Phrasen und die Polarisierung der Harmonik machten die Frage der Kontinuität problematisch und schwer zu lösen. Gestalten und Rhythmen wechseln übergangslos zwischen kantiger Regelmäßigkeit und völlig unsystematischer Form, wobei das Bewegungsgefühl im letzteren Fall fast völlig durch Wiederholungen oder barocke Sequenzen gestützt und gerechtfertigt wird. Diese Gespaltenheit wird besonders deutlich spürbar etwa am Anfang der ›Abschiedssymphonie‹, wo sämtliche Phrasen nicht nur von gleicher Länge, sondern auch von gleichem Umriß sind, und ein späterer Ausbruch aus dieser Regelmäßigkeit (ab T. 33) fast völlig in Sequenzen verläuft. Das Ideal der Klassik, die ausgewogene asymmetrische Variation innerhalb einer größeren Periode, wirft erst schwache Schatten voraus.

Wenn wir heute an die ausgezeichneten Symphonien des Jahres 1772 einen Maßstab der Einheitlichkeit anlegen, dem sich diese Werke selbst nicht unterwerfen, und den Haydn sich erst viele Jahre später zu eigen machte, dann entsprechen diesem Maßstab, soviel dürfte wohl klar sein, nicht nur die späteren Werke von Haydn, sondern innerhalb eines früheren Stadiums der Tonsprache auch die Werke von Bach und Händel. Es ist deshalb nicht paradox, daß wir die in den Sturm-und-Drang-Werken wirksamen Qualitätskriterien ablehnen, während wir die des frühen 18. Jahrhunderts akzeptieren. Zwischen Bach und dem späten Haydn gibt es keinen »Fortschritt«, nur einen Wandel in der musikalischen »Landessprache«. Zwischen dem frühen und späten Haydn gibt es hingegen einen echten stilistischen Fortschritt, denn der frühere Haydn ist ein großer Meister in einem Stil, der das Angebot der zeitgenössischen Sprache nur mangelhaft verwirklicht, während der spätere Haydn einen Stil erschafft, der ein fast vollkommenes Instrument zur Erprobung der Mittel dieser Sprache ist. (Bei alledem wird mir hoffentlich die Frage erlassen, in welchem Maße Stilwandlungen ihrerseits Veränderungen in der Allgemeinsprache auslösen.)

Es ist eine delikate – und müßige – Frage, ob Haydn zu einem so reichen, verdichteten und beherrschten Stil hätte gelangen können, wenn er auf der 1770 wohl sehr vielversprechend aussehenden Linie weitergegangen wäre. Die Nachwelt geht mit nicht verwirklichten Möglichkeiten grausam um. Aber es muß doch erwähnt werden, daß mit der gelungensten Errungenschaft von Haydns früherem Stil, nämlich seiner leidenschaftlichen, dramatischen Kraft, eine rauhe Schlichtheit, die Ablehnung differenzierter Beherrschung und die zeitweilige Bereitschaft, fast jede regelmäßige rhythmische Struktur zugunsten eines einzigen Effekts zu zerstören, untrennbar verbunden sind. Wie hätte denn eine reichere Kunst aus dem oft brutalen Gegensatz zwischen grober, aber eindringlicher Regelmäßigkeit und blendender Exzentrizität erwachsen können, ohne daß man gerade die Vorzüge opferte, die den Stil um und nach 1770 so unwiderstehlich machen? Genau das tat Haydn. Daß mit der Erringung eines disziplinierteren Stils etwas von der bewundernswerten, heftigen Energie aus Haydns Musik entwich, das mag schade sein. Wie Beethoven fast sogleich zu demonstrieren vermochte, konnte Haydns späterer Stil solche Heftigkeit aushalten. Aber nachdem die Diszipliniertheit der Komödie seinen Stil verwandelt und bereichert hatte, war auch seine musikalische Persönlichkeit unauslöschlich davon geprägt.

Es soll hier keinesfalls der Eindruck entstehen, daß Haydns Musik um 1770 nichts als Gefühl, Drama und Effekt war, sie besaß auch damals schon ungeheure intellektuelle Kraft. Ein ausgezeichnetes Beispiel dieser musikalischen Logik liefert die Symphonie *H* Nr. 46 aus dem Jahr 1772. Hier tritt das Menuett überraschenderweise mitten im Finale wieder auf, eine Vorwegnahme der Wiederkehr des Scherzos im letzten Satz von Beethovens Fünfter. Wie bei Beethoven kehrt nicht der Anfang des Menuetts zurück, vielmehr hat Haydn einen Punkt gewählt, an dem das Menuett dem Hauptthema des Finales ähnelt. Die Anfangstakte des letzten Satzes lauten folgendermaßen:

Hier ist sogar die Phrasierung, insofern sie den Wegfall der Begleitstimme auf der dritten Taktzeit stark herausarbeitet, auf die Rückkehr des Menuetts bezogen:

Doch diese Takte sind ihrerseits eine Rückwärtsform des ursprünglichen Menuettanfangs, wenn nicht auf dem Papier, so doch fürs Ohr:

(Haydn war damals mit Krebsgängen, d. h. mit Bewegungen von hinten nach vorn beschäftigt. Es ist interessant zu beobachten, wie dieser hier eine freie, hörbare und nicht eine theoretisch genaue Form annimmt.) Alle diese Gestaltungen sind direkt vom dritten und vierten Takt des ersten Satzes inspiriert

und demonstrieren die Logik von Haydns Phantasie. Man sollte sich aber darüber im klaren sein, daß es sich hier um auffällige Effekte ohne über ihre unmittelbare Umgebung hinausreichende Wirkung handelt.

Derartige thematische Beziehungen lassen sich zwar mit größter Leichtigkeit erörtern und vielfach auch erkennen, aber überzeugend und zwingend sind sie eigentlich am allerwenigsten. Sie wirken weniger direkt auf unser Sensorium und vermitteln weniger körperliche Erregung als es harmonische Bewegungen oder Puls- und Rhythmusbeziehungen zu tun vermögen. (Natürlich ist eine strenge Trennung dieser musikalischen Elemente unsinnig, und selbst eine theoretische Unterteilung kann mißbraucht werden.) Thematische Beziehungen von der Art, wie Haydn sie so wirkungsvoll in der Symphonie Nr. 46 verwendet, sind im ganzen frühen 18. Jahrhundert recht häufig; interessant ist, daß sie stärker als früher dramatisch pointiert werden. Kurz gesagt, sie sind Ereignisse geworden. Aber diese Ereignisse werden von der rhythmischen oder harmonischen Konzeption nicht gestützt, die ihnen zwar ihr Auftreten gestattet, ohne sie jedoch auf irgend eine Weise zu verstärken. Die thematische Logik bleibt isoliert.

Von der Höhe seines späteren Oeuvres aus betrachtet, liegt die Schwäche von Haydns Frühstil tatsächlich nicht in den logischen Verknüpfungen oder in den dramatischen oder poetischen Momenten, sondern in den unvermeidlichen Prosastrecken. Haydn verstand sich auf Tragödie und Farce und selbst auf herrlichen, komödiantischen Witz. In der mittleren Stillage war er unbeholfen. Es fiel ihm manchmal schwer, seinem mehr nüchternen Material Dringlichkeit oder Energie einzuflößen. Selbst eine Symphonie von der Qualität der ›Merkursymphonie‹ Es Nr. 43 verrät sein Ringen in den Anfangstakten.

Eine solche Reihe von schwachen Tonikaschlüssen ist nur annehmbar, solange man von der Phrase keinerlei Anlagen zu artikulierter Gestalt oder notwendiger Fortsetzung erwartet. Die entspannte Schönheit dieses Anfangs ist offensichtlich, aber ein Stil, der sie um den Preis einer so schlaffen Übereinstimmung zwischen Kadenzharmonien und großrhythmischer Bewegung akzeptiert, kann dramatische Wirkungen nur durch das Außergewöhnliche erzielen. Der spätere Haydn ist dramatisch, ohne sich anzustrengen, auf ganz selbstverständliche Weise und mit dem alltäglichsten Material. In diesem Abschnitt können wir Haydns Ringen beobachten: nicht allein die Forte-Akkorde zu Anfang jeder Phrase, auch die zunehmende Ausdehnung der Phrasenlänge stellen Versuche dar, ein Gefühl von Energiezuwachs zu erzwingen. Mehr Erfolg ist ihm auch weiterhin nicht beschieden; der schnellere Rhythmus in Takt 27 überzeugt nicht, weil er nicht ist, was er sein möchte, eine rhythmische Beschleunigung, sondern nur eine zusätzliche Aufgeregtheit in den Geigen.

Um 1770 ist dieser Stil bei Haydn gar nicht selten. Der Anfang des Quartetts *D* op. 20, Nr. 4 ist fast eine Kopie des obigen Beispiels:

Der Anfang der Klaviersonate *As* Hob. XVI: 46 hat die gleichen, nicht über sich selbst hinausweisenden Tonikakadenzen

sowie die gleiche, unvorbereitete Aufgeregtheit, die nur überzeugend ist, wenn einem seine Überzeugungen nicht allzu teuer sind.

Haydns Entwicklung als Symphoniker nach 1772 ist zum Teil gerade wegen ihrer Kontinuität nicht leicht zu charakterisieren. Der Bruch in seiner Quartettproduktion machte den Unterschied zwischen der 1781 mit op. 33 erreichten Leistung und den früheren Quartetten op. 20 aus dem Jahr 1772 einsichtiger, während der Wandel im symphonischen Stil zögernder erscheint, weil er sich allmählicher vollzog. Zudem sind viele Symphonien aus dem Jahrzehnt nach 1770 Bearbeitungen von Bühnenkompositionen. Offensichtlich beanspruchte die Opernarbeit – hauptsächlich waren es komische Opern – jetzt zuviel von Haydns Zeit, als daß er sich sehr auf die Kammermusik oder rein symphonische Werke hätte konzentrieren können. Immerhin entstanden zwischen 1773 und 1781 zwanzig Symphonien, eine umfangreiche, verschiedenartige und unausgeglichene Produktion. In groben Umrissen ist Haydns Entwicklungsgang ziemlich klar; da ist zunächst einmal die Dämpfung seiner höchst charakteristischen, wilden Einfälle und eine neue Glättung der Oberfläche. Am bedeutungsvollsten wird jedoch in den späten siebziger Jahren die Synthese aus Kontinuität und Artikulation, das wunderbare Verständnis dafür, wie

Betonung und Kadenz sich zur Erzielung eines drängenden Bewegungsgefühls vereinen lassen, ohne daß auf die stetige barocke Rhythmik zurückgegriffen werden müßte.

In dem Jahrzehnt nach 1780 notierte Mozart sich die Anfangsthemen der drei Haydn-Symphonien Nr. 47, 62 und 75, zweifellos in der Absicht, sie bei einem seiner Konzerte aufzuführen. Die Symphonie *G* Nr. 47 ist ein typisches Werk aus dem Jahr 1772 und zugleich eines von Haydns glänzendsten und überzeugendsten. Von den Überraschungen dieses Werkes ist der zweite Teil des Menuetts und des Trios, der jeweils den ersten Teil notengetreu rückwärts spielt, noch am wenigsten raffiniert. Was an diesen Krebsgängen so sehr einnimmt, sind die Mittel, mit denen Haydn sicherstellt, daß der Hörer sein Verfahren auch wahrnimmt:

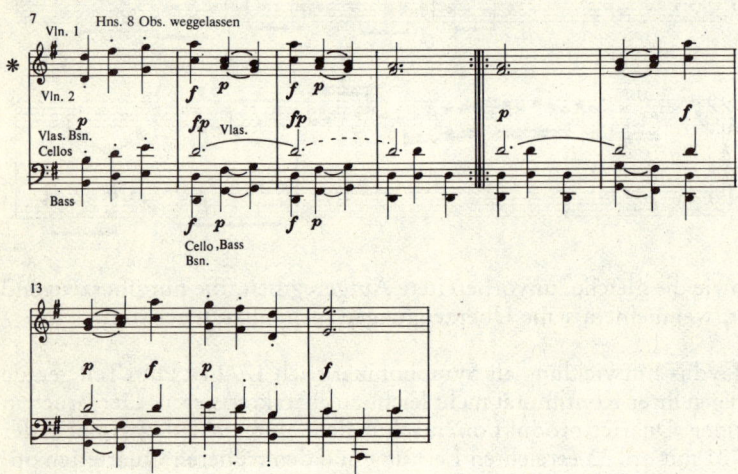

Wenn die Forte-Akzente auf der ersten Zählzeit bei der Wiederkehr auf der dritten erscheinen, so ist aus einer akademischen Übung ein witziger, intellektueller Effekt geworden. Mozart fand die Melodie des langsamen Satzes offenbar besonders gelungen, da er sie in der Serenade für Bläser *B* KV 361 = 370a anklingen ließ, aber ihren

zweistimmigen Kontrapunkt ausfüllte. Haydns Melodie besitzt tatsächlich eine fast Mozartische Anmut (s. Notenbeispiel S. 168 unten) und die spätere Umkehrung der beiden Stimmen demonstriert eine Meisterschaft im doppelten Kontrapunkt, die dem al rovescio des Menuetts in nichts nachsteht. Wie bei jedem Komponisten außer Schubert fand Haydns eigentliche Ausbildung vor den Augen des Publikums statt. Allerdings war die Verwendung kontrapunktischer Verfahren kein Experiment, sondern notwendige Verstärkung eines für Haydns Idealvorstellungen noch zu dünnen Stils. Selbst in den langsamen Sätzen erscheinen diese Verfahren als nicht ganz zur inneren Spannung der Musik und ihrem grundlegenden harmonischen Konflikt gehörig. Der Reprisenanfang im ersten Satz wirkt noch stärker als Fremdkörper in einem ganz harmlosen Formschema; er wendet einen von den neapolitanischen Symphonikern entlehnten Effekt an, nämlich den Mollbeginn ohne jegliche Warnung oder Vorbereitung[10]. Es ist ein Maßstab für Haydns damalige Kunst, daß jeder Versuch, seine dramatischsten Einfälle in ein zusammenhängendes Schema zu integrieren, sie nur ruinieren würde. Daß Haydn zehn Jahre später ein bedeutend größerer Komponist war, ist kein Grund dafür, dieser großartigen Symphonie, die Mozart offensichtlich schätzte, unsere Bewunderung zu versagen.

In der zweiten Symphonie, für die Mozart Interesse zeigte, Nr. 62 in *D-dur*, ist der Einfluß des Opernstils offenkundig. Sie ist neuerlich auf ca. 1780 datiert worden, aber vielleicht ein paar Jahre vorher entstanden; das Manuskript des ersten, unabhängig als Ouvertüre existierenden Satzes ist mit 1777 datiert. Dieser geniale, sprühende Satz diente auch als alternatives Finale der Symphonie ›L'Impériale‹ Nr. 53, wofür sein opernhafter Stil sich gut eignet; für einen ersten Satz ist er ein bißchen zu leicht. In anderen Symphonien aus dieser Zeit, deren Sätze ursprünglich für das Theater bestimmt waren, kümmert sich Haydn gerade so wenig um formale Geschlossenheit; ›Il Distratto‹ Nr. 60, von Haydn später als »der alte Schmarren« bezeichnet, ist ganz besonders heterogen. Der Anschein des Potpourrihaften wird in Nr. 62 noch dadurch verstärkt, daß sämtliche Sätze wie in einer barocken Suite in der gleichen Tonart stehen. Für eine Symphonie war der Tonartengegensatz damals eigentlich schon eine Selbstverständlichkeit geworden. Der langsame Satz, ein Allegretto, ist höchst eigenartig. Die Anfangstakte,

---

[10] Die Molltonika kann in Reprisen als Ersatz für die Subdominante auftreten, aber solch eine Interpretation ist im vorliegenden Fall, wo sie ganz überraschend anstelle der Durtonika erscheint, ausgeschlossen. Die neue Tonart löst keine Spannungen, sondern vermehrt die vorhandenen.

ja eigentlich fast das ganze Stück, gehen auf ein Minimum an Material zurück – zwei Töne und eine banale Begleitung con sordini. Darüberhinaus stellt dieses Material sich in einer für Haydn ganz untypischen Weise impertinent zur Schau. Der demonstrativ naive Klang der Begleitung scheint trotz des daraus gewonnenen Lyrismus eine äußere Motivierung nahezulegen, so als ginge der Satz wie so viele Werke Haydns aus dieser Zeit auf Bühnenmusik zurück. Der letzte Satz ist schon oben (S. 123 f.) wegen seines zweideutigen Anfangs und der reibungslosen Logik von Haydns zunehmender technischer Meisterschaft angeführt worden.

Haydns Erfahrungen als Operndirigent und -komponist vermittelten ihm eine unschätzbare Lektion darüber, wie sich Handlung und musikalische Form zueinander verhalten. Das ewige Problem der Oper besteht ja nicht darin, Handlung und Gefühl auszudrücken oder zu verstärken – dann hätten wir nur Hintergrundsmusik für Gedichtrezitationen oder Filmmusik –, sondern darin, für die Handlung eine musikalische Entsprechung zu finden, die auch als Musik allein lebensfähig ist. Es ist eine unlösbare Aufgabe. Mozart und Wagner sind von allen Komponisten einer Lösung am nächsten gekommen, und doch könnte von ihren Opern keine ohne Text und Handlung ganz als absolute Musik bestehen. Die Aufgabe ist aber auch als unlösbar intendiert, denn wenn die Musik auch ohne das Drama völlig verständlich ist, dann löst sie sich davon ab, führt ein Eigenleben wie die dritte ›Leonoren-Ouvertüre‹ und hört auf, als Oper zu existieren. Die Erfüllung des Ideals wäre gleichbedeutend mit der Zerstörung der Spezies, aber als Zielvorstellung, als Fluchtpunkt, auf den jedes Werk ausgerichtet ist, bleibt das Ideal gültig, nämlich als Zustand, in dem jedes Wort, jedes Gefühl und jede Handlung auf der Bühne nicht nur ihre musikalische Parallele, sondern ihre musikalische Rechtfertigung besitzt. Dazu bedarf es eines Stils, der heftige

Brüche in der Textur – seien sie harmonischer, rhythmischer oder rein klanglicher Art – zu integrieren und rein musikalisch zusammenzuschließen vermag.

Haydn fand diesen Stil etwa gleichzeitig mit Mozart. Obwohl er nie Mozarts Sinn für langfristige Bewegung, noch seine großräumige Behandlung harmonischer Flächen erlangte, so wertete er den neugefundenen musikalischen Zusammenhalt aufs großartigste für die reine Instrumentalmusik aus. Die für die Oper geltende Beziehung zwischen Handlung und Musik besitzt ihr Analogon in absoluter Musik. Nachdem sich im späten 18. Jahrhundert der gegliederte Stil entwickelt hatte, in dem die Musik nicht mehr aus einem kumulativen Dahinströmen, sondern aus deutlichen Einzelgeschehnissen bestand, konnte ein mächtiges Gefühl oder eine dramatische Zuspitzung sich nicht mehr auf die hochbarocke Kontinuität verlassen und hätte im Endeffekt – was in zahlreichen Werken auch geschah – den Rahmen des Stückes gesprengt und ihm seine Kraft geraubt. Von der Oper lernte Haydn einen Stil, in dem diese Kraft auf eine Weise konzentriert werden konnte, wie es Haydn in den 1760er Jahren niemals möglich gewesen war. Damit schuf er eine Synthese aus melodiefreudiger, österreichischer Rokokogemütlichkeit und ausdrucksvollem, norddeutschem Manierismus, die er jeweils für sich allein schon gemeistert, aber noch selten hatte vereinigen können.

Der in einem ausgeglicheneren Stil aufgewachsene Mozart hatte sich als Komponist von Musik hervorgetan, deren Liebzreiz allein fast genial ist. Nun gelangte er aus der entgegengesetzten Richtung an den gleichen Punkt wie Haydn. Die Opera buffa war auch seine Lehrmeisterin, sie belebte und entwickelte sein Talent für dramatischen Ausdruck. Bei Haydn brauchte es nicht angestachelt zu werden, sondern mußte Gelegenheit erhalten, organisch geformt und ausgewogen zu werden. Opernerfahrung kann den Sinn für Drama sowohl erwecken, als auch bändigen und zügeln. Die Oper erlaubt dem Komponisten gewisse Freiheiten, die die reine Instrumentalmusik nicht gestattet. Das Publikum läßt ihm konzeptionelle Plumpheiten und Verstöße gegen die musikalische Etikette durchgehen, solange das Drama dabei profitiert. Man kann überhaupt die musikalische Logik und die Logik des Librettos als zwei locker zusammengeflochtene Stränge betrachten, die nur in seltenen Augenblicken völlig miteinander verschmelzen. Für diese Freiheit zahlt der Komponist aber den Preis, daß er seine Vorstellungskraft einer ursprünglich nichtmusikalischen Form unterwirft. Die geschicktesten Librettisten jenes Jahrhunderts, wie etwa Metastasio, brüsteten sich damit, dem Musiker mit ihren Libretti alles Nötige zu geben und ihm vollen Spielraum zu gewähren, doch in Wirklichkeit schrieben sie ihm bestenfalls Texte, die den alterprobten Operngattungen – Kavatine, Da capo-Arie –

entsprachen, und konstruierten Szenen, in denen die Sänger auf jene typisch hochbarocke, statische Weise ihren Gefühlen Luft machen konnten. Bis Mozart seine Librettisten unter Druck setzte[11], war selbst die von Gewohnheiten, Klischees und einem beschränkten Formenrepertoire geknebelte komische Oper eine nicht weniger einengende Zwangsjacke als etwa ein Krebskanon. Sie konnte nur einem Komponisten wie Niccolò Piccinni genügen, dessen Drang zur Dramatik trotz aller sprühenden Melodik minimal ist. Die Opera buffa konnte eine so strenge Schulung sein wie die allergelehrtesten Formen, und sie war für zwei entscheidende und verwandte Aspekte des klassischen Stils von höchster Wichtigkeit: zunächst für die Einbeziehung dramatischer Ereignisse in symmetrisch ausgewogene, geschlossene Formen, die sich erweitern ließen, ohne ihr Wesen zu verlieren, und sodann für die Entwicklung eines raschen, beweglichen und deutlich gegliederten, großrhythmischen Systems, das die kleineren Artikulationsphrasen zusammenfaßte und den Belebungsimpulsen genügend angesammelte Kraft verlieh, um sich über die Innenkadenzen hinwegzusetzen. Nachdem der klassische Stil dieses Gefühl von Ereignishaftigkeit bzw. von einzelnen Handlungsschritten sowie das neuartige Auskomponieren einer nahezu systematisierten Intensivierung entwickelt hatte, war er nun fähig, auch in nichttheatralischen Zusammenhängen dramatisch zu wirken.

Die Anwendung dramatischer Verfahren und Strukturen auf »absolute« Musik war mehr als ein intellektuelles Experiment. Es war für eine Ära, in der sich das Symphoniekonzert zu einem öffentlichen Ereignis entwickelte, eine natürliche Folge. Die Symphonie war gezwungen, eine Theatervorstellung zu werden und entwickelte dementsprechend nicht nur eine Art Handlung mit Schürzung und Lösung des Knotens, sondern auch eine vorher nur unvollständig erzielte Einheit von Ton, Charakter und Handlung. Einheit der Handlung war ja eine der klassischen Anforderungen an die Tragödie, und so verlor die Symphonie als Drama allmählich jegliche Spur suitenmäßiger Lockerheit. Schon um 1770 bedurfte Haydn keiner Lektionen über dramatischen Charakter und Ausdruck mehr. Was er seinem Instrumentarium um 1780 hinzufügte, war etwas von der bühnenmäßigen Ökonomie der Mittel. Seine Musik wurde nicht knapper, sondern weniger knapp, denn wahre dramatische Ökonomie bewirkt nicht Knappheit, sondern Klarheit der Handlung. Seine genialsten Einfälle zeigen bei ihrer Entfaltung nun weniger von der alten lakoni-

---

[11] Es ist möglich, daß Da Ponte die dramatischen Anforderungen von Mozarts Stil von sich aus verstand, aber vor seiner Zusammenarbeit mit Da Ponte hatte Mozart schon mehrere Librettisten drangsaliert, bis sie ihm die gewünschten dramatisch gestalteten Ensembles lieferten.

schen Härte und mehr Rücksichtnahme auf ihren Platz innerhalb der Gesamtkonzeption.

Schon die dritte Haydn-Symphonie, die Mozart sich notierte, Nr. 75 in *D*-dur aus dem Jahr 1780 oder kurz danach, verrät diese neue Effektivität. Erhabenheit stellt sich sogleich in der langsamen, würdevollen Einleitung ein, ohne daß Haydn auf die nervöse, sehnige Brillanz zurückgreifen muß, die ihm sonst als Ersatz für Gewichtigkeit diente. Die musikalische Linie ist durchgehend von höchster Expressivität und Natürlichkeit. Wenn dann die Einleitung für mehr als die Hälfte ihrer Dauer in düsteres Moll versinkt und darauf ein Presto so gelassen einsetzt,

dann kann man unmöglich nicht an die Ouvertüre zu ›Don Giovanni‹ denken, die nur wenige Jahre später entstehen sollte.

Die Opernkomposition lehrt u. a. auch, wie man symmetrische Ausgewogenheit erlangt, wenn der Text oder die Handlung eine wörtliche Wiederholung der Musik nicht zulassen. Eine von Haydns wenigen starken Seiten als Opernkomponist ist sein Geschick, sich geniale formale Ausflüchte und verborgene Lösungen für derartige Probleme auszudenken; etwas von dieser neuen Technik übertrug er dann auf die ab 1780 entstandenen Symphonien. Ein Beispiel für diese Geschicklichkeit findet sich etwas später in dem gleichen Satz aus der Symphonie Nr. 75. Ein Abschnitt der »zweiten Themengruppe« der Exposition

tritt in der Reprise nicht wieder auf und wird durch einen kanonischen, auf das Anfangsthema zurückgehenden Abschnitt ersetzt:

Diese beiden so ungleichartigen Passagen besitzen bezeichnenderweise die gleichen harmonischen Elemente und betonen durch ihre Gestalt die gleichen Dissonanzen. Dazu üben sie die gleiche harmonische Funktion innerhalb der Großform aus, während die spätere, kanonische Passage darüberhinaus die typisch kadenzielle Wirkung einer Fugenengführung besitzt und durch ihre deutlichere Anspielung auf den Anfang die Form eindrucksvoll abrundet. Auch der langsame Satz muß Mozart brennend interessiert haben; das leise, choralartige Thema, ein anscheinend zuerst von Haydn gepflegter Melodietyp, ist ein Vorbild für vieles, was Mozart später in der ›Zauberflöte‹ musikalisch entwickelte.

Haydns witzige Spielereien mit formalen Elementen ordnen sich jetzt der Gesamtstruktur des Werkes unter, und seine Effekte sind sowohl auf lange Sicht angelegt, als auch unmittelbar verblüffend. In der Orchestrierung verwendet er die Tonfarben dazu, die Form zu betonen und zu unterstreichen, wie auch, um zu bezaubern. Soloinstrumente wirken nicht mehr wie unabhängige Concertinos (abgesehen von der ›Sinfonia Concertante‹ aus der Londoner Zeit natürlich), sondern sind in eine wahrhaft orchestrale Konzeption eingebettet. Sie spielen gewissermaßen aus dem Gesamtklangkörper heraus und selten im Kontrast oder Widerspruch dazu. Infolgedessen spielen sie weniger häufig solistisch, dafür werden ihnen aber ungewöhnliche Gelegenheiten zum Verdoppeln gegeben, wie etwa am Anfang des wunderbaren langsamen Satzes der Symphonie Nr. 88 mit der im Oktavabstand von der Solooboe und dem Cello gespielten Melodie. In den früheren Symphonien ragen die Solopassagen zwar oft als die außergewöhnlichsten und genialsten Augenblicke hervor, aber sie sind nur lose mit dem übrigen Werk verknüpft.

Die klaren Umrisse in den Werken nach 1780 sowie Haydns neues Proportionsgefühl erlauben ihm nun, seine Phantasie voll auszuleben, ohne dadurch das Gleichgewicht des gesamten Werkes zu gefährden. Im ersten Satz der Symphonie *F* Nr. 89 aus dem Jahr 1787 z. B. vertauschen Durchführung und Reprise auf ganz entzückende Art und Weise ihre Rollen. Die Durchführung enthält ungeachtet ihres weitausgreifenden und fortlaufenden Modulierens eine fast vollständige, ordentliche Rekapitulation der melodischen Gestalt der Exposition, während die Reprise die Themen fragmentiert und umgruppiert und dabei gleichzeitig alles harmonisch in die Tonika *F*-dur auflöst. Diese Funktionsverlagerung beeinträchtigt die übergreifende Symmetrie dieses Satzes keineswegs, sondern verstärkt sie eher, da Haydn durch die Umgruppierung nun in der Lage ist, eine Spiegelsymmetrie zu schaffen, in der das Anfangsthema vollständig erst nach dem zweiten Thema erscheint und zwar in einer bezaubernden Neuorchestrierung für Bratschen und Fagotte mit begleitenden Hörnern, Flöten und Streichern. Kein Werk könnte besser zeigen, welcher Abgrund zwischen akademischen ex post facto Vorschriften für die Sonatenform und den lebendigen, Haydns Kunst in Wirklichkeit bestimmenden Regeln der Proportion, Ausgewogenheit und Dramatik klafft.

Haydns neugewonnene klassische Nüchternheit ließ sich mühelos mit seiner Phantasie und seinem Humor paaren. Es sind jetzt die Ausnahmefälle, wenn das Sonderbare und Exzentrische, das so häufig wie eh und je in seinem Werk auftritt, nicht durch Lyrik verklärt wird. In der unterschätzten Symphonie Nr. 81 aus dem Jahr 1783 sind die Anfangstakte so entworfen, daß sie in der Reprise eine subtile, verwischte Rückkehr zur Tonika gestatten. Der Anfang ist nach dem ersten, freimütigen Akkord recht mysteriös,

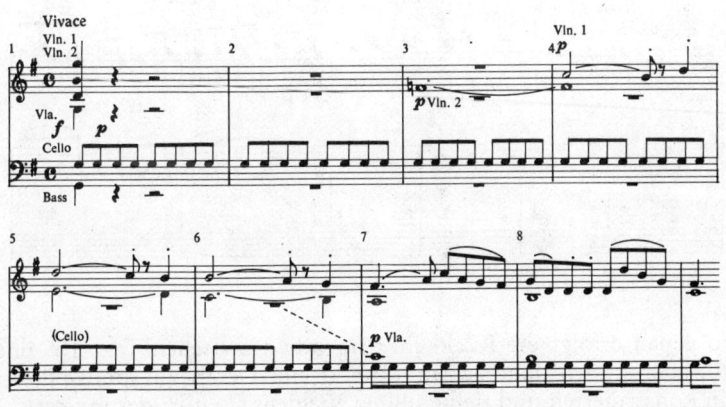

aber die Reprise ist noch viel schwerer faßbar:

Wo genau erfolgt die Rückkehr? Irgendwo zwischen Takt 105 und 110, aber sie schleicht sich unbemerkt ein. Der Bezugspunkt dieser fein konstruierten und tiefgefühlten Vieldeutigkeit ist das mysteriöse *F* am Anfang des Satzes (siehe oben T. 3), das seinerseits die beiden zarten, ergreifenden, lang ausgehaltenen Töne in der Reprise (*B* in T. 96, *Es* in T. 103) veranlaßt. Auslöser der Weiterentwicklung sind die drei Vorhalte in Takt 4–6, die sich (T. 104–109) zu einer längeren Vorhaltskette ausweiten, deren Expressivität sich zunehmend steigert, wenn ein Blasinstrument nach dem andern leise hinzutritt. Die rasche Achtelbewegung beruhigt sich und die Tonika erscheint weniger, als daß sie ihre Gegenwart allmählich fühlbar macht, so etwa wie das entfernte Schimmern eines Lichts seinem Strahlen vorausgeht. Trotz der verwischten Konturen ist das Auftreten dieser Reprise ein typisch klassisches »Ereignis«. Daß der Rhythmus plötzlich schweigt und nur das Pulsieren in den Bratschen und Celli weitergeht (T. 94), ist ein Hinweis darauf, daß etwas geschehen wird. Und wenn diese belebte Bewegung (bei T. 104) aufhört und die Bläser gelassen in eine harmonische Bewegung eintreten, dann wissen wir, daß es in diesem Moment geschieht. Die fehlende Gliederung ist keine kokette Anspielung auf traditionelle Weisen des Reprisenanfangs, kein Vorenthalten des Gewohnten und Erwarteten aus Effekthascherei, denn die Verweigerung der Gliederung mittels einer derart außergewöhnlichen und gefühlsbewegten Überleitung ist selber eine Art der Gliederung und eine entschiedene Hervorhebung des Auflösungsmoments.

In dem Jahrzehnt nach 1780 schrieb Haydn über zwanzig Symphonien, darunter die zwei großen Folgen von sechs bzw. drei Symphonien für den Comte d'Ogny (Nr. 82–87 und 90–92). Haydns Pariser Erfolge waren nur ein Teil seines allgemeinen europäischen Triumphes, der ihn schon vor seiner ersten Englandreise von 1791 zum größten zeitgenössischen Komponisten proklamierte. Kein Takt in diesen großartigen Werken, auch der ernsthafteste nicht, bleibt unberührt von Haydns Humor, und dieser Humor besitzt nunmehr eine solche Macht und Wirksamkeit, daß er sich zu einer Art Leidenschaft, einer verzehrenden und zugleich schöpferischen Kraft entwickelt. Wahrer, gesitteter Humor, d. h. die mit einer paradoxen Mischung aus Genialität und liebenswürdiger Pfiffigkeit vorgetragene, plötzliche Verschmelzung heterogener Einfälle, kennzeichnet alles, was Haydn nach 1780 schrieb.

Am hervorragendsten ist von den Pariser Symphonien die letzte, Nr. 92 in G-dur, die sogenannte ›Oxforder‹, die Haydn dort in Ermangelung einer neuen aufführte, als ihm der Doktortitel verliehen wurde. Das Trio des Menuetts ist die reine Farce: der uneingeweihte Hörer kann unmöglich raten, wo am Anfang der Niederschlag ist:

Die Orchestrierung ist an diesem Witz mitbeteiligt, da die Bläser und die Streicher scheinbar verschiedene Niederschläge haben. Wenn der Hörer sich dann endlich zurechtgefunden hat, verschiebt Haydn die Betonung und führt Pausen ein, die gerade reichen, um ihn wieder zu verwirren. Dieses Menuett ist der größte, frechste musikalische Streich. Der tiefempfundene langsame Satz sei hier zitiert, um zu zeigen, mit welch geringen Mitteln ein kleines Motiv ausdrucksvoll getönt und gesteigert wird.

Das chromatische Motiv von Takt 15 tritt in Takt 17, 19 und 21 erneut auf und ist jedes Mal weniger abgesetzt, breiter und harmonisch wärmer, bis es am Ende ein volles, üppiges Legato erreicht. Das ist immer noch die Methode des Humors, aber er ist hier an einen Punkt gelangt, wo er von Phantasie nicht mehr zu unterscheiden ist.

Mit dem ersten Satz der ›Oxforder Symphonie‹ erweitert Haydn die Sonatenform auf ihren bisher größten Umfang. Das Material ist auf ein Minimum beschränkt, um die Konstruktion so leicht wie möglich zu machen. Jedes mögliche Ereignis der Reprise, sei es die Rückkehr zur Tonika oder die Erreichung der Subdominante (hier wird allerdings die Molltonika als natürlicher Ersatz verwendet) und der Auftritt eines jeden Themas fungieren als Stichwort für neue thematische Arbeit. Haydns Erweiterungstechnik in der Reprise ist in einer Hinsicht weniger raffiniert als Mozarts, da sie die regelmäßige Rückkehr zum weitgehend unveränderten ersten Thema gewissermaßen als Sprungbrett für sequenzartige Entwicklungsgänge benutzt, während es Mozart gegeben ist, die Phrase oder die Einzelteile der Großform zu erweitern, indem und während er das Ganze ausdehnt. Doch gereicht diese Unterscheidung Haydn nicht zum Vorwurf, denn er hat ja die Phrasen in der Exposition absichtlich konzentriert, um so auf die große Expansion in der zweiten Satzhälfte vorzubereiten. Die Reprise besteht scheinbar wie ein Mosaik aus Teilstückchen der Exposition, aber dahinter steht eine zähe, dynamische, alles beherrschende rhythmische Konzeption, die selbst Mozart außerhalb der Oper selten hat erzielen können. Der folgende Abschnitt aus der Reprise geht tatsächlich vollständig auf ein winziges Motiv, einen Zweitonsprung aufwärts, zurück:

Obwohl dieser Sprung hier das einzige in Betracht kommende thematische Element ist, steht er nicht im Mittelpunkt des Interesses, das hier vielmehr gänzlich auf die großräumige Bewegung, auf die absteigende chromatische Baßfortschreitung und ihre Beantwortung durch eine flinkere, aufsteigende diatonische Bewegung konzentriert ist. Der Sinn fürs Detail ist so scharf wie je, aber alles gehorcht einem musikalischen Empfinden, das weit übers Einzelmotiv hinaushört. Mit diesem Werk und Mozarts ›Prager Symphonie‹ erreichte die Symphonie endlich den gleichen Ernst und die gleiche Grandiosität wie die großen öffentlichen Genres des Barock, Oratorium und Oper, ohne jedoch jemals ihren enormen Umfang anzustreben. Haydn schuf Gleichwertiges, aber übertroffen hat er die ›Oxforder Symphonie‹ niemals.

E.T.A. Hoffmann schrieb einmal, Haydn führe uns in seinen Symphonien in »grüne Haine«, eine Empfindung, die uns heutzutage ein Lächeln entlockt. Und doch trifft sie eine wesentliche Seite von Haydn, denn seine Symphonien sind heroische Schäferdichtung, und die großartigste dazu. Dabei denke ich nicht nur an die bewußt »ländlichen« Abschnitte der Symphonien – die Dudelsackeffekte, die Ländlerrhythmen in den Menuett-Trios, die Anklänge an Bauernlieder und -tänze, die Jodelmelodien. Viel charakteristischer ist der pastorale Ton, jene Mischung aus weltkluger Ironie und Pseudounschuld, die so bestimmend für die Pastoraldichtung ist. Dort sprechen die Landleute Gedanken aus, deren Tiefe sie anscheinend selber nicht erfassen können, und die Schäfer wissen nicht, daß ihre Freuden und Leiden die aller Menschen sind. Es ist leicht, die Schlichtheit der Pastoraldichtung künstlich zu finden, aber gerade diese Schlichtheit, die ländliche Einfalt, die den städtischen Leser mit herber Wehmut erfüllt, ist am rührendsten. Die Symphonien von Haydn besitzen diese kunstreiche Schlichtheit, und ihre direkten Anspielungen aufs Ländliche sind wie in der Pastoraldichtung mit einer geradezu pedantischen Gelehrsamkeit gepaart. Die »ländlichsten« Finali von Haydn enthalten im allgemeinen die meiste Kontrapunktik. Dennoch trifft Scheinnaivität den Kern von Haydns Manier. Seine Melodien scheinen wie die Schäfer der klassischen Pastoraldichtung losgelöst von ihrer Botschaft und in Unkenntnis ihrer vielfältigen Bedeutung zu existieren. Ihr erstes Auftreten ist fast immer frei von jener Aura des Mysteriösen und der unerklärlichen Spannung, die Beethovens Themen begleiten. Wie wichtig diese glatte Oberfläche für Haydn ist, kann gar nicht stark genug betont werden, denn sein Ernst wäre nichts ohne sein liebenswürdiges Gebaren. Dieser freundliche Ton ist die glänzendste Errungenschaft des neuen Phrasengefühls und des tänzerischen, energischen Pulses, der so viele seiner längsten Werke zusammenhält.

Exquisite Einfachheit der Oberfläche ist typisch für die meiste Schäferdichtung des 17. und 18. Jahrhunderts; dazu kommt eine vorgebliche Undurchsichtigkeit, d. h. die Behauptung, daß die Oberfläche alles sei, wobei gleichzeitig Einverständnis darüber herrscht, daß, akzeptierte man diese Behauptung, die ganze Tradition in sich zusammenbräche. Das ist das Ironische an Andrew Marvells Lyrik und sogar das Bitter-Schmerzliche an den Landschaften von Claude Lorrain und Nicolas Poussin. Die Fiktion, die Natur sei so, wie wir sie uns vorstellen, und Phyllis und Strephon hüteten Schafe, erzeugt eine Kunstform, die insofern unmittelbarer ist als der realistische Roman, als ihre unverfrorene Künstlichkeit ganz offen einen Glaubensakt fordert. Die Schäferdichtung ist wohl die wichtigste literarische Gattung des 18. Jahrhunderts, sie strahlte auf sämtliche andere Formen aus: auf die Komödien von Pierre Carlet de Marivaux und Carlo Goldoni, die philosophischen Romane von Oliver Goldsmith und Samuel Johnson, auf die erotischen Romane von Abbé Prévost, Restif de la Bretonne und des Marquis de Sade und auf die satirischen Romane und Erzählungen Christoph Martin Wielands. Selbst Voltaires Candide ist im Grunde ein Schäfer, der voller Unschuld Wahrheiten ausspricht, die universaler sind als er denkt – nur daß seine Welt die Natur auf den Kopf gestellt hat. In den meisten dieser Werke ist das Hauptstilmerkmal eine Naivität oder Simplizität, die absolut und ohne Vorbehalte für bare Münze genommen werden will, obgleich das ganze übrige Werk sie Lügen straft.

In Haydns Symphonien ist die Vorspiegelung einer naturgegebenen Schlichtheit keine Maske, sondern ehrliches Anrecht eines Stils, dessen Beherrschung der technischen Mittel so umfassend ist, daß er des äußeren Anscheins von hoher Kunst freimütig entraten kann. Pastoraldichtung ist im allgemeinen ironisch, mit der Ironie dessen, der weniger anstrebt, als er verdient und dabei hofft, daß ihm mehr gewährt wird. Aber Haydns pastoraler Stil ist trotz aller Ironie großzügiger: es ist wahrhaftig heroischer Pastoralstil, der heiteren Herzens das Erhabene beansprucht, ohne etwas von der kunstgegebenen Unschuld und Einfalt abzutreten.

IV. Opera seria

> »Vous avez écrit votre pièce d'après les principes de la tragédie. Vous ne savez donc pas que le drame en musique est un ouvrage imparfait, soumis à des règles et à des usages qui n'ont pas le sens commun, il est vrai, mais qu'il faut suivre à la lettre.«
>
> Carlo Goldoni, ›Mémoires‹, 1787,
> Kapitel XXVIII
>
> [Ihr habt Euer Stück nach den Regeln der Tragödie geschrieben. Ihr wißt wohl nicht, daß das Musikdrama etwas Unvollkommenes ist und von Regeln und Traditionen beherrscht wird, die zwar dem gesunden Menschenverstand widersprechen, aber doch bis aufs i-Tüpfelchen befolgt werden müssen.]

Das Problem der Tragödie im 18. Jahrhundert läßt sich nur im vollen Bewußtsein der beschränkten künstlerischen Sprache erörtern, d. h., es ist eigentlich das Problem des Versagens, oder wenn man will, des Fehlens der Tragödie im 18. Jahrhundert. Die weltliche Tragödie war nicht nur der Literatur, sondern auch der Musik ein unerreichbares Ideal. Die Opera seria ist heutzutage ein Kuriosum auf der Bühne; die besten Vertreter der Gattung führen ein Schattendasein nicht als vollständige Kunstwerke, sondern vermöge der Qualität ihrer Teile. Wenn wir den Begriff »Form« – vielleicht unklugerweise – auf den Zusammenschluß von Einzelteilen zu einem größeren konzeptionellen Ganzen beschränken, dann ist die Opera seria überhaupt keine Form, sondern nur eine Bauweise. Die Form als Ganzes erwachte nie zum Leben, wenn auch die Einzelformen manchmal sehr lebendig sind – Arien aus den Opern von Pietro Francesco Cavalli, Alessandro Scarlatti, Händel, Ensembles aus Rameaus Opern und fast jede Seite von Mozarts ›Idomeneo‹. Gluck hatte noch am ehesten wirklichen Erfolg mit dieser Form, und zwar in einer Ära des Experimentierens, als der Stil des Hochbarock nicht mehr zu inspirieren vermochte und der klassische noch nicht recht festgelegt war. Wenigstens drei von Glucks Opern erreichten ein dramatisches Niveau, das in den hundert Jahren seit Monteverdi in weltlicher Musik unbekannt war – das religiöse Musikdrama wirft ganz andere Probleme auf. Aber selbst bei Gluck gibt es Passagen von solcher Zusammenhanglosigkeit im Harmonischen und ganz besonders im Rhythmischen, daß seine musikalische Vorherrschaft nur mit Einschränkungen anerkannt werden kann.

Mozarts Versagen ist am auffälligsten. Der harmonische und rhythmische Zusammenhalt, den Gluck nur unter äußerster, spürbar bleibender Anstrengung erreicht, gelingt Mozart anscheinend so mühelos wie keinem zweiten Komponisten. Und doch scheint ihm in ›Idomeneo‹ die meisterhafte Beherrschung der großrhythmischen Bewegung über längere Strecken unerklärlicherweise abhanden gekommen zu sein. Das musikalische Geschehen überzeugt nicht, obwohl die Einfälle durchgehend großartig sind. Noch rätselhafter, und zwar auf ganz andere Weise, liegt der Fall bei Mozarts letzter Oper, ›La clemenza di Tito‹. Geschrieben wurde sie – allerdings in großer Eile – zu einer Zeit, als Mozart einige seiner besten Werke komponierte. Es ist ein Werk von höchster Anmut und fast ungemilderter Langeweile. Ich habe Aufführungen gehört, aber nie gesehen, und kann mir nicht vorstellen, daß selbst die großartigste Inszenierung das Werk retten könnte. ›Titus‹ besitzt die Vollendung von Mozarts besten Werken – Mozarts Musik ist ja nie weniger als schön – aber es ist schwer, eine Vorstellung davon zu geben, wie schwach das Werk im Gedächtnis haften bleibt. Mozart war in seinen dramatischen Werken durchaus der Tragik fähig, aber nur in den komischen Gattungen, Opera buffa und Singspiel.

Daß selbst der größte Komponist der Opera seria kein Leben einhauchen konnte, hat man auf die einschnürenden Konventionen der Gattung geschoben. Allerdings hat es etwas Komisches an sich, wenn der Held die Bühne verläßt, ohne die Antwort auf seinen in Arienform vorgetragenen Heiratsantrag abzuwarten, nur damit er zurückkehren und sich verbeugen kann. Aber Mozart wurde in seinen komischen Opern mit ebenso desillusionierenden Situationen fertig. Nachdem der Bassa in der ›Entführung aus dem Serail‹ Konstanze die Martern vorgehalten hat, die sie erwarten, wenn sie seinen Forderungen nicht nachgibt, muß Konstanze eine mindestens zweiminütige Einleitung in üppig konzertantem Stil abwarten, ehe sie ihm erwidern kann. Bei heutigen Aufführungen hat der Regisseur mit dieser Arie fast größere Schwierigkeiten als die Sängerin, so anspruchsvoll die Koloraturen und die voll ausgeschriebene Kadenz mit Solobläserbegleitung auch sein mögen. Mit besorgtem Realismus wird der Regisseur unsere Aufmerksamkeit unweigerlich vom Ritornell ablenken und sich fragen, wie die lange Wartezeit vor der Antwort zu erklären sei. Überlegt Konstanze es sich? Ist sie vor Wut sprachlos? Zittert sie vor Angst, bevor sie genug Mut faßt, um zu erwidern, daß Martern ihr nichts anhaben werden? Soll sie auf und ab gehen? Sich hinsetzen? Soll sie eine Haltung einnehmen und die ganzen zwei Minuten lang beibehalten? All das war zu Mozarts Zeiten natürlich kein Problem, man stellte sich solche psychologischen Fragen einfach nicht. Es war Mozart klar, daß die Arie unzumutbar lang war, und er sagte entschuldigend, er habe nicht damit aufhören können. Doch im Singspiel deckte sich das Problem, wie man das Publikum fesselte, nur teilweise mit dem Problem der naturalistischen Illusionsbewahrung. Die Sopranistin wartete, weil eine konzertante Arie von solchem Umfang und dramatischem Gewicht ein langes Ritornell erforderte.

Man könnte einwenden, die konzertante Arie gehöre nicht zu den Konventionen des Singspiels, sondern der Opera seria, und die Lächerlichkeit der Situation werfe nur ein schlechtes Licht auf dieses ohnehin glücklose Genre. Aber die Situation muß nicht lächerlich wirken, vorausgesetzt der Regisseur akzeptiert sie ohne schlechtes Gewissen, denn die Arie ist dramaturgisch notwendig und dazu ein herrliches Musikstück. Die Schwierigkeiten gehen einerseits darauf zurück, daß Regisseure immer noch in der Tradition naturalistischer Psychologie befangen sind, die der Oper des 18. Jahrhunderts völlig fremd ist, und andererseits, daß sie sich nicht vorstellen können, Musik erklinge bei geöffnetem Vorhang, ohne daß allerlei Geschäftigkeit erfunden wird, um die ihnen leer erscheinende Zeit zu füllen. Wenn Konstanze heutzutage während des Ritornells gar nichts täte, so würde auch das auffällig wirken. Was aber selbst in einer fehlgeleiteten Inszenierung deutlich erkennbar bleibt, ist die dramaturgische Richtigkeit und Macht dieser Arie sowie ihrer Stellung in der Oper als Ganzem, insofern sie nämlich dem ersten Akt das nötige Gewicht verleiht und die Brillanz und die Tonart der Ouvertüre und damit der Oper überhaupt wieder aufnimmt. An den Konventionen der Opera seria ist, so will es scheinen, nichts auszusetzen, solange sie im Rahmen der komischen Oper auftreten.

Selbst typische Buffa-Merkmale können ganz schön lächerlich wirken, wenn man auf Glaubwürdigkeit besteht. Am Anfang von ›Le nozze di Figaro‹ muß Figaro den Fußboden zweimal ausmessen, nur damit seine Musik mit der von Susanna kombiniert werden kann. Wagner verwarf die Konvention, alles vier- bis fünfmal zu wiederholen vor allem deshalb, weil die musikalischen Formen, die Wiederholung erfordern, zu seiner Zeit schon veraltet waren; natürlich gab er mehr philosophische Gründe für seine Entscheidung an. Aber Wagners Konventionen sind auf anderer Ebene nicht weniger formell und unrealistisch: In einer Mozart-Arie wird eine Passage viermal in annähernd normalem Sprechtempo wiederholt, bei Wagner wird alles einmal, aber zumeist viermal so langsam gesungen. Jedenfalls sind die Konventionen der Opera buffa so künstlich wie die jeder anderen Kunstform: man muß akzeptieren, daß die Dunkelheit so undurchdringlich ist, daß ein Diener sich nur durch Vertauschen des Mantels in seinen Herrn verkleiden kann, daß ein junger Mann von seiner

Verlobten nicht erkannt wird, wenn er sich einen falschen Schnurrbart anklebt, und daß fast jedesmal, wenn jemand eine Ohrfeige erhalten soll, ein Nebenstehender sie aus Versehen empfängt. Was das Singspiel anbelangt, so ist seine Widersinnigkeit selbst im Vergleich zur Opera seria überwältigend. Daß die heroisch-tragische Operngattung im 18. Jahrhundert keine bleibenden Werke geschaffen hat, die uns heute noch künstlerisch bedeutungsvoll erscheinen, läßt sich nicht mit ihren Konventionen erklären. Zumindest für Händel und Mozart gilt, daß ihnen alles übrige glückte, was sie anfaßten, und die Opera seria ihnen beinahe geglückt wäre.

Eine beliebte Erklärung für die Schwäche der Opera seria ist das Versagen der Tragödie im 18. Jahrhundert überhaupt. Das Ideal einer poetischen Tragödie spielte eine ebenso wichtige Rolle in der Literatur wie in der Musik, und ihr Mißlingen war dort noch katastrophaler. Einzelne Arien aus Händels Opern haben nichts von ihrer Wirkung verloren, vereinzelte Neuaufführungen von ›Idomeneo‹ enthüllen prächtige Abschnitte von großer Schönheit, und Gluck kam einem lebensfähigen Stil für die musikalische Tragödie sehr nahe. Aber die Tragödien von Voltaire und Prosper Jolyot de Crébillon liest man heute lediglich aus historischem Interesse, und Metastasio ist nur in kleinsten Dosen genießbar. Selbst Bewunderer von Joseph Addison und Samuel Johnson schaffen nicht mehr als einen Akt von ›Cato‹ bzw. ›Irene‹ auf einmal. Ehrerbietung für die hohe Kunst der Tragödie und gleichzeitiges Ausbleiben von Erzeugnissen, die über das Mittelmaß hinausgehen, sind zweifellos charakteristisch für die Epoche. Die Beweise für die Unfähigkeit des Jahrhunderts, tragische Kunst hervorzubringen, sind überwältigend. Warum erwarten wir mehr von den Musikern als von den Dichtern?

Die Künste verlaufen oft mehr oder weniger parallel zueinander (manchmal dank gegenseitiger Mißverständnisse), aber man kann nicht davon ausgehen, daß geglückte Leistungen in einer Kunst für die Kultur als Ganzes gelten. Die Musik des elisabethanischen Zeitalters besitzt nichts von der großangelegten Dramatik der zeitgenössischen Theaterdichtung; die französische Malerei des 16. Jahrhunderts produzierte nichts, was neben François Rabelais zu stellen wäre; Verdis Opern besitzen nichts Gleichrangiges im italienischen Sprechtheater ihrer Zeit. Selbst innerhalb einer Kunst können zwei Genres auffällig ungleichwertig sein: die französische Lyrik des 18. Jahrhunderts ist im Vergleich zu der großartigen Prosa der Zeit eine kümmerliche Angelegenheit. Aber es ist nur billige Systematik, wenn man behauptet, das Jahrhundert der Aufklärung und Vernunft sei eben ein prosaisches Zeitalter. Das 18. Jahrhundert war auch in England ein prosaisches Zeitalter, sagt man, aber dort gab es Alexander Pope, Johnson und Christopher Smart, während wir uns in Frankreich mit Evariste

Parny und Jean-Baptiste Rousseau begnügen müssen. Den Geist des Rationalismus anzurufen, ist nur ein schwacher Trost. Es ist ein Fehler, den Zeitgeist für ein Verbrechen verantwortlich zu machen, wenn man den Modus operandi nicht genau kennt. Wenn das 18. Jahrhundert nicht fähig war, Tragödien hervorzubringen, so lag es gewiß nicht an mangelndem Streben, Verständnis oder allgemeinem Interesse. Weder Talent noch Bemühung vermochten eine dauerhafte tragische Form zu schaffen, während die ebenso antiquierte und verkalkte Schäferdichtung zu neuem Leben erweckt wurde.

Es könnte sein, daß unser Verständnis für die Ideale eines anderen Zeitalters provinzlerisch blind ist. Die heroischen Opern eines Rameau und Händel, die Tragödien von Voltaire und Addison hatten seinerzeit ihre Anhänger, ja sogar leidenschaftliche Bewunderer. Aber wir greifen ja nicht den Erfolg der Tragödie des 18. Jahrhunderts innerhalb ihres eigenen zeitlichen Rahmens an, sondern ihren Anspruch, diesen zu überschreiten und aus der eigenen historischen Gebundenheit auszubrechen. Geschmacksausübung ist oft ein eindeutiger Willensakt: Rimskij-Korsakow riet Strawinsky, sich nichts von Debussy anzuhören, da ihm diese Art von Musik womöglich gefallen würde. Man hat sich alle Mühe gegeben, Opera seria zu mögen. Händels Opern sind der Vergessenheit entrissen worden, und daß sie seitenweise wunderschöne Musik enthalten, läßt sich nicht bestreiten. Seine Erfindungskraft und Phantasie waren in ›Giulio Cesare‹ so groß wie in ›Israel in Egypt‹, aber im Ergebnis ist die Oper weit weniger befriedigend. Die Schwächen in jeder einzelnen von Glucks besten Partituren lassen sich nicht wettmachen, und es ist ein trauriger Gedanke, daß seine Werke im allgemeinen aus archäologischer Pietät inszeniert werden. Um Rameaus Opern wiederzubeleben, hat man es sogar mit Parfüm und einem Wagner-Orchester versucht. Und was ›Idomeneo‹ anbetrifft: hätte er sich für das Repertoire retten lassen, so wäre das mittlerweilen geschehen. In unserem Jahrhundert haben Opernintendanten mit Freuden festgestellt, daß ›Così fan tutte‹ und ›Die Entführung aus dem Serail‹ sich mit fast ebenso großem Erfolg inszenieren lassen wie die bereits populären Mozart-Werke ›Don Giovanni‹, ›Figaro‹ und ›Die Zauberflöte‹. Eine große tragische Oper zusätzlich zu dieser Fünfergruppe hätte sie noch mehr erfreut. Tatsächlich sind Aufführungen keine Seltenheiten mehr. Aber mit den zahlreichen, verzweifelten Kürzungen und Umstellungen mutet jede wie ein erneuter Wiederbelebungsversuch an.

Weder der hochbarocke Stil eines Bach, Händel oder Rameau noch der klassische Stil von Haydn und Mozart eignete sich zur Darstellung weltlicher Tragödie, nicht einmal für zeitgenössische Werke wie die Tragödien von Voltaire. Mit seinem geringen Potential für Übergänge war der Rhythmus des Hochbarock für dramatische Zwecke schlechterdings unbrauchbar, und seine Schwerfälligkeit wurde durch die unentwegt in fallenden Sequenzen verlaufende harmonische Bewegung nur verstärkt. Dramatische Bewegung war unmöglich, denn zwei Phasen ein und derselben Handlung konnten nur statisch, deutlich voneinander abgetrennt, dargestellt werden. Selbst ein Gefühlswandel konnte nicht allmählich vonstatten gehen; es mußte immer einen klaren Punkt geben, an dem ein Gefühl aufhört und ein anderes plötzlich überhandnimmt. Dadurch reduzierte sich die heroische Oper des Barock auf eine Folge statischer Szenen, die zwar Jean Racines starren Adel, aber nichts von seiner außerordentlichen, geschmeidigen inneren Bewegung hatten. Man hat die Monotonie der barocken Oper auf die massive Verwendung der Da capo-Arie geschoben, aber sie paßt sich als Form am besten der rhythmischen Konzeption an und bietet vermittels des kontrastierenden Mittelteils tatsächlich noch am ehesten Gelegenheit zu Vielfalt und Abwechslung. Händel und Rameau erhoben sich zweifellos über diesen Stil und wirkten zuweilen Wunder darin, aber es war nicht ein Stil, der sich für dramatische Handlung anbot.

Ich habe oben von »weltlicher« Tragödie gesprochen, um Einwänden hinsichtlich der Passionen von Bach und der Oratorien von Händel zu entgehen. Sie sind es aber wert, erörtert zu werden. Die dramatische Intensität dieser Werke steht außer Frage; wie sie erreicht wird, ist interessant zu beobachten. Die dramatischen Teile der Bachschen Passionen sind völlig auf die Rezitative und einige Chöre konzentriert; sie sind eingebunden in ein System von privaten, frommen Betrachtungen in Form von Arien und öffentlichen in Form von Chorälen. Die ›Matthäuspassion‹ wird als Ganzes von zwei »Bildern« umrahmt: das erste, ungemein visuelle, malt den Weg nach Golgatha, der Schlußchor ist die Grablegung Christi. Auf diese Weise wird die Statik des hochbarocken Stils sowohl akzeptiert als auch aufs großartigste überwunden. Ebenso wie Mozart die heroischsten und tragischsten Wirkungen nur innerhalb der Opera buffa verwirklichen konnte, so erzielt Bach seine dramatischen Wirkungen innerhalb einer wohl mit elegisch zu bezeichnenden Form. Selbst die Rezitative sind streng genommen nicht Drama, sondern epische Erzählung, und für sich allein kann das Rezitativ als musikalische Form die Aufmerksamkeit nicht für lange Zeit fesseln. Die Dramatik der Werke Bachs ist auf die Gegenüberstellung von Rezitativen, elegischen Arien, Chorälen und illustrativen Chören zurückzuführen. Hohe Tragik wird hier mit weitgehend erzählerischen oder bildlichen Mitteln erzielt.

Da dramatische Entwicklung im Barockstil nicht stattfinden kann, muß die dramatische Gegenüberstellung dafür einspringen. Das ist auch Händels Lösung für die Oratorien. Bei Händel wie bei Bach ist es der Kontrast zwischen Chor und Solostimme, der die Entwicklung einer dramatischen Logik ermöglicht. Kein Oratorium von Händel ist so verdichtet in der Gestaltung wie Bachs zwei große Passionen mit ihrer engen Beziehung zwischen benachbarten Sätzen und der Bedeutsamkeit der Bewegung vom Rezitativ zu den kommentierenden Chorälen und Arien. Aber innerhalb der Chöre verrät Händel oft eine dramatische, wo nicht emotionale Kraft, die Bach selten zu entfesseln sucht. Während Bachs Chöre meistens auf einer einzigen, homogenen rhythmischen Struktur aufgebaut sind, versteht Händel es, zwei oder mehr rhythmische Blöcke ohne jede Überleitungsversuche mit höchst nachdrücklichem Kontrast nebeneinander zu stellen und dann übereinander zu schichten, und all das mit einer Bewegungsenergie, die an Erregtheit nie übertroffen wurde[1]. Das wird mit einem im Vergleich zu Bach erheblich dünneren Satz erreicht, doch der daraus resultierende Verlust an Intensität wird durch den Zuwachs an Klarheit wettgemacht. Anders als Bachs Passionen sind Händels Oratorien wahrhaft öffentlich; sie sind für konzertante oder einfach ausgestattete szenische Aufführung gedacht und in der Kirche eigentlich fehl am Platze. Als Operndirektor machte Händel zweimal Bankrott, aber an seinen Oratorien verdiente er eine ganze Menge Geld. Wenn das zeitgenössische Publikum auf Händels Themen vielleicht nur mit demselben Enthusiasmus reagierte, den das heutige Publikum für Bibel-Epen im Kino zeigt, so hat sein Urteil jedenfalls der Zeit standgehalten.

Nicht der Instinkt fürs Dramatische oder Tragische fehlte also in der ersten Hälfte des 18. Jahrhunderts, auch nicht die Fähigkeit oder das Genie dazu. Was fehlte, war ein Stil, der unter ausschließlicher Verwendung von Rezitativ, Arie und Soloensemble ein Theaterwerk großen Formats tragen konnte. In Händels Opern ist selbst das Soloensemble eine Seltenheit und erheblich weniger interessant als in den Oratorien. Die Soloensembles aus ›Jephtha‹ und ›Susanna‹ haben in den Opern nirgendwo ihresgleichen an dramatischer Kraft und Charakterzeichnung. In einem Stil, der innere dramatische Entwicklung nahezu ausschloß, machte die Konzentration auf die Arie aus der Barockoper eine Reihe von Schaunummern für die Sänger. Den Mitteln der Oratorien und Passionen, nämlich epische Form im Verein mit deskriptiven Chören und religiös meditierenden und kommentierenden Arien, konnte die Oper nichts Gleichwertiges zur Seite stellen, das ihr erlaubt hätte, die Statik der Einzelnummern zu beleben oder zu kontrastieren.

Daß Rameau die erzählenden und die elegischen Formen mied –

---

[1] Die Überlegenheit der Händelschen Chöre wurde im 18. Jahrhundert fraglos anerkannt. Wieland behauptete, das allgemeine Urteil auszusprechen, wenn er sie (wie auch Lullys Chöre) den Arien vorzog.

jene mit ihrer natürlichen Affinität zum Rezitativ und diese mit ihrer ausgezeichneten Anpassung an die gängigen musikalischen Strukturen des Hochbarock – dürfte zum Teil erklären, warum es ihm nicht gelang, ein voll befriedigendes, größeres musikalisches Werk zu erschaffen. Er setzt den Chor mit großartiger Wirkung ein, und zahlreiche Ensembles sind hochentwickelt, aber durch den zeittypischen, unerbittlichen Rhythmus und die geradezu magnetische Anziehungskraft der Tonika, die in zeitgenössischer französischer Musik stärker zutage tritt als in der deutschen Schule, zerfallen seine Szenen gewissermaßen in edle, anmutige, aber bedrückend unbewegliche Marmorreliefs. Wenn die französische Musik eine heroische Tragödie hervorbringen sollte, dann war ein Chor als Hintergrund und philosophischer Kommentator unerläßlich, und es mußten Möglichkeiten gefunden werden, nicht nur deutlich umrissene Gegensätze, sondern auch einen sich allmählich entwickelnden Konflikt innerhalb einer musikalischen Form darzustellen. Mit anderen Worten, die französische Barockoper mußte sich mehr der griechischen Tragödie annähern, wenn sie nicht überhaupt ganz von vorn anfangen wollte. Genau das unternahm Gluck mit der für das Zeitalter typischen, klassizistischen Dogmatik, Kühnheit und Originalität. War ihm auch nur ein halber Erfolg beschieden, die Bemühung war jedenfalls heroisch.

Gluck wird meistens als genialer Komponist mit erstaunlich mangelhafter Technik beschrieben. Seine Genialität steht außer Frage, und die in jedem seiner Werke zu beobachtenden Mängel sind ebenso fraglos vorhanden, wenn auch vielfach mißverstanden. Es wäre interessant, einmal zu fragen, ob diese »Mängel« nicht so sehr auf Lücken in Glucks Ausrüstung zurückgehen, als vielmehr auf das, was er innerhalb des gegebenen historischen Augenblicks zu erreichen suchte. Die Musikgeschichte schleppt sich mit halbüberlebten Theorien über die Mängel der größten Komponisten herum: Beethovens mangelndes kontrapunktisches Geschick, Chopins Probleme mit der großen Form, Brahms' ungeschickte Orchestrierung. So abgestanden sie sind, werden sie doch immer wieder aufgewärmt. Aber in Glucks Opern springen die Fehler zuweilen tatsächlich zu sehr ins Auge, als daß man sie leugnen oder durch ästhetische und historische Überlegungen in Tugenden verwandeln könnte. Nichtsdestoweniger entspringen die Fehler weitgehend aus der Anwendung des zeitgenössischen Stils auf die Aufgaben, die Gluck ihm stellte. Zu behaupten, daß der Stil um 1760/70 den Schwierigkeiten eines tragischen Bühnenwerkes nicht gewachsen war, könnte nur als eine allgemeinere Formulierung dafür erscheinen, daß Gluck es versäumte, seine Kunst den Ansprüchen der Tragödie zu unterwerfen. Die erste Formulierung besitzt aber den Vorteil, daß sie unsere Aufmerksamkeit auf das Wesen des Stils lenkt sowie auf die Ansprüche, die sowohl die Opera seria wie das neuerweckte Interesse an der griechischen Tragödie an ihn stellten. Dann erhalten wir vielleicht eine Vorstellung davon, welchen Problemen Gluck sich gegenübersah, welche Absichten er mit vielen seiner Neuerungen hegte und warum sie ihm zum Teil mißlangen. Glucks mangelnde Technik anzuführen, erklärt wenig und dient nur als Entschuldigung für unsere Abweisung dessen, was uns an seiner Musik nicht gefällt. Die Kritik ist nicht einmal irrelevant oder unwahr und ist jedenfalls durch die Überlieferung sanktioniert. Händel sagte ja schon, daß Gluck »nicht mehr vom Kontrapunkt versteht als mein Koch«. Tovey hat zwar nachgewiesen, daß Händels Koch, der auch als Sänger in der Händelschen Operntruppe auftrat, wahrscheinlich eine ganze Menge vom Kontrapunkt verstand, aber es war auf jeden Fall starrsinnig von Gluck, diesen Mangel nicht zu beheben, wo er doch binnen Jahresfrist alle Kniffe hätte erlernen können. Ist es nicht sinnvoller, davon auszugehen, daß Gluck für Händelschen Kontrapunkt kein Bedürfnis mehr hatte? Wenn wir bei Gluck kontrapunktisches Können vermissen, so müssen wir uns ins Gedächtnis rufen, daß er mit Händels Stil und dieser Art von Können gebrochen und etwas Neues erschaffen hatte, das Mozarts Zwanglosigkeit und Beethovens Dimensionen zwar noch nicht erreicht hatte, wiewohl es darauf zusteuerte. Derartige verspätete historische Einsichten sind zwar billig, da Gluck ja weder bewußt noch unbewußt die gleichen Ziele anstrebte wie Mozart oder Beethoven. Doch ist eine Prise Teleologie bei einer so provozierenden und bewundernswerten historischen Figur wie Gluck vielleicht ganz nützlich.

Motive sind meistens gemischt, und am buntesten sind jene unbewußten und uneingestandenen, die wir notwendigerweise konstruieren und in die Vergangenheit hineinlesen, um eine Erklärung für historische Veränderungen zu finden. Die auffälligste aller Gluckschen Neuerungen ist seine drastische Vereinfachung – Vereinfachung der Handlung, der Form und der Satztechnik. Was waren die Gründe für diese Reform? Die offizielle und zugleich Glucks eigene Antwort lautet: größere Natürlichkeit des Dramas. Die Rückkehr zur Natur ist der Grund für fast jede dramatische Reform und ist sogar jedesmal wahr, aber es ist nicht immer einfach zu bestimmen, ganz besonders im Hinblick auf die Tragödie des 18. Jahrhunderts, was daran natürlich und was künstlich war. In gewissem Umfang bedeutete es einfach, die lähmenden Konventionen der vorangegangenen Generation abzuwerfen. Das Rätsel, warum die Konventionen gerade zu diesem Zeitpunkt lähmend erscheinen, wird von einem weiteren Faktor kompliziert, nämlich dem wachsenden Interesse an griechischer Kunst und damit der Entstehung des Klassizismus. Die im 15. und 16. Jahrhundert (außer in Frankreich) vor allem römisch bestimmte Renaissance wurde im 18. Jahrhundert griechisch. Diese zunehmende

Begeisterung für die griechische Kultur hatte einen eigenartigen Anstrich von Primitivismus. Der Fortschrittsglaube des 18. Jahrhunderts wurde von einer utopischen Vergangenheitsnostalgie aufgewogen, die der alten Überzeugung, daß die Welt nicht besser, sondern immer schlechter wird, Ausdruck verschafft. Hatten die Griechen eine Idealkultur geschaffen, so deshalb, weil sie weniger kompliziert und verfeinert waren als die Menschen der Neuzeit. Das 18. Jahrhundert ahmte die Griechen weniger nach, als daß es sie zu übertreffen suchte, indem es eine drastische Einfachheit anstrebte, die mit dem Griechentum wenig zu tun hatte. Dichter und Baumeister gingen weniger zur griechischen Kunst zurück, als vielmehr zu der vermeintlichen theoretischen Quelle der griechischen Kunst, der Natur. Die griechische Architektur ist nie so demonstrativ »natürlich«, wie es der Klassizismus des 18. Jahrhunderts werden sollte, wenn er bewußt die primitiven Ursprünge einzelner Bauelemente neu zu beleben oder zu rekonstruieren versuchte. Daß die Säule eine Weiterentwicklung des Baumstammes ist – eine klare Sache für den Rationalisten – bedeutete auch, daß die Verwendung von Basen schon überfeinert und unnatürlich war. An vielen klassizistischen Gebäuden wachsen die Säulen deshalb direkt aus dem Boden. Klassizistische Malerei zeichnet sich weniger durch die Verwendung klassischer Sujets aus, denn die waren schließlich schon seit der Renaissance und sogar vorher geläufig, als vielmehr durch den moralischen Ernst, mit dem sie behandelt werden. Darüberhinaus trat die klassische Mythologie zugunsten von geschichtlichen Themen zurück, die die bürgerlichen Tugenden verkörperten. Vor allem aber will die klassizistische Malerei nichts von der emotionalen Vielschichtigkeit wissen, mit der Poussin oder Raffael ihre klassischen Figuren behandeln; sie appelliert nur an einfache, elementare Gefühle – oder behauptet das jedenfalls.

Der Klassizismus ist polemisch doktrinär, er ist Thesenkunst. Dadurch ist hier das Verhältnis von Theorie und Praxis besonders empfindlich. Normalerweise, d. h. in den meisten Kunststilen, ist das Verhältnis lose und etwas verworren. Kunsttheorien, und zwar solche, die die Künstler selber gutheißen, sind oft nicht viel mehr als traditionsgeheiligte oder gut klingende fromme Gefühle. Sie können auch Vernunfterklärungen sein, post festum unternommene Versuche, fertige Werke durch Grundsätze zu rechtfertigen, die wenig mit ihrer Erschaffung zu tun haben, aber möglicherweise die Richtung andeuten, die der Künstler einzuschlagen hoffte. Und schließlich spiegeln sie vielleicht tatsächlich indirekt oder gar direkt die Praxis des Künstlers wider. Wenn diese verschiedenartigen Prinzipien meistens durcheinandergeworfen werden, mit dem Resultat, daß Künstler entweder dafür getadelt oder gelobt werden, daß sie nicht praktizieren, was sie predigen, so ist die – lahme – Ausrede der Historiker, daß sie allzu schwer zu entwirren sind. In einem Fall wie dem Klassizismus wird das Problem dadurch noch vielschichtiger, daß seitens der Künstler der bewußte Versuch gemacht wird, die Praxis der Theorie zu unterwerfen, selbst wenn diese Theorie als Bekenntnis und Erklärung im Widerspruch zu den künstlerischen Gewohnheiten und weniger bewußten, sich erst in der Praxis allmählich herausschälenden Prinzipien steht. In den meisten klassizistischen Werken erzeugt dieser Widerspruch eine ganz erhebliche Spannung, insofern der Wunsch nach theoretischer Geschlossenheit paradoxerweise zuweilen zur Desintegration der künstlerischen Sprache führt, die gezwungen ist, sich selbst zu widersprechen, um mit externen Forderungen übereinzustimmen. Die bewußte Kultivierung des Natürlichen führt im Klassizismus zu forcierter Selbstverleugnung und -unterdrückung, die von »Perversion« nicht mehr zu unterscheiden ist. Dadurch erhalten die größten klassizistischen Werke – Glucks Opern, die Architektur von Claude Nicolas Ledoux und die Malerei von Jacques Louis David – eine über die Ansprüche der Werke selbst hinausgehende explosive Kraft[2].

Dementsprechend erklärt sich die Größe vieler klassizistischer Werke tatsächlich aus der nicht ganz gelungenen Unterdrückung des Instinkts durch die Doktrin (wobei unter Instinkt hier nichts Mystischeres als unformulierte Doktrin zu verstehen ist). Das hat merkwürdigerweise zur Folge, daß die Theorie des Klassizismus in einem ganz besonderen Sinn in die Werke eingegangen ist. Die Exempel klassischer Tugenden wie Alkestis, Iphigenie und Orpheus, die die Grundlage von Glucks Opern bilden, werden nicht nur musikalisch dargestellt, sondern von der Keuschheit der Musik, der Ablehnung des vokalen Brillierens, dem Fehlen von Verzierungen, den keinen Applaus zulassenden Arienschlüssen und der einfachen Satztechnik mit ihrer auf das Allerwesentlichste reduzierten kontrapunktischen Ausstattung buchstäblich illustriert. Die Nüchternheit ist nicht nur eine Form des Stoizismus, der Genußverweigerung, sondern ist selber eine der Hauptquellen des Genusses. Es zeigt keine große Tugend, wenn man sich versagt, was ohnehin nicht lockt. Wenn Gluck die Zahl der Rouladen für die Sänger vermindert und der Da capo-Form zu entkommen sucht, die ihnen Gelegenheit zum Improvisieren gäbe, so beeindruckt das künstlerisch nicht mehr. Viel bedeutsamer sind die

---

[2] »Klassizismus« wird hier im engeren Sinn als die Rückkehr zur vermeintlichen Einfachheit der Natur mittels der Nachahmung der Antike verstanden. Dies war im 18. Jahrhundert ein geschlossenes, supranationales philosophisches Lehrgebäude. Gluck behauptete, der Nachdruck auf »Natur« würde in der Musik die absurde Trennung in Nationalstile aufheben. Johann Joachim Winckelmanns Überzeugung, die dünnste Linie eigne sich am besten zur Darstellung der schönen Form, faßt gewissermaßen die Ästhetik des Klassizismus zusammen.

Augenblicke angestrengter Einfachheit, wenn Gluck sich offensichtlich etwas versagt, was ihm am Herzen liegt. Die Strenge in vielen seiner besten Arbeiten hat ihre Analogie in den kastenartigen Räumen und metallischen Farben von David und den reinen geometrischen Formen von Ledoux, die allesamt ebensoviel ethische wie ästhetische Bedeutung tragen.

Die Theorie, daß die Kunst die Natur nachahme, ist ein uralter, frommer Glaube. Der Klassizismus gab ihm durch seine simplifizierende, ja primitivistische Naturanschauung neue Kraft. Die Lehre von der Naturnachahmung führte in der Musik zu solchen Schwierigkeiten (in der Malerei hingegen war ihre Anwendung so selbstverständlich, daß sie die Ästhetik um Jahrhunderte zurückwarf), daß sie völlig umformuliert werden mußte: Die Musik war Nachahmung oder vielmehr Darstellung und Ausdruck der reinsten und natürlichsten Gefühle und wurde nach dem Erfolg oder Mißerfolg bei dieser ihrer Aufgabe beurteilt. Neben der klassizistischen Lehre führte die psychologische Ethik des 18. Jahrhunderts ebenfalls eine erhebliche Einschränkung der Gefühlsdifferenziertheit herbei. Virtuose Koloraturen drückten selbstverständlich ein Gefühl aus, aber ein »unnatürliches« und daher nicht annehmbares. In einer so eng in ihre eigene Theorie verwickelten Kunst war der Einfluß politischen und pädagogischen Gedankenguts unvermeidlich. Glucks Musik ist von den hauptsächlich durch Rousseau proklamierten Ideen ebenso beeinflußt, wie von dem wiederbelebten Interesse an klassischer Tugend. Diese neuerlich betonte Beziehung zwischen Musik und Gefühl verknüpfte die Opernmusik aufs nachdrücklichste mit dem Text und das fast genau zu dem Zeitpunkt, an dem Mozart an ihrer Befreiung arbeitete, indem er die Musik weniger zum Ausdruck der Worte – teilweise natürlich immer noch – als zu einer Entsprechung der dramatischen Handlung machte. Zum ersten Mal in der Operngeschichte konnte die Musik der dramatischen Bewegung folgen und gleichzeitig eine Form finden, die sich wenigstens in den Hauptzügen innerlich rechtfertigen ließ.

Vor Mozart bzw. vor der Entwicklung der italienischen komischen Oper, für die Mozart die endgültige Form fand, war ein Musikdrama immer so angelegt, daß die formal höher organisierte Musik für den Ausdruck von Gefühlen in Arien oder Duetten reserviert war – und zwar meist nur ein Gefühl auf einmal –, während die Handlungsvermittlung dem Rezitativ überlassen blieb. Das heißt, die Musik diente im wesentlichen, abgesehen von ihrem möglichen, nicht aufs Drama bezogenen Eigenwert, der Illustration und Darstellung des Wortsinns. Mit der Handlung konnte sie nur auf höchst primitive und uninteressante Weise verbunden werden. Dieser Primat des Wortes herrscht von Anbeginn, selbst bei Monteverdi, wenn auch der Unterschied zwischen Arie und Rezitativ, zwischen mehr oder weniger durchorganisierter Form, dort nicht immer eindeutig ist. Das heißt keineswegs, daß die Musik eine dienende Funktion innehatte, aber es stellt eine Hierarchie in der Bedeutungsvermittlung auf: die Musik interpretiert den Text und der Text interpretiert die Handlung, so daß der Text fast in jedem Fall zwischen der Musik und dem Drama steht. Musik als Ausdruck von Gefühl, das war für die Barockoper die ideale Ästhetik: sie paßte wie angegossen auf die Da capo-Arie mit ihrer homogenen Rhythmik, dem Prinzip der additiven Erweiterung eines Zentralmotivs und ihrer relativ gleichmäßig verteilten Spannung. Selbst der im Mittelteil aufgestellte Kontrast war so statisch, daß er die Einheitlichkeit nicht gefährdete. Wenn wir den Riß zwischen der Musik und der wesentlichen szenischen Bewegung außer acht lassen, so liegt das Problem doch so, daß Musik als Ausdruckskunst präverbal, nicht postverbal ist. Sie wirkt auf die Nerven, nicht auf die Empfindungen. In Musikstücken wie der barocken Da capo-Arie, die der Beschreibung eines einzigen Gefühls oder Affekts dient, erscheint es daher, als liefere der Text einen allgemein gehaltenen, jeglicher Eigenart beraubten Kommentar zur Musik. Die Melodie spricht den Hörer direkt an, während der Sänger als Bonus den Text dazu liefert, der eigentlich nur wie ein ernüchternder Programmzettel wirken kann. Ohne eine Ausdrucksästhetik kann Oper freilich nicht existieren, aber wenn sie sich ihr völlig unterwirft, zerstört sie ihr dramatisches Potential. Auf diese wesensmäßig statische Ästhetik gehen alle Probleme, alles Unbehagen an heutigen Aufführungen von Barockopern zurück. Bezeichnenderweise haben Mozarts komische Opern, eben weil sie teilweise mit der Ausdrucksästhetik brachen, seit ihrer Entstehung anhaltend und erfolgreich ihren Platz auf der Bühne behauptet. ›Figaro‹, ›Don Giovanni‹ und ›Die Zauberflöte‹ sind die ersten Opern, die nie wiedererweckt werden mußten.

Wenn Gluck die Ausdrucksästhetik gelten ließ und ihr sogar durch höchst differenzierte und beispiellos sorgfältige Deklamation neuen Impetus gab, so enthält sein Werk doch auch Anzeichen dafür, daß die ihr innewohnende Statik ihm ein ungutes Gefühl gab. Er unternahm eine Reihe von Experimenten mit Arien in fortlaufend wechselnden Tempi, von denen Alcestes »Non, ce n'est point un sacrifice« wohl das ungewöhnlichste ist. Überwiegend werden diese verschiedenen Tempi als einzelne Blöcke behandelt; überhaupt gibt es bei Gluck nur wenige Anzeichen dafür, daß er einen rhythmischen Übergang auch nur versuchte. Die Arie aus ›Alceste‹ ist eines von Glucks gelungensten Werken, aber ohne ihre Größe und Schönheit in Frage zu stellen, muß doch festgestellt werden, daß ein aus so vielen verschiedenen Tempi zusammengestückeltes Schema eine verzweifelte Maßnahme darstellt. Es ist Gluck, so will es scheinen, fast immer unerhört schwer gefallen, die rhythmische Bewegung innerhalb eines Stückes zu ändern. In den folgenden Takten aus der Ouvertüre zu ›Iphigénie en Tauride‹ wirkt der Tempowechsel, als klemmte die Übersetzung von einem Gang in den nächsten,

und solche Stellen sind durchaus nicht selten.

Vom Standpunkt des klassischen Stils aus enthält Glucks Rhythmik einen gewichtigen inneren Widerspruch. Die Phrasen sind klassisch artikuliert, während die Pulsschläge in einer eher auf die barocke Kontinuität passenden Weise nur schwach differenziert werden. In der Arie des Paris »Di te scordarmi« aus ›Paride ed Elena‹ erscheint eine Phrase in zwei Fassungen:

Die zweite, die Mollfassung ist um einen halben Takt kürzer und gewinnt an Dichte und Kraft. Beim Vergleich der beiden Fassungen ist allerdings schwer auszumachen, ob zwischen der Kraft eines ersten und dritten Taktschlags sehr unterschieden wird: die Mollphrase beginnt zwar mit einem dramatischen Akzent, aber danach ist der Fluß des rhythmischen Pulsierens seltsamerweise stärker als die Phrasierung. Bei Haydn und Mozart kommen solche Rückungen im ¼-Takt häufig vor, aber zumindest nach 1775 ist immer eindeutig klar, was geschehen ist. Entweder handelt es sich um eine Phrase von außergewöhnlich unregelmäßiger Länge, so daß der Niederschlag sich vorübergehend auf die dritte Zählzeit verlagert (spätere Komponisten würden einfach einen einzelnen ⅔-Takt schreiben und alle folgenden Taktstriche versetzen), oder der Niederschlag behält seine Kraft und man hört die Phrasengliederung als einen Synkopenakzent gegen den Grundschlag. Bei Gluck ist die Wahl nicht so eindeutig, und derartig zweideutige Stellen kommen überall in seinen Opern vor.

Aufgrund dieser Lockerheit im Rhythmischen zerfallen Glucks gelungenste Schöpfungen in eine Reihe von teilweise großartig konzipierten »tableaux«. In einer ganz entschiedenen Hinsicht geht er erstaunlich weit über die frühere Opera seria hinaus, nämlich was die psychologische Widersprüchlichkeit und Spannung innerhalb eines einzigen Satzes angeht. Der berühmteste solcher Augenblicke ist Orestes' rührende Überzeugung, er habe Frieden gefunden, während doch sein innerer Aufruhr deutlich in der Musik zutage tritt. Helenas angstvolles Zögern in ›Paride ed Elena‹ ist ein ebenso auffälliges Beispiel,

in dem sich Synkopen, Gegenrhythmen und das Halbparlando der Deklamation höchst originell vereinen.

Noch origineller ist Glucks Auffassung des dynamischen Akzents. Seine Rhythmik behält zwar die fast totale Homogenität des Hochbarock bei, aber die Dynamik wirft ein völlig neues Element hinein. In der Mehrzahl stützen sich Glucks großartigste Passagen so oder so auf ein rhythmisches Ostinato, dem durch Akzente und die Unregelmäßigkeit der darüber gelagerten Gliederung Gestalt gegeben wird: Die Konzeption des statischen »tableau« wird vom inneren Druck auseinandergesprengt. Die bemerkenswerteste und größte derartige Konstruktion ist Iphigenies Arie mit Chor aus ›Iphigénie en Tauride‹, 2. Akt, Szene 6, doch müßte ausführlich zitiert werden, bevor ihre große Macht einsichtig wird. Fast ebenso rührend ist das Ostinato im Terzett des letzten Aktes von ›Paride ed Elena‹[3]:

Die frei fließende Deklamation über synkopiertem Ostinato, die Spannung, mit der die Sforzandi den Satz aufladen – das alles ist im klassischen Stil beispiellos. Derartiges erscheint in der Oper erst in der italienischen Romantik wieder, insbesondere in Verdis Ostinati (Otellos erschöpfter Monolog im 3. Akt steht dem obigen Beispiel nahe). Glucks wahrer Erbe ist, was nicht weiter überrascht, Berlioz, bei dem das akzentverstärkte, synkopierte Ostinato eine zentrale Rolle spielt; das »Lacrimosa« aus dem Requiem ist ohne Gluck undenkbar.

Mozart verdankt Gluck künstlerisch sehr viel, vor allem für die dramatische Kraft seiner Accompagnato-Rezitative. Hin und wieder gibt es sogar deutliche Verweise auf Glucks Personalstil, z. B. in der Chaconne aus ›Idomeneo‹. Erstaunlicherweise existieren trotzdem viele von Glucks gelungensten und faszinierendsten Neuerungen für Mozart anscheinend überhaupt nicht. Glucks Ariendeklamation oder seine Akzenttechnik haben bei ihm keine Spuren hinterlassen, und mit Glucks vielfachem Tempowechsel innerhalb einer Arie experimentierte er nie. Nur einmal, in der am Ende seines Lebens entstan-

---

[3] Dieses Trio gefiel Gluck so gut, daß er es auch in ›Orphée‹ verwendete.

denen ›Zauberflöte‹, verwendete er einen Chor von Gluckscher Majestät (und selbst dann strebte er nicht Glucks dramatische Kraft an, wenn man von der Pianissimo-Phrase des hinter der Bühne befindlichen Chores am Ende von Taminos Szene mit dem Priester absieht). Beethoven schuldet Gluck trotz seines Versuchs, eine durchaus »ernsthafte« Oper zu schreiben, womöglich noch weniger, obwohl Florestans Vision von Leonore am Anfang des zweites Aktes von ›Fidelio‹ Glucks flüssige Rhythmik und Phrasierung und mit dem einsamen Oboenklang hoch über den pulsierenden Streichern sogar etwas von Glucks Orchesterfarbe besitzt.

Mozart führte den Untergang des Klassizismus in der Oper herbei. Seine Zeitgenossen begriffen das ganz klar, und es erklärt wenigstens teilweise den Widerstand gegen seinen Stil. Schon 1787 schrieb Goethe in der ›Italienischen Reise‹: »Alles unser Bemühen, uns im Einfachen und Beschränkten abzuschließen, ging verloren, als Mozart auftrat. Die Entführung aus dem Serail schlug alles nieder, und es ist auf dem Theater von unserem so sorgsam gearbeiteten Stück niemals die Rede gewesen«[4]. Mit Goethes Idealen stimmte auch Wieland überein. (Er zählt übrigens zu den wenigen Autoren, die Mozart erwiesenermaßen bewunderte.) In seinem ›Versuch über das deutsche Singspiel‹ schrieb er: »Die möglichste Einfalt im Plan ist dem Singspiel eigen und wesentlich. Handlung kann nicht gesungen ... werden.« Gerade diese Behauptung hat Mozart dann triumphal widerlegt[5], allerdings nicht in der Opera seria.

Mozart war fünfundzwanzig Jahre alt, als er ›Idomeneo‹ schrieb, und er war sich der Problematik des dramatischen Tempos völlig bewußt. Die Sorgfalt, mit der er einen spezifischen Aspekt der dramatischen Kontinuität in ›Idomeneo‹ behandelt, nämlich die Verknüpfung des Arienanfangs oder -schlusses mit dem vorangehenden bzw. folgenden Rezitativ, hebt diese Oper aus den übrigen Mozart-Opern heraus. Der Anfang der ersten Arie zeigt, welche Spitzfindigkeit Mozart auf dieses Problem verwandte:

[4] Zitiert bei Hermann Abert, W. A. Mozart, Band 1, Leipzig 1919, S. 973.
[5] Mit Wielands anderen Ansichten über das Singspiel stimmt Mozarts Praxis vielfach

Der erste Takt des »Andante con moto« besitzt Doppelfunktion: er beschließt das Rezitativ mit einer Kadenz und eröffnet formal die Arie. Doch beide Funktionen werden zweideutig ausgeführt, da die Kadenz kein echter Schluß ist, sondern überraschend zur sechsten Stufe anstatt zur Tonika moduliert, und die Anfangstakte nicht den Rhythmus des folgenden Abschnitts einführen, sondern ihn in abgestufter Beschleunigung erreichen. Zwei Takte lang bewegt sich der Rhythmus in Viertelnoten, am Ende des dritten tritt Achtelnotenbewegung auf, und ein synkopierter Rhythmus in Sechzehntelnoten wird erst mit dem eigentlichen Anfang der Arie in Takt fünf erreicht.

Diese Arie endet ebenfalls mit einer Wendung, die so konstruiert ist, daß Beifall sich verbietet und der unmittelbare Übergang ins Rezitativ gewährleistet ist:

Dieses Verfahren ist sonst bei Mozart selten; eine der wenigen Ausnahmen, Taminos Arie »Wie stark ist nicht dein Zauberton« aus der ›Zauberflöte‹, ist ein Teilstück des Finales des ersten Aktes. Mozarts Arien setzen vielmehr fast immer nach dem kräftigen Abschluß des vorangehenden Rezitativs ein und besitzen ihrerseits einen klaren Abschluß. Aber in ›Idomeneo‹ fängt Elettras Arie »Tutte nel cor vi sento« (Nr. 4) vom Rezitativ her gesehen in der falschen Tonart an

überein. Wieland hatte die fehlende Verbindung zwischen Ouvertüren und ihren Opern getadelt, und niemand, nicht einmal Gluck, hat seine Ouvertüren so sehr mit dem Folgenden verknüpft wie Mozart. Wielands Klage über allzu ausgedehnte Ritornelli kann Mozart nicht weiter beeindruckt haben, und seine Ablehnung überverzierter Prunkarien, unnatürlicher Da capos und seichter Rezitative wäre in den späten 1770er Jahren von jedem Musiker von Geschmack geteilt worden.

und geht ohne Unterbrechung in den folgenden Chor über, der selbst nicht endet, sondern sich in ein Accompagnato-Rezitativ verwandelt, das nun seinerseits ohne Warnung zu einem Secco-Rezitativ wird. Idomeneos Arie »Vedrommi intorno« (Nr. 6) beginnt wie die erste Arie mit einer Orchesterüberleitung und stürzt sich wiederum unverzüglich in das nächste Rezitativ. Ein Marsch unterbricht Elettras Arie »Idol mio«, und ähnliche Bestrebungen sind durchgehend spürbar[6].
Die Beziehung zwischen der stärker bzw. weniger stark durchgebildeten Form (Arie bzw. Rezitativ) war das Grundproblem der Oper seit ihren Anfängen im 16. Jahrhundert; sie ist das Inbild der Spannung zwischen Musik und Sprache. Aufgestellt wurden die Begriffe, als Monteverdi geschlossene Formen in das kontinuierliche Rezitativ einführte, und die Operngeschichte läßt sich überhaupt als ein Kampf zwischen durchgebildeter musikalischer Form und Rezitativ ansehen. Das Problem verschärfte sich noch dadurch, daß die italienischen Komponisten der ersten Hälfte des 18. Jahrhunderts das Arioso, eine Form auf halber Strecke zwischen Arie und Rezitativ, fallen ließen. Infolgedessen polarisierten sich die musikalischen Formen, so daß auf der einen Seite extrem formbewußte Strukturen und auf der anderen der lockere Sprechrhythmus standen. (Als Zwischenform war nur das Accompagnato-Rezitativ als gelegentliche Arieneinleitung oder Bestandteil einer »scena« übriggeblieben.) Die dramatische Bewegung polarisierte sich in gleichem Maße: Handlung war dem Rezitativ vorbehalten, und die formstreng ausgebildeten Arien eigneten sich nur für höchst statische Funktionen, den Gefühlsausdruck und das virtuose Brillieren; sie sind beide oft funktionell nicht zu unterscheiden. Diese Polarisierung war weniger eine individuelle Lösung des Problems, wie Drama musikalisch darzustellen sei, als vielmehr die Weigerung, eine Lösung zu suchen. Damit mußte die Opera seria auf ihren traditionellen, hochtrabenden Anspruch – und ihre aufrichtige Hoffnung! – eine Rivalin der antiken Tragödie zu sein, verzichten. Es ist leicht verständlich, warum kritische Beobachter heute wie damals sie nur als eine entartete dramatische Kunstform sehen können. Président de Brosses machte die Bemerkung, er gehe gern in die Oper, weil er während der Rezitative Karten spielen könne und die Arien andererseits eine Abwechslung in die Monotonie des fortwährenden Kartenspiels brächten.
Nicht, daß die Opera seria des 18. Jahrhunderts so viel großartige Musik hervorgebracht hat, ist das Paradox, sondern daß diese Musik fordert, nicht rein musikalisch, sondern auch dramatisch verstanden und akzeptiert zu werden. Doch diese dramatische Dimension war nie hinlänglich zusammenhängend konzipiert worden, als daß sie

---

[6] Vgl. Nr. 15, 17, 18, 19 sowie den Anfang von 20, 21, 22, 24 und 29.

mehr als eine glänzende Kette von Szenen und geschlossenen Stükken, eine Abfolge von dramatischen Bildern hätte hervorbringen können. Nachdem ihr Anspruch auf Nachahmung der antiken Tragödie in Trümmern lag, gab die Opera seria sogar den Versuch auf, eine musikalische und dramatische Entsprechung für die großen barocken Dramen zu finden. Racines Tragödien stehen hinter vielen Opern des 18. Jahrhunderts, nicht nur hinter Mozarts ›Mitridate‹, und zwar hauptsächlich als stummer Vorwurf. Was fehlte, war ein musikalischer Stil, der einerseits dem langen Atem, dem weitausgreifenden Kontinuitätsgefühl der französischen und deutschen Barocktragödien entsprach und andererseits formal so komplex und vielfältig war, daß er über seine rein musikalische Bedeutung hinaus dramatisches Gewicht tragen konnte. An diesem Mangel scheiterte alles.

Mozarts im ›Idomeneo‹ unternommener Versuch, eine solche Kontinuität zu entwickeln und das Rezitativ mit den stärker durchgebildeten Formen zusammenzubinden, war eine Sackgasse. Es löst auf schmalem Raum und nur örtlich das viel allgemeinere Problem, wie ein umfangreiches Werk großrhythmisch zu konzipieren wäre. Tatsächlich kehrte Mozart nur für spezielle, örtlich begrenzte Effekte zu dieser Methode zurück: Guglielmos Arie in ›Così fan tutte‹, die keinen Schluß hat, weil die Mädchen sich empört entfernen und die beiden Jünglinge in haltloses Gelächter ausbrechen; das Arioso, in das Don Alfonso in der gleichen Oper verfällt, wenn er die Schreckensnachricht überbringt, die Jünglinge seien zum Militärdienst einberufen worden; das Trio in der Sterbeszene des Komturs in ›Don Giovanni‹[7], das mit einem düsteren Fall ins geflüsterte Rezitativ verebbt. Glucks angestrebte Wiederbelebung des Arioso-Verfahrens und seine Suche nach Zwischenformen zwischen dem Rezitativ und der förmlichen Arie waren für Mozart, dessen Musik sich so stark auf die Ergiebigkeit von festen Formmustern stützt, nicht annehmbar. Im Kontext der Gluckschen Reformen ist ›Idomeneo‹ ein zutiefst reaktionäres Werk. Ein unübertroffenes Meisterwerk, dem Mozart allenfalls Gleichwertiges zur Seite stellte, ist es ebenfalls. Aber es sollte schon zu seinen Lebzeiten nur in Konzertform weiterleben, und anderthalb Jahrhunderte mußten vergehen, ehe seine Größe anerkannt wurde.

Der Stil, den Mozart als Erbe vorfand und weiterentwickelte, ließ sich nur schwer auf tragische Bühnenwerke anwenden, so daß der Eindruck bemühter Anstrengung nicht ausbleiben konnte. Der klassische Stil hingegen befaßt sich offensichtlich mit Ereignissen, und seine Formen sind alles andere als statisch, aber sein Tempo war für

---

[7] Allerdings ist das Trio Teil einer größeren, vollkommen ausgewogenen Symmetrie (siehe S. 343 f.).

die Opera seria zu rasch. Wie Tovey bemerkte, war Beethoven nicht etwa zu wenig dramatisch für die Bühne, sondern zu sehr. In zehn Minuten seiner Musik sind die Verwicklungen einer dreiaktigen Oper zusammengedrängt. Die Hauptmodulation ist im Stil des 18. Jahrhunderts zwar als Ereignis gedacht, aber dieses Ereignis läßt sich ohne ausgedehnte chromatische Verzögerungsmanöver nicht auf lange Zeit hinausschieben. Doch Mozarts Stil ist mindestens hinsichtlich der Großform zutiefst diatonisch. Er konnte auf seine Weise ein ebenso leidenschaftliches Liebesduett komponieren wie Wagner, aber die Vorstellung, es solle länger als eine Stunde, ja länger als ein paar Minuten dauern, wäre ihm absurd erschienen. Das langsame, würdevolle Tempo der Opera seria zerbrach ihm, wie jedem anderen zeitgenössischen Komponisten, unter den Händen in kleine Stücke. ›Idomeneo‹ ist und bleibt ein herrlich entworfenes – Mosaik. Sind seine Grenzen die der zeitgenössischen Kunstsprache, so eignet sich ja auch nicht jede Sprache gleich gut für jede Form. Andererseits leistet das Tempo des klassischen Stils dem komischen Theater mit seinem raschen Situationswechsel und der oft überstürzten Handlung hervorragende Dienste.

Die Lösung des Knotens erfolgt in ›Idomeneo‹ und ›Fidelio‹ auf eigenartig ähnliche Weise. In beiden Opern tritt die Heldin im letzten Augenblick hervor, um den Helden zu retten oder freiwillig mit ihm zu sterben. Leonore ist allerdings ein männlicherer Charakter als Ilia, und die gezückte Pistole ist ein stärkeres Argument auf ihrer Seite. Aber es gibt noch einen weiteren Unterschied: bei Mozart spielt sich diese dramatische Szene ausschließlich im Accompagnato-Rezitativ ab, bei Beethoven in einem voll ausgearbeiteten Quartett. Die fast nicht auszuhaltende Erregung des Quartetts »Er sterbe« ist etwas völlig Neues und Originelles auf der Opernbühne und wurde erst durch Beethovens Ausweitung der Sonatenform ermöglicht. Die beiden Höhepunkte, Leonores »Töt' erst sein Weib« und das Trompetensignal hinter der Bühne (beide kreisen symmetrisch um ein elektrisierendes *B* innerhalb einer Sonatenform in *D*-dur), sind Beispiele für eine extreme harmonische Spannung direkt vor bzw. nach dem Reprisenanfang, die auch schon bei Haydn und Mozart vorkommt, aber erst von Beethoven weit über das ursprüngliche Maß ausgeweitet wurde. Zum Zeitpunkt der Entstehung des ›Idomeneo‹ war Mozart noch nicht in der Lage, derartig machtvolle und gewichtige Modulationen oder abrupte Veränderungen der rhythmischen Textur in die »Sonatenform« zu integrieren, und so war er gezwungen, beim Rezitativ zu bleiben, um der dramatischen Bewegung des Textes zu entsprechen. Es ist die schwächste Stelle des ganzen Werkes.

Was ihm schließlich die Möglichkeit gab, der unerträglichen Wahl zwischen Handlung und musikalischer Vielfalt zu entfliehen, war schlicht und einfach der Rhythmus der Opera buffa. Manche Puristen fühlen sich davon abgestoßen, daß Leporello in den allerernstesten Szenen des ›Don Giovanni‹ zugegen ist. Der Einwand, so scheint mir, ist selbst aufgrund rein dramatischer Erwägungen unangebracht, aber über Leporellos musikalische Nützlichkeit in solchen Augenblicken gibt es überhaupt keinen Zweifel. Er ist für den Handlungsrhythmus unentbehrlich. Während Donna Anna den Mann zurückzuhalten versucht, der sie eben (möglicherweise erfolgreich) hat verführen wollen, singt Leporello in einem plappernden Parlando, das Sir Arthur Sullivan ohne weiteres hätte übernehmen können.

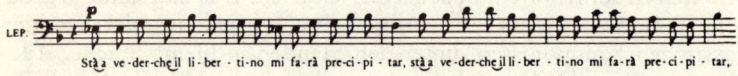

In der Szene, in der Don Giovanni dem Komtur trotzt und zur Hölle fährt, hat Leporello eine ähnliche Figur:

Er sorgt für eine rhythmische Unterlage, auf der die ernsteren Handlungen ihren Lauf nehmen können. Selbst wenn wir einem um 1780 schon veralteten Gefühl für dramatische Etikette gestatten, unser Urteil über Leporellos Gegenwart in derartigen Momenten zu beeinflussen, so können Musik und Drama doch nur um den Preis seiner Gegenwart gleichberechtigt auftreten. Mozart verwandelte die Opera seria, indem er vielen ihrer Konventionen und all ihrer Macht ein Betätigungsfeld in der Opera buffa gab. Durch die entschiedene Ablehnung der in der Geschichte der Opera seria stets implizierten, antiken dramatischen Vorbilder brachte Mozart die Oper auf die Höhe des Sprechdramas. Nicht nur beim Singspiel ruinierte er das klassizistische Programm, er zerstörte auch das Ideal eines rein ernsten, musikdramatischen Genres, indem er die genialsten Sprosse der Opera seria erfolgreich auf die lebendige Opera buffa-Tradition pfropfte.

Die Einführung von Seria-Figuren in die komische Oper war seit der neapolitanischen Opera buffa des frühen 18. Jahrhunderts ein Standardverfahren, doch vor Mozart hatte niemand sie erfolgreich in die komische Handlung zu integrieren vermocht. Schon im Alter von neunzehn Jahren, mit ›La finta giardiniera‹, seinem ersten Bühnenwerk, das einen klaren Eindruck seiner Schöpferkraft vermittelt, hatte Mozart der komischen Oper durch den kunstvollen Stil und die glänzenden, reichhaltigen musikalischen Formen der Seria-Charaktere Gewicht und Würde verliehen. Es ist von Vorteil, die beiden Genres

Seria und Buffa als unabhängig voneinander zu betrachten, vor allem um zu erkennen, daß die Opera buffa die Organisation der Großform lieferte, in die Einzelelemente der Opera seria eingebaut werden konnten. Das 18. Jahrhundert hatte zwar einen ausgeprägten Sinn dafür, welche Gefühlsintensität die Reinheit des Genres verleiht, aber es war darin, zumindest was die Komponisten, wenn nicht die Kritiker angeht, keineswegs starr dogmatisch. Mozarts reife Opernleistungen stellen alle weitgehend eine Verschmelzung der Buffa- und Seria-Tradition dar. In seinen späteren Opern wird die Unterscheidung der beiden Traditionen zeitweise aufrechterhalten, sei es um eines dramatischen Kontrastes willen, sei es, um die adligen Figuren von den unteren Rängen zu scheiden, aber überwiegend bewegt sich die Musik in einer Welt der vollständigen musikalischen Synthese.

Das erste Meisterwerk dieser Verschmelzung ist ›Die Hochzeit des Figaro‹[8]. Mit diesem Werk, so behauptete Da Ponte, hätten Mozart und er selbst eine ganz neue Art von Bühnenstück geschaffen. ›Figaro‹ besitzt tatsächlich einen in der Opera buffa nie dagewesenen moralischen Ernst. Zudem ist das Werk, vielleicht als natürliche Folgeerscheinung, für damalige Verhältnisse unerhört lang, so lang, daß bei seiner Importierung nach Italien die Erstaufführung auf zwei Abende verteilt werden mußte (und selbst dann wurden die zwei letzten Akte noch von einem anderen Komponisten umgeschrieben, da Mozarts Musik als unmöglich schwierig galt). Um diese nie zuvor in der Opera buffa unternommene Länge und Ernsthaftigkeit aufrechtzuerhalten, mußte Mozart buchstäblich einen neuen Sinn für dramatische Kontinuität entwickeln.

Dazu belebte er nicht die kleinräumigen Verfahren zur Schaffung musikalischer Zusammenhänge, die er schon im ›Idomeneo‹ ausprobiert hatte, sondern akzeptierte, ja betonte sogar die Selbständigkeit und Abgeschlossenheit der Einzelnummer. Die Secco-Rezitative sind im ›Figaro‹ weniger ausdrucksvoll als in allen vorhergehenden Opern, und in den geschlossenen Formen ist die Symmetrie sorgfältiger ausgearbeitet und vielschichtiger. Der dramatische Rhythmus des ganzen Werkes ist auf wahrhaft klassische Weise bestimmt, nämlich durch die Beziehung gegliederter selbständiger Nummern zueinander, durch ihre Proportionen und durch ihre symmetrische, sich auf die Werkmitte hin steigernde Anordnung. Daß kontinuierlicher rhythmischer Wechsel als eine Reihe von sorgfältig abgestuften Schritten verstanden wird, ist ein Grundelement des klassischen Stils, das in der ›Hochzeit des Figaro‹ auf den übergreifenden Rhythmus der Großform übertra-

---

[8] In der ›Entführung‹ bleiben Konstanzes Arien im Seria-Stil von der übrigen Musik abgehoben, insbesondere da die ersten zwei, nur von gesprochenem Dialog unterbrochen, direkt aufeinander folgen.

gen wird. Dramatische Kontinuität entsteht gerade dadurch, daß die Unabhängigkeit der geschlossenen Formen gewahrt bleibt.

Die für die Struktur notwendige Vielfalt ergibt sich aus Mozarts Fähigkeit, Charaktere mit rein musikalischen Mitteln zu umreißen, d. h. etwa für die drei Soprane (Gräfin, Susanna, Cherubino) ganz individuell und charakteristisch zu schreiben. Die wesentlichste Neuerung und der Schlüssel zu seinem Erfolg war die unerhörte Entfaltung und Ausdehnung der Ensemblenummern. Im ›Idomeneo‹ war das Quartett Mozarts Lieblingsnummer, aber im übrigen besaß das Werk nichts, was den prachtvollen Ensemblesätzen des ›Figaro‹ vergleichbar wäre. Die ersten sechs Nummern des ›Figaro‹ verbinden auf geniale Weise drei Duette mit drei jeweils sehr verschiedenartigen Arien: Figaros Kavatine »Se vuol ballare«, Bartolos Rache-Arie und Cherubinos Bekenntnis erwachender, jünglingshafter Sinnlichkeit. Das folgende dramatische Terzett, in dem Cherubinos Versteck unter einem Kleid auf dem Sessel entdeckt wird, ist der Zentralpunkt einer Entwicklung, die einer immer größeren musikalischen und handlungsmäßigen Differenziertheit zustrebt. Der darauffolgende Chor der Landleute sowie Figaros kriegerische Arie »Non più andrai« bilden einen brillanten Abschluß. Diese neue Konzeption der musikalischen Kontinuität im Drama als einer zunehmenden Differenziertheit selbständiger Teile erreicht ihre Glanzleistung mit dem berühmten Finale des zweiten Aktes, das in großartiger tonartlicher Symmetrie vom Duett übers Terzett, Quartett und Quintett zum Septett anwächst.

Diese Synthese aus zunehmender Differenziertheit und symmetrischer Lösung, die Quintessenz von Mozarts Stil, gab ihm die Möglichkeit, die musikalische Entsprechung für die großen Bühnenwerke zu finden, die seine dramatischen Vorlagen waren. In Mozarts Fassung ist ›Die Hochzeit des Figaro‹ dem Werk von Beaumarchais dramatisch ebenbürtig und in vieler Hinsicht sogar überlegen, so daß zum ersten Mal in der Operngeschichte das vertonte Drama den Vergleich mit den größten Leistungen der Sprechbühne nicht zu scheuen braucht, ja sogar dazu einlädt. Auch ›Don Giovanni‹ büßt nichts von seinem Rang ein, wenn man ihn neben die Fassungen von Goldoni und Molière stellt. ›Così fan tutte‹ zählt zu den feinsten und vollkommensten psychologischen Komödien der vorzüglich von Marivaux vertretenen Traditionslinie. Und ›Die Zauberflöte‹ hat schließlich sowohl das Wiener Zauberstück als auch die von Carlo Gozzi geschaffene Zauberfabel verwandelt. Wenn diese Entwicklung auch nur innerhalb der Opera buffa-Tradition und -Struktur möglich war, so hätte sie doch ohne Mozarts Beherrschung aller Opera seria-Elemente nicht vollzogen werden können. Mozarts große Leistung ist um so erstaunlicher, wenn man die leere Vornehmheit der Opera seria nach

Monteverdi, die federleichte Oberflächlichkeit der Opera buffa im 18. Jahrhundert und die forcierte Naivität des klassizistischen Singspiels bedenkt. Und doch wären ohne diese Traditionen die späten Mozart-Opern nicht entstanden.

Da der klassische Rhythmus, wie wir sahen, mit einem auf großen Umfang angelegten, nicht-komischen dramatischen Tempo nicht gut fertig wurde, wandte sich Beethoven für die Komposition des ›Fidelio‹ den viel lockerer organisierten Konventionen der französischen Grand opéra eines Cherubini und Méhul zu, wobei seine Hauptabsicht darin bestand, die Bewegung auf ein Tempo zu reduzieren, das dem moralischen Ernst seines Themas entsprach. In der Urfassung der Oper mit ihrer dauernden, schwerfälligen Wiederholung von kleinen Phrasen und Phrasenteilen kommt das noch deutlicher zum Vorschein. Diese in der endgültigen Fassung größtenteils ausgemerzte Wiederholungstechnik verlieh der französischen Oper sowohl Klarheit als eine Art gelockerter Würde; sie verdünnte aber auch ihre dramatische Kraft. In Beethovens Überarbeitung spiegelt sich seine Entscheidung wider, weitgehend zu der viel strafferen Organisation der Opera buffa zurückzukehren. Das erweist sich ganz besonders deutlich daran, daß er die früheren Ouvertüren durch die ›Fidelio‹-Ouvertüre ersetzte, die ungeachtet der romantischen Hornsignale mit ihrer flüssigen Bewegung dem komischen Stil näher steht. Abgesehen von der inspirierten Umarbeitung von Florestans Arie wird der größte Teil der Revision durch diese Rückkehr zu klassischer Knappheit erklärt (doch muß die bedauerliche Veränderung der Anfangsmelodie des Schlußduetts in G-dur in der Kerkerszene darauf zurückgehen, daß die Sänger mit der musikalisch viel spontaneren Urfassung Schwierigkeiten hatten)[9].

Die Mischung von Traditionen zeigt sich am deutlichsten im ersten Akt, dessen Anfangsduett fast reine Opera buffa ist, während die Mozartschen Vorbilder durch den vorzüglichen Kanon »Mir ist so wunderbar« (nämlich der Kanon aus ›Così fan tutte‹) und Roccos Arie (zahlreiche Parallelen bei Mozart, ganz besonders »Batti, batti, o bel Masetto«) nur allzu deutlich hindurchscheinen. Die folgenden, melodramatischen Szenen sind abgesehen von Leonores wiederum stark von Mozart beeinflußter Arie und dem Gefangenenchor von etwas diffuserem Charakter. Pizarros Arie ist zwar wirkungsvoll,

---

[9] Man hat Beethovens Schwierigkeiten mit dem ›Fidelio‹ überbetont. Daß die Erstfassung der Oper ein Mißerfolg war, geht zum guten Teil auf Pech bei der in Kriegszeiten stattfindenden Inszenierung zurück. Trotzdem fühlte Beethoven sich normalerweise nicht bemüßigt, ein Stück nur deshalb umzuschreiben, weil es keinen Anklang beim Publikum gefunden hatte. Vielmehr zeigen seine (hauptsächlich rhythmisch straffenden) Revisionen, daß er sich eines Problems bewußt war. Mag auch die Endfassung nicht völlig gelungen sein, so stellt sie sich doch fraglos neben Mozarts Meisterwerke.

aber mehr musikalische Geste als Substanz. Doch die Kerkerszene ist reiner Beethoven; gerade das Gewicht seines symphonischen Stils macht das Ausheben des Grabes und die Darreichung des Brotes so bewegend.

Im Vergleich mit der stilistischen Mühelosigkeit in Mozarts komischen Opern ist ›Fidelio‹ ungeachtet aller Größe ein Triumph des Willens. Das Werk zeigt die Anstrengung, die es gekostet hat. Zwar besitzt ein Stil, wie eine Sprache, unbegrenzte Ausdrucksmöglichkeiten, aber Mühelosigkeit des Ausdrucks, die in der Kunst mehr zählt als in der sprachlichen Kommunikation und für den Künstler wie für das Publikum den Inhalt beiseitedrängen kann, ist engstens mit der Struktur des Stils verknüpft. Selbst das, was an einem Stil Neuerung ist, wird von seinen Regeln bestimmt, und nur diejenigen Stilwandlungen sind auf lange Sicht tragbar, die sich am bequemsten in das schon bestehende System einfügen. ›Fidelio‹ ist wie das meiste von Beethoven nicht der Anfang, sondern das Ende einer Tradition, und in diesem Fall ist es eine fast völlig isolierte Bemühung innerhalb dieser Tradition.

V. Mozart

> »En musique, le plaisir de la sensation dépend d'une disposition particulière non seulement de l'oreille, mais de tout le système des nerfs. ... Au reste, la musique a plus besoin de trouver en nous ces favorables dispositions d'organes, que ni la peinture, la poésie. Son hieroglyphe est si léger & si fugitif, il est si facile de le perdre ou de le mésinterpréter, que le plus beau morceau de symphonie ne feroit pas un grand effet, si le plaisir infaillible & subit de la sensation pure & simple n'étoit infiniment au-dessus de celui d'une expression souvent équivoque. ... Comment se fait-il donc que des trois arts imitateurs de la Nature, celui dont l'expression est la plus arbitraire & la moins précise parle le plus fortement à l'âme?«
>
> Denis Diderot,
> ›Lettre à Mademoiselle ...‹,
> Appendix à la
> ›Lettre sur les sourds & muets‹, 1751.

[In der Musik hängt das sinnliche Vergnügen von einer bestimmten Veranlagung nicht allein des Ohres, sondern des gesamten Nervensystems ab. ... Überdies ist die Musik mehr als die Malerei und Dichtung auf solche günstigen Anlagen in uns angewiesen. Ihre Hieroglyphen sind so schwerelos und flüchtig, so leicht zu übersehen oder mißzuverstehen, daß das herrlichste symphonische Werk wenig Wirkung ausüben könnte, wäre die unfehlbare, unmittelbare und rein sinnliche Empfindung dem oft zweideutigen Ausdrucksgehalt nicht unendlich überlegen. ... Woran liegt es, daß von den drei Künsten, die die Natur nachahmen, diejenige mit dem willkürlichsten und ungenauesten Ausdruck am mächtigsten zum Herzen spricht?]

1. Das Konzert

Mozart feierte seine größten Triumphe, wo Haydn seine Niederlagen erlitten hatte, in den dramatischen Formen Oper und Konzert, die die Stimme des Individuums dem Gruppenklang gegenüberstellen. Auf den ersten Blick erscheint die Ungleichheit ihrer Leistungen unerklärlich. An der Oberfläche ist Haydns Musik dramatischer als Mozarts, denn gerade der Ältere liebt den Theatercoup, die überraschende Modulation, die plötzliche, lächerliche Vernichtung der Aufgeblasenheit, den skandalös übertriebenen dynamischen Akzent. Man kann sogar behaupten, Mozarts Melodien seien nicht nur konventioneller als Haydns, sondern überhaupt weniger »charakteristisch«, d. h. nicht unmittelbar ein Gefühl oder eine Handlung beschreibend. Mozarts musikalische Verweise sinken selten zur Detailliertheit von Haydns Ton- und Gefühlsmalerei in seinen zwei Oratorien herab. Die »charakteristischen« Augenblicke überall in Haydns Symphonien unterscheiden sich von der Tonmalerei in den ›Jahreszeiten‹ nur durch das Fehlen eines ausdrücklichen Bezugspunktes, doch sind sie ebenso markant und individuell. Die Personen einer Mozart-Oper sind von einer körperlichen Greifbarkeit, die in keiner Haydnschen Oper zu finden ist, und doch ist ihre Musik weder dramatischer noch »ausdrucksvoller«. Die psychologische Durchdringung der Figuren mag Mozarts Opernerfolge hinreichend begründen, sie erklären nicht seine ebenso großen Leistungen auf dem eng verwandten Gebiet des Konzerts.

Mozarts frühkindliche Erfahrungen als konzertierender, internationaler Virtuose und seine Vertrautheit mit dem Opernleben in sämtlichen Metropolen Europas fehlten Haydn. Trotzdem dürfen wir Haydns Opernkenntnisse nicht unterschätzen; und sein Interesse an fantastischer instrumentaler Virtuosität übertraf in mancher Hinsicht Mozarts. Virtuosität war Haydn weder gleichgültig noch entzog sie sich seinem kompositionellen Können, so daß seine relative Unsicherheit in der Konzertform andere Wurzeln haben muß. Das wird ganz deutlich, wenn man die zahme Pianistik in seinem Klavierkonzert in *D*-dur, einem guten, aber nicht weiter bemerkenswerten Stück, mit der extravaganten Virtuosität in seinen Klaviertrios und späten Sonaten sowie mit den überraschend diffizilen Anforderungen an die Orchestersolisten in seinen frühen und späten Symphonien vergleicht. Haydns Interesse an Virtuosität gedieh offenbar am besten in der Symphonik und Kammermusik. Die Gründe für Mozarts Überlegenheit in Oper und Konzert sind rein musikalischer Natur und haben wenig mit größerer Erfahrung, Geschmack am Virtuosentum oder dramatischem Ausdruck zu tun; sie sind vielmehr in seiner Behandlung der langfristigen Bewegung sowie in der unmittelbaren, körperlichen Wirkung seiner Musik zu suchen.

Die unübertroffene Stabilität, die Mozart den tonartlichen Beziehungen gab, trägt paradoxerweise zu seiner Größe als Dramatiker bei. Sie gestattete ihm, eine Tonart als eine Masse, eine große Energiefläche zu behandeln, die höchst gegensätzliche, widerstreitende Kräfte umfassen und lösen kann. Zudem konnte er dadurch das rein formale harmonische Schema seiner Musik verlangsamen, so daß es der Handlung auf der Bühne nicht davonlief. Die tonartliche Stabilität lieferte ein Bezugssystem, das eine stark erweiterte Palette der dramatischen Möglichkeiten zuließ. Die Festigkeit des Bezugssystems klingt noch durch Mozarts kühnste harmonische Experimente hindurch. Wenn man die berühmte chromatische Einleitung zum Streichquartett *C* KV 465 an einem beliebigen Punkt anhält und den C-dur-Dreiklang spielt, so merkt man, daß Mozarts vielschichtige und geisterhaft beunruhigende Fortschreitungen die Tonart ohne ein einziges Erklingen des Tonikadreiklangs von Anfang an festgelegt und zudem die Tonart überhaupt nicht verlassen haben. Der C-dur-Dreiklang wird jedes Mal als der Ruhepunkt erscheinen, um den die anderen Akkorde in diesen Takten kreisen. Mozart gibt seinen Werken immer einen fest gegründeten Anfang, wie zweideutig und beunruhigend dieser im Ausdruck auch sein mag, während die harmlosesten Anfangstakte eines Haydn-Quartetts um vieles unstabiler sind und sofort energisch von der Tonika wegstreben.

Um diese Stabilität zu erreichen, bedurfte es einer überaus feinen Ausbalancierung der harmonischen Beziehungen. Mozart behandelt selbst das allerdissonanteste Material mit einer Ungezwungenheit, die das äußere Zeichen des harmonischen Gleichgewichts ist. Der Anfang des Quartetts *Es* KV 428 = 421b zeigt, wie weit Mozart schweifen konnte, ohne den größeren harmonischen Zusammenhang zu verlieren.

Der Anfangstakt bietet ein Beispiel für Mozarts sublime Ökonomie. Die Tonart wird durch einen einzigen Oktavsprung, das »tonartlichste« aller Intervalle, festgelegt; er bildet den Rahmen für die folgenden drei chromatischen Takte. Insofern die beiden Noten *Es* höher bzw. tiefer als alle anderen Noten liegen, impliziert diese Begrenzung, daß alle Dissonanz innerhalb von *Es*-dur ihre Lösung findet. Die beiden *Es* umreißen den tonalen Raum,

und die Auflösungen zeichnen den Tonikadreiklang von *Es*-dur nach. Die Melodielinie ist zwar unbegleitet, aber nicht unharmonisiert, denn durch die Anfangsoktave wird sie restlos harmonisch sinnvoll. Weil der Anfangstakt weiterschwingt, lösen sich sämtliche chromatischen Alterationen fürs Gehör zu völlig diatonischer Bedeutung auf. Der Oktavsprung ist faktisch so wichtig wie alles Folgende. Die »unharmonisierte« chromatische Fortschreitung wird nicht nur vom ersten Takt aufgelöst und harmonisiert, sie begreift auch schon die folgenden Harmonien in sich ein:

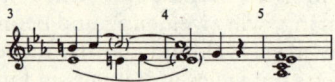

Takt fünf, der den Dreiklang der zweiten Stufe gegen die Tonika setzt, ist von der Melodielinie schon umschrieben worden. Trotzdem verkleinert die tadellose Logik in keiner Weise die dramatische Wirkung der vollen Harmonisierung nach einer Unisono-Passage[1].

Aufgrund dieser außerordentlichen Beherrschung der Harmonik konnte Mozart es sich leisten, in seinen Expositionen zahlreiche Nebenmodulationen und entfernte Tonarten zu verwenden, die Haydn im allgemeinen für die Durchführung aufheben mußte. Da Haydn sein Material mehr energetisch verstand, bedeutet das auch, daß sich bei ihm eine Reprise von der Exposition stark unterscheidet, denn die nervöse Energie der Exposition muß, soll sie am Ende des Satzes stabilisierend wirken, völlig neu gefaßt werden. Da Mozart die Tonartbereiche der Exposition eher wie Massen behandelt, gelangt er oft zu symmetrisch gleichwertigen Reprisen, dergestalt, daß die gleichen musikalischen Gedanken, die die anfängliche Spannung erzeugten, sie in fast wörtlicher Transponierung auch lösen. Die Symmetrie der Großform spiegelt sich in vielfältigen Detailsymmetrien wider, so daß die Musik ungeachtet der für Mozart oft charakteristischen heftigen Expressivität dauernd ein Gleichgewicht zu finden scheint. Anmut setzt Symmetrie voraus.

Mozarts höchst differenziertem Gleichgewicht stellt man zuweilen die fade, mechanische Symmetrie in der Musik seiner Zeitgenossen, besonders Johann Christian Bachs und Dittersdorfs, gegenüber, in der die Details sich zahm und monoton wiederholen. Mozart vermeidet die genaue Wiederholung nicht primär der Abwechslung halber,

---

[1] Symmetrie ist immer ausdrucksvoll. In Takt 5–8 löst die zweite Geige ihr eigenes Motiv auf, indem sie es rückwärts spielt:

denn Symmetrie ist nicht dasselbe wie wörtliche Wiederaufnahme, ganz bestimmt nicht in der Musik, wo die kumulative Wucht der Wiederholung dem Gefühl der Balance völlig entgegengesetzt ist. Musik ist im Hinblick auf den vorwärts gerichteten Zeitablauf selbstverständlich asymmetrisch, und ein auf Proportionen bedachter Stil muß dieser Diskrepanz so oder so abhelfen. Die Einbahnrichtung des Zeitablaufs teilweise auszugleichen, ist ein konstituierender Faktor der Sonatenform: die Exposition wird ja am Ende nicht wörtlich wiederholt, sondern umgeschrieben, um ein Zusteuern auf einen Abschluß hin anzudeuten. Die interne Symmetrie einer Mozartschen Periode rechnet ebenfalls die Zeitrichtung ein; ihre scheinbare Mannigfaltigkeit ist eine subtilere Ausbalancierung, eine vollkommenere Symmetrie.

Die Verbindung von Kraft und spielerischer Grazie, die Mozart aus der Anpassung seines Symmetriegefühls an eine unerbittliche Vorwärtsbewegung zog, ist nur deshalb schwer zu illustrieren, weil man am liebsten alles zitieren möchte. Die folgende Achttaktperiode aus dem Finale des ›Jagdquartetts‹ KV 458 muß genügen:

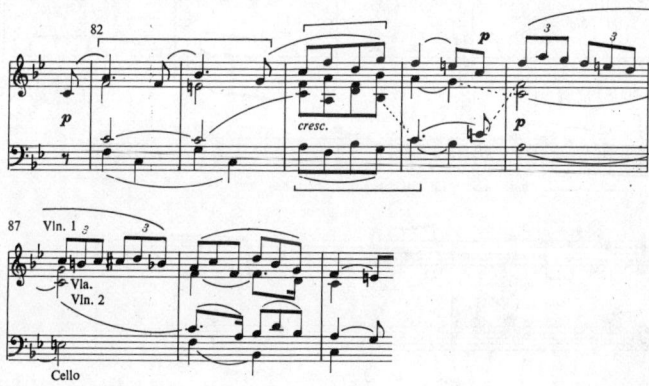

Die vier letzten Takte sind eine verschleierte Wiederholung der vier ersten (wenn man die Violinstimmen beider Teile gleichzeitig spielt, merkt man es sofort an den parallelen Oktaven). Darüberhinaus gibt es eine Spiegelsymmetrie, insofern der Nachsatz fast genau so fällt, wie der Vordersatz steigt. Aus diesem Grund klingt der Nachsatz trotz seiner Parallelstruktur ganz ausgesprochen wie eine Lösung des Vordersatzes. Zusätzlich zu diesen Symmetrien ist noch eine andere Kraft am Werk, die sich am deutlichsten in den schnelleren Notenwerten des Nachsatzes verrät. Das Gefühl der Vorwärtsbewegung ist schon im Vordersatz wahrnehmbar; dieser verdoppelt das Tempo des Anfangsmotivs, während es hinauftransponiert wird, und spielt es erneut im schnelleren Tempo im Baß, so daß das Motiv sowohl die harmonische Bewegung wie die Melodie erzeugt. Ein Rahmen von Symmetrien hält die den Zeitablauf manifestierenden Elemente im Zaum, so daß die zunehmende Belebung und die kumulative Motivwiederholung sich gegenseitig verstärken. Symmetrische Beherrschung und drängendes Vorwärtsstreben sind für Mozarts dramatisches Genie gleichermaßen wesentlich.

Die tiefe Einsicht in das Verhältnis von Symmetrie zu zeitlicher Bewegung wird von ›La finta giardiniera‹, dem Werk des Neunzehnjährigen, an zum Wahrzeichen seines reifen Stils. Diese neuartige dramatische Kraft ist überall fühlbar, ganz besonders auffällig in Sandrinas leidenschaftlichem, verzweifeltem Aufschrei zu Anfang des Finales vom 1. Akt:

Die Symmetrie dieser Siebentakt-Periode ist zwar verborgen, aber sie ist vollkommen. Die drei letzten Takte bilden nicht allein das Gegengewicht zu den drei ersten, wobei Takt 4 der Angelpunkt ist, sie zeichnen auch dieselbe melodische Gestalt nach. Diese Gestalt wird jedoch bei ihrer Wiederholung und Verzierung rhythmisch belebt und harmonisch angespannt. Die symmetrische Ausgewogenheit ist in der dramatischen Bewegung aufgehoben und verleiht dieser eine Stabilität, die den Eindruck vermittelt, das Drama entfalte sich gewissermaßen aus innerem Antrieb.

Das Gefühl für Drama wurde der Epoche überhaupt immer wichtiger. Das läßt sich an einem Detail in der Entwicklung des Klavierkonzerts vor Mozarts Reifezeit erkennen. Zwischen 1750 und 1775 war eine bezifferte bzw. Continuobegleitung auf dem Tasteninstrument in den reinen Orchesterabschnitten oder Ritornelli manchmal harmonisch notwendig. Aber man war sich auch klar darüber, daß der Solist in seiner Begleiterrolle dem dramatischen Effekt des Soloeinsatzes schadete. Um den Gegensatz zwischen Orchester- und Solopassagen zu verstärken, setzte die Continuostimme einige Takte vor dem Einsatz des Solisten aus. Der folgende Soloeinsatz aus einem Konzert von Johann Christian Bach repräsentiert die zeitübliche Praxis:

Mit dem Unisono verschwindet der bezifferte Baß, um das bevorstehende Solo nicht seiner Wirkung zu berauben. Das Verfahren ist offensichtlich jener Sonderform der barocken Arie bzw. des barocken Konzerts entnommen, in der das gesamte Ritornell im Unisono steht, doch um die Jahrhundertmitte wird es im allgemeinen nur noch zum Beschluß des ersten Orchesterritornells verwendet. Das ist die Regel, nicht die Ausnahme.

Mozart macht sich nie die Mühe, seine Soloeinsätze auf diese Weise hervorzuheben. Wenn wir tatsächlich glaubten, was uns hie und da nahegelegt wird, daß er nämlich das Soloinstrument auch weiterhin im Tutti verwendete, so würde das bedeuten, daß die Kleinmeister der vorhergehenden Epoche größeres Interesse am dramatischen Effekt des Solos zeigten als Mozart. Diese Schlußfolgerung ist offensichtlich schwer zu akzeptieren. Mozart machte vielmehr den Solisten in seinen Konzerten noch mehr zu einer Art Opernhelden als seine Vorgänger und arbeitete die Dramatik der Konzertform auf vielfältigste Weise heraus. Ihre Ableitung aus der Arie war für Mozart mehr als eine historische Tatsache, sie hinterließ lebendige Spuren.

Nichtsdestoweniger sind die Belege für eine Continuorolle des Klaviers in Mozarts Konzerten nach 1775 recht ansprechend. Es handelt sich um folgendes: (1) Die Handschriften der Konzerte zeigen deutlich, daß Mozart fast immer, wenn das Klavier nicht solistisch tätig ist, »col basso« in den Klavierpart eintrug (oder tatsächlich die Baßstimme in den Klavierpart hineinkopierte). (2) Die im 18. Jahrhundert, zumeist nicht zu Mozarts Lebzeiten veröffentlichten Ausgaben der Konzerte geben dem Klavier für die Tutti-Abschnitte einen bezifferten Baß. (3) Wir besitzen eine Continuoaussetzung in Mozarts Hand für das Konzert C KV 246 aus dem Jahr 1776; zudem enthalten einige Handschriften der frühen, durchsichtig orchestrierten Konzerte Baßbezifferungen in Leopold Mozarts Hand. (4) Die Artaria-Ausgabe von KV 415 = 387b, eine der wenigen vor Mozarts Tod gedruckten Ausgaben, enthält einen bezifferten Baß für die Tutti-Abschnitte, der nicht nur reich bezeichnet ist, sondern auch sorgfältig zwischen Abschnitten reiner Baßverdopplung und solchen mit voller Akkordbegleitung unterscheidet. Aufgrund ihrer sorgfältigen Ausarbeitung hat man gemutmaßt[2], daß die gewöhnlich vom Verleger hinzugefügte Baßbezifferung in diesem Fall wohl von Mozart selbst sei.

Der letztgenannte Beleg kann ohne weiteres als erledigt gelten. So reich die Baßbezifferung von KV 415 in der Ausgabe von 1785 auch ausgestaltet sein mag, sie kann nicht von Mozart sein. Sie steckt voller Fehler, und zwar Fehler, die Mozart niemals unterlaufen und die auch

---

[2] H. F. Redlich, Einleitung zur Eulenburg-Ausgabe der Partitur, 1954.

nicht als Druckfehler passieren könnten. Den bezifferten Baß hat der Verleger von einem Schreiberling anfertigen lassen³.

Wir müssen uns an die Aufführungsbedingungen im späten 18. Jahrhundert erinnern. Niemand spielte auswendig, und eine vollständige Partitur wäre am Klavier hinderlich gewesen. Selbst der Dirigent hatte damals nicht immer eine Partitur vor sich, häufig wurde nur die erste Violinstimme benutzt. Dem Pianisten diente die Cellostimme zur Orientierung, und diese Tradition geht auf die Zeit zurück, als er tatsächlich den Continuo zu spielen hatte. Selbst Chopins Konzerte wurden mit einer Continuostimme veröffentlicht. Das Fortleben einer altertümlichen Notierungsweise wirft tatsächlich ein paar Textprobleme auf. Es gibt in Konzerten von Beethoven und Chopin am Anfang bzw. am Ende von Phrasen Noten, bei denen man nicht ganz sicher sein kann, ob sie zum Solopart gehören und demzufolge gespielt werden müssen, oder zur Continuostimme, was sie dann zu Kustoden oder zu einer Aufführungshilfe macht. In den Konzerten von Mozart gibt es keine Stelle, die durch eine zusätzliche Note harmonisch gefüllt werden müßte oder die von der Textur her eine Kontinuität erfordert, die nur das ständige Mitgehen eines bezifferten Basses vermitteln könnte. In weltlicher Musik starb das Continuospiel in der zweiten Hälfte des 18. Jahrhunderts allmählich aus, und alles an Haydns und Mozarts Musik verrät, daß es um 1775 musikalisch, wenn vielleicht auch nicht praktisch, schon tot war. Der rein notationsmäßige Aspekt des als Gedächtnishilfe verwendeten Continuos findet sein Analogon in der Partitur von Mozarts Klarinettenkonzert. In entschiedenem Gegensatz zu allem, was wir über Mozarts Empfindlichkeit und Takt hinsichtlich der Verdopplung von Streicherstimmen durch Bläser wissen, müßten wir glauben, daß die

---

³ Zum Beispiel: In Takt 51 lautet die Bezifferung für das F des Basses $^6_5$, doch an dieser Stelle spielt das gesamte Orchester (Pauken, Trompeten, Hörner, Oboen, Fagotte und Streicher) im Forte nur die Töne F, A und C. Hätte Mozart das von der Bezifferung geforderte D gewünscht, so hätte er es gegen so viel Opposition nicht vom Klavier allein spielen lassen. Geht man allerdings vom Baß allein aus, so führt die Bezifferung hier zu einer völlig sinnvollen Kadenz, deren Harmonisierung der Schreiberling offensichtlich bevorzugte. Wenn nämlich die gleiche, voll orchestrierte Kadenz in Takt 156 als Schluß einer ganz andersartigen Phrase auftritt, harmonisiert er sie wiederum mit einer Sexte, während die anderen Instrumente einen Dreiklang in Grundstellung spielen. Auf ähnliche Weise setzt er in Takt 56, 57 und 58 zur Begleitung eines einfachen Dreiklangs einen Septimenakkord. Der Dominantseptakkord würde hier zwar passen, aber Mozart hat ihn nicht vorgeschrieben. Selbst auf einem drei Meter langen Konzertflügel wäre die Septime unhörbar – ein tröstlicher Gedanke. Die Bezifferung von KV 415 = 387b, wie sie in der Eulenburg-Partitur erscheint, enthält zahlreiche weitere Fehler. Im zweiten Satz ist Takt 15–16 sinnlos und das Auflösungszeichen in Takt 5 und 6 fehlt. Im dritten Satz muß die zweite 6 in Takt 21 $^6_5$, die 6 in Takt 46 $^6_2$ lauten, und an Takt 138–139, wo 5 $^6_3$ anstatt von 7 $^6_3$ erscheint, ist auch etwas falsch. Was davon Druckfehler sind und ob sie auf Artaria oder Eulenburg zurückgehen, will ich gar nicht herausfinden. Was Mozart nicht schrieb, mag man drucken, wie man will.

Klarinette, sofern sie nicht solistisch auftritt, unentwegt die erste Violine verdoppelt. Diese Verdopplung ist natürlich nichts weiter als eine Orientierungshilfe[4].

Aufführungen waren im 18. Jahrhundert keine so formelle Angelegenheit wie heutzutage, und man verhielt sich dem musikalischen Text gegenüber sehr viel sorgloser. (Wenn Haydn in seinem Brief über die Pariser Symphonien verlauten läßt, wenigstens eine Probe wäre vor der Aufführung doch anzuraten, so erhalten wir eine Vorstellung von der damaligen Wirklichkeit.) Hat der Pianist also, wenn nicht die gesamte Continuostimme, so doch einen Teil davon gespielt? Wenn der Pianist vom Klavier aus dirigierte, so schlug er Akkorde an, um das Orchester zusammenzuhalten und möglicherweise, um an lauten Stellen ein bißchen zusätzlichen Klang hinzuzufügen. Es gibt eine weit zurückreichende Pianistentradition, in einem Konzert die letzten Akkorde zusammen mit dem Orchester zu spielen. Ob sie bis auf Mozarts Zeiten zurückgeht, vermag ich nicht zu sagen. Eine Tradition kann ebenso falsch sein wie eine Neuerung, doch sieht es zweifellos besser aus, wenn sich der Pianist nicht schon taktelang vor dem übrigen Orchester zurücklehnt. Das Klavier des 18. Jahrhunderts war klanglich so schwach, daß der Pianist, selbst wenn er den Continuo teilweise spielte, ohnehin höchstens von den Orchestermitgliedern zu hören war, es sei denn, er hätte versucht, sehr laut zu spielen. Es gibt aber nicht den geringsten musikalischen oder musikhistorischen Grund zu der Annahme, der Continuo wäre im 18. Jahrhundert jemals anders als diskret ausgeführt worden. Mit dem zunehmenden Umfang des Konzertorchesters wurde die Continuostimme nicht allein überflüssig, sondern absurd. Vom Gesichtspunkt der heutigen Aufführungspraxis ist nichts dagegen einzuwenden, daß der Pianist den bezifferten Baß spielt, vorausgesetzt man kann ihn nicht hören.

Die durchsichtiger instrumentierten Konzerte wurden allerdings noch auf andere Weise aufgeführt, nämlich zu Hause mit einem Streichquintett. Mozart entschuldigte sich bei seinem Vater dafür, daß er ihm die Handschriften einiger neuer Konzerte nicht übersende, weil er glaube, »daß sie wenig gebrauch davon werden machen können, indemme ... 3 ganz mit blasinstrumenten obligirt sind, und sie selten dergleichen Musique machen«[5]. Die Bezifferung in Leopold Mozarts Hand wurde also nur für Privataufführungen derjenigen Konzerte verwendet, die auch ohne Bläser auskommen, wobei das

---

[4] In Haydns ›Missa in tempore belli‹ enthält die Orgelstimme an den Stellen, wo die Orgel pausiert (und Haydn »Senza Org.« einträgt), den Baß mit der Bezifferung. Diese Bezifferungen sind nichts weiter als Kustoden, sei es für den Organisten oder, falls das Werk nicht von einer vollen Partitur, sondern von der Baßstimme aus dirigiert wurde, für den Dirigenten.

[5] Brief vom 15. Mai 1784. Siehe Mozart. Briefe und Aufzeichnungen, Band 3, S. 314.

Tasteninstrument dann sicher den Streicherklang ausfüllte. Mozart hätte die Bezifferung ja nicht gebraucht – und Leopold konnte sie nur zu Hause verwenden.

Dafür erbringt die von Mozart geschriebene Continuostimme von KV 246 einen noch stärkeren Beweis. Das Klavier begleitet in den Ecksätzen das Orchester ausschließlich an Forte-Stellen und – was am auffälligsten ist – im Andante verdoppelt es die Melodie nur einmal, in Takt 9–12. Bezeichnenderweise ist es die einzige Stelle im ganzen Konzert, an der die Bläser ohne Unterstützung der Streicher die Melodie tragen. Diese Aussetzung war ganz gewiß für eine Aufführung ohne Bläser, höchstwahrscheinlich für Streichquintett, bestimmt. Dieser einmalige Beleg in Mozarts Handschrift hat also überhaupt keine Bedeutung für öffentliche Aufführungen seiner Konzerte.

Die Continuoangabe in Mozarts Konzerten sollte man im Zusammenhang mit dem Beweismaterial für Klavierstimmen in den späten Haydn-Symphonien sehen. Haydn dirigierte die Uraufführung der Londoner Symphonien vom Klavier aus, ja für das Ende der Symphonie Nr. 98 ist uns sogar ein kleines, elf Takte langes Klaviersolo überliefert. Trotzdem ist es in dem halben Dutzend Ausgaben der Symphonie, die zu Haydns Lebzeiten erschienen, ausgelassen. Es findet sich nur in einer nach seinem Tode publizierten Ausgabe sowie in Bearbeitungen für Klavierquintett bzw. Klaviertrio, wobei es in einer dieser Bearbeitungen der Violine übergeben wird. Wenn man diese elf ad libitum-Takte für Klavier der immensen Fülle von Solopartien für alle anderen Instrumente in Haydns Symphonien entgegenhält, so existieren sie nur als ein Beispiel für Haydns Humor. Bei der Uraufführung teilten sich der Konzertmeister Salomon und der Komponist am Klavier in die Aufgabe, das Orchester zusammenzuhalten. Es muß entzückend gewesen sein, am Ende der Symphonie ein Solo von einem Instrument zu hören, dessen musikalische Bedeutung bis dahin nicht größer war als die eines Souffleurs in der Oper. Der Charme dieser Stelle besteht nicht darin, daß das Klavier in symphonischen Werken benutzt wurde, sondern daß es bis auf diese elf Takte zu sehen, aber nicht zu hören war. (Der Witz ginge bei einer modernen Aufführung völlig verloren, und doch ist der Klang dieses kleinen Klaviersolos so bezaubernd, daß man es nur ungern wegläßt.) Das Tasteninstrument hatte damals schon längst die Aufgabe verloren, die Harmonien auszufüllen[6], und wurde allmählich auch nicht mehr dazu benötigt, das Ensemble zusammenzuhalten.

Schließlich ist zu bemerken, daß Mozart die Anweisung »col basso«

---

[6] Selbst in den frühen Haydn-Symphonien besteht der stilistische Beweis für die Continuoverwendung nur in einer für Haydn überhaupt typischen, dünnstimmigen Satzweise, an der er, wie die späten Quartette zeigen, bis ans Ende seines Lebens Gefallen fand.

in den Manuskripten der Konzerte völlig mechanisch gesetzt hat. Die Fürsprecher eines nicht nur zu sehenden, sondern auch zu hörenden bezifferten Basses messen der Tatsache große Bedeutung bei, daß Mozart manchmal in den Tuttistellen Pausen für den Klavierpart einträgt. Aber diese Pausen besitzen überhaupt keine musikalische Bedeutung: sie werden fast ausnahmslos nur dann hinzugefügt, wenn das Cello aussetzt. Sie dienten dem Kopisten zur Orientierung und sind keine Richtlinie für den Interpreten. Wann immer das Klavier pausierte, wurde die Cellostimme (und nichts weiter) im Klavierpart angegeben, so wie sie ja auch in der Orgelstimme von Beethovens ›Missa solemnis‹ gleichzeitig mit dem Hinweis »senza organo« abgedruckt ist. Warum machte man sich überhaupt die Mühe, sie zu drukken? Einfach weil der Klavierist mindestens hundertfünfzig Jahre lang immer den Cellopart vor sich gehabt hatte und er ihm die Orientierung erleichterte[7].

Bei all diesen Erörterungen ist etwas ganz Entscheidendes zu kurz gekommen, der Stuhl für den Ehrengast ist leer geblieben. Die Fragestellung fehlt auch, soweit ich sehe, in aller Fachliteratur. Wir haben uns gefragt, ob der Generalbaß verwendet wurde, und ob er nötig war, jedoch nicht, was seine musikalische Bedeutung ist. Schließlich muß es ja zwischen einer Aufführung eines Werkes mit harmoniefüllendem Tasteninstrument und einer Aufführung ohne ein solches einen Unterschied geben, und zwar einen spezifisch musikalischen. Wenn der Continuo eine praktische Aufführungshilfe, eine Stütze des Ensemblespiels war, warum wurde er dann aufgegeben? Daß seine harmonische Funktion verschwand, ist eine Antwort, die der Frage ausweicht. Warum hörten denn die Komponisten damit auf, dem Tasteninstrument die Harmoniefüllung zuzuweisen, wo es doch so viel einfacher war, als die Noten über die verschiedenen Instrumente zu verteilen, und es obendrein noch das Orchester zusammenhielt? Warum käme uns auch ein ganz diskreter Continuopart in einem Brahms-Quartett oder einer Tschaikowskij-Symphonie so lächerlich vor?

Ein Continuo (und jede andere Form des bezifferten Basses) dient

---

[7] Zu welchen Exzessen die Befürworter der Continuorolle des Solisten zuweilen getrieben werden, um ihre Theorie zu retten, ist geradezu amüsant. In Takt 88–89 des Konzerts *d* KV 466 notierte Mozart vier tiefe, die Pauken verdoppelnde Noten und ein paar Akkorde zwei Oktaven höher für die linke Hand, während die rechte allerlei flinkes Passagenwerk ausführt. Da keine Hand eine Spanne von drei Oktaven besitzt, haben diese Takte recht phantasievolle Erklärungen gezeitigt. Ein zweites Klavier für die tiefen Töne des Continuo oder aber die Verwendung eines Pedalflügels (den Mozart tatsächlich einmal besaß) sind postuliert worden. Es erscheint jedoch wahrscheinlicher, daß Mozart zunächst die tiefen Noten schrieb, dann seine Meinung änderte und die Akkorde notierte, ohne die erste Fassung auszustreichen. Zumindest zeigt dieser Abschnitt, daß Mozart es in Noten niederschrieb, wenn er die Ausfüllung der Harmonien durch den Solisten wünschte.

dazu, den harmonischen Rhythmus nachzuzeichnen und zu isolieren. Aus diesem Grund kann er im allgemeinen durch Zahlen unter dem Baß angedeutet werden, ohne daß die Töne genau ausgeschrieben werden. Die Betonung liegt ganz ausschließlich auf dem Harmoniewechsel, während die Verdopplung und die Lage der Akkordtöne von untergeordneter Bedeutung sind. Die Isolierung und Hervorhebung des Harmoniewechsels und seiner Häufigkeit sind wesentlich für den Barockstil, besonders für den sogenannten Hochbarock des frühen 18. Jahrhunderts. Dieser Stil erlangt seinen Impuls und seine Bewegungsenergie aus der harmonischen Sequenz und braucht sie, um ein relativ undifferenziertes Gewebe lebendig und vital zu machen.

In der Musik des späten 18. Jahrhunderts entspringt die Energie jedoch nicht der Sequenz, sondern der Gliederung von Perioden und der Modulation (die man auch Großform-Dissonanz nennen könnte). Die Hervorhebung des harmonischen Rhythmus ist deshalb nicht nur überflüssig, sondern geradezu störend. Das Klimpern eines Cembalos oder eines Fortepiano aus dem späten 18. Jahrhundert klingt innerhalb einer Haydn-Symphonie ganz nett, aber es hat über seinen angenehmen Klangwert hinaus keinerlei Bedeutung für die Musik. Daß Haydn und Mozart sich nichts Besseres einfallen ließen, um ein Orchester zu dirigieren, stellt sie in eine Reihe mit allen übrigen ausübenden Musikern ihrer Zeit, deren Aufführungskonzept noch hinter dem radikalen Stilwandel herhinkte, der seit 1770 und gerade durch das Eingreifen von Haydn und Mozart selbst im Gange war. Damit erhebt sich die Frage: Weiß der Komponist, wie sein Stück klingen soll?

Das ist ein heikles Problem, das ins Zentrum unserer Musikauffassung trifft. Wenn Musik mehr ist als beschriebenes Notenpapier, dann ist die klangliche Realisierung von zentraler Bedeutung. Die ideale Aufführung, so nimmt man gewöhnlich an, ist diejenige, die der Komponist sich beim Komponieren vorstellte. Diese gedachte Idealaufführung ist das eigentliche Werk, nicht die Noten auf dem Papier und auch nicht die falschen Noten in einer wirklichen Aufführung. Diese Annahme hält jedoch einer genaueren Prüfung nicht stand. Weder die vorgestellte, noch die tatsächliche Aufführung, noch auch die schematische Darstellung auf dem Papier kann einfach mit einem Musikstück gleichgesetzt werden.

Stellen wir es einmal so einfach wie möglich dar: Wenn um 1790 ein Dirigent vom Klavier aus dirigierte, unterbrach er, wie wir durch zeitgenössische Berichte wissen, oftmals sein Spiel, um Winke mit den Händen zu geben. Wann er das tat, können wir nicht wissen, jedenfalls spielte er nicht ununterbrochen. In Haydns klanglicher Vorstellung müssen seine Symphonien immer einen gewissen Anteil von Klavier- oder Cembaloklang besessen haben, aber nirgendwo setzt er ihn als nötig oder wünschenswert voraus – außer in dem kleinen Witz in Symphonie Nr. 98.

Das bedeutet, daß des Komponisten Vorstellung von seinem Werk zugleich genau und etwas unscharf ist. Und so soll es auch sein. Was könnte genauer umschrieben sein, als eine Haydn-Symphonie mit ihren deutlich gezeichneten Umrissen und ihren klaren und immer hörbaren Details? Aber wenn Haydn eine Note für die Klarinette schrieb, so bezeichnet das nicht einen spezifischen Klang – es gibt schließlich viele Klarinetten und viele Klarinettisten, die alle ganz verschieden klingen –, sondern einen großen Klangbereich innerhalb sehr klar gezogener Grenzen. Komponieren heißt die Grenzen festsetzen, innerhalb derer sich der Interpret frei bewegen darf. Aber die Freiheit des Interpreten ist noch auf andere Weise eingeschränkt – oder sollte es jedenfalls sein. Die vom Komponisten gesetzten Grenzen gehören zu einem in vieler Hinsicht sprachähnlichen System, das wie die Sprache Ordnung, Syntax und Sinn besitzt. Der Interpret arbeitet diesen Sinn heraus und macht seine Bedeutung nicht nur klar, sondern nahezu greifbar. Warum sollen wir annehmen, daß der Komponist oder seine Zeitgenossen immer am besten wußten, wie man dem Zuhörer diese Bedeutung begreiflich machen kann?

Neue Kompositionsweisen gehen neuen Musizierweisen voraus, und oft vergehen zehn bis zwanzig Jahre, ehe die Musiker es lernen, ihren persönlichen Stil zu ändern und sich anzupassen. Die Verwendung eines Continuos im Klavierkonzert war um 1775 ein Überrest aus der Vergangenheit, dessen sich die Musik dann von selbst entledigte. Der bezifferte Baß war damals, so können wir annehmen, nur noch eine konventionelle Notierungsweise, die dem Solisten und dem Dirigenten während der Aufführung die Partitur ersetzte, oder allenfalls ein probates, aber musikalisch belangloses Mittel, das Orchester zusammenzuhalten. Wenn zuweilen Empörung darüber laut wird, daß der bezifferte Baß in Aufführungen oder Ausgaben weggelassen wird, so ist das historisch ungerechtfertigt und musikalisch unbegründet.

Der Dirigent an der Pariser Oper machte beim Taktieren – er schlug mit einer Rolle Notenpapier auf ein Pult – einen derartigen Lärm, daß einem, wie Rousseau 1767 klagt, der Musikgenuß vergällt wurde. Daß ein Tasteninstrument in einer nach 1775 komponierten Symphonie oder den Orchesterabschnitten eines Konzerts hörbar auftrat, war gewiß weniger ärgerlich, aber in bezug auf Authentizität und musikalischen Wert ist es dasselbe.

Das Wichtigste an der Konzertform ist, daß das Publikum den Einsatz des Solisten erwartet und, sobald er mit dem Spielen aussetzt, schon auf den nächsten wartet. Wenn es nach 1775 überhaupt so etwas wie eine Konzertform gibt, so ist das ihre Grundlage. Deshalb ist das Konzert so sehr eng mit der Opernarie verschwistert. Eine Arie wie »Martern aller Arten« aus der ›Entführung‹ ist geradezu ein Konzert für Soloinstrumente, wobei der Sopran nur der wichtigste Solist innerhalb einer konzertierenden Gruppe ist. Die Verwandtschaft war wohl nie enger als am Ende des 18. Jahrhunderts, denn das Zeitalter der Klassik hatte es unternommen, das Konzert zu dramatisieren – und zwar auch gerade im wörtlichen, im szenischen Sinn: man konnte es daran sehen, daß der Solist sich vom Orchester abhob.

Im barocken Konzert sind der Solist oder die Solisten Teil des Orchesters und spielen durchgehend mit. Der klangliche Kontrast kommt dadurch zustande, daß das Ripieno, d. h. die nicht-solistischen Elemente des Orchesters aufhören, während die Solisten weiterspielen. Im frühen 18. Jahrhundert gibt es dramatisch gestaltete Einsätze eigentlich nur für das volle Orchester. Selbst wenn die berühmte Kadenz im ›5. Brandenburgischen Konzert‹ beginnt, hat man das Gefühl, daß der Solist weiterspielt, ohne einen Bruch mit der vorangehenden Textur zu vollziehen, während das Orchester sich in wunderbar regulierter Stufenfolge allmählich zurückzieht. Hier hat Bach tatsächlich einmal die stilimmanente Aversion gegen dynamische Übergänge überwunden. (Die kleine Pause, mit der viele Cembalisten den Anfang der Kadenz markieren, ist ein Anachronismus, ein Eindringen des modernen, theatralischen Konzertbegriffs.) Mit dem klassischen Konzert stehen wir auf ganz anderem Boden. In jedem Mozart-Konzert seit 1776 ist der Einsatz des Solisten ein dem Auftritt einer neuen Person auf der Bühne vergleichbares Ereignis, und dieses Ereignis wird mit einer verwirrenden Fülle von Stilmitteln hervorgehoben, betont und abschattiert. Es sei bemerkt, daß die Absonderung des Solisten vom Ripieno keine Mozartsche Erfindung war, sondern sich allmählich im Laufe des Jahrhunderts als Teil der allgemeinen Evolution der gegliederten Form und als Konsequenz der Vorliebe für Klarheit und Dramatik vollzog. Aber unter allen Komponisten vor Beethoven hat nur Mozart die Implikationen dieses dynamischen Kontrasts zwischen Solist und Orchester sowie sein formales und koloristisches Potential verstanden. Selbst Haydn blieb weitgehend der Vorstellung vom Solisten als einem abtrennbaren Orchestermitglied verhaftet.

Im barocken Konzert wechseln sich Ripieno- und Soloabschnitte in lockerer Reihenfolge ab; eine starke Tonikakadenz wird abgesehen vom Schluß des ersten und letzten Orchesterabschnitts vermieden, und die Soloabschnitte entwickeln sich aus dem Tutti, und zwar fast immer aus dem Anfangsmotiv. Diese Beschreibung läßt die Energiequellen im Barockstil, die aus den großen Konzerten eines Bach und Händel mehr als eine lose Folge von Gegensätzen machen, außer

Betracht. Aber diese Quellen waren zu Mozarts Zeiten sowieso schon längst versiegt. Die Entwicklung des Konzerts nach 1750 wird oft als die Verschmelzung der neuen Sonatenform mit der älteren Konzertform beschrieben. Diese Betrachtungsweise ist zwar nicht völlig irreführend, aber ihr großer Nachteil ist, daß sie das Rätsel nicht löst, warum jemand willkürlich solch entgegengesetzte Formprinzipien würde verschmelzen wollen. Warum ließ man die alte Form nicht fallen und schuf eine völlig neue Werkgattung, die Sonate für Solisten und Orchester? Das Thema läßt sich leichter von einem zugleich einfacheren und weniger mechanischen Standpunkt betrachten. Behandelt man die Sonate nicht als eine Gattung, sondern einen Stil, d. h. als ein Gespür für Proportionen und neuartigen dramatischen Ausdruck, so sieht man, wie die Funktionen des Konzerts, nämlich die Gegenüberstellung von zwei Klangqualitäten und die demonstrative Entfaltung von Virtuosität, sich dem neuen Stil anpassen. Es hat kaum Sinn, Mozarts vielfältige formale Mittel in der Konzertform aufzuzählen, ohne sich über ihren expressiven und dramatischen Zweck klar zu werden.

Um auf die ersten Seiten des Orchesterparts bzw. das erste Ritornell zurückzukommen: wird die Solistenrolle erst einmal dramatisch verstanden, so schafft das Ritornell einfach dadurch ein Problem, daß (wie oben angedeutet) die Zuhörerschaft auf den Einsatz des Solisten wartet. Mit anderen Worten, das Anfangstutti vermittelt immer eine gewisse Einleitungsatmosphäre: Etwas wird geschehen! Ist es kurz, wie in den meisten Arien, so verflüchtigt sich das Problem, aber in größer angelegten Werken trivialisiert der Einleitungscharakter den Anfang, so daß das dort zuerst gehörte Material etwas von seiner Wichtigkeit und Eindringlichkeit einbüßt. Würde man es völlig in eine Introduktion verwandeln und ihm harmonisch den Charakter einer Dominante anstatt einer Tonika verleihen, würde daraufhin der Solist das Material allein oder nur begleitet aufstellen, so wäre das ein unerhörter Verstoß gegen die klassische Etikette, besonders wenn man das relative Gewicht des Solo- und Orchesterklangs bedenkt. (Erst hundert Jahre später, und dann in witziger Absicht, wurde das in einem Werk wie Dohnányis ›Variationen über ein Kinderlied‹ möglich, wenn auch Beethovens ›Kakadu-Variationen‹ den Effekt schon andeuten.) Das Anfangsritornell ganz fallen zu lassen und das Material vom Orchester und dem Solisten als nahezu gleichwertigen Partnern vortragen zu lassen (wie in den Konzerten von Schumann, Liszt, Grieg und Tschaikowskij) hieße, auf das klassische Vergnügen an Großformeffekten verzichten, den Gegensatz von Solo und Orchester auf ein kleinräumiges Alternieren zu reduzieren und dadurch den großen Atem ausgedehnter Abschnitte zu verlieren. Würde man das Anfangsritornell zu dramatisch gestalten, um so seine Bedeutung zu heben und die Zuhörerschaft zu fesseln, so würde man die dramatische Wirkung der Solistenrolle unterhöhlen und einen Hauptvorzug der Konzertform zunichte machen.

Im Alter von zwanzig Jahren löste Mozart dieses Problem in einem Werk, das wohl als sein erstes groß angelegtes Meisterwerk in irgendeiner Gattung gelten darf. Seine Lösung ist so radikal und einfach wie das Abschlagen des Flaschenhalses, um eine Flasche zu öffnen. Am Anfang des Konzerts *Es* KV 271 (zitiert oben S. 62) beteiligt sich das Klavier solistisch an den ersten sechs Takten und schweigt daraufhin während der gesamten Orchesterexposition. Die Lösung war so verblüffend, daß Mozart sie nie wieder benutzte, obgleich Beethoven sie in zwei berühmten Beispielen weiterentwickelte und Brahms diese Beethovensche Konzeption noch ausweitete. Mit einem Schlag wird die Eröffnung dramatisiert und der Orchesterexposition das ihr sonst fehlende Gewicht verliehen. Zu diesem Zweck verschenkt Mozart schon im zweiten Takt den eindrucksvollsten, den ersten Einsatz des Solisten, bevor man den Orchesterklang so sehr aufgenommen hat, daß sich ein starker Kontrast ergibt. Dadurch wird der nächste, der eigentliche Einsatz des Soloinstruments ein Problem; es wird mit gleicher Kühnheit und Genialität gelöst. Das Klavier setzt ein, bevor die Orchestereinleitung ganz zum Schluß gekommen ist, nämlich in der Mitte einer offensichtlich längeren Schlußkadenz[8]. Es betritt die Szene mit einem Triller, der die zweifache und zweideutige Funktion hat, Solovirtuosentum zu signalisieren und die Orchesterphrase koloristisch zu begleiten, und fährt dann in witziger Sorglosigkeit scheinbar mitten in einer Periode fort, so als wäre es im Gespräch begriffen.

Die Orchesterexposition von KV 271 verharrt ohne jegliche Modulation auf der Tonika, so daß wie in der Orchestereinleitung einer Opernarie die Dramatik der Modulation für den Solisten aufgehoben wird. Insofern ein Konzert tatsächlich zwei Expositionen besitzt, muß die eine notwendig passiv und die andere aktiv sein. Das 19. Jahrhundert verstand das nicht und ließ daher oft die Orchesterexposition als tautologisch ganz fallen. In Mozarts Konzert *Es* ist nicht nur die harmonische Ausrichtung, sondern auch die Themenanordnung in beiden Expositionen verschieden. Das Ritornell fixiert den Charakter des Werks, da es das tonartliche und motivische Fundament legt, während die Klavierexposition dramatische Bewegung in das Konzert bringt und zu diesem Zweck neues Themenmaterial einführt und anderes wegläßt. Fast das gesamte, so vielfältige und abwechslungsreiche Material wird von einer unmittelbar überzeugenden Logik zusammengehalten, denn es ist zum großen Teil hörbar aus der Anfangsperiode abgeleitet.

---

[8] Vgl. Thema (9) und (10) unten S. 230.

Die Beziehung zwischen den beiden recht verschiedenen Expositionen ist alles andere als willkürlich. Auch wenn wir vorerst sämtliche Vorstellungen von Konzert- bzw. Sonatenform beiseite lassen, ist es interessant zu beobachten, wie Mozart sein Material formt und dramatisiert. Das Motto des Werkes sind seine Anfangstakte, ein Thema (1), aus dessen zwei gegensätzlichen Hälften sich der übrige Satz zum größten Teil ableitet. Die Orchesterfanfare sei hier mit (a) und die verborgen symmetrische, witzige Antwort des Klaviers mit (b) bezeichnet:

Auf die Wiederholung des Mottos folgt unmittelbar ein Thema (2), das auf geniale Weise den Rhythmus und die Gestalt von (a) wie von (b) in tänzerischer Bewegung verbindet.

Diese tänzerische Bewegung trägt einen schnelleren Rhythmus in die Begleitung. Darauf folgt eine sich deutlich an (a) anlehnende Fanfare (3), während die Oboen die Phrasierung von (2) fortsetzen:

Vier aus ganz konventionellen Elementen bestehende Überleitungstakte sind mit (3A) und (3B) bezeichnet, obwohl es müßig ist, zu entscheiden, ob die Phrase mehr zum Vorhergehenden oder zum Nachfolgenden gehört. Ich zitiere sie nicht nur wegen der Meisterhaftigkeit dieses Übergangs, sondern wegen ihrer späteren Bedeutung, da Mozart sie nämlich wie ein Scharnier benutzen wird, um zu erreichen, daß der Hörer für sich die Assoziation zwischen zwei vom Material her verschiedenen, aber funktional ganz ähnlichen Abschnitten vollzieht.

(3A-B) verlangsamt die Bewegung, insofern die ganze Phrase als Orgelpunkt auf der Dominante fungiert, so daß die Musik sich in der Schwebe befindet, bevor sie mit einer andersartigen Bewegung fortfährt. Es folgt eine scheinbar neue Melodie von betörender Anmut (4), die so deutlich von (b) abgeleitet ist, daß sie mit allem Vorhergehenden harmoniert. Es handelt sich um eine Augmentation des ursprünglichen Themas, die ein Gefühl von Weite vermittelt und dem urspünglich knappen Motiv mehr Raum gewährt.

Unmittelbar darauf erscheint ein neues Thema (ich bezeichne [5] als ein Thema für sich, obgleich es abgesehen von der Kadenz immer in Verbindung mit [4] erscheint. Für jeden anderen, nicht mit Mozarts Erfindungsgabe gesegneten Komponisten hätte es als unabhängige Melodie gedient); mit seinem graziösen Aufschwung am Taktanfang ist es eine Fortführung von (4),

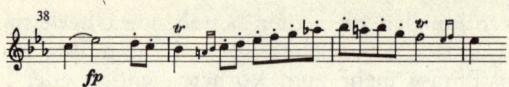

und diese Ableitung soll in der Art eines verständig geführten Gesprächs durchaus auch hörbar werden. Aber es ist rhythmisch und ausdrucksmäßig eine Intensivierung, insofern jeder zweite Aufschwung durch das Sforzando auf schwachem Taktteil doppelt so schnell ist; selbst die Begleitung wird kontrapunktisch voller und chromatischer. Ausdruck und Bewegung steigern und beschleunigen sich zum Ende hin und entladen sich in (6),

was direkt aus (a) abgeleitet ist und den ein paar Sekunden zuvor am Ende von (5) gehörten Triller anklingen läßt. Nach einem expressiven Höhepunkt kommt die Bewegung zu einem plötzlichen Halt. Bis zu diesem Punkt des Werkes ist mit Ausnahme von *Des* jede Note der chromatischen Leiter aufgetreten. Synkopiert und im Fortissimo erklingt es jetzt zum ersten Mal.

Dies ist nicht nur das erste Fortissimo des Satzes, sondern gewissermaßen auch das einzige, da alle weiteren nur wörtliche Wiederholungen darstellen. Zudem ist das *Des* der bis dahin längste Melodieton, wie ja auch die auf die Auflösung in *f*-moll folgende Pause die bis dahin längste ist. Untersucht man die Periodik, so offenbart sich ein noch interessanterer Aspekt dieses Höhepunkts: bis auf eine Periode unterlagen alle bis dahin erschienenen einem symmetrischen, regelmäßigen Rhythmus. Die Anfangstakte bilden keine Ausnahme, denn sie bestehen offensichtlich aus einer zweimal gespielten Viertaktperiode, die beim ersten Mal am Anfang des vierten Taktes unterbrochen wird. Die leichte Asymmetrie wird durch die symmetrisch genaue Wiederholung ausgeglichen. Andere Perioden sind nicht nur durchaus regelmäßig, sondern besitzen symmetrische Echos: Takt 8–9 spiegelt sich in 10–11 wider, 18–21 ist die genaue Wiederholung von 14–17, wie auch Takt 43–44 Takt 41–42 wiederholt. Diese Regelmäßigkeit wird bis zum eben erreichten Höhepunkt nur ein einziges Mal unterbrochen: Takt 12 und 13 bilden die Ausnahme innerhalb der Folge von Viertaktperioden; sie stellen einen *f*-moll-Sextakkord dar,

d. h. denselben Akkord, der den fortissimo gespielten, verminderten Septakkord unter dem *Des* in Takt 45–46 auflöst – eine Auflösung, die ihrerseits nach Auflösung verlangt. Auf diese Weise ist der Höhepunkt in Takt 45–46 vorbereitet. Auch dieser stellt ja eine – allerdings heftigere und dramatischere – Unterbrechung der regelmäßigen Viertaktigkeit dar.

Der wundervoll vorbereitete Höhepunkt ist selbst Vorbereitung und Vorahnung des Kommenden. Die Bedeutung des gerade Geschehenen wird von der folgenden Phrase mit Nachdruck festgestellt. Bis dahin sind die großrhythmischen Bewegungen in zwei Wellen erfolgt, die Steigerung von (1) zu (3) und die noch intensivere von (4) zu (6). Jetzt bricht die rhythmische Bewegung völlig zusammen und der Höhepunkt (6), d. h. seine letzten zwei Töne, verwandeln sich in ein Rezitativ (7), das wiederum einen *f*-moll-Dreiklang darstellt:

Das Rezitativ fungiert als eine Fermate (oder allgemeiner gesagt, als Kadenz), d. h. als ausdrucksvolle Verzögerung vor der Schlußperiode, als Verweigerung der Spannungslösung. Diese Meisterschaft im Rhythmischen hat Mozart von der Oper, und kein anderer Komponist hat je solche Mühelosigkeit darin erreicht. Es folgt eine Schlußwendung, eine auf (a) basierende Fanfare (8),

die einen herrlich witzigen Effekt erzeugt, sobald sich herausstellt, daß es gar keine Schlußwendung war. Eine zweite Kadenz (9), eigentlich nur die Umkehrung von (a), schließt sich an

und wird durch den zweiten, dramatischen Einsatz des Klaviers (10) unterbrochen[9]. Zwei Schlußwendungen sind durchaus kein überflüssiger Luxus, denn Mozart braucht sie alle beide im Lauf des Werks.

Die Rolle des Klaviers besteht nun darin, diesen gesamten Ablauf mit solch dramatischer Spannung aufzuladen, daß ihre Lösung dringend und anspruchsvoll genug wird, um das Gewicht der symmetrischen Formung zu tragen, die Mozart sogar in seinen Opern mit solcher Vorliebe verwendete. Dramatisierung heißt in Mozarts Stil

[9] Da Details so ermüdend sind, sei dieses für eine Anmerkung aufgehoben: Der Klaviereinsatz kehrt in Takt 60 zum *f*-moll-Sextakkord zurück, und sowohl der Anfangstriller wie die ganze folgende Phrase dienen dazu, den Spitzenton *C* dieses Akkords zum *B* hin aufzulösen.

Durchführung (thematische Aufspaltung und Ausspinnung) und Modulation (großräumige harmonische Gegensätze bzw. Dissonanzen), und beides erscheint, wenn nun das Klavier die vom Orchester schon vorgelegte Form präsentiert. Selbst die Orchestrierung des gleichen Materials ist in der zweiten Exposition dramatischer und farbiger als in der ersten. Diese Doppelexposition hat sehr wenig mit der Wiederholung der Exposition in der Sonatenform zu tun. Die Soloexposition ist eine rhythmische und harmonische Erweiterung und Umgestaltung. Man mißversteht Mozart gründlich, wenn man meint, er wiederhole einen Ablauf und füge den Einzelelementen nun Farbe, Drama und Vielfalt hinzu. Es ist vielmehr der Ablauf selber, den Mozart dramatisiert, denn das eigentliche Material sind nicht die Themen, sondern ihre Reihenfolge. Die zweite Exposition ist also keine Wiederholung, sondern eine Umgestaltung. Erst als der schöpferische Impuls der Konzertform (wie auch der Sonate) erlosch, wurde aus der Doppelexposition so etwas wie die Wiederholung des ersten Teils eines Sonatenallegros (wie etwa, trotz all ihrer Poesie, in den Konzerten von Chopin). Aber wer ohne formale Vorurteile ein Mozart-Konzert anhört, zweifelt nicht daran, daß die Exposition des Solisten keine Wiederholung mit Variationen und einer zusätzlichen Modulation ist, sondern eine radikal andersartige Darstellung von Ideen, die zuerst im Orchester gehört wurden, wobei die Bedeutung des Ablaufs sich durch neue Ideen und eine neue Einstellung völlig verändert.

Die Umgestaltung beginnt sogleich. Das Eingangsthema (1) unterbricht den Einsatz des Klaviers (10) und wird wie am Anfang zweimal hintereinander gespielt. Aber es geht nicht wie vorher mit (2) weiter, vielmehr fängt das Klavier unter der Begleitung von zwei Oboen an, durch die Hinzufügung eines Kadenztrillers (der in so vielen der Themen, besonders [6] und [10B] eine Rolle spielt) das Thema (a) durchzuführen.

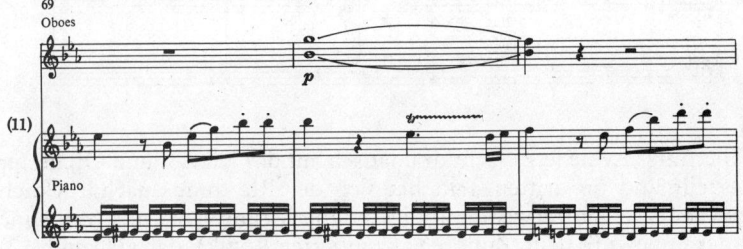

Die Begleitung beschleunigt sich und die Musik moduliert sofort zur Dominante *B*-dur und bestätigt die Modulation durch konventionelles, funkelndes Passagenwerk:

Die Brillanz dient der Verdeutlichung der Modulation; weniger konventionelles Material wäre ungeeignet. Gerade die Ausdruckslosigkeit dieses Abschnitts, seine Banalität, bildet den Kontrast zu der differenzierten Logik der thematischen Arbeit, die das Anfangsthema fragmentiert und in eine andere Tonart drängt. Die Virtuosität stabilisiert die neue Tonart[10].

Bevor die Themen (4) und (5) gespielt werden, um den Faden wieder aufzunehmen, erklingt die Überleitung (3A-B), die logisch aus dem Schluß von (12) herauszuwachsen scheint.

Allerdings ist sie jetzt recht dramatisch auf das Klavier und Orchester verteilt und im dritten Takt hat sich der Rhythmus nachdrücklich gewandelt. Die Verwendung dieser Überleitung lehrt uns (im Sinne einer unbewußt beim Zuhören akzeptierten Logik), daß (11) und (12)

---

[10] Es sei erwähnt, daß im Zuge der kunstvollen Expansion der zweiten Exposition die Takte 78–81 harmonisch eine Vergrößerung von Takt 12 und 13 darstellen.

einerseits und (2) und (3) andererseits eine vergleichbare Rolle spielen: (2) und (11) entwickeln sich beide aus (a), und (3) und (12) beschließen jeweils einen Abschnitt durch zusätzliche Brillanz und Beschleunigung der Bewegung. Aber die neue Form von (3A–B) reagiert vermittels der packenderen Orchestrierung und Rhythmik auf die größere Intensität der Klavierexposition.

Die anmutigen Melodien (4) und (5) werden gleichfalls nicht einfach vom Klavier wiederholt. (5) erscheint zweimal, und beim zweiten Mal unterstützt das Klavier die Oboe mit einer doppelt so schnellen Begleitung wie vorher. Darüberhinaus wird das Thema durch eine ungemein ausdrucksvolle Phrase (13) verlängert, die wie eine Fermate auf Takt 111, wie eine Weigerung, den unvermeidlichen Abstieg zu beginnen, wirkt.

Wir warten mit angehaltenem Atem auf das Ende der Phrase und werden durch den Trugschluß in der Phrasenmitte (T. 114) in der Schwebe gehalten. Am Ende des Abschnitts (T. 117) ist man harmonisch gesehen am selben, unaufgelösten Punkt wie am Anfang. Diese Spannung löst sich sogleich durch eine endgültige, ausgedehnte und zweimal gespielte virtuose Passage (14):

Damit wird die in Takt 70 angefangene Modulation abgeschlossen und mit dem Erreichen von Takt 135 fest verankert. Wiederum ist die Konventionalität des Materials Voraussetzung für das Gefühl einer stabilen Kadenz. Dies ist auch der richtige Moment zur reichlichen Entfaltung pianistischer Virtuosität, die ja schließlich das Wesen der Konzertform ausmacht.

Auf sinnvolle – und traditionelle – Weise wird die Symmetrie wiederhergestellt, indem das Orchester hier einsetzt und mit den Schlußphrasen seines eigenen Ritornells diese Exposition beschließt. Es folgen also dementsprechend (6), (7) und (8) der Reihe nach in der Dominante. Aber das Rezitativ (7) wird nach dem orchestralen Höhepunkt dem Solisten übergeben, was eine so natürliche und wirkungsvolle opernmäßige Geste darstellt, daß sich schwerlich sagen läßt, ob sie künstlerischer Phantasie oder Logik zuzuschreiben ist. Die phantasievollsten Einfälle sind bei Mozart immer auch die sinnvollsten. Der Höhepunkt am Anfang von (7), der jetzt in der Dominante steht, ist weniger imposant als bei seinem ersten Auftreten, weil er sich unmittelbar an eine lange Strecke virtuoser pianistischer Entfaltung des Solisten mit mehrfacher Erreichung des höchsten Tons auf dem Mozart-Klavier anschließt. Diese Virtuosität gehört zur Dramatisierung. Die Klavierexposition ist, wie wir sahen, eine freie Umarbeitung des Orchesterritornells, das in knapper Form das Stück eröffnet. Beide Expositionen aber entwickeln und erweitern das Anfangsmotto des Werkes, und beide drängen auf einen – je anders gearteten – Höhepunkt hin. Der Orchesterhöhepunkt, der von einem hohen *Des* zu einem ausgehaltenen *f*-moll-Akkord führt[11], wird in der Klavierexposition weniger transponiert als durch die dramatische Wucht der Modulation zur Dominante und die Brillanz der Pianistik ersetzt. Aber schließlich ist es doch der ursprüngliche Orchesterhöhepunkt, der in der Gesamtform des Satzes die wichtigere Rolle spielt.

Nur zwei, hier mit (2) und (3) bezeichnete Perioden der Orchesterexposition treten in der Klavierexposition gar nicht auf. Sie werden vom Klavier im folgenden Abschnitt nachgeholt. (Man kann ihn mit »Durchführung«, nämlich Intensivierung der in der Exposition vollzogenen Modulation zur Dominante und stärkere Dramatisierung ihres Materials bezeichnen.) Aber die beiden Perioden folgen nun nicht mehr aufeinander, sondern bilden den weit auseinander gezogenen Rahmen der »Durchführung«. Das Klavier beginnt mit der in der Dominante stehenden Periode (2) derart, daß die Schlußkadenz des Orchesters abgeschnitten wird, bevor ihre Schlußwirkung sich recht durchsetzen kann. Dadurch verwischt sich der Übergang zwischen Exposition und Durchführung. Da Abschnitt (2) bisher weder im Klavier noch in der Dominante aufgetreten ist, ließe er sich wohl mit gleichem Recht zur Exposition wie zur Durchführung rechnen. Die

---

[11] Er wird durch die folgende Phrase gestützt, die auf den Tönen des *f*-moll-Dreiklangs verweilt, obwohl gleichzeitig die Harmonie darunter wechselt.

Unsicherheit wächst, wenn das Klavier die Periode mit einem graziösen Bogen abrundet, der direkt zur Eröffnungsfanfare (1) führt. Das Mottothema (1) wird samt Wiederholung gespielt und wirkt so stark als Anfang wie zuvor, indem es wiederum den nun schon zweimal präsentierten Ablauf in Gang zu setzen scheint.

Dieser Abschnitt folgt tatsächlich dem oben beschriebenen Ablauf, allerdings mit größerer Intensität. Wie in der Klavierexposition folgt auf (1) Abschnitt (11), der eine Entwicklung von (1a) darstellt, und wie um die Parallele mit der Exposition zu betonen, besteht die Instrumentierung wiederum nur aus Klavier mit zwei begleitenden Oboen. Aber die Durchführung ist ausgedehnter und moduliert sogleich nach der Tonart f-moll, die ja in der Exposition eine so wichtige Rolle spielte. Sie verläßt diese Tonart, um kurz und folgenlos die Tonika zu berühren, und kehrt dann mit der folgenden, dramatischen Passage zurück, in der der orchestrale Höhepunkt des Ritornells, nämlich (6) (mit dem wiederum sich in einen f-moll-Sextakkord auflösenden *Des*), viermal wiederholt wird[12]:

Das gehämmerte *Des* ist das Spannungsextrem und das Zentrum des Werkes.

Dieser Moment ist nicht nur ein Höhepunkt, sondern auch eine

---

[12] Da er nur elf Takte zuvor zuletzt erklungen ist, fällt die Wiederholung um so mehr auf.

Synthese, eine Verschmelzung der Ziele beider Expositionen. Mozart verwendet das in der zweiten Exposition entwickelte Material und erreicht, indem er von der dort vollzogenen Modulation zur Dominante ausgeht, nun den dissonanten Höhepunkt der ersten Exposition; er ist jetzt allerdings drängender, ausdrucksvoller und rhythmisch weit energischer. Die Symmetrie ist nicht die mechanische Symmetrie der Schulform, sondern beinhaltet eine neue dramatische Ebene. Gerade diese Auffassung von Symmetrie als einer dramatischen Kraft verschafft Mozart seine Überlegenheit in der Oper und im Konzert, und sie erstreckt sich auf die unbedeutendsten Details. Selbst die Auflösung des eben zitierten Höhepunkts besitzt ihre Parallele, er wird durch Abschnitt (3) im Orchester aufgelöst, bis ihn zuguterletzt das Klavier wiederholt. Bei seinem ersten Erscheinen war dem Abschnitt (3) wie hier ein f-moll-Sextakkord vorausgegangen, und zwar in einer Passage, die wegen ihrer unregelmäßigen Periodik hervorsticht. Mit anderen Worten, die konventionelle kurze Periode (3) – gewöhnlichstes Arbeitsmaterial des zeitgenössischen Komponisten – löst sowohl die Anfangsspannung wie den zentralen Höhepunkt des Satzes und bindet so die beiden zusammen.

Nach dem Erklingen der kurzen Phrase (3A) und einer (3B) ersetzenden Überleitung[13] fängt die ursprüngliche Abfolge wieder an (»Reprise«), wobei (1) wie immer zweimal – oder fast zweimal – gespielt wird. Dieses Mal ist die Instrumentierung spiegelsymmetrisch: nicht das Orchester, das Klavier fängt an und erhält seine Antwort vom Orchester, worauf die Reihenfolge umgekehrt wird. Wenn (1) zum zweiten Mal erklingt, fällt die Antwort des Klaviers

---

[13] Wem Vollkommenheit unheimlich ist, dem sei gestanden, daß mir diese kurze Überleitungsphrase ungeschickt und ausgetüftelt erscheint. An ihrer thematischen Logik ist nichts auszusetzen, denn sie ist melodisch und rhythmisch von dem unmittelbar vorangehenden (3A) abgeleitet. Aber harmonisch ist sie ungeschickt, insofern sie gestaltmäßig die Tonika betont, währen sie funktionell doch die Dominante stützen soll. Auch das Alternieren zwischen p und f ist nicht überzeugend motiviert. Doch bringe ich dies nur zaghaft vor, da die Phrase nicht wirkungslos ist und die Dramatik des Folgenden keineswegs beeinträchtigt.
Vor KV 450 scheinen mir sämtliche Überleitungen zur Reprise in den Mozartschen Klavierkonzerten unterhalb des zwanglos-kraftvollen Niveaus zu liegen, das er später ausnahmslos erreichte. KV 414 = 385p in A funktioniert noch am besten, indem es den gordischen Knoten durchhaut – die Reprise erscheint abrupt ganz ohne Überleitung. KV 413 = 387a in F wiederholt bloß den Einsatz des Solisten ohne jegliche Veränderung, da er vorher schon auf der Dominante einsetzte, und KV 415 = 387b in C bemäntelt diese Stelle mit einer kleinen Adagiokadenz. KV 449 in Es hat eine derart schwache Sequenzenpassage, daß Pianisten sich unwohl dabei fühlen. Mit einem Crescendo versucht man vergeblich etwas Drama hineinzubringen – die Phrase kann das Gewicht nicht tragen. Aber die analoge Stelle in KV 450 (in B) ist bezaubernd, logisch und vollkommen natürlich. Nach diesem Werk zählt die Rückkehr zur Tonika im allgemeinen zu den anmutigsten und unvergeßlichsten Augenblicken der Mozartschen Form. Die so überaus schwache Phrase in KV 449 besitzt beispielsweise eine ziemlich genaue Parallele in KV 456, doch dort ist sie harmonisch so gut vorbereitet und durch die Orchestrierung gestärkt, daß die Unbeholfenheit verschwindet.

etwas anders aus, denn es begleitet die Melodie mit dem Rhythmus der Durchführung und beginnt so tatsächlich eine eigene Durchführung. Diese zweite Durchführung ist bekanntlich von Haydns ›Russischen Quartetten‹ bis hin zur ›Hammerklaviersonate‹ eine der typischsten Charakterzüge des klassischen Sonatenstils und verweist harmonisch fast immer auf die größere Durchführung, so als hätte sich deren Energie noch nicht erschöpft und laufe in den folgenden Abschnitt über. Mozarts erstes reifes Konzert macht da keine Ausnahme; der Abschnitt beginnt mit einer unmißverständlichen Rückkehr zum Höhepunkt der vorangegangenen Durchführung:

Er wird nach vier Takten Modulation mit der Rückkehr zur Tonika aufgelöst. Wir zitieren sie hier, um zu zeigen, wie selbst die Instrumentierung durch den Einsatz der Oboe die Auflösung des so bedeutungsträchtigen *f*-moll-Akkords betont:

Man könnte sagen, die endgültige Auflösung des Höhepunktes in Takt 176 sei bis zu diesem Punkt verschoben worden. Obgleich diese Passage einen Neubeginn darstellt, ist sie gewissermaßen ein Abbild der analogen Stelle in der Soloexposition: dort folgt auf (1) eine Weiterentwicklung von (1a), nämlich (11), während hier auf (1) eine Weiterentwicklung von (1b) folgt. Ihre Beziehung wird noch dadurch betont, daß sowohl (11) wie (15) direkt in (12) übergehen.

Neben seiner zauberhaften Umorchestrierung versteht Mozart es in der Reprise erneut, Einfälle von strengster musikalischer Logik überraschend erscheinen zu lassen. Der in der Dominante stehende Teil der Soloexposition wird fast genau transponiert, nur ist das brillante Passagenwerk von (14) weitgehend umgeschrieben und betont natürlich sehr viel stärker die Tonika. Doch wird die Virtuosität dieses Mal unterbrochen, und zwar von der entzückenden Phrase (2), die hier zweimal, zunächst vom Orchester und dann vom Solisten, gespielt wird. Ihr überraschendes Auftreten in der Tonika ist nichtsdestoweniger eine Folge und Auflösung ihres ebenso überraschenden Auftretens in der Dominante zwischen der Soloexposition und dem Anfang der Durchführung.

Die außergewöhnliche Form des Satzschlusses besitzt die gleiche innere Richtigkeit. Nachdem das Klavier den Schlußtriller von (14) beendet und das Orchester über (6) und (7) den *Des*-Höhepunkt erneut erreicht hat, fällt es wiederum dem Klavier zu, ihn durch eine rezitativische Wendung zu lösen. Daraufhin setzt das Orchester höchst überraschend mit der Fanfare (1) ein, die auch hier zweimal gespielt und jeweils vom Klavier beantwortet wird, und nachdem ein weiterer Höhepunkt wiederum das hohe *Des* hervorhebt, kommt die traditionelle Pause vor der Kadenz. Auf diese Weise wird die Kadenz – wie auch die anderen »durchführenden« Abschnitte des Werks – von der zweimal gespielten Anfangsperiode eingeleitet.

Als letzte Überraschung unterbricht und begleitet das Klavier den traditionellen Orchesterabschluß mit solistischem Passagenwerk, doch geschieht die Unterbrechung auf so vernünftige Weise, daß ihr Humor umso entzückender wirkt. Auf die Kadenz folgen nämlich die Schlußperioden der Orchesterexposition (8) und (9), und das Klavier setzt wie zuvor mitten in (9) mit (10) ein. Diese letzte Freiheit ist also gar keine Freiheit, sondern strenge Reprise. Nichts könnte im Hinblick auf die Form gerade dieses Satzes logischer sein und nichts exzentrischer im Hinblick auf die vermeintliche traditionelle Konzertform[14].

Wie sollen wir diese Schaffensweise nennen? Freiheit oder Befolgung von Regeln? Überspanntheit oder klassische Zurückhaltung? Zügellosigkeit oder Schicklichkeit? Mit seinem unübertroffenen Sinn für Proportionen und dramatische Zweckmäßigkeit unterwarf Mozart sich nur den Regeln, die er selbst mit jedem Werk neu aufstellte

---

[14] Die folgende schematische Darstellung eines einzigen Formaspekts, nämlich der Themenfolge, dürfte diese zugrundeliegende Logik sichtbar verdeutlichen (Numerierung wie oben)

und umformulierte. Seine Konzerte sind nicht geniale Verbindungen aus traditioneller Konzertform und modernem Sonatenallegro, sondern unabhängige Schöpfungen, die sich einerseits auf überkommene Erwartungen hinsichtlich des Gegensatzes von Solist und Orchester stützen und ihn im Hinblick auf das dramatische Potential des Genres ausformen und die andererseits von den Proportions- und Spannungsverhältnissen – nicht den Formmustern! – des Sonatenstils bestimmt sind. Man mißversteht ein Mozart-Konzert je nach Werk mehr oder weniger gründlich, wenn man die Form von außen heranträgt, ohne die dramatische Intention und die Richtungsenergie des Materials zu beachten. Vor allem muß man im Auge behalten, daß nicht die Themen oder Motive des Werks das Material ausmachen, sondern ihre Anordnung und ihr Bezugssystem. Eine »Durchführung« ist mehr als die Ausarbeitung von Themen, sie beachtet, intensiviert und entwickelt die Reihenfolge und Bedeutung des Vorangegangenen. »Durchgeführt« wird die Exposition als Ganzes, nicht die einzelnen Motive.

Wie wichtig dieser Gedanke gerade für KV 271 ist, läßt sich nicht nur an der Wiederkehr von Höhepunkten und Auflösungen ablesen, sondern auch daran, wie die Durchführung schon in der Exposition bei Takt 69 (hier [11] genannt) beginnt und diese Passage in der eigentlichen Durchführung erweitert bei Takt 162 wiederkehrt, sowie daran, wie die Spannung der Durchführung in die Reprise überläuft und wenige Sekunden nach Reprisenbeginn eine neue, harmonisch auf die eigentliche Durchführung bezogene Durchführung (15) be-

Orchester-exposition	Solo-exposition	Durchführung	Reprise	Coda
1 (a–b)	1 (a–b)	1 (a–b)	1 (a–b)	1 (a–b)
2	11	11	15	Kadenz
3	12 a–b	3	12 b	[3]*
3 A–B	3 A–B	3 A	3 A–B	
4–5	4–5		4–5	[5]*
	13		13	
	14		14	
			[2]	
			14	
6	6		6	
7	7		7	
8	8			8
9	[2]			9
10				10
				Schluß

*[Reihenfolge der Originalkadenz von Mozart]

Noch klarer ist das Gleichgewicht, wenn man sich vergegenwärtigt, daß (2) eine sequenzierende Kombination von (1 a) und (1 b), (11) eine sequenzierende Durchführung von (1 b), (15) eine sequenzierende Durchführung von (1 a) und die Kadenz eine Durchführung des vom Solisten ausgewählten Materials ist.

ginnen läßt. Eine derartige zweite Durchführung zu Beginn der Reprise ist in den Werken Haydns, Mozarts und Beethovens eher die Regel als die Ausnahme, aber sie läßt sich nur in bezug auf die dramatische Intention, nicht als Teil einer Themenanordnung verstehen. Sie entspringt einem stark ausgeprägten Empfinden für langfristige harmonische Dissonanz, einem Dissonanzverständnis, das nicht den dissonanten Ton in einem Akkord, sondern die ausgedehnte dissonante Fläche in einem tonartlich gelösten Werk im Auge hat.

Macht man sich beim Zuhören gleicherweise von formalen Vorurteilen frei, so sind die übrigen Sätze von KV 271 nicht problematischer als der erste. Der langsame Satz ist sehr ähnlich gebaut wie der erste, nur einfacher. Als Ausdruck von Trauer und Verzweiflung steht dieser Satz mit dem langsamen Satz der ›Sinfonia Concertante‹ KV 364 = 320d und dem langsamen Satz von KV 488 fast allein unter Mozarts Konzertsätzen. Erst mit dem Andante con moto von Beethovens Konzert G wird solch tragische Größe wieder erreicht. Die Anfangsperiode des Orchesters ist zugleich die Einleitungsexposition; sechzehn Takte lang, aber unregelmäßig in sieben und neun Takte unterteilt, ist sie ein herrliches Beispiel für Mozarts unregelmäßige Variierung einer zugrundeliegenden Regelmäßigkeit. Das Klavier setzt ein und erweitert diesen Abschnitt, indem es die Sieben-Takt-Hälfte verziert und dann mit neuem, jedoch verwandtem Material zur parallelen Durtonart moduliert. Daraufhin erweitert es die ersten Takte der Neun-Takt-Hälfte auf sechzehn Takte (T. 32–48) und schließt mit den letzten sechs Takten, wobei es zwischen *Es*-dur und *es*-moll schwankt. Die Mollwirkung des Originals wird auch in der Transposition beibehalten, aber durch den dissonanten Zusammenprall von Dur-Moll noch verstärkt[15].

Im ersten wie im zweiten Satz ist die Soloexposition im Grunde eine Ausweitung der Einleitungsexposition bzw. des ersten Ritornells. Aber im ersten Satz ist das Ritornell selbst schon die Ausweitung eines kurzen Anfangsmottos. Die Anfangsphrase des langsamen Satzes ist jedoch komplexer und kompletter, d. h. selbständiger und vor allem weniger prägnant als der Anfang des ersten Satzes. Da sich im langsamen Satz alles aus dieser langen Phrase herleitet, sei die erste Violinstimme mit fragmentarischer Begleitung hier angeführt.

---

[15] Wie diese eine Orchesterphrase zur folgenden, gesamten Soloexposition ausgeweitet wird, zeigt diese Taktgegenüberstellung:

1–7		7–10		11–16	
17–23	⎧ 24–31 ⎨ Modulation und ⎩ Umformung des ⎩ Themas	⎰ 31–34 ⎱ in *Es* dur		⎰ 35–47 ⎱ Ausweitung	48–53

Schon beim ersten Hören ist die Verwandtschaft dieser Periode mit den anderen Themen so offensichtlich, daß sich Analyse oder Kommentar erübrigen.

Auch die Verbindung zum ersten Satz ist deutlich[16].

Am auffallendsten ist an der Anfangsphrase des Andantinos der meisterhafte Aufbau: Die Akzente auf dem tiefen *As* (die von der zweiten Violine im Kanon wiederholt werden) sind die Vorläufer eines eine Oktave höher liegenden Höhepunkts auf *As* in Takt 4 und eines weiteren, noch eine Oktave höheren Höhepunkts in Takt 6. Von da an bleibt die gleiche Ebene gewahrt, bis das *As* sich in Takt 11 von neuem verzweiflungsvoll entlädt. (Es ist mit einem *Des*-dur-Akkord harmonisiert, der seine Wucht voll zur Geltung bringt; dabei verstär-

---

[16] Das Hauptthema des Finales ist aus dem gleichen Holz geschnitzt.

ken die Bläser die gedämpften Streicher.) Den Beschluß bildet wie im ersten Satz ein Rezitativ (T. 12–15). Die ganze Periode beschreibt einen großen Bogen[17], dessen klassisches Steigen und Fallen die volle Spanne an Tragik und Trauer vom kanonischen Anfang über den Höhepunkt bis zum stockenden, fast stammelnden Schluß beherrscht und meistert.

Der dreifache *As*-Höhepunkt der Einleitung wirkt sich machtvoll in der Reprise aus, und zwar in ähnlichem Rahmen wie die wiederholten, entsprechenden Momente harmonischer Spannung im ersten Satz. Alles bewegt sich auf diesen Moment zu, alles bereitet ihn vor, so wie der Anfang selbst ihn in kleinerem Maßstab vorbereitet. Nach der Kadenz, schon ganz am Ende, erscheint er nochmals, wobei die Streicher zum einzigen Mal im ganzen Satz den Dämpfer abnehmen, und auf demselben Höhepunktsakkord wie in Takt 11 endlich das volle Orchester im Forte zu hören ist.

Das Wechselspiel zwischen dramatischem Ausdruck und abstrakter Form, das Konzert und Oper miteinander verbindet, manifestiert sich ganz auffällig, wenn das Rezitativ, das den Schluß des ersten Ritornells (T. 12–15) bildet, jetzt vor der Kadenz wiedererscheint. Dieses Mal erklingt es im Kanon zwischen Klavier und erster Violine (T. 111–114), so daß Mozart einerseits einen höchst trauervollen Dialog zwischen Solo und Orchester gestaltet, dessen Sprachrhythmus unweigerlich Wortklänge evoziert, und andererseits als Gegengewicht zum kanonischen Anfang den Ritornellschluß im Kanon bringt. Selten werden die Forderungen der Symmetrie und des Dramas so eindrucksvoll und doch auch konzertgerecht erfüllt.

Der letzte Satz ist auf echt klassische Weise formal am lockersten. Das Hauptthema, ein scheinbar glänzender aber handfester Rondoanfang, besitzt in Wirklichkeit eine höchst subtile Phrasenstruktur. Üblicherweise beginnt ein Konzertfinale damit, daß das Hauptthema erst vom Solisten (mit oder ohne Begleitung) und dann forte vom Orchester gespielt wird. Bei Beethoven fangen abgesehen vom Konzert *G* alle Konzertfinali so an, bei Mozart die Mehrzahl. Dabei handelt es sich nicht so sehr um Tradition, als um stilistische Notwendigkeit (obwohl zu Brahms' Zeiten das Gewicht der Tradition wohl schwerer wog als die stilistische Rechtfertigung). Da das Finale selbst die Lösung des gesamten Werkes darstellt und deshalb melodisches Material erfordert, das sich der Entwicklung eher entzieht, als sie impliziert, d. h. ein klar, regelmäßig und abgeschlossen wirkendes Thema, so wird dieser Charakter durch antiphonale Behandlung am deutlichsten und wirksamsten dargestellt und illustriert. Die

---

[17] Takt 11–16 stellen eine freie Spiegelung von Takt 1–4 dar, während sich in 7–11 deutlich 4–7 widerspiegeln.

wenigen Konzertfinali, in denen Mozart dieses Mittel nicht am Anfang einsetzt, bringen es entweder später im Laufe des Satzes (KV 451 und KV 503), oder aber es handelt sich um Variationssätze (KV 453, KV 491), in denen das Klavier passenderweise erst zur Ausschmückung der ersten Variation erscheint. Das Finale von KV 467 ist ein Sonderfall: das Hauptthema fängt im Orchester an und hört mit der Wiederholung der ersten Periode auf. Doch diese die Melodie abrundende Periode ist überraschenderweise nicht dem Orchester, sondern dem Solisten zugewiesen, so daß dieser beendet, was das Orchester begann, und gleichzeitig genauso anfängt wie das Orchester. Es ist ein witziges Spielen mit dem Wesen der Konzertform, denn nichts könnte das Janusgesicht dieser Periode besser illustrieren. Und trotzdem wird bei alldem in keiner Weise das Prinzip beeinträchtigt, daß Orchester und Solist abwechselnd ein klares, plastisches Thema präsentieren.

Das Prestofinale von KV 271 ist voller Brio und unermüdlicher Triebkraft. Das neue Subdominantthema, das Mozart gern in die Durchführungen seiner Sonatenrondos (bzw. in jegliches Finale in Sonatenform) plaziert, wächst sich hier zu einem vollständigen, üppig verzierten und zauberhaft orchestrierten Menuett aus. Eine chromatische, fast improvisatorische Coda führt zu einer überleitenden Kadenz, worauf das Presto zurückkehrt. Das spätere Konzert *Es* KV 482 enthält mitten im Finale ein ähnlich geartetes, wenngleich weniger üppiges Menuett in der Subdominante. Mozart betrachtete dieses Verfahren offensichtlich als geglückt.

Letztlich gab es an der früheren Konzertform wenig, was Mozart unentbehrlich erschien. Er hielt an einer einleitenden Orchesterexposition fest, deren partielle Wiederkehr die Soloabschnitte deutlich und symmetrisch hervortreten läßt. Auch gab er nie die Solokadenz als Verstärkung der eigentlichen Schlußkadenz preis. Daß jeder Soloabschnitt mit brillantem Passagenwerk schloß, war nicht nur traditionell, sondern ein für die Gattung selbstverständliches Stilerfordernis. Kein Komponist verzichtete darauf, bis das überfeinerte 20. Jahrhundert Virtuosität überhaupt geschmacklos fand. Es war auch nicht Mozart, der zuerst den Einfall hatte, den Anfang des zweiten Soloabschnitts (d. h. der »Durchführung«) als gänzlich unbegleitetes, ausgedehntes Solo zu gestalten. Allerdings wandte er dieses Verfahren auch nicht jedes Mal an. Was an methodischen Entwicklungen der Sonatenform im Kammermusik- und Sinfoniestil stattgefunden hatte, wurde nicht um seiner selbst willen auf den Konzertstil übertragen, sondern nur insoweit es als Grundlage für den dramatischen Kontrast zwischen Solist und Orchester diente. Das erklärt den Formenreichtum von Mozarts Konzerten; es erklärt auch, warum sie sich gegen jegliche Systematisierung sträuben. Jedes Konzert stellt sein eigenes

Problem auf und löst es zwar stets mit dem klassischen Sinn für Proportion und Drama, doch ohne vorgegebene Muster.

Ein halbes Dutzend Jahre sollten vergehen, bevor Mozart wieder ein Soloklavierkonzert schrieb. Vor KV 271 verrieten seine Konzerte natürlich sein melodisches Genie und seine Anmut im Ausdruck, aber sie brechen nie, außer in kleinen Details, mit dem zeitgenössischen Gesellschaftsstil. Die Violinkonzerte haben bei all ihrem Charme nichts von der dramatischen Wucht von KV 271 und den späteren Klavierkonzerten. Bald nach KV 271 kommen das Konzert für zwei Klaviere KV 365 = 316a, ein liebenswürdiges, brillantes und unbedeutendes Werk, sowie das Konzert für Flöte und Harfe KV 299 = 297c, eine routinierte Gelegenheitsarbeit. Allerdings entspricht Mozarts Routinearbeit dem, was bei einem Kleinmeister höchste Inspiration ist, und Mozarts handwerkliches Können ist auch hier bedeutend. Doch täte man ihm unrecht, wollte man dieses Konzert im Zusammenhang mit den großen Konzerten behandeln. Die Hornkonzerte verdienen schon größere Aufmerksamkeit. Sie sind leichtgewichtig und oft von einer gewissen Sorglosigkeit, doch stecken sie voll genialer Details, und es fehlt ihnen eigentlich nur der Ernst – was nicht heißen soll, daß den ernsthaften Werken der Humor fehlt! Einige Jahre lang scheint die Konzertform Mozart wenig gereizt zu haben, abgesehen von einer bemerkenswerten Ausnahme, der ›Sinfonia Concertante‹ *Es* für Violine und Viola KV 364 = 320d.

Dieses Meisterwerk, zwei Jahre nach KV 271 entstanden und in der gleichen Tonart stehend, ist in mancher Hinsicht ein Schwesterwerk. Insbesondere das Hauptthema des langsamen Satzes ist von ähnlicher Gestalt und besitzt den gleichen klagenden, fast tragischen Ton. Einmalig ist jedoch an der ›Sinfonia Concertante‹ der Klangcharakter, der vom Bratschenpart inspiriert ist, den Mozart wohl für sich selbst schrieb. Schon der allererste Akkord – die geteilten Bratschen spielen Doppelgriffe auf der Tonhöhe der ersten und zweiten Violinen, Oboen und Geigen sind im tiefsten Register und die Hörner verdoppeln die Celli und Oboen – vermittelt diesen charakteristischen Klang, der wie eine Übersetzung des Bratschentimbres in die Sprache des vollen Orchesters anmutet. Dieser Akkord für sich genommen ist schon ein Meilenstein in Mozarts Entwicklung, denn er schuf hier zum ersten Mal einen völlig individuellen und gleichzeitig logisch mit dem Wesen des Werkes verknüpften Klang.

Der langsame Satz und das Finale der ›Sinfonia Concertante‹ sind, wenngleich ebenso schön, formal weniger anspruchsvoll als die entsprechenden Sätze in KV 271. Hier wie dort spielt kanonische Imitation im langsamen Satz eine gewichtige Rolle, allerdings nur in der Schlußgruppe. Bis dahin führen die beiden Solisten einen Wechselgesang, in dem jede Phrase die jeweils vorangegangene an Tiefe des Ausdrucks zu übertreffen scheint, während die Phrasen zunehmend kürzer und intensiver werden und doch eine lange, ununterbrochene Linie bilden. Formal gesehen handelt es sich um eine archaische Sonatenform, in der der zweite Teil das Material des ersten nahezu wiederholt, nur daß er jetzt von der Dominante bzw. hier von der parallelen Durtonart zur Tonika moduliert. Das Gefühl einer Durchführung wird wie in den Sonaten von Scarlatti durch die Detailliertheit und Intensität der Modulation vermittelt. Die Form des Prestofinales ist zugleich einfach und überraschend. Es ließe sich paradoxerweise als Sonatenrondo ohne Durchführung bezeichnen. Das Orchester stellt das Hauptthema vor, und die Solisten führen die Exposition mit einer Reihe verwandter Themen fort, die in der Tonika beginnen und zur Dominante führen. Darauf kehren die beiden Solisten und das Orchester zur Tonika und zum Hauptthema zurück. Wenn es überhaupt eine Durchführung gibt, so ist sie nur vier Takte lang, denn nach einer überraschenden Modulation setzt eine notengetreue Reprise gleichfalls überraschend mit dem Anfangsthema der Solisten in der Subdominante ein (ein beliebtes Verfahren bei Schubert, aber selten bei Mozart). Alles, was während der Exposition in der Dominante stand, wird jetzt natürlich säuberlich in die Tonika versetzt; die einzige Abweichung ist der Einbau einer herrlichen Hornmelodie, die dem Anfangsritornell entnommen ist. Dieser lebendige, erfindungsgesättigte Satz bringt es fertig, zugleich völlig symmetrisch und höchst überraschend zu sein.

Von den drei Sätzen ist der Eröffnungssatz wohl der bedeutendste. Das beredte Pathos der Quasirezitative am Anfang der Durchführung ist unter all seinen ungewöhnlichen Zügen nur der auffälligste. Klangcharakter, melodische Gestalt und Rhythmik binden das Material so eng zusammen wie in KV 271. Die folgende Reihe von Themen, die sämtlich dem Anfangstutti entnommen sind, spricht für sich:

Die letzte Passage ist vielleicht am wenigsten deutlich als Ableitung der vorhergehenden zu erkennen, und doch empfand Mozart sie als so verwandt, daß sie in der Reprise anstelle der ersteren erscheint. Die Logik des musikalischen Diskurses hat mit diesem Satz an Reife und Subtilität einen mächtigen Schritt vorwärts getan. Die von Mozart so geliebte Bratsche bot mit ihrem Timbre reichlich Gelegenheit, sich in üppigen Innenstimmen zu ergehen, die eigentlich nur mit wollüstig zu bezeichnen sind. Der Diskurs weist eine entsprechend üppige rhythmische Bewegung auf, doch muß ein einziger Abschnitt hier als Beispiel genügen, und zwar die ausführliche Vorbereitung für den ersten Soloeinsatz:

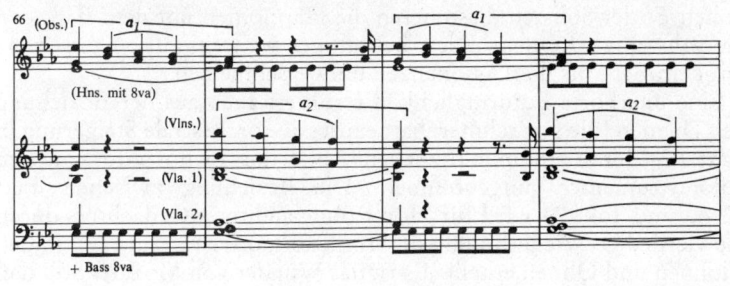

Mit ihren ersten zwei Noten spielen die Solisten alle wichtigen Oktavobertöne des *Es* der Hörner und Orchesterbratschen. Deren Klangfülle übertönt zunächst die Soloinstrumente, und da diese die Oktavobertöne des Basses verdoppeln, schwingen sie nach dem anfänglichen Einsatz intensiv weiter. Der Eintritt der Solisten verdeutlicht sich erst allmählich während ihrer ausgehaltenen ersten Note, denn der anfängliche Vorschlag, ein Oktavsprung aufwärts, trübt das metrische Empfinden, das ja schon durch die Synkopen der vorangehenden Takte angegriffen ist. In den zwei Takten mit ausgehaltenem hohen *Es* der Solisten dissonieren die Harmonien mit dem Baß, den die Solisten verdoppeln. Diese bekräftigen weiterhin ihre Konsonanz mit dem Baß, bis die Dissonanzen hinwegschmelzen.

Eine unerhörte Eindringlichkeit resultiert auch aus der Beziehung der Themen: die fast schmerzhaft expressive orchestrale Steigerung in Takt 62-63 mit ihrem plötzlichen Abfall ins Piano wird von den Soloinstrumenten aufgenommen. Die Beziehung zwischen Takt 62–63 und Takt 74 wird für Hörer ohne auditives Gedächtnis durch die viermalige Wiederholung der Tonleitermotive (a_1) und (a_2) in den Violinen und Oboen erhellt. Es ist das Wunder von Mozarts Stil, daß ein deutlich markiertes Ereignis, ein so klar umrissenes und abgesetztes Handlungselement, wie es der Auftritt eines Opernhelden oder der Einsatz eines Solisten in einem Konzert ja ist, als integraler Teil des Ganzen nahezu organisch aus der Musik hervorzugehen scheint, ohne daß auch nur ein Stückchen seiner Individualität oder sogar seiner Absonderung verloren ginge. Diese Konzeption einer gegliederten Kontinuität stellt eine radikale Neuerung in der Musikgeschichte dar.

Anfang 1783 waren drei neue Klavierkonzerte fertig, die Mozart für sich selbst geschrieben hatte; sie sind allerdings weniger eindrucksvoll als KV 271. Ihre Instrumentierung für kleines Orchester ist derart angelegt, daß die Bläserstimmen weggelassen und die Werke als Klavierquintette aufgeführt werden können. Das stellt einen Versuch dar, sie für Liebhaber attraktiver zu machen, denn Abschriften dieser Werke wurden schon vor der Veröffentlichung an die Subskribenten von Mozarts Konzerten verkauft. KV 413 = 387a in *F*-dur und KV 415 = 387b in *C*-dur sind von leichterem Gewicht und dazu stilistisch weniger fortschrittlich als KV 271 (der Schlußsatz von KV 413 = 387a ist sogar ein Menuett, was als Schlußsatz eher der zeitgenössischen Kammermusik mit Klavier entspricht als dem Konzertstil), doch besitzen beide eine Bündigkeit, die Mozart früher nicht leicht hätte erlangen können. Der Schlußsatz von KV 415 ist trotz seiner Logik und Kunstfertigkeit formal eigenartig und kompliziert. Es handelt sich um ein Sonatenrondo mit doppelter Exposition, wovon die erste ganz in der Tonika steht (was für Sonatenexpositionen in der Konzertform bei Mozart der Normalfall ist) und einer Reprise, die das erste und zweite Thema vertauscht (auch das ist nicht ungewöhnlich in einem Mozart-Rondo). Zweimal wird das Ganze von einem klagenden, überladenen, halb humoristischen Adagio in der Molltonika unterbrochen. Die erste Unterbrechung erfolgt zwischen den beiden Expositionen (und rechtfertigt damit die in einer so lockeren Form etwas anmaßende Doppelexposition), die zweite erscheint ganz natürlich als Teil der Reprise und zwar vor der endgültigen Wiederkehr des Anfangsthemas. Selbst in einem leichten Werk im mehr volkstümlichen Divertimentostil bleibt Mozarts Sinn für weiträumige symmetrische Ausgewogenheit beherrschend.

Das Konzert A KV 414 = 385p ist nicht nur lyrischer, sondern ungeachtet der glänzenden Orchestrierung und des militärischen Charakters von KV 415 = 387b auch viel breiter angelegt als die beiden Schwesterwerke. Im Reichtum an melodischem Material im ersten Satz liegt das Format von KV 414 = 385p begründet. Abgesehen von kurzen Motiven oder Überleitungsmaterial besitzt das Ritornell allein schon vier lange Melodien (von denen eine nie wieder erklingt) und darüberhinaus eine Schlußgruppe; das Klavier fügt dann zwei weitere neue Melodien hinzu. Die gesamte Durchführung basiert ebenfalls auf völlig neuem Material, ohne jemals auf die Exposition zurückzuverweisen. Das ist kein Luxus, denn die von Mozart verwendeten Melodien sind derart differenziert und zugleich vollständig, daß sie eine Durchführung nicht ertragen könnten. Die Melodien – es sind geradezu Liedweisen – stellen sich als völlig ebenmäßig heraus, insofern sie alle mit einer vollkommenen Achttaktperiode einsetzen und die zweite Periode jeweils genauso anfängt wie die erste. Trotzdem hat man nicht den Eindruck von Eckigkeit, Monotonie oder mangelnder Kontinuität, denn die Übergänge sind meisterhaft und der Sinn für das relative Gewicht jeder Melodie und ihren Platz in der Reihenfolge ist unfehlbar. Was dem Satz Würde und Gewicht gibt, ist sein stets ausdrucksvoller Melodienreichtum. In keinem anderen Anfangssatz eines Konzerts hat Mozart den Vorzügen der dramatischen Überraschung oder dem Spannungsreichtum überwundener Unregelmäßigkeit derart abgeschworen. Auf seine Art ist es eine Tour de force, aber es steht doch den Violinkonzerten näher als den anderen, mehr dramatisch konzipierten Klavierkonzerten.

Ein Jahr nach diesen drei Werken wandte Mozart sich erneut dem größeren Konzertentwurf zu, dem er schon mit KV 271 Tribut gezollt hatte. 1784 experimentierte er ausgiebig mit der Form und schrieb nicht weniger als sechs Konzerte, drei davon speziell, um sie selbst in seinen Wiener Subskriptionskonzerten vorzuspielen. Die Sechsergruppe beginnt etwas schüchtern mit dem für seine Schülerin Barbara Ployer geschriebenen Konzert Es KV 449. Wie die drei vorangegangenen Konzerte kann auch KV 449 unter Weglassung der Bläser als Klavierquintett gespielt werden. Es ist aber lebhafter als jene, auch wenn es, wie Mozart selbst bestätigte, für kleines Orchester geschrieben ist. Der langsame Satz in B-dur unternimmt ein interessantes Experiment, insofern er die Soloexposition mit ihrer Modulation zur Dominante in der Tonart des erniedrigten Leittons, As-dur, vollständig wiederholt. Da die Tonart so entfernt ist, entsteht ein Durchführungseffekt, aber die parallele Modulation führt sinnvoll zur vertrauteren Subdominante, an die Mozart eine knappe aber äußerst überraschende Modulation nach *h*-moll hängt, bevor er den ganzen Satz mit der Reprise zur Lösung bringt.

Der letzte Satz von KV 449 erinnert an einen früheren Versuch, ein kontrapunktisches Konzertfinale zu schreiben, nämlich zu KV 175. Dieses Mal steht der Erfolg außer Frage; unter dem äußeren Anschein witziger Mühelosigkeit ist der Satz höchst differenziert und subtil. Der Erfolg geht auf die Verbindung der Kontrapunktik mit dem Opera buffa-Stil zurück, wobei die beiden sich so glücklich ergänzen, daß die Leichtigkeit und Brillanz des Konzertfinales durch das Gewicht des gelehrten Stils nur gesteigert wird. Die Sonatenrondoform wird mit höchster Feinheit angewendet, und ein möglicher Haydn-Einfluß (nämlich die partielle Verwendung der zweiten Gruppe in der Tonika, um die Rückkehr des Hauptthemas nach der »Durchführung« herbeizuführen, so daß die Reprise eigentlich schon in der »Durchführung« beginnt) betont vor allem die Originalität des Werkes. Kein Einsatz des Hauptthemas gleicht dem anderen, da Stil und Rhythmik der komischen Oper es Mozart erlauben, ihn jedes Mal nicht so sehr auszuzieren als zu verändern und zu beleben. Die Reprise ist besonders fein gearbeitet: ein in der Durchführung neu eingeführtes Thema in *c*-moll wird hier aufgelöst, und nach einer langen, hinreißenden Modulation nach *des*-moll – der Ausarbeitung einer chromatischen Anspielung in der Exposition – erscheint eine Fermate und daraufhin das erste Thema in neuem Tempo und neuem Rhythmus. Man könnte alles Nachfolgende ruhig als »Coda« etikettieren, wäre da nicht die Rekapitulierung eines Themas aus der »zweiten Gruppe«, das bis dahin nur in der Dominante erschienen war. Jedes Detail ist in diesem Stück mit Hingabe gestaltet, und so ist KV 449 trotz seines bescheidenen Auftretens ein kühnes, ja ein revolutionäres Konzert.

Die beiden folgenden Konzerte, KV 450 und KV 451, hat Mozart zum Eigengebrauch komponiert. Das Konzert in *B*-dur KV 450 ist auch nach Mozarts eigenem Dafürhalten von all seinen bisherigen (und tatsächlich auch von allen später geschriebenen) Konzerten technisch am anspruchsvollsten. Es ist zugleich das erste Konzert, das die Bläser mit vollem Verständnis für ihre Klangfarbe und ihr dramatisches Potential einsetzt. Mit kühner Geste eröffnen sie das Konzert ganz allein, so als wollten sie dieses neue Unterfangen gleich ankündigen:

Dieses Anfangsthema unterliegt dem Schema

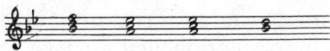

und ist das Modell, von dem sämtliche Hauptthemen des Satzes,

wie auch allerhand episodisches Material, abgeleitet werden. Mit der Verwendung der Bläser in solistischer Rolle löst Mozart das Problem, wie man dem ausgedehnten, durchgehend in der Tonika stehenden Ritornell genügend Interesse abgewinnt, so daß die Modulation für den Solisten aufgehoben werden kann. KV 449 mit seinen nur begleitenden Bläsern hatte es mit einem zur Dominante führenden Ritornell versucht, was das Interesse an der zweiten Exposition verringerte. In KV 450 werden die beiden Expositionen sehr viel stärker differenziert. Das Ritornell verharrt in der Tonika, und darüberhinaus erklingt eines seiner Themen, vielleicht sein hervorstechendstes, erst wieder in der Reprise. Die gleiche Meisterschaft erfüllt alle drei Sätze, und das vergrößerte Orchester, das Mozart hier verwendet, wird am Anfang des letzten Satzes in echt symphonischer Manier eingesetzt. Die von Mozart eigenhändig für dieses Konzert geschriebenen Kadenzen sind groß angelegt und ganz gewiß die brillantesten und kraftvollsten, die er je ausschrieb.

Das zur gleichen Zeit entstandene Konzert in *D*-dur KV 451 ist für viele heutige Zuhörer schwer zu würdigen. Alle drei Sätze, insbesondere der erste, setzen sich aus höchst konventionellem, unpersönlichem, blockhaft verwendetem Material zusammen, aus dem eine eindrucksvolle, ja geniale Architektur errichtet wird. Was zählt, sind Anordnung, Brillanz und vor allem Proportion, denn die Bedeutung und Resonanz der Einzelphrase ist von viel geringerem Interesse. Es ist nicht der Mozart, den wir lieben, aber er selbst war stolz auf das Werk. Wir müssen auf jeden Fall dankbar dafür sein, denn Mozarts Erfahrungen in der Behandlung von derartigem, harmonisch konventionellem Material lehrten ihn die Beherrschung der Rhythmik, die dann in ausdrucksvolleren Werken zum Tragen kommen konnte. Rein diatonische Phrasen sind in KV 451 mit überaus chromatischen, wiewohl immer noch konventionellen Phrasen perfekt ausbalanciert; ausgedehnte Tonumfangsbereiche (wie der Aufstieg über zwei Oktaven von Takt 1–10) und rhythmische Flächen (die Einführung der Synkopierung zusammen mit der ersten chromatischen Phrase in Takt 43) werden deutlich umrissen und abgewogen. Das ebenfalls 1784, aber etwas später im Jahr entstandene Konzert *B* KV 456 besitzt ähnliche Züge. Es ist zwar weniger glänzend und grandios, aber unpersönlich wirken sein Charme und seine Melancholie ebenfalls. In der Chromatik geht es noch einen erheblichen Schritt weiter. Bis zu den Grenzen von Mozarts Kühnheit führt ein Experiment zur Verbindung von Chromatik mit Synkopierung, wenn ein in der entfernten Tonart *h*-moll stehender Abschnitt ¾ gegen ⅝ setzt.

Viel wichtigere Neuerungen bringt das kurz vor KV 456 entstandene Konzert *G* KV 453, das wie KV 449 für Barbara Ployer bestimmt war. Im ersten Satz, dem vielleicht anmutigsten und farbigsten aller Mozartschen »Militärallegros«, bleibt das Ritornell zwar in der Tonika, besitzt aber ein so ruheloses und harmonisch unstabiles zweites Thema, daß es die Monotonie einer langen Spanne in der Grundtonart vergessen macht:

(Beethoven hat diesen Kunstgriff, das modulierende zweite Thema, ungeniert für sein Konzert in der gleichen Tonart übernommen.) Der Tonartenplan von KV 453 ist gleichermaßen bemerkenswert: ein überraschendes Absteigen zur erniedrigten Untermediante markiert sowohl den Höhepunkt des Ritornells

als auch den Anfang der Durchführung (der Abstieg erfolgt hier von der Dominante aus)

sowie das Ende der Reprise.

Von diesen Passagen bereitet die erste die zukünftige Rolle des Molltongeschlechts in diesem Satz vor, die weiteren rechtfertigen sie. (Brahms war anscheinend derart von diesem Klangeffekt beeindruckt, daß er ihn geistesabwesend an das Ende der für dieses Konzert geschriebenen Kadenz setzt, wo er harmonisch unsinnig ist.) Man muß sich klar darüber sein, daß diese überraschenden Kadenzwendungen nicht zu einem ausgeklügelten Verweissystem gehören, sondern dazu dienen, die inneren Proportionen dieses Satzes zu verdeutlichen und zu betonen.

Der langsame Satz in C-dur ist noch kühner. Haydn moduliert in einer Anzahl von Werken in Sonatenform nicht eigentlich zur Dominante, sondern erreicht sie nach einer Pause durch einen kühnen Sprung. Wir haben aber keinen Beleg dafür, daß er das jemals unternahm, wenn das Material vor dem Sprung nur wenige Sekunden dauert. Gerade das aber tut Mozart hier. Die erste Exposition, d. h. das Ritornell in der Tonika, ermöglicht die dramatische Bündigkeit der zweiten Exposition, ohne die tonartliche Ästhetik, auf die Mozart ja baut, zu zerschlagen. Schon im Ritornell, noch ohne die Modulation, ist der Effekt eindrucksvoll und bewegend: Auf die Eröffnung durch eine ruhige, ausdrucksvolle Fünftaktperiode in den Streichern folgt eine Pause. Daraufhin beginnt ein vom Orchester begleitetes, leises Oboensolo, das so ohne Bezug zur ersten Phrase ist, als hätte diese nie existiert. Das Klavier setzt mit derselben Anfangsperiode ein, wobei ein Ritenuto[18] der noch längeren Pause vorangeht, und stürzt sich dann mit einer leidenschaftlichen, neuen Melodie brutal in die Molldominante. In keinem langsamen Satz hat Mozart bis dahin einen dramatischen Schachzug von dieser Größenordnung ausgeführt, denn selbst zur turbulenten Durchführung im zweiten Satz der Sonate *a* KV 310 = 300d gelangt man stufenweise. In KV 453 dient dieser Effekt zugleich als Rahmen, so daß er formale wie emotionale Bedeutung besitzt. Die Durchführung beginnt nämlich mit der gleichen, von einer Pause gefolgten Fünftaktphrase, die aber hier in der Dominante steht und ausschließlich für Solobläser instrumentiert ist. Nach der Pause setzt das Klavier wiederum in abruptem Wechsel mit einer Reihe von chromatischen Modulationen ein, die sequenzierend nach *cis*-moll führen. Die Rückkehr zur Tonika ist das bisher Kühnste und doch auch die logische Folge aus allem Vorangegangenen. Diese Rückkehr sowie die sieben Takte der Reprise zeigen, wieviel an dramatischer Bewegung in ein paar Takte gepreßt werden kann.

---

[18] Die hinzugesetzte Fermate suggeriert möglicherweise nicht nur ein Ritenuto, sondern eine kurze, ausdrucksvolle Kadenz. Allerdings ist eine Kadenz in der Fermate über der Pause undenkbar. (Siehe S. 255, T. 93–94.)

Von diesen elf Takten gelangen die ersten vier mit einem mächtigen Sprung von *Gis*-dur/moll nach *C*-dur und vom *pp* zum *f*. Die bildschöne Anfangsphrase kehrt zurück und wird mit einem Minimum an zusätzlicher Verzierung gespielt[19]. Auf die Pause folgt ein erneuter, schroffer Angriff, der die ursprüngliche Molldominante (an der ent-

---

[19] Hier zeigt sich die Problematik des Verzierens bei Mozart aufs allerschärfste: hat man die Phrase bei früheren Auftritten ausgeziert, so muß man jetzt noch mehr hinzufügen. Doch verlangt die Musik zu ihrer vollen Wirksamkeit nach ausgesprochener Einfachheit.

sprechenden Stelle in der Exposition, Takt 35) zur Molltonika auflöst. Die Reprise behält sich die Schlußgruppe der Exposition für eine Coda nach der Kadenz des Solisten vor. Aber vor dieser Schlußgruppe wird die Anfangsphrase noch einmal zu großartiger Wirkung gebracht. Die Holzbläser spielen sie direkt im Anschluß an die Kadenz. Bis dahin war sie bei jedem Auftritt unaufgelöst auf der Dominante stehen geblieben – ja, nicht nur unaufgelöst, sondern durch eine Pause von allem Folgenden isoliert. Jetzt, beim letzten Auftritt, verschmilzt sie mit der folgenden Phrase und findet ihre Lösung durch eine der expressivsten und doch wohl auch konventionellsten Phrasen aus Mozarts Feder,

in der eine chromatische Bewegung über die Subdominante zur Tonikakadenz im Klavier führt. Dieses Vorenthalten der Lösung des Hauptthemas ganz bis zum Ende des Satzes zusammen mit der Pausenstille, die bis auf das letzte Mal jeden Auftritt des Hauptthemas hervorhebt, sind nur die hervorstechendsten Merkmale eines Werkes, das eine wichtige Stufe in Mozarts Umformung der Gattung zum tauglichen Gefäß für größtes musikalisches Gewicht darstellt.

Auch der letzte Satz von KV 453 stellt einen Neubeginn dar. Mozart experimentiert hier zum ersten Mal mit dem Variationszyklus als Konzertfinale[20]. Die Lockerheit und Spannungslosigkeit dieser Form ist für ein Finale kein reiner Vorteil. Sie bringt zwar eine Lösung der

---

[20] Paul Badura-Skoda hat mich darauf hingewiesen, daß Mozart schon vorher das Finale von KV 175 durch einen Variationensatz (KV 382) ersetzt hatte.

mehr dramatischen und weniger dekorativen Formen der vorangehenden Sätze, aber sie zerfließt leicht und ihre dauernden Wiederholungen sind nur schwer in eine klare, architektonische Form zu bringen. Die einfachste und im ganzen 18. Jahrhundert üblichste Weise, den Variationszyklus zu einem Höhepunkt zu führen, bestand darin, mit jeder neuen Variation die Notenwerte zu verringern, d. h. das Tempo zu beschleunigen. Gegen Ende des Jahrhunderts erlangte man größeren Glanz, indem man aus den beiden letzten Variationen ein reich verziertes Adagio mit Koloratureffekten und ein brillantes Allegro machte. Dieses Schema konnte einerseits locker gehandhabt werden, andererseits aber auch zu oberflächlicher Mechanik erstarren. Ein weiteres Verfahren, mit dem sich Einheitlichkeit erreichen ließ, bestand darin, nach der Beschleunigung zum Anfangstempo zurückzukehren. Um dieser Wiederkehr zu voller Wirkung zu verhelfen, bedurfte es eines langsamen Grundtempos, das zwar in den Schlußsätzen intimer Kammerwerke, wie Beethovens Sonaten op. 109 und op. 111, verwendet werden konnte, aber im mehr gesellschaftlich orientierten klassischen Konzert für ein Finale undenkbar war[21]. Ein Variationsfinale im schnellen Tempo ist viel schwerer zu komponieren: Man spürt die Anstrengung im letzten Satz der ›Eroica‹ und selbst in den erheblich eindrucksvolleren Chorvariationen der Neunten Symphonie, wobei in diesem Fall das formale Gelingen auf Beethovens Erweiterung des Rahmens zurückzuführen ist.

Mozart löst das Problem mit einer Presto-Coda im Opera buffa-Stil. Das Variationsthema ist eine Bourrée von volkstümlichem Charme. Das Tempo bleibt gleich, aber in den ersten drei Variationen verringern sich die Notenwerte der Begleitfiguren und Verzierungen von Achteln zu Triolen und zu Sechzehnteln. Die vierte, die Mollvariation, ist so chromatisch, daß sie die modulatorische Wirkung einer Durchführung besitzt, denn auch die Variationsform wird in Mozarts Händen vom Ideal des Sonatenstils geleitet. In dieser Variation findet sich auch eine auffallende Verwendung von Bläserverdopplung, die alles Bisherige in Mozarts Konzerten übersteigt (siehe Notenbeispiel auf S. 258). Die erste Geige wird zwei Oktaven tiefer, die zweite eine Oktave höher verdoppelt. Im Verlauf der Variation begleiten eingeworfene, dreifache Oktaven der Bläser höchst dramatisch das Klavier. Die letzte Variation, halb Militärmusik, halb Klavierkadenz – ein bemerkenswerter Wurf – führt zur Opera buffa-Coda, in der das Hauptthema ganz ungezogen erst erscheint, nachdem das Presto fast halb vorbei ist. Heutzutage werden diese Variationen meistens so

---

[21] In der Violinsonate G KV 379 = 373a unternimmt Mozart die Verbindung von Rückkehr zum Anfang und glänzendem Finaleffekt dadurch, daß er das Thema in beschleunigtem Tempo zurückkehren läßt.

schnell gespielt, daß Mozarts Plan – allmähliche Beschleunigung in den ersten vier Variationen und Kontrast mit dem Presto – nicht richtig gewürdigt werden kann. Die meisten Allegrettos dieser Zeit waren langsamer gedacht als diejenigen nach der Jahrhundertwende.

Das größte von allen Mozartschen Konzertfinali beschließt KV 459 in *F*-dur. Die ersten beiden Sätze dieses Werkes sind mit barocker Sequenzierung und kontrapunktischer Imitation angefüllt, so als sollten sie das abschließende Allegro assai, eine differenzierte Synthese aus Fuge, Sonatenrondofinale und Opera buffa-Stil, vorbereiten helfen. Die gewichtigsten und die leichtesten musikalischen Formen verschmelzen hier zu einem Werk von unvorstellbarer Leuchtkraft und Fröhlichkeit, das noch weit über das Finale von KV 449 mit all seiner kontrapunktischen Tüftelei hinausgeht. Das Klavier trägt das leichte Rondothema vor, wobei seine beiden Perioden jeweils allein von den Holzbläsern wiederholt werden. Das volle Orchester setzt daraufhin im Forte mit einer Fuge über ein gänzlich neues Thema ein, die nach Art der Opernouvertüren zu einer ausführlichen symphonischen Entwicklung mit einer Schlußkadenz führt. Nun setzt der Solist mit seiner Exposition ein, die mit einer Variante des Hauptthemas, einem neuen zweiten Thema und dem orchestralen Fugenthema als Dominantkadenz schnell ins Modulieren kommt. Nach einer vollständigen Rückkehr des Hauptthemas beginnt bruchlos ein zweites Tutti in *d*-moll. Dieses Mal ist es eine Doppelfuge, die das ursprüngliche Fugenthema mit dem Hauptthema des Rondos kombiniert. Das Klavier setzt erst wieder ein, nachdem mehr als dreißig Takte der symphonischen Fugenarbeit verstrichen sind, und auch dann bleibt die Satzart weitgehend kontrapunktisch. Die Reprise ist spiegelbildlich, so daß das erste Thema bis zuletzt, ja bis hinter die Kadenz hinausgezögert wird. Der Satz endet mit einer Explosion witziger Opera buffa-Echoeffekte. Aufgrund der langen kontrapunktischen Tutti hat dieser Satz von allen Finali die ausgesprochenste symphonische Klangqualität. Seine Wirkung könnte kaum stärker sein, selbst wenn die verlorenen Pauken- und Trompetenstimmen wieder aufgefunden würden[22]. Dieser zugleich knappe und ausführliche Satz bildet formal eine Synthese aus Mozarts Erfahrungen und Formidealen. Alles kommt hier zum Tragen: Opernstil, Klaviervirtuosität, Mozarts zunehmende Vertrautheit mit barockem Kontrapunkt, insbesondere mit Bachs, sowie die symmetrische Ausgewogenheit und dramatische Spannung des Sonatenstils. Der militärisch angehauchte und doch von seinen ruhigen Sequenzen gelassen beherrschte erste Satz sowie der lyrische, ruhelos-schmerzliche »langsame« Allegretto-Satz sind von gleicher Empfindsamkeit. Das ganze Konzert ist eine von Mozarts höchsten schöpferischen Leistungen.

Die Hauptzüge des klassischen Klavierkonzerts legte Mozart 1776 mit KV 271 nieder, aber bis zu den sechs großen Konzerten des Jahres 1784 hatte Mozart die technischen Möglichkeiten der Form noch nicht erprobt. Von da an gibt es keinen Fortschritt im Können mehr; alles Folgende ist gewissermaßen nur eine Erweiterung dessen, was er mit diesen sechs Konzerten herausgefunden hatte. Noch zu entdecken war allerdings, wieviel emotionales Gewicht die Form tragen konnte. Mozart hatte noch kein Konzert in Moll geschrieben; symphonische Prachtentfaltung war ebenfalls noch unerprobt, denn die Brillanz von KV 451, wie auch von KV 415 = 387b, ist die mit Virtuosität verquickte Brillanz der Opernouvertüre. Im folgenden Jahr, 1785, wuchs die Spannweite und Tiefe seines Werkes mit der Komposition zweier im Monatsabstand komponierter Werke, der Konzerte KV 466 und 467.

Mit dem Konzert *d* KV 466 verlassen wir die Geschichte des Konzerts als einer spezifischen Gattung. Nicht daß es seinen Vorgängern überlegen wäre, denn das früher erreichte Niveau läßt solche Rangbestimmung sowieso willkürlich werden, auch wenn es historisch einflußreicher war. Aber das Konzert *d* läßt sich nicht ausschließlich als ein Konzert, nicht einmal als ein überragendes Musterbeispiel der Gattung betrachten. Mit KV 466 und KV 467 schuf Mozart Werke, die gleichermaßen der Symphonie- und der Operngeschichte angehö-

---

[22] Es sei denn, Mozarts Gedächtnis hätte ihn im Stich gelassen, als er das Werkverzeichnis anlegte, daß es also diese Stimmen nie gab.

ren, wie ja auch der ›Figaro‹ eine Welt eröffnet, in der Oper und Kammermusik zusammentreffen.

Das Konzert *d* ist fast so sehr Mythos wie Kunstwerk. Beim Anhören ist wie bei Beethovens Fünfter oft schwer auszumachen, ob man das Werk oder seinen Ruf, d. h. unser kollektives Inbild, wahrnimmt. Es ist wohl nicht einmal das meistgespielte von Mozarts Konzerten. Aber es blieb auch zu Zeiten, in denen Mozarts Ruhm im Niedergang war, als die Anmut seiner Musik ihre Kraft in den Schatten stellte, ein hochgeschätztes Werk. Es ist weder ein vieldiskutiertes oder umstrittenes Werk, noch hat es viele Nachahmer gefunden, und es ist bestimmt nicht das Lieblingskonzert zahlreicher Musiker, wie ja auch die Mona Lisa niemandes Lieblingsbild von Leonardo ist. Wie die Symphonie *g* KV 550 und der ›Don Giovanni‹ transzendiert das Konzert *d* gewissermaßen seine eigenen Vorzüge.

Die historische Bedeutung von KV 466 liegt darin, daß es zu der Anzahl von Werken gehört, die Mozart zehn Jahre nach seinem Tod in den Augen der meisten Musiker zum erhabensten aller Komponisten machten. Es repräsentiert den Mozart, der als der größte »romantische« Komponist galt. Dieses und ein paar weitere Werke von ähnlichem Charakter drängten Haydn über ein Jahrhundert lang in den Hintergrund. Beethoven spielte es und schrieb Kadenzen dafür. Es verwirklicht auf vollkommene Weise diejenige Seite von Mozart, die das 19. Jahrhundert ganz richtig mit »dämonisch« bezeichnete und die so lange eine ausgewogene Beurteilung des übrigen Werkes erschwerte.

Hier ist nur Raum für eine kurze Besprechung, und man geht am besten indirekt an das Werk heran, um seinem Kern nahezukommen. Eigentlichen Fortschritt in der Konzerttechnik gibt es, wie gesagt, im Konzert *d* nicht, aber die rein musikalische Meisterschaft, die Kunst der rhythmischen Steigerung, d. h. der Spannungserzeugung, hat sich wesentlich vervollkommnet. Im klassischen Stil vollzieht sie sich immer nur Schritt für Schritt, aber der möglichen Schritte sind viele. Ihre Beziehungen zu lenken, d. h. Höhepunkte aufzubauen und noch zu überbieten, ist eine diffizile Kunst. Schauen wir uns den ersten wichtigen Höhepunkt an, der sowohl den Solisten wie das Orchester angeht:

Die Bewegungssteigerung wird in diesem Abschnitt auf vielerlei Weisen herbeigeführt:
1. Die bisher auf einem Ton pulsierende Melodie gerät in Takt 93 in Bewegung.
2. Das bis Takt 95 aussetzende Klavier fügt den synkopierten Vierteln im Orchester eine Sechzehntelbewegung hinzu. Die Figuration der rechten Hand wiederholt sich jede halbe Note.
3. Takt 97: Die Figuration der rechten Hand wiederholt sich jetzt auf jedem Viertel.
4. Takt 98: Der Horneinsatz auf der Taktmitte verdoppelt die Grundbetonung des Taktes[23].
5. Takt 99: Während die Harmonie bisher mit jedem Takt wechselte, fängt sie nun an, dreimal pro zwei Takte zu wechseln. Der unterschwellige melodische Rhythmus beschleunigt sich, insofern die Sechzehntelnoten im Klavier mehr und mehr melodische, nicht nur harmonische Bedeutung tragen. Der synkopierte Viertelnotenrhythmus in den Violinen wird auf jedem zweiten Schlag zu Achtelnoten.
6. Takt 100: Die Spitzentöne der Klaviermelodie bewegen sich statt in halben in Viertelnoten.
7. Takt 102: Der zweite Bläsereinsatz (Fagotte, Takt 101) erfolgt zweieinhalb Takte nach dem ersten; der dritte, hier in den Oboen, kommt schon nach anderthalb Takten.
8. Takt 104: Der Harmoniewechsel erfolgt viermal pro Takt, nicht mehr zweimal.

---

[23] Diese Takte wiederholen den Ritornellanfang; dort setzt das Horn bei der entsprechenden Stelle auf der ersten Zählzeit ein, während der Akzent hier auf den schwächeren Taktteil fällt.

9. Takt 106: Die Bewegung der Geigen und Bratschen verdoppelt sich.
10. Takt 107: Die Bewegung in der Oberstimme des Klaviers vervierfacht sich, da sie bei Taktende deutlich in Sechzehntelnotenwerten verläuft.
11. Takt 108: Die Baßmelodie verdoppelt ihre Bewegung; ihre rhythmische Belebung vervierfacht sich.
12. Takt 110: Die Bewegung der Begleitstimmen verstärkt sich durch das Hinzutreten der Bläser.
13. Takt 112: Die Geschwindigkeit der Melodiekonfiguration verdoppelt sich und die Harmonie wechselt statt einmal nun zweimal pro Takt. (Selbst die punktierte Figur in den Bläsern tritt jetzt zweimal pro Takt auf.)

Diese vorher nicht dagewesene Spannweite anhaltender Beschleunigung erklärt zum guten Teil die gewissermaßen »romantische« Erregung dieses Konzerts[24]. Die rhythmischen Zähler – seien es nun eigentliche Notenwerte, Harmonieschritte oder Melodiemuster – werden so kunstvoll jongliert, daß beim Verschwinden oder Nachlassen des einen ein anderer seine Geschwindigkeit verdoppelt oder vervierfacht, wobei das Interesse sich jeweils auf die sich beschleunigende Stimme konzentriert. Selbst die Einführung eines schnelleren Rhythmus, die hier wie so oft diskret in einer Begleitstimme erfolgt, trägt doch Signalcharakter, insofern sie mit dem Eintritt des Solisten zusammenfällt. Alle Elemente wirken an diesem Vorwärtsdrängen zum Höhepunkt mit, so daß sich der Abschnitt wie ein allmählicher, leidenschaftlicher Aufstieg (selbst der Baß steigt in der ersten Hälfte mit den Oberstimmen auf) und ein darauffolgendes orchestriertes Crescendo gestaltet. Ein Aspekt der klassischen Ästhetik zeigt sich hier mit besonderer Klarheit, nämlich die dramatische Manipulierung einzelner, klar umrissener Formen, in der Absicht, eine durch feinste Abstufungen und Übergänge suggerierte Kontinuität zu schaffen.

Darüberhinaus stoßen wir hier an eine Grenze des klassischen Stils: die vier ersten Takte des oben zitierten Beispiels (die eine tongetreue Wiederholung der Eröffnungstakte des Konzertes darstellen) kommen rhythmischer Instabilität so nahe, wie der Stil es zuläßt[25]. Am Anfang der ›Prager Symphonie‹ KV 504 findet sich eine ähnliche Figur, aber sobald die Stimme melodischen Charakter annimmt, verschwindet dort die Synkopierung. In KV 466 gehen die Synkopen weiter und tragen das Gewicht des Anfangsthemas. Im Verein mit

---

[24] Diese Erregung schlägt sich auch in der Klangfarbe des Orchesters nieder. In einer erstaunlichen Passage in Takt 88 verdoppeln die Pauken allein (ohne Celli) zwei Oktaven unter dem übrigen Orchester und Klavier leise die Kontrabässe.
[25] Abgesehen von Rezitativen oder einem improvisatorischen Kadenzstil natürlich, wo rhythmische Eindeutigkeit nicht vorgesehen ist.

dem drohenden Baßmotiv vermitteln diese Synkopen ein starkes Gefühl düsterer Vorahnung. Wenn diese Takte forte gespielt werden, müssen sie (T. 16 ff.) radikal etwa in Richtung auf Don Giovannis Duett mit dem Komtur verwandelt werden. Denn das Konzert beginnt (wie KV 459, KV 467, KV 491 und zahlreiche Sonaten dieser Zeit) mit dem vollständigen Thema im Piano und dann im Forte, wiewohl es die Fesseln dieser Symmetrie zerreißt. Die Musik ist so energiegeladen, daß sie sich schwerlich das ganze Anfangsritornell hindurch in der Tonika halten läßt. Dieses immer wiederkehrende Formproblem wird hier durch einen genialen Kompromiß gelöst: Die Modulation zur parallelen Durtonart beginnt und geht zu weit – ja, so weit, daß sie genau wie später in der Reprise zur Tonika zurückkehrt. Das Hauptereignis, die Festlegung einer zweiten Tonart bleibt zwar dem Soloklavier vorbehalten, aber auch das Anfangstutti erhält seinen Anteil an der dramatischen Bewegung. Dadurch wird die Reprise an diesem Punkt gleichzeitig zu einer getreuen Widerspiegelung der ersten Exposition und einer Auflösung der zweiten.

Vor KV 466 hat noch kein Konzert den latent pathetischen Gattungscharakter, den Gegensatz und Kampf zwischen Individuum und Gruppe, so erfolgreich ausgewertet. Charakteristische Solo- und Orchesterphrasen werden nie ausgetauscht, ohne umgeschrieben und umgeformt zu werden. So spielt das Klavier nie das drohende Anfangsthema in der synkopierten Form, sondern verwandelt es und macht es damit rhythmisch klarer und erregter. Das Orchester spielt seinerseits nie die rezitativartige Phrase, mit der das Klavier einsetzt und die es immer wieder in der Durchführung wiederholt. Und doch ist das Material des Konzerts bemerkenswert homogen; sehr viel davon ist höchst wirkungsvoll mit der Anfangsphrase des Klaviers verwandt, wobei die Begleitung immer wieder die gleichen Terzparallelen bringt (siehe Notenbeispiele auf Seite 266). Die Beziehungen sind schon fast zu offensichtlich. Das Motiv, auf das sie sich stützen, sowie das dauernde Auftreten der Terzparallelen bestimmen zusammen mit der oben zitierten chromatischen Phrase (T. 99–102) und all ihren Ableitungen[26] den Klangcharakter des Stückes. Zum ersten Mal sind der erste und der letzte Satz eines Konzerts eindrucksvoll und unverhohlen miteinander verknüpft, wenn auch die ›Sinfonia concertante‹ KV 364 = 320d schon eine erste Geste in diese Richtung gemacht hatte. Diese Offenheit der thematischen Beziehungen, die Zurschaustellung der Einheit entspringt innerer dramatischer Notwendigkeit,

---

[26] Sie erscheint zuerst in Takt 9–12, und von ihr sind die Themen in Takt 44–47 und 58–60 abgeleitet. Auch die Beziehung zu 28–30 sowie zu allen weiteren Auftritten dieser Passage liegt auf der Hand. Die Beziehungen zwischen dem ersten Satz und dem Finale sind ebenfalls umfassender und tiefergehend als hier angedeutet wird.

nämlich der vom tragischen Stil geforderten Aufrechterhaltung eines einheitlichen Tons. Dieser tragische Charakter ist so übermächtig, daß er sogar in den langsamen Satz überfließt. Würde man diesen Satz, die Romance, von den anderen isolieren, so wäre die Dramatik des Mittelteils unerklärlich. Im langsamen Satz der großen Sonate *a* KV 310 = 300d gibt es einen ähnlich heftigen Ausbruch; es ist Mozarts erster Versuch im tragischen Ton. Obgleich die Exposition dieses Satzes schon ausgesprochen dramatischen Charakter trägt, ist auch hier die Wucht der Durchführung nur hinreichend motiviert, wenn man sie in Beziehung zum ersten Satz sieht. Daß der Kontrast im Konzert *d* noch größer ist, ist ein Zeichen für Mozarts souveräne Beherrschung der Mittel. Am meisten zeigt sich diese Souveränität jedoch in der flexiblen Phrasenstruktur des ersten Satzes sowie deren expressiven Umwandlungen in der Reprise.

Trotz größerer Lockerheit in der Form und trotz der Dur-Auflösung der Coda durchdringt die tragische Atmosphäre auch das Finale so sehr, daß die parallele Durtonart nach Moll abgedunkelt wird – das *f*-moll-Thema in Takt 93 ist bestechend! – und eins der Seitenthemen in der Reprise in einer Vorahnung von Schuberts Pathos zwischen Dur und Moll zu oszillieren beginnt. Fast alle Modulationen sind brüsk, ja brutal, und das erste Orchestertutti ist von einer brillanten Heftigkeit, wie Mozart sie bisher nicht einmal in der Symphonik, geschweige denn im Konzert entfaltete. Die Ähnlichkeiten zwischen diesem Satz und dem Finale der Symphonie *g* KV 550 sind mehr als nur thematischer Art, aber das spätere Werk ist noch kompromißloser. Diese Schlußbemerkung möchte ich jedoch keineswegs als Ausdruck der üblichen, von mir nicht geteilten Mißbilligung der glänzenden, fröhlichen Coda von KV 466 verstanden wissen.

Das Gegenstück zum Konzert *d*, das Konzert *C* KV 467, ist ein Werk von symphonischer Majestät und verhält sich zu jenem wie die ›Jupitersymphonie‹ KV 551 zur Symphonie *g*. Die ›Jupitersymphonie‹ ist allerdings auf der Oberfläche täuschend konventionell, sie läßt sich nicht zu ausgesprochen auffälligem Material herab. Das Konzert *C* macht keine derartigen Vorwände, obwohl zwischen dem Hauptthema und dem Anfang der ›Jupitersymphonie‹ Ähnlichkeiten bestehen. In diesem Konzert versucht sich Mozart zum ersten Mal an orchestraler Pracht und Erhabenheit. Die vorangegangenen Symphonien, selbst die ›Linzer‹ KV 425, strebten mehr nach Glanz als nach Majestät. Dieses Ziel war mithilfe der rhythmischen Struktur des klassischen Stils auch leichter zu erreichen. Erst die gelassene Breite von KV 467 ermöglicht solche Leistungen wie die ›Prager‹ und die ›Jupitersymphonie‹. In keinem bisherigen Werk offenbart sich Mozarts Geschick im Umgang mit großen Massen, seine Fähigkeit, in Klangblöcken und -flächen zu denken, so deutlich wie hier.

Das Anfangstutti setzt die Bläser als Gruppe gegen die Streicher; nur in Takt 28 treten die Bläser ganz kurz solistisch auf. Die rhythmische Breite ist beachtlich. Während die Erregung von KV 466 zu einer großen Zahl von kurzen Phrasen und dramatischen Pausen im Anfangsritornell führte, ist der Anfang von KV 467 kontinuierlich und massiv und breitet die Tonikatonart als umfassenden, soliden Untergrund aus. Die Perioden sind regelmäßig viertaktig (mit einer Überlappung in Takt 12), gegen Ende des Tutti weiten sie sich zur Fünftaktigkeit aus (Takt 48, 60 und 64; bei diesem letzten überlappen sie sich, um einen Viertaktrhythmus zu bewahren, und wirken am Ende wie ein Ritenuto, das den letzten Schlag zurückhält). Erst kurz vor dem Einsatz des Solisten, quasi als Vorbereitung darauf, zerfällt die Regelmäßigkeit des Rhythmus.

Der Klavierpart ist besonders reich und erfinderisch an neuartiger, manchmal bemerkenswert dichter Klavierfiguration. Auch in diesem Satz ist der Sinn für weitgespannte Tonartbereiche und ihre Stabilität höchst auffällig. Die Modulation zur Dominante wird durch eine rasche Wendung zur Molldominante[27] kräftig verstärkt. Wegen ihrer außerordentlichen Nachwirkungen im Verlauf des Stückes möchte ich sie hier zitieren.

[27] An diesem Punkt der Exposition bewirkt eine Molldominante zweierlei: Sie stilisiert die Durdominante und erhöht dadurch die Spannung mit der Tonika.

Abgesehen von Takt 121–123 kehrt diese Passage eigentlich nie wieder. Vielmehr erscheint in der Reprise das Anfangsthema in einem von Mozart häufig verwendeten Auflösungsverfahren, in der Subdominante, worauf es folgendermaßen weitergeht.

Es ist also nicht das melodische Material der Takte 110–120, das in der Reprise erscheint, sondern ihre harmonische Struktur, die, wie der identische Schluß beider Passagen anzeigt, hier durch die Wendung zur Mollsubdominante gelöst wird. Der Primat der Harmonie über

269

die Melodie ist in der als Auflösung verstandenen Reprise einleuchtend, denn harmonische Lösung ist für den klassischen Stil wesentlicher als melodische Symmetrie.

Die Pracht des Stils wirkt sich auch auf die Durchführung aus. Sie basiert vollständig auf untergeordnetem Material[28] und soll die Exposition bewußt nicht ins Gedächtnis zurückrufen, da diese das Hauptthema schon vielfältig verarbeitet hat. Die gelassene Einführung scheinbar neuen Materials trägt nur zur Breite des Satzes bei. Der leidenschaftliche Höhepunkt steht in der Molltonika, so daß die Rückkehr des Hauptthemas in Dur mit sparsamster Bewegung Helligkeit und Klarheit verbreitet. Das folgende Tutti ist doppelt so lang wie die orchestralen Reprisenanfänge in jedem anderen Mozart-Konzert. Darüberhinaus stellen neunzehn seiner zweiundzwanzig Takte eine unveränderte Wiederholung der Anfangstakte dar. Eine derartig expansive Geste ist typisch symphonisch, denn der Konzertstil verlangt im allgemeinen nach mehr Ausschmückung. Aber aufgrund der Großzügigkeit und Freiheit des Gesamtentwurfs konnte Mozart hier der Variierung entraten.

Im Andante herrscht die gleiche Schlichtheit; es ist eine Arie mit gedämpften Streichern und einem Pizzicato-Baß. Über einer unaufhörlich bebenden Begleitung, die nur einmal für einen atemberaubenden Moment zum Stocken kommt, zeichnet der Solist mehrere weit ausschwingende Kantilenen von größter Schmerzlichkeit. Die einzige Spur von Virtuosität ist rein vokaler Art, es ist die Nachahmung der Opernkavatine mit ihren großen, ausdrucksvollen Sprüngen von Register zu Register. Die Form erscheint nur deshalb so schwer beschreibbar, weil sie so individuell ist, daß uns zum Einordnen die Begriffe fehlen. Aber es lohnt sich, den Satz zu beschreiben, denn nirgendwo wird Mozarts Freiheit und sein Empfinden für die Ausdruckskraft der Struktur an sich deutlicher als hier.

Die zweiundzwanzig Takte der Orchestereinleitung muten wie eine fortlaufende Melodie an, aber für den Verlauf des Satzes unterteilt Mozart sie in drei Abschnitte: A (T. 2–7), B (T. 8–11) und C (T. 12–22) mögen als bequeme Etiketten dienen[29]. Nach dem Ritornell spielt das Klavier A und B in der Tonika; zehn Takte später erscheinen B und C in der Dominante (T. 45–55). Da die Takte 55–61 und 65–72 eindeutig Durchführungsmaterial enthalten und eine Reprise von Takt 75 an zum Ende führt, ließe sich die Form logischerweise als Sonate bezeichnen. Doch sie klingt nicht so, denn nach einer Modulation erscheint in Takt 38 eine neue Melodie in der parallelen Molltonart; ihr gehen eine kräftige Tonikakadenz und ein langer Klaviertriller

---

[28] Hauptsächlich das in Takt 170, 28 und 160 aufgestellte Material.
[29] Siehe Notenbeispiel auf S. 272.

voraus. Der Tonikaabschluß, die sich harmonisch entspannt anschließende parallele Molltonart und die stark abschnitthafte Phrasierung sind typisch für die Da capo-Arie oder das Rondo, vergleichbar der Romance im Konzert *d*. Mitten in der Durchführung wird wiederum nach einem Kadenztriller des Klaviers eine weitere neue Melodie eingeführt (T. 62), und zwar in der noch entspannteren und ebenso rondotypischen Subdominante. Noch charakteristischer für die Rondoform (besonders bei C. Ph. E. Bach) ist die in der erniedrigten Mediante *As*-dur beginnende Reprise. Die ihr vorausgehende Modulation ist dadurch von allem übrigen abgehoben, daß zum einzigen Mal im ganzen Satz die Triolenbegleitung aussetzt – so als sollte die Ungewöhnlichkeit der Modulation noch unterstrichen werden – und man die langsame Bläsermelodie ganz für sich hört (T. 71–72). Diese Modulation, der einzige stille Augenblick, hat etwas von der Magie Schubertscher Modulationen und ist um so unerwarteter, als der vorangehende Abschnitt deutlich die Rückkehr zur Tonika in die Wege leitete. Unsere Erwartung ist, kurz gesagt, auf das vollständige Wiedererklingen der ursprünglichen Melodie in der Tonika gerichtet. Und Mozart versagt nie ganz die Erfüllung eines Wunsches, den er selbst geweckt hat: Auf A in der erniedrigten Mediante folgt B hochverziert in der Molltonika als Übergang zu C in seiner ursprünglichen Tonikaposition. Als Coda erscheint B erneut in der Durtonika; ein neues, nur vier Takte langes Thema bildet den Abschluß des Satzes.

Soll eine Beschreibung mit dem tatsächlich Gehörten übereinstimmen, so handelt es sich bei diesem Satz nicht um eine Sonatenform, auch wenn er sich sauber in diese Kategorie einpassen läßt. Was wir hören, gleicht fast einer Improvisation, es ist eine Folge von drei ausgesponnenen, sanft über einer pulsierenden Begleitung schwebenden Melodielinien. Wie im frei fließenden Gesang scheint es sich um eine höchst einfache und naive Formgebung zu handeln. Die Schlichtheit wird noch dadurch unterstrichen, daß eine neue Melodie jeweils mit einem einfachen Tonartenwechsel zusammenfällt, so, als gäbe es kein strenges Tonartengefüge und als erwachse die Kontinuität allein aus dem bebenden Rhythmus, der von den Streichern zu den Bläsern und zum Klavier weitergereicht wird und stetig und ruhig den Melodienfluß stützt. Und doch ist alles von den Idealen des Sonatenstils geleitet: nicht geprägt, nur sachte beeinflußt. Nichts ist willkürlich und erst hinterher merkt man, mit welch feiner Waage alles abgewogen ist. Auch die Phrasenstruktur gibt den Anschein von improvisatorischer Unregelmäßigkeit, aber die Gesamtgestalt ist unglaublich regelmäßig. Die Hauptmelodie, d. h. das Anfangsritornell, ist folgendermaßen organisiert: 3 + 3, 2 + 2, (1 + 1 + 1 + 1 + 1 =) 5, 3 + 3; der Höhepunkt liegt genau in der Mitte, nämlich am Anfang des Fünftaktabschnitts, und es besteht eine Symmetrie zwischen 3 + 3 am Anfang und am Ende, ohne daß die letzten beiden Phrasen die ersten beiden irgendwie wiederholen:

Die großrhythmische Organisation belebt sich durch den Wechsel von Dreitakt- zu Zweitaktperioden, die Fünftaktperiode zerfällt in Einzeltakte und setzt damit die Belebung fort, während ihre größere Länge gleichzeitig ein Gegengewicht dazu bildet, gewissermaßen ein Einhalten als Übergang zur endgültig lösenden Symmetrie. Diese scheinbare Unregelmäßigkeit, wie überhaupt der ganze Satz, vermittelt den ungemein bewegenden Eindruck von improvisiertem Gesang und formaler Gestaltung.

Man kann diese beiden 1785 komponierten Konzerte KV 466 und KV 467 im Vergleich zu anderen, die Mozart geschrieben hatte oder noch schreiben sollte, keinesfalls als »besser« bezeichnen. Nichtsdestoweniger bedeuten sie einen Durchbruch innerhalb der Gattung, denn sie lieferten den Beweis, daß das Konzert jeder anderen Gattung ebenbürtig war, dieselben Gefühlstiefen ausloten und die differenziertesten musikalischen Gedanken ausarbeiten konnte. Danach konnte die Form, so will es scheinen, nur noch weiter verfeinert werden, doch einige großartige Werke standen noch aus – und sie enthalten Überraschungen.

Während der Arbeit am ›Figaro‹ im Winter 1785/86 schrieb Mozart für seine Subskriptionskonzerte drei Klavierkonzerte. Es sind die ersten, die sein Lieblingsinstrument unter den Holzbläsern, die Klarinette, ins Orchester aufnehmen. (Am Ende dieser Periode entstand auch das großartige Klarinettentrio KV 498.) Die Klarinetten beherrschen das erste der drei Konzerte, KV 482 in *Es*-dur. Überhaupt spielen die Holzbläser hier eine größere Rolle als in allen anderen Konzerten, sogar das Fagott erhält eine ganze Reihe solistischer, melodischer Aufgaben. Aus diesem Grund legt dieses Konzert besonders großes musikalisches Gewicht auf die Klangfarbe, die tatsächlich fast immer hinreißend ist. Schon bald nach dem Anfang gibt es ein bezauberndes Beispiel für diese Klangfarben.

Einige Takte zuvor erschien die gleiche Passage eine Oktave tiefer in den Hörnern und Fagotten, während wir hier die Violinen in der ungewöhnlichen Rolle eines Baßfundaments für die Klarinette finden. Die Schlichtheit der Sequenzen lenkt unser Interesse voll und ganz auf die Klangfarbe, während die folgenden Holzbläsersoli dafür sorgen, daß es weiterhin dabei verweilt. Überhaupt besitzt die Instrumentierung mehr Vielfalt, als Mozart bisher wünschte oder benötigte, und paßt sich damit dem Glanz, Zauber und der etwas oberflächlichen Anmut des Anfangs- und Schlußsatzes an. Der langsame Satz in c-moll ist sehr viel tiefer angelegt, doch ist sein Pathos nobel, ja theatralisch und ausgesprochen zugänglich; das neugefundene Interesse an reinen Klangfarben wird auch hier nicht vernachlässigt. Als Rondo-Variationssatz steht der langsame Satz Haydns geliebtem Doppelvariationsschema nahe. Gedämpfte Streicher, lange, solistische Holzbläserpassagen, ein Duett für Flöte und Fagott, drohende Triller in den unisono geführten Streichern tragen zur Bereicherung der Orchesterpalette bei. Bei der Uraufführung fand der Satz solchen Anklang, daß er wiederholt werden mußte. Wie bei KV 271, das gleichfalls in Es-dur steht, wird das Rondofinale von einem Menuett in A-dur unterbrochen, und auch hier wird das Pizzicato auffällig, wenngleich weniger üppig, verwendet. Wenn dieses Menuett nicht ganz so eindrucksvoll wie das frühere ist, so liegt es mit daran, daß die Hochstimmung des letzten Satzes eine ganze Menge rein mechanische Brillanz mit sich bringt. Im ganzen gesehen ist der Satz eine Nachahmung des Finales von KV 450 ohne dessen Frische und Erfindungsreichtum. Mit der Schlichtheit des Menuetts ist ein Schritt über den reichverzierten Stil von KV 271 hinaus getan, dessen Expressivität hauptsächlich noch von der Üppigkeit im Detail abhing. Diese neue Sparsamkeit ist nicht auf mangelnde Auszierung von seiten Mozarts zurückzuführen, mag auch das Konzert, da er es ja für den Eigengebrauch komponierte, an einigen wenigen Stellen nicht voll ausgeschrieben sein. Die mit dem Solo mitgehenden Orchesterstimmen lassen die Melodie ebenfalls unverziert. Die Solostimme könnte eventuell ein paar zusätzliche Ornamente vertragen, aber die Schlichtheit des Satzes ist zum größten Teil Mozarts Stilentwicklung und nicht seiner Unachtsamkeit zuzuschreiben.

Das Konzert *A* KV 488 illustriert ganz besonders geglückt die nur der Konzertform eigene formale Geschmeidigkeit und Freiheit hinsichtlich des Expositionsschlusses bzw., um es weniger etikettartig auszudrücken, hinsichtlich der Plazierung der letzten, befestigten Dominantkadenz. Auf die Soloexposition folgt selbstverständlich immer ein Tutti oder Ritornell, so daß die letzte Dominantkadenz an einer der folgenden drei Stellen erscheinen kann: entweder mit der letzten Phrase des Solos vor dem Tutti, dergestalt, daß das Orchester die mit Durchführung bezeichnete Modulationskette in Gang setzt (vgl. KV 459 und KV 467), oder am Ende des Tutti, so daß die Solostimme in der Dominante einsetzt und das neue Bewegungsgefühl initiiert (vgl. KV 456, KV 466 usw.), oder aber mitten im Tutti (vgl. u. a. KV 451, KV 482). Mozarts erstes reifes Werk in dieser Gattung, KV 271, spielt schon mit dieser Freiheit, indem das Klavier das Tutti unterbricht und damit die Mehrdeutigkeit betont. Wie diese Stelle auch behandelt werden mag, der Tuttieinsatz bestätigt allemal die Dominante, d. h., er gibt eine Standortbestimmung und verstärkt die Polarität der Exposition.

KV 488 profitiert auf ganz neuartige Weise von dieser Situation. Nach dem Schlußtriller des Pianisten auf der Dominante setzt das Ritornell mit seinem Kadenzthema ein, um es schon nach sechs kurzen Takten scharf und überraschend abzuschneiden. Während wir darauf warten, daß eine kräftige Dominantkadenz die Lösung bringt, wird uns etwas anderes, nämlich ein völlig neues Thema, präsentiert (T. 143–148). Es vermittelt zwar ein Kadenzgefühl, aber ein relativ schwaches. Die nun folgende Durchführung beruht allein auf diesem sowie auf einem weiteren, vom Klavier eingeführten, kürzeren neuen Thema.

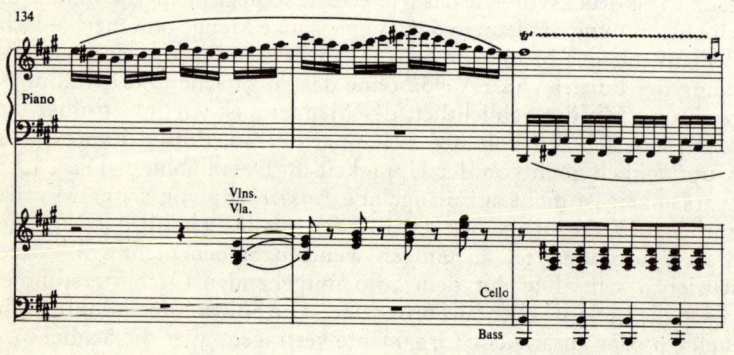

Ungewöhnlich war es nicht, die Durchführung mit neuem Material zu beginnen. Mozart tat es häufig in seinen Sonaten und ein von Mozart geschätzter Kleinmeister wie Johann Samuel Schröter auch oft in Konzerten. Selten und auffällig aber ist, daß dieses herrliche Thema sowohl ein Ende wie einen Anfang bildet. Als Schlußkadenz für das Tutti und Beginn der Durchführung verhält es sich wie ein formales »Wortspiel«. Seine Doppelnatur erweist sich hinlänglich dadurch, daß Mozart es offensichtlich funktionell zur Exposition des Satzes rechnet und es im Lauf der Reprise in der Tonika wiederholt.

Diese formale Geste wird nicht um der Neuheit oder um des Überraschungseffekts willen vollzogen. Mozart kommt mit diesem Werk zur melancholischen Lyrik des Konzerts A KV 414 = 385p zurück. Indem er einen Teil der Exposition bis zur Durchführung zurückhält und mit dem Schlußthema gleichzeitig die Auflösung des Zwischenritornells und den Anfang des neuen Abschnitts bestreitet, erlangt er den ununterbrochenen melodischen Fluß des früheren Werkes ohne dessen formale Lockerheit. Die Klassik arbeitete fast ausschließlich mit separaten, gegliederten Bausteinen. Haydns und Mozarts wahre Meisterschaft bestand darin, die stilimmanente Tendenz zur Überartikulierung und zum Partikularismus zu überwinden. Erst die funktionelle Klarheit der Einzelteile erlaubt paradoxerweise solche Doppeldeutigkeitseffekte wie den eben angeführten. Wäre der zitierte Abschnitt nicht so unverkennbar sowohl eine kadenzielle Lösung (und mithin das Ende eines Abschnitts), als auch ein neues Thema, dann könnte Mozart nicht mit solch lyrischer Gelöstheit über einen normalerweise deutlich markierten Einschnitt gleiten.

Mozarts Gabe, den einfachsten Mitteln größte Ausdrucksschärfe abzugewinnen, zeigt sich aufs eindrucksvollste in dem folgenden Adagio, insbesondere in der Anfangsmelodie. Das Gerüst des Themas besteht aus einer einfachen fallenden Tonleiter mit einer darüberliegenden ausgedehnteren Parallelbewegung. Gleich zahlreichen Bachschen Melodien zeichnet Mozarts Einzelstimme zwei polyphone Linien nach. Schematisch läßt sich das folgendermaßen darstellen:

Angeordnet sind diese Töne so, daß jedes Detail mit dem höchstmöglichen Pathos hervortritt.

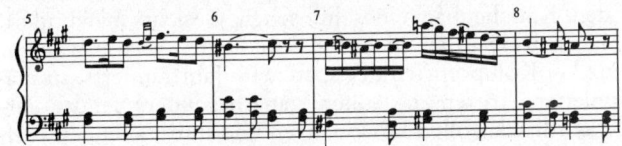

Der Vorhalt am Anfang von Takt 2 läßt die volle Ausdrucksqualität des Septimenfalls zutage treten, und die verspätete Auflösung des Vorhalts in das tiefe *Eis* des Basses macht ihrerseits aus dem zweiten *H* in der rechten Hand eine ausdrucksvolle Dissonanz. Obgleich die Melodie strukturell durch zwei regelmäßige Parallelen bezeichnet ist, liegt ihre Schönheit und leidenschaftliche Melancholie in der rhythmischen Unregelmäßigkeit und vielfältigen Phrasenstruktur beschlossen, denn erst diese enthüllen jede expressive Facette der beiden einfachen absteigenden Linien. Als Beispiel für den Erfindungsreichtum beachte man, wie verschieden die Kontur der Sexte in jedem der ersten drei Takte gezeichnet wird. Am bemerkenswertesten ist vielleicht, daß die Auflösung des *D* im dritten Takt der Melodie bis zum sechsten Takt vorenthalten wird. Schließlich ist die fast tragische Nachzeichnung der gesamten Linie im siebten Takt von stärkster Ausdruckskraft. Ich muß mich aus Raumgründen mit diesen Einzelbeobachtungen begnügen, doch würde sich eine gründlichere Untersuchung dieses herrlichen Themas, insbesondere seiner Stimmendisposition, reichlich lohnen.

Um allen Mißverständnissen vorzubeugen, möchte ich sogleich hinzufügen, daß ich nicht glaube, Mozart habe mit einem derartigen Skelett angefangen und es dann ausgeschmückt. Die Gedanken eines Komponisten zu lesen und die Reihenfolge seiner Arbeitsschritte nachzuvollziehen ist keine gangbare kritische Methode, nicht einmal, wenn der Komponist noch am Leben ist und man ihn daraufhin befragen kann. Er weiß es meistens selber nicht. Die Skizzen von Komponisten sind auch nicht so aufschlußreich, wie manchmal angenommen wird. Beethoven, der eifrigste Skizzierer aller Zeiten, sagte ausdrücklich, daß Skizzen für ihn nur eine Art Kurzschrift darstellten, mit der er die vollständigen Einfälle in seinem Kopf zurückrufen konnte. Wie Mozart den Anfang des langsamen Satzes von KV 488 schrieb, ob er von vorne oder in der Mitte anfing, oder ob das Ganze als Gestalt »in voller Rüstung« seinem Kopf entsprang, das werden wir nie wissen. Obgleich auch Mozart viel skizzierte – mit zunehmendem Alter immer häufiger – so konnte er sicher so viel oder mehr im Kopf behalten, als nur irgendein Komponist der Musikgeschichte.

Das angegebene Melodieskelett ist ganz entschieden nicht der »musikalische Einfall«, und ebensowenig ist es für die Schönheit dieses Themas verantwortlich – obgleich es dafür nicht ganz belanglos ist.

Wenn man den Knochenbau eines hübschen Gesichts bewundert, interessiert man sich eigentlich nicht für Osteologie. Aber es war eine Grundtendenz bei Komponisten des späten 18. Jahrhunderts, in diatonischen Tonleiterschritten zu denken, ganz besonders bei der Verwendung von ausdrucksvollen Dissonanzen und ihrer fallenden Auflösung. Mozarts Genie gab ihm die Einsicht, wie das Ausdruckspotential einer derartig einfachen Fortschreitung auszuschöpfen sei, und wie sie der Einzelphrase und den Phrasenverbindungen Einheit verleihen könnte, während doch gleichzeitig die sie nachzeichnende und umspielende Melodielinie in ihrer Rhythmik und Periodik so abwechslungsreich war, wie der Charakter der Musik es forderte.

Ein weiteres Mittel, Einheit zwischen größeren Abschnitten herzustellen, läßt sich aus einem Vergleich zwischen der Eingangsphrase des Klaviers, dem Anfang des ersten Tutti und dem Anfang des nächsten Soloabschnitts ablesen:

Im dritten Beispiel setzt das Klavier wieder mit seiner Melodie ein, die es jedoch mit der Gestalt der Orchestermelodie kombiniert, so daß beide verschmelzen. Diese Synthese von musikalischen Elementen weitet sich später auf das zweite, in A-dur stehende Thema aus und gestattet es Mozart, diesem zweiten Thema sowohl den Charakter eines solchen, als auch den eines Mittelteils einer ABA-Form zu geben[30], indem er gewisse Elemente des Sonatenstils zur Dramatisierung einer im Grunde genommen recht lockeren Form benutzt.

Das letzte der drei großen Konzerte, KV 491 in c-moll, ist das größte. Es ist von tragischem Charakter wie KV 466, aber vermeidet dessen Theatralik durch größere Intimität. Es ist weniger opernhaft und steht der Kammermusik näher. Was ihm an Großartigkeit abgeht, ersetzt es durch Verfeinerung, so daß es auf ganz andere

---

[30] Die Bewegung vom ersten zum zweiten Thema ist eindeutig expositionsartig, aber das zweite Thema wird in der Reprise nicht wieder aufgenommen. Angesichts der engen Verwandtschaft der beiden Themen bildet die Rekapitulation des ersten Ritornells einen Ersatz dafür.

Weise gleiche Größe erlangt. Dieses Konzert verursachte Mozart ziemliche Schwierigkeiten, und zwar nicht nur mit Einzelheiten, sondern mit den Proportionen. Das Manuskript weist zahlreiche Revisionen auf und enthält im Anfangsritornell einen eingeschobenen, längeren neuen Abschnitt, was für Mozart, der selten derartig große Änderungen vornahm, recht ungewöhnlich ist. Der Grund für diese beträchtliche Veränderung ist in der Soloexposition zu finden. Gut hundert Takte nach dem Klaviereinsatz hören wir

aber sechzig Takte später erklingt die gleiche Kadenz in der parallelen Durtonart, nur ist sie jetzt etwas ausgedehnter:

Das heißt, die Exposition besitzt formal gesehen zwei Schlüsse, denn der Abschnitt vor der ersten Kadenz zeigt fast sämtliche Anzeichen eines Expositionsschlusses mit all seiner Virtuosität und – nahezu – all seiner Endgültigkeit. Wäre das Anfangsritornell so kurz geblieben wie es ohne Mozarts Einschub war, dann wären die Proportionen zwischen Soloexposition und Ritornell schon bei der ersten Kadenz vollkommen, insofern in all diesen Konzerten die Soloexposition breiter angelegt ist.

An die erste Kadenz schließt sich jedoch kein Kadenztutti an, sondern ein voll ausgeführtes, neues zweites Thema sowie eine neue Schlußgruppe. Zwischen diese beiden schiebt sich ein Abschnitt, der auf den ersten Blick noch unerhörter anmutet: Das Anfangsthema tritt wieder auf, und zwar beginnt es in der parallelen Durtonart, was bei Haydn das Normalverfahren für die zweite Expositionshälfte darstellt und auch bei Mozart nicht ungewöhnlich ist. Allerdings moduliert es im Lauf von einem einzigen Takt rasch nach *es*-moll und führt eine Reihe von Modulationen aus, ehe es wieder nach *Es*-dur zurückkehrt. Harmonisch gesehen wirkt dieser Abschnitt wie eine Durchführung, die an dieser Stelle unvergeßliche Kraft und Leidenschaft gewinnt.

Noch kühner als früher experimentiert Mozart hier erneut mit der Plazierung der abschließenden Dominantkadenz der Exposition. Es schließen sich gewissermaßen zwei Soloexpositionen an die Orchesterexposition an, weshalb diese erweitert werden mußte, um den neuen Dimensionen zu entsprechen. Nichts davon ist ein Experiment um seiner selbst willen, ja nicht einmal um des Neuheits- oder Überraschungseffekts willen. Es entspringt dem Charakter der Musik und dem Material.

Das Hauptthema ist knapp und konzentriert im Umriß, was bei Mozart recht selten und eigentlich viel typischer für Haydn ist. Der erste Satz des *c*-moll-Konzerts ist tatsächlich mit Haydns in der gleichen Tonart stehenden, nur vier Jahre früher geschriebenen Symphonie Nr. 78 eng verwandt. Der Anfang von Haydns Werk

weist erkennbare Ähnlichkeiten mit dem Konzert auf, obgleich Mozarts Phrasen- und Periodengestaltung viel breiter und ungezwungener ist (siehe Notenbeispiel auf S. 281). Der Einsatz der Oboen in Takt 8 beginnt als begleitende Harmoniestimme und hat sich bei Erreichen von Takt 11 unmerklich zur Melodiestimme gewandelt. Diese Verschiebung von einer Neben- zur Hauptrolle geschieht hier noch glatter als bei dem ähnlichen Vorgang am Anfang von Haydns op. 33 Nr. 1[31]. Um den hohen Ernst des tragischen Stils mit im Vergleich zu KV 466 und KV 467 im Grunde recht kurzatmigem, sperrigem Material zu erzielen, muß Mozart all seine Geschicklichkeit ins Treffen führen. Die Unregelmäßigkeit der Phrasenstruktur läßt die Details deutlich hervortreten.

---

[31] Siehe Zitat und Diskussion auf S. 126–130.

Mehr als bei jedem früheren Konzert zwingen uns diese Anfangstakte zur Konzentration auf ihren linearen Aspekt – und nicht allein deswegen, weil die ersten paar Takte unisono gespielt werden. Vor allem die Melodik mit ihrer eckigen Chromatik, ihrer Phrasierung und der steigenden Sextensequenz im Staccato mißt den Intervallbeziehungen ganz ungewöhnliche Bedeutung zu. (Auf der ersten Partiturseite von KV 466 nehmen wir z. B. viel stärker die Textur wahr, das drohende Poltern im Baß und die synkopierten Pulsschläge.) Der Anfang von KV 491 verhält sich einige Takte lang sonderbar neutral, bis sich das darin Angelegte verwirklicht. Eine in KV 466 gänzlich fehlende Verschlossenheit und Zurückhaltung durchdringt dieses Werk. In dem früheren ergeben sich Breite und Umfang ganz zwanglos aus der regelmäßigen Zwei- und Viertaktigkeit der Anfangsaussage, so daß der Anstieg zum ersten Höhepunkt glatt verläuft. Im Konzert c scheint das Material geschrumpft zu sein, alles stützt sich in der Anfangsperiode auf eine Reihe von steigenden Sexten und fallenden Sekunden. Zwar ist die erste Partiturseite von KV 466 auch nicht aus viel mehr aufgebaut, aber dort vermittelt die Regelmäßigkeit der Periodik und des anfänglichen Aufstiegs dem Hörer eher den Eindruck eines Satzgefüges statt vereinzelter Satzteile. Durch die Unregelmäßigkeit des Anfangs von KV 491 rücken die Details, und nicht die großräumige Bewegung, in den Brennpunkt, und die Einzelabschnitte treten unweigerlich viel stärker ins Bewußtsein.

Daraus ergibt sich folgerichtig die »doppelte« Soloexposition (die zusammen mit dem ersten Ritornell eine dreifache Exposition bildet), mit anderen Worten, die Fragmentierung der Großform entspricht der inneren Zersplitterung der Anfangsaussage. Dabei handelt es sich nicht etwa um eine mystische oder holistische Lehre von der Entsprechung zwischen Teil und Ganzem. Wenn ein Klassiker melodisch fragmentiertes Material verwenden wollte (wie Beethoven es überwiegend tat), bei dem jedes Detail auf den ersten Blick eine über die Phrase hinausgehende und nur so zu verstehende Bedeutung zu besitzen scheint, dann verband er in der Anfangsaussage derartiges Material mit äußerster Regelmäßigkeit in der Phrasenstruktur, um so die zersplitternde Wirkung des Materials auszugleichen. Eine Sonate kann mit einem Motto anfangen, nicht aber mit einem Epigramm. Man muß sich vergegenwärtigen, daß mit der regelmäßigen Periodik sozusagen ein längerer bzw. langsamerer Grundschlag den Hauptpuls überlagert und eine ausgreifendere Zeitordnung ins Bewußtsein bringt. Es gibt von Mozart zahlreiche Werke mit unregelmäßig langen Perioden; diese Werke erzielen ihre Breite mit Hilfe groß angelegter Aussage und symmetrischer Ausgewogenheit der unregelmäßigen Elemente. Das geschieht beispielsweise im langsamen Satz von KV 467, doch ist der langsame Satz des Quintetts g KV 516 ein noch bedeutenderes Beispiel. Aber im Konzert *c* verwendet Mozart eine fragmentierte Melodielinie, die Unregelmäßigkeit in der Periodik geradezu erfordert. Aus diesem Grund gibt es eine solche Fülle von deutlich umrissenen, aber verwandten Themen in diesem Satz, die dennoch jeweils noch Stücke von sich abspalten und beharrlich wiederholen, fast als wären sie alle als eine Art Mosaik entworfen.

Das sind die wichtigsten Nebenthemen, die mit ihrer beharrlichen Wiederholung kleinster Einheiten für Mozart ungewöhnlich, wohl aber typisch für Haydn sind. Solche Themen lassen sich nicht geruhsam zu langen Satzgefügen ausspinnen, wie es etwa der ausgewogene Anfang von KV 467 vermag. Will Mozart jedoch die schon am Ende der ersten Periode so deutlich spürbaren tragischen Implikationen des Materials herausarbeiten, so benötigt er größere Dimensionen, als das Material von sich aus hergibt. Deswegen schob er eine neue Seite in das Tutti ein, und deswegen haben wir auch eine »doppelte« Soloexposition. Da wir anstatt der zweiten Soloexposition eine Durchführung halb erwarten, wird sie uns vermittels der weitreichenden Modulationen des Hauptthemas in es-moll (von Takt 220 an) auch halb zugestanden. Hier entspricht die Fragmentierung der harmonischen Bewegung in der Exposition der strukturellen Fragmentierung, wie auch der melodischen und rhythmischen Fragmentierung des Materials. Die Reihe von verminderten Septakkorden im Eröffnungsteil des Hauptthemas wirkt deutlich als Ankündigung und Rechtfertigung einer solch ausgedehnten, chromatischen Instabilität, die dann in der Exposition qua Durchführung eine für das Wesen des Werkes grundlegende Erregung, ja fast Panik, erzeugt. Obgleich Mozart hier technisch gesehen mit den kleineren Einheiten Haydns arbeitet, besteht er doch auf dem größeren Gefühlsradius, der schon immer sein Charakteristikum war.

Die Reprise muß drei Expositionen zusammenfassen. Die zwei Nebenthemen der Klavierexposition, (b) und (c), erklingen nun nacheinander, aber in der Reihenfolge (c), (b), während der in das Anfangstutti eingeschobene Abschnitt (a) sich mit einer Variante von (d) zu einer Schlußgruppe verbindet (siehe Notenbeispiel auf S. 284). Das Klavier unterbricht in wunderbarer Symmetrie die Coda mit einer Umarbeitung der letzten Takte der Durchführung. Der Satzschluß vereint alle Disparitäten.

Mit ihrem Raffinement und ihrer Fragmentierung gleicht die Orchestrierung sich der Struktur an. Die Innenstimmen sind so detailliert ausgeführt, daß die Bratschen oftmals geteilt sind; darüberhinaus werden Oboen und Klarinetten verwendet. Trotzdem ist der Orchesterklang nicht farbig wie in KV 482, sondern satt und düster. Die merkwürdig verschleierte Wirkung der Pauken und Trompeten in leisen Abschnitten gemahnt an Teile von KV 466 und ›Don Giovanni‹. Trotz aller dramatischen Kraft steht dieses Konzert dem späten Kammermusikstil Mozarts näher als alle übrigen, außer dem allerletzten. Der »Kammerstil« der drei früheren Konzerte KV 413, KV 414 und KV 449 ist ein Serenadenstil. Mit KV 491 gelangt man zur introvertierten Detailarbeit der Streichquartette. Die Verzweiflung, aber auch die Energie in dieser Musik richten sich nach innen und entsagen aller auch Mozartschen Theatralik.

Die weiteren Sätze sind weniger originell im Entwurf, aber ebenso gelungen. Das Larghetto gleicht der Romance von KV 466; es fehlt ihm aber deren heftiger Mittelteil. Das Allegrettofinale ist ein Variationssatz im Marschtempo. Es wird meistens zu schnell genommen, weil man fälschlicherweise glaubt, daß ein schnelles Tempo ihm eine dem ersten Satz ebenbürtige Kraft verleihen wird. Aber Mozart ist nicht ein Komponist, dessen Mängel vom Interpreten wettgemacht werden müssen. Hätte er solche Kraft gewollt, so hätte er sie auch schreiben können. Die Stimmen sind so vielfältig und selbständig geführt, wie Mozart es nur verstand, aber die Klarheit des Themas wird nie verdunkelt, es soll immer hörbar bleiben. Sogar die auf dem Papier recht freien Umformungen ins Dur klingen für das Ohr durchaus streng. Selbst wenn es als Sonatenform eingestuft werden kann, ist ein klassisches Finale immer lockerer in der Form als ein erster Satz und damit naturgemäß leichter aufzufassen. Trotz all seiner Nüchternheit besitzt dieser Satz genug von der Leidenschaft und Verzweiflung des ersten; Beethoven läßt die Coda teilweise im Finale der ›Appassionata‹ anklingen.

Das Konzert C KV 503 ist und war nie ein Publikumsliebling. Es ist Ende 1786 entstanden, acht Monate nach dem letzten aus der Trias von Klavierkonzerten mit Klarinettenverwendung. Ein großartiges Werk – und in den Ohren vieler Hörer ein kaltes. Doch gerade diesem Werk wenden sich viele Musiker, Historiker wie Pianisten, mit besonderer Vorliebe zu. Daß es beim Publikum nicht ankommt, ist auf den geradezu neutralen Charakter des Materials zurückzuführen, denn besonders im ersten Satz ist es nicht einmal genügend profiliert, um banal genannt werden zu können. Das blockartig aus einem Arpeggio zusammengebaute Anfangsthema

kann nicht einmal als Klischee bezeichnet werden. Es ist im höchsten Maße, aber nicht im schlechten Sinne, konventionell, d. h., es präsentiert nur die Grundmaterialien der Tonalität des späten 18. Jahrhunderts, das Fundament des Stils. Auch ein späteres, ansprechenderes Thema von militärischer Färbung ist in diesem Sinn gleichermaßen konventionell: Es ist wie Brot, es übersättigt nicht.

Die Großartigkeit des Werkes und das Entzücken, das es hervorrufen kann, liegen allein in der Verarbeitung des Materials. Es gibt andere Konzerte von Mozart, deren Material fast völlig konventionell ist – KV 451 z. B., auf das Mozart besonders stolz war, und KV 415 = 387b – aber keines davon strahlt solche Macht aus wie KV 503. Die verschiedenen Gedanken des ersten Satzes werden blockartig verwendet, so daß wir trotz der meisterhaften Übergänge immer der Gegenüberstellung von großen Blöcken und insbesondere ihres Gewichts bewußt bleiben. Im gesamten Verlauf des Konzerts wird einem zu spüren gegeben, über wieviel Kraft die Form an sich auch bei Verwendung fast völlig ausdrucksloser Themen verfügt. Jede formale Nahtstelle läßt diese Meisterschaft erkennen. Hier ist der erste Klaviereinsatz, nichts weiter als eine dauernd wiederholte Dominantsept-Tonika-Kadenz:

Es mußte so ausführlich zitiert werden, weil das Gefühl für Massen wichtig ist und mehr noch, weil so viel von der Wiederholung abhängt, und zwar der Wiederholung des harmonisch konventionellsten Klanges in der Musik des 18. Jahrhunderts. Die Beschleunigung von Takt 83 zu Takt 89 erreicht Mozart mit dem Verfahren, das er am auffallendsten in KV 466 zur Schau stellte, obwohl ihm die Grundlagen dazu auch schon in früheren Jahren zur Verfügung standen. Die harmonische Bewegung ist in Takt 88 viermal so schnell wie zuvor, und die letzten beiden Zählzeiten von Takt 89 verdoppeln sie noch einmal. Das ist für Mozart mittlerweile zur Routine geworden, außergewöhnlich war im 18. Jahrhundert daran nur, mit welcher Natürlichkeit Mozart das abwickelte. Das Verblüffende an Takt 90 ist, daß er hinlänglich schlußbildend ist, ohne endgültig zu sein; er ist etwa zwei Akkorde von einer endgültigen Schlußkadenz entfernt. Tatsächlich dient er mit der Hinzufügung nur eines einzigen Taktes später als Schlußformel des Satzes. Es ist wunderbar, wie Mozart hier auf des Messers Schneide anhält. Paradoxerweise liefert die Pause sowohl den Übergang als auch die Weiterleitung der Spannung, einer Spannung, die ja nur durch die rhythmische Bewegung einer Tonikakadenz erzeugt wird! Hier liegen die Anfänge von Beethovens Einsicht in die mitreißende rhythmische Kraft der puren Wiederholung. Allerdings sind wir mit der Dominantsept-Tonika-Kadenz noch nicht fertig. Das Orchester fängt langsamer, so als sollte die vorherige Aufregung abklingen, wieder damit an; daraufhin setzt der Solist ein. Die Kadenz erklingt dreimal, und man kann genau den Moment bestimmen, an dem der eben gehörte Abschnitt endet. Es ist die erste Zählzeit von Takt 96, die deutlich wie ein bislang vorenthaltener Abschluß klingt. Aber das Klavier hat schon mit einer Reihe von Phrasen begonnen, die fortgesetzt werden und die gleiche Kadenz noch dreimal wieder anklingen lassen. Somit stellt die erste Zählzeit von Takt 96 sowohl das Ende eines Abschnitts als auch die Mitte einer Klavierpassage dar.

Als Mittel der Überlappung dient das beharrliche Wiederholen derselben einfachen Kadenz. Nie sind Kontinuität und Gliederung, d. h. Bewegung und Formklarheit, wirksamer in Einklang gebracht worden.

Diese Sparsamkeit der Mittel ist ein erstes Anzeichen von Mozarts letzter Stilphase. Aber erst in seinem Todesjahr wirkt sich diese Tendenz vollgültig auf sämtliche musikalischen Parameter aus. Im Konzert C KV 503 ist der Verzicht auf harmonische Farbe schon ein deutliches Charakteristikum, denn sämtliche Schattierungen entspringen dem einfachen Dur-Moll-Wechsel. Das kann natürlich recht weit führen: die Setzung von *c*-moll gegen *C*-dur führt schon früh im Werk (T. 148) zu *Es*-dur, und bei der Wiederkehr in der Reprise beschwört es seinerseits *es*-moll herauf; die Dominante, *G*-dur, wird durch *g*-moll eingeführt. Bei all diesen Beziehungen handelt es sich um Dur/Moll oder Paralleltonartbeziehungen, d. h., es sind Modulationen, die nicht fortschreiten und die Tonart unangetastet lassen.

Das heißt keinesfalls, daß in Mozarts Spätstil nicht auch dynamischere Modulationen vorkommen. Ganz im Gegenteil, es gibt keine brutaleren Modulationen als die im Finale der Symphonie *g* KV 550 oder im ersten Satz des letzten Klavierkonzerts. Aber gerade diese Brutalität ist ein Anzeichen für ihren ökonomischen Einsatz und ihre dramatische Zielsetzung. Es sind eben keine harmonischen Exotismen, wie das *h*-moll im letzten Satz des Klavierkonzerts *B* KV 456. Mozart verzichtete durchaus nicht auf orchestrale oder harmonische Farbe, nur macht er jeden Einzeleffekt sprechender und eindringlicher. ›Die Zauberflöte‹ besitzt die reichste Orchesterpalette, die das 18. Jahrhundert kennenlernen sollte. Aber gerade diese Üppigkeit ist paradoxerweise auch Sparsamkeit, insofern jeder Effekt – Papagenos Panflöte, die Koloratur der Königin der Nacht, die Glocken, Sarastros Posaunen, selbst das Lebewohl für Klarinetten und Pizzicato-Streicher in der ersten Szene[32] – ein konzentrierter, dramatischer Pinselstrich ist.

Der Wechsel zwischen der Dur- und Molltonika ist in KV 503 die beherrschende Farbe und ein grundlegendes Strukturelement. Eine erste Andeutung davon findet sich schon in Takt 6 (siehe oben S. 285), einige Takte später wird er deutlicher herausgearbeitet:

[32] Zitiert auf S. 365.

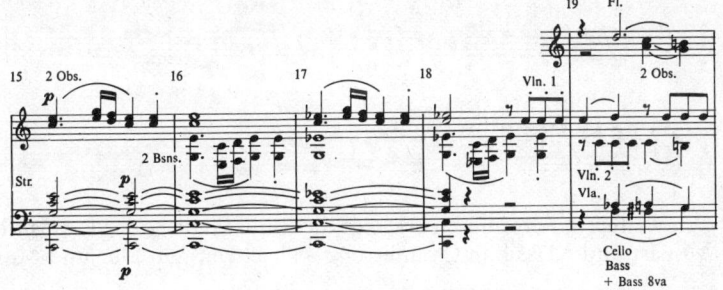

Dieser Wechsel ist mehr als konsequent, er ist geradezu zwanghaft. Das rhythmische Grundelement des Satzes wird zuerst von den Violinen in Takt 18–19 eingeführt (siehe oben); in Takt 26 erscheint es im Baß:

Ein auf diesen Rhythmus aufgebautes Hauptthema

erscheint wenige Takte nach seinem ersten Auftritt in Moll sogleich in der Durtonika. Ein weiteres »zweites« Thema erklingt zunächst in Dur und bildet, wenn es zur Hälfte in Moll wiederholt wird[33], seinen eigenen Nachsatz:

[33] Es sei angemerkt, daß es sich auch hier um eine tonikale Dur-Moll-Beziehung handelt, insofern G-dur mittlerweilen als Tonart dieses Expositionsabschnitts festgelegt ist (der Dur-

Nach weiterem Alternieren erklingt die Schlußkadenz der Exposition – Mozart und Klassik in Quintessenz – gleichzeitig in Dur und Moll:

Es ist die Summe des Ganzen und exemplifiziert die klassische Auflösung in Form der Synthese.

Das Bemerkenswerte an dieser zentralen, beharrlichen Gegenüberstellung und Synthese von Dur und Moll ist, wie stark sie die Großform durchdringt. Sie bewirkt nämlich, daß der Baß sich gegenüber der andauernden harmonischen Spannung im allgemeinen absolut stabil, oft mit der Unbeweglichkeit eines Orgelpunkts verhält. Da der Dur-Moll-Kontrast schon in den Anfangsperioden des Satzes auftritt,

---

Moll-Gegensatz hätte in einem untergeordneten Akkord die eher koloristische Wirkung einer chromatischen Harmonie). – In Takt 175 schlagen alle Ausgaben ein hohes *A* im Klavierpart vor, da Mozart das tiefere *A* offensichtlich nur deshalb verwendete, weil seine Tastatur mit dem *F* aufhörte. Die Parallelstelle in der Reprise zeigt an, daß er wie in Takt 170 die aufsteigende Melodieform beibehalten hätte. Leider ist damit aber nicht genug getan; ein Vergleich mit der Parallelstelle (T. 345) zeigt, daß man, ändert man erst einmal Takt 175, auch den nächsten Takt folgendermaßen umschreiben muß,

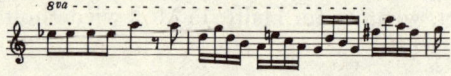

da sonst das hohe *A* in der Luft hängt. Die Veränderung selbst des kleinsten Details ist bei Mozart nicht so einfach, wie sich die Herausgeber das vorstellen. Deshalb tut man in der Regel am besten daran, genau das zu drucken (und zu spielen), was Mozart geschrieben hat.

ist seine Verwendung in der Großstruktur eine natürliche Konsequenz[34]. Diese grandiose Überlagerung von Stabilität und Spannung und der für das Werk charakteristische, massive und doch beunruhigende Klang sind der Schlüssel zu seiner gelassenen Kraft.

Alle Elemente des Werkes tragen zu dieser massiven Wirkung bei. Die Verwendung hartnäckiger Wiederholung springt, wie wir oben sahen, überall ins Auge. Dieses Werk erinnert uns an Beethoven, aber auch Beethoven mag sich seiner erinnert haben, als er das vierte Klavierkonzert schrieb. Am Anfang der Durchführung vollzieht das Klavier einen überraschenden Tonartenwechsel, indem es ganz zart den Rhythmus des Orchesters übernimmt:

[34] Das Anfangsritornell etwa moduliert sofort zur Dominante *G*-dur (T. 30–50), kehrt aber sogleich zur Molltonika zurück: Die Soloexposition verwendet diese Gravitation zum *c*-moll dazu, die Bewegung zur Dominante ausdrucksvoller zu gestalten, indem sie über das nunmehr leicht zu etablierende *Es*-dur und *g*-moll (T. 140–165) verläuft. – Der stark expressive Charakter der Musik geht fast ausschließlich auf die Struktur, nicht auf das Material zurück. Die Parallelstelle in der Reprise (T. 320–340) ist harmonisch überraschender, obgleich sie im vorgegebenen Rahmen (*Es*-dur wird zu *es*-moll und moduliert chromatisch zurück nach *c*-moll/dur) ebenso logisch und darüberhinaus noch um vieles ausdrucksvoller ist.

Beethoven benutzt genau denselben Rhythmus mit genau demselben dynamischen Kontrast an derselben Stelle seines Konzerts G. Selbst die Funktion dieser Phrase, eine unerwartete Modulation, ist die gleiche. (Allerdings verstärkt Beethoven die Wirkung dadurch, daß er die Modulation noch entfernter erscheinen und das Orchester vom Klavier unterbrechen läßt[35].) In beiden Fällen tritt der Rhythmus deutlich hervor, weil er aus einer Tonwiederholung besteht, die wiederum in beiden Fällen thematisch ist. Beethovens Fassung ist dramatischer und auffallender, aber Mozart erzielt den Eindruck größerer Ungezwungenheit und Macht. Die massive Kraft von KV 503 feiert ihren letzten Triumph in der zweiten Hälfte der Durchführung, die zusätzlich zur Figuration des Klaviers sechsstimmige Polyphonie mit strenger, fast kanonisch zu nennender Imitatorik bringt: eine dem Finale der ›Jupitersymphonie‹ oder der Ballszene des ›Don Giovanni‹ vergleichbare Glanzleistung des klassischen Kontrapunkts.

Die Lyrik wohnt in Mozarts Werken im allgemeinen im Detail, während die größeren Einheiten der Organisation dienen. In KV 503 sind die Details größtenteils konventionell und die stärkste Ausdruckskraft entspringt den größeren Formelementen, so daß sogar der dichte symphonische Stil von Melancholie und Zärtlichkeit durchdrungen ist. Auch diese Melancholie entspringt wundersamerweise zum großen Teil dem einfachsten Dur-Moll-Wechsel, wobei der Tonikadreiklang oft in der Grundstellung verharrt. Die dadurch hervorgerufene, gelassen mächtige und lyrische Wirkung ist in der Musik vor Beethoven einmalig[36]. Das Gefühl rührt hier nicht ganz so tief wie in einigen anderen Konzerten, aber gerade die Verbindung von Subtilität und Größe haben dem Werk so viel Bewunderung eingetragen.

Der langsame Satz geht eine wunderbare Verbindung von Schlichtheit und üppiger, rhythmisch höchst vielfältiger und kontrastreicher Verzierung ein; es wäre schade, wenn man sie durch die Auszierung der »mageren« Phrasen verdürbe. Ich habe selbst in Konzerten einige Takte ausgeziert und bedauere es jetzt. Wie der erste Satz ist das Finale von dem häufigen Dur-Moll-Wechsel gefärbt und enthält Mozarts Lieblingsverfahren für Rondos, eine Reprise in umgekehrter Reihenfolge, d. h. mit dem Hauptthema zuletzt. KV 503 ist gleichzeitig mit der ›Prager Symphonie‹ KV 504 und den Streichquintetten C KV 515 und g KV 516 entstanden und kann sich in der Gesellschaft dieser Meisterwerke sehr wohl behaupten.

---

[35] Zitiert auf S. 442.

[36] Der erste Satz von Beethovens Violinkonzert arbeitet auf ähnliche Weise die Grundstellung des Tonikadreiklangs sowie den wiederholten Wechsel zwischen Dur und Moll heraus, um die überströmende Macht und Zärtlichkeit dieses Satzes zu erzeugen.

Danach erlahmte Mozarts Interesse am Konzert fast völlig. Zwischen 1784 und 1786 hatte er zwölf Werke dieser Gattung geschrieben, in seinen letzten fünf Lebensjahren schrieb er nur noch drei. Sie bilden auch im Charakter eine Gruppe für sich. Das merkwürdigste davon dürfte wohl das sogenannte ›Krönungskonzert‹ *D* KV 537 sein. Musiker und Musikhistoriker haben ihm hart zugesetzt, doch verdient dieses Werk, das beliebteste aller Mozart-Konzerte im 19. und einem guten Teil des 20. Jahrhunderts, etwas mehr Respekt. Historisch betrachtet ist es das »fortschrittlichste« Werk Mozarts überhaupt und nähert sich der Früh- oder Vorromantik eines Hummel und Weber. Was die Art seiner Virtuosität angeht, so steht es sogar den frühen Beethoven-Konzerten am allernächsten. Man vergleiche nur

mit Beethovens erstem Klavierkonzert,

um eine der zahlreichen Übereinstimmungen im Detail zu erkennen. Dieses Konzert, so könnte man sagen, hätte Hummel geschrieben, wenn er nicht nur ein bemerkenswertes Talent gehabt hätte, sondern ein Genie gewesen wäre.

Revolutionär ist das Werk, insofern es das Gleichgewicht zwischen der Harmonik und der Melodik derart verschiebt, daß die Struktur des Werkes nun vornehmlich von der Melodienfolge bestimmt ist. Das zeigt sich schon im Anfangsritornell, in dem lange, nicht-thematische Zwischenpassagen die Abschnitte voneinander absetzen:

oder noch auffälliger:

Hier fungiert der Melodiekopf im vorletzten angeführten Takt (T. 59) selbst als Auftakt und ist demgemäß sowohl eine Fortführung der Überleitung, als auch ein Neubeginn. Solche üblicherweise der Soloexposition als Ausweitung vorbehaltenen Überleitungen treten hier schon in der anfänglichen Orchesteraussage auf und tragen zur Lockerung der Struktur bei. Der melodische Aspekt der Themen überschattet ihre harmonische Funktion und ihren Stellenwert in der Vorwärtsbewegung. Es sei noch angemerkt, daß von den beiden Überleitungen keine eine Lösung bringt; sie treten vielmehr erst nach der lösenden Kadenz auf und heben dementsprechend einfach die Bewegung auf: es sind gefüllte Pausen. Ihr einziger Zweck besteht darin, die Erwartung einer neuen Melodie schön auszugestalten.

Wenn die harmonisch-rhythmische Struktur sich so stark lockert, muß die resultierende Spannungsabflachung von anderswoher aufgewogen werden. Folgerichtig gibt es daher virtuoses Figurenwerk in Hülle und Fülle. In Mozarts früheren Konzerten diente solche Figuration am Ende der Exposition nur zur Verstärkung der schon erreichten Spannung; jetzt wird sie eingesetzt, um Erregung überhaupt erst zu schaffen, und es ergibt sich somit ein natürlicher Zuwachs an Brillanz und Kompliziertheit:

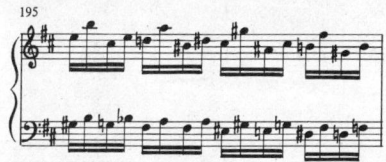

Das ist weder gewichtig und majestätisch wie in KV 467 noch dramatisch wie in KV 466, um die beiden bisherigen Konzerte mit dem glänzendsten pianistischen Figurenwerk anzuführen, sondern auf komplizierte Weise üppig und ein bißchen schwieriger mit dem Ohr nachzuvollziehen. Die Passage besitzt im Verhältnis zum übrigen Material des Satzes ein fast disproportionales Eigeninteresse.

Die lose melodische Struktur und die Erzeugung von Spannung durch Figurenwerk sind Kennzeichen des frühromantischen Stils, wie etwa in den Konzerten von Hummel und Chopin. Nicht Beethoven, sondern Mozart war es, der den Weg zur Zerstörung des klassischen Stils wies. Um KV 537 richtig einzuschätzen, dürfen wir uns dem Werk nicht mit denselben Hörerwartungen nähern, die wir an die anderen Werke stellen. Es muß an späteren Maßstäben gemessen werden, und so betrachtet läßt es sich als das größte frühromantische Klavierkonzert einstufen. Das brillante Rondo ist von gleichem Charakter wie der Anfangssatz, während das Larghetto einen Vorgeschmack von Mozarts allerletzter Entwicklung gibt. Es ist von solcher Schlichtheit – wäre es nicht ein Meisterwerk, es wäre nur hübsch. Es ist schon eine Probe jener volkstümlichen, zarten, fast pseudonaiven Grazie, die der ›Zauberflöte‹ zur Zierde gereicht.

In seinem letzten Lebensjahr schrieb Mozart zwei Konzerte, die der Feinheit kammermusikalischen Wechselspiels mehr verdanken als dem dramatischen Wechselspiel des Konzertstils. Das Klarinettenkonzert *A* KV 622 ähnelt in seiner Lyrik und selbst in der Gestalt und dem harmonischen Gehalt seiner Themen den beiden Klavierkonzerten in *A*, KV 414 = 385p und KV 488. Das sechs Monate vorher entstandene, letzte Klavierkonzert, KV 595 in *B*, ist ebenso schweifend-lyrisch im Charakter, wird aber allmählich von ausdrucksvoller, gar schmerzlicher Chromatik durchsetzt, so daß diese bei Beginn der Durchführung alles beherrscht. Beide Konzerte vermitteln das Gefühl einer unerschöpflichen, unaufhörlichen, nahtlosen und doch klar gegliederten Melodielinie. Strukturell handelt es sich allerdings weder um eine lose Folge von Melodien (wie in KV 537), noch um ein eintöniges Fließen.

Mozart verwendet in diesen beiden Spätwerken ein System überlappender rhythmischer Perioden, das unauffällig der ungehindert strömenden, jedoch nie spannungs- oder erschütterungslosen lyrischen Empfindung zu Diensten steht. Im Klarinettenkonzert z. B.

beginnt irgendwo zwischen Takt 102 und 105 eine neue Periode, ohne daß beim Hören klar ist, an welchem Punkt sie anfängt. Im Rückblick, beim Anhören von Takt 106, merkt man, daß die neue Periode auf der ersten Zählzeit von Takt 104 anfing, doch beim Erklingen dieses Taktes war man sich nur der kontinuierlichen Bewegung bewußt. Auf diese Weise erzielt Mozart gleichzeitig klare Gliederung und ungestörten Fluß. Man könnte das vorliegende Beispiel als »gegliederte Kontinuität« bezeichnen; das Komplementärverfahren, die Integration einer unterbrochenen Bewegung, ist ein paar Seiten vorher zu sehen (siehe Notenbeispiel auf S. 297). Die Takte 76–77 bilden den Schluß der Kadenz in Takt 75 und den Anfang einer neuen Periode. Die Takte 78–79 wiederholen die Harmonien von Takt 76–77 in Moll, wobei der genaue Parallelismus in der Orchesterbegleitung sie zu einer Antwort auf Takt 76–77 sowie zum Abschluß einer Viertaktperiode macht. Doch gleichzeitig ist Takt 78 der Anfang einer neuen

Klarinettenmelodie, die bis Takt 80 und weiter reicht. Ähnliche Beispiele lassen sich unendlich vervielfachen. Weder die ineinandergreifende Phrasengliederung noch die Doppelbedeutung – nämlich als Abschluß und Neubeginn – einer Janusphrase sind für Mozart neu, aber ich glaube nicht, daß er sie je so subtil und erfindungsreich entwickelt hat wie in seinen letzten beiden Konzerten. Aufgrund dieses Gleichgewichts zwischen Klarheit der Gestalt und Kontinuität klingt der erste Satz des Klarinettenkonzerts wie eine endlose Weise, und zwar nicht wie die Ausspinnung eines einzigen Einfalls, sondern wie eine Melodienkette, deren Glieder sich bruchlos aneinanderreihen.

Das Anfangsallegro des letzten Klavierkonzerts KV 595 ist zwar komplexer, doch hinterläßt es denselben Eindruck einer unendlichen Melodie. Die zur Erreichung der lyrischen Kontinuität eingesetzten Mittel sind noch feiner. Man kann der Verführung nicht widerstehen, eine der anmutigsten Passagen dieses Werkes anzuführen (siehe Notenbeispiel auf S. 298). Die in Takt 29 beginnende Phrase setzt mit höchst subtiler Eindringlichkeit ein, weil man den Bruchteil einer Sekunde lang auf die Auflösung der aus Takt 28 kommenden Linie der Bratschen und zweiten Geigen warten muß. Die Harmonie überbrückt die Achtelpause, so daß sich ein zusätzliches Verbindungsglied zwischen den zwei Phrasen ergibt, die ja schon durch die Linie der ersten Geigen in Takt 28–29 verbunden sind. Ab Takt 33 wiederholt sich die Phrase und ist nun durch die hinreißend schöne, von Takt 32 ununterbrochen bis Takt 35 reichende Baßlinie der Celli und Kontrabässe mit dem Vorhergehenden vereint.

In demselben Abschnitt zeigt sich Mozarts Dissonanzbehandlung in ihrer ganzen Lieblichkeit und Stärke: Der Zusammenprall von *D* in den ersten Geigen und *Des* in den Celli und Bässen drei bzw. vier Oktaven tiefer in Takt 33 ist eine der schmerzhaftesten Dissonanzen in tonaler Musik. Zwar wird der Brutalität des Zusammenstoßes elegant und schnellstmöglich ausgewichen, indem eine leichter zu akzeptierende Dissonanz ihren Platz einnimmt, aber in Ohr und Gedächtnis haftet all die Ausdruckskraft der ersteren, vor allem weil die ersten Geigen so plötzlich zum *D* aufsteigen und dabei das *D* im Baß verdoppeln, eben bevor es zum *Des* geht. Somit fällt auf der dritten Zählzeit die ungespielte, aber hörbar vorgestellte Härte einer verminderten None *D-Des* mit der großen Septime *Des-C* zusammen, was der Wirkung nach die dissonanteste und ausdrucksvollste Harmonie ist, ohne daß sie tatsächlich in ihrer vollen Härte erklingt. Immer wieder werden in diesem Werk die schmerzlichsten Dissonanzen heraufbeschworen und doch gemildert. Der zitierte Abschnitt stellt einen wichtigen Augenblick in diesem Konzert dar: mit dem ersten Auftreten des Molltongeschlechts und der so bedeutungsvollen Chromatik erhalten wir das erste Anzeichen seiner grenzenlosen Melancholie. Mit Tonartenwechsel fast in jedem zweiten Takt treibt die Durchführung die klassische Tonalität bis an ihre Grenzen. Die Chromatik wird schillernd, die Orchestrierung und Akkorddisposition durchsichtig. Trotz aller Seelenqual wird die Anmut der Melodik nie angegriffen.

Das letzte Klavierkonzert und das Klarinettenkonzert sind persönliche Aussagen; die Form dient niemals äußeren Zwecken, der Ton bleibt immer intim. Die langsamen Sätze erstreben und erreichen einen Zustand äußerster Schlichtheit, so daß die geringste Unregelmäßigkeit in der Periodik ihrer Themen wie ein Fremdkörper gewirkt hätte. Die Melodien beugen sich dieser Reduktion auf eine fast vollkommene Symmetrie und triumphieren über deren Gefahren. Es ist nur angemessen, daß Mozart, der die Form des klassischen Konzerts vervollkommnete, indem er sie schuf, sie beim letzten Mal zu allerpersönlichster Aussage verwendete.

2. Streichquintett

Mozarts größte Kammermusikwerke sind nach allgemeiner Übereinstimmung seine Streichquintette mit zwei Bratschen. Die Bratsche war ihm von allen Streichinstrumenten das liebste und beim Quartettspiel das Instrument seiner Wahl. In der ›Sinfonia Concertante‹ KV 364 = 320d spielte er wahrscheinlich die Solobratsche, nicht die Violine. Seine Vorliebe ging wohl nicht nur auf die Klangfarbe des Instruments, sondern auf ein starkes Interesse an vollen, reichen Innenstimmen zurück. Seine Musik weist in den Innenstimmen eine Klangfülle und Vielfalt auf, wie sie seit dem Tode Bachs aus der Musik verschwunden war. »Zu viele Noten« war ein Vorwurf, der sich gegen Mozart wie gegen Bach richtete. Dieser Klangcharakter war nach 1730 nicht in Mode, das spätere 18. Jahrhundert bevorzugte einen trockeneren, schlankeren Klang. Trotz dieser Geschmackstendenz war das Streichquintett, als Mozart es aufgriff, schon ein beliebtes Genre, wie Boccherinis unzählige, fade, aber angenehme Werke dieser Gattung beweisen. Vor Mozart umging man die schwerere Klangqualität, indem man die Form als ein begleitetes Duett zwischen zwei Solisten, nämlich der ersten Geige und ersten Bratsche, behandelte. Dieses Konzertieren fehlt auch bei Mozart nicht ganz, besonders in seinem ersten Versuch, KV 174 in *B*. Doch dieses Verfahren verwandelt die Form in eine Art Divertimento und beraubt sie ihres ernsthaften Potentials, denn es gestattet weder den konzertmäßigen, dramatischen Kontrast zwischen einem großen Ensemble und dem Solisten noch die differenzierte Intimität der Kammermusik. Erst mit dem exzentrischen, rhapsodischen Stil der späten Haydn-Trios erlangte eine Art konzertante Kammermusik wirkliche Tiefe, doch dazu mußten auch sämtliche Mittel des Tasteninstruments ausgeschöpft werden. Mit dem konzertanten Streichquintett pflanzte sich nur die faule Gewohnheit fort, das Streichquartett ganz oberflächlich als ein begleitetes Violinsolo zu behandeln. Mag ein solches Quintett auch etwas größere Vielfalt besitzen, so ist es doch im Grunde genommen nicht interessanter.

Zu drei verschiedenen Zeitpunkten seines Lebens wandte Mozart sich dem Streichquintett zu, und zwar immer gerade, nachdem er eine Serie von Quartetten geschrieben hatte, so als spornten ihn die soeben mit vier Instrumenten gemachten Kompositionserfahrungen dazu an, das reichere Medium aufzugreifen. Sein erstes Quintett komponierte er mit nur siebzehn Jahren. Nachdem er 1772 Haydns Quartette op. 20 kennengelernt hatte, inspirierte ihn die darin enthaltene, neue Auffassung von Kammermusik dazu, sechs Quartette zu schreiben, in denen sein Bemühen, Haydns Sprache zu assimilieren, zu einem dauernden Hin und Her zwischen Unbeholfenheit und angeborener

Anmut führte. Das Quintett KV 174, ein weniger verkrampftes Werk mit eher traditionellen Ansprüchen, folgte ein Jahr später. Es enthält selbstverständlich allerhand Bemerkenswertes, hauptsächlich in der Haydnschen Art: Eine fast des Altmeisters würdige witzige Spielerei mit einem Zweitonmotiv im Menuett, die zünftige falsche Reprise im Finale und die ungewöhnlich dramatische Verwendung von Pausen in den Ecksätzen. Charakteristischer für Mozart ist, wie er die besondere Klangfarbe des Mediums ausschöpft, etwa mit Echoeffekten im Trio des Menuetts, oder durch fortwährende Verdopplungen (in der Oktave oder Terz) und antiphonische Erwiderungen zwischen den hohen und tiefen Instrumenten. Der Augenblick größter Originalität kommt wohl am Anfang des langsamen Satzes, wo eine Begleitfigur unisono con sordino rein um ihrer expressiven, melodischen Qualität willen erklingt:

In einer derartigen Passage ist witziger Doppelsinn, ja gewissermaßen musikalische »Wortspielerei«, so sehr Bestandteil des Stils, daß er der Intensität nichts anhaben kann und der Humor einfach als ein Rest von Weltgewandtheit im Gefühlsausdruck übrig bleibt.

Das Erstaunlichste an diesem Frühwerk ist, wie groß es angelegt ist; es geht darin weit über Mozarts soeben geschriebene Streichquartette hinaus. Das klassische Gefühl für Ausgewogenheit verlangte angesichts der volleren, reicheren Klangfarbe des Quintetts einen größeren Rahmen, als etwa dem Quartett entsprochen hätte – alles natürlich auf Mozarts damaligem stilistischen Stand. Das konzertante Element mag diese breitere Anlage mit ausgelöst haben, aber die neuartige Erhabenheit der Dimension ist in KV 174 gerade dort am auffälligsten, wo der konzertante Stil fehlt. Das Finale ist auf viele Jahre hinaus Mozarts differenziertestes kontrapunktisches Werk und ist bei weitem komplizierter als die fugierten Sätze der frühen Streichquartette. Der Anfangssatz besitzt neben seinen solistischen Passagen und antiphonischen Effekten Augenblicke von einem überschwenglich dramatischen Charakter, wie Mozart ihn in seinen Streichquartetten bisher nie versucht hatte. Das unmittelbare Vorbild für dieses Werk liefern nicht, wie angenommen wurde, Michael Haydn und erst recht nicht Boccherini, sondern die ›Sonnenquartette‹ op. 20 von Joseph

Haydn. Allerdings ist das Experiment, Haydns Technik dem volleren Klang und dem vom Streichquintett geforderten, gelasseneren Tempo anzupassen, nur teilweise erfolgreich; Veränderungen in der Satzstruktur sind oft eher bestürzend als überzeugend. Bemerkenswert ist jedoch die instinktive Einsicht des siebzehnjährigen Mozart in die grundlegende Verschiedenheit von Quintett und Quartett. Auch Beethoven kam in seinem ersten und einzigen Werk dieser Gattung zu demselben Schluß: Das Quintett op. 29 entstand 1801, in dem gleichen Jahr, in dem er die sechs Quartette op. 18 abschloß, und es besitzt eine Breite und gelassene Überschwenglichkeit, die jenen fehlt. Allerdings dienten ihm Mozarts großartige Quintette als Wegweiser.

Erst vierzehn Jahre später kehrte Mozart zum Streichquintett zurück; nach 1773 ließ er auch das Steichquartett fast zehn Jahre lang ruhen. Seine Rückkehr zur Kammermusik war wiederum von Haydn, vom Erscheinen der revolutionären ›Scherzi-Quartette‹ op. 33, angeregt. Mit den sechs Quartetten aus den Jahren 1782–1785 eiferte Mozart wiederum dem Älteren nach und huldigte ihm zugleich, doch nunmehr in voller Meisterschaft und neuer Originalität. Ein Jahr nach ihrer Vollendung schrieb er das herrliche, gänzlich individuelle Quartett *D* KV 499. 1787 kehrte er dann zum Streichquintett zurück und komponierte zwei Werke von höherem Anspruch, als Haydn je sogar für das Orchester erhoben hatte. Trotzdem klang ihm Haydns op. 33 noch in den Ohren. Der Anfang des Quintetts *C* KV 515 (siehe Notenbeispiel auf S. 303) ruft unweigerlich die ersten Takte von Haydns op. 33, Nr. 3, dem ›Vogelquartett‹, ins Gedächtnis zurück (zitiert auf S. 69): man findet die gleiche aufsteigende Phrase im Cello, die gleiche begleitende Innenbewegung, die gleiche Plazierung der ersten Geige. Aber Haydns nervöser Rhythmus wird vermieden, und statt seiner selbständigen, sechstaktigen Phrasen, zwischen denen die Bewegung abrupt abbricht, schafft Mozart durch eine Reihe von miteinander verknüpften Fünftaktphrasen ungebrochene Kontinuität. Mit anderen Worten, eine umfassende Periode legt sich über Haydns Phrasensystem, die zwanzig Takte des ersten Absatzes sind in 5, 5, 5, 4+1 unterteilt (wobei der letzte ein Pausentakt ist, so daß also selbst Haydns auffallende Verwendung von Pausen in op. 33, Nr. 3, hier nutzbar gemacht wird, jedoch mit erhöhter Bedeutung im Rahmen der übergreifenden Periode). Die ungerade Phrasenlänge unterstützt das Kontinuitätsgefühl, und die symmetrische Anordnung verleiht ihm Ausgewogenheit. Der Übergang von der 3. zur 4. Phrase des Abschnitts geht unmerklich vor sich; da Geige und Cello sich überlappen, ist es nahezu unmöglich, den Anfang der neuen Phrase zu bestimmen: während die Geige das Echo der ersten beiden Phrasen beendet, setzt das Cello (T. 15), ohne

die vorhergesehenen zwei Takte abzuwarten, auf einer neuen Harmonie ein, auf einer Dissonanz, die durch ihre Verteilung auf vier Oktaven Schärfe und sogar Süßigkeit erhält. Die symmetrische Gliederung verschwindet am Ende, so daß der Pausentakt um so dramatischer wirkt. Der zweite, größere Abschnitt beginnt mit symmetrischer

Wiederholung, wobei Geige und Cello ihre Rollen vertauschen, setzt aber brutal mit der Molltonika ein, einem Überraschungseffekt, der, da er zugleich so fest und so unerwartet auftritt, um so wirkungsvoller ist.

Diese tonartliche Festigkeit ist die Hauptquelle der Breite und Majestät des Werkes. Länger als in allen bisherigen Werken schiebt Mozart die Abwendung von der Tonika hinaus: er alteriert sie chromatisch, schattiert sie ins Moll ab, aber kehrt immer wieder entschieden zu ihr zurück, bevor er sich endlich der Dominante zuwendet. Sein Expansionsvermögen, d. h. die Verzögerung der Kadenz, die Erweiterung der Phrasenmitte, ist hier gefordert wie nie zuvor. Kommt dann endlich die Dominante, so wird sie ebenfalls wie die Tonika mit gelassener Festigkeit bestätigt: die »zweite Themengruppe« enthält drei vollständige Themen, die jeweils zweimal erklingen. Diese »zweite Gruppe« besitzt ihre eigene majestätische Symmetrie: das erste Thema setzt mit einem Orgelpunkt auf der neuen Tonika *G* ein, über den sich eine ausdrucksvolle Phrase schlängelt,

die dann mit einem Gegenthema wiederholt wird. Das zweite der Themen besitzt einen Synkopenrhythmus in der ersten Geige und dessen Diminution in den übrigen Instrumenten:

Nach dieser ausdrucksvoll unstabilen Kadenz kehrt der Orgelpunkt zurück,

und zwar mit einer darüberliegenden Phrase, die immer stärker auf die oben zitierte, gewundene, chromatische Phrase anspielt. Die ausdrucksvollen Synkopen werden also von zwei gleichartigen Orgelpunkten eingerahmt. Die sich über lange Abschnitte der »zweiten Gruppe« erstreckende Bewegungslosigkeit des Basses bildet das Gegengewicht zur Länge und Tonikakonzentration der »ersten Gruppe«. Es lag mir daran, diese Proportionen hervorzuheben, denn Mozarts Quintett C wird zwar als eines seiner größten Werke, aber im allgemeinen nicht als das möglicherweise kühnste von allen anerkannt.

Der erste Satz des Quintetts C ist der ausgedehnteste »Sonatenhauptsatz« vor Beethoven, er übersteigt darin alles übrige von Mozart oder Haydn. Selbst das Allegro der ›Prager Symphonie‹ KV 504 ist kürzer; erst die Adagio-Einleitung verleiht ihrem ersten Satz die Ausmaße des Quintetts C. In diesem Quintett dehnt sich die Form vor allem in der Exposition aus, die erstaunlicherweise länger als irgendeine Exposition eines ersten Satzes bei Beethoven ist, soweit ich weiß, abgesehen von der ebenso langen Exposition der Neunten Symphonie. Selbst die Exposition der ›Eroica‹ ist kürzer.

Umfang bedeutet natürlich für sich gesehen wenig, Tempo und Proportion sind alles. Das Außerordentliche an dieser Exposition ist, daß Mozart das Geheimnis der Beethovenschen Dimensionen entdeckt hat. Zunächst ist da eine deutliche Hierarchie der Periodik, von Phrase zu Periode und Abschnitt. Aus diesem Grund läßt Mozart den Satz nicht mit einer deutlich umrissenen Melodie beginnen, sondern, indem er Haydns üblichem Verfahren folgt, mit Motivfragmenten, wobei er Beethovens Verwendung solcher Motive als ungebrochene, fortlaufende Bewegung innerhalb der Periode schon vorausnimmt. Mozart verwirft hier nicht nur die Melodie, er verzichtet größtenteils auch auf die verführerische harmonische Farbe, die in fast allen seinen anderen Werken vom Ausdrucks- und Intensitätsniveau dieses Quintetts gleich in den ersten Takten erscheint[37]. Er vertagt – was er sonst selten tut – das Auftreten der Subdominantparallele, Untermediante und Subdominante. Vierzehn Takte lang umreißt er nichts als die reine Tonika und Dominante. Auch hierin nimmt er Beethoven vorweg, der in der Mehrzahl seiner größten Werke am Anfang nur den Tonikadreiklang umschreibt. In Mozarts Expositionen besitzen die Tonartenbereiche im allgemeinen eine ruhige Festigkeit, die Haydns nervöseren und ausgesprochen dynamischen Formen abgeht. Wenn diese Festigkeit, wie es hier geschieht, mit Haydns motivischen Expositions- und Expansionsverfahren kombiniert und von einem feinen, klaren Empfinden für größere periodische Strukturen regiert wird, dann kann dieser Satz majestätische Proportionen annehmen, ohne daß seine alles durchdringende lyrische Intensität Einbuße erleidet.

Bei der Ausweitung der knappen aber kraftvoll-geschmeidigen, tanzgezeugten, symmetrischen Form, die später »Sonatenform« heißen sollte, bestand die Schwierigkeit immer darin, wie und wo man ihr Gewicht vergrößerte, ohne die Proportionen zu verzerren und die Einheit zu zerstören. Als einfachste Lösung bot sich die Hinzufügung einer langen, langsamen Einleitung an, so wie etwa in der ›Prager‹ und der Symphonie *Es* KV 543 oder in der hervorragenden Sonate für Klavier und Violine KV 379 = 373 a. Aber das blieb immer ein äußerliches Mittel, ein nur additives, nicht synthetisches Konzept, bis Mozarts Quintett *D* KV 593 und Haydns Symphonien nach 1790 neuartige Beziehungen zwischen Einleitung und folgendem Allegro enthüllen. Bei der Expansion der Form selbst vergrößerte Haydn meistens die zweite Hälfte, indem er nicht allein die »Durchführung« erweiterte, sondern sie durch die Reprise hindurch weiterführte. Es ist schwierig und gefährlich, die erste Hälfte zu verlängern, denn die Exposition einer Sonate basiert auf einem einzigen Vorgang, auf der Setzung einer einzigen Polarität. Verzögert sich deren Ankunft zu sehr, so verpufft die Energie und man riskiert das Chaos. Ist sie erst einmal etabliert, so hat der Rest der ersten Hälfte meistens nur noch rein kadenzielle Funktion. In einem Konzert ist dieses Vorenthalten der Kadenz höchst einfach und legitim, es gibt dem Solisten Gelegenheit zu virtuosem Passagenwerk. Virtuose Kadenzgestaltung ist ja schließlich der Ursprung der »improvisierten« Kadenz am Ende des Satzes. Diese Art Brillanz wäre in einer Klaviersonate leer[38], ist aber

---

[37] Andere Werkanfänge, wie etwa im ersten Satz der ›Jupitersymphonie‹ KV 551 und der früher liegenden Symphonie *C* KV 338, konzentrieren sich in ähnlicher Weise einfach auf die Tonika und Dominante, aber sie besitzen nichts von dieser Intensität, sondern streben nur Grandiosität oder Brillanz an.

[38] Das Finale der Sonate *B* KV 333 = 315c erzielt solcherart Brillanz, indem es witzig und unverhohlen das Konzertrondo imitiert.

ein dramatisches Erfordernis der Konzertform, denn sie gibt dem Soloinstrument ein Äquivalent für das Gewicht des vollen Orchesters, so daß sich ein befriedigendes Gleichgewicht einstellt. (Erst wenn die Virtuosität solche Ausmaße annimmt, daß sie, wie es in einigen Werken des 19. und 20. Jahrhunderts geschieht, das Orchester unter sich begräbt, wird solch technischer Glanz geschmacklos.) Jedenfalls steht der »Sonatenform« diese Lösung abgesehen von dem Sonderfall des Konzerts nicht zur Verfügung.

Im Quintett C wählte sich Mozart das schwierigste und befriedigendste Verfahren zur Ausweitung der ersten Sonatenhälfte, nämlich die Expansion des anfänglichen Tonikaabschnitts, d. h. der »ersten Themengruppe«. Damit dramatisierte er nicht eine Handlung, sondern gerade die Verweigerung einer Handlung, d. h. er mußte Spannung erzeugen und zugleich auf einem Extrempunkt von Lösung verharren. Um diese Dramatisierung zu vollziehen, wendet Mozart eine wunderbare Vielfalt von Mitteln an. Er versagt dem Anfang jegliche chromatische Färbung und führt sie erst nach und nach im Lauf des Abschnitts ein. Er verwendet ein herkömmliches Verfahren zur Erreichung der Dominante, den modulierenden Nachsatz (d. h. die Anfangsphrasen des Satzes werden zunächst wiederholt, und die Modulation beginnt, ehe die Wiederholung abgeschlossen ist), aber verändert Blickwinkel und Funktion grundlegend: zwar werden die Anfangsphrasen wiederholt, aber in der Molltonika, so daß eine harmonische Bewegung vorgetäuscht wird, während das Stück auf der Stelle tritt. Mit anderen Worten, die Tonika wird destabilisiert, aber nicht negiert.

Darauf folgt eine ganz außerordentliche Erweiterung einer harmonischen Fortschreitung; die einfache, plagale Wendung IV-I

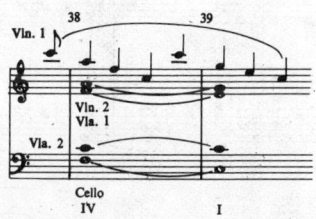

wird folgendermaßen ausgeschmückt:

F-dur setzt erneut ein und wird zu *f*-moll; die Kadenz wird verlängert und wandelt sich zum Trugschluß:

Die Phrase wird schließlich auf höchst prachtvolle Weise wiederholt, wobei das *As* des *f*-moll-Akkords zur Grundlage einer unerhörten Expansion von innen her wird, die im Grunde immer noch dieselbe Kadenz umschreibt:

Aus fünf Takten sind zehn geworden, und der harmonische Klangraum hat sich, ohne daß die Tonika eigentlich aufgegeben wurde, immens vergrößert. (In der Reprise dehnt sich diese Phrase noch weiter aus und schließt sogar noch *cis*-moll ein, ohne daß sie anderweitig ihre Grundgestalt oder -funktion ändert.) Nun erst und zum ersten Mal erhält die Chromatik eine wirkliche Richtung,

obgleich sie ein weiteres Mal mit der gleichen IV-I Kadenz zur Tonika zurückkehrt, bevor die Bewegung zur Dominante einsetzt. Die beispiellose Majestät dieses Werkes beruht auf der langen Bewegungslosigkeit und festen Tonikaharmonik, seine herbe Lyrik auf den chromatischen Alterationen, die erst die großen Dimensionen ermöglichen.

Es sei im Vorübergehen bemerkt, daß Beethoven die »erste Themengruppe« auf ganz andere Weise erweitert, wenn er das – selten genug – überhaupt anstrebt. In einer Reihe von Werken (op. 10, Nr. 3 und op. 2, Nr. 3 z. B.) etabliert er vermittels eines neuen Themas zunächst eine andere sekundäre Tonart, bevor er die Dominante befestigt, was manchmal zu albernen Diskussionen darüber führt, welches das »wirkliche« zweite Thema sei; die Musikwissenschaft befaßt sich zuweilen mit kuriosen, metaphysischen Fragen! In der Sonate op. 111 erweitert Beethoven, dem Finale der ›Jupitersymphonie‹ folgend, den Tonikabereich mit fugierter Arbeit, bevor die Modulation zur Untermediante, die hier als Dominante fungiert, erfolgt. Die Neunte Symphonie verwendet ein überaus feines Verfahren: Beethoven wiederholt das Hauptthema in der Untermediante *B*-dur (die er später als Dominantvertreterin benutzen wird), doch klingt es so, als hätte er die Tonika *d*-moll nie verlassen. Mit einem Streich verlängert er dadurch die erste Themengruppe, vergrößert auffallend und dramatisch die Bedeutung der Tonika und bereitet die Modulation vor. Daß seine umfangreichsten Werke mit den sparsamsten Mitteln auskommen, ist typisch für Beethoven.

Wenn Zuhörer ihr Hörerlebnis mit der Uhr messen würden, dann müßte die Durchführung des Quintetts C zu kurz erscheinen, aber Vielfalt und Intensität sind ein mehr als ausreichender Ersatz für Länge. Die Durchführung ist eine von Mozarts allerreichsten, und den Höhepunkt bildet ein Doppelkanon in vier Stimmen mit einem freien Kontrapunkt in der fünften, der zweiten Bratsche:

Fast die ganze Durchführung steht in Moll, so daß die Rückkehr nach C-dur strahlend-erhaben wirkt. (Diese Mollfärbung zieht bei der Wiederkehr der ersten Gruppe auch den Wegfall des modulierenden Nachsatzes auf der Molltonika nach sich, der hier ja pleonastisch wäre.) Die von den Dimensionen alles Vorangegangenen geforderte Coda ist meisterhaft. Die Schlußgruppe, in der Exposition ein Tonikaorgelpunkt auf G^{39}, erscheint wiederum als Orgelpunkt auf G, so daß sie jetzt einen Dominantorgelpunkt bildet,

der eine gigantische Kadenz von 47 Takten einleitet. Es ist im Grunde die einfachste aller Kadenzen, obgleich sie im Detail zu sprühendem Leben gebracht wird.

---

[39] Siehe S. 305.

Die strukturelle Einfachheit beweist, wie lebendig der Stil ist. Als die »Sonate« akademisch wurde, konnte sie nur durch unentwegte Einführung von neuem Material und durch Sequenzierung erweitert werden. Mozart aber kann der Form noch alles aufladen, was er ihr an Ausdruck und Umfang zu tragen geben möchte.

Die anderen Sätze des Quintetts weisen dieselbe Geräumigkeit auf. Der langsame Satz und das Finale sind durchführungslose Sonatensätze, deren Exposition auf großen Umfang angelegt ist; beide beginnen gemächlich mit einer Abfolge von zwei Themen in der Tonika. Der langsame Satz ist ein zweiteilig angelegtes opernhaftes Duett zwischen erster Geige und erster Bratsche, das am Ende jeden Teils sogar eine ausgeschriebene, deutlich umrissene Kadenz enthält. Obgleich das Finale in der Anlage dem langsamen Satz vergleichbar ist, besitzt es doch ein gehöriges Maß an Rondoeigenschaften: kantig artikulierte Themen, lockere Übergänge und mehrteilige Struktur. Die »sekundäre Durchführung« des Sonatenhauptsatzes, d. h. diejenige in der Reprise zwischen erster und zweiter Themengruppe, wird erweitert, und sie betont wie üblich die Subdominante. Doch ist das genau dieselbe Stelle, an der im »Sonatenrondo« die »Durchführung« stattfindet, und auch dort findet sich häufig ein neues Thema in der Subdominante. In diesem Satz erblickt man gewissermaßen das im Sonatenfinale latent vorhandene Sonatenrondo und versteht, warum es – nicht historisch, sondern ästhetisch gesehen – entstehen mußte. Die für das Finale typische Lockerheit und weniger ausgeprägte Dramatik setzen Mozarts Melodienreichtum frei, so daß die »zweite Themengruppe« drei völlig neue Melodien enthält sowie eine vierte, die deutlich von einer dieser drei abgeleitet ist, und eine fünfte, die sich aus dem Anfangsthema entwickelt. Letztere ist von allen wohl die auffälligste, wenn nicht die anmutigste (siehe Notenbeispiel auf S. 312). Die erste Geige spielt hier das Anfangsthema in der Originalfassung, aber die erste Bratsche hat schon einen Teil davon unter gleichzeitiger rhythmischer Verschiebung umgekehrt. Angesichts solcher Reichhaltigkeit und Vielfalt in der Exposition eines Finales läßt sich leicht verstehen, warum Mozart auf die Durchführung bzw. ein neues Thema nach dem Reprisenanfang verzichtete und dadurch sowohl die vollständige Sonaten- wie die vollständige Rondoform umging. Das Finale des Quintetts g KV 516 ist in eine ähnliche Form gegossen und enthält ebenfalls am Anfang zwei großzügige Themen in der Tonika, aber es ist dem Rondo um zwei Schritte näher, insofern es ein neues

Thema in der Subdominante nach der Rekapitulation des ersten Themas und einen fragmentarischen Auftritt beider Anfangsthemen als Schlußcoda enthält.

Das Finale des Quintetts g wirft das Problem des klassischen Finales in all seiner tatsächlichen und angeblichen Kompliziertheit auf. Dieser Satz ist oft eine Enttäuschung und wird tatsächlich fast immer mit weniger Verständnis aufgeführt als die übrigen. Wir betrachten das als Aufforderung, eine Erklärung dafür zu finden, warum dieser Satz solch herzlose Interpretationen auslöst. Die Rolle des Finales im 18. Jahrhundert muß von der Vorstellung eines späteren Zeitalters, wie ein wirkungsvoller Schluß beschaffen sei, freigehalten werden. Das Quintett g zählt zu den tragischen Meisterwerken, aber es ist nicht Mozarts Schuld, wenn viele heutige Zuhörer gerade deswegen einen Schluß mit dem rückhaltlosen Pathos der ›Symphonie Pathétique‹ von Tschaikowskij heimlich oder offen vorzögen. Bei Beethoven liegen die Dinge nicht viel anders: Die Coda zum Finale des Quartetts op. 95 erscheint oft irrelevant, ja frivol, und Einwände gegen das Finale der Neunten Symphonie sind so häufig, daß sie nicht mehr überraschen, selbst wenn sie von Leuten kommen, die es besser wissen müßten.

Das Problem des Finales ist natürlich eine Frage des Gewichts, d. h. des richtigen Maßes an Ernsthaftigkeit und Würde, das dem Anfangssatz das Gegengewicht zu halten vermag. Aber das Problem würde gar nicht existieren, wenn die Klassik das Finale nicht auch als die Lösung des gesamten Werkes verstünde. Schließlich hinderte nur Mozarts Stilempfinden ihn daran, einen Schlußsatz zu schreiben, der wie z. B. das Finale von Brahms' Dritter Symphonie ebenso vielschichtig und dicht gearbeitet ist wie der erste Satz. Beethoven hätte ein so durchgeformtes Chorwerk wie das Gloria der ›Missa solemnis‹ komponieren können, aber er hielt offensichtlich die losere Struktur des

Chorfinales der Neunten Symphonie an dieser Stelle für notwendig. Ein Finale verlangte eine einfachere, weniger komplexe Form als ein Anfangssatz, und deshalb trat es meistens als Rondo oder aber als Thema mit Variationen auf (wie in Mozarts Konzert *G* KV 453, der ›Eroica‹ oder der Neunten Symphonie von Beethoven). Ist es in »Sonatenform«, dann notwendigerweise in einer handfesteren, einfacheren Abart. Zuweilen wird die Struktur durch einen Tempowechsel in der Durchführung gelockert, wie etwa mit der Wiederkehr des Scherzo in der Fünften Symphonie von Beethoven, oder aber durch ein neues Thema in der Subdominante an der gleichen Stelle, wie in Mozarts Sonate *F* KV 332 = 300k. Auf jeden Fall ist das Themenmaterial in einem Finale immer rhythmisch stämmiger als in einem ersten Satz[40], die Kadenzen werden kräftig betont, die Phrasen deutlich abgesetzt und das erste Thema ist vollständig abgeschlossen, bevor irgendeine harmonische Bewegung stattfindet. (Im Finale der Achten Symphonie z. B. hämmert Beethoven die Kadenzen ganz brutal heraus, und auf das Thema folgt sogar eine kurze Pause [bei der Tonikakadenz in Takt 28], während andererseits das so einfach wirkende Anfangsthema des ersten Satzes direkt in das Folgende übergeht.) Sollte das Finale ein langsamer Satz sein, so war eine komplizierte Form (wie in Mahlers Neunter) ausgeschlossen; in diesem Fall war die einzig mögliche Form ein Variationensatz[41] oder ein langsames Menuett.

Mit Mozarts Symphonie *g* KV 550 sind die Grenzen dramatischer Vielschichtigkeit in einem klassischen Finale erreicht: leidenschaftlich und verzweiflungsvoll im Charakter, ist es doch gleichzeitig einer von Mozarts rhythmisch einfachsten und klarsten Sätzen. Das völlig ebenmäßige Hauptthema zerfällt in zwei gleiche, mit der gleichen Tonikakadenz schließende Hälften, die je zweimal erklingen. Abgesehen von einem elektrisierenden Augenblick am Anfang der Durchführung (und auch der ist in zwei Viertaktphrasen eingebettet, auf die eine ebenmäßige, zweitaktige Überleitung folgt), liefert der Rhyth-

---

[40] Die einzige Ausnahme zu dieser Stämmigkeit sind die kontrapunktischen Finali, wie sie sich in zahlreichen Haydn-Quartetten, in Mozarts Quartett *G* KV 387, der ›Jupitersymphonie‹ und den ebenso berühmten Versuchen Beethovens finden. Sie bilden einen Sonderfall, da sie erstens alle in gewissem Umfang einen früheren Stil wiederbeleben und von den Komponisten selbst als Anachronismen oder Modernisierungsversuche an der Vergangenheit verstanden wurden und zweitens, da sie alle in gewissem Maße die Kompositionstechnik zur Schau stellen, d. h. für den Komponisten des 18. Jahrhunderts dasselbe bedeuten wie das virtuose Finale für den Solisten. Daher sind diese Sätze ausdrucksmäßig immer einfacher als die anderen Sätze; selbst Beethovens Große Fuge ist trotz ihrer dichten Satzweise lockerer und einfacher in der Struktur als der Anfangssatz von op. 130.

[41] Der Adagio-Schlußsatz von Haydns Quartett op. 54, Nr. 2, einem in jeder Hinsicht merkwürdigen Werk, besteht trotz seiner scheinbaren, lockeren Dreiteiligkeit aus einer Reihe freier Variationen.

mus einen herrlichen Pulsschlag, ohne je zu überraschen. Sämtliche harmonische Kühnheiten sind auf die Durchführung konzentriert, während in der Exposition trotz einiger weniger chromatischer Passagen nichts vorkommt, was der harmonischen Mehrdeutigkeit etwa der Passage Takt 58–62 in der Exposition des ersten Satzes gleichkäme. Auch die Phrasenbildung ist völlig geradlinig, und die Überlappungen, Synkopierungen und Vorhalte des Anfangssatzes sind allesamt verschwunden. Das heißt nicht, daß es keine dramatische Spannung innerhalb des Finales gäbe, aber im Grunde bedeutet das Finale Lösung, Verankerung, Klärung. Das mag nichts weiter als eine versteckte Tautologie sein, eine andere Formulierung dafür, daß ein Finale beendet und vollendet, jedenfalls verstand der Komponist der Klassik das »Finale« wörtlich und dachte nicht im entferntesten an »offene« Wirkungen, an die mit der ersten Romantikergeneration aufkommenden Versuche, das Rahmengefühl zu zerstören.

Das Durfinale zu einem Mollwerk war natürlich nichts weiter als eine pikardische Terz im Großen. Im Tonalitätsempfinden des 18. Jahrhunderts besaß ein Durakkord weniger Spannung als ein Mollakkord und führte deshalb zu einer befriedigenderen Lösung. Daß Haydn in seinen späteren Werken die Mollschlüsse aufgab, deutet nicht auf einen Fröhlichkeitsausbruch im mittleren Lebensalter, sondern auf die Entwicklung des klassischen Geschmacks für Auflösung. Bei der Verwendung der Menuettform als Finale in den späten Trios gestattet Haydn sich für das Trio *fis* Hob. XV: 26 einen aufwühlenden Schlußsatz in Moll, aber wenn er sich ganz am Ende nach Dur wendet, so ist das alles andere als eine Konzession ans Publikum. Die zweite, die Wiener Fassung des ›Don Giovanni‹ macht mehr Zugeständnisse an äußere Forderungen als die Prager Urfassung, und gerade jene läßt einen Großteil des ursprünglichen *D*-dur-Schlusses weg. Wenn Mozart, was selten genug geschah, einen Mollschluß wählte, d. h. etwas von der harmonischen Spannung über das Ende des Stückes hinausklingen ließ, dann schaffte er durch größere Einfachheit in der Phrasenbildung und Gliederung einen Ausgleich, wie etwa in der Sonate *e* für Klavier und Violine KV 304 = 300c und den Klaviersonaten *a* und *c*, KV 310 = 300d bzw. 457, oder aber durch die Verwendung der mehrteiligen Variationsform wie im Quartett *d* KV 421 = 417b oder dem Klavierkonzert *c* KV 491. In keinem dieser Fälle folgt das Finale auf solch komplexe und gequälte Musik wie es die drei ersten Sätze und die Einleitung zum Finale des Quintetts *g* sind.

Das Problem der Gewichtigkeit des Finales war durchaus real für Mozart, wie man aus dem Manuskript der Sonate *A* für Klavier und Violine KV 526 ablesen kann. Der letzte Satz beginnt wie die Quintette *C* und *g* mit zwei aufeinanderfolgenden, deutlich geschiedenen

Melodien in der Tonika. Zunächst konnte Mozart sich nicht entscheiden, ob er wie im Quintett g das zweite Thema in der Tonika abschließen und dann erst modulieren, oder es wie im Quintett C vor seinem völligen Abschluß als Sprungbrett zur Dominante verwenden sollte. Im Grunde ging es darum, wieviel formale Lockerheit und Klarheit des Periodenrhythmus erwünscht war. Mozart entschied sich dann für die weniger abschnitthafte Form und schrieb ein »Sonatenrondo«, dessen Durchführung zwei lösende harmonische Kräfte verbindet: ein neues Thema in der parallelen Molltonart und eine auf der Subdominante einsetzende Reprise. Die lockere Struktur des Finales konnte eine ebenso große Vielfalt an Stimmung und Technik aufnehmen wie der mehr »organisch« entworfene Eröffnungssatz. (Diese entspannten Formen brachten zugestandenermaßen manchmal Finali hervor, die selbst nach klassischen Maßstäben unzureichend erscheinen, wie etwa das von Beethovens ›Kreutzer-Sonate‹ oder der Sonate G für Klavier und Violine KV 379 = 373a von Mozart, in der die Variationen, so anmutig sie auch sind, die vorangehende furiose Kraft durch verzierte Eleganz und Brillanz ersetzen.)

Das Quintett g zeigt an, daß die enorm angewachsenen Dimensionen seines Schwesterwerks, des Quintetts C, kein isoliertes, exzentrisches Experiment innerhalb von Mozarts Entwicklung darstellen. Der größere Umfang gehört weiterhin zu seiner Auffassung dieses Genres. Was der Klangcharakter an größerem Raum fordert, betrifft weniger einen Zuwachs an zeitlicher Ausdehnung als an tonartlicher Massierung. Der erste Satz des Quintetts g konzentriert sich wie derjenige des Quintetts C erheblich länger auf den Tonikabereich, als Mozart es sich je in den Quartetten erlaubt. Dadurch kann eine erste Partiturseite von einer derartigen chromatischen Bitterkeit und Eindringlichkeit entstehen, daß sie noch heute durch die unverhüllte Intensität ihres Schmerzes schockiert. Dieser Anfang mit seiner unmittelbaren Darstellung eines so tief gequälten Gefühls war für das letzte Viertel des 18. Jahrhunderts einmalig, und er erreichte schon im zwanzigsten Takt ein Spannungsniveau, das alle anderen Werke sich für sehr viel später aufheben.

Doch Mozarts Meisterschaft und Beherrschung sind gelassen wie eh und je: ein neues Thema wird in der Tonika eingeführt, als Überleitung in die parallele Durtonart verwendet und dann vertieft und gesteigert wiederholt. Die beiden Formen lauten:

Jegliches Gefühl einer Antiklimax oder eines Nachlassens nach dem Anfangssturm wird durch die zweite, differenziertere und erregtere Fassung dieses neuen Themas unterbunden; gleichzeitig weitet sich dadurch wie im Quintett C die »erste Themengruppe« aus, so daß ihre Dimensionen ihrer Intensität entsprechen. Die Tragödie darf sich frei entfalten, weshalb dieses Werk gleich der Symphonie g eine so objektive wie individuelle Gefühlskraft besitzt. (Spätere Komponisten benötigen nahezu entgegengesetzte Verfahren: Chopin, Liszt und Schumann schnüren die expressiven Elemente zusammen, um sie im Augenblick höchster Intensität abrupt abbrechen zu lassen. Wagner versuchte, diese Technik über längere Zeitspannen auszubreiten, während Brahms es unternahm, sie mit klassischer Form zu versöhnen. Diese Zusammenschnürung tritt in Werken der Neuromantiker wie Mahler und Berg ganz besonders deutlich zutage.) Die Quintessenz der Mozartschen Klassik ist das Gleichgewicht zwischen Ausdrucksintensität und tonartlicher Stabilität, das jeweils den Umfang des Werkes bestimmt. Deshalb erlauben ihm fünf Instrumente mit ihren ensprechend größeren klanglichen Implikationen, was die Quartette nicht vermochten, nämlich sowohl massive, ruhige Größe wie im Quintett C, als auch grenzenlosen Schmerz wie im Quintett g. Der Freiraum ist genügend groß, daß Dissonanz im weitesten Sinn, d. h. nicht nur unmittelbare Zusammenstöße, sondern weitreichende Spannungen, sich lösen können. Die Form ist immer geschlossen, so daß die Schlichtung eines Kampfes, nicht allein der Antagonismus, als letzter Gedächtniseindruck zurückbleibt.

Die übrigen Sätze drängen zu denselben Ausdrucksgrenzen vor. Es wäre schwierig, über den Anfang des Menuetts hinauszugehen, ohne gleichzeitig die damalige musikalische Sprache zu zerstören,

denn der synkopierte Struktur- und Akzentkontrast in Takt 4 und 6 ist für die damalige Zeit wahrhaft extrem. Der Verlauf des Quintetts bildet hinsichtlich der Intensität und Periodik ein im Rahmen der Sonatenästhetik gefaßtes Ganzes, so als wäre das Werk in seiner Gesamtheit als ein Sonatensatz entworfen. Trotz seiner Heftigkeit besitzt das an zweiter Stelle, gleich nach dem Anfangssatz stehende Menuett die entschiedene Schlichtheit und Prägnanz einer Expositionsschlußgruppe. Der langsame Satz ist gleich einer Durchführung[42] der rhythmisch differenzierteste Teil des gesamten Quintetts und zerspaltet sein Material auffälliger als alle anderen Sätze. Schon in Takt 5 findet sich die für Durchführungen typische Fragmentierung des Materials:

Das hier entwickelte Viertonmotiv dient ein paar Takte später dazu, die Rhythmik und Phrasierung zu zerschlagen:

---

[42] In Mozarts Werken in Moll, das sei als interessante Beobachtung angemerkt, pflegt der langsame Satz, sofern er ausdrucksmäßig sehr vielschichtig ist, in der Dur-Untermediante zu stehen (etwa in der Klaviersonate *a* KV 310 = 300d, der Symphonie *g* KV 550, dem Konzert *d* KV 466), während einfachere langsame Sätze in der weniger entfernten parallelen Durtonart stehen (Konzert *c* KV 491, Quartett *d* KV 421 = 417b, Sonate *c* KV 457).

Schon in Takt 14 ist das Motiv in erweiterter Form in der ersten Violine angelegt, aber in Takt 16 und 17 wird es mit einer verblüffenden Akzentverschiebung einfach umgekehrt. Die Phrasen verweisen mit ihrer stets wechselnden Länge (hier sind sie anderthalb Takte lang) auf einen stets wechselnden Puls, der sich vom Alla breve des ersten Musikbeispiels über den Vierertakt des zweiten späterhin zu einer Achtelbewegung wandelt. Die Harmonik ist von entsprechender Verschlungenheit.

Das Finale fungiert als Reprise. Durch die Adagio-Einleitung erhält es das nötige Gewicht, um dem restlichen Quintett ebenbürtig zu begegnen; zudem verteilen sich dadurch die beiden Aufgaben der Reprise, nämlich Zusammenfassung und Lösung. Noch weiter als die übrigen Sätze geht die Einleitung in ihrer freimütigen Verwendung von unmittelbaren Ausdruckssymbolen wie den schluchzenden Rhythmen der Innenstimmen, Seufzervorhalten, herb-expressiven Dissonanzen, einer unendlichen und gleichzeitig dauernd unterbrochenen Arie, dem parlandoartigen Insistieren auf einem Ton und einer unaufhörlichen, chromatischen Bewegung. Nie hat sich künstlerische Phantasie so sehr der äußersten Verzweiflung genähert. Zwar klingt die Einleitung in Tonart und Stimmung an den ersten Satz an, aber an emotionaler Turbulenz geht sie weit darüber hinaus. Es wäre ein Frevel gewesen, auf diesen Satz ein Allegro von großer dramatischer Differenziertheit folgen zu lassen. Das Schlußallegro bringt neben der Lösung auch die notwendige Versöhnung. Der Eindruck von Traurigkeit und Resignation entsteht, wenn in der Coda die Teilsätze der Hauptthemen abbrechen, was bald ein so vertrautes Verfahren bei Beethoven und Schubert sein wird und schon von Haydn, allerdings meist mit komischer Wirkung, verwendet wurde. Gleich dem letzten Satz des Konzerts *B* KV 595 wird dieser Satz, spielt man ihn auf technischen Glanz hin, trivialisiert. Er erreicht seine Wirkung vielmehr durch die Weite und Größe seiner Struktur sowie durch das Alternieren äußerst schlichter Passagen mit kontrapunktisch reicheren, unverhohlen expressiven.

Steht das Menuett an zweiter statt an dritter Stelle in der Satzfolge, so verschiebt sich der Ausdrucksschwerpunkt auf die zweite Werkhälfte. Diese Anordnung verwendete Haydn in seinen Quartetten vor 1785 häufig, gab sie aber danach (mit den Ausnahmen op. 64, Nr. 1 und 4, und op. 77, Nr. 2) fast völlig auf[43]. Mozart benutzt sie in der Kammermusik nahezu ebenso oft wie die üblichere Reihenfolge. Folgt dann auf den an dritter Stelle stehenden, langsamen Satz wie im Quintett g noch eine ausgedehnte Adagio-Einleitung zum Finale, dann ist die Schwerpunktsverschiebung im Werk noch deutlicher wahrnehmbar. Das Menuett hatte keinen so fixierten Platz inne, denn schließlich besaß das Divertimento oft zwei Menuette, die den langsamen Satz umrahmten. Im Bestreben nach größerer Geschlossenheit des gesamten Werkes scheinen Mozart und Haydn aber mit den Möglichkeiten experimentiert zu haben, die Proportionen und die Reihenfolge der Sätze zu verändern. Bei Mozart mag der Hauptgrund für das Vorziehen des Menuetts das Bestreben gewesen sein, einen außerordentlich differenzierten langsamen Satz von dem traditionell dramatischen Anfangssatz zu trennen. (Das geschieht nicht nur in den beiden Quintetten KV 515 und 516, sondern auch in dreien der sogenannten ›Haydn-Quartette‹ und in KV 499, alles Werke mit langsamen Sätzen von ungewöhnlich ernsthaftem Charakter bzw., wie bei den Variationen des Quartetts A KV 464, von ungewöhnlicher Länge.) Dadurch ergibt sich eine bessere Balance zwischen der ersten und zweiten Werkhälfte. Beethoven, der im allgemeinen der traditionellen Reihenfolge anhing, gelangte am Ende seines Lebens zu einer Wiederentdeckung oder Neuerfindung der Mozartschen Proportionen, so daß er in seinen zwei gewichtigsten Werken[44], der ›Hammerklaviersonate‹ und der Neunten Symphonie, das Scherzo dem langsamen Satz voranstellte. Beide Werke fassen das Scherzo teilweise als eine Parodie des ersten Satzes auf, aber die Reihenfolge verhilft wiederum zu einer gleichmäßigeren Verteilung der Ausdrucksgewichte. Beethovens Spätwerke zeigen in mancher Hinsicht, allerdings in ganz andersar-

---

[43] Allerdings erhielt das Scherzo von da an erheblich mehr Gewicht.

[44] Auch in den Quartetten wählte Beethoven diese Anordnung, als er zum ersten Mal einen breiter angelegten Stil anstrebte, nämlich in op. 59, Nr. 1. Das Quartett A op. 18, Nr. 5 ahmt Satz für Satz Mozarts Quartett A nach, so daß auch Mozarts Satzanordnung mit dem langsamen Variationensatz an dritter Stelle beibehalten wird. Die langsamen Variationen in op. 135 folgen gleichfalls auf das Scherzo. Die Satzfolge der letzten Quartette läßt sich nicht summarisch abhandeln, jedenfalls gesellt sich das Quartett B op. 130 in dieser Hinsicht eindeutig zur ›Hammerklaviersonate‹ und zur Neunten Symphonie.

tigem Gefühlszusammenhang, eine deutliche Rückwendung zu Mozarts und Haydns Idealen.

In dem Jahr nach der Fertigstellung der zwei großen Quintette, also 1788, schrieb Mozart bis auf das Divertimento für Streichtrio, KV 563, keine Kammermusik. Dieses Werk, eine Demonstration kontrapunktischer und harmonischer Fülle, das seine Genialität mit leichter Miene trägt, ist ein Destillat aus Mozarts Kompositionstechnik und -erfahrung. Innerhalb der vom Streichtrio gezogenen Grenzen verdichtete sich nun die in den sieben Quartetten der Jahre 1782–1786 errungene Meisterschaft im normativen, vierstimmigen Satz sowie dessen ungeheure Expansion in den beiden Quintetten aus dem Jahr 1787. Mit der Ausnahme von Bach in seinen sechs Triosonaten für zweimanualiges Tasteninstrument mit Pedal verstand kein Komponist des 18. oder 19. Jahrhunderts so wie Mozart, welche Anforderungen die Dreistimmigkeit stellt. Als Streichtrio steht dieses Werk von Mozart ganz für sich und weit über allen anderen Werken dieser Gattung. Es ist darüberhinaus ein interessanter Vorläufer der letzten Beethoven-Quartette, insofern es die Divertimentoform mit zwei Tanz- und zwei langsamen Sätzen (wovon einer ein Variationensatz ist) auf die Kammermusik überträgt, eine ehemals öffentliche Form also zu einer rein intimen macht und – was Beethoven in zahlreichen kurzen Binnensätzen seiner späten Kammermusik tun sollte – das »volkstümliche« Element verklärt, ohne seine Herkunft zu verbergen. Mozarts Divertimento erzielt ohne Zweideutigkeit oder Zwang die Synthese von gelehrter Demonstration des dreistimmigen Satzes und volkstümlicher Form.

1789 begann Mozart mit der Serie von drei Quartetten, die seine letzten werden sollten. Sie waren für den König von Preußen bestimmt, der als Cellospieler die musikalische Tradition seiner Dynastie aufrechterhielt. Die viel stärker solistische Schreibweise dieser Quartette führt man im allgemeinen darauf zurück, daß Mozart sich dem König gefällig erweisen wollte. Indem er den Solopassagen für Cello ebensolche für die anderen Instrumente zur Seite stellte, blieb die Stileinheit gewahrt. Man nimmt dabei an, daß Brillanz um ihrer selbst willen dem klassischen Geist anstößig war. Nichtdestoweniger hat noch jeder große Komponist die Brillanz um ihrer selbst willen geschätzt, und Mozart hat sie ganz besonders geliebt. Sie verhilft zu größerem Nachdruck, ohne daß die Struktur massiver wird, und erlaubt eine Ausweitung des Rahmens, wenn der Stil derart konzentriert ist (wie etwa in Mozarts ›Haydn-Quartetten‹ oder den darauffolgenden beiden großen Quintetten), daß weitere thematische Arbeit das Gleichgewicht von Spannung und Lösung gefährden würde. Die Spannung zwischen solistischen Elementen und Ensemblestil wirkt durch Mozarts gesamte Entwicklung wie eine aufsteigende Spirale: der Solostil regt reichere Ensembleformen an, und die neugewonnene Synthese in der Kammermusik oder Symphonik wird ihrerseits durch Virtuosität erweitert.

Wenige Monate nach Abschluß der ›Preußischen Quartette‹ komponierte Mozart zwei weitere Streichquintette, KV 593 und 614, und seine jüngsten Experimente mit solistischer Schreibweise im Kammerstil treten in dem ersten, dem größeren von beiden, deutlich hervor. Die Einzelinstrumente brillieren auffälliger als in den vorangehenden Quintetten, oft wird eins gegen die übrigen vier ausgespielt. Duettierende und antiphonische Passagen sind zurückgegangen (abgesehen von dem Alternieren zwischen Solo und Ensemble). Es gibt Abschnitte, die eine außergewöhnlich glänzende, virtuose Klangqualität erfordern; das Trio des Menuetts z. B. gibt der ersten und zweiten Geige sowie dem Cello ganz erstaunliche Solorollen. Die berühmte Korrektur im Hauptthema des Finales stammt gar nicht von Mozart (sie ist, wie neuerlich nachgewiesen wurde, nicht in Mozarts Handschrift), sondern wohl von einem Geiger, der die ursprüngliche, charaktervolle, chromatische Form zu schwierig fand. Besonders erfreulich ist diese Entdeckung vor allem deshalb, weil etliche Passagen, insbesondere ein Abschnitt fünfundzwanzig Takte vor dem Ende, nur in der »korrigierten« Fassung seltsam anmuten, in der originalen hingegen unmittelbar aus dem Hauptthema entwickelt sind.

Der Anfangssatz von KV 593 unternimmt eine höchst bemerkenswerte Integration von Introduktion und Allegro und verweist damit schon auf Haydns ›Paukenwirbelsymphonie‹, Beethovens ›Sonate pathétique‹ sowie sein Klaviertrio *Es* op. 70, Nr. 2. Die Larghetto-Introduktion und das Allegro besitzen Themen von einem solch gleichartigen Umriß,

daß der Hörer ihre Verwandtschaft sofort fühlen kann. Das Larghetto erscheint wieder als Coda, doch nicht im Sinne eines statischen Rahmens, da das Allegro zuallerletzt erneut zurückkehrt. Die acht Anfangstakte des Allegros sind nämlich so witzig geschneidert, daß sie als Eröffnung wie als Schlußkadenz fungieren können, und treten daher am Ende völlig unverändert auf. Die Rückkehr des Larghettos bildet auch eine Lösung seines ersten, mehr dynamischen Auftretens, so daß es sich also um eine echte Reprise im Sonatenstil, nicht um eine Variante der Da capo-Form handelt.

Daß eine langsame Einleitung am Ende zu einer Lösung umgeschrieben wird (d. h., daß die ursprüngliche, abschließende Dominantkadenz durch eine Tonikakadenz ersetzt und dadurch alles unmittelbar Vorhergehende verändert wird), ist kein origineller Einfall. Man findet das schon in der barocken Ouvertüre, z. B. in Bachs Französischer Ouvertüre in *h*-moll. Aber es handelt sich hier um zwei ganz verschiedene Dominantkadenzen, denn die langsame Einleitung der Französischen Ouvertüre besitzt die Kadenz der üblichen Tanzform und somit der Sonatenexposition, nämlich die Bewegung zur Dominante innerhalb eines auf symmetrische Lösung angelegten Formmusters, während die Kadenz der Larghetto-Einleitung des Quintetts *D* auf der Dominante schließt, ohne die Tonika zu verlassen. Als echte Einleitung vollzieht sie keine Handlung, sondern gibt eine Andeutung, eine Vorahnung oder Prophezeiung des Kommenden. Deshalb wendet sich das Larghetto sofort zur Molltonika, trübt und verdunkelt also die Tonart, ohne sie zu schwächen (eine Einleitung fungiert als ausgedehnter Dominantakkord innerhalb eines Tonikabereichs, und dieser wird zuweilen, wie etwa im Quartett *C* KV 465, aber nicht in unserem Quintett, nur allmählich umrissen und Stück für Stück verdeutlicht). Daraus nun mehr als ein Lokalereignis zu machen, es als ein Spannungsfeld zu behandeln, das nicht nur durch das folgende Allegro, sondern, als wäre es Teil der Exposition, erst ganz am Ende des Satzes seine Lösung findet, das war originell, ja radikal für seine Zeit. Damit wird der Expositionsbegriff erweitert, und man ist gezwungen, die Spannungen mit einem viel umfassenderen Zeitsinn aufzunehmen, als man gewohnt ist.

Noch radikaler ist die Beziehung zwischen der Coda und dem Allegro, da sie nicht allein aus thematischer Ähnlichkeit (die als Verfahren, zwischen einzelnen Teilen Zusammenhang zu stiften, wenigstens so alt wie die spätmittelalterliche Chansonmesse ist), sondern aus gegenseitiger Beeinflussung der Struktur und Harmonik besteht. Der Schlußteil des Allegros verfärbt sich mehr und mehr ins Moll der Einleitung und verdünnt den Satz so sehr, daß der ruhige Klang des Cellos, das wie am Anfang des Werkes ganz allein einsetzt, zu natürlich und unausweichlich erscheint, als daß er überraschen könnte[45]. Auf diese Weise verschmilzt das Allegro mit der Rückkehr der Einlei-

---

[45] Die allerletzten Takte der Reprise sind die gleichen wie die Schlußtakte der Exposition. Der zweite Teil des Allegros soll ebenfalls wiederholt werden, und beiden Endungen ist der dünnstimmige Satz gemeinsam. Aber die zunehmende Molleintrübung ist das Neue am Reprisenschluß.

tung, so daß der Tempogegensatz nicht allein rhythmischer Natur, sondern auch in die harmonische Entwicklung eingebettet ist. Als Geniestreich sondergleichen tritt die erste Allegrophrase ganz am Ende wieder auf; sie stellt nicht nur eine witzige Symmetrie her, sondern bewahrt der langsamen Coda ihren doch wesentlichen Einleitungscharakter und verwebt zudem die beiden Tempi zu noch verschlungenerer Geschlossenheit.

Das Quintett *D* verarbeitet ein Grundschema aus fallenden Terzen in allen seinen Sätzen. Harmonisch verläuft das Hauptthema des ersten Satzes folgendermaßen:

Die fallenden Terzen bilden hierbei eine der einfachsten harmonischen Fortschreitungen. Diese Gestalt bildet ebenfalls den Umriß des sechsunddreißig Takte langen Hauptthemas des Finales. Es handelt sich nicht um ein wesentlich melodisches Muster, sondern mehr um eine Sequenziermethode, kurz gesagt, um einen Bewegungsimpuls. Wie er eingesetzt wird, zeigt die erste Geige gleich nach dem Hauptthema des ersten Satzes. Die harmonische Sequenz des Anfangsthemas bewerkstelligt hier die Modulation nach A-dur:

Im Menuett bemächtigt sich der Terzenabstieg sämtlicher Aspekte des Werkes und alles leitet sich daraus ab:

Das Ende des Menuetts demonstriert, wie kinderleicht es ist, aus einer derartigen Fortschreitung einen Kanon zu entwickeln. Wenn eine Melodie in Terzen fällt, ergibt sich ein Kanon fast von selbst:

Das Menuett enthüllt und vereinfacht, was in den übrigen Sätzen verborgen und verwickelt war.

Am frappierendsten werden die fallenden Terzen im langsamen Satz zwischen dem Höhepunkt der Durchführung und der Rückkehr zur Tonika verwendet (siehe nächstes Notenbeispiel). In der Sequenz zu Anfang dieses Abschnitts greift die neue Phrase jeweils die fallenden Terzen da wieder auf, wo die vorige Phrase aufgehört hat, selbst wenn eine Halbkadenzpause dazwischen liegt. Der Höhepunkt besteht aus der plötzlichen Schaffung eines Vakuums. Mit aller Macht und ungestüm geballter Energie, die der fortwährende Abstieg auslösen kann, wird eine Kadenz vorbereitet und dann in Takt 52 nicht vollzogen – und zwar nicht nur verschoben, sondern auf immer vor-

enthalten. Statt der Kadenz hört alle Bewegung auf, und mit plötzlichem piano bleibt nur das sanfte Pochen der beiden Bratschen übrig. Wenn nun die anderen Instrumente mit einer neuen, direkt zum Hauptthema führenden Sequenz einsetzen, werden vier völlig verschiedene Rhythmen zu einem gleichzeitig dichten und zutiefst bewegenden kontrapunktischen Satz übereinandergeschichtet. Der Stimmtausch zwischen erster und zweiter Geige in Takt 56 ist eine letzte Verfeinerung und bereitet den auf ein Crescendo folgenden Eintritt des Hauptthemas vor. Nach dem kraftvollen Terzenabstieg bringen die Sequenz und die übereinandergeschichteten Rhythmen einen Zustand der Bewegungslosigkeit. Alles löst sich ruhig und unwiderstehlich auf, ist bewegungslos in der Schwebe, als hätte alles Atmen aufgehört, nachdem der Puls durch die kühne Nichtkadenz zum Stillstand gekommen war.

Das Quintett *Es* KV 614 ist Mozarts letztes Kammermusikwerk und eine Huldigung an Haydn. Es soll zusammen mit dem vorhergehenden in *D* für Johann Tost geschrieben worden sein, so daß die Haydn-Nachahmung teilweise auf Tosts Freundschaft mit dem älteren Komponisten zurückgehen mag. Dieser hatte gerade zwölf Quartette für Tost geschrieben. Erhielt Mozart seinen Auftrag vielleicht durch Haydns Vermittlung? Musikalisch schuldet ihm Mozart jedenfalls in diesem Werk so viel wie im ersten Streichquintett KV 174. Das

1791 geschriebene Finale von KV 614 leitet sich vom Finale eines der Tost gewidmeten Haydn-Quartette aus dem Jahr 1790, op. 64, Nr. 6, her.

Der langsame Satz steht dem langsamen Satz von Haydns Symphonie Nr. 85 ›La Reine‹ aus dem Jahr 1786 sehr nahe, während das Menuett-Trio mit dem ländlichen Dröhnbaß sicher von dem ähnlich gestalteten Trio in Haydns Symphonie Nr. 88 aus dem Jahr 1787 beeinflußt ist. Nachahmung des Verfahrens ist bedeutsamer als melodische Anspielung. Das Finale ist bis hin zur humoristischen Umkehrung des Themas am Ende reiner Haydn. Einige Musiker fühlen sich nicht recht wohl mit diesem Stück, das in den Ecksätzen die dynamischen Qualitäten kleinster Motive auf haydnmäßig detaillierte Weise verarbeitet und gleichzeitig die für Mozart typischen klangvollen und differenzierten Innenstimmen besitzt. Das Unbehagen mag daher stammen, daß diesem Quintett die expansive Freiheit der anderen fehlt und es seinen Reichtum zusammenzupressen scheint. Im ersten Satz hat nur der gemächliche Anfang der »zweiten Themengruppe« die für Mozart typische Großzügigkeit. Die kontrapunktische Differenziertheit des Finales steht scheinbar im Gegensatz zu seiner erklärten Lustigkeit. Mängel sind das allerdings nur, wenn man nicht nur mehr, sondern etwas anderes erwartet, als dieses glänzend konzipierte Werk zu geben bereit ist. Es hat seine innere Richtigkeit, daß Mozart in seinem letzten Kammermusikwerk wiederum bei Haydn in der Lehre zu stehen scheint. Haydn hatte diesen Kammerstil geschaffen, ihn lebensfähig gemacht und ihm die Kraft verliehen, dramatisches und expressives Gewicht zu tragen, ohne darunter zu bersten. In den Quintetten erweiterte Mozart die formalen Dimensionen weit über Haydns Grenzen hinaus und erlangte eine selbst von Beethoven nie übertroffene Mächtigkeit. Doch die grundlegende schöpferische Vision von Kammermusik als dramatischer Handlung gehört Haydn. Seine Auffassung und seine Neuerungen lebten in allen Kammermusikwerken von Mozart fort.

3. Komische Oper

Am 12. November 1778 berichtete Mozart seinem Vater aus Mannheim über die dortige Aufführung einer neuen Art von Musikdrama und die an ihn ergangene Einladung des Impresarios, ebenfalls ein solches zu schreiben: »diese art Drama zu schreiben habe ich mir immer gewunschen; – ich weis nicht, habe ich ihnen, wie ich das erstemahl hier war, etwas von dieser art stücke geschrieben? – ich habe damals hier ein solch stück 2 mahl mit den grösten vergnügen aufführen gesehen! – in der that – mich hat noch niemal etwas so surprenirt! – denn, ich bildete mir immer ein so was würde keinen Effect machen! – sie wissen wohl, daß da nicht gesungen, sondern Declamirt wird – und die Musique wie ein obligirtes Recitativ ist – bisweilen wird auch unter der Musique gesprochen, welches alsdann die herrlichste wirckung thut; ...wissen sie was meine Meynung wäre? – man solle die meisten Recitativ auf solche art in der opera tractiren – und nur bisweilen, wenn die wörter *gut in der Musick auszudrücken sind,* das Recitativ singen«[46]. Der Brief darf wohl nicht ganz für bare Münze genommen werden. Mozarts Versuch, die Pariser Musikwelt zu erobern, war völlig zuschanden geworden, und ihm stand die gehaßte und gefürchtete Rückkehr nach Salzburg und in den Dienst des Erzbischofs bevor. Wieviel von seiner Begeisterung ist echt und wieviel davon zeigt die Bemühung, den ungeduldig in Salzburg wartenden Vater davon zu überzeugen, daß es opportun war, vorerst von der Rückkehr abzusehen, da noch andere Aussichten bestanden? Wie dem auch sei, Mozarts Haltung und Experimentierfreude sind jedenfalls aufschlußreich. Er ist von den Möglichkeiten des sogenannten »Melodramas«, des unter Musikbegleitung gesprochenen Dialogs, begeistert, denn in seinem Empfinden für Theaterwirksamkeit bildet die Vokalmusik nicht unbedingt den Mittelpunkt. Ganz im Gegenteil, er geht von einer deutlichen Unterscheidung zwischen Musik als Entsprechung der dramatischen Handlung und Musik als vollkommenem Ausdruck des Textes aus[47]. Das erstere Konzept hat den Vorrang, und er ist durchaus bereit, das gesungene Wort zugunsten des gesprochenen aufzugeben, wenn es der Handlung zu größerer Wirksamkeit verhilft.

---

[46] Mozarts eigene Hervorhebung; Mozart. Briefe und Aufzeichnungen, Band 2, Kassel usw. 1962, S. 506.

[47] In einem Brief vom 8. November 1780 sprach er sich gegen beiseite geäußerte Worte in der Arie aus: »Im Dialogue sind diese Sächen ganz Natürlich – Man sagt geschwind ein paar Worte auf die Seite – aber in einer aria – wo man die wörter wiederhollen muß – macht es üble Wirkung – *und wenn auch dieses nicht wäre, so wünschte ich mir da eine Aria ... eine ganz Natürlich fortfliessende Aria*« (Hervorhebung des Autors Ch. R.), ebenda, Band 3, Kassel usw. 1963, S. 13.

›Zaïde‹ besitzt etliche glänzende melodramatische Effekte, die schon auf den zweiten Akt von ›Fidelio‹ verweisen, aber alles übrige, was Mozart in dieser ihn zeitweise so fesselnden Form schrieb, ist verschollen, es sei denn, man rechnet die gesprochenen Unterbrechungen von Pedrillos Ständchen und Osmins Lied in der ›Entführung‹ oder den Augenblick in der ›Zauberflöte‹, wenn Papageno vor seinem geplanten Selbstmord bis drei zählt, dazu. Seine Experimentierfreude hat Mozart jedoch nie verloren und ebensowenig die Überzeugung, daß in der Oper Musik als dramatisches Ereignis den Vorrang vor Musik als Ausdruck hat. Damit bestreitet man keineswegs Mozarts Begabung im Vokalstil oder seine Neigung zu umfangreicher vokaler Koloratur. Trotzdem ging er mit der Eitelkeit der Sänger, die Schmelz und Schönheit ihrer Stimme zur Schau stellen wollten, nicht immer zart um. Ganz besonders in den Ensembles, wie etwa im großen Quartett des ›Idomeneo‹, bestand er darauf, daß die Worte mehr gesprochen als gesungen wurden[48]. Mozarts kurzlebiges Interesse am Melodrama während seines Mannheimer Aufenthalts verrät die Begeisterung des jungen Komponisten, der gerade entdeckt hat, daß die Musik auf der Bühne mehr als nur den Sängern entgegenkommen oder Empfindungen ausdrücken kann, daß sie nämlich mit der Handlung und ihren Verwicklungen eins werden kann. Das hatte er selbst nur halb verstanden, als er die wenig bekannte, hübsche ›La finta giardiniera‹ schrieb.

Der Stil des frühen 18. Jahrhunderts konnte sämtlichen Ansprüchen genügen, die der Text allein an ihn stellen mochte. Händels und Rameaus Opernmusik konnte jederzeit eine Empfindung oder eine Situation musikalisch verklären, aber die Handlung und dramatische Bewegung, d. h. alles Nichtstatische, blieb davon unberührt. Daß der Sonatenstil das ideale Medium zur Darstellung höchster, dramatischer Dynamik war, ist nur insofern eine übermäßige Simplifizierung, als sie außer acht läßt, welch bedeutende Rolle die Oper selbst in der Entwicklung des Sonatenstils gespielt hat. Ganz besonders einflußreich war die Opera buffa, und der klassische Stil bewegt sich am ungezwungensten bei der Darstellung von komischer Intrige und komischer Gestik.

Drei Dinge machten den neuen Stil für die dramatische Handlung geeignet: erstens die Gliederung von Phrase und Form, die dem Werk den Charakter einer Reihe von Einzelgeschehnissen verleiht; zweitens die stärkere Polarisierung von Tonika und Dominante, die einen größeren Spannungszuwachs in der Mitte eines Werkes zuließ (und darüber hinaus die Bedeutung verwandter Harmonien deutlich charakterisierte, was dann wiederum eine dramatische Funktion erhalten

---

[48] Brief vom 27. Dezember 1780, ebenda, Band 3, S. 72.

konnte); drittens, und keineswegs am unwichtigsten, die Verwendung des rhythmischen Übergangs, mittels dessen die Struktur sich mit der Bühnenhandlung veränderte, ohne daß der rein musikalische Zusammenhang gefährdet war. Alle diese Stilmerkmale gehören zum »anonymen« Zeitstil, sie waren die gültige Währung in der Musik um 1775. Fraglos hat jedoch Mozart als erster Komponist voll und ganz verstanden, was sie für die Oper bedeuten konnten. Gluck war in gewissem Sinn als Komponist origineller, insofern er seinen Stil nicht durch die Übernahme zeitgenössischer Traditionen, sondern einen unerbittlichen Willensakt persönlich ausgeformt hat. Doch gerade seine Originalität versperrte ihm den Weg zu jener Zwanglosigkeit und Leichtigkeit, mit der Mozart die Beziehung zwischen Musik und Drama meisterte.

Die Operntauglichkeit des Sonatenstils zeigt sich am klarsten und vollkommensten in Mozarts Lieblingsnummer aus dem ›Figaro‹, dem großen Sextett der Erkennungsszene im dritten Akt. Es ist in der Sonatenform des langsamen Satzes, d.h. ohne Durchführung, aber mit einer in der Tonika beginnenden Reprise geschrieben (allerdings ist die »zweite Themengruppe« der Exposition derart vergrößert und gesteigert, daß sie gewissermaßen wie eine Durchführung wirkt). Das Sextett beginnt damit, daß Marzelline, die in Figaro ihren verloren geglaubten Sohn wiedergefunden hat, ihrer Freude darüber Ausdruck gibt (a):

Der Tonikaabschnitt besitzt drei Themen, dieses ist das erste. Das zweite (b) tritt auf, nachdem Doktor Bartolo eine Variante von (a) gesungen hat; Don Curzio und der Graf drücken ihren Ärger damit aus:

Das dritte (c) schließlich, ein ekstatisches, auf einer verminderten Quinte aufgebautes Thema, ist auf Marzelline, Figaro und Doktor Bartolo verteilt.

Die von der Melodie nachgezeichnete, schmerzliche Dissonanz verleiht ihm seinen gefühlvollen Charakter. Der Abschnitt endet mit einem Halbschluß auf der Dominante, wenn Susanna mit dem nun nicht mehr benötigten Geld kommt, um Figaro von seinem Heiratsvertrag mit Marzelline freizukaufen:

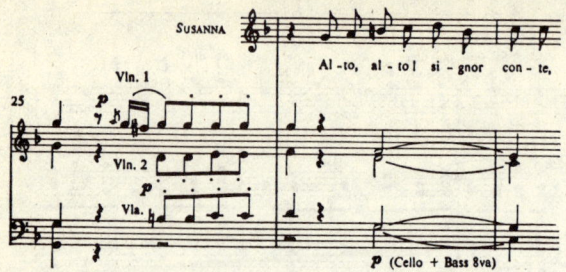

Damit beginnt die in einer Sonatenexposition konventionellerweise so genannte »Überleitung«; die aus dem Wechsel zur Dominante resultierende, zusätzliche Spannung spiegelt wunderbar Susannas Unkenntnis und ihr unvermeidliches Mißverstehen der Ereignisse wider. Wie in den meisten Haydn-Sonaten und in zahlreichen Sonaten von Mozart kehrt am Anfang der zweiten Themengruppe ein Teil der ersten wieder.

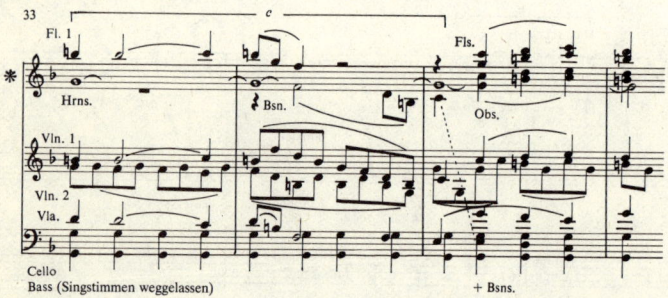

Der wiederholte Teil ist (c), Marzelline, Figaro und Bartolo sind immer noch in ihre Entdeckung versunken. Mit der Wendung zur Molldominante bzw. mit Susannas Zornesausbruch, wenn sie Figaro Marzelline küssen sieht (d), tritt ein Dissonanzklang auf:

Während Figaro sie zu besänftigen sucht, erscheint ein neues, schmeichelndes Motiv in den Geigen,

das aber von der Violinstimme in (a) abgeleitet ist und die gleiche Gefühlswallung wie (c) besitzt. Die Exposition setzt sich mit einem daraus abgeleiteten und damit kombinierten Motiv (e), das Susannas Empörung ausdrückt, fort,

und schließt wie jede damalige Exposition mit einer kräftigen Kadenz auf der Dominante.

Nur die Reprise einer Sonate erfordert Erfindungsgabe bei der Übertragung aufs Theater; die Exposition ist durch ihre Einführung von stets neuen Elementen und Ereignissen ohnehin schon ein Modell für immer komplizierter und dichter werdende Verwicklungen. Für die Reprise hingegen mußte der Klassiker in der Situation, ja in den

Worten des Librettos die Elemente der Symmetrie und Lösung suchen. Es muß wohl nicht betont werden, daß es hierbei nicht um eine spielerische oder pedantische Übertragung einer fixierten Form auf ein dramatisches Genre geht. Für den Klassiker waren Symmetrie und Lösung in der Sonatenform nicht entbehrliche Formelemente, sondern ständige, feste Bedürfnisse.

Die Lösung beginnt im Sextett damit, daß der zornigen Susanna die Situation ausführlich erklärt wird. Dementsprechend kehrt die Tonika zurück, und die Reprise beginnt mit dem erneuten Auftreten von (a):

Da der Text natürlich nicht auf die Anfangsmelodie paßt, spielen jetzt die Holzbläser im Orchester die Melodie (a), während Marzelline sie ausschmückt.

Susanna ist verwirrt, und diese Verwirrung wird durch eine Variante von (b) ausgedrückt, dem Thema, das in der Exposition die Bestürzung des Grafen und Don Curzios gemalt hatte (siehe oben):

Zuletzt gibt es einen Schlußabschnitt, in dem alle, außer dem Grafen und Don Curzio natürlich, ihrer Freude Ausdruck geben:

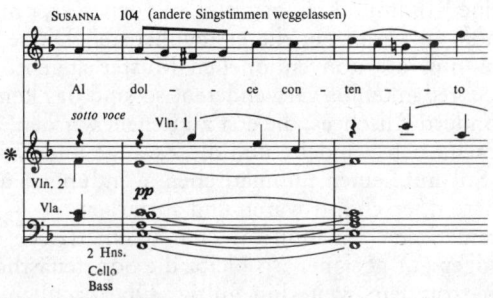

Er klingt vor allem an den höchst eindrucksvollen Charakter von (c) an. Sogar eine Bewegung nach *f*-moll ist vorhanden (T. 110–117), die das *c*-moll von (d) widerspiegelt. Wir haben ein gutes Beispiel für die Prioritäten der klassischen Form vor uns: die harmonische Struktur und die Proportionen wiegen hier, wie in so zahlreichen absoluten Werken von Haydn und Mozart, schwerer als das notengetreue Melodiemuster.

Es läßt sich tatsächlich keine Beschreibung der Sonatenform geben, die zwar Haydns Quartetten, nicht aber der Mehrzahl der musikalischen Formen in Mozarts Opern gerecht würde. Das Zusammenfallen von absoluter und dramatischer Form ist in vieler Hinsicht bedeutsam, insbesondere weil es das Wesen der Form im späten 18. Jahrhundert einsichtig macht. Es gab keine festen »Regeln«, wohl aber erfolgreiche, vielfach nachgeahmte, ja nachgeäffte Muster und unbewußte Gewohnheiten. Weder die Formen der absoluten Musik, noch die Bühnenmusik beeindrucken dadurch, daß sie, wie oft angenommen wird, »Regeln« brechen. Das Überraschungselement in den

Streichquartetten und Opern geht nicht auf die Abweichung von einer imaginären, außerhalb des Einzelwerkes wirkenden musikalischen Norm zurück. Vielmehr erzeugt das Werk selbst, versteht man erst einmal seine Sprache, seine eigenen Erwartungen, die es enttäuscht und schließlich erfüllt. Die Spannungen sind vor allem in der Musik und nur in geringem Maße in den spezifischen Erwartungen und Vorurteilen des Zuhörers angelegt, obgleich dieser die Stilsprache – und nicht nur ihre oberflächlichen Formkonventionen – gelernt haben muß, um zu wissen, was sein Ohr zu erwarten hat. Man muß hinnehmen, daß der Stil, wie in jeder anderen Sprache auch, grundsätzlich immer wieder Neues hervorbringt und ein eingebautes Potential zur Schaffung origineller Kombinationen besitzt. Mit anderen Worten, was der klassische Stil an wirklichen Regeln entwickelte, nämlich das Bedürfnis nach Lösung, das Proportionsgefühl und der Sinn für geschlossene, gerahmte Formen, wird nie durchbrochen. Dies sind seine Kommunikationsmittel, mit denen er, ohne seine eigene Grammatik zu verletzen, die erstaunlichsten Dinge aussprechen konnte. Was nun die konventionellen Muster angeht, die so viele Komponisten gedankenlos verwendeten, so sind das keine Grammatikregeln, sondern Klischees, die erst zu Regeln wurden, als die musikalische Sprache sich wandelte und die Zwänge und Kräfte, die den klassischen Stil mit seinen idiomatischen Wendungen und Formeln geschaffen hatten, erschöpft waren und abstarben.

Ist die dramatische Situation für eine symmetrische Lösung und Reprise weniger gut geeignet, so bleibt die Sonatenästhetik für Mozarts Opern trotzdem weiterhin gültig. Oberflächlich gesehen erscheint sie komplizierter in ihrer Anwendung, aber das gleiche Auflösungsbedürfnis, das gleiche Proportionsgefühl herrscht auch dann. Das Sextett im zweiten Akt von ›Don Giovanni‹ ist formal ebenso klar, aber nicht so offensichtlich symmetrisch wie das Sextett im ›Figaro‹, doch erfüllt es die gleichen ästhetischen Forderungen. Die differenzierte dramatische Aktion mit ihrer allmählichen Einführung neuer Charaktere und den überraschenden Situationsveränderungen erfordert eine enorme Ausweitung der »Durchführung« und viel neues Material. Die Auflösung ist ebenso umfangreich und emphatisch. Der *Es*-dur-Anfang ist eine kurze, knappe Sonatenexposition, die gleich der Exposition von Haydns ›Oxforder Symphonie‹ nichts von den bevorstehenden enormen Folgen verrät. Zu Beginn finden Donna Elvira und Leporello (den sie für Don Giovanni hält) sich im Dunkeln nicht zurecht. Donna Elvira fürchtet, im Stich gelassen zu werden, und das Orchester malt ihren Angstschauder mit einem später wieder erscheinenden Motiv (a):

Die Musik erreicht die Dominante, während Leporello im Dunkeln nach der Tür tappt; nachdem er sie gefunden hat, singt er ein typisch regelmäßiges Schlußgruppenthema und die Kadenz einer Sonatenexposition. Darauf kommt mit dem Auftritt von Donna Anna und Don Ottavio in Trauerkleidung ein ganz außergewöhnlicher Augenblick: Die Oboen halten den Schlußton der Dominantkadenz weiter aus, während mit einem leisen Paukenwirbel die entfernte, strahlende Tonart *D-dur* erreicht wird. Wenn Don Ottavio nun zu singen beginnt, erklingt diese Überleitungsphrase erneut ganz wunderbar als Kontrapunkt. Die Überlappung bringt sowohl die Kontinuität als auch die Gliederung zur Geltung.

Die tonartlichen Beziehungen enthalten hier ein wichtiges Paradox. *D*-dur ist in einem Satz in *Es*-dur zwar eine entfernte Tonart, aber es ist zugleich die Grundtonart der gesamten Oper. Dieser Augenblick in der Modulation ist infolgedessen mehrdeutig, und es überrascht nicht, daß jeder Zuhörer ihn als mysteriös empfindet. Die hier zum ersten Mal im Sextett erscheinenden Pauken und Trompeten arbeiten diesen Moment scharf heraus. Auf zweierlei Weise wird die Verbindung mit dem Anfang der Oper sowie die Gewißheit, die Grundtonart erreicht zu haben, betont und verdeutlicht. Erstens ruft Don Ottavio im folgenden Takt das Hauptthema der Ouvertüre ins Gedächtnis zurück:

Das ist keineswegs eine thematische Anspielung, sondern resultiert aus der sich durch die gesamte Oper ziehenden, einheitlichen Auffassung der Tonart *D*-dur, die somit jeweils ähnliche Assoziationen wachruft. Mit Donna Annas Erwiderung auf Don Ottavio verschiebt sich die Musik in das *d*-moll des Ouvertürenanfangs und der Ermordung des Komturs. Der Wechsel wird wiederum von mysteriösen, leisen Paukenwirbeln betont:

Bis zu diesem Punkt in der Oper erfolgte jeder Auftritt von Donna Anna, abgesehen von den großen Ensembles, in der Grundtonart *D*. Ihr erstes Duett mit Don Ottavio nach dem Tode ihres Vaters steht in *D*; sein Anfang ähnelt ihrer Phrase im Sextett:

Auch ihre große Arie »Or sai chi l'onore« steht in D^{49}. Wenn Donna Anna und ihre maskierten Begleiter, Don Ottavio und Donna Elvira, zum ersten Mal im Finale des ersten Aktes erscheinen, bringen sie die Tonart *d*-moll mit sich:

Das Donna Elvira übertragene Anfangsmotiv steht wiederum demjenigen im Sextett nahe. Es sind aber keine thematischen Verweise, sondern es ist das Resultat einer Gesamtkonzeption der Oper, in der sich alles auf eine Grundtonart bezieht, die ihrerseits nicht nur symbolischen Verweischarakter besitzt, sondern anscheinend auch ihre eigene Klangwelt heraufbeschwört. Allein die Tatsache, daß eine Sängerin so eng mit der Tonart assoziiert ist, verleiht ihr einen unmittelbar erkennbaren Klang. In welcher Tonart ein Abschnitt auch stehen mag, sobald *d*-moll erscheint, wird unmißverständlich der Tod des Komturs heraufbeschworen[50].

Man braucht daher nicht absolutes Gehör zu haben, um an diesem Punkt des Sextetts einen Verweis auf die Tonika der gesamten Oper zu hören. Doch selbst in Werken des 18. Jahrhunderts, die außerhalb der Oper stehen, könnte das Empfinden eines Komponisten für solch

---

[49] Ihre spätere Arie »Non mi dir« steht in *F*-dur, der parallelen Durtonart von *d*-moll; es geht ihr ein hauptsächlich von *d*-moll geprägtes Accompagnato-Rezitativ voraus.

[50] Selbst die Geisterstimme des Grabmals setzt mit einem *d*-moll-Akkord ein, während sein Schlußauftritt im letzten Akt nicht nur die betonteste Wiederkehr des *d*-moll, sondern auch die ausdrückliche Rekapitulation eines großen Teils der Ouvertüre auslöst.

weitverzweigte Beziehungen stärker ausgeprägt sein, als manch ein Musikschriftsteller, insbesondere Tovey, hat zugeben wollen. Natürlich hat kein Komponist jemals seine entscheidenden Effekte von der Wahrnehmung solcher Beziehungen abhängig gemacht. Wenn er auch seine feinsten Pointen nur von Kennern geschätzt weiß, so schreibt er doch nicht ein ganzes Werk bewußt über die Köpfe der Durchschnittshörer hinweg. Wer aber ganz gewiß die Wiederkehr der Tonika auch ohne thematischen Hinweis erkennen wird, ist zumindest der ausführende Musiker. Aus diesem Grund kommen derartige Feinheiten der Tonartbeziehungen eher in den gleichermaßen für die Spieler wie für die Zuhörer geschriebenen Streichquartetten und Sonaten vor, als in den gröber, wenn auch umfangreicher angelegten Opern oder Symphonien. Die letzten Haydn-Sonaten etwa spielen in einer Weise mit entfernten Tonartbeziehungen, wie Haydn es in den ›Londoner Symphonien‹ nie versuchte. Mozart versteht es jedoch, wie wir sahen, diese Beziehungen in den Opern auf dramatische Weise spürbar zu machen.

Der Auftritt von Don Ottavio und Donna Anna im *Es*-dur-Sextett sowie die eigenartige Modulation, die ihn ankündigt, machen aus *D* eine zweite, im Vergleich zu *B*-dur in mancher Hinsicht kraftvollere Dominante. (Für Beethoven wurde später die Suche nach Ersatzdominanten sehr wichtig, aber nur einmal, in der am Ende seines Lebens komponierten Sonate op. 110 versuchte er es mit etwas harmonisch so kühnem wie der Tonart des Leittons. Bei Mozart hängt das Gelingen allerdings neben der inneren Logik ebenso sehr von den dramatischen Gründen ab, deren harmonische Rechtfertigung außerhalb des Sextetts liegt.) Obwohl *D*-dur/*d*-moll mit einer gewissen Breite festgelegt und beibehalten werden, bleiben sie daher unstabil und modulieren nach *c*-moll, das aufgrund seiner direkten Beziehung zu *Es*-dur die hochgespannte Atmosphäre abschwächt, aber immer noch in der »Durchführung« bleibt. Ein wichtiges neues Thema für Donna Elvira, ein Seufzerthema (b), wird eingeführt:

Während Leporello sein abschließendes Thema wiederholt, sucht er zu entkommen, wird aber durch das Auftreten von Zerlina und Masetto aufgehalten. Leporellos Entdecktwerden bringt das kleine Motiv (a) zurück, das vorher Donna Elviras Schrecken darstellte:

Es folgt eine lange Verarbeitung der Seufzerwendung (b), während Donna Elvira um Gnade für den Mann bittet, den sie für Don Giovanni hält. Die Musik bleibt viele Takte lang in g-moll, was sowohl dazu dient, das *D*-dur teilweise aufzulösen, als auch eine Annäherung an die Tonika *Es*-dur zu vollziehen. Fast unter Tränen fängt Leporello an, um Gnade zu bitten, wobei eine winselnde chromatische Tonleiter der Holzbläser ihm jeweils folgt und sekundiert. Ein herrlich humorvoller Abschnitt findet sich in Takt 108–109, wenn Leporellos Phrase dringlicher und verzweifelter wird, und die Bläser ihn nicht ausreden lassen, sondern ihre Phrase kontrapunktisch über seine legen. Diese Entwicklung endet auf einem *G*-dur-Akkord, der aufgrund der vorangehenden Sequenzen doppelt unstabil ist. Diese Sequenzen werden von der Entdeckung ausgelöst, daß der verschreckte Gefangene gar nicht Don Giovanni, sondern Leporello ist. Sie setzen mit einer Überraschungskadenz ein und könnten als »Überleitung« zur Reprise bezeichnet werden. Sie führen aber nicht direkt nach *Es*-dur, sondern dienen nur dazu, das fest etablierte g-moll von Leporellos Klage zu schwächen und anzudeuten, daß die dissonierende Tonart kurz vor ihrer Lösung steht.

Dramatische Forderungen machten es notwendig, daß auf eine »Exposition« von siebenundzwanzig Takten eine Durchführung von hundertunddreizehn Takten folgt. Die sich anschließende Lösung ist entsprechend grandios. Alles, was im Schlußabschnitt (T. 131–277) geschieht, ist nichts weiter als eine Reihe von dramatisierten, ausgeschmückten, erweiterten und fantastisch belebten Tonikakadenzen (V–I) auf *Es*-dur. Die Grundharmonie rührt sich eigentlich nicht von der Stelle: Mögen die Akkorde auch noch so entfernt und die Harmonien noch so kompliziert sein, im Grunde wird nicht moduliert. Die wütend-überstürzte rhythmische Bewegung bleibt völlig auf der Oberfläche. Der gesamte, mit »Molto allegro« überschriebene Abschnitt heftet sich fester an die Tonika, als eine Sonatenreprise in absoluter Musik es je wagen würde. Fast die Hälfte aller Takte enthält einen *Es*-dur-Dreiklang. Das Molto allegro bringt wie eine Reprise die Lösung, und die relativen Proportionen entsprechen angesichts des ungemein vergrößerten Umfangs der vorangegangenen »Durchführung« denen der Sonate: Da die circa hundertundvierzig Takte des Molto allegro etwa doppelt so schnell wie das übrige Sextett sind, entspricht seine Länge ungefähr siebzig vorangehenden Takten, während die Konzentration auf die Tonika hinreichend für klassische Ausgewogenheit und die Lösung sämtlicher harmonischer Spannungen des Sextetts sorgt. Die Höhepunkte des Sextetts liegen an denselben Stellen und haben denselben Charakter wie in der Sonate: der aufschreckende Wechsel am Anfang der Durchführung, wenn Donna Anna und Don Ottavio auftreten, die lang ausgezogene Spannung an ihrem Ende, wenn Leporello seine Identität enthüllt. Von dem abschließenden Molto allegro-Abschnitt könnte man behaupten, daß er sich fast unter Nichtbeachtung des Textes der Sonatenästhetik unterwirft, denn »Mille torbidi pensieri« (tausend schreckliche Gedanken) legen eine so enge Anlehnung an die Tonika nicht gerade nahe.

Man darf das Sextett nicht als eine abstrakte musikalische Form ansehen, es reagiert auf andere als rein musikalische Zwänge. Nichtsdestoweniger wird es von den gleichen Proportionen und Idealen geleitet, die auch die Sonatenform schufen. Mozart behauptete ausdrücklich, der Text müsse der Musik dienen, aber er betonte auch die Gleichwertigkeit der dramatischen und musikalischen Konzeption. In seinen Opern sind die dramatischen Verwicklungen von der musikalischen Form nicht zu trennen. Daß der Sonatenstil wie kein anderer Stil vor ihm mit einem dramatischen Entwurf verschmelzen konnte, machte Mozart zum Günstling des geschichtlichen Augenblicks. Wenn musikalischer Stil und dramatische Konzeption sich nicht gegenseitig ergänzen, kann auch die großartigste Musik eine Oper nicht lebensfähig machen; tun sie es aber, so vermag auch das albernste Libretto sie kaum zu ruinieren.

Dieses Sextett ist im Grunde als ein Opera buffa-Finale angelegt, eine Form, für deren Entwicklung Mozart seinen Vorgängern wenig schuldete. Er kann als ihr Schöpfer und zugleich ihr einziger Meister gelten. Formal gesehen umfaßt ein Finale sämtliche Musik zwischen dem letzten Secco-Rezitativ und dem Aktschluß; es kann bis zu zehn Nummern oder auch nur eine einzige enthalten. Mozart hat anscheinend als erster Komponist das stärker differenzierte Finale als tonartliche Einheit konzipiert. Das kann keine theoretische Forderung des Zeitalters gewesen sein, denn die Finali seiner früheren Opern (›La finta giardiniera‹ beispielsweise) beginnen und enden in verschiedenen Tonarten. Angefangen mit der ›Entführung aus dem Serail‹ schließen sämtliche Finali in sämtlichen Opern in derselben Tonart, in der sie anfangen, und die oft recht differenzierten, internen tonartlichen Beziehungen sind so angelegt, daß sie ein harmonisches Gleichgewicht im Sinne des Sonatenstils bilden. Mozarts Zeitgenossen sind entweder so wenig konsequent, daß die hin und wieder auftretenden, anscheinend um ein Tonikazentrum kreisenden Finali als Zufall zu gelten haben, oder aber sie entfernen sich (wie etwa bei Piccinni) so wenig von der Originaltonart, daß die tonartlichen Beziehungen einfach infolge ihrer Abwechslungslosigkeit einheitlich sind.

Für seine stärker differenzierten Finali benötigte Mozart ein Libretto, das eine Folge von Ereignissen dergestalt anordnete, daß die Musik ihre Reihenfolge klären und dramatisieren konnte. Er scheute nicht vor der Forderung zurück, den Anfang eines Aktes an den Schluß des vorhergehenden zu verlegen, wofern er dadurch die gewünschte Situation und Reihenfolge erhielt, selbst wenn infolgedessen die Handlung weniger sinnvoll verteilt war und der Librettist sich unnötige Komplikationen ausdenken mußte, um das Loch zu stopfen. Nach allgemeiner Überzeugung gilt Da Pontes Umarbeitung von Beaumarchais im zweiten Akt des ›Figaro‹ als das überragende Beispiel für die Kunst des Librettisten, ein Finale zu konstruieren. Jede neu eingeführte Figur bereichert den Klang, und die wachsende dramatische Verwicklung bildet den idealen Hintergrund für die zunehmende Brillanz und Lebendigkeit der Musik. Es ist ein Finale, das bewußt im Hinblick auf den musikalischen Stil geschaffen wurde.

Formale Geschlossenheit wird in der Musik des späten 18. Jahrhunderts vor allem durch Rahmenbildungen erreicht; je stärker die Umrahmung als Teil des Werkes bestimmt wird, desto eher werden Einzelabschnitte innerhalb des großen ganzen durch analoge Rahmenbildungen markiert. Die Anfangsszene des ›Don Giovanni‹ beginnt mit Leporello allein auf der Bühne in *F*-dur und endet vor dem ersten Secco-Rezitativ (nach dem Tode des Komturs) in *f*-moll. Diese ausgedehnte Szene ist jedoch in einem größeren Zusammenhang aufgehoben, was durch die leichte Verwischung bzw. Auflösung an beiden Enden des inneren Rahmens hervorgehoben wird: Das Orchester moduliert aus der Ouvertüre direkt in Leporellos *F*-dur, und am Ende gibt es keinen Ganzschluß auf *f*-moll, sondern eine erschreckend wirkungsvolle Abschattierung ins geflüsterte Rezitativ. Die größere Gruppierung wird von der Ouvertüre einerseits und der Szene zwischen Donna Anna und Don Ottavio andererseits eingerahmt;

beide stehen in *D*, und diese Tonart wird dadurch, daß sie im Mittelteil für das Duell zurückkehrt, hervorgehoben. Diese Halbierung des Gesamtrahmens trägt dazu bei, *D* als die Grundtonart der Oper festzulegen; diese ihre Funktion zeigt sich höchst exakt, wenn die nächste Szene mit Leporellos brillanter, witziger Register-Arie wiederum auf *D*-dur endet, so daß also das *d*-moll der größeren Gruppierung (wie auch das jener kleineren, nämlich der Ouvertüre allein) sich traditionsgemäß nach *D*-dur auflöst[51].

Mozarts Finale besteht aus Einzelnummern, die aber vielfach ineinander übergehen und als Einheit gehört werden wollen. Mit diesen umfangreichen Gruppierungen näherte sich Mozart am stärksten dem Konzept einer umfassenden Kontinuität. Die großen Einzelabschnitte entsprechen der inneren Gliederung der klassischen Phrase. Beethoven, der zumal in der ›Missa solemnis‹ eine noch weiterreichende Kontinuität anstrebte, als Mozart je versucht hatte, stützt sich zur Erreichung der großen Form immer noch auf diese Art von Mehrteiligkeit (und selbst bei Wagner gibt es noch deutliche Spuren davon). Die Bedeutung des Mozartschen Finales für das Gesamtbild der Opern kann gar nicht hoch genug angesetzt werden; sie binden die verschiedenen Stränge des Dramas und der musikalischen Form zusammen und verleihen der Oper eine bisher nie gekannte Kontinuität. Die Arien dienen ungeachtet ihrer großen Schönheit zum großen Teil nur dazu, das Finale des Aktes, die Krönung des Ganzen, vorzubereiten.

Es überrascht nicht weiter, daß sich durch die Entwicklung des Finales zu einem einheitlichen Gesamtentwurf u. a. die musikalische Bedeutung des Secco-Rezitativs verringerte. Quantitativ gibt es keinen Rückgang, aber in den späteren Opern ist es weniger kühn und ausdrucksvoll. Selten kann sich ein Mozartsches Secco-Rezitativ nach ›La finta giardiniera‹ mit der Chromatik des folgenden Abschnitts aus jenem Frühwerk vergleichen:

[51] Oben (S. 104) habe ich auf eine ähnliche Umrahmung eines Teils der größeren Form im Finale zu Akt 1 des ›Don Giovanni‹ hingewiesen.

Von ›Idomeneo‹ an sind die Secco-Rezitative alltäglicher in ihrer Harmonik, obgleich sie zuweilen dramatisch unterbrochen werden, zumal im ›Figaro‹. Die Secco-Rezitative liefern jetzt den wahrhaft »trockenen« Gegensatz zu den ausdrucksvoller angelegten Großstrukturen.

Das in den Finali wirkende Formgefühl ist dem der Symphonik und Kammermusik sehr ähnlich, die dramatischen Erfordernisse der Komödie des 18. Jahrhunderts bewegen sich mühelos mit dem musikalischen Stil im Gleichschritt. Im Finale des zweiten Aktes von ›Figaro‹ gibt sich die Gräfin in der vorletzten Nummer mit einer höchst anmutigen Überleitung zur Durtonika zu erkennen, die plötzliche Wendung zur Molltonika repräsentiert die beschämte Überraschung des Grafen in einer sekundären Durchführung, und schließlich bittet er in einem langen, zur Durtonika zurückkehrenden Lösungsabschnitt um Vergebung. Die Reprise eines Streichquartetts besitzt eine nicht allzu andersartige dramatische Gestalt, und man mißversteht Mozarts Kammermusikstil, wenn man das nicht begreift. Im Rahmen des Gesamtfinales hat die vorletzte Nummer als Ganzes eine ebenso geordnete und direkte Bedeutung: sie steht in der Subdominante (*G*-dur) der Grundtonart der gesamten Oper (*D*-dur) und trägt quasi als Teil einer größeren Reprise dazu bei, die endgültige Symmetrie und Lösung zu verstärken.

Ein Finale ist eine Oper en miniature. Die gleiche tonartliche Geschlossenheit, die dort herrscht, findet sich, der größeren Länge entsprechend natürlich etwas großzügiger ausgelegt, in der Oper als Ganzem. Wiederum ist Mozart anscheinend der einzige unter seinen Zeitgenossen, der auf diese Geschlossenheit pocht. Es ist zudem eine Entwicklung seiner Reifezeit; erst nach seinem 20. Lebensjahr beendet Mozart eine Oper ausnahmslos in der Tonart der Ouvertüre. War es Theorie oder sich entwickelnder Instinkt? Dieser Frage läßt sich nicht sinnvoll nachgehen, aber es wäre auf jeden Fall absurd, Mozarts Kompositionsgewohnheiten als eine Art Schlafwandlerei zu betrachten.

Wo der Instinkt aber ganz bestimmt eine Rolle spielt, ist bei der Setzung klassischer Proportionen innerhalb der harmonischen Gesamtstruktur der Oper. Das am meisten durchgeformte und brillanteste Finale ist nie das letzte (oder das zweite von zwei großen), sondern das erste. Es bezeichnet, gerade wie eine Durchführung, den Spannungshöhepunkt des Werkes. Auch harmonisch entfernt es sich von der Tonika der Oper so weit, wie Mozart überhaupt gehen konnte. Das erste Finale in ›Figaro‹ (es beendet eigentlich den zweiten von vier Akten) steht gegenüber der Tonika *D*-dur der gesamten Oper in *Es*-dur, und die anderen Werke weisen das gleiche Muster auf: *D*-dur zum C-dur von ›Così fan tutte‹, *C*-dur zum *Es*-dur der ›Zauberflöte‹, C-dur zum *d*-moll/dur des ›Don Giovanni‹. Diese zentralen Finali sind tatsächlich das Herzstück des jeweiligen Werkes und in ihrer Ausarbeitung kunstvoller und differenzierter, als Mozart sonst ist. Deshalb finden viele Hörer die zweiten Finali, besonders die in ›Figaro‹ und ›Così fan tutte‹, etwas enttäuschend.

Die klassische Auffassung dessen, was einen Abschluß ausmacht, ist stilistisch dem modernen Geschmack am meisten zuwider, und doch ist sie ein ebenso wesentliches Stilelement wie die stärker organisierten Strukturen im Anfangs- bzw. Mittelteil eines Werkes. Die Schlußnummer moduliert in sämtlichen Opernfinali überhaupt nicht, sondern verharrt fest auf der Tonika. Sie dient somit als Schlußkadenz, als erweiterter Dominant-Tonika-Schritt (V–I) des Gesamtfinales, so wie das letzte Finale die Schlußkadenz der gesamten Oper bildet. Wie die Reprise einer Sonate bringt die Schlußnummer eines Finales die harmonische Auflösung sämtlicher vorangegangener Dissonanzen.

Lockerheit und Geradlinigkeit, die das Wesen der klassischen Rondoform und somit zahlreicher Sonaten- oder Symphoniefinali ausmachen, manifestieren sich auf bemerkenswerte Weise im Finale des zweiten Aktes von ›Don Giovanni‹, das von einem auf der Bühne befindlichen Orchester mit einem Potpourri beliebter, zeitgenössischer Opernmelodien eröffnet wird. Hier wird bewußt versucht, die dramatische Konzentriertheit der Oper aufzubrechen und die Kontinuität zu schwächen. Ähnliche Lockerungsbestrebungen zeigen sich im vierten und letzten Akt des ›Figaro‹, sofern er ungekürzt, d. h. einschließlich der Arien von Don Basilio und Marzelline, aufgeführt wird. Selbst wenn diese Arien nur deshalb existieren, weil die Sänger zumindest auf je eine Arie Anspruch hatten, so erschien die Unterbrechung der dramatischen Kontinuität dem Komponisten wie dem Librettisten doch offensichtlich am ehesten im letzten Akt angebracht. Das Finale des zweiten und letzten Aktes von ›Così fan tutte‹ hat einen verwirrend raschen und vielgliedrigen Modulationsplan, der nichts von der Intensität und Konzentration des ersten Finales besitzt und doch ebenso meisterhaft und inspiriert ist.

Festigkeit und Klarheit der klassischen Schlußbildung, insbesondere die harmonische Lösung aller weitreichenden Dissonanzen, gaben auch der Opernarie eine neue Form. Hält man sich die Finali und das Sextett aus ›Don Giovanni‹ als Beispiele vor Augen, so wird die Rolle von kurzen abschließenden Allegros in Arien wie etwa »Non mi dir« und »Batti, batti, o bel Masetto« verständlich. Arien in gemäßigtem Tempo mit einem rascheren Schlußteil finden sich häufig in Opern aus dem letzten Viertel des 18. Jahrhunderts, und der Schlußteil bildet dabei nicht eine Coda oder einen unabhängigen Satz wie in Bellinis »Casta diva«, sondern bringt die harmonische Lösung der vorangegangenen Spannungen. Der langsamere erste Teil fast aller solcher Arien steht äußerlich gesehen in einer ABA-Form, die jedoch nichts mit der Da capo-Arie oder mit normaler Dreiteiligkeit zu tun hat; vielmehr moduliert der B-Teil stets zur Dominante und trägt den Charakter einer »zweiten Themengruppe« in der Sonatenform (zuweilen folgt eine Durchführung). Der schnellere Schlußteil, der sich an die Wiederkehr des Anfangsthemas anschließt, ersetzt harmonisch die Reprise von B, d. h. der »zweiten Themengruppe«: wie der Schluß des ›Don Giovanni‹-Sextetts verläßt dieser Teil abgesehen von einer flüchtigen Berührung der Subdominante niemals die Tonika, nicht einmal in solch ausgedehnten Beispielen wie dem abschließenden Allegro moderato von »Per pietà, ben mio« aus ›Così fan tutte‹[52]. In der

---

[52] Wie das Empfinden für die tonartliche Geschlossenheit einer Oper ist auch das für Tonartenproportionen eine stilistische Entwicklung des reifen Mozart; sie beginnt mit der ›Entführung‹. In dem Terzett in *E*-dur, »O selige Wonne« aus ›Zaïde‹ fehlt sie beispielsweise noch, so daß dort auf eine unaufgelöste Sonatenexposition eine vollständige Sonatenform folgt.

Arie der Gräfin, »Dove sono«, aus ›Figaro‹ wird die Unvollständigkeit des ersten, langsamen Teils zugestanden, indem die Anfangsmelodie bei der Rückkehr mitten in einer Phrase abbricht, so daß das folgende Allegro sowohl die Phrase als auch den Satz als Ganzes vollendet. Diese Arienform – Andante (Tonika-Dominante-Tonika) – Allegro (Tonika) – stimmt mit dem harmonischen Ideal der Sonatenform überein, insofern sie zunächst zur Dominante moduliert und wenigstens das ganze letzte Viertel ihrer Gesamtlänge auf die entschiedene Tonikalösung verwendet. Der harmonische Höhepunkt steht in der Mitte und die Lösung wird wie im Konzert mit Mitteln der Virtuosität ausgetragen[53].

Im Zuge seiner wachsenden Erfahrung als Opernkomponist wurde Mozarts Arienkonzept immer phantasievoller. Die Sonatenmuster der meisten Arien in den frühen Opern, ›La finta giardiniera‹, ›Zaïde‹, ›Idomeneo‹, sind relativ einfach und geradlinig, ihre melodischen Symmetrien deutlich und notengetreu ausgeprägt. Viele könnten als Schulbeispiele der striktesten, engsten Definition des Sonatenallegros dienen, und selbst Arien mit ganz überraschenden Neuerungen wirken verhältnismäßig direkt. In ›Idomeneo‹ versuchte Mozart mehrmals, die Sonaten- und die Da capo-Form zu verschmelzen (Nr. 19, 27, 31). Diese Arien beginnen mit einer normalen Sonatenexposition (Tonika-Dominante) und lösen in der Reprise die »zweite Themengruppe« in die Tonika auf (Nr. 27, »No, la morte« weist sogar die ältere Dominante-Tonika-Form der Reprise auf). Der Mittelteil steht in einem andersartigen, kontrastierenden Tempo, das zunächst die lockere Haltung eines Menuett-Trios und erst allmählich den dramatischeren Charakter einer direkt zum Anfang zurückführenden »Durchführung« annimmt. Das sind Experimente, die Mozart im Laufe seiner Entwicklung unternahm, und sie sollten am besten im Hinblick auf ihre dramatische Funktion, den Text und ihre Stellung in der Oper betrachtet werden. Ein ungewöhnliches formales Verfahren mag stellvertretend für viele stehen. In Elettras Arie »Tutto nel cor« (›Idomeneo‹, Nr. 4) erhält eine Exposition in *d*-moll eine Reprise, die zunächst zwölf Takte lang in *c*-moll, der Tonart des erniedrigten Leittons steht und somit denkbar weit von einer Lösung entfernt ist. Die dramatische und formale Rechtfertigung für diese Abweichung

---

[53] Das Duett »Là, ci darem la mano« aus ›Don Giovanni‹ beginnt eindeutig mit der Sonatenform des langsamen Satzes, d. h. ohne Durchführung, und mit vollständiger Reprise. Der darauffolgende, schnellere Abschnitt im 6/8-Takt ist eine erweiterte Kadenz und verläßt die Tonika überhaupt nicht. Man könnte ihn als echte Coda bezeichnen, da seine Tonikabetonung nichts von der Dringlichkeit der Schlußteile der vorher genannten Arien besitzt. Da formal keine Lösung gefordert war, spiegelt das luxuriöse Schwelgen in dieser konsonantesten aller Harmonien, das sich im federnden Tanzrhythmus eines Sizilianos entfaltet, allein Zerlinas freudige Einwilligung wider.

sieht Mozart natürlich im Toben und Wüten der Person der Elettra; auch ihre anderen Arien weisen diese harmonische Labilität auf. Ebenso bemerkenswert ist allerdings die Tatsache, daß auf diese *d*-moll-Arie ohne Unterbrechung ein stürmischer Chor in *c*-moll mit der Beschreibung des Schiffbruchs folgt. Der abnorme *c*-moll-Anfang der Arienreprise dient also als Vorbereitung, ohne jedoch die dramatische Wirkung zu mindern. Die Reprise war ihrerseits in der Exposition angelegt, da diese sich von *d*-moll sowohl nach *f*-moll wie nach *F*-dur bewegt. Da das *c*-moll bei seinem Auftreten aus dem *f*-moll hervorgeht, erscheint es ganz natürlich; überraschend ist es nur, wenn man begreift, daß es tatsächlich den Anfang einer vollständigen Reprise, nicht etwa einer Durchführung bildet. Den wahren Schock vermittelt paradoxerweise erst die Rückkehr der Tonika mit ihrer typisch knappen und kraftvollen Wirkung.

Manch ein Leser wird diese Erwägungen unnötig minuziös finden, anderen mögen diese weitreichenden tonartlichen Bedeutungen simplifizierend erscheinen. Daß Mozart fraglos genau in solchen Kategorien gedacht hat, zeigt sein oft zitierter, an den Vater gerichteter Brief über die ›Entführung‹ vom 26. September 1781, in dem er die Wahl von *a*-moll als Schlußtonart für eine in *F*-dur beginnende Arie des Osmin erläutert. Auch Selbstrechtfertigung schwingt in dem Brief mit, das muß gesagt werden, denn er erklärt einen seiner überraschendsten harmonischen Effekte, ja erklärt ihn fast weg: »weil aber ... die Musick, auch in der schaudervollsten lage, das Ohr niemalen beleidigen, sondern doch dabey vergnügen muß, folglich allzeit Musick bleiben Muß, so habe ich keinen fremden ton zum f (zum ton der aria) sondern einen befreundten dazu, aber nicht den Nächsten, D minor, sondern den weitern, A minor, gewählt.« Hier spricht zweifellos ein zutiefst klassischer Geschmack, der den Manierismus der vorangehenden Generation ablehnt. Aber es ist auch ein Beschwichtigungsversuch, da der Vater immer befürchtete, Mozart werde ausgeklügelte, dem breiten Publikum unverständliche Avantgarde-Musik schreiben und damit kein Geld verdienen – was ja auch mehr oder weniger geschah. Mit dem Tonartenwechsel in Osmins Arie (Nr. 3 der ›Entführung‹)[54] wird Mozarts Verlangen nach tonartlicher Geschlossenheit keineswegs außer Kraft gesetzt, denn die verschiedenen Abschnitte werden kurz, aber deutlich durch gesprochenen Dialog getrennt. Das mag ein primitives Mittel sein, aber die tonartlichen Beziehungsmuster sind in der ›Entführung‹ eben noch nicht so fein entwickelt wie in den späteren Opern. Alles in allem zeigt der Brief an

---

[54] Diese Beziehung erscheint in dem Vaudeville-Finale am Ende der Oper symmetrieartig wieder und illustriert wiederum Osmins Wut. Dort ist sie allerdings im größeren Rahmen aufgehoben.

den Vater aber, daß jedem Tonartenwechsel eine bestimmte, symbolische Bedeutung innewohnte.

Die Arien der späten Opern sind subtiler und unendlich abwechslungsreicher. Die üblichen Symmetrien der Sonatenform werden, in wie vielfältiger Form sie auch auftreten, nicht mehr einfach und unmittelbar eingesetzt, obwohl sie weiterhin das Leitbild bleiben. Nun verbinden sich die harmonisch-rhythmischen Kräfte des Sonatenstils auf immer phantasievollere Weise mit der dramatischen Situation. Susannas »Deh vieni, non tardar« wirkt beim ersten Hören wie reiner, von keiner strengen Formvorstellung gehemmter Gesang. Die Arie steht jedoch in der oben als Sonaten-Menuett bezeichneten Form, bei welcher nach dem ersten Doppelstrich eine lebhaftere, in der Dominanttonart stehende Verquickung von »zweiter Themengruppe« und »Durchführung« beginnt. In »Deh vieni« ist die Reprise eine verhüllte Variation des Anfangs:

Die letztere Form vertauscht und erweitert die beiden Hälften der Anfangsmelodie und verwandelt so ihren ersten Takt in den lyrischen Überschwang einer Kadenz. Für diese ausgesucht schöne und subtile Arie existieren zahlreiche Skizzen, ihre Vollkommenheit ist Mozart nicht in den Schoß gefallen.

Figaros Kavatine »Se vuol ballare« zeigt auf noch bemerkenswertere Weise eine von strengem Proportions- und Gleichgewichtssinn getragene Freiheit. Sie beginnt als monothematische Sonate, d. h. mit der Wiederkehr der Anfangsmelodie auf der Dominante und mit einer als Durchführungsteil fungierenden Modulation nach d-moll. Das folgende Presto ist eine Variation des Anfangsthemas, es bleibt durchgehend in der Tonika und dient als Reprise und Lösung; gleichzeitig malt es auf herrliche Weise Figaros drohend angekündigten Triumph, den Vorgeschmack seiner künftigen Durchkreuzung der gräflichen Absichten. Man muß den Anfang mit dem Presto vergleichen, um zu erkennen, wie machtvoll der Rhythmus- und Tempowechsel wirkt und wie wenig sich doch der ursprüngliche Umriß verändert:

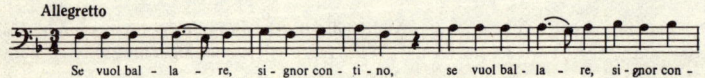

Als witzigster Zug schnellen die melodischen Grundelemente aufs doppelte Tempo zusammen, um in atemloser Schnelle gewissermaßen die ganze Arie in einer einzigen Phrase zusammenzufassen:

Das ursprüngliche Tempo wird am Ende nochmals zurückgerufen, um im Verein mit einem ganz kurzen, letzten Prestoausbruch diese Beziehung sprechender und die Balance dramatischer zu gestalten. Die Reprisen werden in allen Opern nach der ›Entführung‹ zunehmend weniger tongetreu, doch der Sinn für harmonische Proportion und Symmetrie schwankt nie.

Die Sparsamkeit der Mittel in einer Mozart-Arie gleicht der in einem Haydn-Quartett aufs Haar. Die kurze Phrase »signor contino«

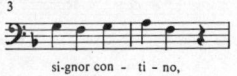

wird mit dem Text »le suonerò sì« und nichts weiter als der Oktavierung der letzten Note eine triumphierende Versicherung:

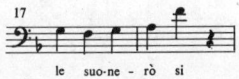

Das Motiv, das solch einen Wechsel ermöglicht, bleibt Bestandteil der melodischen Kontur der Kavatine in all ihren Transformationen. Als Kompositionstechnik geht diese dynamisch konzipierte thematische Arbeit auf Haydn zurück, aber ihre Eignung fürs Drama ist unbestreitbar. Die wechselnden Formen eines Motivs verleihen einerseits der Musik logischen Zusammenhalt und befähigen sie andererseits, nicht nur eine fixierte Stimmung, sondern ein sich vor unseren Augen von Drohung in Triumph verwandelndes Gefühl auszudrücken. Hier wie allerorten erreicht der klassische Stil seine Geschlossenheit und Kontinuität durch die Verwendung einzelner, abtrennbarer Elemente.

Der Zusammenfall von musikalischem und dramatischem Ereignis ist die Krönung von Mozarts Opernstil. In einem Essay (aus ›Fantasiestücke in Callots Manier‹), in dem er die Kompliziertheit von Mozarts Opernmusik verteidigt, beschreibt E. T. A. Hoffmann einen Moment in ›Don Giovanni‹: »Wenn im Don Juan die Statue des Kommandanten im Grundton E ihr furchtbares: Ja! ertönen läßt, nun aber der Komponist dieses E als Terz von C annimmt, und so in C-Dur moduliert, welche Tonart Leporello ergreift: so wird kein Laie der Musik die technische Struktur dieses Überganges verstehen, aber im Innersten mit dem Leporello erbeben, und ebensowenig wird der Musiker, der auf der höchsten Stufe der Bildung steht, in dem Augenblick der tiefsten Anregung an jene Struktur denken, denn ihm ist das Gerüste längst eingefallen, und er trifft wieder mit dem Laien zusammen.« Der von Hoffmann so bewunderte Terzfall ist in diesem *E-dur*-Duett nur einer unter vielen, die eine sonatenmäßige Symmetrie bilden. Vier derartige Terzfälle kommen vor, zwei von der Dominante (*H-dur*) zum *G* und – reprisenartig – wiederum zwei von der Tonika zum *C*. Der erste ereignet sich bei Don Giovannis Drohung, Leporello zu töten, wenn er sich weigere, an die Statue heranzutreten,

der zweite, wenn die Statue grauenerregend mit dem Kopf nickt

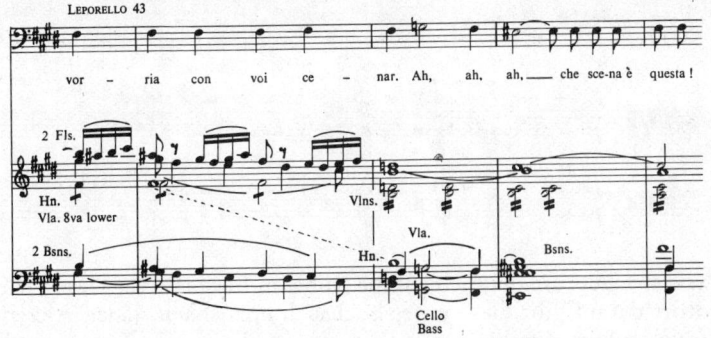

und damit offensichtlich auf den ersten anspielt. Der Abstieg von der Tonika *E* zum *C* ist beidesmal ausführlicher[55]. Beim ersten tritt Don Giovanni vor und befiehlt der Statue zu sprechen:

[55] Der Abstieg zum *C* in Takt 49 hat andersartige harmonische Bedeutung, da ihm der eben erwähnte Abstieg zum *G* unmittelbar voraufgeht und er in die Dominanttonart *H*-dur eingebettet ist.

(wobei wiederum deutlich auf die früheren Beispiele verwiesen wird). Sofort darauf gibt diese unter höchst dramatischen, jähen Akzenten ihre einsilbige Zusage.

Es gibt kein besseres Beispiel, um zu zeigen, wie mühelos Mozarts Stil eine echte, gleichwertige Entsprechung für die Bühnenhandlung findet, anstatt sie nur darzustellen. Die notwendigen Symmetrien legten ihm keine Fesseln an, sie inspirierten ihn.

Die Äquivalenz von Drama und Musik wurde nicht allein durch den klassischen Stil des 18. Jahrhunderts ermöglicht, parallel dazu verlief eine Revolution der Dramaturgie, insbesondere im Hinblick auf den Rhythmus der komischen Intrige. Die Charakterkomödie wurde entthront und die Situationskomödie an ihren Platz gesetzt. Diese hat es natürlich schon immer gegeben, Shakespeares ›Twelfth Night‹ (›Was ihr wollt‹) und ›The Comedy of Errors‹ (›Komödie der Irrungen‹) stellen nur die berühmtesten englischsprachigen Beispiele einer bis auf Menander zurückgehenden Gattung dar. Aber charaktergezeugte Komik dominierte und galt bei den meisten Theoretikern als die höhere Form; auch Gotthold Ephraim Lessing, der maßgebende deutsche Dramatiker der Zeit, proklamierte ihre Überlegenheit. Gegen Ende des 18. Jahrhunderts erklärte Johann Gottfried Herder die Charakterkomödie für tot, die einzigen Stücke von Molière, die sich noch auf der Bühne behaupten könnten, seien, wie ›Le Médecin malgré lui‹ (›Der Arzt wider Willen‹), Situationskomödien. In seinem Aufsatz ›Das Lustspiel‹ stellte Herder den kritischen Gemeinplatz auf den Kopf und behauptete, Charaktere (wie Tartuffe und Harpagon) »verändern sich unaufhörlich mit Völkern und Zeiten«, aber Situationen, d. h. komische Intrige und die dramatischen Verwirrungen und Umschwünge einer komischen »Fabel« seien ewig gültig und ewig neu.

Charaktere sind natürlich nicht mehr und auch nicht weniger zeitlos als Situationen, doch die Vorliebe des 18. Jahrhunderts ging sehr tief. Der Vorrang der Situationskomödie geht nicht auf ihre Neuheit zurück, denn sie war schließlich alles andere als neu, sondern auf die Entwicklung des dramatischen Rhythmus. Das 18. Jahrhundert schuf rein aus den Mechanismen der Bühnenregie eine neue Kunstform. Neu waren nicht die peinliche Entdeckung, die ungelegene Ankunft, die unabsichtlich entdeckte Verkleidung, sondern die Beherrschung und Beschleunigung des Tempos, mit dem sich all diese Vorfälle ereigneten. Schon am Ende des 17. Jahrhunderts begannen Molières Nachfolger, insbesondere Florent Dancourt und Alain René Lesage, diesen kunstvollen Rhythmus zu entwickeln und dabei Molières kräftige, psychologische Typologie zu vernachlässigen. Beaumarchais und Goldoni waren die hervorragendsten Meister um die Mitte des 18. Jahrhunderts. Obwohl Goldoni die Charakter- und Sittenkomödie weiterführte, schrieb er mehrere Meisterwerke reiner Situationskomik, wie etwa ›Il Ventaglio‹ (›Der Fächer‹), in denen sich das Interesse fast ausschließlich auf den Rhythmus der Intrige konzentriert.

Gegen Ende des 19. Jahrhunderts erreichte die Gattung dann eine fast abstrakte Form in der Ehebruchkomödie, in der ohne alle Sinnlichkeit die verbotenen geschlechtlichen Beziehungen nur die Fäden sind, an denen die Puppen gezogen werden. Georges Feydeaus Komödien sind die besten Beispiele: Charakterzeichnung ist nicht existent, und eine Art von mathematischer Poesie entspringt aus der Manipulation ungeheuer zahlreicher, ehebrecherischer Liebschaften und Querverbindungen vor und hinter mehreren Hotelzimmertüren. Doch das ist das Greisenalter der Gattung, während sie im 18. Jahrhundert gerade erst in ihre Reifezeit eintritt. Der Ursprung liegt im Stegreiftheater, der Commedia dell'arte und dem Théâtre de la Foire, für das die größten Schriftsteller des 18. Jahrhunderts vielfach Szenarien schrieben. Mozart trat gerade in dem Augenblick auf, als die Improvisation durch fixierte Kunstdichtung ersetzt wurde, als aus den skizzierten Szenarien mit einer Reihe von komischen Situationen Theaterstücke und Libretti wurden, die den populären Stegreiftruppen den neuartigen Intrigenrhythmus abschauten und weiterentwickelten. Es war ein günstiger Augenblick für Mozart, und man muß dankbar sein, daß er so trefflich mit dem neuen dramatischen Potential des Sonatenstils zusammenfiel. Die Künste lassen sich nicht immer leicht vor denselben Wagen spannen, aber im Theater des 18. Jahrhunderts lebte dasselbe Gefühl für gegliederte Ereignisreihen und beherrschte rhythmische Übergänge wie in der Musik. Aufgrund dieses Zusammentreffens konnte Mozarts Genie sich in seinen Opern so ungehindert entfalten; er besaß das Gespür für weiträumige dramatische Bewegung, das Haydn abging, und beherrschte den Sonatenstil wie unter all seinen Zeitgenossen nur Haydn. Vom Standpunkt großräumiger rhythmischer Bewegung ist ›Figaro‹ sein Meisterwerk, wofür Beaumarchais und Da Ponte das Verdienst teilen. Es ist die Intrigenkomödie in höchster, musikalischer Vollendung.

Erleichtert wurde die Entwicklung des Rhythmus in der komischen Intrige durch das gewandelte Persönlichkeitsbild des 18. Jahrhunderts, das sich auf ein neues, allerdings noch primitives Interesse an experimenteller Psychologie stützte. Frühere Jahrhunderte brachten ein ausgeprägteres und individuelleres Persönlichkeitsbild hervor. Molières Harpagon ist, um nur eines von vielen Beispielen in seinen Stücken anzuführen, weder ein durchschnittlicher Geizhals, noch eine personifizierte Allegorie des Geizes, sondern ein vom Geiz wie von einem bösen Geist besessener Mensch. Alceste in ›Le Misanthrope‹ (›Der Menschenfeind‹) wehrt sich gegen den ihn beherrschenden Menschenhaß und überläßt sich ihm am Ende mit Vergnügen. Dieses Persönlichkeitsbild spiegelt sich auch in dem Interesse wider, das das ganze 17. Jahrhundert für das Tier im Menschen zeigte, wie etwa in den Fabeln von La Fontaine und in Giambattista Della Portas und Charles Le Bruns Studien über die Ähnlichkeiten der Gesichtszüge von Menschen und Tieren. Eng damit verwandt ist die Vorstellung, daß die menschliche Natur von den Körpersäften, den Humores, gelenkt wird. Alle Menschen sind verschieden und heben sich von ihren Mitmenschen durch die abstrakten Kräfte ab, die ihr individuelles Wesen bestimmen. Die Vorstellung des 18. Jahrhunderts war im Gegensatz dazu nivellierend: Alle Menschen sind gleich und werden von den gleichen Motiven getrieben. Così fan tutte, so machen's alle, der Unterschied zwischen Fiordiligi und Dorabella ist rein oberflächlich, die eine wie die andere wird in den Armen eines neuen Liebhabers enden. In einem der lehrreichsten Augenblicke in ›Le nozze di Figaro‹ wird der von Susanna irregeführte Diener ebenso von Eifersucht geblendet wie sein Herr. Die Komödie des 18. Jahrhunderts hat ihre Wurzeln in der Tradition des Maskenspiels, aber im Laufe des Jahrhunderts ließen die Mimen die Maske fallen, als wäre die starre Grimasse für das farblosere, beweglichere, wirkliche Gesicht darunter belanglos.

Die Beziehung der Komödie des 18. Jahrhunderts zum volkstümlichen Stegreiftheater läßt sich gar nicht überschätzen, sie kann aber mißverstanden werden. Alle großen Komödien der Epoche sind irgendwie mit dieser Tradition verbunden, aber sie erlauben allesamt keine Improvisation mehr, ja sie haben sie zunichte gemacht. Die Opéra comique entwickelte sich aus einem Szenarium, in dem nur die Lieder ausgeschrieben waren, aber es dauerte nicht lange, bis man auch den Dialog niederschrieb. Selbst Gozzi, der das improvisierte Maskenspiel gegen Goldoni verteidigte, schrieb nach dem Erfolg mit seinem ersten Szenarium, ›Die Liebe zu den drei Orangen‹, alle Dialoge aus. Die Stilisierung der maskierten Truppen verband sich glücklich mit der Psychologie des 18. Jahrhunderts: Was man nach außen zeigt, ist nur eine Maske, wirklich ist die darunter liegende Tabula rasa, auf die das Leben schreibt. Für das 17. Jahrhundert waren die Züge unter der Maske noch stärker ausgeprägt und individueller als diese, aber unter der Maske des 18. Jahrhunderts liegt nur die allgemeine Menschennatur. Im Vergleich zu den individuellen Charakteren auf der Bühne des 16. und 17. Jahrhunderts sind die Figuren des 18. Jahrhunderts fast leere Hülsen. Sie lassen sich vom intelligenten Schurken oder dem listigen Diener beherrschen und manipulieren – allerdings verfangen auch diese sich in ihren eigenen Ränken, wenn ihnen die Vielschichtigkeit über den Kopf wächst. Die stilisierten Charaktere und die Situationskomik, d. h. Intrigenentfaltung des volkstümlichen Theaters inspirierten den Dramatiker des 18. Jahrhunderts, aber in seinen Händen blieb das Theater nicht lange volkstümlich. Für die maskierten Akteure der Comédie des Italiens entwickelte Marivaux seine höchst verfeinerten Theaterstücke, mit denen er ein sich rasch nach Italien und Deutschland ausbreitendes Genre schuf, das man als experimentalpsychologische Komödie bezeichnen könnte. Es sind keine »Thesenstücke«, sondern »Demonstrationsstücke«, da nichts an ihren Ideen umstritten war. Sie demonstrieren, d. h. beweisen durch ihre Darstellung allgemein akzeptierte, psychologische Vorstellungen und »Gesetze«, und die Vorführung des praktischen Wirkens dieser Gesetze trägt nahezu naturwissenschaftlichen Charakter.

›Così fan tutte‹ gehört ins Zentrum dieser Tradition. Ist das Libretto auch weniger tiefsinnig angelegt als die besten Sachen von Marivaux, so ist es doch durch seine Musik das bedeutendste Beispiel der Gattung. Das Interesse richtet sich in einem derartigen Stück vor allem auf die psychologischen Schritte, mit denen sich die Figuren einem schon im vorhinein bekannten Ziel nähern, wie z. B. in Marivaux' ›Le Jeu de l'Amour et du Hasard‹ ein als Zofe verkleidetes junges Mädchen und ein als Kammerdiener verkleideter junger Mann ihr Klassenbewußtsein überwinden, zunächst ihre Verliebtheit registrieren und sie dann einander offen eingestehen. Die Verkleidung ist notwendig, sonst wäre das Stück keine psychologische Komödie, sondern ein soziales Drama über das Heiraten außerhalb der eigenen Gesellschaftsschicht. Zudem muß es eine Doppelverkleidung sein, damit beide Liebende als Versuchspersonen auftreten können. Wenn in einem Stück nur der Mann verkleidet ist, muß der Kammerdiener-als-Versuchsleiter ihn täuschen, damit auch er Teil des Experiments wird und echte Tränen vergießt. In ›Così fan tutte‹ weiß man von Anfang an, daß die Mädchen nicht die Treue halten werden, aber man erwartet eine Demonstration ihres Nachgebens, das Schritt für Schritt den psychologischen Gesetzen des 18. Jahrhunderts folgen muß. Die neuen Liebhaber müssen die alten in Verkleidung sein, sonst ergäbe sich eine Comédie larmoyante, ein Rührstück über den heimkehrenden Soldaten, der sein Mädchen in den Armen eines anderen findet. Die verkleideten Liebhaber müssen aber auch jeweils das Mädchen des anderen erobern, sonst wären diese ihnen unbewußt treu geblieben, und das Stück würde einen ganz anderen psychologischen Lehrsatz beweisen.

Kurz gesagt, ein geschlossenes System ist das Wesentliche dabei. Einflüsse von außen dürfen nicht zugelassen werden, die Lebensluft der übrigen Welt darf nicht eindringen. Es gibt nur Opfer und experimentierende Wissenschaftler. Die beiden jungen Männer, die sich zunächst zu den Wissenschaftlern rechnen, müssen am Ende zornig die Feststellung machen, daß sie zu den Opfern zählen. Deshalb kann Guglielmo in ›Così fan tutte‹ bei der Hochzeit nicht in den wunderbaren *As*-dur-Kanon einstimmen, sondern wünscht brummend, der Wein möge vergiftet sein. Um das Experiment von der Umwelt zu isolieren, übernimmt der Versuchsleiter alle erforderlichen Rollen; der Notar und der Doktor sind also jeweils Despina in Verkleidung. Das Libretto ist als absurd und zynisch unmoralisch verurteilt worden, andere haben es eigenartigerweise als realistisch verteidigt (Walter J. Turner). Es ist weder das eine noch das andere, sondern eine konstruierte, künstliche und vollkommen traditionsgebundene Welt, in der sich eine psychologische Demonstration vorführen läßt. Sie ist nicht lebenswahr, da das Leben hier gar keinen Zutritt hat, aber sie stimmt mit dem Menschenbild des 18. Jahrhunderts überein. Diesen psychologischen Standpunkt hielt das 19. Jahrhundert für veraltet und um so peinlicher, als man ihn gerade erst überwunden hatte. Die Oper bildet gewissermaßen die Nachhut einer Tradition und mußte sich von Anfang an in einer gewandelten Atmosphäre zurechtfinden. Schon bald nach der Uraufführung wurde sie der Unmoral und Trivialität geziehen, und in den nächsten hundert Jahren verstanden nur außerordentliche Kritikergestalten wie E. T. A. Hoffmann, zu welcher Wärme und Ironie dieses Libretto Mozart befähigt hatte.

Die Musik begleitet die psychologische Entwicklung mit höchster

Sensibilität. Fiordiligis zwei berühmte Arien decken sich aufs genaueste mit dem jeweiligen psychologischen Augenblick. Die erste, in der sie eine Treue »wie der Felsen« proklamiert, ist mit ihrer von zwei Trompeten begleiteten, demonstrativen Tugendhaftigkeit und den Stimmsprüngen, deren Übertriebenheit und Albernheit den Textworten entspricht, von großartiger Komik. Die Musik verspottet mit ihrer Fröhlichkeit zuweilen Fiordiligis Stolz, indem sie sie in eine undankbare Lage treibt:

que - sto e - sem - pio di co - stan-za,

In ihrer zweiten Arie, »Per pietà, ben mio«, ist Fiordiligi hingegen zutiefst bestürzt, da sie sich eingestehen muß, daß ihre Treue kein Trug, aber doch eine höchst zerbrechliche Konstruktion war. Zwei Hörner ersetzen die Trompeten, die großen Sprünge sind nicht mehr lächerlich, sondern höchst ausdrucksvoll und die Phrasierung differenzierter.

Aus der Perspektive der Oper ist Fiordiligi, wenn sie sich (in dem großen *A*-dur-Duett »Per gli amplessi«) Ferrando ergibt, in höherem Maße sich selber treu, insofern sie mehr wie alle Frauen handelt; hier ist die Musik dementsprechend humaner als in der Pseudograndiosität der ersten und der wahren Größe der zweiten Arie. Die Beziehung zwischen musikalischem Stil und der Psychologie der Opernfiguren ist bestenfalls zweideutig und jedenfalls immer indirekt. Aber in diesem Duett gibt Mozart die ihm stets zur Verfügung stehende, unmittelbar erkennbare, formale Klarheit auf, wenn auch die endgültige Lösung und die Proportionen wie immer zufriedenstellend sind. Kaum hat die übliche Bewegung zur Dominante *E*-dur begonnen, so wird sie schon von Ferrandos Auftritt unterbrochen, worauf eine überraschende Modulation nach *C*-dur diese Tonart (die erniedrigte Mediante) als neue »Dominante« bzw. Sekundärtonart festlegt. Hier wird wiederum Beethovens Technik der Ersatzdominanten vorweggenommen, eines Akkordes nämlich, der genügend dominantenartig ist, um der Tonika sinnvoll gegenübergestellt zu werden und doch entfernt genug ist, um der Struktur einen chromatisch ausdrucksvollen, weitreichenden Dissonanzcharakter zu verleihen. Sie dient an dieser Stelle als Symbol, und zwar nicht nur als Ausdrucks-, sondern als dramatisches Symbol. Fiordiligis Musik drückt echte Qual aus, aber ihr verzweifelter Aufschrei »Ah non son, non son più forte«

Ah non son, non son più — for - te,

besteht aus der opernüblichen, doch nicht minder rührenden Darstellung der Tränen. Sie ist auf dem Höhepunkt der Verzweiflung, während die Musik sich durch die Bewegung von *C*-dur nach *a*-moll offensichtlich auf die Rückkehr zur Tonika vorbereitet. Man spürt, indem man die Nähe von *A*-dur fühlt, wie nahe Fiordiligi dem Eingeständnis ihrer Liebe ist. Mit dem Erreichen von *A*-dur weiß man, daß Ferrando gesiegt hat; er beginnt seinen letzten Appell voll Zuversicht in einem neuen Tempo (Andante). Fiordiligis Antwort – ihre Niederlage – ist eine höchst erlesene Kadenz,

in der nicht die Singstimme, sondern die lang ausgezogene und endlich gelöste Oboenphrase das Drama verdeutlicht. Es ist ein Triumph der im klassischen Sinn als wohlartikuliertes, dramatisches Ereignis verstandenen Kadenz.

Daraus folgert keineswegs, daß die Musik aufrichtiger wird, wenn die Figuren die Maske fallen lassen. Mozart ist in einem wie dem anderen Fall gleichermaßen direkt – und theatralisch. Die Ironie dieser Oper ist auf ihr Taktgefühl angewiesen; sie ist ein Meisterwerk jener kultiviertesten aller ästhetischen Attribute, des »rechten Tons«. Das Mischungsverhältnis von Spott und Sympathie in Mozarts Musik läßt sich nicht errechnen, noch läßt sich bestimmen, wie ernst er seine Puppen nahm, wie man ja auch nicht wissen kann, wie ernst Ariost seine altertümlichen Rittergeschichten oder La Fontaine die Moral seiner Versfabeln nahm. Schon die Frage zeugt von einem Mißverständnis, denn die Kunst besteht bei solchen Dingen darin, jemandes Geschichte zu erzählen und sich dabei weder von ihr betören zu lassen, noch ihre scheinbare Simplizität gering zu achten. Tiefe kann diese Kunst nur erlangen, wenn die überlegene Haltung niemals zur inneren Distanz wird, wenn Objektivität und Einverständnis nicht zu unterscheiden sind. Wer glaubt, Mozart habe tiefsinnige Musik für ein triviales Libretto geschrieben, verfehlt seine Leistung fast ebenso gründlich, wie derjenige, der mit Wagner glaubt, daß er in ›Così fan tutte‹ für ein albernes Libretto leere Musik geschrieben habe.

Am Abschiedsquintett im ersten Akt (»Du schreibst mir alle Tage« – »Ach zweimal schreibe«) erweist sich Mozarts Gelingen. Es ist herzzerreißend, ohne je tragisch zu werden, entzückend, ohne eine Spur von offenem Spott in der Musik und unterhält ein wunderbares Gleichgewicht zwischen Belächeln und Mitfühlen. Selbst die Parodie des Opernseufzers wird mit großer Delikatesse gehandhabt (wie es auch in Strawinskys Parodie dieses Quintetts, einer Hommage an Mozart, nämlich dem Chor der sentimentalen Freudenmädchen in ›The Rake's Progress‹ geschieht).

Dieses überlegene Treffen des rechten Tons zeigt sich allerorten in der Partitur; es manifestiert sich hervorragend etwa im Finale des ersten Aktes. Während die zwei vorgeblich dem Gifttod nahen Männer auf dem Boden liegen und die Mädchen sie zärtlicher als zuvor betrachten (»Wirklich reizende Gestalten«), spielt das Orchester quasi eine lange Doppelfuge, allerdings immer nur mit einer Stimme und fast ohne Begleitung. Die Musik wird nach diesem langen Abschnitt tatsächlich und in reichem Maße polyphon, doch die überraschende Mischung aus barocker, kontrapunktischer Bewegung und allerdünnstem Opera buffa-Satz hält wiederum die delikateste Balance zwischen Ernst und Komik.

Mozarts Opern sind stilistisch international und machen bei allen wichtigen, zeitgenössischen Dramentraditionen Anleihen. Selbst das Singspiel besitzt für Mozart nicht viel mehr Lokalfarbe als die italienische Oper. Die französische Kultur ist als Hintergrund überall in der ›Entführung‹ zu spüren, nicht zuletzt in ihrem Vaudeville-Finale. Die »Serailkomödie« war in Frankreich durch Charles Simon Favart in der Tat anmutiger und humorvoller weiterentwickelt worden als von irgendeinem italienischen Dramatiker. Als anscheinend einzige dramatische Form des europäischen Theaters im 18. Jahrhundert hat das ernsthafte deutsche Lustspiel, das in Lessing und Jacob Lenz seine ersten großen Vertreter und in Kleists ›Der zerbrochene Krug‹ später sein Meisterwerk fand, Mozart überhaupt nicht berührt. Diese Tradition, der originellste deutsche Beitrag zur komischen Gattung, scheint für Mozart nicht existiert zu haben. Ansonsten holte er sich sein Material, wo immer er es fand: bei Beaumarchais, Wieland, Favart, Metastasio, Molière, Goldoni. Die im wesentlichen wienerische Verwandlung des italienischen Harlekins in die Hanswurst-Figur ist selbstverständlich für die ›Zauberflöte‹ wichtig, aber sogar für diese wienerischste aller Wiener Opern ist das Vorbild und die formale Anregung im wesentlichen aus Italien gekommen, und zwar durch das Werk eines Venezianers, Carlo Gozzi, und seinen Einfluß auf die Wiener Zauberkomödie.

›Turandot‹ und ›Die Liebe zu den drei Orangen‹ haben Gozzis Namen bis heute lebendig erhalten. Im letzten Viertel des 18. Jahrhunderts war er in Deutschland außerordentlich populär; er stellte der rationalen bürgerlichen Komödie seines stark von der französischen Tradition beeinflußten Erzfeindes Goldoni eine herausfordernde Alternative entgegen. Gozzi nannte seine eigenen Werke Märchendramen (fiabe dramatiche) und was er in seinen ›Memorie inutili‹ (›Nichtsnutzige Erinnerungen‹) darüber zu sagen hat, klingt wie eine maßgeschneiderte Beschreibung der ›Zauberflöte‹: »Das Märchendrama ... ist von allen Genres das schwierigste ... zu seinen Erfordernissen zählen überwältigende Größe, ein faszinierendes und majestätisches Geheimnis, spektakuläre, neuartige Bühneneffekte, berückende Beredsamkeit, moralisch-philosophische Empfindungen, der verfeinerte Witz konstruktiver Kritik, aus dem Herzen kommender Dialog und vor allem ein starker, verführerischer Zauber, der die Zuschauer in der berückenden Illusion wiegt, das Unmögliche sei das Wahre.«[56]

Unglaubliche, fabelhafte, aber wirklich scheinende Märchenhandlung, Bühneneffekte, Geheimnis, Lehrhaftigkeit, kritische Haltung, echte Gefühle – ›Die Zauberflöte‹ enthält all das in exotischer Mischung. Darüberhinaus war das für ›Die Zauberflöte‹ so bezeichnende, unvermittelte Aufeinanderprallen von traditioneller, vulgärer Possenreißerei einerseits und politischer und religiöser Allegorie andererseits schon ein zentraler Zug von Gozzis Erstlingswerk.

Das Drama, das Gozzi teils erfand, teils wiederbelebte, war sowohl aristokratisch als auch volkstümlich, extrem reaktionär in seiner Ideologie und gleichzeitig mit seiner Vermischung vorhandener Genres eine geniale Neuerung. Die wesentlichen Komponenten der Mischung waren märchenhafte, edelmütige Abenteuergeschichten und die traditionelle Possenreißerei der Commedia dell'arte. Was als Versuch begann, den geistvollen Improvisationsstil der in Verruf geratenen Commedia dell'arte-Truppen zu neuem Leben zu erwecken, verwandelte sich bald in eine neue, vollständig niedergeschriebene und ideologisch schwer befrachtete Form. Diese zwitterhafte Erfindung – ein Wechselbalg aus Posse, Philosophie, Dialektkomödie, Märchen und spanischer Tragödie – konnte sich wohl nur auf dem Weg über das Wiener Singspiel in musikalisches Theater verwandeln. Die Opera buffa war als Tradition zu klar umrissen, um solch eine Metamorphose zu tolerieren, aber das Singspiel war noch unentwickelt und geschmeidig.

Mozarts Briefe bezeugen sein Interesse an Gozzis Werken. Noch in

---

[56] Band 1, Bari 1910, S. 267.

Mozarts Salzburger Zeit führte Emanuel Schikaneder, der Verfasser des ›Zauberflöten‹-Librettos, dort mit seiner Truppe Stücke von Gozzi auf. Gozzi lieferte Mozart ein Gerüst, ein wohldurchdachtes dramatisches und sogar bühnentechnisches Konzept, das es ihm erlaubte, die volkstümlichsten Kunstformen mit den anspruchsvollsten und gelehrtesten zu verschmelzen. Die Handlung reicht in der ›Zauberflöte‹ (wie auch in Gozzis Märchendramen) von der volkstümlichen Possenreißerei Papagenos (die Schikaneder anscheinend in den ersten Aufführungen teilweise improvisierte) über Märchenillusionismus und Kulissenzauber bis hin zum religiösen Ritual. Sensible Naturen werden von dem vulgären Ton in der ›Zauberflöte‹ manchmal abgestoßen, aber das Gesamtkonzept zählt, auch wenn es von Ungereimtheiten geplagt ist, zu den edelsten der Opernbühne. Die Musik reicht dementsprechend von einfachsten Weisen und possenhafter Plapperei bis zur Fuge und dem Choralvorspiel (diese Wiederbelebung einer spezifisch barocken Form blieb ein Unikum im klassischen Stil, bis Beethoven in seinem Quartett op. 132 das »Veni creator, spiritus« verarbeitete). Hier in der ›Zauberflöte‹ schuf Mozart auch zum ersten Mal einen wahrhaft klassischen, religiösen Stil, der sich neben seinen Nachahmungen barocker religiöser Formen und Satzweisen ehrenvoll behaupten kann.

Mit Sarastro und dem Priesterchor erscheint zum ersten Mal der klassische Choral, der weniger eine spezifische Form als eine Satzstruktur darstellt, die in Beethovens Entwicklung zentrale Bedeutung erlangen sollte. Er erzielt Feierlichkeit bei gleichzeitiger, bewußter Vermeidung der barocken, reich differenzierten Innenstimmenbewegung. Vor allem wird die barocke Dissonanzenharmonik vermieden, indem die expressiven Vorhaltsketten fast durchgehend durch reine Dreiklänge ersetzt werden. Harmonisch gesehen stellt das teilweise eine Rückkehr zum Klangideal des 16. Jahrhunderts, insbesondere Palestrinas, dar, dessen Musik das ganze 18. Jahrhundert hindurch lebendig blieb und immer wieder aufgeführt wurde. Die Melodik ist hingegen klassisch, d. h. ausdrucksvoll gestaltet, symmetrisch angelegt und mit deutlich markierten Höhepunkten versehen. Die Artikulierung ist ebenso deutlich, so daß den Phrasen sowohl die fließende Kontinuität des Barock als auch die delikate Gliederung des 16. Jahrhunderts fehlt. Das Auftreten dieser Satzstruktur in der ›Zauberflöte‹ war innerhalb des klassischen Stils nicht ganz ohne Vorbilder; sie trägt ja die gleiche harmonische Simplizität zur Schau wie zahlreiche Passagen von Gluck. Das klassizistische Ideal erlebt in manchen Passagen der ›Zauberflöte‹ eine höchst merkwürdige Reinkarnation. Allerdings ist das unmittelbare Vorbild des klassischen Chorals eher in langsamen Symphoniesätzen von Haydn zu suchen, doch die Anwendung auf einen religiösen Kontext war Mozarts Idee.

Den Verzicht auf eins seiner Lieblingsmittel, den stets dissonanzbetonenden Vorschlag sowie die damit verbundene ausschließliche Verwendung reiner, unverzierter Melodik meistert Mozart mit exquisiter Virtuosität.

Aus dem Choral heraus entwickelt sich in der ›Zauberflöte‹ ein Musikverständnis, das die Musik zum Träger von sittlichen Grundwahrheiten macht. In diesem Werk erweitert sich der Ausdrucksbereich der Musik ganz entschieden zum Intellektuellen hin. Es handelt sich selbstverständlich nicht darum, daß Musik den verbalen Ausdruck ersetzt, sondern daß ein überzeugender Rahmen für die Darlegung von Ideen geschaffen wird. »Was werden wir nun sprechen?« wimmert Papageno, doch wenn Pamina ausruft: »Die Wahrheit«, dann leuchtet die Musik in einem heroischen Glanz wie nie zuvor in der Oper. Die Moral der ›Zauberflöte‹ ist sentenziös, und zu diesem Zweck nimmt die Musik oft eine für Mozart ungewöhnliche Geradlinigkeit an, die im Verein mit einem engen Ambitus und der emphatischen Verwendung weniger, eng benachbarter Töne ganz wunderbar die bürgerliche Ideologie des Textes illuminiert.

Mozarts Gemütlichkeit stellt sich hier gleichermaßen gedanklich wie sinnlich dar und bezeichnenderweise wird als Reaktion auf die bürgerlich-sentimentale Welt der ›Zauberflöte‹ mit ihrer selbstzufriedenen, possenhaften Komödie und der anspruchslosen Freimaurermystik seine Klangwelt reiner und weniger chromatisch als in jedem anderen Werk. Diese Reinheit ist zuweilen deutlich symbolisch gemeint, wie etwa im Marsch der Feuerprobe, wo das majestätische, nur von einem Dominantseptakkord unterbrochene Verweilen auf der Tonika die musikalische Entsprechung der Standhaftigkeit des eingeweihten Freimaurers ist.

Der eigenartig kahle, nur aus Flöten, Blechbläsern und Pauken bestehende Klang reflektiert und verstärkt die absolute Simplizität. Doch oft ist diese Transparenz um ihrer selbst willen da:

Hier erreicht Mozarts Spätstil seine äußerste Grenze: Die Reinheit und Kahlheit sind hier so extrem geworden, daß sie nahezu exotisch anmuten, und diese fast vorsätzliche Dürftigkeit wird von der exquisiten Orchestrierung nur noch stärker herausgearbeitet. Jede der reifen Mozart-Opern besitzt ihren eigenen Klangcharakter, aber in keiner steht dieser Klang derartig im Vordergrund, ist er von so unmittelbarer und fundamentaler Wirkung wie in der ›Zauberflöte‹.

Gozzis »Märchen« war eine zweischneidige Waffe. Mit dem Einsatz der altertümlichen, populären Posse und des Zaubermärchens für die Vermittlung philosophischer und politischer Ideen hoffte Gozzi, den gottlosen Einfluß der französischen Aufklärung zu bekämpfen und das schwindende Prestige der Aristokratie zu untermauern. Doch in den Händen von Mozart und Schikaneder wurde es zum Handlanger des bürgerlichen Liberalismus, zu einem versteckten Angriff auf die Staatsmacht und zu einem glänzenden Propagandawerk für die Freimaurer. Der Kontrast zwischen dem adligen, idealistischen Tamino und dem materialistischen Papageno, der als Figur erst durch die ehrwürdige Possentradition, in der er lebt und die er heraufbeschwört, volle Gestalt gewinnt, bewahrt Gozzis aristokratische Voreingenommenheit als in der Form selbst angelegt. Gozzis Werk ist ein ungemein tiefsinniger Angriff auf den zeitgenössischen Rationalismus, seine Zwitterformen ließen die Quellen der Phantasie erneut sprudeln. Sein Einfluß auf Mozart beschränkt sich nicht auf die ›Zauberflöte‹, denn die dramatischen Kräfte, die er entband, wirkten auch auf ›Don Giovanni‹ ein. In mancher Hinsicht folgt Da Pontes Text nicht Molière, sondern der Fassung von Gozzis Erzfeind Goldoni, der allerdings vernünftigerweise die kindlich-naiven Elemente – die wandelnde und sprechende Statue, die Höllenfahrt – aus der Geschichte getilgt hatte. In seinem Drama wird ›Don Giovanni‹ vernunftgemäßer vom Blitz getroffen. Doch gerade diese kindlichen, volkstümlichen Überlieferungen bilden den Rohstoff von Gozzis Dramenauffassung. Sie gaben ihm Gelegenheit zu gewaltigen Bühneneffekten und, was am wichtigsten war, sie repräsentierten die alte Ordnung, die herkömmliche Lebensweise und bewahrten damit Traditionen, kraft derer die Aristokratie überleben konnte. Gozzi war weder der erste noch der letzte Romantiker, der sich mit der Aristokratie und der unteren Klasse gegen die Bourgeoisie verbündete. Trotz aller Anlehnung an Goldoni war Da Pontes und Mozarts Auffassung der Don Juan-Geschichte wesentlich von Gozzis Geschmack und Weltanschauung geprägt. Sie haben die Statue und Höllenfahrt wieder eingesetzt, und gerade diese Puppentheaterelemente tragen zusammen mit Leporellos Possenreißerei am meisten zum Phantasiereichtum und Tiefsinn dieser Oper bei.

Die komische Seite von ›Don Giovanni‹ hat eine Debatte ausgelöst, die naturgemäß keine klare Lösung zuläßt. Ist ›Don Giovanni‹ tragisch oder komisch? Fragt man so, dann ist jede Antwort richtig, aber man verkennt dabei die Bedeutung des Genres in der Opernpraxis des 18. Jahrhunderts. Ist ›Don Giovanni‹ eine Opera seria oder eine Opera buffa? In der Hitze des Gefechts haben kluge Köpfe selbst bei dieser harmlosen technischen Begriffsbestimmung den Verstand verloren. Edward Dent behauptet, nicht eine einzige Figur dieser Oper habe etwas mit der Opera seria zu tun, was völlig überspannt ist. Struktur und Tempo des ›Don Giovanni‹ gehören der Opera buffa an, aber zumindest eine Figur, Donna Anna, kommt ganz offensichtlich aus der Seria-Welt, während Donna Elvira, Don Ottavio und selbst Don Giovanni in verschiedenem Grad zwischen diesen beiden Welten vermitteln. Damit soll nicht bestritten werden, daß auch Donna Anna hie und da, besonders in den Ensembles, von der grundlegenden Buffa-Atmosphäre angehaucht ist. Jedenfalls hat sich der Stilradius der Opera buffa erheblich vergrößert: Donna Elviras Arie »Ah fuggi il traditor« ist eine Parodie der altmodischen Seria-Tradition, während Donna Annas »Or sai chi l'onore« sie rein, in ihrer edelsten Ausprägung darstellt. Das Pathos ist in ›Don Giovanni‹ nicht größer als in ›Idomeneo‹, aber es ist zuweilen erhabener und erheblich konzentrierter. Die Geschwindigkeit der großrhythmischen Bewegung in der Opera buffa sowie ihre Betonung der Handlung anstelle des würdevollen Ausdrucks der Opera seria lassen das Werk in schwindelerregendem Tempo von Arie zu Ensemble eilen. In solcher Umgebung wirken Augenblicke des Schreckens und Mitleids um so einschneidender. Schon in den ersten Minuten der Oper wird der Ton angeschlagen, der Kontrast gesetzt, wenn nämlich auf Leporellos komisches Lamentieren rasch das Duell und mit einem Pianissimoterzett das Grausen über den Tod des Komturs folgen. Keine Opera seria bewegt sich mit solcher Geschwindigkeit. Das komische Tempo ist wesentliche Voraussetzung für die Wirkung, doch das Ergebnis ist alles andere als komisch. Der große Radius des Gefühlstons ist natürlich nicht auf ›Don Giovanni‹ beschränkt; auch Fiordiligis oder der Gräfin Adel und Noblesse ziehen ihre volle Bedeutsamkeit erst aus der sie umgebenden Buffa-Struktur. In ›Don Giovanni‹ ist die Verschmelzung so vollkommen, daß heutzutage die Genremischung übersehen wird, aber am Ende des 18. Jahrhunderts wurde sie entschieden kommentiert und häufig verurteilt.

Die Genremischung ist im 18. Jahrhundert ein Zeichen von Unschicklichkeit, und ›Don Giovanni‹ ist in mehr als einer Hinsicht unschicklich. In Eingeständnis dieser Tatsache nannten Mozart und Da Ponte das Werk ein »dramma giocoso«, nicht eine Opera buffa. Wie ›Così fan tutte‹ wurde es von Anfang an als unmoralisch, schockierend, altmodisch und kindisch angegriffen. Wohl wurde die künstlerische Qualität der Musik anerkannt, wenngleich ihre Schwierigkeit oft bittere Ressentiments auslöste. (Die erste italienische Aufführung mußte nach zahlreichen Proben als hoffnungslos schwierig aufgegeben werden.) Daß Mozarts Stil zu gelehrt sei, um direkt zum Herzen zu sprechen, diese Klage wurde damals häufig laut, aber seine ungeheure Begabung wurde nie angezweifelt. Doch die dramatische Konzeption wurde durchaus nicht immer freundlich aufgenommen. Ein Kritiker schrieb nach der Berliner Uraufführung, daß »das Ohr bezaubert ... und [die] Tugend ... mit Füßen« getreten werde.

Der skandalöse Aspekt von ›Don Giovanni‹ hatte nicht nur künstlerische, sondern auch politische Untertöne. Man sollte nicht übertreiben, aber gewisse liberale, revolutionäre Bestrebungen regen sich deutlich, wenn auch unsystematisch, in diesem Werk. Keinem Zeitgenossen wäre 1787 (dem Jahr, als die Versammlung der Generalstände in ganz Europa widerhallte) die Bedeutung von Mozarts triumphaler, allzu emphatischer Vertonung von »Viva la libertà«[57] oder die verderbte Ausnutzung ländlicher Unschuld zur Befriedigung zügelloser aristokratischer Lasterhaftigkeit entgangen. Romane und politische Flugblätter waren damals voller Anspielungen auf derartige Dinge.

---

[57] Vgl. oben S. 104 zur Bedeutung dieses Abschnitts für die Struktur des Finales zum ersten Akt.

Mozarts ideologischer Standpunkt ist in den späten Opern, abgesehen von den in ihrer eigenen abstrakten Welt existierenden Werken ›La clemenza di Tito‹ und ›Così fan tutte‹, eindeutig. Der plakative Angriff auf die katholische Staatskirche in Österreich ist ein nicht zu übergehender Bestandteil der ›Zauberflöte‹. Zwar wurde abgestritten, daß die Identifikation der Königin der Nacht mit Maria Theresia beabsichtigt war, sie wurde aber von Anfang an vollzogen, und Schikaneder und Mozart hätten erstaunlich beschränkt sein müssen, um sie in einem so sehr mit Freimaurerlehre und -ritual durchtränkten Werk nicht vorauszusehen. (Die Freimaurerei war im damaligen Österreich das wichtigste Ventil für bürgerlich-revolutionäre Ideale.) Auch im ›Figaro‹ kann die Streichung der ganz offensichtlich politischen Passagen des Dramas von Beaumarchais einem Publikum, das zum größten Teil ja genau wußte, was ausgelassen war, wenig ausgemacht haben. Und der Aufruf zur Abschaffung ungerechter Privilegien der Aristokratie ist in der Oper, so wie sie ist, ohnehin deutlich genug unterstrichen. ›Don Giovanni‹ geht allerdings viel weiter, indem dort bewußt das Bild einer durch die Unmoral der Aristokratie aus den Fugen geratenen Welt gemalt wird. Die große Ballszene im ersten Akt ist mit ihren drei getrennten Orchestern auf der Bühne und der komplizierten rhythmischen Überschneidung der Tänze nicht nur ein musikalisches Virtuosenstück. Jede Gesellschaftsklasse – Bauern, Bürgertum und Adel – hat ihren eigenen Tanz, und die völlige Selbständigkeit des jeweiligen Rhythmus ist ein Abbild der sozialen Hierarchie. Mit der versuchten Vergewaltigung Zerlinas hinter der Bühne wird diese Ordnung und Harmonie zerstört[58].

Das politische Ambiente des ›Don Giovanni‹ erhält durch die enge Verbindung, die das 18. Jahrhundert zwischen revolutionärer Ideologie und Erotik zog, noch größeres Gewicht. Ich habe nicht die Absicht, eine logisch konsequente Doktrin aus diesem Werk zu extrahieren, sondern nur die Bedeutung einiger Aspekte herauszuarbeiten. Politischer und sexueller Liberalismus waren um 1780 eng miteinander verknüpft. Selbst in den Köpfen ehrsamer Bürger verdichtete sich diese Idee zu der beherrschenden Angstvorstellung, Republikanertum bedeute völlige sexuelle Freiheit. Der Marquis de Sade beanspruchte in seiner Streitschrift ›Français, Encore un Effort...‹ (in: La Philosophie dans le Boudoir, 1795) tatsächlich hemmungslose sexuelle Freiheit als logische Folge der politischen Freiheit, und in milderer Form waren seine Ideen gang und gäbe. Sie bilden den Endpunkt einer recht umfangreichen spekulativen Tradition im 18. Jahrhundert. Der Horror des jungen und streng katholischen Mozart vor der fran-

---

[58] Wenn Don Giovanni mit Zerlina zur Musik der Bourgeoisie tanzt, läßt er sich herab und erhebt Zerlina, indem er ihr sozusagen auf halbem Wege begegnet.

zösischen Freigeisterei muß schon ziemlich abgeklungen sein, als er Freimaurer wurde, aber seine persönlichen Überzeugungen tun in diesem Zusammenhang ohnehin nicht viel zur Sache. Der politische Beiklang sexueller Freiheit war bei der Uraufführung des ›Don Giovanni‹ vorhanden und unentrinnbar. Die Empörung und Anziehungskraft, die das Werk noch jahrelang auslöste, müssen zum Teil in diesem Zusammenhang gesehen werden. Die Ablehnung sexueller Freiheit und der extreme Puritanismus der französischen Revolutionsregierung nach 1790 (bzw. der konterrevolutionären Regierungen überall sonst) sind die Reaktion auf das intellektuelle Klima, das ›Don Giovanni‹ hervorbrachte. Auch Beethoven, der Mozarts Libretti als der Vertonung unwürdig verurteilte, spricht dieselbe Sprache.

Das Gefühl der Ausschweifung, das sich mit dieser Oper verbindet – es liegt auch Søren Kierkegaards Überzeugung, daß ›Don Giovanni‹ als einziges Werk vollkommen das zutiefst erotische Wesen der Musik verkörpere, sowie E. T. A. Hoffmanns Hervorhebung ihrer sogenannten »Romantik« zugrunde –, dieses Gefühl also, daß ›Don Giovanni‹ einen direkten, wie auch einen verdeckten Angriff auf ästhetische und moralische Werte unternehme, dient dem Verständnis der Oper und der Mozartschen Musik überhaupt mehr, als die grundvernünftige Betrachtungsweise, die diesen Aspekt ungeduldig von sich weist. Musik ist nur in dem Sinn die abstrakteste aller Künste, als sie die am wenigsten darstellende ist. Die konkreteste der Künste ist sie aber mit ihrem direkten physischen Zugriff auf die Nerven des Zuhörers, in der Unmittelbarkeit der Wirkung, die ihre Konfigurationen daraus ziehen, daß jedwede vermittelnde Symbolik, jedwede zu entschlüsselnde und zu interpretierende und damit zwischen Musik und Hörer stehende Ideen fast auf ein Nichts reduziert sind. (Wenn die Reduktion auch tatsächlich weit davon entfernt ist, total zu sein, und der Hörer die ihm vorgelegten symbolischen Beziehungen mit erheblicher Mühe entziffern muß, so ist seine Tätigkeit doch weniger bewußt und weniger verbal als in jeder anderen Kunst.) Wird diese körperliche Unmittelbarkeit betont, so steht der erotische Aspekt der Musik deutlich im Vordergrund. Wohl kein Komponist hat die verführerische, physische Macht der Musik so intensiv und extensiv eingesetzt wie Mozart. Das Fleisch ist bestechlich und Fleischliches besticht. Hinter Kierkegaards Essay über ›Don Giovanni‹ steht der Gedanke, daß Musik Sünde sei. Es war daher nur folgerichtig, Mozart als den sündigsten aller Komponisten zu küren. Das Außerordentliche an Mozarts Stil ist die Verbindung von physischer Lust – sinnliche Klangspielereien, Hingabe an die köstlichsten harmonischen Fortschreitungen – mit einer Reinheit und Sparsamkeit der Linie und Form, die die Verführung nur um so erfolgreicher werden läßt.

Prosaischer und reputierlicher gestaltet sich das Mozartbild nun nicht etwa aus der nüchternen Sicht des 20. Jahrhunderts, sondern von der Höhe des romantischen Enthusiasmus. In der Symphonie g, einem Werk, in dem Mozarts ergebenste Anhänger Leidenschaft, Gewalt und Schmerz erblicken, sah Schumann nichts als Leichtigkeit, Anmut und Liebreiz. Nun muß aber sofort gesagt werden, daß die Reduktion eines Werkes auf den Ausdruck von Empfindungen, mögen sie auch noch so mächtig sein, es auf jeden Fall trivialisiert. Die Symphonie g wird nicht tiefgründiger, ob sie nun als tragischer Aufschrei eines Herzens oder als ein Werk von höchstem Liebreiz aufgefaßt wird. Trotzdem läuft Schumanns Haltung darauf hinaus, Mozart durch Kanonisierung seiner Vitalität zu berauben. Erst wenn man die Gewalttätigkeit und Sinnlichkeit im Zentrum von Mozarts Musik erkennt, öffnet sich der Weg zum Verständnis seiner Strukturen und zur Einsicht in seine Größe. Aber paradoxerweise verhilft Schumanns oberflächliche Charakterisierung der Symphonie g zu klarerer Erkenntnis von Mozarts Dämon. Mozarts erhabenste Darstellungen von Furcht und Leiden, wie die Symphonie g, ›Don Giovanni‹, das Quintett g und Paminas Arie in der ›Zauberflöte‹, enthalten ausnahmslos auch ein Element schockierender Wollust. Und das nimmt ihnen nichts von ihrer Wirksamkeit oder Macht: Schmerz und Sinnlichkeit verstärken sich gegenseitig und werden zuletzt untrennbar, nicht voneinander zu unterscheiden. (Tschaikowskijs Schmerz beispielsweise besitzt eine ebensolche Lüsternheit, aber seine diffuse und verschwenderische Kompositionstechnik macht ihn weit weniger gefährlich.) Diese Korrumpierung von Gefühlswerten macht Mozart zu einem subversiven Künstler.

Fast alle Kunst ist subversiv, sie greift bestehende Werte an und ersetzt sie mit selbsterschaffenen, und anstelle der Gesellschaftsordnung errichtet sie ihre eigene. Die bestürzend suggestiven, d. h. moralisch und politisch suggestiven Aspekte von Mozarts Opern sind lediglich die oberflächliche Manifestierung dieser Aggression. Seine Werke greifen auf vielerlei Weise die musikalische Sprache an, die er selbst mit ins Leben rief. Die machtvolle, so mühelos eingesetzte Chromatik vernichtet zuweilen fast die tonartliche Transparenz, die seine eigenen Formen überhaupt erst sinnvoll macht. Gerade diese Chromatik beeinflußte den romantischen Stil, insbesondere bei Chopin und Wagner. Die künstlerische Individualität, die Haydn sich schuf (und die mit seinem Alltagsgesicht verwandt, aber nicht identisch ist), verhinderte, indem sie eine unbeschwerte und herzliche Miene aufsetzte, daß die subversiven und revolutionären Aspekte seiner Kunst voll zum Tragen kamen. In E. T. A. Hoffmanns Worten klingt seine Musik »wie vor der Sünde« geschrieben. – Beethovens Attacke war unverhüllt, nie hat Kunst sich so entschieden geweigert, andere als ihre eigenen Bedingungen anzuerkennen. Mozart war ebenso unnachgiebig wie Beethoven, aber die rein körperliche Schönheit, ja Gefälligkeit eines Großteils seiner Musik maskiert die Kompromißlosigkeit seiner Kunst. Nur wenn man sich zurückruft, welch Unbehagen, ja Entsetzen sie seinerzeit auslöste, und wenn man in sich selbst die Bedingungen neu erschafft, unter denen sie noch gefährlich erscheint, läßt sich diese Musik angemessen würdigen.

VI. Haydn nach Mozarts Tod

1. Volkstümlicher Stil

Um 1790 beherrschte Haydn einen bewußt volkstümlichen Stil, den er sich geschaffen und bis zur Meisterschaft vollendet hatte. Sein immenser Erfolg schlägt sich im Umfang seiner Produktion in den nächsten zehn Jahren, der Dekade nach Mozarts Tod, nieder: es entstehen vierzehn Streichquartette, drei Klaviersonaten, vierzehn Klaviertrios, sechs Messen, die ›Sinfonia Concertante‹, ›Die Schöpfung‹, ›Die Jahreszeiten‹, zwölf Symphonien sowie eine Menge kleinerer Werke. Diese Atmosphäre großer Beliebtheit und Volkstümlichkeit muß man sich vergegenwärtigen, will man die späten Werke, insbesondere die Symphonien und Oratorien in unserer heutigen Zeit verstehen, da Haydn ein Komponist fast ausschließlich für Kenner geworden ist, dessen Musik im Konzertleben nicht mit Mozart und Beethoven konkurrieren kann. Andere Komponisten wurden ebenso sehr bewundert, und wieder andere hörten ihre Musik ebenso häufig gesungen und gepfiffen, aber keiner erwarb sich so vollständig den fraglosen, bereitwilligen Respekt der Musikwelt und zugleich den neidlosen Beifall des Publikums.

Daß eine Beziehung zwischen Haydns Spätstil und der Volksmusik besteht, ist offensichtlich, aber die Art dieser Beziehung ist fragwürdig, ja heikel. Es gibt eine sicherlich erfundene, aber in diesem Zusammenhang erzählenswerte Anekdote von einem Professor, der empirische Haydnforschungen unter der Landbevölkerung jenes ethnisch umstrittenen Gebiets des österreich-ungarischen Kaiserreichs anstellen wollte, in dem Haydn einen Teil seiner Kindheit verbrachte. Seine Forschungsmethode bestand darin, den Bauern ein paar eingängige Melodien von Haydn vorzusingen und sie zu fragen, ob sie ihnen bekannt waren. Ihre Bauernschläue, die noch älter und traditionsreicher ist als die Volksmusik, ließ sie bald merken, daß ihre Belohnung größer ausfiel, wenn sie eine Melodie erkannten, und ihr Gedächtnis verhielt sich dementsprechend äußerst entgegenkommend. Noch heute, so schließt die Geschichte, singen die Bauern jener Donaugegend die Lieder, die der Professor sie lehrte.

Die Volkslieder, die Haydn tatsächlich zuweilen verwendete, sind von den zahlreichen, zweifellos originalen Melodien aus seiner Spätzeit weitgehend nicht zu unterscheiden. Den Einfluß der Volksmusik auf Haydns Stil erörtern, heißt den Sachverhalt auf den Kopf stellen. Die Verwendung von Volksmusik bzw. die Erfindung von volkstümlichen Themen wird von 1785 an zunehmend wichtiger für Haydns

Schaffen. Zwar enthielt seine Musik – wie die der meisten Komponisten von Machaut bis Schönberg – schon immer Volksliedanklänge, Jagdsignale, Jodler und Tanzrhythmen, aber vor den ›Pariser‹ und ›Londoner Symphonien‹ waren sie stilistische Randerscheinungen. Man kann nun nicht einfach dem alternden Komponisten unterschieben, er habe sich aus Sentimentalität mehr und mehr den Liedern seiner Kindheit zugewandt. Mozart entwickelte in der ›Zauberflöte‹ etwa zur gleichen Zeit wie Haydn einen volkstümlichen Stil, und mit fünfunddreißig Jahren kann er kaum von einer ähnlichen Wehmut motiviert gewesen sein. Die Neigung zum »Volkstümlichen« muß im Zusammenhang mit dem begeisterten Republikanertum des späten 18. Jahrhunderts sowie mit dem wachsenden Nationalgefühl und der Bewußtwerdung spezifischer Nationalkulturen gesehen werden. Trotzdem muß der autonomen Entwicklung der musikalischen Sprache zumindest eine teilweise entscheidende Rolle hierbei zugesprochen werden, da ungeachtet der langen Geschichte, auf die das Interesse an Volksmusik zurückblicken konnte, als es für Haydn und Mozart bedeutsam wurde, die Entwicklung doch erst nach 1785 so weit war, daß der klassische Stil volkstümliche Elemente vollständig assimilieren bzw. nach Belieben erschaffen konnte.

Assimilation ist hier das entscheidende Wort, sie stellt nämlich in der Musik des 18. Jahrhunderts etwas völlig Neues dar. Wenn Bach Volkslieder benutzt – was er ganz selten einmal tut –, dann verlieren sie entweder ihren volkstümlichen Charakter oder erscheinen wie Zitate aus einer Fremdsprache. Beides läßt sich im Quodlibet der ›Goldberg-Variationen‹ und in der ›Bauernkantate‹ verfolgen. Bei Haydn hingegen ist der Anfang des Finales der Symphonie Nr. 104

zugleich ein Volkslied (das auch so klingt) und ein ganz gewöhnliches Haydnsches Rondothema. Selbst sein ländlicher Charakter fällt nicht aus dem Rahmen.

Noch lehrreicher ist der Vergleich mit der Behandlung von Choralmelodien im Barock, die zwar nicht Volksmusik im engeren Sinn, aber trotzdem schon lange vor Bach Allgemeingut waren. Choräle lassen sich tatsächlich völlig in den Barockstil integrieren, doch nur, weil ihr ursprünglicher Rhythmus im Laufe der Zeit zu einer fast völlig gleichmäßigen Bewegung verflacht war. Im Choral des frühen 18. Jahrhunderts sind nicht nur die ursprünglichen Tanzrhythmen, sondern auch der Sprachrhythmus verloren gegangen. Der Anfang

von »Ein feste Burg« in der Originalform und der Fassung des
18. Jahrhunderts zeigt diese zunehmende Reglementierung[1]:

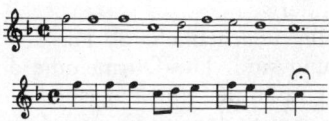

Nur um diesen Preis konnten die Melodien in die homogenen rhythmischen Strukturen des Barock aufgenommen werden. Dabei kommt ihr volkstümlicher Charakter fast völlig abhanden.

Auch Haydn übernimmt selten eine Melodie, ohne sie zu verändern, aber diese Änderung dient häufig dazu, ihren volkstümlichen Charakter zu stärken. Der langsame Satz der ›Paukenwirbelsymphonie‹ Nr. 103 besteht aus Doppelvariationen, und beide Themen basieren auf Volksweisen. Die zwei Themen ähneln einander sehr:

Das *Fis* im zweiten Thema fehlt jedoch in dem ursprünglichen Volkslied, das folgendermaßen verläuft[2]:

Rosemary Hughes weist darauf hin, daß die Durmelodie durch das hinzugefügte *Fis* an die Mollmelodie anklingt. Der Triller und der abfallende Schluß bringen das zweite Thema ebenfalls in stärkere Beziehung zum ersten, da beide nunmehr die gleiche Gestalt nachzeichnen. (In Haydns Doppelvariationen sind die beiden Themen fast nie als zwei deutlich unterschiedene Phänomene gedacht, das zweite Thema klingt vielmehr wie eine freie Variation des ersten, während die formale Struktur dem monothematischen Rondo entspricht.) Aber das *Fis* verstärkt auch den volkstümlichen Charakter des Themas, dessen Urform Haydn offensichtlich nicht volkstümlich genug

---

[1] Zitiert nach Albert Schweitzer, J. S. Bach, Leipzig 1908, Neuausgabe Wiesbaden 1951, S. 20f.

[2] Zitiert nach Rosemary Hughes, Haydn, London 1950, S. 131.

erschien. Haydns Einfall, eine bäurische, modale Dissonanz zu setzen, gehört selbstredend einer Welt der Pseudo-Folklore, einer Welt wie in Charles Perraults Märchen an. Es ist die Welt der Schäferdichtung des 18. Jahrhunderts.

Deshalb ist es völlig unerheblich, ob Haydns Volksweisen Erfindung oder Erinnerung sind. Die Durmelodie des langsamen Satzes der ›Paukenwirbelsymphonie‹ ähnelt beispielsweise Dutzenden von Volksliedern, darunter auch dem ironischen »Ständchen«, das Bach in den ›Goldberg-Variationen‹ verwendete:

Varianten davon lassen sich ebenso leicht finden wie erfinden. Es ist bekannt, daß Haydn Volkslieder sammelte und als junger Mann mit der volkstümlichen Musik der Straßenserenaden vertraut war. Nichtsdestoweniger war die Technik der thematischen Arbeit sowie die ausgewogene und gegliederte Symmetrie seines Stils voll entwickelt und vervollkommnet, bevor Volksweisen in seiner Musik mehr sein durften als ein zufälliges Zitat oder ein äußerlicher Spaß. Sind sein Stil und die Volksweise im Widerstreit, so mußte diese stets nachgeben, und aus diesem Grund allein wäre es schwierig, den Volksweisen gestaltenden Einfluß zuzugestehen. Die aus der ›Paukenwirbelsymphonie‹ zitierten Melodien werden beide, bevor sie das Ende der ersten Phrase erreichen, schon so radikal verändert, daß sie ein Sonatenmuster en miniature mit Durchführung und Reprise jeweils an der richtigen Stelle bilden.

Es gibt Komponisten, und Bartók ist wohl der berühmteste von ihnen, die Volksliedforschung mit der erklärten Absicht betrieben haben, sich einen Stil zu bilden. Selbst in solchen Fällen verläuft die Entwicklung ein wenig geheimnisvoll und keineswegs geradlinig. Bartók behandelt die Volksmusik völlig verschiedener Kulturen in ganz ähnlicher Weise, so daß seine Bearbeitungen rumänischer, ungarischer und tschechischer Volkslieder keine Abweichungen aufweisen, die sich leicht mit den ursprünglichen Eigenschaften des Liedes in Beziehung setzen ließen. Sie lieferten ihm nicht-diatonische Tonarten, und die hatte er von vornherein gesucht. Der Komponist, der aus patriotischen Gründen Volksmusik verwendet, ist ebenfalls eine vertraute Figur, und wie die Negro Spirituals bei Dvořák beweisen, ist es anscheinend unerheblich, aus welcher Folklore er schöpft. All das hat mit dem volkstümlichen Material in den Werken Haydns und Mozarts nicht das geringste zu tun, da sie es nur bei Bedarf im Rahmen eines ausgeformten Stils verwendeten und notfalls ohne weiteres erfanden.

Haydns und Mozarts Verfahren sind in einem größeren Zusammenhang zu begreifen, nämlich der Schöpfung eines volkstümlichen Stils, der nichts von seinem Kunstanspruch aufgibt. Ihre Leistung ist vielleicht einmalig innerhalb der abendländischen Musik. Mit dem letzten Satz der Neunten Symphonie suchte Beethoven etwas ähnliches zu bewältigen, und so unstreitig mir sein Triumph erscheint, so ist er doch nichtsdestoweniger bestritten worden. Dieser in der musikalischen Stilgeschichte so vereinzelte Erfolg sollte uns vorsichtig machen gegenüber Kritikern, die dem Avantgardekomponisten seinen kompromißlos hermetischen Stil oder dem populären Komponisten (wie Offenbach oder Gershwin) niedere Ideale vorwerfen. Das ist gerade so, als tadele man jemanden dafür, daß er keine blauen Augen hat oder nicht in Wien geboren ist. Dem esoterischsten Komponisten wäre Mozarts Popularität in Prag, wo die Leute auf der Straße »Non più andrai« pfiffen, höchst willkommen, wenn er sie wie Mozart, nämlich ohne ein Jota von seinem Raffinement oder seiner »Schwierigkeit« zu opfern, erlangen könnte. Nur für einen kurzen historischen Augenblick, in den Opern Mozarts, den späten Symphonien Haydns und in einigen Schubert-Liedern, koexistiert, oder besser gesagt, verschmilzt die äußerste Verfeinerung und Vielschichtigkeit im Musikalisch-Technischen mit den Vorzügen des Gassenhauers.

Die Verwendung volkstümlicher Elemente allein erzielt selbstverständlich diese Verschmelzung noch nicht. Die Chansonmesse der Renaissance verwendete Volks- wie auch Kunstlieder, aber ihre Melodien wurden einer Behandlung unterworfen, die sie ihrer prägnantesten Charaktereigenschaften beraubte. Die volkstümlichen Elemente bei Mahler, wie Ländlerrhythmen und Phrasen von nunmehr eher großstädtischem als ländlichem Charakter, werden bewußt nicht assimiliert, vermischen sich nicht mit dem höchst fortgeschrittenen Orchestersatz, in den sie eingebettet sind. Von ihrer Erzbanalität, ja Vulgarität, hängt die tragische Ironie bei Mahler vor allem ab. Die Verschmelzung von Volkstümlichkeit und Kunst setzt ein empfindliches Gleichgewicht voraus. Verdis populärer Stil geht Hand in Hand mit einer bei aller Genialität demonstrativ naiven Technik, und sein Stil erlangt am Ende seines Lebens größere Verfeinerung nur durch die zunehmende Tilgung der typisch populären Effekte. Mozarts Stil in der ›Zauberflöte‹ und Haydns Stil in den ›Pariser‹ und ›Londoner Symphonien‹ wurde hingegen in dem Maße gelehrter, wie er volkstümlicher wurde.

Dieser Triumph des klassischen Stils, der mit der Blütezeit des spätelisabethanischen Dramas zu vergleichen ist, war nur deshalb möglich, weil eine neue gesellschaftliche Situation mit einer mächtigen Stilentwicklung zusammenfiel. Die Situation ist leicht zu identifizieren, es handelt sich um die Entwicklung einer aufstrebenden Kaufmanns- und Unternehmerklasse im 18. Jahrhundert, die sich in zunehmendem Maß für Musik – Bestandteil aristokratischer Kultur und Zeichen gesellschaftlicher Distinktion – interessierte. Die wachsende Zahl von Musikliebhabern sowie der Bevölkerungszuwachs schufen ein neues, wohlhabendes Publikum. Kurz gesagt, weltliche Kunst wurde öffentlich. Die unerwartete Entdeckung, daß um 1730 ein zahlendes Publikum für religiöse Musik existierte, verhalf Händel zu seinem immensen Erfolg, aber spezifisch volkstümliche Stilelemente konnten zur Erzielung dieses Erfolgs nur ganz begrenzt eingesetzt werden. Das öffentliche Symphoniekonzert und die komische Oper waren die treibenden Kräfte hinter der historischen Stilentwicklung des späten 18. Jahrhunderts.

Diese neue Breitenwirkung der Kunst ist in solcher Frische nie wiedererlangt worden. Gesellschaftlich gesehen mußte sie enttäuschen. Zwar ist der Snobwert der Musik nie ganz außer Kurs gekommen, aber er hat auch selten die erhofften Dividenden abgeworfen. Darüberhinaus war ein Interessenkonflikt zwischen Musik als Wissenschaft, Musik als Ausdruck und Musik als Volksbelustigung unvermeidlich. Es war nicht zu erwarten, daß die in Mozarts Klavierkonzerten vollzogene Synthese sich noch einmal ereignen würde. Beethovens viertes und fünftes Klavierkonzert sind in gewisser Weise ein Wunder. Man sollte nicht unterschätzen, wie schwierig es ist, das Verhältnis von gesellschaftlichen Kräften und individueller Genialität zu berechnen.

Was diese Leistung ermöglichte, mit welchen Mitteln also gelehrte und volkstümliche Elemente vermählt wurden, das ist in der musikalischen Sprache selbst zu suchen. Melodien mit deutlich volkstümlicher Tönung finden sich vornehmlich an drei Stellen der Symphonien und Quartette von Haydn (und in geringerem Maße von Mozart): gegen Ende der Exposition von ersten Sätzen, am Anfang von Finali und in Menuett-Trios. Da der erste Satz im allgemeinen am differenziertesten und dramatischsten angelegt ist, wird das Problem der Integration einer »Volksweise« (wobei unerheblich ist, ob sie entlehnt oder erfunden wurde) am diffizilsten. Eine eindeutig volkstümliche Melodie läßt sich nicht gefahrlos an den Anfang setzen, da jedes Anfangsthema, das um seiner selbst willen zu existieren scheint, dem Satz als Ganzem nicht den erforderlichen dynamischen Impuls gibt. Das Risiko, eine Exposition mit einer ausgedehnten, abgerundeten Melodie zu eröffnen, bewältigte Mozart dadurch, daß er die Oberfläche von Anfang an durch rastlose Bewegung und zunehmende harmonische Intensität (wie in der Symphonie *g*) oder subtiler durch Ambivalenz in der Betonung, wie in der Symphonie *Es* KV 543, beunruhigt und erregt:

Hier weisen die weiblichen Endungen und ihre Imitation in den Hörnern auf eine Betonung des dritten und fünften Taktes, während andererseits die Pause und Synkopierung in der Melodielinie die Betonung zum zweiten und vierten Takt hinwenden. Haydn läßt seine subtilsten Einfälle zunächst viel geradliniger auftreten und versucht sich selten an einem so schattenhaften Ineinander von Klang und Bedeutung.

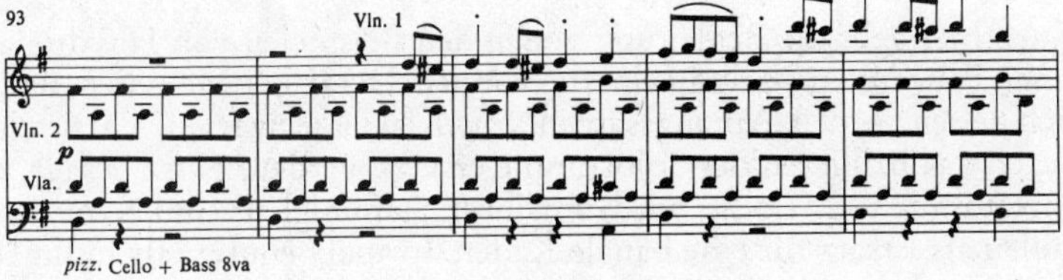

Die Themen gegen Ende der Exposition der beiden Symphonien Nr. 99 und 100 sind weniger differenziert als die Anfangsthemen, und beide dienen einem ähnlichen Zweck,

nämlich die zuvor erzeugte Spannung zu stabilisieren. Aufschlußreich ist die einen vollen Takt einnehmende, einleitende Begleitfigur in beiden Beispielen, denn nichts könnte die Atmosphäre einer volkstümlichen Musikkapelle so gut suggerieren und gleichzeitig die Musik so fest verankern. Die dann folgende, vierschrötige Melodie mit ihrer aufgeknöpften, biederen Entspannung tut das übrige. Diese »Volksmelodien« dienen als abrundende und formgliedernde Kadenzkräfte.

Sie üben demgemäß die gleiche Funktion aus, wie die Virtuosität in einem Mozart-Konzert, die, wie wir sahen, immer gegen Ende der Exposition am stärksten hervortritt. Mozart verwendet ähnliche Melodien an den entsprechenden Stellen seiner Symphonien, wie etwa am Ende der Exposition der ›Jupitersymphonie‹:

Auch hier geht die Begleitung wie in den Beispielen von Haydn nach einer Pause dem Melodieeinsatz voraus. Derartige Melodien finden sich selten in den Anfangssätzen von Klavierkonzerten, da sie dort durch das Brillieren der Solostimme ersetzt werden. Kurz gesagt, die volkstümliche Melodie wird um ihrer Stämmigkeit und Symmetrie willen als Ersatz für eine banale Kadenzformel benutzt, als Füllmaterial also, das an dieser Stelle gebraucht wird.

In Haydns genialem Quartett *D* op. 71, Nr. 2 besteht das Hauptthema aus einer üppigen, dicht kontrapunktischen Ausgestaltung eines Oktavsprungs,

während die abschließende Melodie der Exposition die volkstümliche Handfestigkeit eines symphonischen Schlußgruppenthemas besitzt:

Die Beispiele für einen solchen Gegensatz lassen sich leicht vermehren. Ist das Anfangsthema von ausgeprägt regelmäßigem Charakter, so wird das Schlußthema, das sei hier ausdrücklich vermerkt, im allgemeinen stilistisch noch entschieden volkstümlicher gestaltet. Das erste Thema des Quartetts G op. 76, Nr. 1 ist auf den ersten Blick denkbar gutmütig und handfest,

aber das Ende der Exposition übertrifft es mit Leichtigkeit,

und wiederum begegnen hier der stabile Baß und die einleitende Begleitfigur. Das Hauptthema der ›Paukenwirbelsymphonie‹ besitzt zwar Tanzcharakter,

aber er ist nicht zu vergleichen mit dem Ländlerrhythmus und der ungeniert volkstümlichen Tanzbegleitung des späteren Themas:

Volkstümliche Melodien konnten also zur Formverdeutlichung in die Kunstform eingegliedert werden, wobei sich wohl die Bemerkung erübrigt, daß das nicht der Grund ihrer Eingliederung, sondern nur deren Methode war.

Die Anfangsthemen der Finali besitzen fast immer eben die symmetrische Gleichmäßigkeit des Rhythmus, die auf den volkstümlichen Stil verweist. Die Behauptung dreht sich scheinbar um sich selbst, denn die Gleichsetzung von Volksmusik mit rhythmischer Regelmäßigkeit und Geradheit liegt weder auf der Hand noch ist sie unbedingt zutreffend. Allerdings erwarten die meisten Menschen von einer Melodie gerade die regelmäßige, immer durch vier teilbare Phrasenlänge und die gewisse Symmetrie der Melodieführung, die der Komponist der Klassik dem Tanz und der Volksmusik entnahm. Deren wiederkehrende Symmetrien interessierten ihn, und er brachte es dahin, daß die Mehrzahl der Zuhörer sie über hundert Jahre hinweg erwarteten. Wenn man Beethoven und Strawinsky den Titel »großer Melodiker« abspricht, so meint man damit nicht, daß die linearen Gestalten in ihrer Musik nicht schön seien – eine ganz offensichtlich nur allzu lächerliche Behauptung –, sondern daß diese nicht eben häufig symmetrische Formen und Viertaktigkeit annehmen, wie etwa Schuberts und Prokofjews Melodien es tun. Ein Großteil von Volksmusik – und darunter sicher auch allerlei Haydn Bekanntes – ist stark asymmetrisch und rhythmisch unregelmäßig, aber der interessierte Haydn nicht. Rhythmische Unregelmäßigkeit konnte er selber zur Genüge liefern. (Allerdings wird in der Haydnliteratur wohl nicht genügend betont, in wie starkem Maße seine Unregelmäßigkeiten und unerwarteten rhythmischen Effekte nach 1780 von einem großräumigen Symmetriesystem beherrscht werden, in dem die Achttaktphrase dominiert und ungradzahlige Phrasenlängen durch ihr paarweises Auftreten ausbalanciert werden.) Die Folklore ist bei Haydn hauptsächlich als ein Element der Volkstümlichkeit überhaupt zu sehen, und diese wird in Haydns Musik vor allem um ihrer stabilisierenden Wirkung willen verwendet. Deshalb tritt sie so häufig, wie jeweils im Finale der Symphonien Nr. 82 (›Der Bär‹) und Nr. 104 sowie im Quartett *D* op. 76, Nr. 5, in der Form eines Bordunbasses auf.

Die klar umrissene, deutlich bestimmte und in hohem Grade abtrennbare Gestalt des Finale-Themas bei Haydn bildet die Grundlage für einen seiner beliebtesten und höchst dramatischen Effekte, nämlich die überraschende Wiederkehr des Themas. Sie wird mit viel Erfindungsgabe bedacht und erzielt fast immer eine ausgelassene Wirkung. Das Kunststück besteht darin, die Wiederkehr immer wieder anzudeuten und dann aufzuschieben, bis der Hörer selber nicht mehr weiß, wann er sie zu gewärtigen hat; bewahrt er sich allerdings ein Gefühl für weitreichende Symmetrie, so kann er sie im allgemeinen gut abschätzen. Auftaktige Themen eignen sich besonders gut, da der Auftakt, wie etwa im Finale der ›Symphonie mit dem Paukenschlag‹, immer wieder gespielt werden kann:

Dementsprechend beginnen die meisten Finali der späten Symphonien mit Auftakt. Solche mit doppeltem Auftakt eignen sich noch besser, mit unvergleichlich witzigem Resultat etwa in der Symphonie Nr. 88:

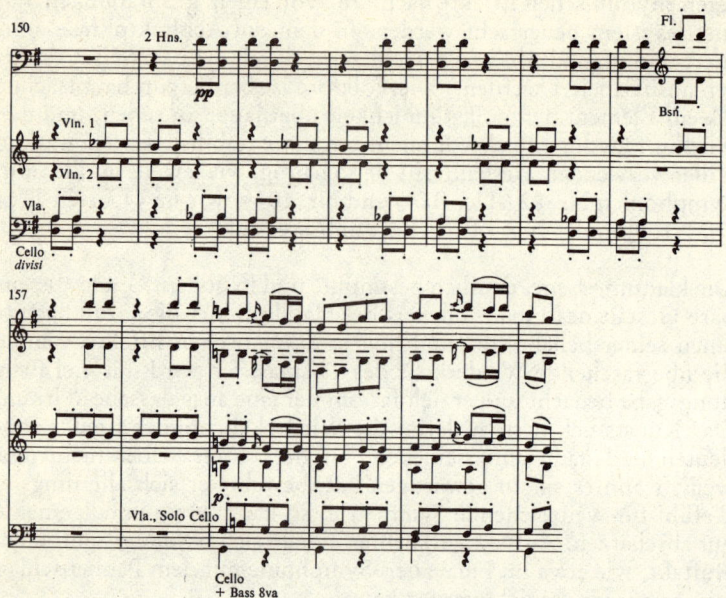

Der gleiche witzige Effekt wird in Symphonie Nr. 93 zu komischer Größe erhoben mit dem kraftvollen Gegensatz zwischen vollem Orchester mit Pauken und einem einsamen Cello:

Am subtilsten wird die Rückkehr des Themas jedoch in den seltenen Finali gestaltet, deren Themen nicht auftaktig sind, und für die

Haydns Humor demzufolge nach anderen Einfällen suchen muß. Die Themenwiederkehr ist im Finale der Symphonie ›Die Uhr‹ ein Fugato im pianissimo, und in der Symphonie Nr. 104 ist sie von einer solchen Feinheit, daß ihre leuchtende Poesie und ihr Humor sich nur durch ausführliches Zitieren erschließen.

Drei Auftaktnoten brauchte Haydn, um das Finale mit den unerhörtesten rhythmischen Effekten zu schreiben, nämlich das Finale des Quartetts *Es* op. 76, Nr. 6. Die Verunsicherung des Zuhörers hinsichtlich der Plazierung des Niederschlags übersteigt hier sogar noch die Täuschungsmanöver des Menuetts der ›Oxforder Symphonie‹. Am Anfang klingt es deutlich so, als bestünde der Auftakt nicht aus drei, sondern aus fünf Tönen,

und die Durchführung zerstört das restliche rhythmische Gleichgewicht des Zuhörers durch eine scheinbar willkürliche Akzentverteilung:

Trotzdem wird die gesamte Durchführung (von T. 66–118) von völlig rationaler, symmetrischer Viertaktigkeit, verstärkt durch regelmäßige harmonische Bewegung, beherrscht. Der Anfang der Reprise ist darauf berechnet, sogar den Quartettspielern die Orientierung zu nehmen.

Mit dem Sforzando in Takt 118 läßt Haydn Nachsicht walten, denn sonst würde man die erste Note des Themas niemals erkennen. Der kurze Doppelkanon in Takt 111–114 war zwar nicht schwierig zu komponieren (schließlich kann ein jeder aus einer absteigenden Tonleiter einen Kanon formen), aber der komplizierte, humoristische Rhythmus zeigt eine virtuose Erfindungsgabe am Werk.

Die ausgesprochen volkstümlichen Melodien in Menuett-Trios (und zuweilen in den Menuetten selbst, die sich um so ungestümer gebärdeten, je älter Haydn wurde) zeigen Haydns Pastoralstil in deutlichster Ausprägung. Gerade in solchen Augenblicken wird die traditionell aristokratische Form demokratisiert oder zumindest einer neuen Zuhörerschaft zugänglich gemacht. Sie appellieren ganz ungeniert an den Geschmack des Volkes (obgleich man sich auch vor Augen halten muß, daß es in London vornehmlich die langsamen Sätze der Symphonien waren, die bei der Uraufführung jeweils wiederholt werden mußten). Die Menuette behandeln den volkstümlichen Stil jedoch weder mit der Herablassung, die Rousseaus ›Le Devin du village‹ oder Gays ›The Beggar's Opera‹ aufweisen, noch präsentieren sie ihn als etwas Exotisches, sondern sie verklären ihn musikalisch und integrieren ihn voll in das Werk. Das ostentative Auftreten gewisser volkstümlicher Tanzrhythmen und -wendungen wird zweifellos als ein ausgesprochen außermusikalischer Verweis, als der Einbruch der Ideale der nichtaristokratischen Klassen in die Welt der Kunst gehört. Aber der von Haydn vervollkommnete Stil besaß seit etwa 1790 solch innere Kraft, daß er jene Ideale ohne Verlust seiner Integrität in sich aufnehmen konnte. Die thematische Arbeit war bei Haydn ein Verfahren, das nahezu jedes Material akzeptieren und absorbieren konnte. Sie verwandelte den einfachsten Jodler durch die Instrumentation und befähigte ihn, wie etwa im Menuett der ›Paukenwirbelsymphonie‹, mittels einer leichten rhythmischen Verschiebung das Gewicht einer Modulation zu tragen:

Manchmal ist das verwandelte Element noch weniger eigenständig, nichts als ein Rhythmusfetzen.

Das volkstümliche Material behält seinen Charakter gerade deswegen, weil Haydns Kompositionsverfahren isoliert, was es durchzuführen gedenkt. Die Identität jedes Elements mußte geklärt sein, bevor es in die größere Kontinuität des Werkes einbezogen werden konnte. Dadurch vermochte Haydn den so charakteristischen, volkstümlichen Aspekt seines Materials auszunutzen und es zugleich zur Grundlage der anspruchsvollsten Strukturen zu machen, solange es nur stark tonartlich ausgerichtet war. (Jodeln ist so zwanghaft dreiklangsorientiert, daß der klassische Stil es wohl erfunden hätte, wenn es nicht schon vorhanden gewesen wäre. Jedenfalls fällt es schwer, etwas strukturell so Unausweichliches und Logisches als formbildenden stilistischen Einfluß zu betrachten.) Die Isolierungstendenz des klassischen Stils bewahrte die Integrität des Stils wie des Materials.

Haydn bezaubert oft mit der Orchestrierung seiner Menuette, Mozart war selten so erfindungsreich. Am unvergeßlichsten sind solche Passagen, in denen bei der Kombination verschiedener Orchesterklangfarben diese doch absichtsvoll heterogen bleiben. Das unterscheidet sich völlig von Beethovens und Mozarts Satzweise, die selbst bei der Kontrastierung von Holzbläsern und Streichern einen hohen Verschmelzungsgrad erreicht. Der folgende Abschnitt aus dem Menuett der Symphonie Nr. 97 macht es verständlich, warum Rimskij-Korsakow Haydn zum größten aller Instrumentatoren erklärte. Das »Rumtata« einer Trachtenkapelle wird mit höchstem Raffinement, durch ein erstaunliches Pianissimo der Kesselpauken und Trompeten dargestellt, während das bäurische Glissando, gewissermaßen ein harter Einsatz auf der ersten Taktzeit, durch die Vorschlagsnoten der Hörner und die Melodieverdopplung der Solovioline in der höheren Oktave eine gezierte Eleganz erhält. Diese Details sollen sich durchaus nicht mischen, sondern voneinander abheben, denn jedes ist für sich exquisit.

Dieses Menuett ist zugegebenermaßen außergewöhnlich, insofern sämtliche Wiederholungen ausgeschrieben sind, um für eine stets wechselnde Instrumentierung und Dynamik zu sorgen, doch solch überfeinerte Orchestrierung ist beileibe kein Ausnahmefall bei

Haydn. Die ausgedehnten Streicherpassagen am Steg im langsamen Satz des gleichen Werks sind ein weiteres Beispiel. In der folgenden Passage vom Anfang der Exposition des ersten Satzes der Symphonie Nr. 93 wird instrumentale Klangfarbe zur Verstärkung der rhythmischen Spannung eingesetzt:

Die drei Takte, 40–42, sind eine Erweiterung durch Wiederholung, indem eine Fermate nicht allein auf der vorhergehenden Note, sondern gewissermaßen über den ganzen vorhergehenden Takt ausgehalten wird. Die von der Flöte zum Fagott und dann zur Oboe wechselnde Bläserverdopplung soll sich nicht mit den Geigen vermischen, sondern scharf abstechen. (Diese Takte zeigen modellartig die typisch klassische Isolierung eines Motivs und die Spannungsaufladung eines Tonikadreiklangs allein durch rhythmische Mittel.) Mit seiner Auffassung von Orchestrierung nähert sich Haydn mehr als Beethoven oder Mozart oft den koloristischen Idealen zahlreicher Werke des 20. Jahrhunderts. Soloinstrumente, die isoliert innerhalb der Orchestermasse auftreten, sowie eine rein koloristische Verwendung von Pauken und Trompeten in zahlreichen langsamen Sätzen gemahnen weniger an Werke des 18. oder 19. Jahrhunderts, als an Mahlers Orchestrierung.

Was man einst als den hohen Ernst dieses bewußt volkstümlichen Stils bezeichnet hätte, muß klar erfaßt werden, denn das künstlerische Persönlichkeitsbild, das sich der Komponist mit »Papa Haydn« erschuf – und zwar sicher ebensosehr zur Erfüllung eigener Bedürfnisse als auch derjenigen des Publikums –, umfaßt mehr als nur Spaßigkeit und Jovialität. Augenblicke empfindsamster Poesie sind weitaus häufiger als grob komische Effekte, obgleich beide durch Geist und Witz gemildert werden; und der dramatische Faden wird nie aus den Augen gelassen. Daß Haydns Stil gewichtiger geworden ist, läßt sich an der Verwandlung zweier Formstrukturen, der Einleitung und der traditionellen dreiteiligen Liedform, ablesen. Die Metamorphose der dreiteiligen Form ist ein Teilaspekt der logischen Entwicklung des klassischen Stils, insofern nämlich der Mittelteil spannungsmäßig nicht nachläßt, sondern einen Höhepunkt anstrebt, und die Wiederkehr des ersten Teils dementsprechend eine echte harmonische Lösung darstellt. Der Anfangssatz des Quartetts *D* op. 76, Nr. 5 beginnt beispielsweise mit einer ausgedehnten, symmetrisch angelegten und sich entschieden auf der Tonika lösenden Melodie. Der zweite Abschnitt fängt wie zahlreiche Trios in Moll an, ergeht sich aber sogleich in den sequenzierenden Modulationen und der melodischen Zersplitterung einer Durchführung. Nachdem der erste Teil nach Art der Da capo-Arie mit Auszierungen wiedererklungen ist, bringt eine lange Coda eine überraschende zweite Durchführung. Eine lockere dreiteilige bzw. Da capo-Form vermochte Haydn nicht mehr zu befriedigen, so daß er den Mittelteil nunmehr so weit wie möglich als echte klassische Durchführung entwarf. Das bedeutsamste Resultat seiner neuen Auffassung sind die dramatischen Tanzfinali (Menuette oder Ländler) seiner späten Klaviertrios.

Haydn verwandelte die Einleitung in eine dramatische Geste. Vor seinen späten Werken hatte sie ihm hauptsächlich dazu gedient, eine feierliche Stimmung anzudeuten und gleichzeitig die Tonart festzulegen. Sie trug zu vermehrter Gewichtigkeit bei, weiter nichts[3]. Eine Einleitung vermittelt eine Erwartungshaltung, d. h. technisch gesprochen ist sie im rhythmischen Sinn ein erweiterter Auftakt und muß, sofern sie eine gewisse Länge erreicht, ohne Modulation als unaufgelöster Dominantakkord enden. Als Beispiele aus der ersten Jahrhunderthälfte seien Accompagnatorezitative vor einer Arie, etwa in den Bach-Kantaten, oder einige Präludien genannt, doch die damals verwendeten Mittel sind diffuser als in der Klassik, die die Harmonik zuspitzt und den rhythmischen Puls schärfer umreißt. (Der langsame Anfangsteil eines barocken Werks, etwa der Französischen Ouvertüre, ist überhaupt nicht einleitend, sondern moduliert zur Dominante und fungiert als selbständiger Anfangsteil.)

Die neue dramatische Funktion der Einleitung zeigt sich in gedrängtester Form am Anfang von Haydns Quartett op. 71, Nr. 3:

Die Einleitung besteht hier aus einem einzigen, schroffen Akkord. Wie vordem wird Erwartung erzeugt (wofür die verlängerte, nicht ausgezählte Pause im zweiten Takt sorgt), wird dem folgenden, leich-

---

[3] Vgl. oben S. 321 f. zum Unterschied zwischen der klassischen Einleitung und dem Anfangsteil eines barocken Werkes, etwa einer französischen Ouvertüre.

ten, komischen Thema zusätzliche Bedeutung gegeben, und es wird die Tonart *Es*-dur mit einmaliger Sparsamkeit festgelegt. Aber dieser Akkord besitzt darüberhinaus eine ganz eigene, neuartige Dramatik. Man ist sich als Hörer nach der Pause im zweiten Takt bewußt, daß der erste Akkord nicht der wahre Beginn des Geschehens ist. Er war im wörtlichen Sinn nur eine Geste, eine sinntragende, körperliche Bewegung.

An diesen Anfang mag sich Beethoven bei der Komposition der ›Eroica‹ erinnert haben, die ja mit einem zweimal gespielten *Es*-dur-Akkord in ähnlicher Lage beginnt, aber Haydn setzte derartiges recht häufig ein, so daß das Verfahren selbst und nicht der besondere Fall von Einfluß gewesen sein könnte. Die sechs Quartette op. 71 und op. 74 von Haydn spielen alle mit dieser Idee, die von ein oder zwei Akkorden (in op. 76, Nr. 1 sind es drei) bis zu einer Fanfare (op. 74, Nr. 2) und bis zu einem wie eine Einleitung klingenden, vollständigen ersten Thema reichen kann (op. 74, Nr. 3):

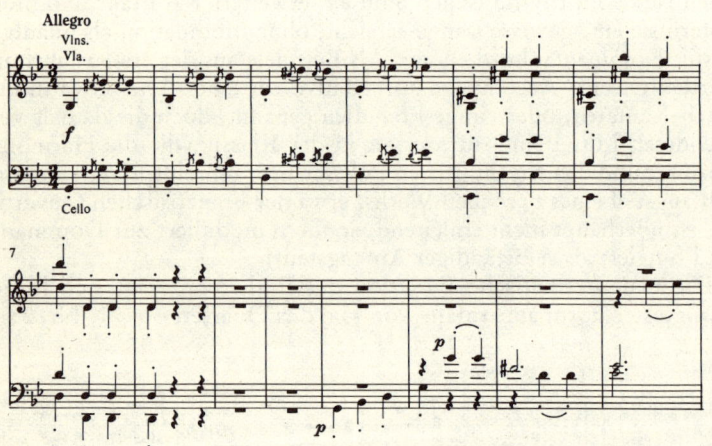

Die zwei Takte Pause geben der Anfangsphrase den Anschein eines einleitenden Mottos, und sie wird in der Reprise nicht wieder gespielt. Trotzdem ist sie ein integraler Bestandteil der Exposition, wird mit ihr wiederholt und beherrscht die Durchführung. Auch das zweite Thema ist unmittelbar daraus abgeleitet. Haydn war kein guter Opernkomponist, aber sein Gespür für eine der allgemeinen Handlung innigst verbundene musikalisch-dramatische Geste war äußerst scharf ausgeprägt.

Die langsamen Einleitungen in den ›Londoner Symphonien‹ (elf von den zwölf fangen damit an⁴) sind zwar ausführlicher, überschreiten aber nicht die Funktion eines Sprungbretts zu einem viel charakteristischer ausgeprägten Satz. Diese einleitenden symphonischen Adagios besitzen eine längere Vorgeschichte in Haydns Œuvre als seine Versuche mit kurzen Einleitungen in den 1793 entstandenen Quartetten. Langsame Einleitungen treten schon sehr früh in den Orchesterwerken auf; die vorzüglichsten Beispiele vor 1787 stehen allesamt in *D*-dur: Nr. 57 aus dem Jahr 1774, Nr. 73 (›La Chasse‹) und Nr. 75 aus dem Jahre 1781 sowie Nr. 86 aus dem Jahr 1786. Schon 1774 zeigt sich etwas von dem dramatischen Charakter der späteren Werke.

1786 schrieb Mozart die ›Prager Symphonie‹ KV 504 (ebenfalls in *D*-dur, einer Tonart, die wohl deshalb zu Brillanz inspirierte, weil sie sowohl den Blechbläsern wie den Streichern volle Klangentfaltung erlaubte); sie enthält wohl die prächtigste und differenzierteste Einleitung vor Beethovens Siebter Symphonie. Von Haydns Einleitungen erreicht keine solch weitausladende Bewegung, auch strebte Haydn selten nach einer derartigen Fülle von kontrapunktischen und chromatischen Details. Doch Mozart macht in der ›Prager Symphonie‹ nicht den geringsten Versuch, Haydns thematische Verknüpfung zwischen Einleitung und Allegro als Verfahren nachzuahmen (und sein späterer derartiger Versuch in der Symphonie *Es* KV 543 aus dem Jahr 1788 ist zwar subtil und anmutig, überzeugt aber nicht in dem Maße, wie Haydn es eigentlich immer tut)⁵.

Diese thematischen Beziehungen respektieren bei Haydn stets den Charakter der Einleitung; sie gründen sich auf psychologisch tiefe Einsicht in ihr Wesen. Hört man das verwandte Thema im Allegro, so erkennt man sofort – und zumeist mit Entzücken über die witzige Präsentierung – die Verwandtschaft mit der Einleitung. Doch bei seinem ersten Erscheinen in der Einleitung hatte es gar nicht wie ein Thema geklungen. Das Wesen der Einleitung liegt bei Mozart wie bei Haydn gerade im Fehlen scharfer Umrissenheit; mangelt es ihr an solcher Verschwommenheit, so läuft sie Gefahr, wie der eigentliche Anfang zu klingen⁶. Aus diesem Grund können enge thematische Beziehungen das Schema der klassischen Einleitung gefährden. Haydns Behandlung dieses Problems stellt einen seiner größten Triumphe dar. Im allgemeinen tritt das im Allegro wieder erscheinen-

---

⁴ Die Symphonie Nr. 95 ist die einzige Ausnahme. Da sie als einzige in Moll steht, ist ihre Ernsthaftigkeit auch ohne das zusätzliche Gewicht einer Einleitung gewährleistet.
⁵ Diesen beiden Einleitungen seien noch die in den folgenden Werken Mozarts hinzugefügt: die ›Linzer Symphonie‹ KV 425, die großartige, ganz im symphonischen Stil gehaltene Sonate *F* für ein Klavier zu vier Händen KV 497 und vor allem das Quartett *C* KV 465.
⁶ Die Einleitung zur Symphonie Nr. 104 besitzt größere Klarheit als die meisten, aber die Melodiezellen (die hier ausgesprochen klein sind) bleiben fragmentarisch.

de Thema in der Einleitung zunächst unauffällig auf, indem es sich zuweilen (wie in ›La Chasse‹) an der Begleitung und zuweilen fast unbemerkt an einer konventionellen Kadenzformel beteiligt. Besitzt es eine Gestalt, die sich auf diese Weise nicht verbergen läßt, dann wird es so langsam gespielt, daß es wie in der Symphonie Nr. 98 mehr als majestätischer Umriß einer Harmonie, denn als Melodie erscheint. Die ›Militärsymphonie‹ wird von einem Thema eröffnet,

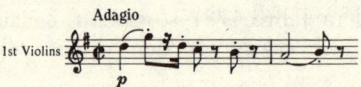

das wie eine halbgeformte Vorahnung des Hauptthemas des Allegros klingt,

und auch die Symphonie Nr. 102 vermittelt diesen Eindruck einer sich aus dem noch nicht ganz geformten Material der Einleitung herausschälenden melodischen Gestalt.

Die Symphonien Nr. 97 und Nr. 103 dürften in dieser Hinsicht am bemerkenswertesten sein. In der ersteren beginnt und endet die Einleitung mit einer einfachen, aber ausdrucksvollen Kadenz, die später als Schlußkadenz der Allegro-Exposition auftritt, dort aber in größeren Notenwerten ausgeschrieben ist, so daß das Tempo annähernd das gleiche ist wie in der Adagio-Einleitung. Dieser Anklang an die Einleitung war lebhaft genug, um Beethoven zu veranlassen, ihn im Klaviertrio *Es* op. 70, Nr. 2 zu verwenden. In der Symphonie Nr. 103, »Mit dem Paukenwirbel«, ist die Anfangsphrase rhythmisch völlig ebenmäßig,

das langsame Tempo läßt sie als rhythmisch unbestimmt erscheinen. Das oben (S. 382) zitierte Anfangsthema des Vivace ist (wie in der ›Militärsymphonie‹) deutlich, aber mit großer Freiheit davon abgeleitet, es kehrt aber auch tonhöhengetreu, allerdings in einem neuen, charaktervoll ausgeprägten Rhythmus, wieder

und erscheint zudem überraschenderweise nochmals gegen Ende des Satzes im langsamen Originaltempo.

Wenn dieses langsame, rhythmisch fast formlose Thema sich im Baß aus dem langen Paukenwirbel des Anfangs heraushebt, dann hat man den Eindruck, als bilde sich die Form allmählich aus unbestimmter Materie. Die hinter solchen langsamen Einleitungen stehenden kompositionstechnischen Mittel ermöglichten Haydn dann die berühmte Darstellung des Chaos in der ›Schöpfung‹.

Harmonisch besitzen diese symphonischen Einleitungen wenig Richtungsenergie. Das häufigste Muster ist recht einfach und besteht aus der Festlegung der Dur-Tonika sowie der Bewegung zum Moll, auf daß die Durtonart erneut mit dem Allegro einsetzen kann. Einige beginnen wie etwa Mozarts Quartett C KV 465 sogleich in Moll. Die in fast allen Einleitungen auftretende, ausgedehnte Chromatik dient dem gleichen Zweck wie das Molltongeschlecht, nämlich das Gefühl der fundamentalen harmonischen Stabilität auf der Oberfläche zu stören. Diese Einleitungen sind ja Verzögerungsmanöver.

Im späten 18. Jahrhundert hängen die Bedeutung und das Format eines Musikstücks eng mit der Festlegung der Tonika zusammen, denn mit der Verzögerung dieses Prozesses vergrößern sich die Proportionen und der mögliche Aktionsradius. Die Erweiterung ist nicht auf die zeitliche Dimension beschränkt, sondern schließt, wie die schroffen Quartetteinleitungen des Jahres 1793 zeigten, auch die dramatische und expressive Bedeutungsskala ein.

Die klassische Einleitung ließ die thematischen Entwicklungsmöglichkeiten auf zwei komplementäre Weisen anwachsen. Erstens gestattete sie es dem Komponisten, als Hauptthema des folgenden Allegros eine Melodie zu verwenden, die nicht genug Gewicht besaß, um ein ganzes Werk zu eröffnen. Die ›Paukenwirbelsymphonie‹ ist eine von Haydns größten Leistungen, aber für sich allein wäre der Vivace-Anfang zu trivial, um ein Werk dieser Größenordnung in Gang zu setzen. Er erlangt Gewicht dadurch, daß er einerseits einen Kontrast zur langsamen Einleitung bildet und andererseits deutlich aus ihrem Material entwickelt ist. Auf gleiche Weise befreit die massive Einleitung zu Beethovens Siebter Symphonie das tänzerische Vivace-Thema von der Verantwortung, die Dimensionen des ganzen Satzes vorzuzeichnen. Die Einleitung öffnete einer ganzen Fülle von Themen die Tür, die andernfalls nur in viel bescheidenerem Rahmen hätten auftreten können.

Die zweite und wohl interessantere Vergrößerung der thematischen Entwicklungsmöglichkeiten ist die radikale Bedeutungsveränderung, die das erste Thema durch die vorangehende Einleitung erfährt. Das Anfangsthema des Allegroteils bildet die Antwort auf die ungelöste Spannung der Einleitung. In Mozarts Symphonie *Es* KV 543, reicht die noch nicht abgeschlossene Kadenz des Adagios ganz konkret in den Allegroteil hinüber,

wenn die Violine den von der Flöte hängengelassenen Faden aufgreift. Die Anfangsphrase ist also sowohl ein Schluß als auch ein Anfang. Haydn setzte diesen Effekt ausgiebig und mit nie erlahmender Sorgfalt ein, aber das subtilste Beispiel findet sich doch wohl bei Beethoven. Die beiden schroffen Einleitungsakkorde der ›Eroica‹ verändern die rhythmische Bedeutung des folgenden Themas. Spielt man das Thema für sich allein, so fängt es mit einem Takt an, der die starke Betonung des Pulses trägt. Die beiden knappen, einleitenden Anfangstakte entziehen der ersten Note des Themas die Betonung, plazieren sie zwei Takte später und entbinden dadurch einen energisch vorwärtsstrebenden, rhythmischen Impuls, den das Thema allein nicht hätte entwickeln können.

Es war wiederum Beethoven vorbehalten, diese Möglichkeiten bis an die äußerste Grenze zu verfolgen, jenseits derer die Sprache selbst sich hätte ändern müssen. Wie wenig die tatsächliche, meßbare zeitliche Dauer mit dem Gefühlsradius zu tun hat, zeigt sich in der herrlichen Eröffnung der Sonate *Fis* op. 78:

Einen Schritt weiter und man ist bei der romantischen Einleitung, die mit ihrer so abgerundeten, vollständigen Melodie (vgl. Schumanns Sonate *fis* oder den berühmten Anfangsteil von Tschaikowskijs Konzert *b*) die Verknüpfung mit dem folgenden Satz stark erschwert. Beethoven hält im rechten Moment inne, seine Melodie bleibt ein Fragment. Das unbewegliche *Fis* im Baß bestimmt die Tonika mit Haydnscher Deutlichkeit und versagt der Melodielinie jegliche echte harmonische Bewegung. Die Fermate im vierten Takt gewährt das gleiche Erwartungsgefühl wie die Einleitungen der ›Londoner Symphonien‹. Die zögernde Phrasierung und sorgfältig unbestimmte, gelassene Bewegung von Haydns symphonischen Einleitungen bzw. die schroffen, dramatischen Eröffnungsakkorde seiner Quartette ersetzt Beethoven durch eine einfache Phrase, die auf der Tonika schließt und dennoch nicht zu enden scheint. Das Fragmentarische daran ist notwendige Bedingung, denn die klassische Einleitung ist eine »offene« Wirkung in einem System, das geschlossene Formen verlangt und in dem für jede Erweiterung der Sprache ein Preis zu zahlen war.

2. Das Klaviertrio

Haydns Klaviertrios bilden die dritte, großartige Werkreihe neben den Symphonien und Quartetten, aber von allen dreien sind sie aus Gründen, die nichts mit ihrem musikalischen Wert zu tun haben, am wenigsten bekannt. Sie sind nicht Kammermusik im üblichen Sinn, sondern Werke für Soloklavier und Solovioline mit Begleitung eines Cellos. Das Cello dient hauptsächlich der Verdoppelung des Klavierbasses, obgleich es an einigen, wenigen Stellen kurz selbständig auftritt. Unter Haydns Einfluß entwickelte sich das Streichquartett aus einem Werk für Solovioline und Begleitinstrumente zu einer Gattung, in der alle vier Instrumente unabhängig voneinander wichtig sind (obgleich die erste Geige bis ins 20. Jahrhundert hinein dominierte und immer noch viel von ihrem früheren Prestige besitzt). Daß Haydn es versäumte, dem Cello im Klaviertrio zu ähnlicher Unabhängigkeit zu verhelfen und dadurch die Rolle des Klaviers und der Geige auszubalancieren, wird diesen Trios sehr zum Vorwurf gemacht. Sie mögen großartige Stücke sein, aber sie seien nicht fortschrittlich, stilistisch rückwärts gewandt und hätten überhaupt ganz anders geschrieben werden müssen. Selbst Tovey, der sie schätzte, bearbeitete eins davon mit der Absicht, das Cello stärker in den Vordergrund zu rücken. Das Vorurteil gegen diese Trios geht teilweise auf einen gewissen Snobismus unter Musikern, vor allem Musikliebhabern, zurück, der die Kammermusik allen anderen Formen (die Oper gilt beispielsweise als eine besonders entwürdigende Kunstform) vorzieht. Dieser Snobismus ist zum Teil eine redliche und berechtigte Reaktion auf das mangelnde Interesse an Kammermusik beim breiten Publikum. (Warum sollte sich das Publikum eigentlich dafür interessieren, wenn Kammermusik erklärtermaßen eine private Angelegenheit ist? Um Monteux' Ausspruch über Debussys ›Pelléas‹ zu paraphrasieren: Es war nicht als Erfolgsstück gedacht.) Ein weiterer Grund für ihre Vernachlässigung ist rein praktisch: insofern Haydns Trios im Grunde Solostücke für Klavier mit hinzugefügten Solopassagen für die Geige sind, ist ein Klavierabend ihr angemessener Ort; dafür aber weitere Musiker zu engagieren, ist finanziell unattraktiv.

Haydn widersetzte sich mit der Komposition dieser Trios zweifellos dem Lauf der Geschichte, aber es besteht kein Grund, sie deshalb schlechter zu beurteilen. Sie sind fast ausnahmslos spät in Haydns Leben entstanden, und da wußte er genau, was er tat. Bevor ein Großteil von ihnen entstand, hatte Mozart schon etliche Klaviertrios geschrieben, die dem Cello mehr Unabhängigkeit geben; Haydn kannte sie ganz gewiß. Aber abgesehen von den beiden großen Werken in *E*-dur und *B*-dur sind Mozarts Trios stilistisch dünner und uninteressanter als die zwölf oder sechzehn besten von Haydn. Sein glänzender pianistischer Stil in diesen Werken überrascht jeden, der nur die Sonaten kennt. Sogar ein paar halsbrecherische Oktavpassagen kommen vor (diejenigen im Trio C Hob. XV: 27 sind zweifellos als Glissandi gedacht). Die Trios sind in der Tat neben Mozarts Klavierkonzerten die brillantesten Klavierwerke vor Beethoven. Ihre Virtuosität zog auch keineswegs einen Verlust an Tiefe nach sich, sie schadete diesen Werken ebensowenig wie den Mozart-Konzerten und Beethoven-Sonaten. Besitzt ein Streichquartett eine allzu dominierende erste Violinstimme, so leidet tatsächlich sein musikalischer Wert, weil sich aufgrund seines Wesens ein Verlust an kontrapunktischer Fülle und thematischer Bedeutung in den anderen Stimmen ergibt. Das Dominieren des Klaviers zieht keinen entsprechenden Verlust nach sich, da es ja als einziges Instrument sowohl zu differenzierter Polyphonie wie zu dynamischer Nuancierung fähig ist.

Darin, daß diese Trios im wesentlichen Solowerke sind, liegt auch der Grund für ihren größten Vorzug, nämlich ein bei Haydn fast einmaliges und überhaupt bei den drei Klassikern seltenes Improvisationsgefühl. Haydn brauchte als Komponist das Klavier zum Komponieren, und diese Trios zeigen ihn uns gewissermaßen bei der Arbeit. Sie besitzen eine von Haydn sonst selten angestrebte Spontaneität, ihre Einfälle wirken im Vergleich zu den Quartetten und Symphonien locker, ungezwungen, ja zuweilen fast unordentlich. Auch die Formen sind lockerer; so besitzen zahlreiche Trios Tanzfinali – Menuette oder deutsche Bauerntänze –, und einige der ersten Sätze zählen zu Haydns besten Doppelvariationen.

Klaviertrios wurden im 18. Jahrhundert für die besten unter den Musikliebhabern geschrieben, wenn auch die Kluft zwischen Liebhaber und Berufsmusiker damals anscheinend gering war. Es waren nicht ernsthafte Stücke, wie die hauptsächlich für Kenner geschriebenen Quartette, und eine Demonstration kompositorischer Virtuosität wäre fehl am Platze gewesen. Eine Fuge war beispielsweise im Quartett möglich, aber undenkbar im Klaviertrio. Für die Virtuosität des Spielers hingegen war es genau der richtige Platz. Wir wären im Unrecht, verachteten wir die Virtuosität als Inspirationsquelle der Musik im 18. Jahrhundert. Ohne sie hätten wir weder Mozarts Opern oder Klavierkonzerte noch das Finale von Haydns ›Lerchenquartett‹. In Beethovens Klaviermusik ist die Virtuosität eine so integrale Stilkomponente geworden, daß sie sich nicht mehr zur Analyse herauslösen läßt; sie ist in sämtlichen großen Sonaten eine Selbstverständlichkeit. Allerdings ist die in Haydns Klaviertrios geforderte Virtuosität von besonderer Art. Sie sind zwar nicht Kammermusik im Sinne von Kompositionen für einige mehr oder minder gleichberechtigte Instrumente, aber sie sind Kammermusik im wörtlichsten Sinn, nämlich nicht-öffentliche Musik. Insoweit sie Virtuosität vorführen, bleibt es eine Privatvorstellung. Auch die Violine nimmt daran teil und wird nicht wie das Cello allein zur Verdoppelung herangezogen. Selbst bei Verwendung eines modernen Konzertflügels bleibt die Mitwirkung des Cellos nötig, obgleich es wenige Noten spielt, die das Klavier nicht auch hat. Meiner Erfahrung nach stellen Cellisten, hat man sie erst einmal dazu überredet, eines der Trios zu spielen, mit Erstaunen fest, daß ihre Stimme faszinierend, ja interessanter als die in den Mozart-Trios ist, in denen relative Unabhängigkeit mit vielen, langen Pausen erkauft wird.

Bedürften die Trios überhaupt einer Rechtfertigung, so läge sie im Entwicklungsstand des Pianofortes zu Haydns Zeiten. Der Baß war dünn und schwach, und der Ton verklang schnell. Das Klaviertrio stellte die Lösung all dieser mechanischen Probleme dar, indem das Cello den Baß verstärkte und die Violine diejenigen Melodien übernahm, die am stärksten eines kantilenenhaften Aussingens bedurften. Dadurch konnte sich Haydns Phantasie frei entfalten, und auch der Pianist durfte sich virtuose Wirkungen leisten, die für Klavier allein nicht möglich waren. In den Klavierkonzerten spielte das Orchester für Mozart die gleiche Rolle, die Geige und Cello hier für Haydn übernahmen.

Das damalige Klavier konnte für sich allein nicht die mächtigen Wirkungen hervorbringen, die Haydn und Mozart für ihre phantasievollsten Werke brauchten. Zu Anfang des 19. Jahrhunderts wurden dann Klaviere gebaut, die den Anforderungen der Komponisten besser entsprachen. Infolgedessen ist das kongeniale Instrument für viele Werke nicht dasjenige, für das es geschrieben wurde, sondern dasjenige, das zwanzig Jahre später als Reaktion auf die Musik gebaut wurde. Das Klavier war am Ende des 18. Jahrhunderts noch im Versuchsstadium, und seine Entwicklung wurde von der zeitgenössischen Musik, die größere dynamische Nuancierungsmöglichkeiten verlangte, vorangetrieben. Sowohl Haydn wie Mozart strebten nach Klavieren, die einen stärkeren Klang und eine bessere Ansprache besaßen. Mit wenigen, prachtvollen Ausnahmen pflegen ihre Soloklavierwerke zurückhaltender und bescheidener zu sein als die Kompositionen für Klavier mit Begleitinstrumenten. Erst die Verwendung von einem oder mehreren Streichinstrumenten, d. h. die Verbindung von einem Instrument, das die Töne aushalten und singen kann, mit den kontrapunktischen Mitteln des Klaviers, setzte ihre Phantasie völlig frei.

Die seit dem 18. Jahrhundert vorgenommenen Veränderungen an den Instrumenten machen die klangliche Ausgewogenheit in Haydns Klaviertrios, ja in sämtlicher Kammermusik mit Klavier zu einem Problem. Der Geigenhals wurde verlängert (natürlich auch an allen Stradivari- und Guarneri-Geigen), so daß die Saiten straffer sind;

auch die Bogenhaare sind heutzutage viel gespannter. Der Klang ist glänzender, satter und durchdringender, und die weniger selektive Verwendung des Vibratos trägt zu dem Gegensatz bei. Das Klavier ist seinerseits lauter, voller, ja breiiger und vor allem weniger drahtig und metallisch im Klang. Dieser Wandel macht all jene Passagen in der Musik des 18. Jahrhunderts unsinnig, in denen Klavier und Geige die gleiche Melodie im Terzabstand spielen, die Geige unten, das Klavier oben. Beide sind heute lauter, aber während das Klavier nun weniger durchdringend ist, ist die Geige es um so mehr. Geiger müssen heute geradezu Selbstaufopferung betreiben, um das Klavier zart aussingen zu lassen – es ist gleichermaßen Tugendübung wie Musikübung. In Haydns Zeitalter vermischte sich der dünnere Klang der Geige mühelos mit dem metallischen Timbre des damaligen Klaviers und ermöglichte beiden, sich unforciert gegenseitig zu begleiten.

All das trifft gleichermaßen auf Violinsonaten wie auf Trios zu. Es wird zuweilen behauptet, Mozart und Beethoven hätten das Problem der Gewichtverteilung zwischen Klavier und Violine nicht völlig begriffen, und wir könnten uns zum seitherigen Fortschritt der Kompositionstechnik gratulieren. Wahr ist, daß sie das Wesen des zukünftigen Klaviers und der zukünftigen Geige nicht so klar erfaßten, wie zu wünschen wäre, aber ihr Verständnis für die Instrumente ihrer eigenen Zeit war mehr als ausreichend. Ein gewandelter Klang, das muß hinzugefügt werden, verlangt auch eine gewandelte Phrasierung. Auf modernen Instrumenten läßt sich deshalb die von den Stücken geforderte Nuancierung und Dynamik nie völlig erreichen. (Das heißt allerdings nicht, daß eine Aufführung auf heutigen Instrumenten nicht doch einer historisch rekonstruierenden vorzuziehen ist.)

Die Verwendung des Cellos hauptsächlich zur Verstärkung des Klavierbasses ist als Überbleibsel einer früheren Epoche bezeichnet worden; sie geht, kurz gesagt, auf den Basso continuo zurück, und in diesem spezifischen Sinn lassen sich Haydns Trios als stilistisch rückständig bezeichnen. Historisch ist das richtig, aber belanglos, denn die Verdoppelung des Klavierbasses durch ein Cello kommt zwar aus einer früheren Epoche, aber stilistisch reaktionär wäre sie nur, wenn sie überflüssig wäre. Niemand, der die Celloverdoppelung im langsamen Satz von Haydns großem Trio *Es* Hob. XV: 30, seinem letzten, gehört hat, zweifelt an ihrer Notwendigkeit; ihre volle Süße und Schärfe erlangt die in zwei Takten fast zwei Oktaven umspannende, herrliche Melodie (zitiert unten S. 413) erst mit dem Cello. Das Klavier allein genügt nicht, und das Cello allein auch nicht, da das Klavier zum Zusammenschluß und der Vereinheitlichung des Satzgewebes erforderlich ist. Wie Haydns Quartette arbeitet diese Musik selten mit der Kontrastierung von Instrumenten, oder besser gesagt, sie setzt die individuellen Eigenschaften der verschiedenen Instrumente ein, ohne sie anscheinend auszunutzen. Das Klavier spielt, was ihm am meisten liegt, und die Geige übernimmt, was das Klavier nicht wirkungsvoll leisten kann, die lang ausgezogene Melodik. Auf lange Strecken verdoppeln die Instrumente einander.

Es ist eigenartig, daß Musik, die zum besten zählt, was je komponiert wurde, verteidigt werden muß. Haydns Trios sind auf jeden Fall zu einem Schattendasein verurteilt, da nur Pianisten sie je werden spielen wollen und heutzutage im Klavierabend kein Raum für sie ist. Die folgenden Seiten mögen als Wegweiser dem Vergnügen des Musikliebhabers dienen, der die Trios zu Hause am Klavier durchspielt und sich Cello- und Geigenstimme dazu denkt.

Haydns Phantasie treibt in diesen Trios besonders üppige Blüten. Da ihm weder die Publikumswirksamkeit Einschränkungen auferlegte, wie in den Symphonien, noch, wie in den Quartetten, die beträchtliche stilistische Verfeinerung, so schrieb er sie rein zum Vergnügen der Spieler. Es gibt sechsundzwanzig derartige Trios; unter den einunddreißig unter Haydns Namen veröffentlichten stammen zwei von anderen Komponisten (eins von Michael Haydn hielt Joseph offensichtlich für ein Eigenwerk, da er es selbst in einen Katalog seiner Werke aufnahm); dazu kommen drei gefällige, aber nicht weiter interessante Werke für Flöte, Klavier und Cello (eines von diesen ist wahrscheinlich ebenfalls von Bruder Michael). Zwei Trios sind sehr früh (vor 1769), eins entstand vor 1780, neun zwischen 1784 und 1790, und vierzehn Meisterwerke wurden zwischen 1793 und 1796 geschrieben, sechs davon unmittelbar nach den ersten ›Londoner Symphonien‹, und acht nach der zweiten Gruppe. Wenn man mit Tovey behauptet, die »Werke umspannen Haydns gesamten Werdegang«, so verschleiert man ihr konzentriertes Auftreten am Ende seines Lebens. Dreiundzwanzig von den sechsundzwanzig hatte Haydn nach dem fünfzigsten Lebensjahr geschrieben, vierzehn sogar nach dem sechzigsten. Am besten betrachtet man sie weitgehend als Erzeugnisse seines reifen Spätstils.

Doch schon das möglicherweise unechte Trio g Hob. XV: 1 ist ein entzückendes Stück. Der erste Satz steht hinsichtlich der Harmonik, Melodik, Verzierung und Rhythmik, ja in allem außer der stärker gegliederten Phrasierung, fast völlig im französischen Barockstil. Von den neun Trios aus dem Jahrzehnt 1780–1790 seien drei als Glanzleistungen Haydns hervorgehoben. Den ersten Satz des Trios c Hob. XV: 13 bilden Doppelvariationen, deren in Moll stehendes Thema so herrlich wirkungsvoll nach Dur verwandelt wird und so das zweite Thema bildet, daß Haydn diese Durfassung bei ihrem dritten Erscheinen kaum variiert. Es ist eines der vorzüglichsten Beispiele für Haydns Fähigkeit, eine ihm ganz eigene und von keinem Komponisten, auch nicht von Mozart, wiederholbare Empfindung zu schaffen, ein Gefühl völlig unsinnlicher, ja liebenswürdiger Ekstase. Es gibt kein Rezept für diese Wirkung, aber sie geht zum Teil auf die Vorliebe für Melodien zurück, die ihren Höhepunkt (nicht unbedingt ihren höchsten Ton), wie die österreichische Nationalhymne, auf der oberen Tonika und nicht wie die Mehrzahl von Mozarts Melodien auf der Sexte, None oder Quarte erreichen. Vor allem aber liegt es an der Verwendung von Akkorden in Grundstellung unter höchst ausdrucksvollen Melodien sowie der Vermeidung komplexer Vielstimmigkeit. Der Anfang des langsamen Satzes in einem anderen Trio aus den späten Achtzigern, Hob. XV: 14, zeigt die Anwendung dieses harmonischen Effekts:

So unkompliziert schön ist diese Melodie, daß sie bei jedem Begräbnis ein paar Tränen garantieren würde. Die fühlbare Intensität der chromatischen Fortschreitung in den vier letzten Takten geht zum Teil darauf zurück, daß alle Akkorde in Grundstellung stehen und die Innenstimmen denkbar einfach gehalten sind.

Im Finale dieses Trios wird die Reprise mit dieser unerhörten Passage eingeführt,

in der Haydn sich damit amüsiert, teils durch Oktavversetzung, teils durch chromatische Alterierung das Tonalitätsgefühl zu zerstören. Einen Augenblick lang klingt das *H* unsinnig, und man versteht es erst, wenn die Melodie einsetzt. Das letzte Trio aus den 1780er Jahren, das nach besonderer Erwähnung geradezu schreit, ist das große Trio *e* Hob. XV: 12, dessen erster Satz, zugleich einer von Haydns allerdramatischsten, noch auf Moll endet, während Haydn sonst um diese Zeit meist den Durschluß verwendete. Der langsame Satz steht in voll ausgebildetem Sonatenstil, und das Finale ist ein überraschungsgeladenes, brillantes symphonisches Rondo.

Die Trios der 1790er Jahre zerfallen in vier (jeweils einer anderen Dame gewidmete) Dreiergruppen sowie zwei einzelne Trios am Ende. Die beiden Gruppen aus dem Jahr 1794/95 sind den Esterházy-Prinzessinnen gewidmet. Die drei für Prinzessin Maria, Gattin von Fürst Nikolaus II. von Esterházy (für die Haydn schon drei Sonaten geschrieben hatte) sind kräftige, phantasievolle Werke (Hob. XV: 21–23), von denen dasjenige in *d*-moll das glänzendste, rhythmisch genialste Finale besitzt (mit einem Abschnitt, in dem Haydn in den ¼-Takt übergeht, ohne die ¾-Taktbezeichnung zu ändern), während das in *Es*-dur den eindrucksvollsten ersten Satz besitzt. Seine Anfangstakte werden sogleich abgewandelt, und zwar auf eine Weise, die sich nicht nur um ihrer selbst willen zu zitieren lohnt, sondern weil sie etwas zeigt, was Haydn im Klaviertrio leichter gelang als in anderen Gattungen. Die ersten vier Takte

werden zu

Dieses Gefühl von Weiträumigkeit, von entspannter, fast improvisierter Ausweitung findet sich fast nie in den Symphonien und selten in den Quartetten. Aus diesem Grund lautet in den Trios die Tempoangabe für die Anfangssätze in Sonatenform in der Mehrzahl »Allegro moderato«, sie tritt fast doppelt so häufig auf wie »Allegro«. Nicht nur die Anlage ist lockerer als in den Quartetten, auch die Wirkungen sind großflächiger; ihre Brillanz und Massivität wird in den Soloklaviersonaten nie erreicht und nur in der frühen Sonate *c* Hob. XVI: 20 von 1771 sowie zwei sehr späten in *Es*-dur (Hob. XVI: 49 und 52) überhaupt angestrebt.

Die drei Werke für die Gattin des älteren Fürsten Paul Anton von Esterházy, Prinzessin Maria Therese, sind noch interessanter als die ihrer Schwiegertochter gewidmeten. In dem Trio *B* Hob. XV: 20 folgt auf einen ersten Satz in brillant virtuosem Stil ein Variationssatz, dessen Thema vom Klavier als Solo für die linke Hand gespielt wird – ein Beispiel für den von Haydn so gern verwendeten, dünnen, zweistimmigen Kontrapunkt. Der ungewöhnliche erste Satz des Trios *g* Hob. XV: 19 wurde oben (S. 91–96) erörtert. Das Finale des Trios *A* Hob. XV: 18 zeigt Haydns Rondoform in höchster Originalität. Es ist ein Tanzsatz, der mit einem zweiteiligen, jeweils wiederholten Thema beginnt und die für die traditionelle ABA-Form typische Leichtigkeit ausstrahlt. Was folgt, steht jedoch in der Dominante, ist also die zweite Themengruppe einer Sonate, die wie meistens bei Haydn aus dem Anfangsmaterial gewonnen ist. Es folgt keine Durchführung, sondern eine Wiederholung des Anfangs auf der Tonika, so daß man anscheinend doch eine ABA-Form erhält, nur daß darauf eine Rekapitulation der zweiten Gruppe auf der Tonika mit ausgedehnten eingefügten Durchführungsteilen folgt. Die Bezeichnung Coda wäre das falsche Wort für diesen letzten Teil, da er nicht wie eine Coda, sondern wie ein Amalgam aus Durchführung und Reprise klingt, das unsere instinktive Erwartung von Ereignis und Lösung erfüllt. Nichts könnte das fließende Wesen der damaligen musikalischen Formen besser demonstrieren. Der Satz besitzt gewisse Übereinstimmungen mit dem Sonatenrondo, und gäbe es ein paar weitere Beispiele, so hätte man auch eine Bezeichnung dafür. Es ist ein witziges, feuriges, reich synkopiertes Stück.

Fast drei Jahre später, nach seinem zweiten und letzten Londoner Aufenthalt, schrieb Haydn zwei weitere Dreiergruppen von Trios. Eine widmete er Teresa Jansen, der Schwiegertochter des Stechers Gaetano Bartolozzi, für die er etwa zur gleichen Zeit auch seine drei letzten Klaviersonaten schrieb. Diese Trios, Hob. XV: 27–29, sind von allen, die Haydn geschrieben hat, am schwierigsten und stellen eine gewaltige musikalische und geistige Leistung dar. Teresa Jansen muß mehr als eine gewöhnliche Klavierspielerin gewesen sein, denn besonders das Trio *C* ist ein Kompliment an ihre Technik. Der zugleich glänzende und gemächliche erste Satz besitzt eine für Haydn ungewöhnliche Fülle von Motiven, dazu eine solche Fülle von rhythmischen Gegensätzen, die ein Werk der siebziger Jahre hätte bersten lassen. Die schnelleren Rhythmen werden nach und nach mit der Ungezwungenheit scheinbarer Improvisation eingeführt – echte Improvisation ist viel holpriger – und abgesehen von einer dramatischen Pause in der kontrapunktischen Durchführung bleibt der Satz immer in flüssiger Bewegung. Der in all diesen Trios voller Überraschungen steckende langsame Satz beginnt hier mit einer schlichten und gleichzeitig auch verwickelten lyrischen Passage, nach der ein Mollteil mit schockierendem Forte mitten in einem Takt einsetzt und mit nahezu brutaler, dramatischer Kraft fortfährt. Das Presto-Finale, ein symphonisches Rondo, ist möglicherweise Haydns humorvollster Satz überhaupt. Alles an diesem Satz ist unerwartet: das Anfangsthema ist ein bezaubernder Spaß, in dem die Harmonien wechseln, um Akzente auf unbetonten Taktteilen zu erzeugen, mit einer eckigen Melodie, die zuweilen im falschen Register erscheint, und einem Scherzando-Rhythmus, der die Melodie gerade dann beginnen läßt, wenn man am wenigsten darauf vorbereitet ist. In seiner Klaviertechnik nähert sich dieser Satz manchmal dem Beethovens aus op. 31, Nr. 1.

Das Trio *E* ist noch außergewöhnlicher, in mancher Hinsicht ist es das merkwürdigste von Haydns Spätwerken. Etwas von der Exzentrik der Werke dieser Zeit läßt sich als Rückkehr zu einem früheren Stil betrachten, und gerade in den späten Trios finden sich Übereinstimmungen mit dem Manierismus der Zeit zwischen 1750 und 1775. So gesehen könnten sie als reaktionäre Werke bezeichnet werden, wäre der Manierismus hier nicht ganz verwandelt. Allenthalben zeigt sich die für den klassischen Stil entscheidende Beherrschung. Die großräumige rhythmische Bewegung fällt auch nicht für einen Augenblick auseinander, noch erzeugt sie den Eindruck nervöser Unentschlossenheit, der wenigstens einmal in jedem Haydnschen Werk vor 1775 auftritt. Zwar strebt Haydn selten den von Mozart bevorzugten Eindruck vollkommener Regelmäßigkeit an, seine Unregelmäßigkeit liegt offen zutage. Dramatische Pausen und Fermaten spielen in seiner Musik eine größere Rolle als bei Mozart, selbst die Opern mitinbegriffen. Aber in Haydns späten Werken dient die Pause ausnahmslos der Vorbereitung auf etwas Entscheidendes. Das Trio *Es* steht beispielsweise in enger Beziehung zu einer frühen, wohl 1776 entstandenen Klaviersonate *E* Hob. XVI: 31. Es gibt Ähnlichkeiten zwischen allen drei Sätzen beider Werke, ganz besonders zwischen den beiden zweiten Sätzen. Der erste Satz der Sonate kommt in der Durchführung einen ganzen Takt lang zum völligen Stillstand, wobei der Eindruck von Erschöpfung entsteht. Doch bei Neubeginn wird nur die vorherige Bewegung wieder aufgenommen. In der Durchführung des Trios gibt es einen entsprechenden Moment, in dem die Musik ebenfalls zum Schweigen kommt. Aber was folgt, ist elektrisierend: das Hauptthema wird zum ersten und einzigen Mal forte gespielt, und zwar in der entfernten Tonart *As*-dur, voll und üppig ausharmonisiert und coll'arco anstatt wie sonst überall pizzicato. Hier ist tatsächlich der Höhepunkt des ganzen Satzes, alles Vorherige führt darauf hin, alles Folgende bringt die Lösung. Klaviertechnisch liegt hier eins von Haydns phantasievollsten Werken vor. Das Anfangsthema ist im Klavierpart so gesetzt, daß auch das Klavier alle Töne außer den ausgehaltenen Melodietönen pizzicato zu spielen scheint, selbst wenn die Pizzicato-Begleitung der beiden Streicher fehlt:

Der Klangcharakter des zweiten Satzes, eines Allegrettos in *e*-moll, ist Haydn ganz eigentümlich, er resultiert hauptsächlich aus dem kargen, rauhen, zweistimmigen Kontrapunkt, dessen Stimmen oft drei bis vier Oktaven auseinander liegen. Mit dieser inkommensurablen Passacaglia wird die Frage nach der Beziehung des klassischen Stils zum vorangehenden Barock und zur nachfolgenden Romantik aufgeworfen. Der unveränderliche, unerbittliche, bis zur Schlußkadenz durchgehaltene Baßrhythmus, die Terrassendynamik, die Überlagerung verschiedener, klar unterschiedener Rhythmen und die Verwendung von Sequenzen nicht allein in der Ausspinnung, sondern als zeugende Kraft im Hauptthema geben dem Stück barocken Formcharakter. Klassisch ist diese Musik jedoch in ihrer deutlich festgelegten Bewegung zur parallelen Durtonart, die durch die Einführung von neuem thematischen Material hervorgehoben wird, sowie durch die zahlreichen dynamischen Akzente, die den Puls variieren helfen. Und schließlich ist das Werk romantisch in seinem Spannungsgefühl, das sich zu größerer Intensität verdichtet, als Werke des 18. Jahrhunderts zu ertragen fähig sind, in der Dynamik, die nicht nur den Eindruck eines stufenweisen Aufstiegs, sondern eines kontinuierlichen Crescendos vermittelt, und mehr als alles übrige in der Tatsache, daß die Schlußkadenz nach der Fermate nicht die Erregung löst, wie es eine barocke Endung zu tun pflegt, sondern sie durch eine Reihe von schroffen, aber kunstvollen Floskeln noch erhöht, so daß erst der gewalttätige letzte Akkord die Lösung bringt. In dem Maße, wie der romantische Stil die durch klassisches Steigerungsgefühl modifizierte Wiederaufnahme barocker Verfahren und Strukturen bedeutet, kann dieser Satz schon als romantisch angesprochen werden. Dieses Werk warnt vor einem zu einheitlichen und dogmatischen Stilbegriff und weist erneut darauf hin, daß gewisse, lange im Verborgenen schlummernde Elemente jederzeit wieder hervortreten können, wenn ein Künstler zum Vorgestrigen greift, um etwas Neues und Fortschrittliches zu finden.

Die ganz individuelle Färbung, die Haydn am Ende seines Lebens einer einfachen ABA-Form gab, zeigt der Anfangssatz des dritten und letzten in *Es*-dur stehenden Trios für Frau Jansen. Der B-Teil verarbeitet das thematische Material von A auf dramatische Weise in Moll. Das zweite Auftreten von A ist eine Variation, eine weitere Dramatisierung des Materials findet in einer ausgedehnten Coda statt. Auf diese Weise erhält die eher dekorative Variationsform einen besser mit Haydns allgemeiner Stilrichtung übereinstimmenden, dramatischen Rahmen. Der langsame Satz (Andantino et innocentemente) ist eine lang ausgezogene, in schlichter, zweistimmiger Melodik vollzogene Modulation von *H*-dur nach *Es*-dur, stellt also wiederum die Dramatisierung einer weniger differenzierten Form dar. In diesem Fall verbinden sich Schlichtheit der Melodik und eine dramatische Struktur, um eine bei Haydn, ja überhaupt in der Musik seltene Süße hervorzubringen. Der letzte Satz, »Allemande. Presto assai«, ist ein deutscher Tanz in ländlichem Stil, der grob komisch eine Dorfkapelle suggeriert. Er ist sowohl ein schwieriges Virtuosenstück für das Klavier als auch eine Form niedriger Komödie, für die sich das Trio, intimer als die Symphonie und weniger hochtrabend als das Streichquartett, ganz besonders eignet.

Die drei Trios für Rebecca Schroeter sind musikalisch ebenso hervorragend, aber technisch weniger anspruchsvoll. Sie war eine junge Witwe in London, die für Haydn Noten abschrieb; ihre Briefe an Haydn verraten eine Zuneigung, die der Sechzigjährige anscheinend erwiderte. Das Trio *G* Hob. XV: 25 schließt mit dem berühmten »Rondo all'Ongarese«, einem echten Liebesdienst für den Klavierspieler – es ist brillant, aufregend und klingt schwerer als es in Wirklichkeit ist.

Die Trios *D* Hob. XV: 24 und *fis* Hob. XV: 26 sind lyrische Werke. Das letztere ist außergewöhnlicher, nicht zuletzt durch seinen bis zum Schluß durchgehaltenen, düsteren Ton. Von den Schlußgruppenthemen der Exposition ist eines in seiner vollständigen Form erst in der Reprise zu hören, wo es auch dem Anfangsmaterial viel näher rückt. Die Durchführung ist kurz, aber von ungewöhnlich großem harmonischen Umfang. Die übrigen Sätze verstärken die Ernsthaftigkeit des ersten. Der langsame Satz leitet sich von demjenigen der

Symphonie Nr. 102 her (falls das Trio nicht die Urform darstellt). Ohne Haydns abwechslungsreichen Orchesterklang erscheint die Melodie persönlicher und entrollt sich improvisationsartig:

Mit ihren ornamentalen, ausdrucksvollen Arabesken umschreibt die Melodie den Tonleiterabstieg von *Dis* zur Tonika – ein ganz einfaches Gerüst. Und doch klingt es exzentrisch und scheint sich auch zu beschleunigen. Diese Beschleunigung ist real, denn auf der ersten Zählzeit des zweiten Takts erklingt die Arabeske doppelt so schnell. Unregelmäßigkeit wirkt an der Beschleunigung mit; so rückt der höchste Ton in jedem Takt zunehmend der ersten Zählzeit näher und im dritten Takt tritt die Arabeske zweimal auf, wobei sich die Bewegung durch ein gewissermaßen ausgeschriebenes Ritenuto beim letzten Mal verlangsamt. Selbst eine Melodie von solch persönlicher Ausdruckskraft enthält alle Anzeichen beherrschter Energie. Das Menuett-Finale weist den gleichen intimen Ernst auf und besitzt darüberhinaus die dramatische Kraft etwa des Menuetts von Mozarts Symphonie *g*, ohne sich ganz so weit vom Tanzcharakter zu entfernen. Dieser Satz zeigt vielleicht besser als jeder andere die Überlegenheit des Klaviertrios gegenüber der Klaviersonate bei Haydn. Unter all den Sonatenschlußsätzen in Tanzform gibt es keinen einzigen, der die Kraft und Gefühlstiefe dieses Werkes auch nur anstrebte. Haydns Tat bestand darin, das Menuett zu dramatisieren, d. h. sonatenähnlicher zu machen, ohne je seine rhythmische Eleganz aufzugeben. Trio und Klaviersonate waren für Haydn Formen von genügender Leichtigkeit, um ein Tanz-Finale zu ermöglichen, was für die Symphonie nicht und für das Streichquartett nur selten gilt. Doch im Finale des Trios *fis* bewirkt eine an Tragik grenzende Melancholie die Metamorphose des Genres.

Nach diesen vier großartigen Serien schrieb Haydn nur noch zwei einzelne Trios. Das Trio *es* in zwei Sätzen, Hob. XV: 31, ist meines Wissens das einzige Werk Haydns in dieser Tonart. Der erste Satz ist ein höchst ausdrucksvoller, langsamer Rondovariationssatz, dessen zweites, in Dur stehendes Thema als Umkehrung des ersten beginnt, worauf überraschenderweise noch ein drittes Thema, eine lange, sich hoch aufschwingende Geigenmelodie und eins von Haydns erlesensten Soli, hinzutritt. Das Finale, »Allegro ben moderato«, ist ein kunstvoller und höchst verfeinerter Ländler, dessen Begleitung so bedeutsam ist, daß ein Gegenthema daraus wird. Der Satz ist fast ganz ohne Melodie wie aus Bruchstücken zusammengefügt und verliert doch nie seine federnde, tänzerische Geschlossenheit. Solch ein Werk kann nur am Ende einer langen Laufbahn kommen. Die Wiederkehr des Hauptteils wird aufs phantasievollste variiert, so daß die folgenden fünf Takte sich aus ihrer ursprünglichen Form

in diese verwandeln:

An diesem schwierigen Satz nimmt die Violine als gleichrangiger, wenn auch weniger glänzender Partner teil; das Cello dient weiterhin hauptsächlich der Verstärkung.

Das letzte Trio *Es* Hob. XV: 30 ist ein Werk von größeren Dimensionen. Der Eröffnungssatz, »Allegro moderato«, einer von Haydns wuchtigsten Sätzen, ist expansiv, fast geruhsam und besitzt einen mozartischen Themenreichtum. Die Melodien folgen einander in unaufhörlichem Fluß, ohne daß in der eigentlichen Exposition viel entwickelt wird. Sie erhält ihren Zusammenhang jedoch aus wiederholten, flüchtigen Anspielungen auf die Anfangstakte. Jede Melodie wächst aus ihrer Vorgängerin heraus, indem sie einen Aspekt von ihr weiterführt, und ihre gegenseitige Abhängigkeit ist so groß, daß sie alle in einer Verschmelzung von Kraft, Lyrik und Logik aus einem gemeinsamen Urgrund hervorzuquellen scheinen. Allein der langsame Satz würde dieses Werk zu einem zu Unrecht vernachlässigten Meisterwerk unter sämtlichen Werken Haydns stempeln. Die Baßlinie des Anfangs eröffnet sofort einen höchst ausdrucksvollen, weiten chromatischen Raum,

während die Fortsetzung Passagen aus ›Tristan‹ vorwegzunehmen scheint:

und

Wenn die Anfangsmelodie zurückkehrt, wird sie in ausgeschmückter Form mit dem Rhythmus des Mittelteils vereint, der wie ein Trio gleichzeitig als Mittelteil einer großen dreiteiligen Form (d. h. als B-Teil einer ABA-Form) und als Erweiterung des Anfangsteils dient. Darauf kehrt Haydn zu einer Sonatenreprise zurück, indem er ein im Mittelteil in der Dominante erscheinendes Thema nun in die Tonika auflöst. So grandios und formal vollständig dieser Satz auch wirkt, so ist er noch nicht zu Ende, sondern moduliert nach einem Trugschluß mysteriös weiter, um den Übergang zum letzten Satz vorzubereiten. Dieser ist wiederum ein Ländler, »Presto«, und gemahnt mit seinem lärmenden Humor und dem dramatischen Durchführungsteil, der als Überleitung vom Moll-Mittelteil zur Rückkehr des Anfangs fungiert, an Beethoven. Die Coda ist brillant und schwierig. Dieses letzte Werk faßt Haydns Leistung auf dem Gebiet des Klaviertrios zusammen: er akzeptierte bereitwillig die Virtuosität eines leichten, unzeremoniellen Genres und machte es ohne große Veränderungen im Charakter zum Träger von vielen seiner phantasievollsten und beseeltesten Schöpfungen.

3. Kirchenmusik

Am problematischsten stellt sich der klassische Stil in religiöser Musik dar, dem Genre, von dessen überwältigenden Schwierigkeiten die weltliche Musik verschont blieb. Jeder Komponist erlebte mit dieser Gattung sein eigenes, jeweils verschiedenes Mißgeschick. Die beiden religiösen Hauptwerke Mozarts, die Messe c aus dem Jahr 1783, KV 427 = 417a, und das ›Requiem‹, über dem er starb, sind unvollendet geblieben. Joseph Haydns Messen wurden ihres unpassenden Charakters wegen schon zu seinen Lebzeiten angegriffen. Er selbst hielt die Kirchenmusik seines Bruders Michael seiner eigenen überlegen. Beethovens erste Messe C war der Anlaß seiner größten öffentlichen Demütigung, der verachtungsvollen Aufnahme durch den Fürsten Nikolaus II. Esterházy, für den er sie komponiert hatte. Seine ›Missa solemnis‹ in D vermag auch heute noch unzugänglich zu erscheinen. Was das Oratorium ›Christus am Ölberg‹ betrifft, so ist es ein Unikum in Beethovens Gesamtwerk, insofern es überhaupt kein Interesse wachruft. Es erhebt sich fast nie über ein tüchtiges Niveau, wie es auch fast nie darunter sinkt.

Daß die katholische Kirche im ganzen 18. Jahrhundert der Instrumentalmusik feindselig gegenüberstand, war ein Faktor bei diesen Schwierigkeiten. In der Zeit nach 1780, einer überaus schöpferischen Phase für Haydn und Mozart, wurde die Verwendung von Instrumenten in der Kirche sogar durch Erlasse der österreichischen Regierung eingeschränkt. Die Kirche war fast zu allen Zeiten stilistischen Neuerungen abhold. Die reiche Chromatik zahlreicher Renaissancekomponisten war ihr ebenso zuwider wie der von den meisten Renaissancearchitekten bevorzugte Zentralbau, den zu akzeptieren sie sich weigerte. Sogar manche Werke Palestrinas würden der kirchlichen Überprüfung ihrer stilistischen Orthodoxie nicht standhalten. Ein konservativer Geschmack entbehrt für eine so stark auf Tradition gegründete Einrichtung wie die Kirche nicht der Logik. Doch die Ablehnung der Instrumentalmusik geht tiefer. Vokalmusik galt schon immer als dem Gottesdienst angemessener, und die dem a cappella-Stil zugeschriebene Reinheit besitzt Symbolwert. Bei reiner Vokalmusik macht sich wenigstens der liturgische Text bemerkbar; der klassische Stil ist aber im wesentlichen ein Instrumentalstil.

Darüberhinaus gab es einen wichtigen musikideologischen Zwiespalt. Sollte die Musik die Meßhandlung verherrlichen oder den Meßtext illustrieren? Liegt die Funktion der Musik im Zelebrieren oder im Ausdruck? Die Kunst hat noch andere Verwendungszwecke, aber sie waren im 18. Jahrhundert nur dunkel formuliert. Seit der Renaissance dominierte die Auffassung von Musik als Ausdruckskunst, und darin lag das Unbehagen hauptsächlich begründet. Selbstverständlich wog das Problem im katholischen Bereich noch schwerer, denn die protestantische Auffassung von Religion als Ausdruck persönlicher, individueller Frömmigkeit verband sich weitaus glücklicher mit der Ästhetik des 18. Jahrhunderts.

Das gespannte Verhältnis zwischen Kunst und Religion beschränkt sich nicht auf das 18. Jahrhundert. In der Musik spitzt sich der Widerspruch am schärfsten im Anfangs- und Schlußteil der Messe zu. Ist Musik im wesentlichen Verherrlichung, so müßten diese Abschnitte glänzend und imposant ausfallen; ist sie Ausdruck, dann müßte ihr Charakter ein stilles Flehen sein. Jene ist die ältere Tradition, die zwar in der Praxis noch eine machtvolle Rolle spielte, aber seit 1700 längst nicht mehr die Ästhetik beeinflußte. Immer wieder werden im 18. Jahrhundert Klagen über unnatürlich glänzende und unangebracht lustige Vertonungen des Kyrie und Agnus Dei laut. Soll die Musik die den Worten »Kyrie eleison« (»Herr, erbarme dich unser«) innewohnende Gefühlshaltung ausdrücken, so müssen die meisten Messen des Jahrhunderts als in dieser Hinsicht mangelhaft verurteilt werden. Die Komponisten leisteten in der Mehrzahl der Ausdrucksästhetik hartnäckigen Widerstand; um so mehr sticht Bachs Schöpfung eines sowohl grandiosen wie flehenden Kyrie hervor.

Die Dinge wandten sich nicht zum Besseren, als nach 1770 ein Stil mit tiefen Wurzeln in der Rhythmik der italienischen komischen Oper auf den Plan trat. Es entstanden Meßvertonungen, für die der Text ganz auffällig irrelevant erscheint – ein Eindruck, den nicht nur wir heutigen Hörer, sondern schon die Zeitgenossen und anscheinend sogar die Komponisten selber hatten. Manche Koloraturpassagen in einer Mozart-Messe sind eigentlich ebenso absurd wie die im 19. Jahrhundert vorgenommene Unterlegung lateinischer Texte bei Arien von Donizetti. Allerdings zeigt sich die Absurdität voll und ganz erst, wenn man Relevanz, d. h. Textbezogenheit fordert, was eine an sich irrelevante Forderung ist, sofern Musik nur verherrlichen und schmücken soll. Angesichts der klassischen Satzweise und Rhythmik war es jedenfalls schwieriger als in der ersten Jahrhunderthälfte, einen gefühlsneutralen, imposanten und ausgedehnten Eröffnungssatz vorzulegen, der die Doppelklippen des klassischen Allegros, liebenswürdige Fröhlichkeit oder, in geringerem Maße, dramatische Wildheit, erfolgreich umschiffte. Erst mit der ›Schöpfung‹ von Haydn besitzt der klassische Rhythmus das erforderliche Gewicht für einen langsamen Anfangssatz, der mehr sein will als nur eine Einleitung. Der Stil des Hochbarock mit seinem dichten kontrapunktischen Satz und der fast unendlich ausdehnbaren Phrasenstruktur vermag etwas von diesem Gewicht zu geben. Infolgedessen steht dem klassischen Komponisten religiöser Musik der archaisierende Stil als eine mögliche Bahn offen. Den hochbarocken Stil nachzuahmen – er war um 1780 eine im Sterben liegende, aber noch nicht begrabene Tradition – hatte darüberhinaus den Vorzug, den jeglicher Verweis auf die Vergangenheit für die Religion besitzt: Die Verwendung von Kontrapunktik läßt sich etwa mit der Beibehaltung der archaischen englischen Anrede »Thou« für Gott vergleichen und befriedigte allein dadurch in einer Weise, wie ein moderner Stil es nie vermocht hätte, gewisse Gefühlsbedürfnisse.

Mozart war der größte Parodist. Zwar sind seine Werke in barockem Stil nicht völlig perfekte Stilnachahmungen; Edward Lowinsky hat z. B. auf die ganz unbarocke Eckigkeit und Klarheit der Phrasierung in den Fugen hingewiesen. Es ist auch schwerlich vorstellbar, daß Bach Mozarts Aussage zugestimmt hätte, Fugen müßten langsam gespielt werden, um die Themeneinsätze deutlich hörbar zu machen. Viele Einsätze in Bachschen Fugen sind gut versteckt und fest mit den vorangehenden Noten verbunden, so daß der Hörer erst allmählich und nachträglich des Themas inne wird. Trotzdem steht Mozarts Beherrschung des älteren Stils außer Frage. Nur ein scharfes Ohr und rückblickende historische Einsicht könnten stilistische Unterschiede zwischen der großen Doppelfuge im ›Requiem‹ und einer Doppelfuge von Händel ausmachen, und wenn die Chromatik vielleicht nicht ganz im Stile Händels ist, so überschreitet sie Bachs Grenzen keineswegs. Mit diesen beiden Komponisten wie auch mit Hasse war Mozart gründlich vertraut, wenn seine Kenntnisse sich auch auf wenige Werke beschränken: Er kannte auf jeden Fall ›Israel in Egypt‹ und den ›Messiah‹ und hatte sich eingehend mit der ›Kunst der Fuge‹ und dem ›Wohltemperierten Klavier‹ beschäftigt. Das »Qui tollis« aus der unvollendeten Messe c geht fast unmittelbar auf ›Israel in Egypt‹ zurück, allerdings mit mehr individueller Verwendung von Chromatik und Synkopierung. Die Gefühlsnüchternheit des Kyrie-Anfangs dieser Messe, eines in seiner harmonischen Sequenzierung und homogenen rhythmischen Struktur ganz ungebrochen barocken Satzes, bildet einen überraschenden Gegensatz zur herrlichen Rokokoverzierung des Mittelteils, »Christe eleison«, für Solosopran.

Diese erfolgreichen Stilparodien sind persönliche Siege, Triumphleistungen der kompositorischen Virtuosität, aber sie gehören nicht zur Stilgeschichte, abgesehen davon, daß Mozarts ›Requiem‹ die Wiederbelebung barocker Kompositionsverfahren nach Beethovens Tod beeinflußte. Mozart bewahrte in gewissem Maße, was an Bachs und Händels Erbe noch lebendig war, bis es dann solch große Bedeutung für Chopin und Schumann gewann. Aber seine Kirchenmusik bleibt zum größten Teil an der Oberfläche, sie ist weniger tiefsinnig und sogar weniger sorgfältig geschrieben als die großen weltlichen Werke. Die teilweise ausgezeichneten Arien in den Messen sind von ihren Gegenstücken in den Opern fast nicht zu unterscheiden, es sei denn durch ihre etwas mäßigere Bewegung, und selbst dieses kirchliche Dekorum wird nicht immer gewahrt. Nur in den Freimaurerwerken und ihrer Verklärung in der ›Zauberflöte‹ regt sich ein origineller Geist. Die andere Ausnahme ist das Ensemble für Solostimmen, dessen großartigstes Beispiel das »Quoniam« der Messe c bildet. Hier verbindet Mozart reiche, ausdrucksvolle, kontrapunktische Bewegung mit einer direkt aus der Oper entlehnten, melodischen Süße und dem operntypischen, formübergreifenden Tempo. Die Chorverwendung bei Mozart unterscheidet sich hingegen von der bei Händel nur durch ihre geringere Phantasie. Das Eindrucksvollste an Mozarts Kirchenmusik ist nichtsdestoweniger die bewußte Kultivierung eines veralteten Stils.

Haydn hatte wenig von Mozarts Nachahmungstalent; seine Musik ist zwar von Händel beeinflußt, aber von Johann Sebastian Bach blieb sie fast völlig unberührt. Zwar konnte er eine Fuge im alten Stil schreiben, aber sie behielt immer viel vom modernen Instrumentalstil bei. Das Unbehagen, das sein religiöser Stil den Zeitgenossen verursachte, gab Haydn selbst kleinlaut zu, als er höchst hinterlistig bemerkte, daß der Gedanke an Gott ihn eben fröhlich mache. Eine zwar listige, aber wohl wahre Bemerkung, denn Haydns Frömmigkeit war allen Berichten zufolge einfach, direkt und volkstümlich. Ich betone das deshalb, um der naiven Vorstellung entgegenzutreten, die stilistische Entwicklung stehe in enger Beziehung zur Stärke und Aufrichtigkeit der Überzeugungen eines Künstlers. Wenn Haydn mit der Komposition liturgischer Musik relativ erfolglos war, so läßt sich das nicht auf seinen Glauben und nur ganz indirekt und schwach auf den Tenor der religiösen Entwicklung im 18. Jahrhundert zurückführen. Und mangelndem Interesse läßt es sich erst recht nicht zuschreiben, da Haydn sich gegen Ende seines Lebens ganz entschieden auf die Kirchenmusik konzentrierte. Nach den ›Londoner Symphonien‹ gab er die reine Instrumentalmusik bis auf das Streichquartett im wesentlichen auf; die wichtigsten Alterswerke sind sechs Messen und zwei Oratorien.

Die Messen enthalten selbstverständlich eine Fülle von bewundernswerten Details und zahlreiche machtvolle Passagen, aber sie bleiben doch unbehagliche Kompromisse. Das Kyrie der ›Missa in tempore belli‹ setzt mit einer ausdrucksvollen Largo-Einleitung ein, doch das folgende Allegro moderato enthält Passagen, die in den Ohren von Haydns Zeitgenossen ebenso trivial geklungen haben müssen wie in den unsrigen:

Haydns symphonischer Stil vermag solche Fetzen zu verklären, aber in religiöser Musik kommt er einerseits nicht ohne sie aus, wagt aber andererseits auch nicht, allzuviel mit ihnen anzustellen.

Teilweise läßt sich der Meßtext ohne Schwierigkeiten mit den Mitteln des klassischen Stils behandeln. Der Anfangsteil des Gloria etwa kann gut von dem üblichen Symphonie-Allegro bewältigt werden. Die dramatischen Teile werfen auch keine Probleme auf, und es gibt Abschnitte in Haydns Messen, insbesondere das großartige Kyrie der ›Harmoniemesse‹ und das Crucifixus der ›Theresienmesse‹, die zu den bewegendsten Stücken aus Haydns Feder zählen. Doch selbst an solchen Stellen führt die stilistische Uneinheitlichkeit in der Kirchenmusik des späten 18. Jahrhunderts und das Fehlen eines festen, verbindlichen Rahmens für liturgische Vertonungen zu eigenartig fehlgeleiteten Effekten. Das lange, gefühlvolle Cellosolo in der ›Missa in tempore belli‹ ist zwar lieblich und einschmeichelnd, aber es als angemessene Vertonung des »Qui tollis peccata mundi« zu akzeptieren, erfordert mehr Toleranz, als noch der größte Gefühlsüberschwang in der religiösen Malerei des 18. Jahrhunderts, die immerhin ein zusammenhängendes Symbolsystem besaß und in visuellem Einklang mit der umgebenden Architektur stand.

Haydns religiöser Stil zeigt seine schwache Seite verständlicherweise am unmittelbarsten bei der Vertonung des Athanasianischen Glaubensbekenntnisses. Eine naive Ausdrucksästhetik half bei der Konfrontation mit einem Lehrtext nicht viel, abgesehen von den wenigen Augenblicken dramatischer Darstellung in der Fleischwerdung, Kreuzigung und Auferstehung. Auf diese Gelegenheiten stürzte sich jeder Komponist, aber wie konnte man aus dem Rest Musik machen? Ausdrucksmäßig brauchte die Komposition ja gar nicht belangvoll zu sein, was sie auch oft nicht war, aber selbst dann verbot sich aus Schicklichkeitsgefühl die Schöpfung von charaktervollen Werken in einem Stil, der so stark auf Ironie und Witz angewiesen war. Infolgedessen ist die religiöse Musik von Mozart und Haydn, sofern sie nicht händelsche Grandiosität als Notbehelf einsetzt, zwar nie weniger als tüchtig und in Mozarts Fall oft anmutig oder glänzend, aber selten völlig überzeugend oder wirklich interessant. Die Vertonung des ersten Credo-Abschnitts der ›Theresienmesse‹ von Haydn beispielsweise ist lebhaft und von einer gewissen Kraft, aber man müßte lange bei Haydn suchen, um eine ebenso bombastische und phantasielose rhythmische Struktur zu finden.

Haydns Ausweg war das Pastorale, das er so liebte. Weder in der ›Schöpfung‹ noch in den ›Jahreszeiten‹ wird das hohe kompositorische Niveau so erfolgreich und bruchlos gewahrt wie in den großen Symphonien und Quartetten (obgleich mir die minder geschätzten ›Jahreszeiten‹ in dieser Hinsicht gelungener erscheinen), aber sie zählen zu den größten Werken des Jahrhunderts. Spezifisch religiöse Musik fügt sich mit Leichtigkeit in einen Rahmen, der sie von liturgischen Zwängen befreit. Vor allem lieferte die Pastoraltradition unmißverständliche Lösungen für das Problem der Textvertonung, die der von logischen Widersprüchen geplagte religiöse Stil des späten 18. Jahrhunderts nicht mehr bereitzustellen vermochte. Ganz besonders mühelos schmiegte sich der Pastoralstil der »Sonatenform« an, die er ja schließlich mitgeschaffen hatte.

Die berühmte Darstellung des Chaos am Anfang der ›Schöpfung‹ steht in der »Sonatenform des langsamen Satzes«. Es ließe sich kaum besser aufzeigen, wie die »Sonate« für Haydn gar keine Form, sondern ein integraler Teil der musikalischen Sprache, ja ein Mindestbestandteil jeder in dieser Sprache möglichen größeren Aussage ist. Die Themen, wie auch die musikalischen Abschnitte, sind hier auf kleinste Fragmente reduziert, aber die Proportionen des durchführungslosen Sonatensatzes mit klar gegliederter Exposition und symmetrischer Reprise (beide enthalten die zwei üblichen Themengruppen) sind so klar vorhanden wie in jedem langsamen Satz von Haydn. Das Anfangsthema

ist gleichermaßen dynamisches Zeichen und Tonhöhenfolge und wird später, bei zunehmender Differenzierung des Satzes, durch ein Staccato-Arpeggio bereichert. Das zweite, in der parallelen Durtonart stehende Thema

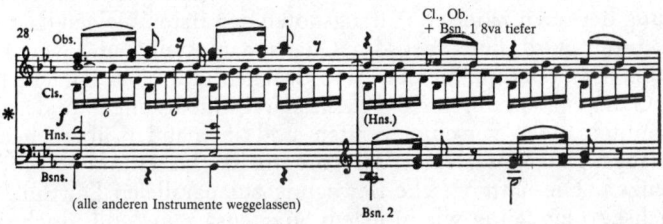

(eigentlich die Umkehrung einer früheren Phrase) besitzt einen noch individuelleren Umriß. Der Anfang der Reprise ließe sich kaum deutlicher markieren,

und das ungewöhnlichste formale Verfahren besteht einfach darin, daß das zweite Thema bei seiner Wiederaufnahme und Lösung in der Tonika vom ersten Thema kontrapunktisch begleitet wird,

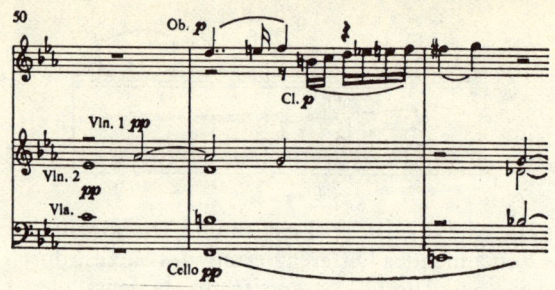

wobei das aufsteigende Motiv in den Klarinetten eine ausgezierte Fassung der oben zitierten Anfangsnoten der ersten Geigen darstellt.

Wodurch wird nun aber das Chaos dargestellt, und wie kann Haydns musikalische Sprache es ausdrücken und noch Sprache bleiben? Ganz einfach durch das Fehlen klarer Gliederungen in den großen, miteinander verschmelzenden und ineinander übergehenden Phrasengruppen sowie durch das Vorenthalten klarer und bestimmter Kadenzen. Die harmonische Bewegung zur parallelen Durtonart ist zunächst so eindeutig wie in jedem Sonatensatz in Moll, doch dann erfolgt ein plötzliches Ausweichen zu der überraschend entfernten, erniedrigten siebten Stufe:

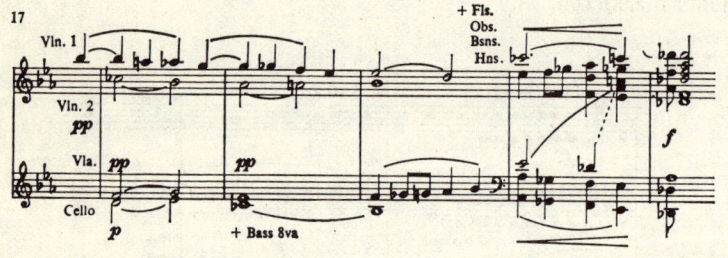

Die fast sofort vollzogene Rückkehr zum normalen *Es*-dur erhält jedoch nie einen Schluß in Grundstellung,

so daß das zweite Thema ohne die Festigkeit der üblichen Kadenz beginnt. Das überaus langsame Tempo, die synkopierten Streicherakkorde und die unregelmäßigen Phrasenlängen besorgen den Rest. Trotz des spürbar großen Atems konzentriert sich die Faktur auf kleinste Bewegungen, und alles hängt vom Detail ab.

In den beiden Oratorientexten versah die pastorale Tradition Haydn endlich mit einer Struktur, die es ihm ermöglichte, die Summe seiner Kompositionstechnik und seines Lebenswerks zu ziehen. Sie sind für ihn, was die ›Kunst der Fuge‹ für Bach und die ›Diabelli-Variationen‹ für Beethoven sind. Die ›Schöpfung‹ und die ›Jahreszeiten‹ malen das Universum, wie Haydn es kannte. Die vom pastoralen Stil auferlegte Simplizität war die Voraussetzung dafür, daß Gegenstände von solcher Erhabenheit überhaupt angefaßt werden konnten. Ohne die Fiktion einer Naivität im tiefsten Sinn, als der spontanen und unaffektierten Reaktion des kindlichen Auges auf die Welt, könnten diese Werke gar nicht existieren. Der Gegenstand der Pastoralkunst ist nicht die Natur als solche, sondern das Verhältnis des Menschen zur Natur und zum »Natürlichen«. Daraus erklärt sich die extreme Stilisierung in den beschreibenden Passagen von Haydns Oratorien. Er mochte die rein programmatischen Teile seines Textes nicht und nannte sie »französischen Quark«. Aber sie bildeten ein wesentliches Element dieser im 18. Jahrhundert tatsächlich vorwiegend französisch bestimmten Tradition.

Die Größe der beiden Oratorien liegt in ihrem gewaltigen Ausdrucksumfang; hier erreichte Haydn einmal Mozarts Weite, wenn nicht seine Beherrschung. ›Die Jahreszeiten‹ appellieren unverhohlen an die Gunst des Publikums, schon in der vierten Nummer zitiert Haydn ganz gewitzt die so überaus beliebte Melodie aus der ›Symphonie mit dem Paukenschlag‹. Das ist keineswegs die einzige Anspielung auf frühere Werke[7], die ›Jahreszeiten‹ enthalten Verweise auf jahrelang zurückliegende Musik. Als Haydn sie beendete, war er leergeschrieben. Seine letzten Lebensjahre zählen bei allem Erfolg, Wohlstand und aller Berühmtheit zu den traurigsten in der Musikgeschichte. Ergreifender als das falsche Pathos von Mozarts Armengrab (er wurde nur deshalb so begraben, weil Baron van Swieten Constanze zu dieser Sparmaßnahme geraten hatte) ist die Figur Haydns, eines Mannes voller musikalischer Einfälle, die, wie er selbst sagte, »mich bis zur Marter verfolgen«, und der zu altersschwach war, um ans Klavier zu gehen und sich der Mühe ihrer Ausarbeitung zu unterziehen.

Es blieb Beethoven überlassen, die liturgische Tradition mit dem klassischen Stil zu versöhnen, und zwar paradoxerweise, indem er dem Problem völlig auswich. Seine beiden Messen sind ausgesprochene Konzertstücke und wirken stärker außerhalb als innerhalb der Kirche. Als Ausgleich dafür beschwört Beethoven eine kirchliche Atmosphäre, die Haydn und Mozart in keinem ihrer Werke zu erzeugen versuchten. Welche Mühe darauf verwendet wurde, hört man schon in den Anfangstakten der Messe C op. 86 aus dem Jahr 1807:

[7] Die Verwandtschaft des »Sei nun gnädig« (Nr. 6) mit dem langsamen Satz der Symphonie Nr. 98 ist fast so unverhohlen wie das Zitat aus der ›Symphonie mit dem Paukenschlag‹.

Die ersten beiden Töne sind für die Chorbässe allein, ohne Orchesterbegleitung, und spielen damit bewußt ganz kurz an den ehrwürdigen a cappella-Stil an. Ein paar Seiten weiter wird die Anspielung noch offensichtlicher:

Der italienische Kirchenstil des 16. Jahrhunderts, a cappella in der Theorie, wenn auch nicht in der Praxis, war nie ganz ausgestorben. Palestrina wurde – allerdings selten – immer noch aufgeführt, und Michael Haydn hatte sich schon ausführlich dieses Stils bedient. Als Beethoven seine Messen schrieb, vertiefte er sich in die älteren kirchenmusikalischen Formen und war mit zahlreichen Zeitgenossen davon überzeugt, daß sie religiösen Texten angemessener waren als der moderne Stil. Bei der Assimilation des älteren Stils handelt es sich niemals um Stilnachahmung, geschweige denn Zitat, auch nicht in dem berühmten »Et incarnatus est« der Messe *D*. In der Messe *C* gibt es auch eine ganze Reihe von Anklängen an Händel, aber im großen und ganzen ist die Satzweise so symphonisch und individuell wie eh und je. Das Kyrie der Messe *C* arbeitet die Verweise auf den altehrwürdigen kontrapunktischen Stil in eine Sonatenform mit kurzer Durchführung ein, die wie die ›Waldsteinsonate‹ die Mediante *E*-dur als Dominante verwendet.

Dieser Anfang löst die Tempoproblematik, als hätte sie nie existiert, und doch schenkte Beethoven der Tempovorzeichnung mehr als gewöhnliche Aufmerksamkeit. Das Manuskript enthält keine Tempoangabe und in einer späteren Abschrift heißt es »Andante con moto«. Als Beethoven das Werk aber zur Veröffentlichung gab, war daraus »Andante con moto assai vivace quasi allegretto ma non troppo« geworden, war Sorgfalt fast zur Komik ausgeartet. Wenn die Anfangstakte sich in großartiger Breite und stetiger Linienführung im neunten Takt zu einem Forte erheben, dann sind die widerstreitenden stilistischen Kräfte in der Meßvertonung zum ersten Mal in der europäischen Musik seit Bach erfolgreich versöhnt worden.

Die ›Missa solemnis‹ *D* ist wohl Beethovens bedeutendste Einzelleistung. In und mit ihr schuf er einen Stil von derartig vergeistigter Kraft, daß er selbst den reinen Lehrabschnitten der Messe gerecht wurde. Die Messe *D* findet für fast jedes Wort des Glaubensbekenntnisses eine musikalische Entsprechung, so daß die Musik nun nicht mehr einfach den Rahmen, den Hintergrund für die Worte bildet. Selbst den allergrößten Schwierigkeiten wird nicht ausgewichen. Die großartigen, scheinbar endlos sich kreuzenden Tonleitern am Ende des Credo, die gleich einer Jakobsleiter immer höher und tiefer zu steigen scheinen, während ihr Einsatz jeweils durch die Klangdichte verhüllt wird, müssen als Beethovens tönende Darstellung der Ewigkeit akzeptiert werden, als die musikalische Entsprechung für die Worte »Und ein ewiges Leben«.

Statt der unverhüllt mehrteiligen Behandlung durch frühere Komponisten stellen die beiden Beethoven-Messen die fünf großen Meßteile als nahezu völlig geschlossene Sätze dar. Am meisten ragt in dieser Hinsicht wohl das Gloria der Messe *D* hervor, insofern es die Form durch ein wiederkehrendes Satzgewebe organisiert und am Ende die Anfangsworte, allerdings presto, wiedererscheinen läßt. Selbst die Beziehungen zwischen den großen Teilen sind eng geknüpft, so daß etwa das Credo mit einer glänzenden, raschen Modulation zur neuen Tonart einsetzt, einer Modulation, die ihrerseits thematisch wird. Die innere Geschlossenheit jedes einzelnen Meßteils geht auf Beethovens gegen Ende seines Lebens hervortretende Neigung zurück, ein viersätziges Werk wie einen Sonatenhauptsatz anzulegen. Im Grunde genommen verläßt er sich aber sowohl für die Geschlossenheit wie für das Tempogefühl auf die Techniken der Mozartschen Opernfinali, so daß die größten liturgischen Schöpfungen des klassischen Stils aufs engste mit der Opera buffa, die ihn ja mitgestaltet hatte, verbunden sind.

VII. Beethoven

> »Es pflegt manchem seltsam und lächerlich aufzufallen, wenn die Musiker von den Gedanken in ihren Kompositionen reden; und oft mag es auch so geschehen, daß man wahrnimmt, sie haben mehr Gedanken in ihrer Musik als über dieselbe. Wer aber Sinn für die wunderbaren Affinitäten aller Künste und Wissenschaften hat, wird die Sache wenigstens nicht aus dem platten Gesichtspunkt der sogenannten Natürlichkeit betrachten, nach welcher die Musik nur die Sprache der Empfindung sein soll, und eine gewisse Tendenz aller reinen Instrumentalmusik zur Philosophie an sich nicht unmöglich finden. Muß die reine Instrumentalmusik sich nicht selbst einen Text erschaffen? und wird das Thema in ihr nicht so entwickelt, bestätigt, variiert und kontrastiert wie der Gegenstand der Meditation in einer philosophischen Ideenreihe?«
>
> Friedrich Schlegel,
> ›Athenäumsfragmente‹, 1798
> (Fragment 444)

Fünf Jahre vor seinem Tod, im Jahr 1822, fühlte sich Beethoven vom Wiener Musikleben fast völlig abgeschnitten. »Von mir hören Sie hier gar nichts«, erklärte er einem Besucher aus Leipzig. »Was sollten Sie hören? Fidelio? Den können sie nicht geben und wollen ihn auch nicht hören. Die Symphonien? Dazu haben sie nicht Zeit. Die Konzerte? Da orgelt jeder nur ab, was er selbst gemacht hat. Die Solosachen? Die sind hier längst aus der Mode, und die Mode thut Alles. Höchstens sucht der Schuppanzigh manchmal ein Quartett hervor«[1]. Der verkannte, halbvergessene, alternde Künstler ist eine vertraute Figur, und das Desinteresse ist ebenso oft eingebildet wie wirklich vorhanden. Mag Beethovens Besucher, der Herausgeber der ›Allgemeinen musikalischen Zeitung‹, Beethovens Darstellung auch für übertrieben gehalten haben, so überzeugte sie ihn doch. An seinem Lebensabend war Beethoven ganz entschieden außer Mode.

Daß er gleichzeitig allgemein als der größte zeitgenössische Komponist galt, änderte nichts an seiner zunehmenden Vereinsamung. Nicht allein der musikalische Zeitgeschmack, die Musikgeschichte hatte sich von ihm abgewandt. Auf die Musik seiner jüngeren Zeitge-

---

[1] Alexander Wheelock Thayer, Ludwig van Beethovens Leben, herausgegeben von Hermann Deiters und Hugo Riemann, Leipzig 1917 ff., Band 4, S. 285.

nossen (abgesehen von Schubert) und der auf seinen Tod folgenden Generation übte sein Werk, obwohl geschätzt und bewundert, keine Wirkungskraft aus. Erst bei Brahms und in den späteren Opern von Wagner spielte es eine bedeutsame Rolle. Das hohe Ansehen, das seine Musik genießt, läßt uns diese Tatsache verkennen, wie es auch in der Tat die Musiker der ersten Hälfte des 19. Jahrhunderts blendete. Nur ›An die ferne Geliebte‹, ein Scherz unter seinen Formen, spielte eine wichtige Rolle in der Musikentwicklung um 1830 und 1840. Sein sonstiges Werk war keine Inspirationsquelle, sondern eine Bürde und Last für den Stil seiner unmittelbaren Nachfolger.

Dieses Ansehen war jedoch immens. Wohl nur Chopin, der aus der musikalischen Provinz kam, vermochte sich völlig seinem Zauber zu entziehen[2]. Bei anderen Komponisten führte Beethovens Leistung zu katastrophaler, notwendig katastrophaler Nachahmung. Mendelssohn und Brahms imitierten die ›Hammerklaviersonate‹ mit einmalig plumpem Resultat. Schumanns Sonaten und Symphonien werden von Beethovens Vorbild dauernd beschämt, ihr Glanz bricht durch seinen Einfluß hindurch, aber geht nie davon aus. Alles, was an der nächsten Generation faszinierend ist, entsteht entweder als Reaktion gegen Beethoven oder entspringt dem Versuch, ihn zu ignorieren und neue Wege zu gehen. Die schwächsten Leistungen dieser Generation haben sich seiner Macht unterworfen und bringen ihm ihre aufrichtigste – und leere Huldigung dar.

Der Antagonismus zwischen den Generationen und der Geschmacksumschwung von einer zur nächsten Generation sind bekannte Phänomene der Stilgeschichte. Manchmal wird ihnen zuviel Gewicht beigemessen. Wandel, der allein aus der Reaktion herrührt, ist selten tiefgreifend. In Beethovens Entwicklung fand bei aller erklärten Unabhängigkeit von früheren Einflüssen und seinem offensichtlichen Ressentiment gegen Haydn doch keine radikale Abwendung vom Stil Mozarts und Haydns statt, die dem von Schumanns und Chopins Generation vollzogenen Bruch mit der Vergangenheit zu vergleichen wäre. Was Haydn und Mozart angeht, so gab es kaum einen Antagonismus zwischen nachfolgenden Generationen, nicht einmal auf persönlicher Ebene. Der Geschmackswandel zwischen Generationen ist schlimmstenfalls nur ein Vorwand und bestenfalls eine strategische Untermauerung für Revolutionäre. Beethoven veränderte die musikalische Tradition, die er vorfand, stellte aber ihre Gültigkeit nie in Frage. Wenn er Haydns Protektion, selbst seine Hilfe und Unterstützung übelnahm, so hielt er doch an Haydns For-

---

[2] Es ist nicht weiter erstaunlich, daß das philisterhafteste Urteil über Beethovens Musik aus Chopins Mund kommt. Delacroix legt in seinem Tagebuch Chopins Bemerkung nieder: »Beethoven sagte ewigen Prinzipien ab.«

men und einem Großteil seiner Technik fest. Und für Mozart äußerte er, musikalisch gesehen, nichts als Verehrung, selbst wenn er die moralische Frivolität der Opernlibretti verdammte.

Tatsächlich näherte sich Beethoven mit zunehmendem Alter mehr und mehr den Formen und Proportionen von Haydn und Mozart. In den Jugendwerken ist die Nachahmung seiner beiden großen Vorgänger vor allem äußerlich. Technisch und sogar geistig steht er am Anfang seiner Karriere Hummel, Weber und den Spätwerken Clementis oft näher als Haydn und Mozart[3]. Der erste Satz der Klaviersonate op. 2, Nr. 3 ist formal streng unterteilt und besitzt vor allem eine solche Fülle an Überleitungsmaterial, wie sie in einem Anfangssatz eines Werkes von Haydn oder Mozart, abgesehen von dessen ›Krönungskonzert‹, nie vorkommt. Das für Haydn und Mozart so typische Gleichgewicht zwischen harmonischer und thematischer Entwicklung geht beim frühen Beethoven oft verloren, da Gegenüberstellung und Verarbeitung von Themen ihm über alles andere geht. Beethoven war in seinen Anfängen in der Tat ein echter Vertreter seiner Generation, der mal im frühromantischen Stil und mal in einer etwas verdünnten Spätform des klassischen Stils schrieb und dabei auf einer breitflächigen, ebenmäßigen melodischen Struktur bestand, die in der späteren Romantik um 1830 ihre eigentliche Rechtfertigung finden sollte. Das frühe Lied ›Adelaide‹ ist mehr als alles andere romantische, italienische Oper: seine langgewundene, symmetrische und leidenschaftliche Melodik, seine farbvollen Modulationen und die aggressiv einfache Begleitung könnten leicht für frühen Bellini gehalten werden. Zahlreiche langsame Sätze aus den frühen Sonaten lassen das gemächliche, wuchernde, weitausgreifende Rhythmusgefühl von Webers Klaviermusik und zahlreicher Schubertscher Werke ahnen. (Später lehnten sowohl Schubert wie Weber Beethovens selbstherrliche Exzentrik – oder was sie dafür hielten – ab, und Weber war eine zeitlang einer seiner boshaftesten Kritiker. Schubert leistete mit einer an Götzendienst gemahnenden Verehrung sowie der konsequenten Nachbildung Beethovenscher Formen Abbitte.) Das Quintett für Klavier und Bläser und das Septett, ein Werk, das so peinlich populär geworden war, daß Beethoven in späteren Jahren bei dessen Nennung zusammenzuckte, sind eher klassizistisch als klassisch zu nennen, so wie etwa die Werke Hummels. Es sind Reproduktionen der klassischen, insbesondere der mozartischen Formen, die auf die äußerlichen Modelle, auf die Erzeugnisse des klassischen Geistes und

---

[3] Seine frühesten Werke (die 1783, in seinem vierzehnten Lebensjahr, veröffentlichten Sonaten) gehen eindeutig von Haydns Werken der späten 1760er Jahre aus. Man vergißt leicht, daß Beethovens frühe musikalische Ausbildung noch vor jeglicher Kenntnisnahme (jedenfalls in Bonn) der reifen klassischen Werke Haydns und Mozarts liegt. Bonn war weniger fortschrittlich als Wien.

nicht auf diesen selbst zurückgehen. Klassizistische Werke besitzen eine oft unterbewertete Schönheit, und die zugängliche Frische und Heiterkeit dieser frühen Beethoven-Werke wiegen ihren unbeholfenen Mangel an Geschlossenheit auf. Seine technische Beherrschung des »reproduzierenden« Stils wird oft unterschätzt; schon als junger Mann war er darin der größte Meister. Mit dem Quartett *A* op. 18, Nr. 5, das getreulich Mozarts in der gleichen Tonart stehendem Quartett nachgebildet ist, liefert er eine ausgezeichnete, gleichwohl originelle Probe eines äußerst raffinierten Mozartschen Effekts, der leicht Gefahr läuft, geschmacklos oder oberflächlich zu wirken, nämlich eine Phrase zu gestalten, die sich, je nachdem, was ihr vorausgeht, entweder zur Tonika oder zur Dominante wendet. Es kann Beethoven nicht leicht gefallen sein, solche Gewandtheit zugunsten eines stärker experimentell eingestellten Weges aufzugeben. Nur ganz allmählich kehrte er zu deutlich klassisch geprägten Konzeptionen zurück, und mit der ›Appassionata‹ bezog er eine klare Position gegen die ebenmäßigen und doch lockeren, scheinbar improvisierten Formen der Spätklassik und Frühromantik und wandte sich entschieden den geschlossenen, knappen, dramatischen Formen eines Haydn und Mozart zu, wobei er diese Formen erweiterte und ihre Wucht wirkungsmäßig verstärkte, ohne ihren Proportionen Gewalt anzutun.

Die Frage nach Beethovens Stellung als »Klassiker« oder »Romantiker« ist im allgemeinen schlecht gestellt und wird noch dadurch kompliziert, daß Haydn und Mozart im frühen 19. Jahrhundert vielfach als »Romantiker« galten. Diese Fragestellung hätte zu Lebzeiten Beethovens gar keinen Sinn gehabt, und auch heute ist ihr Sinn schwer zu präzisieren. Die Tautologie, daß ein Mensch seinem Zeitalter angehöre, führt auch nicht viel weiter, denn in diesem Sinn ist ein historisches Zeitalter nicht von bestimmten Daten begrenzt. In jeder Epoche kreuzen sich reaktionäre und fortschrittliche Kräfte, Beethovens Musik enthält Erinnerungen und Prophezeiungen. Anstatt ihm ein Etikett zu verpassen, überlegt man sich besser, in welchem Kontext und vor welchem Hintergrund Beethoven am gründlichsten und besten zu erfassen ist.

Die Diskussion von den scheinbar großen Problemen her aufzurollen, d. h., den geistigen Gehalt und die Gefühlswelt der Musik zu bestimmen, hieße, sie von Anfang an zu lähmen. Man liefe dabei Gefahr, persönlichen Ausdruck mit allgemeinem Stilwandel zu verwechseln und unweigerlich die verschiedene Bedeutung ähnlicher Ausdrucksmittel innerhalb andersartiger Systeme zu vermengen. Daß Haydn und Beethoven oder Schumann und Beethoven die gleichen Details verwenden oder mit ähnlichen Formen arbeiten, beinhaltet keinerlei musikalische Verwandtschaft, wenn die Details völlig verschiedene Bedeutung besitzen oder die Formen sich andersartig und mit anderer Zielrichtung entfalten. Nichtssagende Übereinstimmungen zwischen Komponisten lassen sich finden, wo immer man sucht. Solange man nicht weiß, wie und zu welchem Zweck die Einzelheiten funktionieren, ist das Verständnis nicht nur vorläufig (was es bestenfalls ist), sondern illusorisch. Es fällt natürlich schwer, ein Vorverständnis der großen Zusammenhänge auszuschalten, dem sich die Einzelheiten dann sinngemäß unterwerfen. Beethoven, so will es scheinen, spricht uns oft zu unmittelbar an, als daß wir einräumen möchten, wir hätten ihn möglicherweise mißverstanden. Aber ein Gramm fingierter methodologischer Demut führt bei der kritischen Interpretation oft schon zur Enthüllung echter Ignoranz.

Mit seiner häufigen Vermeidung einer klaren Dominant-Tonika-Beziehung innerhalb eines Satzes scheint Beethoven beispielsweise Schumann, Chopin und Liszt in ihren gelungensten, am wenigsten akademischen Formen näher zu stehen als einem Haydn oder Mozart. In fast jedem Werk von Haydn oder Mozart werden die beiden Pole Tonika und Dominante mit Bestimmtheit gesetzt: eine Spannungszunahme am Anfang bedeutet fast immer die unmittelbar bevorstehende Einsetzung der Dominante als Sekundärtonart, die entfernteren Harmonien heben sich nicht allein von der Tonika, sondern von der Dominant-Tonika-Polarität als einem kontinuierlichen Bezugsrahmen ab, und die Lösung erfolgt immer über die Dominante zur Tonika. Diese Polarität spielt in den Werken der ersten Romantikergeneration eine viel weniger grundlegende Rolle und verschwindet zuweilen ganz. So kommt in der Ballade *As*-dur von Chopin *Es*-dur nie vor, und die Ballade *f*-moll hat sowohl mit *C*-dur (oder -moll) als auch mit *As*-dur wenig im Sinn. Nur eine schon reaktionäre, auf hehren Grundsätzen aufgebaute Sonatenauffassung hielt Schumann gelegentlich in einer Tonika-Dominant-Beziehung fest, die ihm, urteilt man nach den phantasievolleren Werken, wie den ›Davidsbündlertänzen‹, dem ›Carnaval‹, der Fantasie *C* und den großen Liederkreisen, offensichtlich gar nicht lag.

Fast vom Anfang seiner Komponistenlaufbahn an suchte Beethoven nach Surrogaten für die Dominante in der klassischen, polaren Tonika-Dominant-Beziehung. Seine ersten Bemühungen waren vorsichtig, um nicht zu sagen zaghaft. Er moduliert in seinen frühen Sonaten nämlich am Ende der Exposition zur Dominante, aber bevor er sie erreicht, befestigt er zunächst oft eine entferntere Tonart: in op. 2, Nr. 3 ist es die Molldominante, in op. 10, Nr. 3 die Molluntermediante. Die Abfolge mehrerer Tonarten ist typisch für Beethovens Frühstil und weist auf seine Nähe zu den lockeren Reihungsformen seiner Zeitgenossen hin. Später wandte er sich von dieser koloristischen Verwendung der Tonarten ab und einem schlüssigeren Schema zu. Mit op. 31, Nr. 1 verzichtet er dann völlig auf die Dominante als

Sekundärtonart; er moduliert von *G*-dur zur Mediante *H* und pendelt zwischen ihrer Dur- und Mollform hin und her. Kurz zuvor hatte er in dem Streichquintett mit zwei Bratschen op. 29 in ähnlicher Weise mit einer überwiegend im Moll verweilenden Untermediante experimentiert. Das kontinuierliche Pendeln zwischen Dur und Moll ist hier noch wesentlicher, insofern die Molluntermediante ja die parallele Molltonart der Tonika ist und ein Nachlassen der Spannung, ja eigentlich eine Subdominantbeziehung bedeutet. Die Duruntermediante wirkt dem jedoch durch ihre Dominantausrichtung entgegen. Diese harmonische Beziehung hat Beethoven nie wieder in einem Sonatensatz eingesetzt, obgleich der Dur-Moll-Wechsel ja den dramatischen Charakter wahrte.

Nach der ›Waldsteinsonate‹ benutzt Beethoven fast ebenso gern die entfernteren Mediant- bzw. Untermedianttonarten, wie die einfache Dominante. Das logische Potential dieser Tonarten innerhalb einer diatonisch bestimmten Ästhetik wird, so kann man sagen, in seinen Werken erschöpfend ausgenutzt. Nur die Chromatik konnte das Areal noch erweitern. Noch überraschender als ihr häufiges Auftreten ist der Einfallsreichtum, den Beethoven auf diese Ersatzdominanten, auf ihren Gebrauch und die vielfältigen Arten ihrer Erreichung verwendet. Ihre Wirkung läßt sich nicht auf eine einfache Formel bringen, denn Sonatensätze wie diejenigen aus der ›Waldsteinsonate‹, der ›Hammerklaviersonate‹, aus opus 111, der Neunten Symphonie und den Quartetten op. 127 und op. 130 verwenden alle eine Mediant- oder Submedianttonart jeweils zu ganz verschiedenen Ausdruckszwecken.

Daß Beethovens Ersatzdominanten etwas mit den harmonischen Strukturen der Romantik gemeinsam hätten, ist eine naheliegende Vorstellung, aber seine harmonischen Freiheiten sind von ganz anderer Art und Bedeutung. Wofern der Romantiker nicht einer akademischen Formtheorie gehorcht, d.h., wenn er nicht eine sogenannte »Sonate« schreibt, sind seine Sekundärtonarten nicht Dominanten, sondern Subdominanten. Sie beinhalten Spannungsrückgang und ausdrucksmäßige Vereinfachung, nicht etwa die größere Spannung und die gebieterische Forderung nach Lösung, die allen Sekundärtonarten bei Beethoven innewohnt. In Schumanns Fantasie *C* bewegen sich alle drei Sätze zur Subdominante und all ihr Material ist auf diese Modulation ausgerichtet. Chopin zögert in der Ballade *f* die halbwegs deutliche Etablierung einer zweiten Tonart lange hinaus. Tritt sie dann auf, so handelt es sich erstaunlicherweise um *B*-dur. Diese zu den bedeutendsten Werken der Epoche zählenden Beispiele sind nur zwei von vielen.

Eine entsprechende Subdominantbeziehung findet sich in keinem Werk Beethovens (abgesehen von den dreiteiligen Lied- bzw. Menuett- und Trio-Formen natürlich, die jedoch mit den hier angeführten, geschlossenen, dramatischen Formen Schumanns und Chopins in keinerlei Zusammenhang stehen). Wenn Beethoven den harmonischen Radius der Großform ausweitete, so blieb er in den Grenzen der klassischen Sprache und tastete weder die Tonika-Dominant-Polarität noch die klassische Abwendung von der Tonika hin zu größerer Spannung an. Die Sekundärtonarten in seinen Werken, Medianten und Untermedianten, fungieren innerhalb der Großstruktur als Dominanten. Sie erzeugen eine langzeitliche Dissonanz gegenüber der Tonika und schaffen so die für eine zentrale Klimax erforderliche Spannung. Darüberhinaus bereitet Beethoven ihr Erscheinen stets derart vor, daß sie fast so tonikaverwandt erscheinen wie die Dominante. Dadurch erzeugt die Modulation eine mächtigere und aufregendere Dissonanz als die übliche Dominante, ohne die harmonische Geschlossenheit zu verletzen oder die Form zu zerreißen. Das erzeugt innerhalb des tonalen Systems natürlich einen inneren Widerspruch, aber der existiert ja mit der Sekundärtonart überhaupt. Beethovens harmonisches Verfahren verhilft einem Stil, der seinen dramatischen Ausdruck gerade aus diesem Widerspruch und seiner harmonischen Lösung zieht, nur zu größerer Wirksamkeit. In der Tat verlegt Beethoven hier die Grenzen des klassischen Stils weit über alle früheren Auffassungen hinaus[4], aber anders als die Komponisten der Folgegeneration veränderte er nie die Grundstruktur, noch gab er sie auf. In den anderen grundlegenden Aspekten seiner musikalischen Sprache blieb Beethoven, so kann man sagen, wie mit der Tonartenbeziehung im Einzelsatz, dem klassischen Rahmen verhaftet, während er ihn zugleich auf erstaunlich radikale und originelle Weise interpretierte.

Das eben Gesagte bedeutet nicht, daß die Tonika-Dominant-Beziehung in der Romantik verschwand – sie existiert ja in gewissem Maße heute noch. Aber für Schumann und seine Zeitgenossen war sie nicht mehr das ausschließliche Grundprinzip für weitreichende harmonische Bewegung. Es ist jedoch vielsagend, daß sie sie meines Wissens in sämtlichen Sonatenhauptsatzformen anwendeten. Mit anderen Worten, trotz aller harmonischen Entdeckungsreisen und Kühnheiten in anderen Formen waren sie, wenn es um die »Sonate« ging, erheblich konservativer als Beethoven. Ihre größten harmonischen Würfe ließen sich nicht auf die Sonate anwenden, ohne Unsinn daraus zu machen, während sich Beethovens umwerfendste Neuerungen sämtlich leicht und bequem in den Sonatenstil einfügten.

---

[4] Die Dominantrolle der Mediante oder Untermediante ist allerdings nur eine Erweiterung von Haydns betonter Verwendung dieser Tonarten in den Sonatenexpositionen seiner Spätwerke.

Es läßt sich nicht einmal behaupten, daß Beethovens Freiheiten innerhalb des klassischen Stils einen Schritt auf dem Weg zur größeren Freiheit der romantischen Generation darstellen, oder daß die großartige Ausdehnung der Tonika-Dominant-Polarität es seinen Nachfolgern ermögliche, sie zu überwinden oder wenigstens zu umgehen. Hätte Beethovens Kühnheit ein so folgenreiches Beispiel gegeben, dann hätten die Romantiker wohl kaum solch gleichmäßig konservative »Sonatenformen« hervorgebracht. Die großen harmonischen Neuerungen der Romantiker gehen überhaupt nicht auf Beethoven zurück und haben nichts mit seiner Kompositionstechnik oder mit seinem Geist zu tun. Sie haben ihren Ursprung bei Hummel, Weber, John Field und Schubert (wobei Schuberts Übernahme und Beherrschung klassischer Verfahren in seinen letzten Lebensjahren hier außer acht bleibt) und darüberhinaus in der italienischen Oper. Was diese Neuerungen ermöglicht, ist also nicht eine Ästhetik, die die Tonika-Dominant-Polarität bis an die Grenzen ihrer Wirkungskraft vorgetrieben hat, sondern eine, in der diese Polarität gelockert und geschwächt worden ist und die Ausrichtung auf einen kräftigen Tonikabereich am Anfang und Ende durch eine neuartige und alles durchdringende Chromatik und einen eher lyrischen als dramatischen Formbegriff bedroht ist. Es war beispielsweise Schubert, der im letzten Satz des ›Forellenquintetts‹ als erster eine Exposition schrieb, die zur Subdominante moduliert. In Schuberts Frühwerk wie in der Musik Hummels und Webers entfaltet sich zum ersten Mal eine wahrhaft melodische Form, die die harmonische Spannung der Klassik durch eine gelöste, weitausgreifende Melodienfolge ersetzt. Eine ganz neue Auffassung von harmonischer Spannung entwickelten später Schumann, Mendelssohn und ganz besonders Chopin, aber sie konnten nicht von der höchsten Verdichtung des klassischen Stils ausgehen, und Beethoven nützte ihnen gar nichts. Der romantische Stil geht nicht auf Beethoven zurück, sondern auf seine unbedeutenderen Zeitgenossen – und auf Bach.

Es ist in diesem Zusammenhang erwähnenswert, wie äußerst begrenzt der Einfluß Bachscher Musik auf Beethoven war, obwohl seine Bach-Kenntnisse ganz erheblich waren. Er war mit dem ›Wohltemperierten Klavier‹ groß geworden, erlangte seinen Ruf als Wunderkind dadurch, daß er es vollständig vorspielte, und es begleitete ihn sein ganzes Leben lang. Als er Skizzen für den letzten Satz der ›Hammerklaviersonate‹ sowie für die Fuge des Streichquintetts *D* machte, schrieb er sich Passagen von Bach ab. Er besaß ein Exemplar der ›Inventionen‹, zwei Exemplare der ›Kunst der Fuge‹ und war zweifellos mit den ›Goldberg-Variationen‹ vertraut. Und doch fing er mit diesen Kenntnissen, abgesehen von einer offensichtlichen, rührenden Anspielung auf die ›Goldberg-Variationen‹ in der Anlage der letzten

Nummer der ›Diabelli-Variationen‹, sehr wenig an, verschwindend wenig im Vergleich zu den dauernden Verweisen auf Bach bei Mendelssohn, Chopin und Schumann. Der klassische Stil hatte schon alles von Bach aufgenommen, was er aus Mozarts Perspektive in den frühen 1780er Jahren aufnehmen konnte, und da Beethoven weiterhin innerhalb dieser Grenzen arbeitete, blieb seine Liebe zu Bach immer am Rande seiner schöpferischen Tätigkeit.

Daß Beethovens musikalische Sprache im wesentlichen die klassische blieb, oder besser gesagt, daß er mit einer verdünnten, klassizistischen Spätform begann und allmählich zur strengeren und knapperen Form Haydns und Mozarts zurückging, bedeutet nicht, daß er außerhalb seiner Zeit stand, oder daß seine Auffassung von klassischer Form die Ausdruckshaltung des späten 18. Jahrhunderts teilte. Um nur einen Zug zu erwähnen, so besitzt seine Musik oft eine von vielen als abstoßend empfundene, sentenziöse, moralische Ernsthaftigkeit, ausgedrückt durch eine Begeisterung, die typischer für das Europa nach der Französischen Revolution als für die vorrevolutionäre Douceur de vivre ist. Seine Musik ist auch vielfach, und manchmal ganz unverhüllt, autobiographisch, was vor 1790 anders als in spielerischer Absicht gar nicht denkbar ist. Es ist peinlich, wenn Historiker in die Musik von Haydn und Mozart die unmittelbare persönliche Bedeutung hineinlesen, die Beethoven oder anderen Komponisten des 19. Jahrhunderts angemessen ist[5]. Es steht jedoch fest, daß Beethovens Stellung nicht nur in Konflikt mit dem Zeitgeschmack stand, sondern in vieler Hinsicht sogar dem Lauf der Musikgeschichte entgegengesetzt war. Er war wohl der erste Komponist in der Geschichte, der auf lange Strecken seines Lebens bewußt schwierige Musik schrieb. Er war keineswegs gegen den großen Erfolg eingestellt, noch ließ er trotz der kompromißlosen Schwierigkeit seines Werks je die Hoffnung darauf fahren. Was seine Musik an Ruhm und Zuneigung zu seinen Lebzeiten hervorrief, war ohnehin beträchtlich. Aber die Ovationen bei der Uraufführung der Neunten und der ›Missa solemnis‹ – und das sind Werke, die offenbar ja auch heute noch schwer zu verstehen sind, und die damals zeitgenössischen Berichten zufolge ganz erbärmlich aufgeführt worden sein müssen – bezeugen eher die Verehrung, die dem gealterten Komponisten entgegengebracht wurde, als die bereitwillige Aufnahme der eigentlichen Musik. Kein Komponist vor Beethoven hat die Fähigkeiten von Publikum und Musikern so rücksichtslos ignoriert. Die ersten seiner wirklich »schwierigen« Werke, Steine des Anstoßes für seine Kritiker, entstanden bald nach den ersten Anzeichen der Taubheit, während seine

---

[5] Selbst Chopin war über einen derartigen Zugang zu seiner Musik aufgebracht, aber bei Schumann wird er von gewissen Dingen geradezu provoziert.

frühesten Werke, auch wenn sie als erstaunlich originell und exzentrisch galten, fast sofort Beifall fanden. Schon 1803, bevor er die ›Eroica‹, ›Fidelio‹ oder die ›Waldsteinsonate‹ geschrieben hatte, war er in ganz Europa als einer der größten zeitgenössischen Komponisten bekannt. Ob der einsame Pfad, den er in seiner Musik einschlug, mit seiner zunehmenden physischen Absonderung von der Welt zusammenhängt, bleibt reine Spekulationssache.

Nachdem Beethoven zur Sprache Haydns und Mozarts zurückgekehrt war, zeigte er eine fast absichtsvoll laue Einschätzung der meisten seiner Zeitgenossen. Mehr als sie alle scheint ihn Händel interessiert zu haben. Doch für Rossini sparte er sich seine ganz besondere Verachtung auf, und der Grund dafür ist leicht zu sehen. Um die größten Meisterwerke Rossinis vor ›Le Comte Ory‹ zu schreiben, bedurfte es allein der Genialität, denn Intellekt und Anstrengung spielten kaum eine Rolle dabei. Rossinis Ruf als der faulste Komponist war nicht unverdient. (Es dürfte kein Geheimnis sein, warum er sich mit fünfunddreißig Jahren praktisch von der Musik zurückzog. Auch dem gewandtesten Komponisten geht in diesem Alter allmählich die frühere, mühelose Inspiration aus, auch Mozart mußte dann skizzieren und revidieren.) Da Beethovens Kompositionen das Resultat einer in der Musik nahezu beispiellosen Versenkung und Mühe waren, muß ihn die großartige Gedankenlosigkeit von Rossinis Schaffen ebenso erbittert haben wie dessen Triumph in Wien mit einem wahrhaft populären Erfolgsstück, dem Beethoven nie etwas Gleiches zur Seite stellen konnte. Rossini »brauche zur Composition einer Oper so viel Wochen, wie die Deutschen Jahre«, bemerkte er mit ebensoviel Neid wie Verachtung[6].

Unter all seinen Zeitgenossen scheint Beethoven Cherubini, einem der konservativsten Klassizisten, den Vorzug gegeben zu haben. Auf die Frage, wer nach ihm der größte lebende Komponist sei, soll er mit Cherubini geantwortet haben, doch darf man diesem Urteil nicht zuviel Gewicht beimessen, da er anscheinend um eine Antwort verlegen war. Allerdings hat er bekanntermaßen Cherubinis (und Méhuls) Erfolge mit der ernsten Oper überaus bewundert. Angesichts seines eigenen Ringens und der Revisionen des ›Fidelio‹ schien ihm ein solches Gelingen ein hoher Lohn. Er schätzte Weber und Schubert, jenen etwas widerwillig. Jedenfalls weiß man, daß er sich geringschätzig über ihn geäußert hat, während Äußerungen seiner Hochschätzung hauptsächlich durch Webers Sohn überliefert sind. Auch Beethovens Begeisterung für Schubert ist nicht gut belegt, die Zeugnisse stammen vor allem aus einem polemischen Artikel von Schindler, in welchem er seine eigene Bewunderung verteidigt. Schindler war nicht

---

[6] Thayer, a. a. O., Band 5, S. 224.

nur unzuverlässig, sondern neigte zu Erfindungen, wenn seine Leidenschaft entfacht war.

All das braucht uns nicht zu überraschen, denn wenige Komponisten interessieren sich nach Überschreitung eines gewissen Alters ernsthaft für irgendwelche Musik außer ihrer eigenen, es sei denn sie entdeckten verwendbare Einfälle, Ideen oder auch nur Satzweisen darin, wie Beethoven bei Händel und Mozart bei Bach. Die aufschlußreichste Bemerkung über einen anderen Komponisten aus Beethovens Mund – und zwar aufschlußreich für Beethoven – ist seine vernichtende Kritik an Spohr: »Spohr sei zu dissonanzenreich und durch seine chromatische Melodik würde das Wohlgefallen an seiner Musik beeinträchtigt.«[7] Wenn Beethoven das tatsächlich so gesagt hat – der Bericht stammt aus sehr viel später erschienenen Memoiren –, dann zeigt es, wie tief seine Abneigung gegen den aufkommenden romantischen Stil ging. Niemand könnte heutzutage Spohr dissonanter finden als Beethoven, wenn unter Dissonanz Härte verstanden wird, aber auch wenn man Dissonanz im technischen Sinn als unaufgelöstes Intervall oder unaufgelösten Akkord verwendet. Beethoven kann sich im Reichtum dieser wie jener Art von emphatischer Dissonanz mit jedem Komponisten messen. Was Beethovens Ohren an Spohr »dissonant« erschien, war offensichtlich eine neuartige, mit dem diatonischen Rahmen nicht genügend integrierte Chromatik. Gerade diese Chromatik wurde ein wesentlicher Bestandteil der Musik nach 1830. In gewissen Augenblicken ist Beethoven so chromatisch wie nur irgendein Komponist vor dem späten Wagner, einschließlich Chopins, aber seine Chromatik wird immer aufgelöst und verschmilzt mit einem Hintergrund, in dem der Tonikadreiklang letztendlich unumschränkter Herrscher bleibt.

Gerade dieser Grunddreiklang ist es, mit dem Beethoven seine bemerkenswertesten, typischsten Wirkungen erzielt. An einer Stelle im Klavierkonzert G gelingt ihm das scheinbar Unmögliche, die Verwandlung dieser größten Konsonanz selbst (in die alle Dissonanzen sich per definitionem schließlich auflösen müssen) in eine Dissonanz. In den folgenden Takten verlangt der Tonikadreiklang von G-dur in Grundstellung fast ausschließlich durch rhythmische Mittel und ohne von G-dur weg zu modulieren eindeutig die Auflösung zur Dominante:

---

[7] Thayer, a. a. O., Band 5, S. 224.

Die Verbindung von Erhabenheit und Erregung in Takt 27 geht darauf zurück, daß der Grundakkord des Werks einen ganzen Takt lang ausgehalten wird, nachdem er durch den stetig wiederholten und zunehmend lebhafteren Wechsel mit dem *D*-dur-Akkord destabilisiert worden war.

Daß der *D*-dur-Akkord dem Ohr in Takt 27 vorenthalten wird, ist die Quelle seiner Kraft. So klingt der *G*-dur-Tonikadreiklang nicht allein unaufgelöst, die Tatsache, daß er so lang im Zaum gehalten wird, treibt die herrliche Auflösung im nächsten Takt über den *D*-dur-Dreiklang weiter zum *a*-moll. Die klangliche Grandiosität erklärt sich aus der ausschließlichen Verwendung der Grundstellung für sämtliche Akkorde in Takt 26–28 und der daraus resultierenden Reinheit und Stabilität des Klangs in einer extrem unstabilen Phrase[8].

Das plötzliche und vollständige Einhalten in Takt 27 ist ein Kraft- und Willensakt, der die darauf folgende Entspannung rechtfertigt. Um das Ganze zusammenzuschließen, ist die Belebung in den vorangehenden Takten von wesentlicher Bedeutung. Die Beschleunigung und das Einhalten sind dergestalt auskomponiert, daß die Konstellation

in Takt 23 einmal, in Takt 24 und 25 je zweimal und in Takt 26 viermal auftritt; aber in Takt 27 und 28 ist sie über zwei Takte gedehnt. Die klassisch konzipierte, in Einheiten von 1, 2, 4, 8 usw.

---

[8] Lage und Instrumentierung des Akkords, die sich gar nicht getrennt betrachten lassen, verstärken das eben Gesagte.

gegliederte Beschleunigung wird hier exemplarisch verwirklicht. Es ist schwer vorstellbar, wie das System noch weiter hätte vorangetrieben werden können, als Beethoven es hier tut. Der romantische Komponist verwarf es – mit einem gewissen Unbehagen – zugunsten größerer Flüssigkeit, aber Beethoven war der absolute Meister über die klassische Gliederung der rhythmischen Kräfte. Nur in seltenen Fällen versuchte auch er darüber hinauszugehen.

Wenn die Integration melodischer, rhythmischer und harmonischer Kräfte in diesem Abschnitt bis zur Unauflösbarkeit gelungen erscheint, so ist das Material, das sei angemerkt, nicht nur einfach, sondern es könnte gar nicht einfacher sein. Die beiden alternierenden Tonika- und Dominantakkorde sind die Grundklänge jedes tonalen Musikstücks. Die zitierte Passage ist natürlich eine Überleitung und dient der Einführung des neuen Themas in Takt 29. Doch ist sie nicht nur der erste momentane Höhepunkt des Werks, sondern besitzt auch thematische Bedeutung. Die beiden Akkorde sind nämlich die kurz zuvor gehörten Anfangsakkorde des Satzes:

Kurzum, der Höhepunkt – die ausgeschriebene und abgemessene Fermate auf Takt 27 – ist der nunmehr destabilisierte bzw. in ein dynamisches Element verwandelte Anfangsakkord des Werkes. Das gleicht Haydns Verfahren, den Anfang seiner Werke mit Richtungsenergie aufzuladen, aber niemand vor Beethoven vermochte aus dem schlichten Tonikaakkord in Grundstellung solche Kraft hervorzulocken. Und niemand seit Beethoven konnte diesen Effekt wiederholen, ohne die Tonika zu schwächen. Die ungeminderte Kraft der Tonika, d. h. ihr Verbleiben innerhalb der klassischen Sprache, wird durch die erhabene Größe des ganzen Abschnitts belegt.

Die Thematisierung einfachster Bestandteile des tonalen Systems war für Beethovens Stil von Anfang an bestimmend. Allerdings wurde er sich erst allmählich ihrer Implikationen bewußt. Die traditionelle Einteilung seines Schaffens in drei Perioden ist nicht unhaltbar, aber sie kann ebenso nützlich wie irreführend sein. Zwischen der ersten und zweiten Periode läßt sich kein Strich ziehen, und wenn ein Bruch vor der sogenannten dritten Periode existiert, so finden sich viele der charakteristischen Neuerungen in eben vor dem Bruch wie auch danach entstandenen Werken. Behält man die Einteilung in drei

Schaffensperioden bei, so muß man sich im klaren darüber sein, daß sie kein biographisches Faktum, sondern eine für die Zwecke der Analyse geschaffene Fiktion, eine Erkenntnishilfe sind. Die stetige Entwicklung, die sich in Beethovens Werdegang beobachten läßt, ist ebenso wichtig wie die Brüche, auch wenn diese leichter zu beschreiben sind. Erst beim Vergleich von Werken, die mehrere Jahre auseinanderliegen, erhalten die Brüche nachweisbare und überzeugende Bedeutung.

Beethovens Rückkehr zu klassischen Prinzipien läßt sich an einem derartigen Bruch ermessen, wenn man etwa das dritte Klavierkonzert *c* aus dem Jahr 1800 mit dem 1808 entstandenen Vierten in *G* vergleicht. Beide Werke stützen sich stark auf Mozart, aber auf ganz verschiedene Weise. Das Konzert *c* ist voller Mozart-Anklänge, besonders Reminiszenzen an das in der gleichen Tonart stehende Konzert KV 491, das Beethoven bekanntlich hoch geschätzt hat. Am auffälligsten ist die Nachahmung der Coda am Ende des ersten Satzes von KV 491 mit ihrer außergewöhnlichen Verwendung des Soloinstruments in Arpeggien. Beethoven überspringt das Schlußritornell nach der Kadenz und geht direkt in die Coda. Die mozartischen Arpeggien wirken nahezu melodramatisch, da die Pauken gleichzeitig einen Teil des Hauptthemas spielen. In dieser hervorragend wirkungsvollen Coda sind allein die Arpeggien nicht thematisch, was ihre Entlehnung nur unterstreicht. In der Durchführung stellt sich eine eigenartig schöne, nichtthematische Passage ebenfalls als eine Mozart-Reminiszenz, in diesem Fall an das Klavierkonzert *B* KV 450 heraus. Aber es ist das Konzert *c* KV 491, das zumindest im ersten Satz zahlreiche thematische Details beherrscht.

Abgesehen von den Entlehnungen und möglicherweise unbewußten Anklängen ist dieser Satz jedoch überhaupt nicht mozartisch. Das Orchestertutti zu Beginn des Satzes ist vom Folgenden durch einen vollen Halt und eine dramatische Fermate abgesetzt; es macht einen so selbständigen Eindruck, als wäre es ein abgeschlossenes Werk. Diese übertriebene Trennung führt zu einer entspannten, lockeren Formstruktur, macht aber auch aus der Soloexposition eine verzierte Fassung des Tutti, statt wie bei Mozart eine neue und dramatischere Darstellung des Materials[9]. Die Form ist die gleiche wie in den beiden ersten Klavierkonzerten und wie auch in den Konzerten von Hummel und anderen nachklassischen Komponisten einschließlich der zwei Konzerte von Chopin, die er beide vor seinem 20. Lebensjahr komponierte. Die völlig separate, einleitende Orchesterexposition ist

---

[9] Viele Anfangstutti in Mozarts Konzerten werden durch eine Kadenz abgerundet, aber diese Tutti besitzen nur die Vollständigkeit eines Arienritornells, nicht die einer vollen Sonatenexposition.

ein Charakteristikum all dieser Werke; sie wurde zur Behinderung, als die lockere, weitschweifige Art den Frühromantikern nicht mehr genügte. Schumann und andere reagierten darauf mit der Verschmelzung beider Expositionen.

Die diffusen Formen des frühen 19. Jahrhunderts waren 1808 auch für Beethoven nicht mehr annehmbar, aber seine Lösung war die Wiedererweckung des Mozartschen Verfahrens. Das vierte Klavierkonzert *G* enthält nur wenige direkte Mozart-Anspielungen in der klassizistischen, fast akademischen Art der früheren Werke, aber die Prinzipien, nach denen die Großform gestaltet ist, sind – gewandelt und etwas flüssiger – Mozarts Prinzipien. Die zweifache Sonatenexposition der drei ersten Konzerte wird zugunsten des Mozartschen Ideals – zweifache, nämlich statische und dynamische Aufstellung des Materials – aufgegeben, wobei das Orchester das Material einleitend und stabil darbietet, der Solist aber in einer dramatischen Sonatenexposition. Wie in zahlreichen ersten Sätzen bei Mozart werden die beiden Darbietungen zusammengeschweißt, indem die zweite mit einer kadenzartigen Fassung des ersten Themenelements in die erste einfällt. Die Orchesterexposition steht durchgehend in der Tonika, ihr einziges zweites Thema enthält eine Reihe von nur oberflächlichen, rasch vorübergehenden Modulationen, die einen kaum merken lassen, daß man G-dur eigentlich nie verlassen hat. Wie Mozart in seinem Konzert *G* KV 453 verschleiert Beethoven die über mehrere Seiten hin möglicherweise zu monotone tonartliche Geschlossenheit und überläßt es dem Solisten, die entscheidende Bewegung zu vollziehen.

Was aber am wichtigsten ist, Beethoven knüpft mit der Idee des dramatischen Solisteneinsatzes bei Mozart an und verwirklicht dabei einige seiner genialsten Einfälle. Zwei der originellsten Effekte im vierten Klavierkonzert bilden paradoxerweise den Anlaß zu den einzigen direkten Anspielungen auf Mozart in diesem Werk. Der Klaviereinsatz im ersten Takt ruft sofort den Anfang von KV 271 ins Gedächtnis, in dem Mozart das Klavier im zweiten Takt als Antwort auf das Eröffnungsmotiv des Orchesters einsetzen läßt. Der auf poetische Weise verschlossene und zugleich volltönende Anfang des Beethoven-Konzerts verweist nur begrifflich auf Mozarts Anfang; beide entspringen jedoch der gleichen Logik und Denkweise. Auch das ›Kaiserkonzert‹ führt das Klavier gleich am Anfang ein, desgleichen die unvollständige Skizze für ein sechstes Klavierkonzert *D*. Die Wirkung ist aber in beiden Werken ganz andersartig, da der Solist jeweils mit einer Kadenz einsetzt, die in dem unvollendeten Konzert unmittelbar auf die erste Aufstellung des Hauptthemas im Orchester folgt – eine interessante Vorwegnahme von Brahms. Offensichtlich beschäftigte dieses Verfahren Beethoven, aber er ließ es dadurch zu keiner

Veränderung des klassischen Verhältnisses zwischen Orchester- und Soloexposition kommen.

Die andere Mozart-Anspielung ist nahezu ein Zitat. Der Einsatz des Klaviers am Anfang der Durchführung ist dem gleichen Moment in Mozarts Konzert C KV 503 (siehe oben S. 291) direkt nachgearbeitet, nur daß Beethoven die kleine Lücke zwischen Orchester und Solist schließt und den Einsatz zum Anlaß für einen abrupten Tonartenwechsel nimmt, der so plötzlich kommt, daß er nicht sofort, sondern erst nach einigen Takten verständlich wird.

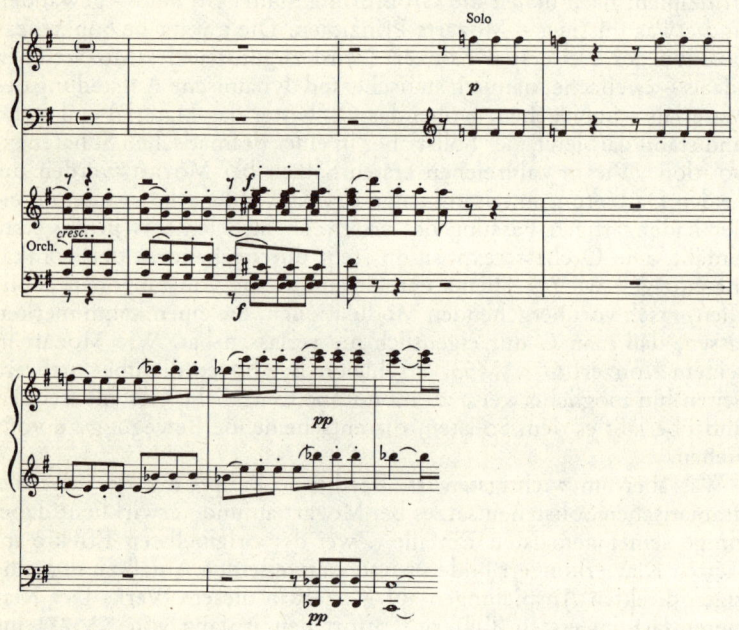

Der Unterschied zwischen Beethoven und einem klassizistischen Komponisten wie Hummel besteht darin, daß Beethoven sich besonders nach 1804 von Mozarts genialsten und radikalsten Ideen inspirieren läßt, während Hummel von den normativsten ausgeht.

Das Finale des Konzerts G bringt Haydns Einfall, den scheinbar in der falschen Tonart stehenden Beginn, zu großartiger Verwendung; der Satz steht trotz aller Virtuosität den Haydnschen Symphoniefinali näher als irgendeinem Konzertfinale aus den ersten Jahren des 19. Jahrhunderts. Die Rondoform ist nicht wie bei den anderen Komponisten der Zeit lockerer, sondern straffer und einheitlicher. Selbst der langsame Satz, dramatisch im Entwurf wie wohl kein zweiter, hat seine Wurzeln im späten 18. Jahrhundert. So entschieden theatralisch wie dieser sind nur einige von Haydns langsamen Sätzen in den Quartetten und Trios sowie die langsame Einleitung zum letzten Satz von Mozarts Quintett *g*. (Der zweite Satz von Beethovens erstem Konzert *C* vertritt viel stärker den gängigen Stil des ersten Viertels des 19. Jahrhunderts.) Der langsame Satz des Konzerts *G* ist noch in anderer Hinsicht der Adagio-Einleitung zum Finale des Quintetts *g* zu vergleichen: Er entfernt sich so wenig von der Tonika *e*-moll, daß er fast als erweiterter *e*-moll-Dreiklang, als nicht selbständiger Satz aufzufassen ist, der laut Beethovens Anweisung ohne Pause in den letzten Satz übergeht. Die einzige kurze Modulation führt nicht zur Dominante, sondern zur siebten Stufe, *D*-dur, der Dominante des Finales. Dessen Anfang mit einem *C*-dur-Akkord im pianissimo überhöht Haydns Idee des »falschen« Anfangs und macht sie zwingender, insofern es sich um eine Modulation vom *e*-moll des vorhergehenden Satzes zurück zum *G*-dur, der Tonart des Gesamtwerks, handelt. Die Poesie dieses langsamen Satzes entspringt weitgehend seiner Unvollständigkeit, er umreißt und etabliert nicht sich selbst, sondern etwas Zukünftiges.

In der 1804, zusammen mit der ›Waldsteinsonate‹ entstandenen ›Eroica‹ erweitert Beethoven zum ersten Mal die klassische Form auf immense Dimensionen. Die Symphonie ist um ein Mehrfaches länger als jedes vorausgegangene Werk in dieser Gattung und erregte bei der öffentlichen Uraufführung ein gewisses Befremden. Die Kritiker bemängelten die übermäßige Länge und ereiferten sich über die fehlende Geschlossenheit dieses so ungemein geschlossenen Werkes. So verdichtet und geschlossen ist dieses Werk, daß ein fast immer als neues Thema bezeichnetes Cello-Oboen-Duett in der Durchführung direkt aus dem Hauptthema abgeleitet ist. Später entfällt die Oboenmelodie, und das Motiv des Cellos wird den Bläsern überantwortet. Die Beziehung zwischen der Cellomelodie und dem Hauptthema ist sehr eng

und besteht nicht nur auf dem Papier, sondern ist deutlich hörbar, vorausgesetzt der Dirigent führt die Sforzandi als echte Akzente und nicht, wie so häufig geschieht, als ausdrucksvolle Schweller aus. Solche Einzelheiten sind deshalb wichtig, weil trotz des ungewöhnlichen

Reichtums an Motiven im ersten Satz fast jedes ausgesprochen melodisch bestimmte Motiv direkt auf die Anfangstakte zurückgeht. Man bemerkt sofort die Beziehung zwischen dem ersten Thema und den folgenden Motiven

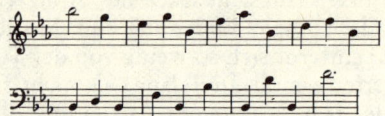

sowie zahlreichen ähnlichen, die sich aufgrund ihrer großen Zahl nicht zitieren lassen. Doch sind diese Beziehungen weniger bemerkenswert als das unerhörte Kontinuum, in das sie verwoben sind. In gewissem Grade wegen der Vielfalt und Anzahl der Episoden zerfällt die Exposition nicht in eine so klar mehrteilige Form wie in den zwei vorangegangenen Symphonien, und das erschwerte zunächst das Verständnis dieser Musik.

Das Publikum war anscheinend bei der Uraufführung unfreundlich gesonnen, und das Werk spaltete die Zuhörer sofort in zwei erbitterte, feindliche Lager. Nicht nur die Härte, auch die Art der Kritik, erinnert an jüngstvergangene Attacken auf die jeweilige Avantgarde. Ein Kritiker schrieb: »Die Musik könne so bald dahin kommen, daß jeder, der nicht genau mit den Regeln und Schwierigkeiten der Kunst vertraut ist, schlechterdings gar keinen Genuß bei ihr finde, sondern durch eine Menge unzusammenhängender und überhäufter Ideen und einen fortwährenden Tumult aller Instrumente zu Boden gedrückt, nur mit einem unangenehmen Gefühl der Ermattung den Conzertsaal verlasse.«[9a] Es ist durchaus verständlich, daß man die Symphonie so schwierig fand, denn der zeitliche Bezugsrahmen für das zu Hörende ist enorm ausgeweitet. So erhält das dissonante *Cis* im siebten Takt seine volle Bedeutung erst viel später, am Anfang der Reprise, wenn es als *Des* zu einem Hornsolo in *F*-dur führt. Trotzdem wird in der Durchführung ein beispielloser Modulationsradius durchmessen, ohne daß das Gefühl der tonartlichen Geschlossenheit im geringsten darunter leidet. Vor allem sind die Proportionen klar definiert.

Es liegt auf der Hand, daß solch ein Größenzuwachs innerhalb der gleichen, grundlegenden klassischen Proportionen, nämlich Plazierung des Höhepunkts und Verhältnis von Spannung und Lösung, nicht von den langen, ebenmäßigen und abgeschlossenen Melodien eines Mozart, sondern vielmehr von Haydns Behandlung kleinster

---

[9a] Thayer, a. a. O., Band 2, S. 376.

Motive auszugehen hatte[10]. Kurze Motive vermögen ohne weiteres ein Periodengewebe zu bilden, das Haydns an Länge weit übertrifft und dementsprechend harmonisch viel langsamer fortschreitet, während abgeschlossene Melodien erheblich verlängert werden müßten, um das Verhältnis der Periode zum Ganzen zu wahren. Dieser Sachverhalt wirft ein Problem für jeden symphonischen Stil auf, der über Bruckners Tempo hinausgehen will. Aus diesem Grund wird Beethoven manchmal zum schwachen Melodiker erklärt, wenn auch schwer zu verstehen ist, wie man das über den Komponisten des zweiten Satzes der Klaviersonate op. 90 oder des Menuetts aus op. 31, Nr. 3, um nur zwei von Beethovens zahlreichen ausgedehnten und wunderbar ebenmäßigen Melodien herauszugreifen, sagen kann. Selbständige, vollständige musikalische Einfälle, Melodien also, waren Beethoven bei seiner dramatischen Ausweitung von Mozarts Formen selten von Nutzen, obgleich Mozarts Proportionen höchst relevant waren. Für das Verhältnis von Durchführung zu Reprise hält er sich häufiger an Mozart als an Haydn, und mit seinen ausgedehnten Codas ahmt er weniger Haydn nach, wie Tovey fand, als daß er die Mozartsche Balance wieder herstellt.

Haydns Codas sind wenigstens in seiner Spätzeit unentwirrbar mit der Reprise verknüpft, ja verflochten, während sie bei Beethoven wie bei Mozart oft klar abgesetzt und gegliedert sind. Es geht ihnen im allgemeinen eine Tonikakadenz voraus, und sie verhalten sich direkt analog zur Schlußnummer eines Mozartschen Opernfinales, insofern sie das Ohr mit dem Tonikadreiklang sättigen. Die erstaunlich lange Coda der ›Eroica‹ (die allerdings nur nach früheren Maßstäben erstaunlich, nach ihren eigenen jedoch völlig logisch und angemessen ist) dient zur Verankerung der extremen Spannung der nicht nur langen, sondern harmonisch weitausgreifenden Durchführung, d. h., die Coda bildet ihr Gegengewicht. Sie setzt anfänglich höchst gespannt mit mächtig gelagerten und orchestrierten *Des*-dur- und *C*-dur-Akkorden ein, die ohne erläuternde Modulation nebeneinander gesetzt werden, und berührt eine Reihe von im wesentlichen subdominantischen Tonarten, insbesondere die parallele Molltonart. Darauf folgt eine der längsten Tonikakadenzen überhaupt, seitenweise geschieht nichts weiter als die dauernde Wiederholung von V–I. Die lyrischen Alterierungen zu Beginn der Reprise waren zusammen mit der traditionellen Wendung zur Tonika einfach nicht ausreichend, um den Höhepunkt der Durchführung auszugleichen, so daß erst mit

---

[10] Abgesehen von den Liedern gehen Schuberts Frühwerke (wie auch die Klaviermusik von Weber und Hummel) von Mozarts langgezogener Melodik aus, erweitern Mozarts Form ganz erheblich und führen dadurch den Zusammenbruch der rhythmischen Spannung herbei, der Beethoven nie widerfährt.

dieser enormen Tonikakadenz in der Coda der Satz formal zufriedenstellend abgeschlossen ist.

Da der Satz so außergewöhnlich lang war, erwog Beethoven die Auslassung der Expositionswiederholung, doch schließlich entschied er, daß sie wesentlich war. Ohne die Wiederholung, wie die Symphonie zuweilen noch gespielt wird, wird die Exposition vom Umfang des Folgenden erdrückt. Das Problem der Wiederholung wird oft am falschen Ende, nämlich von der zeitgenössischen Praxis her, aufgezäumt. Leider wird im allgemeinen nicht zwischen dem, was gutgeheißen wurde, und dem, was man sich erlauben durfte, d. h. zwischen Moral und Gesetz unterschieden, und es ist zu bedauern, wenn solche Fragen gewissermaßen juristisch entschieden werden. Man kann behaupten, daß es keine denkbare Schändung eines klassischen Werkes gibt, die nicht durch eine auf das Zeitalter des Komponisten zurückgehende Überlieferung geheiligt ist. Beethovens Freunde berichteten ihm entrüstet von einer Aufführung der Fünften Symphonie, die vom C-dur-Trio des Scherzos direkt in den Orgelpunkt der Überleitung zum Finale überging.

Eine bessere Entscheidungsgrundlage bietet die Frage nach der Bedeutung, wobei im klassischen Stil Proportionen einen wesentlichen Teil der Bedeutung ausmachen. Selbst wenn ein Werk länger wird, kann es nur an Interesse gewinnen, wenn es dadurch verständlicher wird. Es gibt keine Regel: einige Wiederholungen sind entbehrlich, andere unbedingt notwendig und wieder andere klären, was sonst nur halb verständlich ist. Die Durchführungen der Sonaten op. 31, Nr. 1 und Nr. 2 fangen jeweils mit den Anfangstakten der Exposition an. Wird die Exposition wiederholt und die Kreisform somit vollständig hörbar gemacht, dann wird die neue Wendung nach den ersten Takten der Durchführung um so wirkungsvoller. Die Verwendung der Wiederholung unterliegt tatsächlich während der Klassik einem Wandel, und Beethoven trägt sie weit über den von Haydn und Mozart erreichten Punkt hinaus.

Im Barock betont die Wiederholung die Regelmäßigkeit der Tanzform. Wird ein Stück als Ganzes wiederholt, so geht der Tanz einfach weiter, wird jede Hälfte wiederholt, so wird seine Symmetrie hervorgehoben. Bei Bach und ganz besonders in den ›Goldberg-Variationen‹ wird das Ende eines Abschnitts – ob er zum Anfang zurückkehrt oder zur zweiten, abschließenden Hälfte fortschreitet – zum Anlaß erlesener Feinheiten. Im dritten Viertel des 18. Jahrhunderts gab die Wiederholung vor allem Gelegenheit zu ausdrucksvoller Verzierung, zur Entfaltung von Empfindung oder Virtuosität (die beide übrigens enger miteinander verwandt sind, als man oft denkt und durch überlieferte, dekorative Figuren verwirklicht werden). Nach 1775 – hauptsächlich durch die Werke von Haydn und Mozart – ersetzte die formale Struktur die Verzierung als wichtigsten Ausdrucksträger. Die Wiederholung (zumal in den ersten Sätzen, da die langsamen immer etwas von ihrem ornamentalen Charakter beibehielten) wurden nun zu einem wesentlichen Element der Proportionen, der Ausbalancierung tonartlicher Bereiche und des Wechselspiels harmonischer Spannungen. Es besteht ein erheblicher Unterschied in der Wirkung des ersten Satzes von Mozarts Symphonie g, je nachdem, ob auch die zweite, dramatische Hälfte wiederholt wird (was bei heutigen Aufführungen so selten geschieht), oder nur die erste, die Expositionshälfte. Da bei Haydn die Ausrichtung einer tonartlichen Bewegung oft noch bedeutsamer ist als ihr Gewicht, verändert die Wiederholung eines Abschnitts seine Bedeutung völlig. Zahlreiche Anfangsphrasen von Haydn besitzen einen neuen Klang und veränderte Kraft, wenn sie im Anschluß an eine Dominantkadenz wiedererklingen. Nach 1804 verzichtete Beethoven ebensooft auf die traditionelle Wiederholung, wie er sie beibehält. Wenn er sie verwendet, so bringt sie zusätzliche Bedeutung und Gewichtigkeit wie bei Haydn und Mozart, aber darüberhinaus konzentriert und erweitert Beethoven ihre Wirkung so stark, daß ihre Auslassung entweder wie in den Sonaten op. 31, Nr. 1 und Nr. 3 den Sinn des Folgenden verfälscht, oder wie in der ›Hammerklaviersonate‹ sogar den Übergang zur Durchführung unlogisch werden läßt.

Auf ähnliche Weise konzentriert und erweitert Beethoven zunehmend Haydns Art, die Musik dynamisch aus einem winzigen Keim, aus einer Uridee hervorsprießen zu lassen. Bei Beethoven ist man noch stärker versucht, diese Uridee ausschließlich linear aufzufassen – und das ist noch gefährlicher. Oft klappt es großartig auf dem Papier und ist meilenweit von dem tatsächlichen Hörerlebnis entfernt. Sämtliche Themen des ersten Satzes der ›Waldsteinsonate‹ lassen sich ohne weiteres in einen linearen Zusammenhang bringen, da sie sich ausnahmslos schrittweise bewegen und auf Tonleiterfortschreitungen zurückgehen. Diese linearen Beziehungen sind teilweise auch tatsächlich hörbar, da Beethoven dafür sorgte und sie an der vordergründigen, diskursiven Logik teilhaben läßt. Nichtsdestoweniger schreitet die Musik fast nie rein linear voran, und man fährt mit dem völlig naiven Zuhören nicht schlechter als mit einer Theorie, die mehr verdunkelt als sie erhellt.

Der erste Satz der ›Waldsteinsonate‹ besitzt einen charakteristischen Klang, der sich nicht nur von der Musik anderer Komponisten unterscheidet, sondern auch keinem anderen Werk von Beethoven ähnelt. Er ist von energischer Härte, dissonant und doch sonderbar einfach, ausdrucksvoll ohne Üppigkeit. Daß die schrittweisen Fortschreitungen konsequent harmonisch gedeutet werden, verleiht dem

Satz seinen spezifischen Charakter. In jeder Phrase des Themas ist der zweite Akkord jeweils ein Dominantseptakkord.

Der Dominantseptakkord ist die schlichteste, neutralste Dissonanz. Sein unerbittliches, in Tonleiterschritten erfolgendes Alternieren mit reinen Dreiklängen dringt in jede Phrase ein und gibt dem Satz seine spezifische Klangfarbe. Er liefert von Takt neun an den ersten Höhepunkt, wobei die Disposition der Hände den Charakter brutal herausarbeitet. (Ein Werk von Haydn oder Mozart hat einen ebenso spezifischen Klangcharakter wie eins von Beethoven, aber er ist selten so prägnant und so konzentriert individuell.) Das soll nicht heißen, daß die Grundidee der ›Waldsteinsonate‹ völlig auf diesen einfachen, aber allgegenwärtigen Wechsel zwischen Dreiklängen und Dominantseptakkorden zurückgeführt werden kann. Es genügt aber zu zeigen, daß die Idee nicht als rein linear beschrieben werden kann.

Die ›Waldsteinsonate‹ führt ihre Themen in genetischer Reihenfolge ein, d. h. mehr noch als bei Haydns methodisch verwandtem Verfahren der thematischen Ableitung wird ein Thema scheinbar aus dem vorhergehenden geboren. Die im vierten Takt umschriebene fallende Quinte, die ihrerseits an den dritten Takt anklingt, erzeugt die Oberstimme des oben zitierten vierten bzw. Schlußgruppenthemas[11]:

Aber nur auf dem Papier läßt sich dieses Motiv mit der langsamen, fallenden Quinte zu Beginn des »zweiten Themas« (T. 35–36) identifizieren. Sie sind nur entfernt verwandt, da der Quintabstieg des zweiten Themas sich viel unmittelbarer als Umkehrung der steigenden Bewegung in den ersten drei Takten des Satzes darstellt. Mit der Überleitung zum zweiten Thema drängt sich diese Beziehung unserer Aufmerksamkeit geradezu auf:

---

[11] Die linke Hand in diesem vierten Thema kommt direkt und offensichtlich aus dem zweiten Thema.

Hier bildet die steigende Terz des Anfangsthemas den Ansatz zu einer aufsteigenden Tonleiter im Baß, deren Umkehrung und Gegengewicht das neue Thema, »dolce e molto ligato«, bringt. (Die fallende Quinte im ersten Thema [T. 4] ist gleichfalls eine Antwort und ein Gegengewicht zur aufsteigenden Bewegung der ersten drei Takte, so daß diese indirekte Verwandtschaft doch zur geschlossenen Konzeption des Satzes beiträgt.)

Die bemerkenswerteste Neuerung an diesem Satz ist wohl seine pulsierende Energie; allerdings läßt sie sich mit rein rhythmischer Terminologie nicht fassen. Sie erwächst z. T. daraus, daß sofort, schon im zweiten Takt, zur Modulation gegriffen wird. Die Tonart verdunkelt sich dadurch nicht im geringsten, und der Effekt hat nichts mit Haydns »falschen Anfängen« gemein. Diese sofortige Erweiterung des harmonischen Radius gestattet es Beethoven, den zeitlichen Radius seiner Musik ebenfalls auszuweiten. Eine Tonart festlegen, bedeutet in fast sämtlicher Musik zwischen 1700 und 1800 die Tonika und Dominante angemessen, das heißt mit einer wenigstens implizierten oder vorübergehenden Lösung auf der Tonika, zueinander in Beziehung zu setzen. Obwohl der Anfang der ›Waldsteinsonate‹ tonartlich nicht mehrdeutig ist, bedarf es ganzer dreizehn Takte zur Festlegung der Tonart C-dur. Abgesehen von Fällen, in denen eine bewußte Irreführung beabsichtigt ist (wie in Haydns Spielerei am Anfang von op. 33, Nr. 1) oder eine Einleitung vorliegt (die häufig eine entschiedene Lösung auf der Tonika hinausschiebt, indem sie sich zur Dominante als einem harmonischen Auftakt auflöst), kann kein Werk von Haydn oder Mozart die tonartliche Stabilität so lange hinauszögern. Beethovens größerer harmonischer Umfang und sein vergrößerter formaler Maßstab geben der kontinuierlichen Energie und Erregung des Anfangsthemas einen festen Rahmen. Das bedeutet eine Kombination von Haydns Verfahren, nämlich dynamisches Wachstum aus kleinsten Details, und Mozarts Gefühl für ausgedehnte harmonische Massen und Tonartenbereiche. Aus diesem Grund wirkt Beethoven so oft zugleich dramatischer und stabiler als Haydn.

In den Jahren 1804–1806 entwickelt Beethoven die Geschlossenheit und Stimmigkeit im Rhythmischen, Harmonischen und auch in der Thematik, die, allerdings in vergrößertem Maßstab, Haydns und Mozarts Auffassungen entspricht. Die ›Kreutzersonate‹ aus dem Jahr 1803 enthält einen ersten Satz, dem nichts Bisheriges von Beethoven an formaler Klarheit, Großartigkeit und dramatischer Kraft gleichkommt. Der schöne langsame Satz, ein eleganter, glänzender, reich verzierter und ein wenig preziöser Variationensatz in *F*-dur, gehört jedoch einem völlig anderen Stil, dem Stil der Klaviervariationen *F* op. 34 an, wenn auch ohne deren originelle harmonische Anlage und dramatische Kontrastierung, jedoch mit größerer künstlerischer Sorgfalt fürs Detail. Das Finale, eine leichte, glanzvolle Tarantella, ist überhaupt für eine andere Sonate geschrieben. Beethoven hat nie wieder so einen Zwitter als ein Werk ausgegeben. Als langsamer Satz der ›Waldsteinsonate‹ (1804) sollte ursprünglich ein stilistisch den Variationen der ›Kreutzersonate‹ nahestehendes Rondo dienen, aber Beethoven ersetzte es durch die viel geeignetere Mischung aus langsamem Satz und Einleitung zum Finale, die jetzt dort steht. Im folgenden Jahr, 1805, gelangte Beethoven endlich zu einer Sonatenauffassung, die alle drei Sätze zu einer Einheit zusammenschloß. (Daß die Beethoven-Sonaten ohne Pause zwischen den Sätzen gespielt werden, ist eine alte, mindestens auf Hans von Bülow zurückreichende Tradition, die, ob sie nun legitim ist oder nicht, jedenfalls ein wichtiges Element von Beethovens Stil berücksichtigt[12].) In den Jahren 1804–1806 wuchs Beethovens künstlerisches Gewissen, es sind Jahre der Konsolidierung auf allen Gebieten. Es entstanden die erste Fassung des ›Fidelio‹, die Quartette op 59 sowie die ›Eroica‹, das vierte Klavierkonzert, die ›Waldsteinsonate‹ und die ›Appassionata‹.

Man könnte sagen, die ›Appassionata‹, das prägnanteste von all diesen Werken, gehe in einer – entscheidenden – Hinsicht vorsichtig vor. Der Anfangssatz ist trotz seiner Heftigkeit streng symmetrisch, so als könne nur ein überaus einfacher, unnachgiebiger Rahmen solche Kraft im Zaume halten. Diese Art von Vorsicht kennzeichnet die meisten revolutionären Werke, denn Geschmeidigkeit kommt erst, nachdem das Experiment geglückt ist. Der erste Satz der ›Appassionata‹ zerfällt deutlich in vier Abschnitte, die alle (Exposition, Durchführung, Reprise, Coda) mit dem Hauptthema einsetzen. Die Reprise folgt, abgesehen von minimalen Veränderungen, die durch die Wiederkehr der zweiten Gruppe in der Tonika bedingt sind, der Themenanlage der Exposition. Sowohl die Durchführung wie die Coda schließen sich dieser Anlage an, insofern sie das von ihnen gewählte thematische Material in der Reihenfolge der Exposition verwenden. Darüberhinaus ähneln sich Durchführung und Coda, abgesehen von dem abschließenden Più allegro, in ihrer formalen Struktur.

---

[12] Ich spreche natürlich nicht von den Fällen, in denen Beethoven ausdrücklich angibt, daß nicht pausiert werden soll.

Leidenschaftlichkeit wird hier mit einfachen, sparsamen Mitteln erzielt. Der originellste und bemerkenswerteste Moment des Werkes geht wiederum auf Beethovens Verwendung des Tonikadreiklangs zurück: Der die Reprise eröffnende Tonikadreiklang tritt als Quartsextakkord, d. h. mit einem stetig pulsierenden Dominantorgelpunkt auf, so daß aus einem wichtigen Lösungsaugenblick eine lang ausgehaltene, drohende Dissonanz wird. Die leidenschaftlichen Neapolitanerharmonien treten durchgehend mit großem Ungestüm auf, durchdringen alles thematische Material und kulminieren in dem Orgelpunkt mit der sich rauh verwischenden, kleinen Sekunde *Des-C*, der den Höhepunkt eben vor dem Più allegro bildet. Wie Tovey gezeigt hat, löst der aufsteigende Baß in der Durchführung eine bis dahin in der Musik unbekannte Erregung aus. Eindrucksvoller denn je hält Beethoven hier differenzierte rhythmische Wirkungen unter Kontrolle. Die Exposition fängt mit unverbundenen Phrasen an, führt bei zunehmender Belebung des Satzes zu einem Gleichgewicht zwischen rhythmischer und harmonischer Spannung und zuletzt zu einer rauhen, turbulenten Schlußgruppe, die nicht in der parallelen Durtonart, sondern ganz entschieden in ihrer Mollvariante steht. Fast alle Mollwerke von Mozart und Haydn schattieren die parallele Durtonart der zweiten Themengruppe ins Moll ab, aber keines geht so weit, daß es der Exposition einen Mollschluß gibt. Mit diesem Werk erweiterte Beethoven also wiederum die harmonische Sprache der Klassik, ohne ihren Geist zu verletzen. 1805 war der klassische Stil ganz offensichtlich noch nicht erschöpft und sein Gerüst durchaus noch brauchbar. Nur in diesem Sinn entwickelt ein Stil sich scheinbar nach seiner eigenen Logik, aber es ist müßig zu fragen, ob die zu ziehenden Schlüsse auch ohne Beethoven so ausgefallen wären. Es wäre auch ein Fehler, andere Zwänge zu ignorieren, die, selbst wenn sie weniger ins Gewicht fallen, Beethovens Entwicklung bestimmten.

Diese verschiedenen stilistischen und geschmacklichen Zwänge seien an drei Beispielen dargestellt, den 32 Variationen in *c*-moll, ›Wellingtons Sieg‹ und ›An die ferne Geliebte‹. Die 1806 geschriebenen Variationen *c* für Klavier erlangten schnell große Beliebtheit. Als einziger Variationenzyklus, der auf die barocke Art zurückgreift, bildet er ein Unikum unter Beethovens Variationenwerken. Stilistisch ist er eine Vorahnung, ein Vorgriff auf die Wiederbelebung barocker Rhythmusbehandlung und harmonischer Bewegung, die zur Romantik bzw. deren musikalischer Ausprägung führte. Das Stück bildete später die Grundlage für Mendelssohns ›Variations sérieuses‹. Beethovens Zyklus hält sich eng an die Händelsche Passacagliaform, prägt aber sowohl der Einzelphrase als auch dem Gesamtzyklus ein klassisch gegliedertes Steigerungsgefühl auf, so wie es auch die erste Romantikergeneration tat. Die sofortige Beliebtheit des Werkes zeigt die Richtung an, in der sich die Musik und der musikalische Geschmack bewegten. Beethoven war mit diesem Ausflug in die Frühromantik nicht zufrieden und gestand später ein, daß er sich seiner schämte.

›Wellingtons Sieg‹ aus dem Jahr 1813 ist so rückhaltlos für Geld geschrieben, daß Schamgefühl wenig Trost gewährt hätte. Zu den Vorwürfen, die das Werk Beethoven zu Lebzeiten eintrug, machte er trotz seiner Empörung gute Miene. Es ist zum großen Teil gar nicht von ihm, sondern von Johann Nepomuk Mälzel, auf den die Anlage, zahlreiche Einfälle und anscheinend sogar etwas von der eigentlichen Komposition zurückgehen. Ursprünglich war es für Mälzels Panharmonikon geschrieben und wurde erst später, und wiederum auf Mälzels Betreiben, orchestriert und aufgeführt. Illustrative Musik dieser Art war nicht neu, sie geht mehrere Jahrhunderte, mindestens bis auf Claude Jannequin zurück. Doch die Verbindung von deskriptivem Realismus mit der Auslösung von Enthusiasmus und (in diesem Fall patriotischer) Begeisterung gewinnt nach der Französischen Revolution musikalische Bedeutung. Die von Beethovens Potpourri beabsichtigte Anfeuerung dürfte fortschrittlicher sein als sein Realismus und weist die Richtung für ein künftighin überaus wichtiges romantisches Genre, die Programmsymphonie. Dem Beitrag Beethovens fehlt der hochtrabende Anspruch sowie die Einbeziehung von Ideologie, die Mendelssohns ›Reformationssymphonie‹ oder Berlioz' ›Symphonie Funèbre et Triomphale‹ auszeichnen, aber diese Zurückhaltung macht das Werk eigentlich nur noch weniger interessant. Ironischerweise war es Beethovens populärstes, erfolgreichstes Werk.

Der suggestive, markige Realismus von ›Wellingtons Sieg‹ darf nicht mit den deskriptiven Effekten der Sechsten Symphonie gleichgesetzt werden, die, wie Beethoven selbst schrieb, »mehr Ausdruck der Empfindung als Malerei« ist. Die ›Pastorale‹ ist größtenteils eine echt klassische Symphonie, die stark von der damals populären Nachahmungsästhetik beeinflußt ist, derzufolge die Kunst Gefühle und Stimmungen malt. Diese philosophische Lehre paßt allerdings viel besser auf die Musik um und vor 1760, als auf den darauf folgenden dramatischen Stil. Eine Ästhetik ist oft unbewußt eine Kodifizierung oder gar ein Nachhutgefecht und spiegelt nicht unbedingt die gegenwärtige Praxis wider. Erst kommen die Werke, dann das Lehrgebäude. Die Ausdruckshaltung von Beethovens ›Pastorale‹ ist aber nicht nur zweideutig, sondern gewissermaßen schizophren, denn die ausgesprochen realistischen Momente sind naiv, nicht suggestiv (Vogelzwitschern, Blitz und Donner gehen z. B. weit über Haydns malerische Wirkungen hinaus) und stören die Stimmungsmalerei, anstatt in ihr aufzugehen. Man kann allerdings nicht behaupten, daß dieser Widerspruch der Schönheit des Werkes abträglich ist: Die Stimmungsmalerei fügt sich ohne weiteres in die unverändert dramatische Struktur der klassischen Symphonie ein, und selbst die realistischen Vogelrufe werden als Solokadenzen, quasi als Schlußtriller präsentiert, so daß ihr Anderssein im Verhältnis zum übrigen Satz ebenso akzeptabel ist wie die »improvisierte« Kadenz eines Konzerts. Nichtsdestoweniger ergibt sich ein gewisser Mangel an Geschlossenheit des Tons. Vergleicht man Beethovens Sechste mit einigen offensichtlich »pastoralen« Werken Haydns (wie etwa die Symphonie ›Der Bär‹ oder ›Die Jahreszeiten‹), so erkennt man, daß Beethovens unstilisierter Realismus, die Ersetzung von Ländlichkeit durch »Natur« und die unverhülltere Stimmungsmalerei das Genre sowohl vergröbern als auch sentimentalisieren. Für die verlorene feine Ausgewogenheit entschädigt allein Beethovens großartige, lyrische Energie. Die Fünfsätzigkeit gilt manchmal als Vorläufer der späteren romantischen Experimente, wie etwa Berlioz' ›Symphonie Fantastique‹, doch damit täuscht man sich. Bei Beethoven hat der vierte Satz kein Eigenleben, er dient vielmehr wie in Mozarts Quintett g als erweiterte Einleitung zum Finale. Nichts an der Sprache oder Struktur der ›Pastorale‹ läßt sich sinnvoll mit den späteren programmatischen Werken über das Leben im Freien von Joseph Joachim Raff, Karl Goldmark oder Richard Strauss in Beziehung setzen.

›An die ferne Geliebte‹ hingegen steht nicht nur außerhalb der klassischen Ästhetik, sondern übte echten, tiefgehenden Einfluß auf die Musik der Generation unmittelbar nach Beethovens Tod aus. In diesem Liederzyklus geht Beethoven ganz überraschend sogar über Schubert hinaus zu Schumanns offenen Kreisformen. Keine Phrase bei Beethoven ist je wieder so unschlüssig, so offensichtlich fortsetzungsträchtig wie die Schlußphrase dieses Zyklus. Da sie auch seine Anfangsphrase bildet, wird die formale Offenheit und Unendlichkeit noch wirksamer und zwingender suggeriert.

Schubert komponierte zahlreiche ausgedehnte Lieder, die weniger ein einziges Werk, als eine Reihe von Liedern darstellen, wobei die Kontinuität zwischen den Einzelteilen, beziehungsweise ihre Gliederung sehr locker gehandhabt wird. Schuberts große Liederzyklen umfassen selbständige, jeweils für sich sinnvolle Lieder, die zwar durch ihre Einfügung in einen Kontext an Tiefe gewinnen, jedoch auch auf eigenen Füßen stehen können. Die Einzelnummern von ›An die ferne Geliebte‹ hingegen können gleich zahlreichen Liedern in Schumanns Zyklen nicht für sich bestehen; Beethoven hat an mehreren Stellen den Rhythmus des einen mit dem nächsten verwoben, so daß der Übergang fast unmerklich vor sich geht. Schumanns Auffassung ist einfacher und zugleich subtiler. Obgleich in seinen Zyklen jedes Lied scheinbar selbständig ist, lassen sich viele davon außerhalb des Zyklus nicht vorstellen und klingen nicht wie Stücke mit Eigenbedeutung. Auf diese Weise erhält Schumann eine Reihe von wahrhaft offenen Formen; indem er die Einschnitte scheinbar akzeptiert, annulliert er sie, was Beethoven nie gelang. Trotzdem behält Beethovens Zyklus seinen Platz als erste Probe der originellsten und womöglich wichtigsten musikalischen Form der Romantik.

›An die ferne Geliebte‹ entstand 1816, als sich das Ende einer musikalischen Entwicklungskrise abzeichnete. Seit 1812 hatte Beethoven, abgesehen von den Cellosonaten op. 102, Nr. 1 und Nr. 2 und den Klaviersonaten op. 90 und op 101, nichts von Bedeutung geschrieben. Die ›Fidelio‹-Revision sowie ein recht anständiges Gelegenheitswerk, die Ouvertüre ›Zur Namensfeier‹, sind ebenfalls Arbeiten aus dieser Zeit, aber im übrigen entstanden nur ein paar Kanons und andere kurze Stücke. Es ist keine schlechte Ernte, aber im Vergleich zu den Jahren davor und danach eine etwas dürftige. Die geringe Produktivität dieser Periode läßt sich nicht auf die übliche, altersbedingte Verlangsamung zurückführen, da sich dann die Fruchtbarkeit der Jahre nach 1818 nur schwer erklären ließe. Möglicherweise war diese Schaffenskrise von einer Krise in Beethovens Privatleben begleitet (der berühmte Brief an die Unsterbliche Geliebte läßt sich auf 1812 datieren), aber eine derartige biographische Erklärung trägt nicht zur Erhellung der ungewöhnlichen musikalischen Experimente bei, die das Schweigen in dieser Periode unterbrachen. Nicht nur ›An die ferne Geliebte‹, sondern auch die Cellosonaten und die Klaviersonate op. 101 entwickeln sich auf die offene zyklische Form zu, doch diese Richtung wurde später abgebrochen[13]. Darüberhinaus fängt die Klaviersonate op. 101 gleichsam in der Mitte eines musikalischen Abschnitts an, d. h., hier wird mit der Annäherung an die offenen

---

[13] Die Abschnitte aus früheren Sätzen, die im Finale der Neunten Symphonie wieder auftreten, werden nicht allein als Zitate präsentiert, sondern sind in ihrer neuen Umgebung auch völlig isoliert, während die Wiederkehr des Anfangs sowohl in op. 101 wie im Liederzyklus viel mehr in den musikalischen Ablauf integriert ist. (Der Verweis auf den ersten Satz im Finale des Quartetts op. 131 ist weder eine zyklische Rückkehr noch ein Zitat, sondern das Ergebnis einer neuen Auffassung von der Einheitlichkeit des musikalischen Materials in einem mehrsätzigen Werk.)

Formen der Romantik experimentiert, selbst wenn die harmonische Sprache klassisch geschlossen bleibt. Das Finale von op. 101 ist in seiner harmonischen Struktur unklassisch locker und ähnelt dadurch zahlreichen Werken von Mendelssohn. Die Exposition ist so klassisch wie jede andere von Beethoven, aber die Durchführung besteht aus nichts als einer Fuge, deren Anfang von dem Vorhergehenden völlig abgeschnitten ist und die durchgehend in der Molltonika bleibt. Damit umgeht Beethoven die klassische Spannung (hier harmonisch gesehen) und erzielt die entspannte Ausdehnung der großen romantischen Formen. Das gleiche trifft auf die Sonate op. 90 zu, die nach einem verzweiflungsvollen, leidenschaftlichen und fast bis zur Verschwiegenheit wortkargen ersten Satz ein mäßig langsames, symmetrisches, entspanntes »sehr singbares« Rondo bringt. Sein erlesen schönes, regelmäßig gegliedertes Thema wird mehrmals in völlig unverkürzter Form wiederholt und nur am Ende durch die Verlegung der Melodie in ein neues Register variiert. Diese lockere, auf die Melodik konzentrierte Struktur wurde dann die Standardform für Schubert[14], und sie ist tatsächlich typisch für den nachklassischen Stil nach 1800. Doch bei Beethoven ist solche Regelmäßigkeit äußerst selten, und er hat in keinem anderen Werk der unveränderten Wiederholung einer langen Melodie solche Ausdruckskraft anvertraut.

In einer Zeit als Beethoven solche Schwierigkeiten hatte, ein Werk zu vollenden, muß ihm der klassische Formsinn bankrott erschienen sein und ihn zur Suche nach einem neuen Ausdruckssystem angetrieben haben. In den davorliegenden Jahren 1807–1813 hatte er vier Symphonien (Nr. 5–8), die Messe in C, die Klaviertrios op. 70, Nr. 1 und Nr. 2 und op. 97, die Cellosonate op. 69, die Quartette op. 74 und op. 95 und das ›Kaiserkonzert‹ geschrieben. Das ist eine gewaltige Reihe, mit der sich die ihn tragende Stiltradition, so mochte es scheinen, unwiderruflich erschöpft hatte. Vielleicht war es nur ein Zufall, daß diese musikalische Krise mit einer persönlichen zusammentraf, vielleicht dürfen wir aber auch annehmen, daß künstlerische Erschöpfung und Verzweiflung den Aufruhr in seinem Privatleben hervorriefen. »Die Kunst verlangt stets Neues von uns«, soll er einst zu einem Bewunderer eines Frühwerks gesagt haben. Mit der Ausnahme von ›An die ferne Geliebte‹ sind die romantischen Experimente zögernd; weder die klassische Tonalität noch die klassischen Proportionen werden je wirklich aufgegeben, es sei denn im Detail. Aber gerade in den raren Werken dieser Periode zeigt Beethoven die größte Verwandtschaft mit der folgenden Generation.

---

[14] Eine Vorahnung Schuberts findet sich auch schon – und noch ausgeprägter – im Menuett des Trios *Es* op. 70, Nr. 2. Aber das Rondo aus op. 90 verwendet als einziges Werk Beethovens nach 1804 diese lockere, melodiebestimmte, große Form.

Es war eine auf ihre Art heroische Entscheidung, mit den rein klassischen Formen weiterzuarbeiten. In der sich über zwei Jahre, 1817 und 1818, erstreckenden Komposition der ›Hammerklaviersonate‹ op. 106 manifestiert sich dieser Willensakt. Es sollte seine größte Sonate werden, so erklärte Beethoven. Es ist kein Werk, das wie die Spätwerke Bachs die Erfahrungen eines ganzen Lebens zusammenfaßt, kein künstlerisches Kompendium, sondern ein Machtbeweis, eine Geste. Nach zeitgenössischen Maßstäben war es ein Monstrum und schockierend schwierig. Czerny notierte in Beethovens Konversationsheft, daß eine Wienerin klagte, sie könne nach monatelangem Üben den Anfang immer noch nicht spielen. Dieses Werk bildet die offizielle Emanzipation der Klaviermusik von den Ansprüchen des Liebhabers; die Verantwortung ihm gegenüber entfiel infolgedessen, so daß die Phantasie größere Freiheit genoß. Dessenungeachtet behauptete Beethoven später, er fühle sich von den Grenzen des Klaviers eingeengt, was aber keinen Grund zu der (Gott sei Dank mittlerweile ad acta gelegten) Behauptung liefert, Beethoven hätte bei seinen Klavierkompositionen diese Grenzen je außer acht gelassen. Der Anfang der ›Hammerklaviersonate‹, der in allen Orchesterbearbeitungen so schwach und wirkungslos klingt, wirkt auf dem Klavier gigantisch.

Die neuartige, geradezu zwanghafte Klarheit dieses Werkes entband Beethovens lang aufgestaute Schöpferkraft. Wenn nicht sogleich ein wichtiges neues Werk auftrat, so geht das darauf zurück, daß Beethoven mit der ›Missa solemnis‹ begonnen hatte, die er – vergebens – zur Einsetzung Erzherzog Rudolphs zum Kardinal-Erzbischof abzuschließen hoffte. Zwischen 1819 und 1824 vollendete er drei immense Werke (die Messe *D*, die ›Diabelli-Variationen‹ und die Neunte Symphonie) sowie die drei letzten Klaviersonaten, und in den letzten beiden Lebensjahren komponierte er fünf Streichquartette. Die ›Hammerklaviersonate‹ hatte den Weg zu dieser wiedererwachten Tätigkeit eröffnet und mit ihrer formalen Strenge allen Experimenten mit locker organisierten, offenen Formen ein Ende gesetzt. Die scheinbar freien, ausgeweiteten Formen der späten Quartette sind mit der Strenge und durchsichtigen Bestimmtheit der ›Hammerklaviersonate‹ eng verknüpft. Sie gehen nicht von den experimentellen Werken der Jahre 1813–1816 aus (wenn es auch falsch wäre, sie von allem Folgenden abzusetzen, denn die Cellosonate *D* etwa vermittelt Andeutungen von Ideen, die erst in op. 106 zur Reife gelangen), sondern von den Prinzipien der ›Hammerklaviersonate‹, welche sie um- und ausarbeiten. Die extreme Konzentration des Materials markiert am präzisesten den Berührungspunkt zwischen der ›Hammerklaviersonate‹ und den letzten Werken.

Die nach 1820 geschriebenen Bagatellen op. 119 und op. 126 werden manchmal als verworfene Skizzen für größere Werke, als nicht entwicklungsfähige, weil zu einfache Einfälle angesehen. In Wirklichkeit ist das grundlegende Material zahlreicher Bagatellen differenzierter und sogar auf üppige Weise differenzierter als das Material für größere Werke. Man könnte fast eine Regel aufstellen, daß bei Beethoven das Material um so einfacher wird, je länger das Werk ist. Sowohl der geistige Gehalt wie die Länge der ›Diabelli-Variationen‹ wurden erst durch ein Thema mit primitiven Eigenschaften möglich (was nicht heißen soll, daß es nicht gute sind). Beim späten Beethoven gehen die Formen eindeutig und direkt auf Haydns Verfahren zurück, dessen Musik organisch aus einem winzigen Kern, dem meist sogleich am Anfang verkündeten, einfachsten, gedrängtesten musikalischen Gedanken herauswächst. In der sogenannten dritten Schaffensperiode führte Beethoven dieses Verfahren weit über die damals vorstellbaren Grenzen hinaus.

In welchem Maße ein Komponist seine Arbeitsweise beschreiben kann, hängt mehr vom Zufall, dem richtigen Fragesteller, oder einer – belanglosen – verbalen Begabung ab, als von der Unterscheidung zwischen Vernunft und Instinkt. Wenigstens einmal faßte Beethoven etwas von dem Wechselspiel zwischen dem musikalischen Ureinfall und der Gesamtform des Werkes in Worte. Im Gespräch mit Louis Schlösser, einem jungen Musiker aus Darmstadt, soll er gesagt haben: »... dann aber beginnt in meinem Kopfe die Verarbeitung in die Breite, in die Enge, Höhe und Tiefe, und da ich mir bewußt bin, was ich will, so verläßt mich die zu Grunde liegende Idee niemals, sie steigt, sie wächst empor, ich höre und sehe das Bild in seiner ganzen Ausdehnung, wie in Einem Gusse vor meinem Geiste stehen, und es bleibt mir nur die Arbeit des Niederschreibens.«[15] Allerdings wurde diese Aussage fünfzig Jahre nach dem mutmaßlichen Gespräch veröffentlicht, und es wäre unklug, sich allzu sehr auf die Genauigkeit des Berichts zu verlassen. Daß ein Werk im Kopfe fertig sei, bevor er mit dem Schreiben anfange, steht im Widerspruch zu allem, was wir über Beethovens umfangreiche Skizzenarbeit zu allen Stufen der Werkentstehung wissen, aber er könnte durchaus einem jungen Besucher gegenüber seine Kompositionsweise so dargestellt haben. Wie dem auch sei, die Formulierung über die Ausarbeitung des Werkes in mehreren Dimensionen, »in die Breite, in die Enge, Höhe und Tiefe« ist so auffällig, daß sie als Beethovens Worte glaubwürdig im Gedächtnis haften bleiben könnte.

Die ganzheitliche Konzeption, die die Details und die Großform eines Werkes inniger als in der Musik anderer Komponisten vereinte,

---

[15] Thayer, a. a. O., Band 4, S. 421. Die Unterhaltung fand in der Entstehungszeit der Neunten Symphonie statt.

spiegelt sich auch in Beethovens Arbeitsweise wider. Beethoven machte nicht nur ausführliche, erschöpfende Skizzen, sondern fing, wie Lewis Lockwood[16] aufgezeigt hat, schon mit der Partiturskizze eines Orchesterwerkes, d. h. mit der vollständigen Taktanlage sowie der Einzeichnung von untergeordneten Details an, bevor das thematische Material seine endgültige Form erhalten hatte. Diese Arbeitsweise wandte er, wenn auch nicht konsequent, seit 1815 an. In Beethovens Musik werden der Rohstoff und die endgültige Form im wörtlichen Sinn zusammen, d. h. in dauernder gegenseitiger Abhängigkeit, geschaffen.

Mit dem organischen Herauswachsen aus einer Grundidee bestimmte Beethoven schon vor 1817 nicht allein die gesamte thematische Entwicklung eines Satzes, sondern auch in viel stärkerem Maße als Haydn oder Mozart die Textur eines ganzen Werkes, seinen Rhythmus, seine Disposition und seine Satzdichte. So wird die ›Waldsteinsonate‹ von den unentwegten Dominantseptakkorden, dem pulsierenden Rhythmus und dem eine Quinte umfassenden fallenden Tonleiterausschnitt geprägt und die ›Appassionata‹ von ihrem insistierenden Rhythmus, den Neapolitanerharmonien und den wiederkehrenden Höhepunkten auf *Des*.

Schon damals war die durchgreifende thematische Verwandlung, die Fähigkeit, aus wenig viel zu machen, bei Beethoven erstaunlich stark ausgeprägt. Beide Hälften des zweiten Themas der Fünften Symphonie sind beispielsweise aus demselben Grundmuster entwickelt,

so daß die zweite Hälfte eine ausgeschmückte, aber durch die Vorschlagsnoten kontrastierende Fassung der ersten ist. Die zugrundeliegende Viertonkonfiguration ist ihrerseits eine (intervallische, nicht zeitliche) Augmentation der Viertonkonfiguration des Anfangs,

insofern der ursprüngliche Quartumfang auf eine Oktave ausgeweitet wird. (Alle präseriellen Komponisten spielten mit der von den genauen Tonhöhen abstrahierten Gestalt ihrer Themen. Nur während der

---

[16] On Beethoven's Sketches and Autographs: Some Problems of Definition and Interpretation, in: Acta Musicologica 42, 1970, S. 32 ff.

drei ersten Jahrzehnte der Zwölftonmusik herrschte die Tonhöhe so absolut, daß sie der Gestalt ihre Bedeutung raubte.)

Von der ›Hammerklaviersonate‹ an übertrug Beethoven Haydns Verfahren auch auf die übergreifende harmonische Struktur. Nicht allein die in den musikalischen Einfällen angelegte Spannung und ihre Entwicklung, sondern auch der tatsächliche Verlauf ihrer Lösung wird jetzt in stärkerem Maße vom Material selbst bestimmt. Weniger teleologisch ausgedrückt, sowohl die diskursive melodische Gestalt als auch die großen harmonischen Formen sind thematisch geworden und entspringen einer zentralen, das Ganze zusammenschließenden Idee.

In der ›Hammerklaviersonate‹ werden fallende Terzen nahezu zwanghaft verwendet, so daß sie letztendlich auf jedes Detail einwirken. Fallende Terzketten und als Gegenstück steigende Sextenketten kommen in tonaler Musik natürlich häufig vor. Brahms' Vierte basiert auf solch einer Kette, und oben (S. 323–326) habe ich mit Beispielen belegt, welch wichtige Rolle eine ähnliche Sequenz in Mozarts Quintett *D* spielt. Gegen Ende des ersten Satzes von Mozarts ›Jagdquartett‹ KV 458 wechseln fallende Terzen und steigende Sexten einander in pausenloser Folge ab,

und diese Ketten setzen sich noch mehrere Takte lang in immer stärkerer kontrapunktischer Verdichtung fort. Die Beispiele ließen sich ins Unendliche vermehren. Der Anfang der Fünften Symphonie von Beethoven war interessanterweise zunächst auch als solch eine fallende Terzenkette skizziert[17].

Diese Ketten lassen sich in der tonalen Sprache aufs vielseitigste verwenden. Sie sind von zentraler Bedeutung, insofern sie zunächst einmal einen Dreiklang umschreiben[18]. Darüberhinaus kann man, wie das Beispiel von Mozart zeigt, damit sehr leicht Kanons schreiben und das kontrapunktische Gewebe verdichten, da in solch einer Gruppierung jede Note mit den zwei vorangehenden und den zwei folgenden Konsonanzen bildet. Haydn verwendet eine ausgedehnte derartige Kette am Höhepunkt des Finales der Symphonie Nr. 88. Ist der Kontrapunkt auch ein Kinderspiel, so ist die Energie meisterhaft:

[17] Thayer's Life of Beethoven, revidiert und herausgegeben von Elliot Forbes, Princeton (New Jersey) 1967, Band 1, S. 431 (siehe auch Gustav Nottebohm, Beethoveniana, Leipzig 1872, S. 10–15).

[18] Da ein Dreiklang aus einer großen und einer kleinen Terz besteht, also asymmetrisch ist,

Dieses Beispiel läßt ein weiteres nützliches Charakteristikum der fallenden Terzen, die Fähigkeit zu verschiedenartiger harmonischer Sequenzenbildung, sichtbar werden.

Welche Art von Sequenz man erhält, hängt von der Plazierung der steigenden Sexte innerhalb der fallenden Terzreihe ab. Im obigen Beispiel erzielt Haydn großartige rhythmische Überraschungen, indem er die Gruppierungen variiert. Dieses rhythmische Mittel besitzt in der musikalischen Fachsprache keinen Namen, man könnte es den Rhythmus der Melodiepartikel nennen. Der Anfang des Haydn-Beispiels faßt die fallenden Terzen allerdings zu Dreiergruppen zusammen und erzeugt, da die tiefste Note jeder Gruppe jeweils aufsteigt, eine steigende Sequenz. Die Viererguppierung, wie Mozart sie im obigen Beispiel zunächst vornimmt, führt zu einer fallenden harmonischen Sequenz, die im Barock häufig auftrat. Das »Libera me« aus Verdis ›Requiem‹ enthält eine Fuge, die mit fallenden Terzen beginnt,

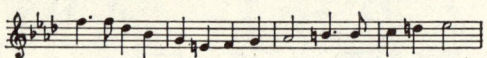

und der Solosopran setzt mit einer davon abgeleiteten, fallenden Terzensequenz ein, die fast genau Mozarts barocker Progression entspricht:

Auf- und absteigende, auf fallenden Terzen aufgebaute Sequenzen spielen eine wichtige Rolle in der ›Hammerklaviersonate‹; mit ihnen erreicht Beethoven entgegengesetzte Bewegungsrichtungen, obwohl das Material fast identisch ist[19].

Die Durchführung der ›Hammerklaviersonate‹[20] setzt Terzfallsequenzen als nahezu einziges Konstruktionsmittel mit einer nie zuvor gehörten Entschlossenheit und Heftigkeit ein:

gibt es zahlreiche Möglichkeiten für absteigende Terzenketten. Unser Ohr akzeptiert als Teil der Sprachkonventionen die Gleichsetzung der Dur- und Mollterz in solchen Ketten, es akzeptiert aber auch den Abstieg in lauter Mollterzen. Diese umschreiben eine Dissonanz und eignen sich gut dazu, eine Modulation in Gang zu setzen.

[19] Steigende Terzenketten kommen in tonaler Musik viel seltener vor als fallende. Da sie auch Dreiklänge umschreiben, müßten sie auf den ersten Blick ganz zweckmäßig erscheinen. Aber in Dreiergruppen klingen sie wie parallele Quinten und in Vierergruppen wie parallele Septimen. Das erklärt sich daraus, daß der erste Ton einer steigenden Kette für alles Folgende als Baßton fungiert und selbst nach seinem Verklingen die Harmonik beeinflußt.

[20] Die Anlage des ersten Satzes läßt sich folgendermaßen zusammenfassen:
Festlegung der Tonart *B*-dur durch die einzelnen, steigenden und fallenden Terzen des Anfangsthemas und durch die Festlegung des Oktavrahmens *B–B*.

G-dur (zweite Themengruppe): thematische, fallende Terzenkette und Bestätigung des Gegensatzes *B–H*.

Es-dur (Durchführung): vollständige »Exposition« der fallenden Terzsequenz und Modulation nach *H*-dur.

Lösung durch Modulieren in Subdominantrichtung (*Ges*-dur als erniedrigte Untermediante) nach *h*-moll und Reduzierung der *B–H*- und *Fis–F*-Gegensätze auf ein Trillerrauschen.

Da die Durchführung die Hauptaufgabe der Exposition übernommen hat, fange ich meine Analyse damit an. Als Grundlage des musikalischen Dramas hat die allmähliche Enthüllung des Materials zu gelten. (Auch der zweite Satz folgt dieser Form.) Diese Satzanlage war für Beethoven eine gewaltige Neuerung, so daß er nach Fertigstellung der ›Hammerklaviersonate‹ sagen konnte, er komponiere jetzt etwas viel Besseres.

463

Nicht allein der melodische Rhythmus oder die Veränderungen im harmonischen Rhythmus (mit dem enormen harmonischen Ritenuto gegen Ende des Abschnitts) bestimmen die Energie dieses Satzes, sondern auch das Tempo des Terzabstiegs sowie seine Bewegungsveränderung bei Kadenzen. Die Terzsequenz beginnt als eine miteinander verquickte Doppelsequenz, und das ist der Grund dafür, daß das

Thema des Fugatos in der Subdominante beantwortet wird, damit nämlich die eine Terzfallsequenz mit der anderen eine kanonische, fallende Sequenz bildet und doch beide unversehrt erhalten bleiben. Die Doppelkette aus Terzen wird in Takt 156 und noch emphatischer in Takt 167 zu einer vielschichtigeren und spannungsreicheren Viererkette. Ab Takt 177 verlangsamen sich die Terzbewegung und der harmonische Rhythmus und kommen in Takt 191 auf einem volle zehn Takte währenden Orgelpunkt auf *D* zu völligem Stillstand.

Der letzte Terzfall von *D* zu *H* in Takt 200–201 ist der allerwichtigste, denn nach dem langen Einhalten auf *D* verändert er die Tonart, indem er ohne Vorwarnung und mit magischer Klangqualität enharmonisch nach *H*-dur moduliert. Das ist wohl Beethovens größte Neuerung im konstruktiven Bereich: die weitreichenden Modulationen sind aus dem gleichen Material gewonnen wie die kleinsten Details und werden so hervorgehoben, daß ihre Verwandtschaft unmittelbar hörbar wird. Nach den endlosen Terzsequenzen, der verlangsamten Bewegung und der Pause erscheint diese Modulation nur als letzter und unvermeidlicher Schritt in diesem Ablauf. Vor dem Hintergrund der langen Pause hebt sich der Terzfall scharf ab, womit angedeutet wird, daß diese fallende Terz von ganz anderer Art ist, daß sie nämlich den tonartlichen Rahmen verändert. Es leuchtet ein, warum man in den Spätwerken Beethovens wie im Werk keines anderen Komponisten die Struktur zu hören vermeint.

Diese Modulation ist nur ein Schritt innerhalb der Großstruktur des ersten Satzes; auch alle übrigen, bestimmenden strukturellen Ereignisse bestehen aus einem Terzfall. Der Wechsel in der Tonartenvorzeichnung entspricht genau der Ereignisfolge:

B-dur Anfangsthema ⎫
G-dur »Zweite Themengruppe«⎬ Exposition
Es-dur Anfang der Durchführung
H-dur Ende der Durchführung

Der dreifache Terzabstieg führt zu einem tonal von der Tonika weit entfernten Punkt. Der auf diese Weise erreichte Gegensatz von *B* und *H* erzeugt eine immense Spannung, die in der Reprise nur mit außerordentlichen Mitteln gelöst werden kann. Die Rückwendung nach *B*-dur am Anfang der Reprise ist so abrupt und brutal, daß sie nichts von der Spannung löst. Es folgt fast unmittelbar ein weiterer Terzfall nach *Ges*-dur, das als subdominantische Tonart mit *B*-dur verwandt ist und das *G*-dur der Exposition aufwiegt und auflöst. Aber *Ges (Fis)* ist auch die Dominante von *H*-dur, dem Nukleus der ungelösten Spannung. Nach einer Seite in *Ges*-dur entlädt sich die magnetische Kraft der noch ungelösten Spannung *H-Ges (Fis)* endlich explosionsartig,

doch es geschieht durch *h*-moll(!), das von *B*-dur noch weiter entfernt ist als das *H*-dur der Durchführung, das wenigstens die pathetische, chromatische Neapolitanerbeziehung besitzt. Nach diesem Höhepunkt erfolgt ein erschöpfter Abstieg (in Terzen) nach *F*, der Dominante von *B*-dur, und der Rest des Satzes bleibt in der Tonika verwurzelt. Es ist das großartigste Beispiel für die Setzung des Höhepunkts direkt nach anstatt direkt vor dem Reprisenanfang. Nur in einem Werk von hohem dramatischen Anspruch kann diese Plazierung so wirkungsvoll sein.

Die aufgezeigte Großstruktur ist aus dem Themenmaterial abgeleitet oder – Beethovens Kompositionsweise macht beide Formulierungen gleichermaßen gültig – die Themen entspringen der Struktur. Dabei sind die fallenden Terzen und die daraus resultierende Kollision von *B* und *H* die bestimmenden Faktoren. So ist auch der Anfang der »zweiten Themengruppe« aus den fallenden Terzen entwickelt:

Beethoven betont die Kontinuität der fallenden Terzreihen, indem er die aufsteigenden Sexten jeweils eine Oktave tiefer durch eine fallende Terz verdoppelt, so daß die Gleichwertigkeit hervorgehoben und die Bewegung nicht unterbrochen wird. (Die Art der Verdoppelung erzeugt eine aufsteigende harmonische Sequenz, die viel schneller ansteigt, als die oben zitierten Dreiergruppen.) Die harmonische Bewegung ist wiederum geradezu besessen und wird nur einmal von einer Kadenz unterbrochen, worauf die Melodie erneut einsetzt. Die Terzen wechseln von der Melodie in den Baß über, und im Moment des Umschwungs verändert sich mit dem Erscheinen der wohlvertrauten, barocken Progression auch die Richtung der Harmoniefolge von einer steigenden zu einer fallenden Bewegung. Die aufsteigende Sequenz wird von der folgenden, absteigenden harmonischen Bewegung ausgeglichen und verleiht der Melodie die gewohnte klassische Symmetrie. Zwei Rubatoanweisungen (»poco ritard.«) markieren die

Strukturgliederung (die erste bei der Unterbrechung der Terzenkette, die zweite beim Wechsel von der Melodie zum Baß) und zeigen die expressive Sensibilität der Sequenz. Durch die plötzliche Tempoverdoppelung der Terzenfolge am Ende des Beispiels leitet die Linie in den folgenden Abschnitt hinüber.

Das wichtigste unter den Schlußgruppenthemen leitet sich von dem Zusammenprall von *B* und *H* her[21],

und er ruft einen analogen Zusammenprall von *Es* und *E* zwischen den beiden Perioden hervor. Dieser Gegensatz ist einige Takte zuvor (am Ende des oben zitierten Themas) mittels einer herrlichen Arabeske schon vorbereitet worden,

---

[21] Beim Auftritt dieses Themas in der Reprise wird *B–H* zu *Des–D,* aber Beethoven interessiert sich weniger für den Dur-Moll-Klang als für den *B–H*-Zusammenprall und ändert dementsprechend die Innenstimmen so um, daß er herausgearbeitet wird:

wobei Beethovens Akzente sicherstellen, daß man dieses Aufeinanderprallen auch hört. In diesen beiden Passagen erzeugt der Dur-Moll- (bzw. ♭-♮) Gegensatz echtes, sonst in diesem Satz seltenes Pathos.

Das Hauptthema, ein typisch klassischer Anfang mit der dynamischen Gegenüberstellung von forte und piano, umschreibt das Terzintervall erst in steigender und dann in fallender Form, wobei es den gesamten Klavierumfang ausmißt:

Alle Hauptthemen des Satzes sind dadurch eng mit dem Großplan verknüpft. Die Takte 5–8 umreißen die gleiche thematische Gestalt wie die beiden heroischen Fanfaren in den ersten vier Takten, doch ist sie nun weicher, versöhnt und in ein allmähliches Anschwellen eingebunden. Die rhythmische Einheitlichkeit des Satzes deutet sich in dieser weicheren Fassung an, die schon den Rhythmus des oben S. 468 zitierten *G*-dur-Themas, ♪♪|♩♩♩, ankündigt. Ein wichtiges Element dieser Takte ist die schrittweise Einführung der Vorzeichen des kommenden *H*-dur (Auflösung des *B* und *Es*, Kreuzvorzeichnung für *F*) in die Tonika *B*-dur. Der weitgespannte Gegensatz *B*–*H* wird von Anfang an vorbereitet.

Um diesem Gegensatz einen festgefügten, stabilen Rahmen zu geben, umschreibt die nächste Phrase in ihrer Melodieführung eine Oktave von *B* zu *B* und erstreckt sich gleichzeitig vom tiefsten bis zum höchsten *B* des Beethovenschen Klaviers,

während die weit geschwungene Baßlinie immer noch auf dem *Fis* (bzw. *Ges*) beharrt. Der kräftige, hartnäckig diatonische Klang des *B*-dur gegenüber den rauhen, gar nicht gefühlvollen, chromatischen Alterationen des *H*-dur verleiht diesem Satz seine einzigartige, jede Seite durchdringende Klangqualität. Der folgende Abschnitt zeigt, wie stark die üblichen Fortschreitungen eines normalerweise diatonischen *B*-dur schon von dem noch in der Zukunft liegenden *H*-dur infiziert sind.

Das ist weniger eine Vorbereitung als vielmehr ein Überquellen der späteren Spannung in jeden Winkel des Werkes.

Die Modulation zum eine Terz tiefer liegenden *G-dur* erfolgt denkbar abrupt und rasch

und wird nur von der anmutigen, fallenden Terzenkette gemildert,

während gleichzeitig die linke Hand die Anfangsterz des Hauptthemas rhythmisch verarbeitet.

G-dur besitzt schon das mit dem *B* kollidierende *H*, und das Ende der Exposition zieht größten künstlerischen Nutzen daraus:

Um diese Mehrdeutigkeiten zu Gehör zu bringen, muß man die Exposition unbedingt wiederholen. Wird das *B* der ersten Endung im Kontext von *G-dur* gehört (T. 121), so wirkt es wie ein Schock. Das

H der zweiten Endung verursacht einen ebensolchen oder sogar größeren Schock, vorausgesetzt, die erste Endung hat schon ihre Wirkung getan. Dieser Effekt verdeutlicht nicht nur die Struktur auf ganz unvergleichliche Weise, er besitzt auch eine dramatische Wucht, die sich kein Pianist entgehen lassen sollte.

Die Rauheit dieses Gegensatzes beherrscht auch die Coda, vom dissonanten Binnentriller am Anfang

(wo *H* als *Ces* notiert ist) bis zu dem späteren, noch rauheren Baßtriller *Fis/Ges – F*, der sich mit Fragmenten des Anfangsthemas verbindet

und sich bis zum Ende des Satzes fortsetzt. Der dadurch geschaffene Klangcharakter ist dissonant, doch ohne Pathos, weshalb viele Menschen, auch Musiker, die ›Hammerklaviersonate‹ unschön finden. Dessenungeachtet ist dieser Klang mit einer ungeheuren Vitalität begabt.

Zwei umstrittene Diskussionspunkte lassen sich mit dieser immer gegenwärtigen Klangqualität sowie der sie ermöglichenden Struktur aus dem Weg räumen. Es sind dies die Metronomangabe und das berühmte *Ais/A* der Überleitung zur Reprise:

Früher war ich der Überzeugung, das *Ais* in Takt 225 sei richtig, aber jetzt glaube ich eher, daß Beethoven ein Auflösungszeichen vergaß. Tovey war ebenfalls der Ansicht, es müsse ein *A* sein, hielt jedoch den Druckfehler für einen Geniestreich! Er hatte völlig recht. Das *Ais* entspricht stärker dem Klang des Satzes, und ich hege den Verdacht, daß Beethovens musikalisches Unterbewußtsein den Fehler verursachte. Kritiker lassen sich immer darüber aus, wie wichtig der Instinkt beim Komponieren sei. Ein Verschreiben wäre ja wohl der überzeugendste Beweis für sein Wirken und Lenken.

Die Quellenbelege für das *A* sind allerdings nicht so beweiskräftig wie manchmal behauptet wird. Beethovens Skizze beweist gar nichts, da er zwischen der Skizze und der endgültigen Fassung oft noch viel radikalere Veränderungen vornahm. Ein ausgezeichneter Pianist bestand mir gegenüber darauf, daß das *A* für die Höhepunktsbildung erforderlich sei, da es mit dem *E* den Glanz einer leeren Quinte anstatt der Tritonusqualität des *Ais* erzeuge. Aber es ist weder nötig noch möglich, hier auf Lautstärke zu zielen, denn der wahre Höhepunkt kommt erst einige Seiten später mit der klangvollen, durch eine Fermate bezeichneten Rückkehr zum *h*-moll. Die nicht abgemessenen Pausen sind in diesem Satz wunderbar plaziert; sie markieren die bedeutsamsten Schritte der tonartlichen Struktur, die Modulationen nach *G*-dur, *Es*-dur und *h*-moll. Man sollte sie im vollen Bewußtsein ihrer erforderlichen Länge aushalten, da sie ja die aufeinanderfolgenden Endpunkte des jeweiligen energetisch-musikalischen Ansturms bezeichnen.

Die Metronomangabe, ♩ = 138, ist sehr schnell. Nun ist eine Metronomangabe ja nicht sakrosankt, und Beethoven war schließlich taub und nicht in der Lage, die Richtigkeit seiner Vorschläge auszuprobieren. Was im Geiste deutlich hörbar ist, kann in der tatsächlichen Aufführung verschwommen und unklar sein. Tempoangaben müssen hingegen völlig ernst genommen werden, da sie den Charakter des Werkes enthüllen. Beethoven wählte seine Tempobezeichnungen mit großer Sorgfalt. Der erste Satz der ›Hammerklaviersonate‹ ist mit »Allegro« überschrieben, und das war für Beethoven stets ein schnelles Tempo. Er notierte nie einfach »Allegro«, wenn er »Allegro maestoso« oder »Allegro ma non troppo« meinte. Es macht deshalb nicht so viel aus, welche Metronomangabe ein Pianist für diesen Satz wählt, vorausgesetzt, er klingt wie ein Allegro. Ein majestätischer Klangcharakter, gewissermaßen ein Allegro maestoso, läßt sich weder musikalisch, noch vom Notentext her rechtfertigen, er übt Verrat an der Musik. Trotzdem wird er ihr häufig aufgezwungen, weil er die Rauheit des Stückes mildert, – aber diese Rauheit ist ihm wesentlich! Ein breites Tempo untergräbt auch die rhythmische Vitalität, von der das Stück lebt[22]. Wie wir sahen, ist das eigentliche Material des Werkes weder reichhaltig noch besonders ausdrucksvoll. Es wird seinem Ruf als Meisterwerk nur gerecht, wenn man seine rhythmische Kraft aufs höchste konzentriert. Daß es schwierig anzuhören ist, lag durchaus in Beethovens Absicht.

Insoweit sich eine musikalische Idee in Worte fassen läßt, müßte klar geworden sein, daß selbst bei einer rein formalen Beschreibung nicht eine Reihe von fallenden Terzen die Grundidee des Anfangssatzes der ›Hammerklaviersonate‹ bildet, sondern die Beziehung der tonartlichen Großstruktur (mit der mächtigen übergreifenden Dissonanz zwischen *B*-dur und *H*-dur) zur rhythmischen und harmonischen Energie der Terzfallsequenzen. Aus diesem Verhältnis zwischen weitgespannter Dissonanz und ungestümer Kraft im Detail resultiert nicht nur die dem Werk eigentümliche Klangqualität, sondern auch die Verbindung von strengem Glanz und flüchtig auftretendem Pathos.

Die Veränderung in Beethovens Kompositionsweise läßt sich durch einen Vergleich der ›Hammerklaviersonate‹ mit der frühen Sonate *B* op. 22 ermessen. Zwischen den beiden Werken gibt es interessante Überschneidungen, da bestimmte Tonarten anscheinend für beinahe jeden Komponisten verschiedene, individuelle Eigenschaften entwickeln, so daß Beethovens Behandlung von *B*-dur sein ganzes Leben hindurch fast ebenso charakteristisch ist, wie etwa die Herausarbeitung des Neapolitaners für Stücke in *f*-moll. Die Sonate op. 22 fängt gewissermaßen mit einer Miniaturfassung des ersten Themas der ›Hammerklaviersonate‹ an,

---

[22] Mir persönlich erscheint eine Metronomangabe zwischen 126 und 132 pro Halbe am sinnvollsten, aber man muß den Klang des jeweiligen Klaviers und Saales mit in Betracht ziehen. Es sei auch nachdrücklich betont, daß mit »espressivo« bezeichnete Passagen beim späten Beethoven mit einem leichten »ritenuto« auszuführen sind. Vgl. das oben, S. 469 zitierte, »cantabile dolce ed espressivo« überschriebene Thema. Wie Beethoven selbst sagte, läßt sich das Gefühl nicht auf Metronomzahlen bringen.

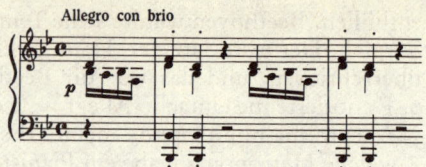

und das zweite Thema ist im Grunde unsere Reihe von fallenden Terzen:

Doch nichts an der Großstruktur ist von diesem Material abgeleitet. Es wird zwar prägnant, aber mit weniger dringlicher Logik als beim reifen Haydn und Mozart verarbeitet.

Die übrigen Sätze der ›Hammerklaviersonate‹ halten sich eng an das Muster des ersten, doch wie immer in einer klassischen Sonate unter allmählicher Lockerung der formalen Spannungen. Das Scherzo ist eine Parodie auf den ersten Satz, selbst sein Hauptthema gleicht einer witzigen Abwandlung von dessen Hauptthema,

und die Terzfallstruktur ist sogar noch augenfälliger. Das Hauptthema des Trios (in *b*-moll) fängt wie das Durthema an. Durch das ganze Scherzo hindurch wird das *H* mit der gleichen Eindringlichkeit und Ausführlichkeit hervorgehoben, die wir schon im ersten Satz beobachteten:

Am Ende bricht das *H* in einer spöttischen Parallele zum Höhepunkt des ersten Satzes noch einmal gewaltsam hervor. Es ist ein brutaler, zu gleichen Teilen humorvoller und düster-dramatischer Witz:

Zwar fehlt hier die sorgfältig ausgearbeitete Struktur des ersten Satzes, aber seine dramatische Gestalt und sein Klangcharakter hallen wie ein entstelltes Echo darin nach.

Der langsame Satz steht in *fis*-moll, einer Tonart, die um eine Terz tiefer als das *B*-dur der beiden ersten Sätze liegt. Sein Anfangsthema enthält wieder die fallenden Terzketten, und Beethoven setzte in den Korrekturfahnen noch einen vom Scherzo überleitenden Anfangstakt hinzu, der die steigende Terz enthält, mit der die ersten beiden Sätze und das Thema des letzten beginnen:

Dadurch daß die Terzfallstruktur von der Oberstimme in den Baß übergeht, drängt sie sich dem Ohr nicht auf, aber bei der Wiederholung des Themas am Anfang der Durchführung (die gleich der Durchführung des ersten Satzes die Terzsequenzen unerbittlich bis zum Ende des Abschnitts weiterführt) wird sie deutlich herausgearbeitet:

Ein Zitat aus der Vierten Symphonie von Brahms, einem aus ganz ähnlichem Material konstruierten Werk, erscheint hier geradezu unausweichlich.

Durch den ganzen Satz hindurch klingt das frühere Schwanken zwischen *B* und *H* sowohl tongetreu, also untransponiert, als auch in einem analogen Gegensatz von *fis*-moll und *G*-dur echoartig nach. Der Dur-Moll-Gegensatz steht wiederum im Verhältnis Tonika – erniedrigte Subdominantparallele, intendiert hier aber Pathos; der tief empfundene Ausdruck des Schmerzes stellt eine von Beethovens ergreifendsten Leistungen dar. Die Schreibweise ergeht sich vielfach in Arabesken von chopinscher Anmut und chromatischer Schärfe (und ist mit »con grand'espressione«, einer bei Beethoven seltenen Anweisung bezeichnet). Die reiche Verzierung des Hauptthemas bei seiner Rückkehr ist fast beispiellos im übrigen Werk des Komponisten.

Obgleich das Adagio in Sonatenhauptsatzform steht, moduliert die Exposition nicht zur parallelen Durtonart, sondern eine Terz abwärts nach *D*-dur. Wie in den beiden vorangehenden Sätzen wird der Haupthöhepunkt bis nach der Reprise zurückgehalten. Er steht wieder auf der Subdominantparallele, doch die Symmetrie der Beziehung läßt trotzdem eine ganz anders geartete, weniger förmliche Gefühlsatmosphäre zu. Die Terzfallsequenz mit all ihren Implikationen, die im ersten Satz mit dem tatsächlichen musikalischen Inhalt fast gleichgesetzt werden kann, ist hier ganz offensichtlich zur Formstruktur relegiert worden. Das Ausdrucksinteresse des langsamen Satzes konzentriert sich vor allem auf die fast opernmäßig ausdrucksvolle, verzierte Melodielinie sowie auf ein chromatisches Geflecht, das mit dem dissonanten, rauh diatonischen Klangcharakter der anderen Sätze wenig gemein hat.

Was danach kommt, ist weniger die Einleitung des fugierten Finales als eine Überleitung vom langsamen Satz und muß deshalb, soll es richtig verstanden werden, ohne Unterbrechung auf das Adagio folgen[23]. Der Anfang der Überleitung fällt in Bezug auf die letzten Takte des langsamen Satzes um eine kleine Sekunde. Auf eine Reihe von leisen *Fis*-dur-Akkorden folgt also ein zartes Arpeggio, dolce, das sämtliche *Fis*'s auf Beethovens Klavier berührt.

Das mysteriöse, unharmonisierte und somit unerklärte *F* ist die Dominante von *B*-dur, so daß in der leisen *Fis*-dur-Endung ein Hinweis

[23] Beethovens Brief an Ries mit Hinweisen für die englische Ausgabe schlägt Kürzungen und Satzumstellungen vor, falls Ries das Werk als zu schwierig für den englischen Geschmack empfände. Diese Vorschläge besitzen keinerlei Beweiskraft für Beethovens künstlerische Absichten. Was für ihn allein zählte, waren gute Verkaufszahlen in England; in Wien wurde die Sonate ohnehin textgetreu gedruckt.

auf das Kommende versteckt ist, ohne daß eine vollständige Auflösung in die neue Tonart erfolgt. Dieses Verfahren wird in der Neunten Symphonie fast genau wiederholt, dort allerdings mit einer schreckerregenden Dissonanz, wenn Beethoven den letzten *B*-dur-Akkord des langsamen Satzes wieder aufnimmt und den Ton *A*, die Dominante des nächsten Satzes, darunterlegt.

In der ›Hammerklaviersonate‹ kehrt die Musik allerdings sofort wieder zum *Fis*-dur des Adagios zurück. Die Überleitung ergeht sich in teilweise taktstrichloser, improvisatorischer Bewegung und bietet die interessanteste, konzentrierte Ansammlung von fallenden Terzen. Der Baß zeichnet hier die Terzen nach, indem er in Terzen fällt und eine Reihe von leisen, zögernden Akkorden stützt. Die Terzreihen werden bisweilen von einem Zwischenspiel unterbrochen; jedes ist ein wenig brillanter als das vorhergehende. Das erste Zwischenspiel basiert seinerseits auf fallenden Terzen, so daß eine kleine Terzreihe innerhalb einer großen beschlossen ist:

Nachdem der fallende Baß bei *Gis* angelangt ist, folgt das dritte Zwischenspiel mit seiner Nachahmung barocker Kontrapunktik. Die Skizzen für diesen Satz bezeugen, daß Beethoven sich während der Arbeit an seinen Themen kleine Phrasen aus dem ›Wohltemperierten Klavier‹ von Bach notierte. Offensichtlich schwebte ihm hier eine Wirkung vor, als schäle sich allmählich aus der improvisatorischen Satzweise der Überleitung ein neuartiger, kontrapunktischer Stil heraus.

Nach dem Zwischenspiel im Barockstil setzen die Terzen erneut ein und gelangen zu einem Orgelpunkt auf *A*; auf diesen Ton wird nun das anfängliche *F*-Arpeggio transponiert:

Diese weitgespannte Folge *F-A* ist die erste Anspielung auf das Fugenthema. Im Baß fallen die Terzen erneut und in immer schnellerer Bewegung, bis sie bei »prestissimo« wiederum auf *A* anlangen. Beethoven hämmert das *A* heraus, das Tempo verlangsamt sich und ein letzter Terzfall führt pianissimo zu *F:*

Somit ist die Rückkehr zum *F,* dem Anfangston dieses Abschnitts, erfolgt, doch besitzt er jetzt eine neue Bedeutung und Festigkeit[24]. Dieser etwa eine Seite lange Übergang zählt zu den erstaunlichsten Passagen in der Musikgeschichte. Meines Wissens hat bis dahin kein Werk den Eindruck völlig unkontrollierter, improvisatorischer Bewegung mit einer derart systematisch durchstrukturierten Organisation zu verbinden gewußt. Selbst die Notationsweise ist revolutionär, insofern die synkopierte Verteilung der Akkorde weniger dazu dient, einen zögernden Rhythmus als eine delikate, körperlose Tonqualität zur Geltung zu bringen. Man hat das Gefühl, daß eine kontrapunktische Struktur Gestalt annimmt, daß sie organisch aus ungeformtem Material hervorkeimt.

Mit dem Erreichen des *F* im Baß ist das Stück bei der Tonikatonart *B*-dur angelangt, während die linke Hand erneut auf den *F-A*-Beginn des Fugenthemas anspielt:

---

[24] Der letzte Abstieg vor dem *A* bei »prestissimo« ist keine Terz, sondern eine Quarte (von *D* nach *A*). In Beethovens Skizzen sollte die Reihe ursprünglich bis zum *A* weiter in Terzen fortschreiten (*D, H, G, E, C, A*), doch zog das harmonische und rhythmische Probleme nach sich. Die Konsequenz wird ohne großen Verlust geopfert, da der Abstieg in diesem Abschnitt ohnehin nur eine interne Bewegung von *A* zu *A* darstellt und nicht Teil des Großplans ist.

Der Dezimensprung aus dem Baß zieht eine hörbare Verbindung zum Anfang des ersten Satzes.

Während der erste Satz zwischen Terzen und Terztranspositionen zu einer Dezime oder sogar Septdezime kaum unterscheidet und sie fast als auswechselbar behandelt, beharrt das Finale auf der Unantastbarkeit der Dezime als dem fundamentalen, thematischen Element. Das Fugenthema setzt mit dem in einen Triller mündenden Dezimensprung ein und fährt unmittelbar darauf mit der werkbeherrschenden, fallenden Terzreihe fort.

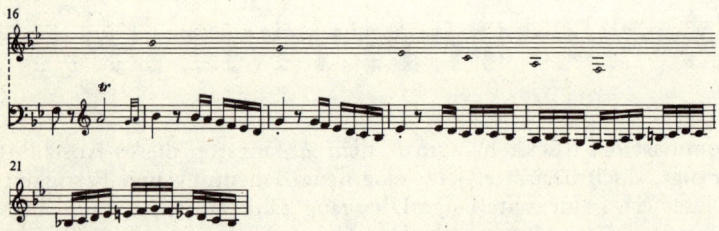

Die letzten beiden Takte bringen wieder das dissonante *H* ins Spiel, das durchgehend so eine gewichtige Rolle spielte. In neuer Anordnung und radikaler Charakterveränderung sind die Elemente des Fugenthemas doch die gleichen wie im ersten Satz[25].

Der Modulationsplan verläuft ähnlich wie der erste Satz in fallenden Terzen, stützt sich allerdings stärker auf Subdominant- und Molltonarten und behält damit ein typisches Merkmal des klassischen Finales bei. Dieser Satz bringt Lösung nicht allein durch seinen harmonischen Charakter, sondern auch durch die weniger strenge formale Organisation, bei der es sich um eine deutlich gegliederte Zwischenform zwischen Rondo und Variationenzyklus, den beiden typischen Finaleformen des späten 18. Jahrhunderts, handelt.

Das Fugenthema wird von dem jeweiligen Umfeld, in dem es im Verlauf des Satzes erscheint, verwandelt. Bei jeder neuen Formulie-

---

[25] Selbst der Triller geht auf die fallende Sekunde am Ende des Anfangstaktes des ersten Satzes zurück.

rung oder Behandlung des Themas wird moduliert, und zwar, wie zu erwarten ist, immer eine Terz abwärts. (Die Wiederkehr des Themas in einer schon zuvor gehörten Form führt zu sekundären Modulationen.) Die erste Hälfte der Form zerfällt in die folgenden Abschnitte:

1. B-dur   Exposition; erneute Exposition mit Akzentverlagerung (Des-dur)
2. Ges-dur   Zwischenspiel (Variante des Themas)[26]
3. es-moll   Thema in Augmentation, Wiederkehr des Zwischenspiels (As-dur)
4. h-moll   Thema in Gegenbewegung mit neuem Kontrasubjekt; Wiederkehr der Urform des Themas (D-dur)
5. G-dur   Thema in Umkehrung

Um in fallenden Terzen zur Tonika zu gelangen, waren von diesem Punkt aus fünf weitere Abschnitte erforderlich. Stattdessen verwendet Beethoven hier den kleinen Sekundschritt abwärts, der an so vielen entscheidenden Stellen des Werkes auftritt: H-dur zu B-dur am Anfang der Reprise des ersten Satzes und in der Mitte der Reprise, H-dur/moll zu B-dur am Ende des Scherzos, G-dur zu fis-moll am Ende des langsamen Satzes und Fis-F am Anfang der Überleitung zum letzten Satz. Die Modulation zur unteren kleinen Sekunde ist weder eine Verlegenheitslösung noch ein Schnellverfahren, denn all diese absteigenden kleinen Sekunden sind eine Vergrößerung des B-H-Zusammenpralls, aus dem die leidenschaftlichsten und lyrischsten Augenblicke des Werkes hervorgehen. Letztlich müssen sie im Zusammenhang mit der äußerst differenzierten Harmonik gesehen werden, die, bedingt durch das Modulieren in fallenden Terzen, anstelle von Tonika-Dominant-Beziehungen Tonika-Mediant-Beziehungen verwendet. Das ist in der Tat der Hauptgrund für den »schwierigen« Klang der ›Hammerklaviersonate‹, denn das Ohr ist traditionell an die von der Sprache vorgegebenen Dominant-Tonika-Lösungen gewöhnt, die ihm Beethoven in diesem Werk konsequent vorenthält. Fast alle großen Lösungsmomente setzen unnachgiebig eine kleine Sekunde (die sich direkt aus dem Terzfall B, G, Es, H und der Rückkehr vom H zum B ergibt); sie klingt unmittelbar wie auch im späteren Nachhall »enharmonisch« und ist zugleich die Hauptquelle für die expressive und dramatische Spannung des Werkes.

Die Fuge fährt also nach der Umkehrung des Themas in G-dur ohne Unterbrechung fort, und zwar mit einem Terzfall nach

---

[26] Das Zwischenspiel verarbeitet ausschließlich eine ausgezierte Form des Dezimensprungs am Anfang der Fuge

6. *Es*-dur Kurze Durchführung und Engführung, die mit einer glänzenden, aus dem Dezimensprung des Anfangs gewonnenen und harmonisch in Terzen absteigenden Kaskade endet

und dabei eine kleine Sekunde abwärts moduliert nach

7. *D*-dur Zweites Zwischenspiel (Variante des Themas).

Dieses neue, zart lyrische Zwischenspiel, das mit dem allgegenwärtigen Terzfall beginnt, ist frei aus dem Hauptthema gewonnen:

Wie das Ende dieses Abschnitts zeigt, ist es aus denselben harmonischen Sequenzen konstruiert, die das restliche Werk charakterisieren:

In der abschließenden Modulation (T. 277–278), einer der ergreifendsten in der Musik überhaupt, besitzen die einzelnen chromatischen Schritte innerhalb eines diatonischen Rahmens eine im 19. Jahrhundert nie wieder erreichte klangliche Reinheit. Diese Modulation markiert zugleich den letzten Tonartenwechsel innerhalb des Stückes, nämlich eine Rückkehr (im Terzfall) zur Tonika *B*-dur.

8. Bestätigung des *B*-dur   Überleitung: Verquickung des zweiten Zwischenspiels mit Fragmenten des Hauptthemas.

Die Bestätigung der Tonika erfolgt hier wiederum durch eine Terzenfolge:

Der Schlußabschnitt bleibt trotz seiner ganz erheblichen Länge im engsten Umkreis der Tonika – gerade so wie die letzte Nummer eines Mozartschen Opernfinales.

9. *B*-dur   Thema gleichzeitig in Umkehrung und Originalfassung, gefolgt von Engführung und Coda.

In diesem Schlußabschnitt entfesselt Beethoven eine dämonische Energie und einen solchen Sturzbach von Dissonanzen, daß die eigentlich ganz einfachen harmonischen Fortschreitungen schwer zu hören sind.

Der Terzfall, das sei im Vorbeigehen erwähnt, war Beethoven so wichtig, daß er in den Skizzen den Anfang der Umkehrung der Fuge zu einer fallenden Terz machen wollte. Allerdings war dann die melodische Gestalt uninteressant, und er gab die Idee bald wieder auf. Aber er sorgte für Ausgleich: das Kontrasubjekt des Themas fällt in seiner Originalform in Terzen:

In der Umkehrung müßte es natürlich steigen. Stattdessen fällt das Kontrasubjekt weiterhin, während das Hauptthema umgekehrt wird (und in Terzen steigt):

Somit bleibt die charakteristische harmonische Bewegung gewahrt.

Die Fuge der ›Hammerklaviersonate‹ ist im Grunde genommen ein dramatischer Variationenzyklus; jede neue Form des Themas wird als ein Ereignis betont und herausgearbeitet. Mit diesem Satz ist die Fuge endlich in eine klassische Form gegossen worden. Die Analogien ihrer Struktur zu den vorhergehenden Sätzen liegen auf der Hand, denn sie fällt wie der erste Satz in Terzen von *B*-dur zum entfernten *h*-moll, und die harmonischen Details stimmen weitgehend überein. Neu ist an diesem Satz (und überhaupt in der Musikgeschichte) die Heftigkeit, mit der der Triller auf dem zweiten Ton des Themas behandelt wird, so daß er jeglichen dekorativen Charakter verliert. Beethovens Triller ist keine Verzierung, sondern spielt eine ebenso thematische Rolle wie die Anfangstakte der Fünften Symphonie.

Die ›Hammerklaviersonate‹ ist nicht typisch für Beethoven, und sie klingt auch nicht so; sie ist nicht einmal typisch für seinen Spätstil, vielmehr stellt sie einen Extremfall seines Stils dar. Nie wieder komponierte er ein so zwanghaft konzentriertes Werk. Zum Teil ist es wohl ein Suchen nach einem Ausgang aus der Sackgasse, in der er sich gefangen sah. Mit dieser damals wohl längsten (von ihm oder einem anderen geschriebenen) Klaviersonate unternahm es Beethoven, ein völlig neuartiges Werk von rücksichtsloser Größe zu schaffen, und er selbst äußerte sich in diesem Sinne darüber. Gerade diese Extremität macht es zu einer so klaren Aussage und läßt uns, wie fast kein anderes Werk, seine Kompositionsprinzipien, die Arbeitsweise zumal seiner Spätzeit, mit Augen sehen. Durch dieses Werk läßt sich verstehen, wie es dazu kommt, daß die Gesamtstruktur und die Details eines Beethoven-Werkes solch hörbare Kraft ausstrahlen.

Dieses Werk erweitert außerdem die Beziehung zwischen Form und Inhalt und überdehnt sie gewissermaßen auf ganz spezifische Weise. Der Inhalt, d. h. das Thema der ›Hammerklaviersonate‹ ist das Wesen der zeitgenössischen musikalischen Sprache. Das Kunstwerk, das ganz wörtlich sein eigenes Verfahren zum Inhalt hat, ist mittlerweilen schon fast übermäßig vertraut: etwa das Gedicht über das Dichten (wie die Mehrzahl von Mallarmés Gedichten), der Film, dessen Hauptgegenstand Filmtechnik und Anspielungen auf andere Filme sind, das Gemälde, das tatsächlich darzustellen versucht, wie Raum auf eine Fläche projiziert wird, oder das auf nichts Externes, sondern nur auf den Malvorgang selbst verweist. Diese paradoxe Vertauschung von Form und Inhalt ist aller Kunst eigen, weil sie ihrem Wesen gemäß das Bedeutungsgewicht vom Bezeichneten zum Zeichen zu verschieben trachtet. Da in der Musik die Bedeutung zugleich präzise und völlig unspezifisch ist, ergibt sich ein Sonderproblem. Übergeht man die gelegentlichen Nachahmungseffekte (vom Vogelsang bei Jannequin bis zum Insektengesumm bei Bartók) und die unmittelbaren Gefühlskonventionen, so läßt sich nicht leugnen, daß Musik sowohl etwas bedeutet als auch daß diese Bedeutung am häufigsten und klarsten sie selber ist.

Beethoven verschärft und verdeutlicht diesen Selbstbezug, der in der Einleitung zur Fuge der ›Hammerklaviersonate‹ etwas eigenartig explizit gemacht wird. Aus einem unbestimmten Rhythmus und einem unfixierten harmonischen Kontext lösen sich mehrfach gestische Andeutungen einer polyphonen Form. Beim dritten Mal gerinnt die Geste zu einer Übung im Barockstil, die anders als die beiden ersten nicht nur unbeendet bleibt, sondern mittendrin abrupt abbricht, als wäre sie emphatisch abgehauen und verworfen worden. Die Suche wird erneut aufgenommen, ein Arpeggio auf *A* klingt an das Anfangsarpeggio auf *F* an, und aus dieser Abfolge *F-A* entsteht nach einer stürmischen, bis prestissimo reichenden, fallenden Terzenkette das Fugenthema. In rein musikalischer Sprache läßt sich der klassische Kontrapunkt und seine historische Verwandtschaft mit dem vorangegangenen Stil nicht rückhaltloser und klarer darstellen. Die Sprache in den übrigen Sätzen ist trotz ihrer Indirektheit um nichts weniger unmittelbar. Die ›Hammerklaviersonate‹, insbesondere der erste Satz, stellt das Wesen eines harmonischen Phänomens dar, aber ihre Aussagen lassen sich nicht rein in Worte fassen, denn Beethovens Kunst ist hier so sinnlich wie ein Schubert-Lied.

Sein ganzes Leben lang stützte sich Beethoven für sein Material zunehmend auf die fundamentalen tonalen Beziehungen. Sein kontinuierliches Bestreben, an einem gewissen Punkt eines jeden größeren Werkes das musikalische Material aller dekorativen und expressiven Elemente zu entkleiden, so daß die Tonalitätsstruktur momentan nackt und unmittelbar erscheint und ihre dynamische und temporale Kraftausstrahlung auf das übrige Werk plötzlich aufleuchtet – dieser zunehmend stärkere Einsatz von einfachsten Bausteinen und Elementen der tonalen Sprache verleiht seiner Entwicklung aufs Ganze gesehen unleugbare Konsistenz. Interessanterweise wurde die Rauheit seiner Musik, seine rücksichtslose Mißachtung der Wünsche und selbst der Bedürfnisse von Publikum und Musikern und die Einsamkeit dieses seines Standpunkts von den meisten Zeitgenossen für Beweise seines Starrsinns und seiner Überspanntheit genommen. Für uns, wie für E. T. A. Hoffmann, sind dies Zeichen seiner Selbstlosigkeit und »Nüchternheit«, kurz, seiner Logik. Diese Logik manifestiert sich am deutlichsten darin, wie Beethoven die zwei einzigen Formen, die in Haydns und Mozarts Händen noch etwas von ihrem barocken Wesen an sich hatten, die Fuge und die Variation, umformte. Am Ende seines Lebens hatte Beethoven diese letzten Überbleibsel eines früheren Stils erfolgreich zu rein klassischen Formen gemacht, wobei die dramatische Gestalt und Gliederung der größeren Proportionen analog zur Sonate und tatsächlich auf dem Sonatenstil fußend verläuft.

Haydn hatte in seinen Doppelvariationen mit kontrastierenden Themen schon einen neuen Zugang zur Variationsform erprobt. Allerdings erzielte er nur einen statischen Kontrast und darüberhinaus blieb sein Variationsstil immer dem Dekorativen verhaftet, nur daß er eine persönliche Abneigung dagegen hatte, dekorative Muster sich regelmäßig fortsetzen und entwickeln zu lassen. Beethovens (wie auch Mozarts) Muster sind regelmäßiger, aber die Struktur seiner Variationen verändert sich radikal. Es findet eine drastische Vereinfachung statt.

Wieviel von einer gegebenen Melodie in einer Variation erhalten bleiben muß, wieviel an der Gestalt wesentlich ist, das ist weitgehend eine Sache der Stildefinition. In Mozarts und Haydns Variationen ist das ganze Thema fast immer vollständig erkennbar. Beethoven hingegen reduzierte die Anforderungen auf ein Minimum; notwendig ist nur das nackte Skelett der melodischen und harmonischen Gestalt, während die überflüssigen Elemente des Themas dann natürlich dramatisch oder dekorativ verwendet werden können. Was Beethoven mit ›Rule, Britannia‹ anstellte, vermag die Extremität seiner Methode ebensogut zu illustrieren, wie die größeren und berühmteren Variationenzyklen. Die ersten vier Takte des Themas

werden in Beethovens erster Variation auf

reduziert, so daß vom Thema nur noch die Minimalgestalt übrigbleibt,

und selbst diese Gestalt wird durch die Transposition in verschiedene Register noch aufgebrochen.

Der gewaltige Unterschied zwischen dieser Art von Vereinfachung und der von Bachs ›Goldberg-Variationen‹ etwa läßt sich nicht stark genug betonen. Bei Bachs Methode wird ein Element des ursprünglichen Themas, nämlich der Baß, isoliert und auf diesem baut sich alles übrige auf. Beethovens System besteht darin, eine Abstraktion der Gesamtgestalt des Themas zu formulieren. Die von der oben zitierten ersten Variation implizierte Form, die sowohl die Variation selbst trägt als sie auch zum Folgenden in Beziehung setzt, ist nicht allein die melodische Gestalt (was sich schon daran zeigt, daß der erste Takt nur als Baß auftritt) und auch nicht der Baß allein, sondern eine Verkörperung des ganzen Themas. Angesichts des klassischen Angriffs auf die Selbständigkeit der Einzelstimme befriedigte die lineare Konzeption der barocken Variationsform nicht mehr und war außer als Stilnachahmung nicht mehr gangbar. Beethovens Auffassung der

Sonatenhandlung als eines Herauswachsens aus noch einfacherem, aber ebenso konzentriertem Material wie bei Haydn gestattete ihm eine vergleichbare Vereinfachung des Materials innerhalb der Variationsform, was seinerseits seine Phantasie freisetzte, die sonst der Verzierung einer schon differenzierten Linie verhaftet geblieben wäre.

Dieses Gefühl eines stützenden, nicht-linearen Gerüsts erfüllt alle großen Variationenzyklen von Beethoven (sogar die merkwürdig barocken Variationen c, wenngleich diese etwas abseits stehen). Aus diesem Grund scheint es, als zitierten die letzte Seite der ›Diabelli-Variationen‹ und die letzte Seite der Variationen in der Sonate op. 111 einander an einer Stelle, obgleich keine zwei Themen oberflächlich so verschieden sind wie Diabellis Walzer und die Arietta. Eine fallende Quarte liegt beiden sonst so verschiedenartigen Themenanfängen zugrunde, und ihre spätere, zufällige Übereinstimmung ist ein fast unvermeidliches Resultat der Art und Weise, wie Beethoven eine musikalische Idee betrachtet.

In zahlreichen späten Variationenzyklen (op. 109, 111, 127 usw.) wird Variation um Variation zunehmend vereinfacht; doch was vereinfacht wird, ist nicht die Textur, sondern die zugrundeliegende Themenauffassung. Der Teil der Themengestalt, auf den die Variationen anspielen, wird immer skelettartiger, und darüberhinaus werden verschiedene Aspekte des Themas zunehmend isoliert, so als würden sie jeder für sich ins Scheinwerferlicht gestellt. Es trifft natürlich zu, daß man weniger Erinnerungshilfe braucht, je vertrauter etwas durch Wiederholung wird. Jedenfalls vereinfacht Beethoven, während gleichzeitig die Textur vielschichtiger wird. Aus diesem Grund vermitteln seine späten Variationen weniger den Eindruck, daß sie ein Thema ausschmücken, als daß sie seine Essenz entdecken.

Die Entwicklung der Großform führte zu noch tiefergreifenden Veränderungen. Weil Variationen im wesentlichen statisch und dekorativ sind und dazu fast immer in einer Tonart bleiben, so daß die Wechselwirkung von harmonischer Spannung und allgemeiner Textur auf die Detailebene verwiesen wird, gaben Variationen dem dramatisch ausgerichteten klassischen Stil ein Problem auf. Selbst die streng fixierten Proportionen waren ihm fremd. Schon relativ früh unternahm Beethoven einen verblüffenden Versuch, die harmonische Statik der Form zu überwinden. Er ordnete die Variationen über ein eigenes Thema in *F* op. 34 in einer fallenden Terzenfolge so an, daß jede Variation eine Terz tiefer beginnt als die vorhergehende. Diese Reihung wird jedoch mit ungewöhnlicher Umsicht gelöst, insofern die vorletzte Variation in *C* und die unmittelbar darauf folgende Rückkehr des Finales nach *F* eine Dominant-Tonika-Beziehung herstellen. Die Abfolge von Tonarten ist überdies in diesem Werk im

Grunde genommen koloristisch, nicht strukturell wirksam. Nichts im Thema oder in der Mehrzahl der Variationen selbst legt solch eine Behandlung nahe. Der überladene, in seiner Verzierung geradezu opernhafte Stil korrespondiert in der Textur mit der koloristischen harmonischen Struktur. In keinem Werk nähert sich Beethoven so sehr dem ornamentalen Stil Hummels, einem Stil, in dem Chopin seinen Anfang nahm und den er nie ganz aufgab. Diese Variationen F stellen deshalb trotz ihrer großen Anmut und ungewöhnlichen, lyrischen Fülle einen rein äußerlichen Ausbruchsversuch aus dem von der Variationsform auferlegten dekorativen Verfahren dar. Doch am Ende seines Lebens, im Chorfinale der Neunten Symphonie, kehrte Beethoven zu dem Schema wechselnder, in Terzen fallender Tonarten für jede sukzessive Variation zurück, modifizierte und rechtfertigte es jedoch nunmehr sowohl formal wie dramatisch.

Die ›Eroica-Variationen‹ in der Orchester- und der Klavierfassung stellen ebenfalls eine äußerliche, aber andersartige Lösung dar, in der nämlich die Form durch die Trennung der Baß- und Oberstimmenkomponente des Themas und die verspätete Einführung der letzteren dramatisiert wird. Das Thema wird gleichsam anfänglich seziert und dann zusammengefügt. Der Baß bildet für sich allein ein Thema, das in seiner Blöße derb komisch wirkt, und nichts ist typischer für Beethovens Humor, als daß er darauf insistiert. Diese betonte Unbeholfenheit des Basses sowie seine heftigen dynamischen und rhythmischen Kontraste lassen einen Anklang an die barocke Passacaglia gar nicht erst aufkommen. Nichtsdestoweniger fügt sich eine solche Scheidung von Baß und Melodie als selbständige Komponenten weniger gut in das Spätwerk Beethovens, als vielmehr in die erste Romantikergeneration ein, die eine melodisch geprägte Struktur mit einem barock sequenzierenden Baß zu kombinieren pflegte. Schumann imitierte ganz unverhohlen den Anfang der ›Eroica-Variationen‹ in seinen frühen ›Impromptus sur une Romance de Clara Wieck‹, einem Werk, das in fast gleichem Maße inspiriert und ungeschickt ist und das Schumann erbarmungslos ruinierte, als er es für eine zweite Auflage überarbeitete.

Die ›Eroica-Variationen‹ (besonders in der Klavierfassung) unternehmen auch die ersten Schritte in Richtung auf die klassische Dramatisierung des Variationenfinales. Der typische Variationenzyklus des späten 18. Jahrhunderts richtet sich im allgemeinen nach dem französischen Schema, in dem auf die vorletzte Variation, einen sehr langsamen Satz mit üppig blühender Koloratur, ein sehr schnelles, ausgedehntes, virtuoses Finale, gewissermaßen eine Phantasie über das Thema, folgt. In den ›Eroica-Variationen‹ wird das für jeden Geschmack genügend verzierte Largo von einer bemerkenswert zurückhaltenden, zarten, chromatisch expressiven Mollvariation eingeführt.

Die beiden bilden deutlich einen langsamen Satz, zumal im Gegensatz zur grellen Virtuosität der vorangehenden Variation, die für alles bis dahin Geschehene einen klaren Abschluß setzt. Das eigentliche Finale ist eine brillante Fuge, die direkt in die Wiederaufnahme des Themas, ein verziertes und durch Triller verwandeltes, d. h. ausgeschriebenes Da capo, überleitet. Wieder einmal läßt sich beobachten, wie Beethoven um diese Zeit die Formen des späten 18. Jahrhunderts dadurch zu erweitern sucht, daß er auf Modelle des frühen 18. Jahrhunderts – das Fugenfinale zu einem Variationenzyklus (wie in Bachs Passacaglia und Fuge in c) und die Da capo-Rückkehr des Themas – zurückgreift. Und wiederum eignete sich die so erzielte Form besser für ein späteres Zeitalter, was etwa an Brahms' Imitation zahlreicher solcher Züge in den ›Händel-Variationen‹ abzulesen ist.

Man tendiert dazu, die Entwicklung eines Komponisten so zu betrachten, als handele es sich um eine ganz allmähliche Annäherung an eine befriedigende Form, an ein in sich geschlossenes Ideal. Doch wenn diese Form tatsächlich erscheint, so geschieht das oft mit einem überraschenden Bruch, mit einer konzeptionellen Neuheit und Einfachheit, die sich nur schwer zu dem Vorangegangenen in Beziehung setzen läßt. Die Variationen des langsamen Satzes der ›Appassionata‹ sind eine im Innersten klassische Lösung: Sie erzielen die Proportionen des Sonatenstils, die dramatische Gestalt und die Verteilung von Spannung und Lösung, ohne eine erhebliche Formerneuerung zu unternehmen. Und sie erreichen es bei minimaler Verwendung von harmonischer Spannung, ohne Modulation, fast ausschließlich durch die rhythmisch-melodische Textur. Die Bewegungslosigkeit des Choralthemas macht die leiseste Bewegungszunahme ungeheuer sprechend. Und die statische Harmonik – nahezu ein unbeweglicher oberer Orgelpunkt auf As – verleiht der geringsten chromatischen Alterierung die Bedeutung einer Modulation. Am schwersten dürfte aber die Registerbegrenzung innerhalb der einzelnen Variationen wiegen, denn der allmähliche, schrittweise Aufstieg vom tiefen Baß- zum Diskantregister gliedert die Form aufs deutlichste. Verkürzung der Notenwerte und zunehmende Synkopierung sind die wichtigsten Ausdrucksträger, die sich zu einem so mächtigen Höhepunkt aufbauen, daß die Wiederkehr des Themas im tiefen Register nicht wie ein Da capo klingt, sondern wie eine echte Sonatenreprise[27] (sie ist sogar dahingehend umgeschrieben, daß sie Anklänge an die obligat geführte Baßstimme der zweiten Variation enthält). Das Außerordentlichste an

---

[27] Schon Haydn hatte es unternommen, in Variationenzyklen durch die Rückkehr zum Thema in der Originalgestalt eine Lösung zu bewirken (die ›Symphonie mit dem Paukenschlag‹ mag als Beispiel stehen). Es war ihm jedoch nicht so zwingend gelungen. Jedenfalls kehrt Beethoven im Grunde nach den »fortschrittlicheren« Experimenten der vorhergehenden Jahre hier zu Haydns Methoden zurück.

dieser Leistung ist das Gefühl der Entspanntheit bei der Wiederkehr des Themas in der Urform, die lösende Kraft dieser »Reprise«. Dadurch verliert die Variationsform ihren additiven Charakter und gleicht sich den dramatischen und nahezu räumlich entworfenen Formen des Sonatenstils an.

Mit diesem Satz ist der Variationenzyklus, so könnte man sagen, endlich eine klassische Gattung geworden. Die Kräfte, die die Sonate schufen, das gleiche Gefühl für Ereignis und Proportion, bewegen sich jetzt ungehindert in einer Form, die sie sich selbst zurechtgemodelt haben. Von diesem Modell gehen die Variationenzyklen der langsamen Sätze in den Spätwerken aus. Am subtilsten verfährt dabei der Zyklus im letzten Quartett op. 135; die durch die Molleinfärbung hervorgerufene starke Bewegung zur Dur-Mediante hat die Wirkung einer echten Modulation, ohne eigentlich zu modulieren, und die einer verzierten Reprise gleichende Rückkehr zur Durtonika ist um so bewegender. Der Auflösungscharakter der letzten Variation ist für diese Auffassung wesentlich. Mit ebenso feinen wie mächtigen Mitteln gelingt es Beethoven, einem Werk, das die Tonika nie verläßt, harmonische Spannung zu verleihen. Nur auf diese Weise läßt sich der typisch klassischen Bevorzugung der Reprise gegenüber dem Da capo Genüge tun, so daß die symmetrische Wiederkehr des Themas nicht als Rahmen, sondern als dramatische Lösung empfunden wird.

Die Anlage des Finales der ›Eroica-Variationen‹ kehrt in verklärter Form in den ›Diabelli-Variationen‹ wieder. Aus der traditionsgemäß üppig verzierten, langsamen, vorletzten Variation ist hier eine Serie von drei Mollvariationen geworden. Rokokoverzierungen sind völlig verschwunden und haben in der letzten und tiefsinnig-schönsten aus dieser Dreiergruppe einer Hommage à J. S. Bach, einer Nachahmung der berühmten, verzierten Mollvariation aus den ›Goldberg-Variationen‹, Platz gemacht. Die anschließende, mächtige Doppelfuge ist reiner Händel. Wie in den ›Goldberg-Variationen‹ kehrt der Tanz am Ende zurück, doch ist es nicht mehr Diabellis einfacher Walzer, sondern ein Menuett von höchster Zartheit, Vielschichtigkeit und Klangspielerei in einer Üppigkeit, die Beethoven sich sonst selten gestattet. Es ist ein aus dem Geist der Komik geborener Schluß (und selbst der Schlußakkord ist noch eine Überraschung). In den ›Diabelli-Variationen‹, im Quartett *F* op. 135 und ganz besonders in dem großartigen Scherzando in *Des* aus dem Quartett *B* op. 130 erreichte Beethoven die witzige Mischung aus Lyrik und Ironie, mit der Mozart von Natur aus gesegnet und zu deren Nachahmung Haydn von Natur aus zu gutmütig war.

In der Organisation der ›Diabelli-Variationen‹ zeigt sich deutlich der Versuch, die Variationen in übergreifende Einheiten zu gruppieren, um gewissermaßen eine Entsprechung für die formale Geschlossenheit der mehrsätzigen Sonate oder Symphonie zu finden. Im Chorfinale der Neunten Symphonie ist diese Gruppierung sogar noch deutlicher erkennbar; hier hat Beethoven die Variationenform eingesetzt, um die Symmetrie der Sonatenhauptsatzform mit der größeren Anlage der viersätzigen Symphonie zu koppeln. Zudem kehrt er zu einem früheren Experiment, zur fallenden Terzreihe aus den Variationen *F* op. 34 zurück. Im Chorfinale sind die einzelnen Modulationen keine isolierten Ereignisse mehr, sondern in ein größeres Schema eingebunden, das sie sonatenmäßig rechtfertigt. Genauer gesagt ist es nicht die »Sonate«, vor deren Hintergrund das Finale zu verstehen ist, sondern die klassische Konzertform. Die Chorvariationen beginnen tatsächlich mit der doppelten Exposition eines Konzerts (selbst das Solorezitativ am Anfang ist erstaunlicherweise im Orchestertutti in ausführlicherer Form enthalten). Und wie in Mozarts Konzerten bleibt die auffällige Modulation der Soloexposition vorbehalten. Begreift man die Sonate als ein die Spannungen (bzw. großräumigen Dissonanzen) und ihre Lösungen regulierendes Proportionengefüge, dann ist leicht einzusehen, daß die reine Orchesterfuge im letzten Satz der Neunten Symphonie die Rolle einer Durchführung spielt (und gleichzeitig den Platz des traditionellen zweiten Orchestertutti eines Konzerts einnimmt). Die Reprise (bzw. Auflösung) mit ihrer Rückkehr zur Tonika ist gleichermaßen herausgearbeitet.

Über diese enorme Sonaten-Konzert-Form legt sich ein Viersätzigkeitsschema von gleichem Gewicht[28]. Auf den Anfangs- bzw. Expositionssatz folgt ein Scherzo in *B* im Militärstil mit türkischer Musik, ein langsamer Satz in *G*-dur führt ein neues Thema ein, und das Finale setzt mit triumphaler Koppelung der beiden Themen im doppelten Kontrapunkt ein. Diese Gruppierungen sollen nicht als betonte Gliederung aufgenommen werden, sondern als das Resultat von Zwängen, die der Variationenform eine spezifisch klassische Gestalt geben. Über diese Gestalt selbst besteht kein Zweifel: ihre Proportionen und das Gefühl für Steigerung und Expansion gehören allein der klassischen Symphonie an, und sogar die Verwendung der Variationenform erfüllt die klassische Forderung nach – im Vergleich zum ersten Satz – größerer Lockerheit und Gelöstheit im Finale. Die Ideale des Sonatenstils erlaubten es Beethoven, eine Variationenreihe mit der Grandiosität eines Symphoniefinales auszustatten. Bis hin zur ›Eroica‹ war diese Form den geringeren Gattungen, Konzert und Kammermusik (geringer allein auf der Skala der Erhabenheit!), vorbehalten gewesen.

---

[28] Diese Überlagerung von Sonaten-Allegro und viersätziger Form ist eines der seltenen Experimente aus Beethovens letzten Lebensjahren, das Auswirkungen in den originelleren Werken der ersten Romantikergeneration zeitigte. Die Liszt-Sonate ist ein Versuch, diesen Entwurf zu wiederholen. Trotz seiner häufigen Vulgarität in Geschmack und Erfindung verstand Liszt von den Komponisten seiner Generation Beethoven wohl am besten.

Das neue Prinzip schlägt sich schon im ›Eroica‹-Finale nieder, aber das hauptsächliche Gestaltungselement wurde es erst in der Phantasie für Klavier, Chor und Orchester aus dem Jahr 1808[29]. In der Neunten Symphonie wird der Variationensatz dann in ein höchst massives Finale, das seinerseits ein viersätziges Werk en miniature ist, umgewandelt.

Beethovens Weiterentwicklung der Fuge ist am besten im Zusammenhang mit der Verwandlung der Variation zu verstehen. Die beiden Fugenfinali, die Große Fuge op. 133 (der letzte Satz des Streichquartetts op. 130) sowie die Fuge der ›Hammerklaviersonate‹, sind als Variationenreihen entworfen, bei denen jede Themendurchführung jeweils einen neuen Charakter erhält. Wie der letzte Satz der Neunten Symphonie besitzen beide Fugen die für den Sonatenhauptsatz typischen harmonischen Spannungen sowie ein Gefühl für Rückkehr und ausgedehnte Lösung. Darüber lagert sich in beiden die Strukturidee der Mehrsätzigkeit. Ganz besonders deutlich manifestiert sich das in der Großen Fuge mit ihren fast als gesonderten Teilen auftretenden Abschnitten Einleitung, Allegro, langsamer Satz (in neuer Tonart) und Scherzofinale. Aber auch in der ›Hammerklavier‹-Fuge vermittelt der D-dur-Abschnitt vor dem Engführungsfinale deutlich das Gefühl eines langsamen Satzes.

Kein einziges Modell kann jedoch ausschöpfen, auf wie vielfältige Weise Beethoven die Fuge in die klassische Struktur zu integrieren verstand. Das einfachste und am deutlichsten an Haydn anknüpfende Verfahren ist die Verwendung der Fuge als Durchführung, wie etwa im letzten Satz der Klaviersonate op. 101 und im ersten Satz der ›Hammerklaviersonate‹. In der Sonate op. 110 fungiert die Umkehrung der Fuge und eine Engführung aus Augmentation und Diminution sowohl als Durchführung wie auch als Vorbereitung auf die Rückkehr des Originalthemas und der Originaltonart. Die Fugentextur wird aufgegeben, sobald die Tonika erreicht ist. Doch die wohl bemerkenswerteste Integration der Fuge in eine größere Anlage findet sich im Quartett *cis* op. 131 und in der Klaviersonate *c* op. 111.

Sowohl in Haydns Sonate *Es* Hob. XVI: 52 als auch in Beethovens Quartett *cis* op. 131 steht der zweite Satz in der Tonart des Dur-Neapolitaners, also eine halbe Stufe über dem ersten Satz. In beiden Fällen wird die Tonart vorbereitet, allerdings auf verschieden starker Wirkungsebene. Der langsame E-dur-Satz bei Haydn wird dadurch vorbereitet, daß in der Durchführung des in Es-dur stehenden ersten Satzes die Tonart E-dur hervorgehoben wird und E-dur-Akkorde

---

[29] Die Beziehung der »Chorfantasie« zum Sonaten-Allegro hat Hans Keller in einem Artikel in der Zeitschrift Score (Januar 1961) dargelegt.

auch im Laufe der Reprise anklingen. In Beethovens Quartett wird der *D*-dur-Satz sogleich vom Thema des Fugenanfangs vermittels eines Sforzandos auf *A* angekündigt, und diese Dominante des folgenden Satzes wird im Lauf der Fuge fortwährend hervorgehoben. Wenn das Sforzando nach der Transposition des Themas auf *D* fällt und immer wieder erklingt, wird es gewissermaßen zum Angelpunkt, um den sich alles expressive Geschehen dreht. Das Fugengewebe erhält eine im klassischen Sinne wirksame Richtungsenergie, die dem barocken Fugenstil völlig fremd ist. Deshalb wirkt der Schritt zum *D*-dur am Anfang des zweiten Satzes zugleich unausweichlich und überraschend. Haydn bereitet die Beziehung erst im Lauf der Ausarbeitung des vorhergehenden Satzes vor, aber bei Beethoven ist sie schon im Hauptthema der Anfangsfuge angelegt, ist als Potential also schon im Rohmaterial der Form vorhanden.

In der Klaviersonate *c* op. 111 verschmelzen Fuge und Sonate zu einer Gestalt, die Mozarts brillanter Lösung im Finale des Quartetts *G*, die Beethoven ja im letzten Satz des Quartetts op. 59, Nr. 3 nachgeahmt hatte, fast diametral entgegengesetzt ist. In den beiden Quartettfinali verwandelt sich die fugierte Satzweise der Anfangstakte allmählich in den üblicheren Begleitstil des späten 18. Jahrhunderts, in dem die Begleitstimmen nur vermittels ihrer thematischen Bedeutung eine schattenhafte Unabhängigkeit gewinnen. Das »Allegro con brio ed appassionato« der Sonate op. 111 setzt mit einem offenkundigen Fugenthema ein, hält mit der fugierten Satzweise jedoch zurück, bis ein guter Teil der Exposition schon abgelaufen ist. Tritt der eigentliche Fugenklang dann endlich auf, so vermittelt er die vom Sonatenstil geforderte zunehmende Belebung.

Die Durchführung besteht größtenteils aus einer Doppelfuge, deren zweites Thema die Augmentation des ersten ist. Die ersten vier Noten des Themas

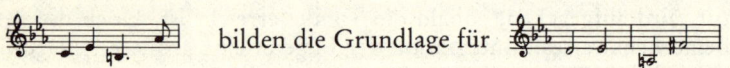

und wie so oft ist Beethoven hier stärker am Umriß des Themas als an einer genauen Tonhöhenentsprechung interessiert.

Als Ganzes gesehen, entspringt der erste Satz der anfänglichen Reihe von verminderten Septakkorden. Der Einleitung liegt das folgende, aus drei Phrasen bestehende, einfache Gerüst zugrunde:

Der dritte verminderte Septakkord wird durch ausgedehnte Chromatik auf mehrere Takte verlängert, bevor er auf einem *f*-moll-Akkord seine Lösung findet. (Die Länge dieser Ausweitung und die damit verbundene Verzögerung der Auflösung lassen die Phrase sogleich in die Dominante von *c*-moll überlaufen.) Das Hauptthema des nun folgenden Allegros ist aus diesen verminderten Septen und ihrer Auflösung abgeleitet,

wenn auch die melodische Gestalt in der Einleitung nie klar hervortritt, sondern nur sein harmonischer Aspekt (so wie die ›Eroica-Variationen‹ mit dem Baß allein beginnen). Um jedoch die Ableitung besonders deutlich herauszustellen, harmonisiert Beethoven am Ende des Satzes das Thema mit Akkorden,

unter denen die verminderten Septakkorde in der gleichen Reihenfolge wie in der Einleitung auftreten.

Diese Reihenfolge legt auch die harmonischen Strukturen der Durchführung fast zur Gänze fest.

Die drei Akkorde und ihre jeweilige Auflösung bilden die Grundlage der Durchführung, und ihre Reihenfolge ist wiederum jedes Mal die gleiche wie in der Einleitung. Welche Bedeutung diese drei Akkorde für den Ausdruck haben, braucht nicht ausdrücklich gesagt zu werden; sie färben fast das ganze Stück, erscheinen mit extremer Vehemenz an jedem wichtigen Höhepunkt und liefern den dynamischen Impuls für die meisten harmonischen Umdeutungen.

Die meisten in *c*-moll stehenden Werke Beethovens von der ›Sonate pathétique‹ an greifen an Höhepunkten ausgiebig zu verminderten Septakkorden. Doch kein Werk vor op. 111 legt die Reihenfolge dieser Akkorde für einen ganzen Satz fest (die drei Akkorde erschöpfen mit ihren Umkehrungen sämtliche möglichen verminderten Septakkorde), leitet das wichtigste melodische Material unmittelbar aus ihrem Klangcharakter ab und versucht so konsequent, vermittels dieser Akkorde den ganzen Satz zusammenzuschließen. Diese Konzentration auf die einfachsten und grundlegendsten tonartlichen Beziehungen charakterisiert Beethovens Spätstil aufs tiefste. Seine Kunst wurde trotz aller dramatischen Kraft und ihrer dramatisch konzipierten Form im Grunde genommen immer meditativer.

Das Erscheinungsbild dieser späten Werke ist alles andere als einschmeichelnd, ja viele finden die Große Fuge unangenehm rauh. Wenn sie aber, wie es sein soll, als Finale des Quartetts *B* op. 130 gespielt wird, dann ist nichts an dieser Rauheit exzentrisch und ebensowenig an den gebrochenen Seufzern (mit der Vortragsbezeichnung »beklemmt«) der vorangehenden Cavatina. Was manche dieser Werke selbstherrlich erscheinen läßt, ist ihre Kompromißlosigkeit. Zu Beethovens Lebzeiten schon durchschaute E. T. A. Hoffmann das, als er denen, die Beethoven nur Genie ohne Zucht, Phantasie ohne Ordnung zusprachen, entgegnete: »Wie ist es aber, wenn nur e u r e m schwachen Blick der innere tiefe Zusammenhang jeder Beethovenschen Komposition entgeht? Wenn es nur an euch liegt, daß ihr des Meisters, dem Geweihten verständliche, Sprache nicht versteht, wenn euch die Pforte des innersten Heiligtums verschlossen blieb? – In Wahrheit, der Meister, an Besonnenheit Haydn und Mozart ganz an die Seite zu stellen, trennt sein Ich von dem innern Reich der Töne und gebietet darüber als unumschränkter Herr.«

Zumindest seit der Renaissance hat man die Künste als Wege zur Erforschung des Universums, als Ergänzung zur Naturwissenschaft verstanden. Sie schaffen in gewissem Maße ihre eigenen Forschungsgebiete, denn ihr Kosmos ist die Sprache, die sie gebildet haben, deren Wesen und Grenzen sie erforschen und dadurch verwandeln. Beethoven ist wohl der erste Komponist, für den diese Erkundungsfunktion den Vorrang vor allen anderen – Unterhaltung, Belehrung und zuweilen sogar Ausdruck – hatte. Ein Werk wie die ›Diabelli-Variationen‹ befaßt sich vornehmlich damit, das Wesen der einfachsten musikalischen Elemente aufzudecken und die klassische Tonalitätssprache mit ihren Konsequenzen für Rhythmus, Textur, Melodie und Harmonie zu untersuchen. Zweifellos war auch Glück dabei, daß Beethoven beim Betreten der historischen Bühne einen Kosmos vorfand, der wie die von Haydn und Mozart geformte Sprache so voller Möglichkeiten, Verweise und Anklänge steckte. Seine Zielstrebigkeit ist jedoch in der Musikgeschichte ohnegleichen, und gerade dieser unnachgiebige, hohe Ernst kann immer noch Ressentiments auslösen.

Beethoven war der absolute Meister des musikalischen Zeitverlaufs, kein anderer Komponist besitzt ein so scharfes Empfinden für die Beziehung zwischen Intensität und Dauer. Und keiner, nicht einmal Händel oder Strawinsky, verstand so gut wie er die Wirkung der simplen Reiteration, die Kraft, die sich der Wiederholung abgewinnen läßt, und die Spannung, die aus der Verzögerung erwachsen kann. Es gibt zahlreiche Werke (und das Finale der Achten Symphonie ist nur das berühmteste Beispiel darunter), in denen ein vielfach wiederholtes Detail erst gegen Ende des Stückes voll verständlich wird, so daß man in solch einem Fall tatsächlich von der logischen Spannung der Sonatenform zusätzlich zu ihrer wohlvertrauten harmonischen und rhythmischen Spannung sprechen kann. Strawinsky bemerkte einmal, daß »in aller sogenannten nachwebernschen Musik die enorme Hebelwirkung, die Beethoven mit dem Faktor Zeit ausübe, fehle«. Diese Beherrschung der Zeit setzte die Einsicht in das Wesen musikalischer Handlung bzw. Handlungen voraus. Ein musikalisches Ereignis findet auf mehreren Ebenen statt; das schnellste Perpetuum mobile kann unbeweglich und eine lange Pause prestissimo erscheinen. Beethoven verschätzte sich nie mit der Intensität seiner musikalischen Handlungen. Was Haydn und Mozart so weit voran getrieben hatten, nämlich den Proportionen an sich expressive und strukturelle Bedeutung zu verleihen, erreicht den Entwicklungshöhepunkt bei Beethoven. Die Auflösung klassischer Gliederung ließ eine Wiederbelebung unmöglich werden.

Welches Gewicht die Dauer an und für sich, und zwar sowohl die Dauer der Teile wie des Ganzen, innerhalb eines Werkes erhält, ist nicht allein oder sogar vornehmlich ein rhythmisches Phänomen. Die harmonische Masse, Gewicht und Umfang einer Linie oder Phrase, Dichte des Satzes, sie alle spielen eine ebenso wichtige Rolle. Die Verschmelzung dieser Elemente zu einer Synthese, die nicht einmal Mozart zu ziehen vermochte[30], gestattete Beethoven eine bis dahin beispiellose Beherrschung der allergrößten Formen. Am Höhepunkt des langsamen Satzes von op. 111 gelingt es wie in wohl keinem zweiten Werk, den Fluß der Zeit aufzuheben. Nach nahezu fünfzehn Minuten in reinstem C-dur gelangt man zum Kadenztriller – so will es scheinen. Man muß sich das zeitliche Gewicht und die Masse des vorangehenden C-dur vergegenwärtigen, um das Folgende zu verstehen.

[30] Tovey hat einmal bemerkt, Mozarts Orchestrierung sei betörender, weil seine größten Geniestreiche als solche hervorstechen, während die Geniestreiche in Beethovens reifen Werken vollkommen instrumentengerecht sind (ungeachtet der unsinnigen Orchestrierungsversuche mit der ›Hammerklaviersonate‹ und der finanziell motivierten Klaviertransposition des Violinkonzerts).

Was es überhaupt an harmonischer Bewegung in diesem Satz gibt, findet hier statt, wo die großräumige rhythmische Bewegung vollständig aufgehoben ist. Diese Triller und diese Modulation besitzen keine Spur von vorwärtsdrängender Dynamik, sie erzeugen nur eine Art Schwebezustand vor der Rückkehr nach C-dur und der Kadenzlösung. Insofern eine Solokadenz die Glorifizierung einer Kadenzbewegung darstellt, haben wir hier eine Solokadenz vor uns, und das ist tatsächlich ihr struktureller Sinn. Das Meisterhafte daran ist Beethovens Erkenntnis, daß eine Sequenz keine Bewegung ist und daß ein diatonischer, fallender Quintenzirkel innerhalb der klassischen Tonalität nicht auf der Ebene tatsächlicher Handlung existiert, so daß also die lange Reihe kleinster harmonischer Bewegungen, die diese immense innere Expansion verlängern, nur als harmonischer Puls, nicht aber als Geste funktionieren.

Der Triller bezeichnet den Kulminationspunkt in der rhythmischen Organisation des Satzes. Ein langer Triller erzeugt hartnäckige Spannung bei gleichzeitiger Unbeweglichkeit; gerade diese Eigenschaft trug dazu bei, daß Beethoven die statische Variationenform akzeptierte – und transzendierte. Der sich schrittweise beschleunigende Variationenzyklus, in dem also jede Variation schneller als die vorhergehende ist, ist seit dem 16. Jahrhundert wohl vertraut, aber kein Werk vor op. 111 hat die Abstufungen so sorgfältig ausgearbeitet. Man kann die Reihenfolge vermittels des Grundrhythmus jeder Variation darstellen:

Die vierte Variation gelangt zu fast undifferenziertem Pulsieren, was durch das fortwährende Pianissimo und die Auslassung des Melodietons auf dem eigentlichen Taktschlag noch verstärkt wird. Der Triller stellt dann die völlige Auflösung selbst dieser rhythmischen Gliederung dar, womit der Satz extremste Schnelligkeit und extremste Unbeweglichkeit erreicht. Die Bedeutung des Trillers innerhalb der rhythmischen Struktur des Satzes insgesamt begründet seine Länge und die volltönende Verwandlung zum dreifachen Triller. Auf der letzten Notenseite kehrt der Triller zurück, und hier zieht der Rhythmus die Synthese aus allem Vorhergehenden: die rhythmische Begleitfigur der vierten Variation, d. h. die schnellste, metrisch gemessene Bewegung und das Thema in der Urform, also die langsamste, sind beide unter der ungemessenen Bewegungslosigkeit des Trillers aufgehoben. Auf diese Weise wird aus dem allertypischsten Ornament ein wesentliches strukturelles Element der Großform.

Dieses Vermögen, die Bewegung aufzuheben und gewissermaßen den Zeitfluß anzuhalten – wo sich Zeit doch nur durch Geschehnisse messen läßt – ist mit Mozarts exquisitem Gefühl für ein Pausieren der harmonischen Bewegung vor den Reprisen eng verwandt, doch wurde es zu einem von Beethovens individuellsten Zügen. Die Durchführung des ersten Satzes des Quartetts op. 130 hebt mit ihrem Amalgam aus kontinuierlich zartem Pulsieren, dem winzigen Ostinatothema und der langen, wiederholten, lyrischen Phrase die Bewegung auf ähnliche Weise auf, wie der ruhige Anfang der Durchführung der Neunten Symphonie mit seinen synkopierten, unbetonten Harmonierückungen, die jegliches Gefühl von Aktion zunächst ausschließen. Beide erzeugen dadurch eine viel erschreckendere und eindringliche Intensität als es eine weniger verinnerlichte Bewegung je vermöchte. Trotz aller Spannung sind diese Effekte im Grunde genommen meditativer Art und lassen dadurch bewußt werden, in wie hohem Maße die Erforschung des Tonalitätskosmos ein introspektiver Vorgang war.

Epilog

»Im übrigen aber, scheint es, hat die Form [die Sonate] ihren Lebenskreis durchlaufen, und dies ist ja in der Ordnung der Dinge, und wir sollen nicht jahrhundertelang dasselbe wiederholen.«

Robert Schumann,
›Gesammelte Schriften‹
Band 1, Seite 395

»Ces grands novateurs sont les seuls vrais classiques et forment une suite presque continue. Les imitateurs des classiques, dans leurs plus beaux moments, ne nous procurent qu'un plaisir d'erudition et de goût qui n'a pas grande valeur.«

Marcel Proust,
›Enquête sur le classicisme
et le romantisme‹,
(aus ›Textes retrouvés‹)

[Die großen Neuerer sind allein die wahren Klassiker, und sie bilden eine fast ununterbrochene Reihe. Die Nachahmer der Klassiker schenken uns auch in ihren allerschönsten Augenblicken nur ein Bildungs- und Geschmacksvergnügen, das keinen hohen Wert besitzt.]

Robert Schumanns Hommage à Beethoven, die Fantasie C op. 17, ist ein Gedenkstein für den Tod des klassischen Stils. Die Anfangswendung des letzten Liedes aus Beethovens Zyklus ›An die ferne Geliebte‹

erscheint deutlich als Zitat am Ende des ersten Satzes von Schumanns Werk,

aber auch im Lauf des Satzes[1] wird in Phrasen wie den folgenden

darauf angespielt. Trotz alledem ist Schumanns Fantasie hinsichtlich der wesentlichen Details und Strukturen ganz unklassisch. Das Auftreten der Beethoven-Melodie ist an und für sich schon unklassisch, da es auf eine persönliche und völlig private Bedeutung außerhalb des Werkes verweist – die Worte der Beethovenschen Phrase sind für Schumann zweifellos ein autobiographischer Verweis – und da es das wichtigste thematische Material in seiner definitiven und grundlegenden Form erst im letzten Augenblick vorstellt.

Dieser Augenblick – und das zählt am meisten – ist als einziger völlig stabil, denn mit dem vollständigen Hinweis auf Beethoven auf der letzten Seite des Satzes erscheint zum ersten Mal im Werk der Tonikaakkord *C*-dur in Grundstellung. Mit anderen Worten, im Gegensatz zu jeder klassischen Komposition nimmt Schumanns Werk weder seinen Ausgang von einem Zustand der Stabilität, noch erreicht es ihn vor dem letztmöglichen Augenblick. (Schumann verfuhr hier wohl instinktiv; genau genommen tritt ein Tonikadreiklang in Grundstellung schon ein paar Takte vor dem endgültigen und vollständigen Hinweis auf das geheime Motto des Satzes auf, aber er klingt an dieser Stelle nicht wie eine Tonika, sondern eine Dominante der Subdominante, und übt infolgedessen minimalen Einfluß auf die Proportionen und die Wirkung aus.) Trotz der thematischen Reprise gibt es daher in diesem Satz bis ganz zum Ende keine harmonische Lösung. Die ausgedehnte, symmetrisch angelegte Reprise kommt zum größten Teil nicht einmal in die Nähe von *C*-dur, sondern steht in *Es*-dur; der lange, stabile Tonikaabschnitt der klassischen Sonate interessiert Schumann überhaupt nicht.

---

[1] Das Motto der Fantasie, vier an den Anfang gesetzte Zeilen von Schlegel, deutet an, daß ein geheimer Ton durch das Ganze klingt. Die Huldigung an Beethoven wird auch von den – getilgten – Satzüberschriften suggeriert: »Ruine«, »Siegesbogen«, »Sternbild«.

Auch die Instabilität des Anfangs annulliert das klassische Rahmengesetz. Die Erregung der ersten Takte

hat in einem klassischen Werk nicht ihresgleichen, und ihre Gefühlsturbulenz wird auch dadurch angedeutet, daß die Begleitung eine formlose Fassung des darüberliegenden Themas ist. Beim Spielen ist selbst der Rhythmus der Begleitung nicht einfach zu verdeutlichen, und es besteht auch kein Grund zu der Annahme, daß Schumann ihn deutlich umrissen wünschte. Er verschmäht das klar bestimmte, rhythmische Gerüst des klassischen Stils zugunsten eines offeneren Klanges, aus dem sich die Gestalt des Themas allmählich herausschält. In dieser Gestalt ist eine Bewegung nicht etwa zur klassischen Dominante, sondern zur Subdominante *F*-dur enthalten, und dahin moduliert der Satz tatsächlich. Die klassische Spannungszunahme zur Mitte hin ist daher zerstört, aber nach einem derart heftigen Beginn wäre eine solche Form sowieso schwer vorstellbar. Die meisten Werke der Romantik um 1830 lassen nach dem Anfang in ihrer Spannung nach, und die folgenden Spannungsfluktuationen vermeiden die klaren Konturen der dramatischen, klassischen Form.

Harmonisch und rhythmisch wie auch in der formalen Kontur geht man zu den barocken Prinzipien zurück. Der erste Satz der Fantasie hat einen ausgedehnten, langsameren Mittelteil in der Molltonika, was den Satz mehr der dreiteiligen Form des Barock, der Da capo-Arie, angleicht, als einem Eröffnungssatz der Klassik. Der zweite Satz der Fantasie weist eine ähnliche Form auf und verwendet auch unerbittlich-zwanghaft einen punktierten Rhythmus, der in der zweiten Hälfte des 18. Jahrhunderts nahezu unbekannt war. Er tritt erst wieder in der Nachklassik mit den Werken Schuberts und Rossinis auf. Wie das homogene rhythmische Geflecht des Barock wirken die rhythmischen Formen der ersten Romantikergeneration nicht syntaktisch (d. h., sie bedürfen nicht der Ausgewogenheit und Ordnung), sondern kumulativ. Schumann sagte die reine Wahrheit, als er schrieb, seine Musik (wie auch die von Chopin, Mendelssohn und Hiller) stünde Bach näher als Mozart. Der energetische Impuls eines romantischen Werks geht nicht mehr von polarisierter Dissonanz und gegliedertem Rhythmus aus, sondern von der vertrauten barocken Sequenz; die Strukturen sind nicht mehr syntaktisch, sondern additiv. Insbesondere Schumanns Musik (Chopin behält etwas von der klassischen Klarheit) kommt in Schüben und hält den Höhepunkt im allgemeinen bis eben vor der Erschöpfung zurück.

Trotz Bachs starkem Einfluß ist die Romantik stilistisch durchaus nicht reaktionär; die Wiederbelebung des größten Barockmeisters war nicht der Grund, sondern das Symptom eines Stilwechsels. Es ist z. B. ausgeschlossen, daß Schuberts homogene Rhythmik etwas mit Bach zu tun hatte. Über ein einheitliches Gewebe legt der Romantiker eine strenge, der Spätklassik entlehnte Periodizität. Der extrem langsame Puls achttaktiger Phrasen verlangsamt die Grundbewegung der romantischen Musik im Vergleich zur klassischen und beläßt ihr doch gleichzeitig das Ideal der symmetrischen Melodie. Gounods ›Ave Maria‹, so könnte man behaupten, verkörpere den romantischen Stil am reinsten, indem die harmonische und rhythmische Bewegung des Barock (in diesem Fall Bachs Präludium C aus dem ›Wohltemperierten Klavier‹, Teil 1) von einer nachklassischen Melodie überlagert wird.

Der Stilwandel brachte einen Wandel der tonalen Sprache mit sich. Die Chromatik eines Chopin, Liszt und Spohr stellt eine oberflächliche Manifestation dieses Wandels dar. Schumanns Musik ist nicht außerordentlich chromatisch, und doch weisen die tonartlichen Beziehungen in seinem Werk eine Zweideutigkeit auf, die in dem Halbjahrhundert von 1775 bis 1825 ohne Vorbild ist. Die Anfangsnummer der ›Davidsbündlertänze‹ wechselt so rasch und häufig zwischen G-dur und e-moll, daß das Gefühl für ein klares tonales Zentrum dabei schwindet. Die ›Kreisleriana‹ umfassen wie die großen Liederkreise eine Anzahl verwandter Tonarten, von denen keine als wichtiger empfunden wird als die anderen. Das Fehlen eines zentralen Bezugspunkts geht ebenso wie Chopins Chromatik auf eine Schwächung der Dominant-Tonika-Polarität zurück. Es gibt zwar bei Beethoven, insbesondere in den ›Diabelli-Variationen‹ und den späten Quartetten, Phrasen von einer Chromatik, die es an Radikalität mit aller Musik außer der von Gesualdo aufnehmen können, aber ihnen liegt immer eine feste diatonische Struktur zugrunde. Bei Chopin erfährt auch diese Unterlage chromatische Schwankungen. In solch einem Stil wird selbst das klassische harmonische »Wortspiel«, die gewaltsame Verschmelzung zweier verschiedener Harmoniebereiche, unmöglich, da diese Bereiche nicht mehr deutlich genug umrissen sind.

Die Quellen des neuen Stils lassen sich leicht bestimmen, wobei Quellen wohlgemerkt nicht als kausaler Beweggrund, sondern als frei aus der Vergangenheit ausgewählte Inspiration zu verstehen sind. Vor allem sind es Bach und Rossini, neben einer Fülle größerer und kleiner Figuren aus der Spätklassik, wie Hummel, Field, Cherubini, Weber, Paganini und andere. Clementi, eine Gestalt aus einer früheren Generation, blieb als Schöpfer lockerer, melodisch bestimmter Strukturen ein Faktor, und durch seine Rolle in der Klavierpädagogik überlieferte er einen Teil des Scarlatti-Erbes. Haydn wurde fast völlig ignoriert, Mozart bewundert, aber mißverstanden, und die Verehrung für Beethoven muß für wenigstens eine Generation nach seinem Tode als schädlicher Einfluß gelten, da sie von wenigen Ausnahmen abgesehen nur leblose, akademische Nachahmungen von Formen hervorbrachte, die gar nicht mehr verständlich oder akzeptabel waren.

Das Verschwinden eines gealterten Stils ist womöglich noch geheimnisvoller als die Geburt eines neuen. Wird er aufgegeben, weil er sich logisch erschöpft hat, leergeschrieben ist? Drängen die Bedürfnisse und Ideale einer neuen Generation ein altes System in den Schatten? Oder ist es nur der Wunsch nach etwas Neuem, so daß alle zwanzig Jahre der abgenützte historische Vorgang eines Stilwandels erneut abrollt. Die Gestalt Schuberts warnt uns vor Verallgemeinerungen.

Von einigen wenigen Werken seiner letzten Jahre abgesehen, in denen er sich unerwarteterweise wieder einem stärker klassischen Geist zuwendete, ist Schubert einerseits der bedeutendste Urheber des neuen, romantischen Stils und andererseits die großartigste Verkörperung des Nachklassikers. Nach den ersten, tastenden Versuchen sind die Prinzipien, die den meisten seiner Lieder zugrunde liegen, völlig neu und stehen zur Liederkomposition der Vergangenheit nur in einem Negationsverhältnis. Sie vernichten alles, was ihnen vorausging. Die klassische Vorstellung von dramatischem Kontrast und seiner Auflösung ist abgeschafft, die dramatische Bewegung ist einfach und unteilbar. Besitzt ein Lied einen starken inneren Kontrast – was nur ausnahmsweise vorkommt – so bildet er nicht die Energiequelle.

Ganz im Gegenteil, ›Die Post‹ aus der ›Winterreise‹ bringt im kontrastierenden Abschnitt ein Erschlaffen der Energie, das nicht etwa eine Spannung löst, sondern nur eine Zurücknahme vor dem endgültigen Höhepunkt darstellt. In der gleichförmigen, antiklassischen Satztechnik eines Schubert-Liedes spiegelt sich die Einheitlichkeit der zugrundeliegenden Gefühlsvision.

Wie in den besten und individuellsten Werken anderer Romantiker ist die Wirkung in einem Schubert-Lied kumulativer und nicht syntaktischer Art. Der Extremfall ist ›Der Leiermann‹ aus der ›Winterreise‹, der zwar durch die Gestalt einiger späterer Phrasen einen leichten Intensitätszuwachs erhält, dessen herzzerreißende Wirkung aber vor allem auf die reine Wiederholung und – was nur das gleiche Prinzip verstärkt – auf seine Plazierung am Ende eines langen Zyklus zurückgeht. Mag das auch ein Extremfall sein, so erlangt selbst ein frühes Lied wie ›Gretchen am Spinnrade‹ seine Eindringlichkeit durch ein ähnlich iteratives Verfahren. An klassischen Maßstäben gemessen ist Schuberts Rhythmus unnachgiebig, aber offensichtlich sind diese Maßstäbe völlig belanglos und unerheblich geworden.

In der Kammermusik und Symphonik hingegen arbeitete Schubert zum größten Teil im späten, locker organisierten, nachklassischen Stil, für den melodischer Fluß wesentlich wichtiger ist als die dramatische Struktur. Rein als Stil betrachtet, ist es ein entarteter Stil, denn gerade seine organisatorische Lockerheit verhindert die dramatische Prägnanz, die enge Entsprechung zwischen dem Ganzen und den Teilen und den sich daraus ergebenden, für den klassischen Stil typischen Reichtum an Verweisen und Anspielungen. In diesem Fall haben die klassischen Maßstäbe zwar Gültigkeit, doch ihre strikte Anwendung führt zur Verkennung zahlreicher Werke, die zwar nie ganz aus der Not eine Tugend machen, aber dafür selber Vorzüge besitzen, die straffer organisierte Musik selten zu erzielen vermag.

Leider lassen sich letztendlich die klassischen Maßstäbe nicht beiseiteschieben, denn Schubert ist wie Hummel, Weber und der junge Beethoven ein klassizistischer Komponist, d. h., er wählt sich dauernd spezifische klassische Werke zum Vorbild und akzeptiert ihre Maßstäbe durch den Akt der Nachahmung. Zuweilen ist die thematische Beziehung zum Vorbild so offen, daß man das Gefühl hat, er beabsichtige eine bewußte Anspielung. Das Menuett von Schuberts Fünfter Symphonie in *B* kombiniert den dritten und vierten Satz von Mozarts Symphonie *g*,

so daß seine Kontur wie ein verschwommenes Echo der Vergangenheit klingt. Bestürzender ist das Verhältnis zwischen der späten Komposition ›Rondo‹ in *h* für Violine und Klavier und dem ersten Satz der ›Kreutzer-Sonate‹ von Beethoven, denn alles Geborgte wird hier trivialisiert und jedes dramatische Detail wird kleinlich, ja dekorativ.

Schubert war weder der erste noch der letzte Komponist, der beim Komponieren an spezifische Vorbilder dachte. Beethoven war beispielsweise älter als Schubert je wurde, bevor seine Verweise auf die Vergangenheit ihre Direktheit verloren und zu Anspielungen wurden. Brahms und Strawinsky, um nur zwei zu nennen, führten die Nachahmung von Vorbildern bis ins hohe Alter fort. Aber Schuberts Nachahmungen sind allzu oft zaghafter, weniger aufwühlend als die Vorbilder. Aus diesem Grund sind die meisten seiner großen Formen von einer strukturellen Mechanik, die seinen Vorbildern völlig abgeht. Er benutzt die Strukturen wie Gußformen, fast ohne das Material zu berücksichtigen, das in sie hineinfließen sollte. Es ist selbstredend gerade diese nachklassische Praxis, die allmählich zur Auffassung der Sonate als einer starren Form, dem Sonett vergleichbar, führte.

Schuberts Abhängigkeit von klassischen Vorbildern zeigt sich am deutlichsten im letzten Satz der Sonate *A*, die von dem Rondofinale von Beethovens Sonate *G* op. 31, Nr. 1 ausgeht. Die Themen der beiden Sätze ähneln sich nur hinsichtlich ihres deutlich gegliederten Rondocharakters:

Nicht bei der Themengestalt, sondern allein bei der Formstruktur werden Anleihen gemacht, und zwar beginnt der Vorgang, sobald das Thema zum ersten Mal erklungen ist. In beiden Werken wird es sofort in der linken Hand wiederholt, während die rechte Hand einen neuen Triolenrhythmus einführt:

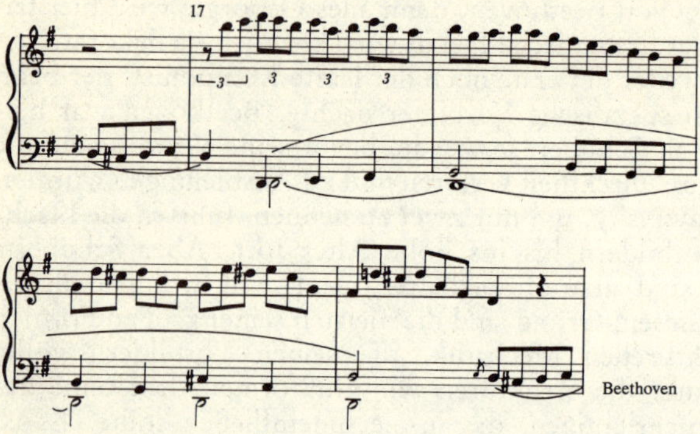
17
Beethoven

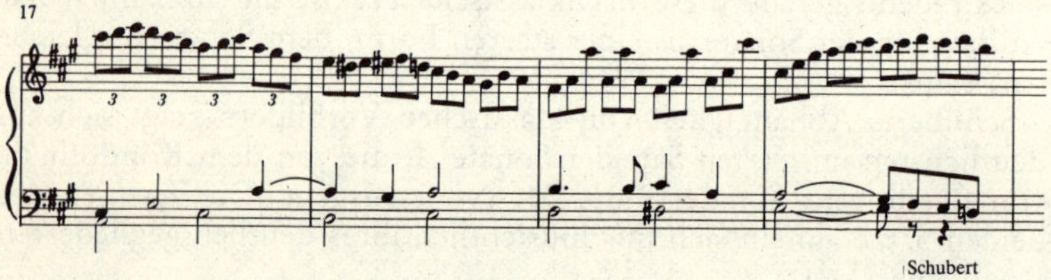
17
Schubert

Diese neue Triolenbewegung setzt sich beim zweiten Thema fort und wandert bei der Rückkehr des Hauptthemas in die linke Hand:

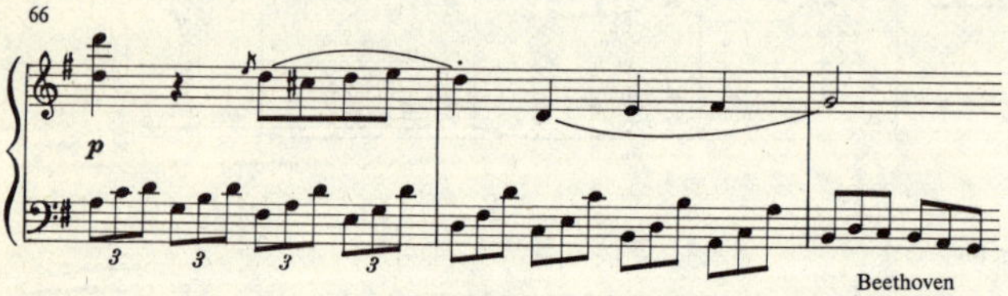
66
p
Beethoven

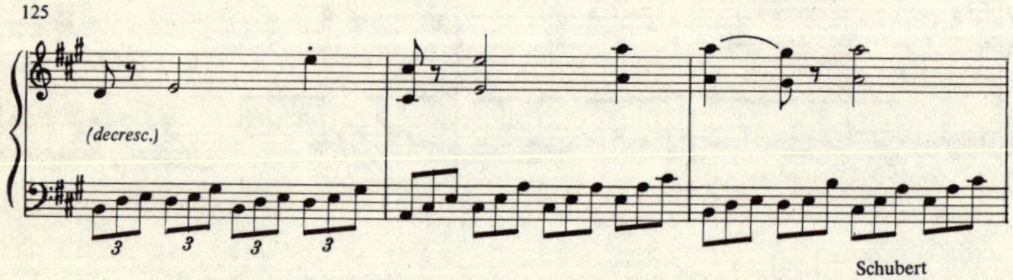
125
(decresc.)
Schubert

Damit beginnt die reich kontrapunktische, stürmische und in beiden Fällen hauptsächlich in Moll stehende Durchführung. Bei der zweiten

Wiederkehr des Themas reduziert sich die Begleitung auf reines Pulsieren und die Harmonik auf einen völligen Stillstand:

Ohne Parallele bei Beethoven ist Schuberts zauberhaftester Effekt, die Rückkehr des Themas in der Untermediante anstatt in der Tonika. Schuberts Coda folgt wieder brav dem Vorbild, das nirgend sonst so stark fühlbar wird. Beethoven verlangsamt das Thema, fragmentiert es, kehrt zum Originaltempo zurück und verlangsamt erneut, wobei die Fragmente durch lange Pausen getrennt werden. Am Ende folgt auf den ganzen Abschnitt ein brillantes, ausgedehntes Presto. Schubert ahmt ihn Punkt für Punkt nach; was er an eigener Erfindung hinzufügt, ist vor allem der geniale Einfall, als Schlußphrase eine Art Spiegelbild der Anfangsphrase seines ersten Satzes einzuführen.

Am bemerkenswertesten ist an dieser genauen Nachahmung die völlige Zwanglosigkeit und Leichtigkeit, mit der sich Schubert in der von Beethoven geschaffenen Form bewegt. Allerdings hat er den Zusammenhalt gelockert und erbarmungslos an ihren Bändern gezerrt. Schuberts Satz ist sehr viel länger als Beethovens, obgleich die beiden Anfangsthemen jeweils gleich lang sind. Damit hat Schubert das Verhältnis des Ganzen zu den Teilen erheblich verändert, und das erklärt auch, warum seine großen Sätze so lang erscheinen, da sie nämlich in Formen geschaffen wurden, die ursprünglich für kürzere Stücke gedacht waren. Selbstverständlich verlieren diese Formen etwas von ihrer Erregung und Triebkraft, wenn sie so gestreckt werden, doch ist das geradezu eine Voraussetzung für den ungezwungenen melodischen Fluß von Schuberts Musik. Abschließend muß gesagt werden, daß Schubert mit dem Finale der Sonate A ein Werk schuf, das sein Vorbild unstreitig überragt.

Die für den nachklassischen Stil typische Lockerung der Form führte zu Schuberts großräumiger, besonders in den Durchführungen auftretender Sequenzierung, die als Methode nur teilweise auf Beethoven zurückgeht. Dieses Verfahren, bei dem ganze Abschnitte der Durchführung nur auf oder abwärts transponiert tongetreu wiederholt werden (fast immer aufwärts, um der steigenden Spannung zu entsprechen), erlaubt eine Durchführungsform, die ebenso symmetrisch wie die Exposition und Reprise ist[2]. Damit ist einer der letzten Schritte zur völligen Systematisierung der Sonate getan. Mit keinem Verfahren wurde von den Symphonikern des 19. Jahrhunderts soviel Mißbrauch getrieben, ja es wurde fast ein Ersatz für das Komponieren. Die gelockerte Form erlaubte es Schubert jedoch, sich in Klangeffekten zu ergehen, die selbst Mozart in der ›Zauberflöte‹ nicht erreichte. Die Wirkungen sind von fast genußsüchtiger Delikatesse und zeigen sich am bedeutsamsten in Schuberts ausgedehnter Produktion an vierhändiger Klaviermusik.

Am Ende seines Lebens kehrt Schubert mit dem Quartett G, der großen C-dur-Symphonie und dem Streichquintett C fast ebenso auffällig, wenn auch nicht ganz so vollständig wie Beethoven, zu klassischen Prinzipien zurück. Eine einfache Gegenüberstellung von Dur und Moll eröffnet das Quartett G, und der ganze erste Satz ist aus der Energie dieses Materials gewonnen:

[2] Die Sequenzierung als Element der Großform bezeugt, wie sehr sie überhaupt zum Bewegungsimpuls geworden war.

Das ist nicht die übliche Dur-Moll-Einfärbung bei Schubert; auch ihr Pathos fehlt fast völlig. Bemerkenswert ist hier vielmehr die Wiedergeburt der klassischen Überzeugung, daß allein die einfachsten tonartlichen Beziehungen zum Gegenstand der Musik taugen. Die Untersuchung dieser Beziehungen ist diffuser als bei Beethoven, aber im Wesen nicht verschieden. Das vielleicht noch geglücktere Quintett C ist nur scheinbar vielschichtiger. Die Symphonie C beginnt hingegen mit einer echt romantischen Einleitung und einer abgerundeten Melodie, aber die Beherrschung des klassischen Rhythmus im Allegro macht diesen Satz prägnanter als jedes andere symphonische Werk Schuberts (auch prägnanter als die ›Unvollendete‹, deren üppige Materialausbreitung die Symphonie C nicht nachahmt). Die Akzentverschiebung von

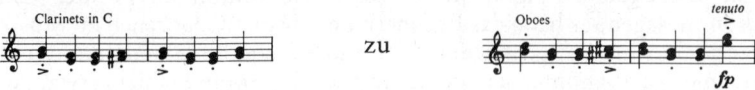

ist eine vollkommene Wiedererschaffung der Beethovenschen Rhythmusbehandlung. All diese Werke sind kompositorisch entspannter als Beethovens, oder selbst Mozarts entspannteste Momente, doch wird die klassische Form nicht mehr von außen aufgedrückt, sondern ist im Material angelegt.

Die Synthese der Ausdrucksmittel, die wir als klassischen Stil bezeichnen, war keineswegs erschöpft, als sie aufgegeben wurde, aber die Unterwerfung unter ihre strenge Disziplin war keine leichte Sache. Ein Stilbruch zwischen Beethoven und der Folgegeneration ist eine unausweichliche Hypothese, will man die musikalische Sprache des 19. Jahrhunderts verstehen. Schubert läßt sich allerdings nicht so leicht in eine Kategorie – romantisch, nachklassisch oder klassisch – pressen; er ist das lebende Beispiel dafür, daß sich das geschichtliche Material sogar gegen die notwendigsten Verallgemeinerungen sperrt, und gemahnt uns zugleich an die nicht weiter auflösbare Persönlichkeitskomponente, die einer Stilgeschichte zugrundeliegt.

Wenn ein Stil nicht mehr die natürliche Ausdrucksweise ist, erhält er ein neues Leben, ein Schattendasein, als in die Gegenwart verlängerte Vergangenheit. Wir hängen der Vorstellung an, wir könnten die Vergangenheit durch ihre Kunst wiederbeleben und sie verewigen, indem wir innerhalb ihrer Konventionen arbeiten. Diese Illusion der Vergangenheitserweckung setzt voraus, daß der Stil nicht wirklich wieder lebendig wird. Die Konventionen müssen konventionell bleiben, die Formen ihre ursprüngliche Bedeutung verloren haben, damit sie die neue Aufgabe, nämlich die Vergangenheitsbeschwörung, erfüllen können. Dieser Verknöcherungsvorgang garantiert Respekt und

Ansehen. Ursprünglich konnte der klassische Stil keine solchen Zusicherungen machen: ›Don Giovanni‹ und die ›Eroica‹ waren Skandale, die ›Londoner Symphonien‹ auf erhabene Weise frech. Doch gerade wie die händelsche Fuge bei Mozart als Entsprechung für den hohen Ernst des geheiligten Ritus fungierte, so sind die Sonatenformen in den Symphonien und Kammermusikwerken von Mendelssohn und Schumann Versuche in Schicklichkeit und Respekt. In diesen heute leider ungeliebten Werken ist die Vergangenheitsbeschwörung nur eine Nebenerscheinung, die Hauptabsicht lag darin, das dem imitierten Stil innewohnende Ansehen für sich zu gewinnen. Das Gefühl einer unwiederbringlichen Vergangenheit ist in den resigniert eklektizistischen, unironisch doppelsinnigen Werken von Brahms allgegenwärtig. Die Tiefe des Verlusts verleiht seiner Musik eine Intensität, die kein anderer Epigone der klassischen Tradition je erreichte. Man könnte sagen, er habe das Bedauern des zu spät Geborenen zu Musik gemacht. Im übrigen ließ sich die klassische Tradition nur durch Ironie noch schöpferisch weiter nutzen, die Ironie Mahlers etwa, der die Sonatenform mit dem gleichen spöttischen Respekt verwendet wie die verbrauchten Fetzen von Tanzmusik. Die wahren Erben des klassischen Stils waren nicht die Bewahrer seiner Traditionen, sondern diejenigen, die wie Chopin und Debussy seine Freiheit bewahrten, indem sie die musikalische Sprache, die seine Voraussetzung war, allmählich veränderten und zuletzt zerstörten.

Namen- und Werkregister

Verweise auf Haydn, Mozart und Beethoven, außer denen, die sich auf einzelne Werke beziehen, sind nicht verzeichnet.

Abert, Hermann 199
Addison, Joseph 186, 187
›Cato‹ 186
›Irene‹ 186
Ariosto, Lodovico 360
Aristoteles 40

Bach, Carl Philipp Emanuel 33, 46, 50, 51, 52, 86, 105, 119, 122, 123–127, 160, 271
Sinfonie D Wq 183, 1 122
Sonate F für Klavier (1779) 123
Sonate h für Klavier (1779) 122, 125 f.
Bach, Johann Christian 19, 38, 46, 50, 56, 86, 212, 215
Klavierkonzert Es (1770) 215 f.
Bach, Johann Sebastian 18, 34, 37, 45, 48, 50, 53, 63, 66, 84, 87, 98 f., 102, 111, 116, 119, 123, 126, 128, 149, 162, 187, 188, 189, 223, 259, 276, 300, 320, 322, 374, 375, 376, 391, 416, 417, 418, 423, 434, 435, 437, 446, 457, 482, 491, 494, 495, 510, 511
›Bauernkantate‹ BWV 212 374
Brandenburgische Konzerte BWV 1046–1051 47
    Nr. 4 G BWV 1049 63
    Nr. 5 D BWV 1050 223
    Nr. 6 B BWV 1051 47
Chaconne → Partita BWV 1004
Französische Ouvertüre h BWV 831 322, 391
Fuge für Orgel a BWV 543 81
›Goldberg-Variationen‹ BWV 988 66, 102, 104, 374, 376, 434, 446, 491, 495
Inventionen für Klavier 434
Italienisches Konzert BWV 971 83
›Die Kunst der Fuge‹ BWV 1080 26, 66, 417, 423, 434
›Matthäuspassion‹ BWV 244 74, 188
Messe h BWV 232 63, 103, 416
›Musikalisches Opfer‹ BWV 1079 128
›O Lamm Gottes‹, Orgelchoralvorspiel BWV 618 63, 103
Partita für Klavier Nr. 1 B BWV 825 98 f.
Partita für Violine Nr. 2 d BWV 1004 81
Passacaglia und Fuge für Orgel c BWV 582 494
Passionen 188, 189
Triosonaten für Klavier 320
›Das Wohltemperierte Klavier‹ 66, 83, 417, 434, 482, 510
Bach, Wilhelm Friedemann 46
Badura-Skoda, Paul 256
Bartha, Dénes 158
Bartók, Béla 151, 376, 489
Bartolozzi, Gaetano 406
Bartolozzi, Teresa 406, 409
Bauer, Harold 115
Bauer, Wilhelm A. 158
Beaumarchais, Pierre-Augustin Caron de 206, 343, 355, 356, 361, 368
Beethoven, Ludwig van
›Adelaide‹ op. 46 429
›An die ferne Geliebte‹ op. 98 428, 452, 454 f., 456, 507
Bagatellen op. 119 und op. 126 457 f.
Chorfantasie → Fantasie op. 80
›Christus am Ölberg‹, Oratorium op. 85 415
Diabelli-Variationen → 33 Variationen über einen Walzer von Anton Diabelli
Fantasie für Klavier, Chor und Orchester c op. 80 497
›Fidelio‹ 45, 114, 199, 203, 207, 208, 329, 427, 436, 451, 455 (siehe auch Ouvertüren)
Fuge für Streichquintett D op. 137 → Streichquintett
Große Fuge op. 133 → Streichquartette
›Kaiserkonzert‹ → Klavierkonzert Nr. 5 Es op. 73
›Kakadu-Variationen‹ op. 121a → Trios
Klavierkonzerte 55
    Nr. 1 C op. 15 293, 440, 443
    Nr. 2 B op. 19 440
    Nr. 3 c op. 37 440
    Nr. 4 G op. 58 68, 74, 240, 242, 253, 291 f., 378, 437–443, 451
    Nr. 5 Es op. 73 (›Kaiserkonzert‹) 378, 441, 456

Erster Satz eines Klavierkonzerts *D* 441

Klaviersonaten 49, 399, 429, 431, 451
   WoO 47 *E*, *f*, *D* (›Kurfürsten-Sonaten‹, 1782/83) 429
   op. 2, Nr. 3 *C* 309, 429, 431
   op. 10, Nr. 2 *F* 56
   op. 10, Nr. 3 *D* 160, 309, 431
   op. 13 *c* (›Sonate pathéteque‹) 321, 501
   op. 22 *B* 41 f., 475
   op. 27, Nr. 2 *cis* (›Mondscheinsonate‹) 55, 100
   op. 31, Nr. 1 *G* 89, 407, 431, 446, 447, 513–516
   op. 31, Nr. 2 *d* (›Sturmsonate‹) 39 f., 75, 89, 446
   op. 31, Nr. 3 *Es* 89, 445, 447
   op. 53 *C* (›Waldsteinsonate‹) 52, 72 f., 75, 79, 86, 148, 426, 432, 436, 443, 447–450, 451, 459
   op. 54 *F* 64 f.
   op. 57 *f* (›Appassionata‹) 39, 65, 75, 82, 97 f., 109, 284, 430, 451 f., 459, 494 f.
   op. 78 *Fis* 397
   op. 90 *e* 445, 455, 456
   op. 101 *A* 73, 455, 456, 497
   op. 106 *B* (›Hammerklaviersonate‹) 35 f., 103, 120, 237, 319, 428, 432, 434, 447, 457, 460, 462–490, 497, 503
   op. 109 *E* 75, 160, 257, 457, 492
   op. 110 *As* 72, 340, 457, 497
   op. 111 *c* 160, 257, 309, 432, 457, 492, 497, 498–501, 503–505
›Kreutzer-Sonate‹ → Sonate für Klavier und Violine *A* op. 47
Messen 49
   C op. 86 415, 424 f., 456
   D op. 123 (›Missa solemnis‹) 57, 220, 312, 344, 415, 424, 425, 426, 435, 457
Orgelimprovisationen 24
Ouvertüren
   ›Leonore‹ Nr. 3 170
   ›Zur Namensfeier‹ op. 115 455
Quintett für Klavier und Blasinstrumente *Es* op. 16 429
Septett *Es* op. 20 429
Sonate für Klavier und Violine *A* op. 47 (›Kreutzer-Sonate‹) 315, 451, 513
Sonaten für Klavier → Klaviersonaten
Sonaten für Klavier und Violoncello
   op. 69 *A* 456
   op. 102, Nr. 1 *C* 455
   op. 102, Nr. 2 *D* 455, 457
Streichquartette 108, 319, 320, 511
   op. 18 302
   op. 18, Nr. 1 *F* 86
   op. 18, Nr. 5 *A* 319, 430
   op. 59 (›Rasumowsky-Quartette‹) 451
   op. 59, Nr. 1 *F* 319
   op. 59, Nr. 3 *C* 498
   op. 74 *Es* 456
   op. 95 *f* 103, 312, 456
   op. 127 *Es* 432, 492
   op. 130 *B* 27, 313, 319, 432, 457, 495, 497, 501, 505
   op. 131 *cis* 455, 457, 497 f.
   op. 132 *a* 57, 363, 457
   op. 133 *B* (Große Fuge) 313, 457, 497, 501 (siehe auch Quartett op. 130)
   op. 135 *F* 319, 457, 495
Streichquintett *C* op. 29 302, 432
Streichquintett (Fuge) *D* op. 137 434
Symphonien
   Nr. 3 *Es* op. 55 (›Eroica‹) 36, 72, 84, 86 f., 257, 305, 313, 392, 396, 436, 443–446, 451, 496 f., 518
   Nr. 5 *c* op. 67 38, 77, 163, 260, 313, 446, 456, 459 f., 461, 488
   Nr. 6 *F* op. 68 (›Pastorale‹) 453 f., 456
   Nr. 7 *A* op. 92 393, 395, 456
   Nr. 8 *F* op. 93 108, 313, 456, 502
   Nr. 9 *d* op. 125 160, 257, 305, 309 f., 312, 313, 319, 377, 432, 435, 455, 457, 458, 481, 493, 496, 497, 505

Trios für Klavier, Violine und Violoncello
   op. 70, Nr. 1 *D* (›Geistertrio‹) 456
   op. 70, Nr. 2 *Es* 321, 394, 456
   op. 97 *B* (›Erzherzogtrio‹) 120, 456
   op. 121 a *G* (›Kakadu-Variationen‹) 224

6 Variationen über ein eigenes Thema *F* op. 34 451, 492 f., 496
15 Variationen *Es* op. 35 (›Eroica-Variationen‹) 493 f., 495, 500
33 Variationen über einen Walzer von Anton Diabelli *C* op. 120 (›Diabelli-Variationen‹) 104 f., 423, 435, 457, 458, 492, 495 f., 502, 511
5 Variationen über ›Rule Britannia‹ *D* WoO 79 (1803) 491

32 Variationen über ein eigenes Thema
  c WoO 80 (1806) 452f., 492
Violinkonzert D op. 61 98, 115, 292, 503
›Wellingtons Sieg oder die Schlacht bei Vittoria‹ op. 91 452, 453
Bellini, Vincenzo 111, 347, 429
  ›Norma‹ 347
Berg, Alban 316
Berlioz, Hector 39, 198, 453, 454
  Requiem 198
  ›Symphonie Fantastique‹ 39, 454
  ›Symphonie Funèbre et Triomphale‹ 453
Boccherini, Luigi 50, 300, 301
Brahms, Johannes 28, 34, 91, 131, 160, 190, 220, 242, 254, 312, 316, 428, 441, 479, 494, 513, 518
  2 Kadenzen zu W. A. Mozarts Klavierkonzert KV 453 254
  Klavierkonzert Nr. 2 B op. 83 441
  Quintett für Klarinette und Streicher h op. 115 131
  Symphonie Nr. 3 F op. 90 312
  Symphonie Nr. 4 e op. 98 460, 479
  Variationen und Fuge über ein Thema von Händel op. 24 494
Brosses, Charles de (Président de Brosses) 201
Bruckner, Anton 445
Bülow, Hans von 451

Caravaggio, Michelangelo Merisi da 117
Cavalli, Pier Francesco 183
Chaucer, Geoffrey 162
Cherubini, Luigi 207, 436, 511
Chopin, Frédéric 19, 21, 24, 25, 26, 32, 34, 37, 75, 78, 80, 82, 111, 115, 190, 217, 231, 295, 316, 370, 417, 428, 431, 432, 433, 434, 435, 437, 440, 493, 510, 511, 518
  Ballade g op. 23 82
  Ballade As op. 47 431
  Ballade f op. 52 431, 432
  Fantasie f/As 26
  Mazurken 116
  Préludes 24
  Scherzo b/Des 26
  Sonaten 78
Claude Lorrain 181
Clementi, Muzio 21, 429, 511
Coleridge, Samuel Taylor 18
Couperin, François 111
Crébillon, Prosper Jolyot de 186
Czerny, Carl 30, 112, 457

Dancourt, Florent 355
Da Ponte, Lorenzo 172, 205, 343, 356, 366, 367
David, Jacques Louis 193, 194
Debussy, Claude 187, 398, 518
  ›Pelléas et Mélisande‹ 398
Deiters, Hermann 427
Delacroix, Eugène 29, 428
Della Porta, Giambattista 356
Dent, Edward 366
Deutsch, Otto Erich 158
Diabelli, Anton 492
Diderot, Denis 209
  ›Lettre à Mademoiselle ...‹ 209
Dittersdorf, Karl Ditters von 21, 212
Dohnányi, Ernst von 224
  ›Variationen über ein Kinderlied‹ 224
Donizetti, Gaetano 416
Dvořák, Antonín 376

Esterházy, Fürst Nikolaus II. 404, 415
Esterházy, Fürst Paul Anton 91, 406
Esterházy, Prinzessin Maria 404
Esterházy, Prinzessin Maria Therese 91, 406

Favart, Charles Simon 361
Feydeau, Georges 355
Field, John 434, 511
Forbes, Elliot 461
Friedrich Wilhelm II., König von Preußen 135, 153, 320

Gay, John 386
  ›The Beggar's Opera‹ 386
Gershwin, George 377
Gesualdo, Don Carlo, Fürst von Venosa 511
Giotto 57
Gluck, Christoph Willibald 17, 50, 160, 183, 184, 186, 187, 190–199, 200, 202, 330, 363
  ›Alceste‹ 193, 195
  ›Iphigénie en Tauride‹ 193, 196, 197, 198
  ›Orphée‹ 193
  ›Paride ed Elena‹ 196–198
Goethe, Johann Wolfgang von 199
  ›Italienische Reise‹ 199
Goldmark, Karl 454
Goldoni, Carl 181, 183, 206, 355, 357, 361, 362, 366
  ›Mémoires‹ 183
  ›Il Ventaglio‹ (›Der Fächer‹) 355
Goldsmith, Oliver 181
Gounod, Charles 510
  ›Ave Maria‹ 510

521

Gozzi, Carlo 206, 357, 362, 363, 365, 366
›Die Liebe zu den drei Orangen‹ 357, 362
›Memorie inutili‹ (›Nichtsnutzige Erinnerungen‹) 362
›Turandot‹ 362

Grieg, Edvard 224

Händel, Georg Friedrich 18, 34, 38, 45, 48, 49, 50, 51, 63, 66, 76, 84, 116, 117, 118, 149, 162, 183, 186, 187, 188, 189, 191, 223, 329, 378, 417, 418, 425, 436, 437, 452, 495, 502
    Chaconne mit 62 Variationen 67
    ›Giulio Cesare‹ 187
    ›Israel in Egypt‹ 63, 187, 417
    ›Jephtha‹ 45, 189
    ›Messiah‹ 417
    Suite für Cembalo Nr. 3 d 116
    ›Susanna‹ 189

Hasse, Johann Adolf 417

Haydn, Joseph
    ›Die Jahreszeiten‹ 210, 373, 420, 423f., 454
    Klavierkonzert D Hob. XVIII : 2 210
    Klaviersonaten 49, 50, 118, 159, 332, 340, 373, 406
        Hob. XVI : 20 c 161, 406
        Hob. XVI : 31 E 407
        Hob XVI : 44 g 161
        Hob. XVI : 46 As 153, 161, 167
        Hob. XVI : 48 C 48
        Hob. XVI : 49 Es 406
        Hob. XVI : 50 C 406
        Hob. XVI : 51 D 406
        Hob. XVI : 52 Es 122, 126, 406, 497
    Messen 373, 415, 418
        C (›Missa in tempore belli‹) 218, 418f.
        B (›Theresienmesse‹) 419, 420
        B (›Harmoniemesse‹) 419
    Opern 130, 131, 167, 210
    ›Die Schöpfung‹ 373, 395, 416, 420–424
    ›Sinfonie concertante‹ B Hob. I : 105 174, 373
    Streichquartette 79, 80, 84, 151, 157, 158, 211, 219, 313, 319, 326, 335, 351, 373, 378, 393, 401, 402, 405, 418, 420, 443
        op. 9 154
        op. 17 151, 154, 161
        op. 20 (›Sonnenquartette‹) 127, 129, 130, 131, 151, 154, 161, 167, 300, 301
        op. 20, Nr. 1 Es 72, 129
        op. 20, Nr. 2 C 128
        op. 20, Nr. 4 D 60, 166
        op. 33 (›Scherzi-‹ oder ›Russische Quartette‹) 22, 49f., 126, 127f., 129, 130f., 151, 153, 154, 167, 237, 302
        op. 33, Nr. 1 h 73, 99, 126–129, 130, 131, 132, 154, 155, 280, 303, 450
        op. 33, Nr. 2 Es 99, 153
        op. 33, Nr. 3 C (›Vogelquartett‹) 69–71, 105, 302
        op. 33, Nr. 4 B 107f.
        op. 33, Nr. 5 G 84f.
        op. 42 d 153
        op. 50 135, 153f.
        op. 50, Nr. 1 B 132–138, 142
        op. 50, Nr. 2 C 153
        op. 50, Nr. 3 Es 153
        op. 50, Nr. 4 fis 150, 153
        op. 50, Nr. 5 F 145f.
        op. 50, Nr. 6 D 79, 138–142
        op. 54 154
        op. 54, Nr. 1 G 154
        op. 54, Nr. 2 C 154, 155, 313
        op. 54, Nr. 3 E 155, 156f.
        op. 55 154
        op. 55, Nr. 1 A 155
        op. 55, Nr. 2 f 155
        op. 55, Nr. 3 B 143–145
        op. 64 155
        op. 64, Nr. 1 C 147–149, 319
        op. 64, Nr. 2 h 155
        op. 64, Nr. 3 B 78, 155f.
        op. 64, Nr. 4 G 156, 319
        op. 64, Nr. 5 D (›Lerchenquartett‹) 64, 156, 399
        op. 64, Nr. 6 Es 146f., 327
        op. 71 392
        op. 71, Nr. 2 D 380f.
        op. 71, Nr. 3 Es 391f.
        op. 74 392
        op. 74, Nr. 2 F 392
        op. 74, Nr. 3 g 392
        op. 76, Nr. 1 G 381, 392
        op. 76, Nr. 5 D 383, 390f.
        op. 76, Nr. 6 Es 385
        op. 77, Nr. 1 G 79
        op. 77, Nr. 2 F 319
        op. 103 (unvollendet) 151
    Symphonien 48, 49, 50, 84, 158–182, 210, 219, 221f., 306, 373–397, 402, 405, 420

Nr. 39 g 161
Nr. 43 Es (›Merkursymphonie‹) 165f.
Nr. 44 e (›Trauersymphonie‹) 161
Nr. 45 fis (›Abschiedssymphonie‹) 161, 162
Nr. 46 H 163–165
Nr. 47 G 103, 168f.
Nr. 49 f (›La Passione‹) 161
Nr. 52 c 161
Nr. 53 D (›L' Impériale‹) 169
Nr. 57 D 393
Nr. 60 C (›Il Distratto‹) 169
Nr. 62 D 123f., 168, 169f.
Nr. 73 D (›La Chasse‹) 393, 394
Nr. 75 D 168, 173f., 393
Nr. 78 c 280
Nr. 81 G 175–177
Nr. 82–87 (Pariser Symphonien) 177, 218, 374, 377
Nr. 82 C (›Der Bär‹) 383, 454
Nr. 85 B (›La Reine‹) 79, 327
Nr. 86 D 393
Nr. 88 G 174, 327, 384, 461
Nr. 89 F 174f.
Nr. 90 C 160f., 177
Nr. 91 Es 160f., 177
Nr. 92 G (›Oxforder‹) 31, 160f., 177–180, 336, 385f.
Nr. 93–104 (Londoner Symphonien) 219, 340, 374, 377, 392f., 397, 402, 418, 518
Nr. 93 D 31, 384, 389f.
Nr. 94 G (›Mit dem Paukenschlag‹) 31, 383, 423f., 494
Nr. 95 c 393
Nr. 97 C 388f., 394
Nr. 98 B 219, 222, 394, 424
Nr. 99 Es 379
Nr. 100 G (›Militärsymphonie‹) 88, 379, 394
Nr. 101 D (›Die Uhr‹) 106f., 155, 385
Nr. 102 B 48, 394, 410
Nr. 103 Es (›Paukenwirbelsymphonie‹) 321, 375, 376, 382, 387, 394f.
Nr. 104 D 374, 383, 385, 393
Trios für Klavier, Violine und Violoncello 49, 300, 393, 398–414, 443
Hob. XV : 1 g 402
Hob. XV : 7 D 106
Hob. XV : 12 e 404
Hob. XV : 13 c 402f.
Hob. XV : 14 As 403f.
Hob. XV : 15–17 (für Klavier, Flöte und Violoncello) 402
Hob. XV : 18 A 406
Hob. XV : 19 g 91–96, 406
Hob. XV : 20 B 152, 406
Hob. XV : 21 C 404
Hob. XV : 22 Es 404f.
Hob. XV : 23 d 404
Hob. XV : 24 D 409
Hob. XV : 25 G 314, 409
Hob. XV : 26 fis 409f.
Hob. XV : 27 C 399, 406f.
Hob. XV : 28 E 406, 407–409
Hob. XV : 29 Es 406, 409
Hob. XV : 30 Es 401, 412–414
Hob. XV : 31 es 411f.
Haydn, Michael 301, 402, 415, 425
Herder, Johann Gottfried 354, 355
 ›Das Lustspiel‹ 355
Hiller, Ferdinand 510
Hoffmann, Ernst Theodor Amadeus 17, 38, 87, 180, 352, 358, 369, 370, 490, 501
Houdon, Jean-Antoine 57
Hughes, Rosemary 375
Hummel, Johann Nepomuk 21, 112, 114, 293, 295, 429, 434, 440, 442, 445, 493, 511, 512

Jannequin, Claude 453, 489
Jansen, Teresa → Bartolozzi
Jeunehomme, Mlle 116
Joachim, Joseph 28
Johnson, Samuel 181, 186
 ›Cato‹ 186
 ›Irene‹ 186

Keller, Hans 497
Kierkegaard, Søren 369
Kleist, Heinrich von 361
 ›Der zerbrochene Krug‹ 361
Koch, Heinrich Christoph 95

La Fontaine, Jean de 356, 360
Lake Poets → Coleridge, Southey und Wordsworth
Le Brun, Charles 356
Ledoux, Claude Nicolas 193, 194
Lenz, Jacob Michael Reinhard 361
Leonardo da Vinci 260
Lesage, Alain-René 355
Lessing, Gotthold Ephraim 354, 361
Liszt, Franz 21, 83, 111, 116, 224, 316, 431, 496, 510
 Sonate h 496
Lockwood, Lewis 459

Lowinsky, Edward 417
Lully, Jean-Baptiste 189

Machaut, Guillaume de 374
Mälzel, Johann Nepomuk 453
Mahler, Gustav 313, 316, 377, 390, 518
    Symphonie Nr. 9 313
Malherbe, François de 121
Mallarmé, Stéphane 489
Manet, Edouard 57
Maria Theresia, Kaiserin 368
Marivaux, Pierre Carlet de 181, 206, 357
    ›Le Jeu de l'Amour et du Hasard‹ 357
Marvell, Andrew 181
Masaccio 57, 162
Méhul, Etienne-Nicolas 207, 436
Menander 354
Mendelssohn, Felix 428, 434, 435, 452, 453, 456, 510, 518
    Symphonie Nr. 5 D (›Reformationssymphonie‹) 453
    ›Variations sérieuses‹ d op. 54 452
Metastasio, Pietro 171, 186, 361
Michelangelo Buonarroti 57
Molière (Jean-Baptiste Poquelin) 206, 355, 356, 361, 366
    ›L' Avare‹ (›Der Geizhals‹) 355, 356
    ›Le Médecin malgré lui‹ (›Der Arzt wider Willen‹) 355
    ›Le Misanthrope‹ (›Der Menschenfeind‹) 356
    ›Tartuffe‹ 355
Monteux, Pierre 398
Monteverdi, Claudio 183, 194, 201, 207
Mozart, Constanze 424
Mozart, Leopold 112, 216, 218f., 328, 349f.
Mozart, Wolfgang Amadeus
    Divertimento KV 563 → Trio
    Fantasie c (Sonatensatz für Klavier und Violine) KV 396 = 385f 101
    Fantasie c (für Klavier allein) KV 475 100–102
    Hornkonzerte 244
    Klarinettenkonzert A KV 622 217, 295–297, 299
    Klavierkonzerte 49, 55, 112, 114, 118, 159, 209–299, 378, 380, 390, 440, 496
        KV 175 D 250, 256
        KV 246 C 216, 219
        KV 271 Es 21, 61–63, 67, 90, 116, 225–244, 245, 248, 249, 259, 273, 274, 441
        KV 413 = 387a F 236, 248, 284
        KV 414 = 385p A 236, 249, 276, 284, 295
        KV 415 = 387b C 216, 217, 236, 248, 249, 259, 285
        KV 449 Es 236, 249f., 251, 252, 258, 284
        KV 450 B 236, 250f., 273, 440
        KV 451 D 112, 243, 250, 251f., 259, 274, 285
        KV 453 G 243, 252–258, 313, 441
        KV 456 B 236, 252, 274, 288
        KV 459 F 48, 154, 258f., 265, 274
        KV 466 d 220, 259–267, 267f., 271, 272, 274, 278, 280, 284, 287, 295, 317
        KV 467 C 243, 259, 265, 267–272, 274, 280, 282, 283, 295
        KV 482 Es 243, 272f., 274, 283
        KV 488 A 240, 272, 274–278, 295
        KV 491 c 114, 116, 117f., 243, 265, 272, 278–284, 314, 317, 440
        KV 503 C 243, 284–292, 442
        KV 537 D (›Krönungskonzert‹) 293–295, 429
        KV 595 B 295, 297–299, 318
    Klaviersonaten 48, 265, 332
        KV 283 = 189h G 85f.
        KV 284 = 205b D 113, 116
        KV 310 = 300d a 75, 254, 267, 314, 317
        KV 311 = 284c D 56
        KV 330 = 300h C 55
        KV 331 = 300i A 89f., 113
        KV 332 = 300k F 89, 113, 114, 313
        KV 333 = 315c B 48, 77, 306
        KV 457 c 117, 314, 317
        KV 545 C 56
        KV 570 B 49
    Konzert für Flöte und Harfe C KV 299 = 297c 244
    Konzert für zwei Klaviere Es KV 365 = 316a 244
    Konzert-Rondo für Klavier KV 382 256
    Messe c KV 427 = 417a 415, 417, 418
    Messe d (›Requiem‹) KV 626 415, 417
    ›Messias‹ von G. Fr. Händel, Uminstrumentierung KV 572 18
    Opern 55, 87, 101, 103, 109, 112, 199, 207, 208, 210, 328–371, 399, 417
        ›La clemenza di Tito‹ 184, 368
        ›Così fan tutte‹ 45, 87, 187, 202, 206, 207, 346, 347, 356, 357–361, 367, 368
        ›Don Giovanni‹ 104, 115, 173, 187, 195, 202, 204, 206, 207, 260, 265,

284, 292, 314, 336–344, 346, 347, 348, 352–354, 366, 367, 368, 369, 370, 518
›Die Entführung aus dem Serail‹ 45, 184f., 187, 199, 205, 329, 343, 347, 349, 351, 361
›La finta giardiniera‹ 73, 204, 214, 329, 343, 344, 348
›Idomeneo‹ 183, 184, 186, 187, 198, 199–201, 202, 203, 205, 206, 329, 345, 248f., 366
›Mitridate‹ 202
›Le nozze di Figaro‹ 45, 103, 114, 185, 187, 195, 205, 206, 260, 272, 330–336, 343, 345, 346, 347, 348, 350–352, 356, 367, 368
›Zaïde‹ 329, 347, 348
›Die Zauberflöte‹ 114, 174, 187, 195, 199, 200, 206, 288, 295, 329, 346, 361, 362–365, 366, 368, 370, 374, 377, 418, 516
Quartette für Klavier und Streicher (KV 478, KV 493) 49
›Requiem‹ KV 626 → Messe *d*
Serenade für Bläser *B* KV 361 = 370a 168
›Sinfonia Concertante‹ für Violine, Viola und Orchester *Es* KV 364 = 320d 240, 244–248, 265, 300
Sonate für Klavier zu vier Händen *F* KV 497 393
Sonaten für Violine und Klavier
KV 304 = 300c *e* 314
KV 379 = 373a *G* 257, 306, 315
KV 526 *A* 314

Streichquartette 48, 284, 300, 301, 315, 316, 320, 378, 395
›Haydn-Quartette‹ (KV 387, KV 421 = 417b, KV 458, KV 428 = 421b, KV 464, KV 465) 153, 302, 319, 320
KV 387 *G* 313, 498
KV 421 = 417b *d* 314, 317
KV 428 = 421b *Es* 211f.
KV 458 (›Jagd-Quartett‹) *B* 213f., 460
KV 464 *A* 110, 319, 430
KV 465 (›Dissonanzen-Quartett‹) *C* 211, 322, 393, 395
KV 499 *D* 302, 319
›Preußische Quartette‹ (KV 575, KV 589, KV 590) 320, 321
Streichquintette 96, 300–327
KV 174 *B* 300, 301f., 326

KV 515 *C* 292, 302–312, 314f., 316, 319, 320
KV 516 g 96f., 282, 292, 311, 312, 314, 315–320, 370, 443, 454
KV 593 *D* 68, 306, 321–326, 460
KV 614 *Es* 321, 326f.
Suite für Klavier *C* KV 399 = 385i (Fragment) 57
Symphonien 158, 159, 160, 378
KV 338 *C* 77f., 306
KV 425 *C* (›Linzer‹) 267, 393
KV 504 *D* (›Prager‹) 180, 264, 267, 292, 305, 306, 393
KV 543 *Es* 306, 378, 393, 396
KV 550 g 74, 260, 267, 288, 313, 316, 317, 370, 378, 410, 447, 512
KV 551 *C* (›Jupitersymphonie‹) 90, 103, 267, 292, 306, 309, 313, 380
Trio für Klavier, Klarinette und Viola *Es* KV 498 272
Trio (Divertimento) für Violine, Viola und Violoncello *Es* KV 563 152, 320
Trios für Klavier, Violine und Violoncello 400
KV 502 *B* 398
KV 542 *E* 398
Violinkonzerte 244, 249

Nottebohm, Gustav 461
Novalis 121
›Blütenstaub‹ 121

Ockeghem, Johannes 18
Offenbach, Jacques 377
d'Ogny, Comte Rigoley 177

Paderewski, Ignac 115
Paganini, Niccolò 111, 511
Palestrina, Giovanni Pierluigi da 363, 415, 425
Parny, Evariste 186f.
Perrault, Charles 376
Piccinni, Niccolò 172, 343
Ployer, Barbara 249, 252
Pope, Alexander 186
Poussin, Nicolas 181, 192
Prévost d'Exiles, Antoine-François (L'abbé Prévost) 181
Prokofjew, Sergej 382
Proust, Marcel 507
›Enquête sur le classicisme et le romantisme‹ 507

Rabelais, François 186
Racine, Jean 188, 202

525

Raff, Joseph Joachim 454
Raffael (Raffaello Santi) 192
Rameau, Jean-Philippe 48, 53, 152, 183, 187, 188, 189f., 329
Ratner, Leonard G. 95
Redlich, Hans Ferdinand 216
Reger, Max 37
Restif de la Bretonne, Nicolas-Edme 181
Réti, Rudolph 43
Riemann, Hugo 38, 427
Ries, Ferdinand 480
Rimskij-Korsakow, Nikolaj Andrejewitsch 187, 388
Ritter, Johann Wilhelm 59
  ›Fragmente aus dem Nachlasse eines jungen Physikers‹ 59
Rossini, Gioacchino 111, 112, 436, 510, 511
  ›Le Comte Ory‹ 436
Rousseau, Jean-Baptiste 187
Rousseau, Jean-Jacques 194, 222, 386
  ›Le Devin du village‹ 386
Rudolph, Erzherzog von Österreich 457

Sade, Donatien-Alphonse-François (Marquis de Sade) 181, 368
  ›Français, Encore un Effort ...‹ 368
Salomon, Johann Peter 219
Scarlatti, Alessandro 183
Scarlatti, Domenico 30, 45, 48, 53, 56, 60, 66, 86, 245, 511
Schenker, Heinrich 34, 35, 36f., 38, 42f., 44
Schikaneder, Emanuel 363, 365, 368
Schindler, Anton 160, 436
Schlegel, Friedrich 427, 508
  ›Athenäumsfragmente‹ 427
Schlösser, Louis 458
Schönberg, Arnold 36, 374
Schröter, Johann Samuel 275
Schroeter, Rebecca 409
Schubert, Franz 56, 151, 169, 245, 267, 318, 377, 382, 428, 429, 434, 436, 445, 454, 456, 490, 510, 511–518
  ›Gretchen am Spinnrade‹ D 118 512
  Klavierquintett A D 667 (›Forellenquintett‹) 434
  Klaviersonate A D 959 513–516
  ›Der Leiermann‹ → ›Die Winterreise‹
  ›Die Post‹ → ›Die Winterreise‹
  Rondo für Violine und Klavier h D 895 513
  Streichquartett G D 887 516f.
  Streichquintett C D 956 516, 517
  Symphonien
    Nr. 5 B D 485 512f.
    Nr. 7 (bisher Nr. 8) h D 759 (›Die Unvollendete‹) 517
    Nr. 8 (bisher Nr. 7 oder Nr. 9) C D 944 516, 517
  ›Die Winterreise‹, Liederzyklus D 911 512
Schumann, Robert 25, 32, 39, 75, 83, 108, 224, 316, 370, 397, 417, 428, 430, 431, 432, 433, 434, 435, 441, 454, 455, 493, 507f., 510, 518
  ›Carnaval‹ op. 9 39, 431
  ›Davidsbündlertänze‹ op. 6 431, 510
  Fantasie für Klavier C op. 17 431, 432, 507–510
  ›Impromptus [Variationen] sur une Romance de Clara Wieck‹ op. 5 493
  Klaviersonate fis op. 11 397
  ›Kreisleriana‹, Fantasien für Klavier op. 16 510
Schuppanzigh, Ignaz 427
Schweitzer, Albert 375
Shakespeare, William 354
  ›The Comedy of Errors‹ (›Komödie der Irrungen‹) 354
  ›Twelfth Night‹ (›Was ihr wollt‹) 354
Shaw, George Bernard 28
Smart, Christopher 186
Southey, Robert 18
Spohr, Louis 437, 510
Stamitz, Johann 21
Strauss, Richard 160, 454
Strawinsky, Igor 37, 187, 361, 382, 502, 513
  ›The Rake's Progress‹ 361
Sullivan, Arthur 204
Swieten, Gottfried, Baron van 424

Thayer, Alexander Wheelock 427, 436, 437, 444, 458, 461
Thomas von Aquin 40
Tost, Johann 326, 327
Tovey, Donald Francis 28, 39, 40, 52, 55, 74, 82, 84, 110, 122, 126, 131, 155, 191, 203, 340, 398, 402, 445, 452, 474, 503
Tschaikowskij, Peter Iljitsch 160, 220, 224, 312, 370, 397
  Klavierkonzert Nr. 1 b op. 23 397
  Symphonie Nr. 6 h op. 74 (›Pathétique‹) 312
Türk, Daniel Gottlob 111
  ›Klavierschule‹ 111
Turner, Walter J. 358

Velázquez, Diego Rodríguez de Silva y 57
Verdi, Giuseppe 186, 198, 377, 462

›Otello‹ 198
›Requiem‹ 462
Viotti, Giovanni Battista 158
Voltaire (François-Marie Arouet) 181, 186, 187
　›Candide‹ 181

Wagner, Richard 19, 71, 97, 170, 185, 187, 203, 316, 344, 361, 370, 413, 428, 437
　›Parsifal‹ 71
　›Tristan und Isolde‹ 413

Waldstein, Ferdinand, Graf von Waldstein und Wartenberg zu Dux 17
Weber, Carl Maria von 21, 293, 429, 434, 436, 445, 511, 512
Weber, Max Maria von 436
Webern, Anton 502
Wieland, Christoph Martin 181, 189, 199, 200, 361
Winckelmann, Johann Joachim 193
Wölfflin, Heinrich 42
Wordsworth, William 18

Musik im Taschenbuch

Biographisches
Schütz · Bach · Mozart · Schubert · Wagner · Clara Schumann · Brahms · Schönberg · Bartók

Werkbeschreibungen
Bach-Kantaten · h-moll-Messe · Weihnachts-Oratorium · Wohltemperiertes Klavier · Schubert-Lieder

Handbücher
Geschichte der Musik · Oper · dtv-Atlas zur Musik · Schubert-Werkverzeichnis

eddition MGG
Einzeldarstellungen aus der Enzyklopädie »Die Musik in Geschichte und Gegenwart«: Musikgeschichte · Außereuropäische Musik · Musikalische Gattungen · Musikinstrumente

Musiktheorie Musikästhetik
Kontrapunkt · Harmonielehre · Gehörbildung · Stimmbildung · Stilkunde · Musikästhetische Texte · Musikethnologie

Essay
Pierre Boulez · Alfred Einstein · Peter Hacks · Joachim Kaiser · Hans Heinz Stuckenschmidt

Lieder und Texte
Deutsche Liedertexte · Weihnachtslieder · Mozart zweisprachig · Wagner-Dramen · Biermann · Degenhardt · Cowboylieder

Pop und Schlager
ABBA-Texte · Beatles-Repertoire · Hitmacher & Mitmacher · The Who-Texte · Deutsche Schlager

Memoiren
Anton Dermota · Margot Fonteyn · Rudolf Hagelstange · Yehudi Menuhin · Gerald Moore · Nicolas Nabokov · Gregor Piatigorsky

Anekdoten und Cartoons
Bernard Grun · Gerard Hoffnung · Alexander Witeschnik

Quartettspiel
Kennst du diese Komponisten?

Bärenreiter-Taschenpartituren
Händel · Bach · Haydn · Mozart · Beethoven